Het palet van de psychologie

Voor Lou-Lou, Marjan en Trudy

Het palet van de psychologie

Stromingen en hun toepassingen in hulpverlening en opvoeding

Jakop Rigter

Vierde, herziene druk

uitgeverij
coutinho | c

bussum 2008

Bij dit boek hoort een website met extra materiaal. Deze is te vinden via:
www.coutinho.nl/palet.

Eerste druk 1996
Vierde, herziene druk 2008

Uitgeverij Coutinho
Postbus 333
1400 AH Bussum
info@coutinho.nl
www.coutinho.nl

Omslag: Dien Bos, Amsterdam

Noot van de uitgever
Wij hebben alle moeite gedaan om rechthebbenden van copyright te achterhalen. Personen of instanties die aanspraak maken op bepaalde rechten, wordt vriendelijk verzocht contact op te nemen met de uitgever.

ISBN 978 90 469 0010 9
NUR 770

Voorwoorden

Voorwoord bij de eerste druk

Een boek schrijven is te vergelijken met een wielerkoers in de bergen die bergop eindigt. Bergop gaat het moeizaam, heb je het idee er alleen voor te staan en bekruipt je de neiging om op te geven. Bergaf lijkt het dat je alles aan kan. Maar je mag niet al je energie verspillen, want aan het einde moet je nog iets 'overhouden'.

Ondanks dat schrijven soms een eenzame strijd is, hebben velen mij gesteund door commentaar te geven, informatie aan te dragen en belangstelling te tonen.

Dankbaar ben ik Ria Geijssen, mijn vriendin. Ze steunde me, gaf me de ruimte en bovenal ze was en is er.

Bas de Jong is een fantastische collega. Hij bestudeerde mijn concepten, gaf nauwgezet commentaar en hield vol als ik sputterde.

Van drie collega-docentpsychologen, Luuk Hogeboom, Joke Rumathé en Gert Visser, kreeg ik commentaar op eerdere concepten en met hen voerde ik prettige gesprekken.

Gerrit Keizer ben ik zeer erkentelijk. Enige jaren geleden zette hij mij op het spoor van de omgevingspsychologie. Voor dit boek nam hij nauwgezet hoofdstuk 6 en 7 door en voorzag me van commentaar en casuïstiek.

De collega's Louis Crijns, Bieke De Mol en Mathieu Heemelaar gaven commentaar en/of hielden me enigszins 'uit de wind' als het allemaal wat te veel werd.

De directie van de sector G/G&M aan de Haagse Hogeschool, waar ik werkzaam ben, maakte het mede mogelijk dat ik enkele maanden ongestoord aan dit boek kon werken.

Met Isabelle Langeveld van uitgeverij Coutinho was het prettig samen te werken. Zij stimuleerde me waarbij ze rekening bleef houden met de speciale omstandigheden waarin dit boek geschreven werd.

Het boek is geschreven tijdens een emotioneel zware periode voor mij en mijn vriendin. Het schrijven had ook als functie dat ik mijn gedachten op iets anders kon richten. Ondanks die functie zou dit boek nooit zijn afgekomen zonder de steun van ons 'sociale netwerk'. Al die familieleden, vrienden, vriendinnen en collega's zijn en waren een onmisbare steun. Dit boek draag ik aan hen op. Het zijn teveel namen om te noemen. Als symbool voor hen allen staan Lou-Lou, Marjan en Trudy Chabanne. Al jaren tonen zij hun vriendschap, maar de manier waarop zij ons een jaar geleden opvingen en verzorgden is onvergetelijk.

Jakop Rigter, Amsterdam juli 1996

Voorwoord bij de vierde druk

Na twaalf jaar, twee nieuwe drukken en vele bijdrukken verschijnt de vierde druk van *Het palet*. Ik ben blij dat dit boek zijn weg naar de opleidingen heeft gevonden en nog steeds in een grote behoefte voorziet. In twaalf jaar is veel veranderd, zowel in de psychologie als in de opleidingen waarvoor dit boek geschreven is. Daarom is een bijgestelde en geheel herschreven druk nodig. Ik hoop dat ook deze zijn weg weet te vinden naar de opleidingen en weer veel plezier, herkenning en kennis zal opleveren bij de gebruiker.

Ook privé kan er in twaalf jaar veel veranderen. De mensen aan wie ik de eerste druk opdroeg, vormen geen gezin meer. Maar mijn dankbaarheid blijft even groot. Daarom draag ik ook deze druk op aan Lou-Lou Chabanne, Marjan van Laarhoven en Trudy Chabanne.

Jakop Rigter
Amsterdam, januari 2008.

Website

Bij dit boek hoort een website met extra materiaal. Deze is te vinden via **www.coutinho.nl/palet**. Bij de vierde, herziene druk is ervoor gekozen om de vragen, opdrachten en casuïstiek te verplaatsen naar de website.

Hierop vind je per hoofdstuk:
- controlevragen bij de stof uit het boek;
- interactieve toetsvragen, zodat je direct kunt zien of je de stof beheerst;
- opdrachten;
- relevante links;
- en stof tot 'verder studeren'.

Inhoud

Inleiding

Het palet van de psychologie is een studieboek over stromingen in de psychologie. De doelgroep van *Het palet* bestaat uit hogerejaars studenten van praktijkgerichte hbo-opleidingen zoals social work, pedagogische academies en verpleegkundige opleidingen, maar het boek kan ook in andere opleidingen gebruikt worden. Omdat *Het palet* is geschreven voor studenten van praktijkgerichte opleidingen, wordt stelselmatig aangegeven hoe inzichten uit een stroming zijn terug te vinden in methoden van opvoeding en hulpverlening. De eerste druk van *Het palet* verscheen in 1996, deze vierde druk verschijnt in 2008. In twaalf jaar heeft het boek zijn weg naar de opleidingen gevonden en wordt het veelvuldig voorgeschreven in Nederland en Vlaanderen. De opzet blijkt een succesvolle formule te zijn. Omdat er in twaalf jaar echter veel is veranderd in de psychologie, de methoden van hulpverlening en opvoeding en de opleidingen was een herziene en verbeterde druk hard nodig. Hieronder wordt aangegeven welke visies ten grondslag lagen aan het schrijven van deze herdruk en hoe het boek gebruikt kan worden.

Zeven lantaarnpalen

Bij de presentatie van de eerste druk in 1996 vergeleek een referent *Het palet* met zeven stevige lantaarnpalen die geplaatst zijn langs een donkere weg. Daarmee sloeg hij de spijker op zijn kop. In dit boek wordt nadrukkelijk niet gekozen voor het aanbrengen van een hiërarchie tussen verschillende stromingen. Elke stroming heeft zijn waarde en beperkingen. Om de weg in het donker te vinden, is het handig gebruik te maken van het licht van alle lantaarnpalen. Menselijk gedrag is complex en dit heeft ertoe bijgedragen dat er verschillende theorieën zijn die (delen van) menselijk gedrag proberen begrijpelijk te maken. Al die theorieën zijn waardevol, maar ook een inperking en daardoor eenzijdig. Een theorie belicht meestal slechts een deel van het menselijk gedrag. Een opvoeder of hulpverlener zal in zijn (toekomstige) praktijk veelvuldig in situaties verkeren waarin de kennis van meerdere stromingen zinvol is. Hij zal daarbij moeten leren motiveren welk theoretisch referentiekader en welke methode in welke situatie de voorkeur verdienen. Om het anders te formuleren, hij zal *bewust bekwaam* moeten worden. Daartoe moet hij de inzichten en toepassingen uit de verschillende stromingen kunnen vergelijken.

Een voorbeeld: de stoornis van Gilles de la Tourette wordt gekenmerkt door onvrijwillige motorische en vocale tics. Vooral de vocale tics vallen op, doordat de inhoud ervan soms bestaat uit obscene woorden. In de loop der jaren is deze stoornis op verschillende manieren verklaard en 'behandeld'. Aan het einde van de negentiende en begin van de twintigste eeuw werd ze vooral gezien als een moreel-sociaal probleem. De patiënt werd vanuit dat perspectief benaderd. Hij moest proberen zijn tics onder controle te krijgen en als hij ze toch uitte of vertoonde, lag een straf voor de hand. Vanaf de jaren twintig van de vorige eeuw werd de stoornis meer vanuit het psychoanalytisch referentiekader bekeken. De inhoud van de vocale tics stimuleerde de veronderstelling dat aan de stoornis een (onbewust) seksueel conflict ten grondslag lag. De hulpverlening die op deze visie gebaseerd was, 'genas' geen enkele patiënt. Sinds de jaren zestig staat een neurologische verklaring op de voorgrond. De stoornis zou gebaseerd zijn op een aangeboren hersendysfunctie. Al deze verklaringen zijn wellicht ten dele juist, maar belichten maar een enkel aspect. Voor een volledig begrip is een combinatie van meerdere gezichtspunten nodig.

Opzet en inhoud van het boek

In hoofdstuk 1 wordt ingegaan op de vraag wat psychologie is en wordt aandacht besteed aan kenmerken, geschiedenis van en maatschappelijke invloeden op theoretische stromingen. Er worden twee indelingen behandeld waarmee stromingen onderling kunnen worden vergeleken: mensbeelden die ten grondslag liggen aan stromingen en het biopsychosociale model uit de algemene systeemtheorie. Beide indelingen keren in elk hoofdstuk terug en worden als rode draad gebruikt.

De volgende hoofdstukken handelen over de psychoanalyse (hoofdstuk 2), het behaviorisme en de leerpsychologie die daarop voortbouwt (hoofdstuk 3), de humanistische psychologie met vooral aandacht voor de benadering van Rogers (hoofdstuk 4), de cognitieve psychologie (hoofdstuk 5), de systeemtheorie met vooral aandacht voor het gezinsinteractiesysteem (hoofdstuk 6), de omgevingspsychologie met onder andere de territoriale benadering (hoofdstuk 7) en de biologische psychologie waarin vooral erfelijkheid en hersenen besproken worden (hoofdstuk 8).

De hoofdstukken kennen een chronologische volgorde. De oudste stroming wordt als eerste en de jongste als laatste behandeld. Door deze volgorde aan te houden, wordt duidelijk gemaakt hoe de verschillende stromingen op elkaar reageren.

In hoofdstuk 9 (epiloog) wordt teruggekeken op de eerdere hoofdstukken. Hier worden integratieve benaderingen besproken en zal nogmaals aangegeven worden dat geen enkele stroming het alleenrecht heeft.

Opbouw van de hoofdstukken

De hoofdstukken 2 tot en met 8 hebben een vrijwel uniforme opbouw. Elk hoofdstuk start met een *casus* en *leerdoelen*. De casus heeft tot doel om de aandacht van de lezer te vestigen op iets 'ongewoons' dat met de te behandelen theorie verklaard kan worden. Met de leerdoelen wordt de lezer in staat gesteld zich te oriënteren op de tekst en zijn kennis later te controleren.

In **paragraaf 1** wordt de stroming getypeerd aan de hand van de basisuitgangspunten, de geschiedenis van de stroming, het mensbeeld en het biopsychosociale model.

In **paragraaf 2** worden theoretische begrippen en opvattingen van een stroming behandeld. Meestal betreft het de behandeling van de klassieke – oorspronkelijke – theorie.

In **paragraaf 3** worden recente ontwikkelingen binnen een stroming besproken.
In **paragraaf 4** wordt beschreven welke verklaringen een stroming biedt voor het ontstaan en blijven voortbestaan van psychische stoornissen. Er is gekozen voor het bespreken van stemmingsstoornissen (vooral depressie) en angststoornissen (vooral fobieën). Dit zijn de meest voorkomende psychische stoornissen en bijna alle stromingen hebben een visie ontwikkeld over deze stoornissen.
In **paragraaf 5** worden technieken en methoden besproken die hun wortels hebben in een bepaalde stroming én die relevant zijn voor de opvoedings- of hulpverleningspraktijk.
In **paragraaf 6** wordt kort een aantal kanttekeningen bij een stroming geplaatst. In deze paragraaf wordt ook iets gezegd over 'bewezen effectiviteit' van een stroming of toepassing.
In **paragraaf 7** staat een samenvatting van het hoofdstuk.

Studieboek

Het palet van de psychologie is een studieboek. Om dit zo toegankelijk mogelijk te maken en de gebruiker voor te bereiden op de eisen die aan hem gesteld worden als student en toekomstige professionele hulpverlener of opvoeder is het volgende toegepast:

Elk hoofdstuk start als gezegd met een casus en leerdoelen zodat de gebruiker zich kan *oriënteren en motiveren.*

Elke paragraaf en soms subparagraaf start met een inleiding. Ook hiermee wordt de gebruiker in staat gesteld zich te *oriënteren* op de tekst en zijn eventueel al aanwezige kennis over het onderwerp te *mobiliseren.*

Leuke, de nieuwsgierigheid prikkelende, voorbeelden of juist andere visies worden in aparte *kaders* gepresenteerd die qua opmaak duidelijk te onderscheiden zijn van de gewone tekst.

Belangrijke (theoretische) begrippen worden *cursief* weergegeven als zij voor de eerste keer in de tekst gebruikt worden. In het geval van opsommingen worden ze ook in het blauw gedrukt. In het tekstblok waar de cursivering staat wordt meestal ook de uitleg gegeven. De gecursiveerde begrippen zijn allemaal opgenomen in het register, zodat ze makkelijk opgezocht kunnen worden. Een aantal begrippen dat een uitgebreide toelichting vergt, is opgenomen in het glossarium.

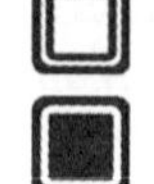

Elke paragraaf en elk hoofdstuk worden afgesloten met een *samenvatting*. Ook dit onderdeel onderscheidt zich qua opmaak van de gewone tekst en is gemarkeerd met een pictogram. Hiermee wordt de gebruiker in staat gesteld om te controleren of hij de belangrijkste kernpunten uit een betoog heeft onthouden.

Om vergelijkingen tussen de stromingen te kunnen maken, zijn er vier criteria of rode lijnen die in elk hoofdstuk terugkeren:

1 Bij elke stroming wordt aangegeven op welk mensbeeld deze gebaseerd is (paragraaf 1).

2 Bij elke stroming wordt aangegeven hoe deze zich verhoudt tot het biopsychosociale model (paragraaf 1).
3 Bij elke stroming wordt aangegeven hoe binnen deze stroming psychische stoornissen verklaard worden (paragraaf 4).
4 Bij elke stroming wordt aangegeven hoeveel bewijs er is dat toepassingen uit deze stroming effectief zijn (paragraaf 6).

Als we kijken naar wat er in twaalf jaar veranderd is binnen de opleidingen dan is opvallend dat de eisen aan het *verantwoorden van bronnen* strenger zijn geworden. Dit studieboek probeert hierin een voorbeeld te zijn. Dit betekent dat alle bronnen zo veel als mogelijk volgens de officiële richtlijnen ('APA') verantwoord worden. In de eerste druk werd vooral naar Nederlandstalige bronnen verwezen, dit is bij de vierde druk veranderd. Engelstalige (meestal oorspronkelijke) bronnen worden nu ook weergeven. Dit heeft wel tot gevolg dat in de tekst meer verwijzingen staan dan in de eerste druk. Maar dit is in lijn met de huidige ontwikkelingen in de eisen die aan producten van studenten gesteld worden.

In de eerste druk stonden studieopdrachten, controlevragen, casuïstiek en adviezen voor verder studeren nog in het boek. Bij de vierde druk is dat allemaal opgenomen op een *website* (**www.coutninho.nl/palet**). Hier kan de gebruiker zijn kennis trainen met vragen, controleren met multiplechoicetoetsen en oefenen op praktijkcasuïstiek. Ook zijn hier suggesties voor aanvullende literatuur te vinden en links naar relevante websites.

Inhoudelijke keuzen

Bij de opzet en het schrijven van het boek moest een compromis gevonden worden tussen streven naar volledigheid en het handhaven van een (qua omvang) studeerbaar boek voor hbo-studenten. Niet alles kan behandeld worden. Bij de vierde druk is de opzet van de hoofdstukken vrijwel gelijk gebleven. Vernieuwingen zijn vooral te vinden in de paragraaf waarin nieuwe ontwikkelingen van een stroming beschreven worden en in de paragraaf waarin toepassingen staan. Een nieuwe stroming zoals de positieve psychologie wordt kort beschreven als nieuwe ontwikkeling van de humanistische psychologie. Deze stroming ontwikkelt zich snel en zal wellicht in de toekomst een apart hoofdstuk verdienen. Vanwege de eisen aan de omvang wordt de evolutiepsychologie niet behandeld, omdat deze stroming (nog) lastig te vertalen is naar praktijktoepassingen.

Bij de keuzen die gemaakt werden op het niveau van de hoofdstukken werden net zoals bij de eerste druk twee criteria gebruikt. Enerzijds moeten de onderwerpen die behandeld worden een praktijkrelevante betekenis hebben, anderzijds is gekozen voor onderwerpen die aansluiten op opvoeding en ontwikkeling van kinderen. In veel boeken over stromingen in de psychologie wordt weinig aandacht besteed aan dat laatste aspect, terwijl dat voor de opleidingen juist van zo'n groot belang is. Dit heeft ertoe geleid dat er bij de behandeling van recente ontwikkelingen in de psychoanalyse aandacht wordt besteed aan de hechtingstheorie van

Bowbly en de objectrelatietheorie. En om dezelfde reden wordt bij de humanistische psychologie de methode van Gordon voor pedagogische situaties besproken, bij de cognitieve psychologie de theorie van Piaget en bij de biologische psychologie de rijping van (kinder)hersenen.

In dit boek hanteer ik voor de helderheid de mannelijke schrijfvorm. Maar overal waar hij, hulpverlener of opvoeder staat wordt ook zij, hulpverleenster of opvoedster bedoeld.

1 Psychologie: een palet vol theorieën

Alcoholisme is een groot maatschappelijk probleem. Dronkenschap wordt in westerse maatschappijen geassocieerd met controleverlies. Te veel drinken maakt het 'beest' in de mens wakker. In de genuttigde alcohol wordt als het ware het geweten van de drinker opgelost. Hij kan gedrag gaan vertonen waarvan hij later wellicht spijt krijgt, zoals agressiviteit of seksuele ontremming. Opvallend is dat hoewel elke maatschappij zijn alcoholhoudende dranken kent, het dronken gedrag niet overal hetzelfde is. Ontremd gedrag bij dronkenschap schijnt typisch 'westers' te zijn (Vines, 1994). Nog opvallender is het dat mensen 'dronken' kunnen worden terwijl ze geen alcohol nuttigen. Een 'gewoontedrinker' kan aangeschoten worden als hij een avondje met vrienden doorbrengt in de kroeg. Terwijl zijn vrienden zoals gewoonlijk bier drinken, laten we hem (buiten zijn medeweten) de hele avond alcoholvrij bier drinken. Aan het einde van de avond zal hij zich – net als zijn vrienden – aangeschoten gedragen. De enige voorwaarde is dat hij niet merkt dat hij alcoholvrij bier drinkt (Jansen, Merckelbach & Van der Hout, 1992). In dit hoofdstuk wordt duidelijk hoe dit te verklaren is.

Hoofdstuk 1

Leerdoelen

Na bestudering van dit hoofdstuk:

- kun je de casus op de voorafgaande pagina verklaren;
- kun je 'de psychologie' omschrijven (§ 1.2);
- kun je een drietal functies van wetenschappelijke (psychologische) theorieën aangeven (§ 1.3);
- kun je twee kenmerken van psychologische theorieën beschrijven: de geschiedenis en het mensbeeld (§ 1.4);
- ken je twee manieren waarop psychologische theorieën met elkaar zijn te vergelijken (§ 1.5);
- ken je drie mensbeelden die in de psychologie gebruikt worden en ken je de hoofdkenmerken ervan (§ 1.5.1);
- ken je de uitgangspunten van de algemene systeemtheorie en het biopsychosociale model (§ 1.5.2);
- weet je globaal hoe je met de mensbeelden en de algemene systeemtheorie kunt werken (§ 1.5).

Oefenen

Raadpleeg voor controlevragen, oefenvragen, opdrachten en 'verder studeren' de website: **www.coutinho.nl/palet**.

1.1 Inleiding

In paragraaf 1.2 zal ingegaan worden op de vraag wat psychologie is. Een duidelijke definitie blijkt echter niet mogelijk te zijn. Om de psychologie toch te typeren, wordt in paragraaf 1.3 aandacht besteed aan de verschillende theorieën in de psychologie. De begrippen stroming en referentiekader staan daarbij centraal. Ook de functies van theorieën komen hier aan de orde. In paragraaf 1.4 wordt betoogd dat stromingen altijd een geschiedenis en een visie op de mens (het mensbeeld) hebben. In paragraaf 1.5 – de hoofdmoot van dit eerste hoofdstuk – worden twee ordeningen besproken waarop psychologische stromingen zijn in te delen en met elkaar te vergelijken. Deze ordeningen worden in dit boek als rode draad gebruikt. Elke behandelde stroming wordt op basis hiervan ingedeeld. Allereerst wordt besproken hoe de eerder genoemde mensbeelden zijn te onderscheiden in drie hoofdvormen. Hierbij zal aandacht besteed worden aan de samenhang tussen mensbeelden en wetenschappelijke en hulpverleningsmethoden. Ten tweede wordt de algemene systeemtheorie besproken. Deze theorie kent het biopsychosociale model waarin benadrukt wordt dat elk gedrag beïnvloed wordt door biologische, psychische en sociale aspecten. Met dit model wordt de lezer in staat gesteld om te kijken in hoeverre psychologische stromingen met al deze invloeden rekening houden. Het hoofdstuk sluit af met een samenvatting (1.6).

1.2 Wat is psychologie?

Onenigheid over de definitie

Als de vraag gesteld wordt wat de kenmerkende eigenschappen van een wetenschap zijn, dan stelt men de vraag wat die wetenschap bestudeert. Het studieonderwerp van een wetenschap wordt het object genoemd. Bij de meeste wetenschappen is het object goed te formuleren en bestaat er, zowel intern (binnen een wetenschap) als extern (vanuit andere wetenschappen), overeenstemming over. Makkelijk is het als het object al in de naam van de wetenschap besloten ligt, zoals bij kunstgeschiedenis en wiskunde. Ook over bijvoorbeeld scheikunde is men het snel eens: die bestudeert chemische processen. Maar bij wetenschappen die 'de mens' bestuderen (mens- of sociale wetenschappen), zoals de psychologie, (delen van) de psychiatrie, de sociologie en de culturele antropologie ligt de zaak ingewikkelder. Bij de psychologie is er zowel intern als extern geen eenduidigheid over het object. De psychologische wetenschap bestaat ongeveer 130 jaar en kende en kent intern verschillende theoretische stromingen. Deze verschillen in hun keuze van het object. Zo wordt in de ene stroming voor het onbewuste gekozen en in de andere voor gedrag of cognities. Daarmee samenhangend verschilt vaak ook de methode waarmee kennis wordt verworven.

De psychologie is extern niet goed afgebakend van andere (mens)wetenschappen. Bijna alle psychologische onderwerpen worden ook in andere wetenschappen bestudeerd. Emoties – een bekend studieobject uit de psychologie – worden ook bestudeerd in de biologie en de sociologie, net als ouderdom, agressie en seksualiteit. Deze interne en externe onduidelijkheden hebben tot gevolg dat zowel binnen de psychologie als tussen de psychologie en andere wetenschappen rivaliserende beschrijvingen en verklaringen zijn aan te treffen over eenzelfde onderwerp.

Een voorbeeld om dit te verduidelijken. Depressiviteit is een veelvoorkomende klacht. Als iemand met depressiviteit bij een psycholoog terechtkomt, dan kan (om twee mogelijkheden te noemen) de ene psycholoog de klachten bekijken vanuit de relatie met de partner van de hulpvrager, terwijl een andere psycholoog kijkt naar de ervaringen – en belevingen daarbij – die de hulpvrager heeft opgedaan in zijn jeugd. De eerste aanpak verraadt een zienswijze waarin grote invloed wordt toegekend aan het partner- of gezinsrelatiesysteem (hoofdstuk 6). De tweede aanpak is verwant met het psychoanalytisch gedachtegoed (hoofdstuk 2). Een arts kan er echter op wijzen dat depressiviteit samenhangt met een verstoorde chemische huishouding in de hersenen. Sommige hersenstofjes – zogenaamde neurotransmitters – kunnen te weinig of te veel voorkomen (Nolen & Koerselman, 2000, zie hoofdstuk 8). Op grond daarvan kan de arts medicatie voorschrijven. Een socioloog ten slotte zal zich wellicht afvragen waarom er maatschappelijk gezien een toename van depressieve klachten is. Hij kan dit proberen te verklaren vanuit veranderende waarden en normen (zie kader 1).

Kader 1

Depressiviteit en de tijdgeest

Depressiviteit is een stemmingsstoornis. De twee belangrijkste symptomen zijn een neerslachtig gevoel en een verlies van interesse in vrijwel alle dagelijkse bezigheden. Sinds is afgesproken aan welke criteria psychische stoornissen moeten voldoen (bijvoorbeeld DSM-IV-TR, APA, 2001) kan er betrouwbaar onderzoek gedaan worden naar de frequenties waarin psychische stoornissen voorkomen. Prevalentie is de mate waarin een stoornis of ziekte voorkomt. Met de term *lifetime*prevalentie geeft men aan hoe groot het deel van een groep mensen is dat ooit in hun leven een bepaalde stoornis gehad heeft of op het moment van onderzoek nog steeds heeft. Oude en nieuwe gevallen worden samen opgeteld en het verkregen aantal wordt gedeeld door het aantal van de totale onderzoeksgroep. Het aldus berekende percentage noemt men een cumulatieve (bij elkaar opgetelde) maat (Vandereycken, 2000).
Eind jaren zeventig deed het National Institute of Mental Health (NIMH) uit de Verenigde Staten een onderzoek naar het voorkomen van psychische

stoornissen. Aan een representatieve groep van tienduizend mensen (verdeeld over drie steden) werd gevraagd welke stoornissen zij ooit in hun leven hadden gehad. Als je je afvraagt hoe groot de kans is dat iemand in zijn leven een been heeft gebroken, dan is het niet moeilijk te beseffen dat die kans veel hoger is bij oude dan bij jonge mensen. Immers, oude mensen hebben meer jaren geleefd en daarmee meer kans gehad om een been te breken. Hetzelfde geldt doorsnee genomen voor depressiviteit. De verwachting van de onderzoekers was dan ook dat de lifetimeprevalentie voor depressiviteit het hoogst zou zijn bij oude mensen. Het tegendeel bleek echter het geval. De lifetimeprevalentie bij jonge mensen was hoger dan bij oude mensen. Bij de personen die rond 1910 waren geboren, was de kans dat zij een depressieve periode hadden meegemaakt (of meemaakten tijdens het onderzoek) slechts 1,3 procent. Dit hoewel ze daarvoor bijna zeventig jaar de tijd hadden gehad. De personen die rond 1960 waren geboren (ze waren tijdens het onderzoek ongeveer twintig jaar oud) hadden al een kans van 5,3 procent dat zij een depressieve periode hadden meegemaakt in hun leven. Uit berekeningen bleek dat na verloop van twee generaties de kans om depressief te worden ruwweg vertienvoudigd was.

Over de oorzaak van deze toename bestaan verschillende meningen. Zo wordt erop gewezen dat de manier van leven in de Verenigde Staten, maar ook in andere westerse landen, de laatste decennia enorm veranderd is. Kenmerkend aan de huidige tijd – volgens een van de verklaringen – is een cultuur waarin individualiteit, zelfcontrole (je eigen boontjes doppen) en hedonisme (genieten van het leven) hoog staan aangeschreven. Als iemand daarin mislukt, dan wordt dat aan hemzelf toegeschreven. Bijvoorbeeld: 'Hij was te weinig gemotiveerd' of 'Hij had te geringe capaciteiten', kortom een 'eigen-schuld-dikke-bultredenatie'. Bij depressiviteit horen gevoelens van hulpeloosheid (niet weten hoe je iets moet aanpakken) en hopeloosheid (geen uitweg meer zien). Doordat in de huidige cultuur mensen zelf verantwoordelijk worden gesteld voor hun successen en hun falen zouden deze gevoelens zich sneller ontwikkelen (Peterson, Maier & Seligman, 1993).

Individualisme kan gepaard gaan met gebrek aan sociale steun. In een andere studie werd aangetoond dat dit grote effecten kan hebben op hoe vaak depressie voorkomt. Ook hier ging men ervan uit dat depressie vaker voorkomt bij oudere mensen. Daarnaast vermoedde men ook vaker depressiviteit in situaties van armoede en tegenslag. Maar wat als je oud bent en armoede en tegenslag kent, maar ook heel veel sociale steun? Deze situatie bestaat nog op het Chinese platteland. Depressie bleek hier veel minder vaak voor te komen dan bij oudere (arme) mensen in westerse grote steden. Dit verschil werd verklaard vanuit de beschermende functie van de saamhorigheid op het Chinese platteland. Individualisme zoals in het Westen bestaat daar nog niet (Chen et al., 2005).

Een poging tot definiëring van de psychologie

Ondanks de uiteenlopende opvattingen over het eigene van de psychologie is aan te geven waarin zij zich onderscheidt van andere wetenschappen. Hoewel elke beschrijving van de psychologie tekortschiet, hebben de lezers van dit boek recht op de mening van de schrijver. Voor het object (studieonderwerp) van de psychologie wordt in dit boek de volgende definitie gehanteerd: 'Psychologie is een wetenschap waarbij zowel het gedrag van mensen wordt bestudeerd als de gevoelens en gedachten die mensen hebben bij het ervaren van hun gedrag en de omstandigheden waarin dat plaatsvindt' (Rigter, 2004: p. 23).

Het verschil met andere wetenschappen is erin gelegen dat in psychologische theorieën *de beschrijving en verklaring van het object vooral plaatsvinden op individueel niveau*. Dit in tegenstelling tot de sociologie, waarin meer naar maatschappelijke of groepsverbanden wordt gekeken. En in de biologische of medische wetenschappen wordt juist vooral gekeken naar de biologische bepaaldheid van gedrag. De relatie tussen neurotransmitters en depressiviteit is hier een voorbeeld van. Psychologen kijken meer dan biologen naar de beleving en waardering van gedrag. Dit geldt dan zowel voor de persoon zelf (hoe ervaar ik mijn eigen gedrag?) als voor zijn directe omgeving (hoe ervaar ik het gedrag van mijn vriend?).

Dit betekent dat een wetenschap getypeerd kan worden aan de hand van (A) *de soorten vragen en problemen* (het object) en (B) *de methoden en theorieën*. Er vindt een dynamisch spel plaats tussen deze twee factoren, wat tot gevolg heeft dat de grenzen tussen wetenschappen niet vastliggen. We nemen nog een keer het voorbeeld van depressie. In de verklaring en behandeling van depressie zagen we de afgelopen twintig jaar een sterke ontwikkeling richting biologisch en medisch denken. De enorme toename in het gebruik van antidepressiva zoals Prozac en Fevarin laat dit zien. Deze ontwikkeling staat haaks op opvattingen uit de jaren zestig en zeventig van de vorige eeuw, toen juist de nadruk werd gelegd op de maatschappelijke bepaaldheid van psychische stoornissen. Dit brengt ons op een derde factor (C), die mede bepalend is voor de invloed van een wetenschap. De grenzen en legitimiteit van een wetenschap worden beïnvloed door *het maatschappelijk draagvlak van een wetenschap* (Van Strien, 1990). Dit is af te leiden uit de weerklank die een wetenschap vindt in de maatschappij. Ook 'niet-wetenschappers' hebben hun persoonlijke theorieën bij het waarnemen en begrijpen van de wereld en daarmee zichzelf. De maatschappelijke betekenis van een wetenschap is af te leiden uit hoe sterk persoonlijke theorieën gekleurd worden door wetenschappelijke kennis. Van de psychologie is te zeggen dat zij een sterke weerklank heeft gevonden in westerse maatschappijen. Zo is er in vrijwel elk westers land een populair tijdschrift over de psychologie. We spreken dan ook wel van een gepsychologiseerde wereld (ibidem), wat betekent dat de manier waarop de doorsneeburger maatschappelijke verschijnselen ervaart mede bepaald wordt door psychologische theorieën. Het maatschappelijke draagvlak van een wetenschap ligt niet per definitie vast. Zo was er in de jaren zestig en zeventig van de vorige eeuw een grote maatschappelijke weerklank bij de sociologie. Tegenwoordig is deze minder. Nu is er juist een grotere weerklank bij de biologische en medische theorieën, wat zich uit in aandacht voor erfelijke bepaaldheid van gedrag (genetisch onderzoek) en medische oplossingen voor psychosociale problemen (een toenemende acceptatie van psychofarmaca).

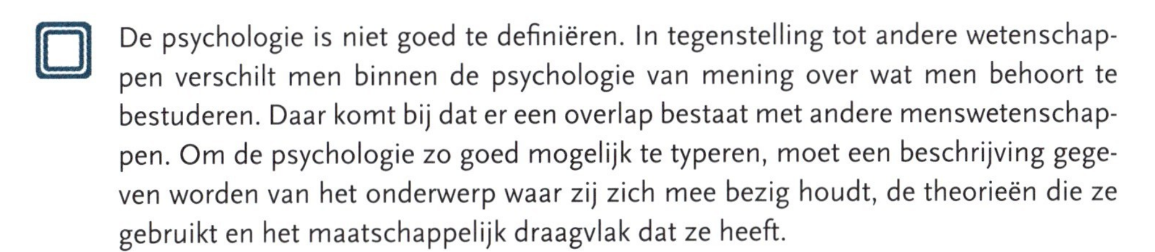

De psychologie is niet goed te definiëren. In tegenstelling tot andere wetenschappen verschilt men binnen de psychologie van mening over wat men behoort te bestuderen. Daar komt bij dat er een overlap bestaat met andere menswetenschappen. Om de psychologie zo goed mogelijk te typeren, moet een beschrijving gegeven worden van het onderwerp waar zij zich mee bezig houdt, de theorieën die ze gebruikt en het maatschappelijk draagvlak dat ze heeft.

1.3 Theorieën

Ongeacht welk maatschappelijk verschijnsel gekozen wordt – vandalisme, verkeersdrukte, werkeloosheid of sociale cohesie –, over elk onderwerp heeft de psychologie iets te vertellen. De samenhang tussen de psychologische interpretaties van deze maatschappelijke verschijnselen is echter meestal gering. De psychologie wordt daarom wel een veelkoppig monster genoemd; vriendelijker geformuleerd: zij kent vele gezichten. Daarom kent zij meerdere indelingen om ordening aan te brengen in de wirwar van opvattingen en inzichten (Rigter, 2004). In dit boek staan theoretische ordeningen centraal.

Theorieën zijn te typeren als *referentiekaders* van waaruit psychologen te werk gaan. Ze bieden interpretaties waarmee verschijnselen bekeken en verhelderd worden. Hierin kent de psychologie een grote verscheidenheid. Zo bestaan er theorieën over specifieke onderwerpen, zoals de ontwikkeling van smaakvoorkeur bij kinderen of jaloezie bij pubers. Omdat er binnen de psychologie geen theoretische overeenstemming is, heeft dit tot gevolg dat eenzelfde verschijnsel vanuit meerdere theorieën verschillend beschreven en verklaard wordt. Een voorbeeld daarvan zijn de eetstoornissen anorexia nervosa en boulimia nervosa. Het ontstaan hiervan werd en wordt zowel verklaard vanuit het functioneren van het gezin, traumatische ervaringen van de patiënt, karaktertrekken van de patiënt, de invloed van het maatschappelijke schoonheidsideaal en erfelijke aanleg. Sommige van deze verklaringen worden tegenwoordig als achterhaald beschouwd. Dat geldt bijvoorbeeld voor de aanname dat mensen met een eetstoornis in hun jeugd een traumatische ervaring hebben meegemaakt zoals het slachtoffer zijn van incest. Andere verklaringen, zoals de invloed van karaktertrekken en de erfelijke aanleg, worden tegenwoordig als juist gezien. Dit voorbeeld illustreert het gegeven dat theorieën kunnen komen en gaan. In dit boek worden de hoofdstromingen van de psychologische theorieën behandeld. De invloed van sommige van deze stromingen is verminderd, andere zijn juist in opkomst. Maar de meeste stromingen die behandeld worden kennen een lange historische traditie waarin zij hun stempel op de psychologie gedrukt hebben

Functies van theorieën

Wetenschappelijke theorieën vervullen drie functies (Van Rappard & Sanders, 1990). Deze worden hieronder beschreven, waarbij uitgelegd zal worden wat het verschil is tussen 'dagelijkse' en 'wetenschappelijke' kennis. In kader 2 worden met een voorbeeld de functies uitgewerkt.

De eerste functie is de *systematiserende of ordenende*. De oorsprong van het begrip theorie verwijst hiernaar. Het begrip is afgeleid van het Griekse woord *theoria*, dat beschouwing betekent. De ordenende functie van theorieën vindt allereerst plaats op het niveau van beschrijving, anders geformuleerd: de eerste stap is een systematische weergave van wat er wordt waargenomen. Ook in het dagelijks leven vergaren wij kennis. Deze is vaak persoonlijk gekleurd en weinig systematisch vergaard. Wetenschappelijke kennisverwerving verloopt via *expliciete regels*. De procedures van verwerving moeten duidelijk en controleerbaar zijn. In de wetenschap tracht men bevindingen te rapporteren in de vorm van helder geformuleerde verbanden of wetten. Daaraan wordt de eis gesteld dat ze *herhaalbaar* (repliceerbaar) zijn. Wat in het ene onderzoek wordt aangetroffen, moet in een ander onderzoek opnieuw aangetroffen worden. Stel dat een psycholoog aantoont dat in een specifieke situatie mannen extreem gehoorzaam kunnen zijn (zie kader 2), dan wordt een dergelijk verband pas als geldig gezien als het ook in andere experimenten wordt aangetoond.

Bij deze systematiserende functie is een waarschuwing op zijn plaats. Net zoals in het dagelijks leven mensen bij het waarnemen en beschrijven van gebeurtenissen gebruikmaken van eerder opgedane ervaringen, kennis en (voor)oordelen, zo gebeurt dat ook in de wetenschap. De menselijke waarneming wordt onder andere gekleurd door behoeften, emoties en kennis. Een angstig persoon ervaart een donkere straat eerder als eng dan een ontspannen persoon. Ook wetenschappers kennen geen objectieve waarneming. Hun waarneming is vooral '*theoriegeladen*'. Dat wil zeggen: hun referentiekader bepaalt wat ze zien, waar ze de nadruk op leggen en wat ze verwaarlozen. Dit is de reden dat psychologen hetzelfde gedrag verschillend kunnen waarnemen en verklaren. Het is niet te voorkomen en zelfs nodig dat wetenschappelijke waarneming 'theoriegeladen' is. Maar het is wel belangrijk om ook gebruik te blijven maken van de inzichten uit andere theorieën. Als dat niet wordt gedaan, dan bestaat het gevaar dat een theorie een dogma wordt.

Uit het systematiseren volgt de tweede functie van een theorie: *verklaren en voorspellen*. Doorredenerend op het gehoorzaamheidsexperiment: de resultaten kunnen *verklaard* worden door aan te geven dat ze in specifieke omstandigheden bereikt worden. De gehoorzame persoon moet bijvoorbeeld extreem afhankelijk zijn van de opdrachtgever. Op grond daarvan kan *voorspeld* worden dat in een experiment waarin de proefpersonen minder afhankelijk zijn, zij ook minder gehoorzaam zullen zijn.

Een derde functie van theorieën wordt de *heuristische* genoemd. Met dit begrip wordt aangegeven dat op grond van het inzicht dat de theorie heeft opgeleverd nieuwe voorspellingen gedaan kunnen worden. Met nieuw wordt hier bedoeld: 'Hé, daar had ik nog niet aan gedacht.' Het gehoorzaamheidsexperiment kan een wetenschapper bijvoorbeeld op het idee brengen dat dit iets verklaart van de gehoorzaamheid en wreedheid van oorlogsmisdadigers. Denk hierbij aan de discussie over de Duitse oorlogsmisdadigers uit de Tweede Wereldoorlog (*Befehl ist Befehl*) (zie kader 2).

Kader 2

Zijn de meeste mensen potentiële moordenaars?

Een van de beroemdste experimenten uit de psychologie is van Stanley Milgram. Dit experiment werd begin jaren zestig van de vorige eeuw in de Verenigde Staten uitgevoerd en is nog steeds onderwerp van wetenschappelijke discussie (Colman, 1989). In het experiment werd de invloed van de omgeving op gehoorzaamheid onderzocht. Milgram wierf met een advertentie een veertigtal mannelijke proefpersonen tussen de twintig en vijftig jaar oud. Hij spiegelde hun voor dat het om een experiment ging waarbij het effect van straf op leren werd onderzocht.
Stel je voor dat jij zelf proefpersoon bent bij dit experiment. Je komt in een ruimte waar je voorgesteld wordt aan de proefleider en aan een andere persoon, van wie je denkt dat hij ook op de advertentie heeft gereageerd. Die andere persoon is echter een medewerker van de proefleider. Via een loting, die doorgestoken kaart is, wordt vastgesteld wie de 'leerling' en wie de 'leraar' wordt. De medewerker wordt altijd de 'leerling' en jij wordt dus de 'leraar'. Dan wordt de 'leerling' in een aangrenzende kamer in een stoel vastgezet met een elektrode aan zijn pols. Voor jou bevindt zich een groot instrumentenbord met dertig schakelaars, beginnend met 15 volt en telkens met 15 volt oplopend tot en met 450 volt. Bij sommige schakelaars staat een waarschuwing zoals 'matige schok' (75 volt), 'heel sterke schok' (195 volt) en 'gevaar: ernstige schok' (375 volt). Bij de laatste twee staan enkel drie kruisen (XXX). Als je de schakelaar omdraait, dan hoor je een geluid en zie je de voltagemeter uitslaan. Voordat je begint, krijg je zelf een schok van 45 volt om te demonstreren dat het apparaat werkt. Dan start het experiment, de 'leerling' moet woordparen uit zijn hoofd leren, bijvoorbeeld: bij 'blauw' hoort 'doos'. Bij een fout antwoord is het de taak van de 'leraar' (jij dus) om een schok te geven, bij elke nieuwe fout wordt het voltage met 15 vermeerderd. Als je aarzelt word je door de proefleider aangespoord om door te gaan, hij verzekert je dat er niets mis kan gaan. Bij 300 volt hoor je de 'leerling' met zijn voeten tegen de muur trappen, daarna geeft hij geen

antwoord meer. De proefleider zegt dat geen antwoord geven ook fout is en hij spoort je aan door te gaan met het geven van schokken.
Voordat je verder leest: tot hoever denk je te gaan? Dit is een bekende vraag van psychologiedocenten, wellicht flauw, want ze weten hoe het afloopt. Als een docent die vraag stelt, dan zijn er meestal weinig studenten die zeggen dat ze zouden doorgaan tot het bittere einde. Als dat ook jouw antwoord is, dan verkeer je in goed gezelschap. De vraag werd aan veertig psychiaters voorgelegd. Volgens hen zou de meerderheid zich bij 150 volt tegen de proefleider verzetten en zou slechts een kleine groep gestoorden (één op de duizend, werd geschat) de maximale schok geven. Het resultaat van het experiment van Milgram was anders: tot en met het toedienen van 300 volt was geen enkele 'leraar' ongehoorzaam aan de proefleider. 65 procent van de proefpersonen ging door tot en met de maximale schok van 450 volt.
Tot zover de *beschrijving* (Colman, 1989). Hoe moet je dit resultaat *verklaren?* Er zijn drie belangrijke werkzame factoren (Raaymakers & Meeus, 1988): het aanzien of de betrouwbaarheid van de proefleider, de controle op de uitvoering en het eventuele verzet van het slachtoffer. In een ander experiment toonde Milgram aan dat wanneer er twee proefleiders waren die elkaar tegenspraken – waarmee hun aanzien werd aangetast – geen enkele proefpersoon de opdracht uitvoerde. Als de controle minder was – dit werd aangetoond in een experiment waarbij de proefleider niet lijfelijk aanwezig was, maar zijn instructies telefonisch doorgaf –, dan daalde de gehoorzaamheid zienderogen. Dat gebeurde ook in een experiment waarbij de 'leraar' de 'leerling' kon zien en soms de schok zelf moest toedienen door de hand van de 'leerling' op een plaat te drukken. In het laatste geval daalde het aantal proefpersonen dat de maximale schok toediende tot 30 procent. Was dit experiment *repliceerbaar?* Het antwoord is ja. Het experiment werd in verschillende landen herhaald met vergelijkbare resultaten. Ook in andere (meer natuurlijke) situaties werden vergelijkbare resultaten gehaald. Voorbeelden komen uit het leger (de ene soldaat die een andere soldaat schokken moet toedienen) en uit het ziekenhuis (verplegers die gehoorzamen aan een telefonische opdracht om verboden medicatie aan een patiënt te geven).
Tot slot de *heuristische* waarde. Dit experiment riep allerlei discussies op. Een van de belangrijkste was de discussie over de vraag of deze resultaten iets zeggen over oorlogsmisdaden, waarbij in het bijzonder gekeken werd naar de Duitse wreedheden tijdens de Tweede Wereldoorlog. De meningen hierover verschillen. Milgram zelf verbond zijn resultaten met de Holocaust en waarschuwde voor situaties waarbij mensen zich in extreme (hiërarchische) afhankelijkheid bevinden, zoals het leger. Anderen wijzen erop dat er in het gewone leven meer mogelijkheden zijn om te ontsnappen aan de druk van een superieur. Het thema is nog steeds actueel. Ook na de Tweede Wereldoorlog zijn er veel incidenten geweest waarbij mensen die

zich misdroegen zich beriepen op de afhankelijke gezagssituatie waarin zij verkeerden. Zij zouden 'slechts' een opdracht uitgevoerd hebben. De misstanden uit 2003 in de Abu Ghraib-gevangenis in Irak, waar gevangenen vernederd en mishandeld werden door Amerikaanse soldaten, zijn daarvan een voorbeeld.

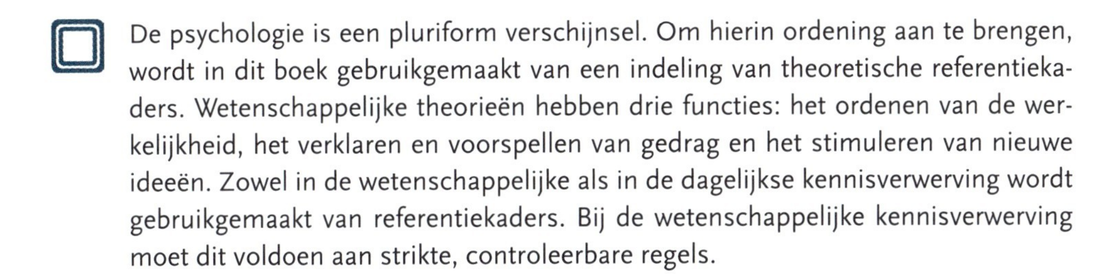

De psychologie is een pluriform verschijnsel. Om hierin ordening aan te brengen, wordt in dit boek gebruikgemaakt van een indeling van theoretische referentiekaders. Wetenschappelijke theorieën hebben drie functies: het ordenen van de werkelijkheid, het verklaren en voorspellen van gedrag en het stimuleren van nieuwe ideeën. Zowel in de wetenschappelijke als in de dagelijkse kennisverwerving wordt gebruikgemaakt van referentiekaders. Bij de wetenschappelijke kennisverwerving moet dit voldoen aan strikte, controleerbare regels.

1.4 Kenmerken van psychologische stromingen

Naast de functies zijn er andere kenmerken van psychologische theorieën of stromingen. In dit boek wordt getoond waar stromingen mede door bepaald en gekenmerkt worden. We doen dat door de geschiedenis van hun ontstaan te beschrijven en de (impliciete of expliciete) visie op de kenmerkende eigenschappen van de mens: het mensbeeld. In deze paragraaf worden de kenmerken geïntroduceerd, waarna ze in elk hoofdstuk zullen terugkeren.

1.4.1 Geschiedenis van theoretische stromingen

Historische ontwikkeling
Om de geschiedenis van de theoretische stromingen te verduidelijken, wordt een vergelijking maken met de geschiedenis van (Nederlandse) politieke partijen. Deze vergelijking werd eerder gemaakt door Van Kalmthout (1995a), waaraan een aantal voorbeelden is ontleend. De theoretische stromingen in de psychologie kennen vaak een lange geschiedenis. Ze kwamen of komen niet zomaar 'uit de lucht' vallen, maar hebben hun wortels in oude filosofische tradities en nieuwe maatschappelijke ontwikkelingen.

De start van de wetenschappelijke psychologie ligt zo'n 130 jaar achter ons, maar de filosofische tradities waaruit zij voortkwam zijn veel ouder en soms te herleiden tot de 'oude Grieken'. In 1889 werd in Parijs het Eerste Internationale Congres voor de Psychologie gehouden. Passend bij de toenmalige positieve tijdgeest was het geloof in grote wetenschappelijke vooruitgang in die periode opvallend. De toekomstige psychologie, zo dacht men, zou de mens helpen bij het vinden van zijn bestemming (Eisenga & Van Rappard, 1987). Over de manier waarop dat doel gerealiseerd moest worden, liepen de meningen uiteen. Aan de ene kant was er de opvatting dat de psychologie over een alomvattende theorie van het psychisch functioneren moest beschikken voordat er begonnen kon worden aan praktische toepassingen. In Europa was deze mening dominant. Aan de andere kant was er de opvatting waarin gesteld werd dat kennis dienstbaar moest zijn aan concrete maatschappelijke doelstellingen. De maatschappelijk problemen moesten de theorievorming bepalen. Deze mening was dominant in de Verenigde Staten. Al spoedig ontstonden er *meerdere stromingen*. Deze bestonden uit groepen wetenschappers met eigen, specifieke vraagstellingen en onderzoeksmethoden. Ze zijn te vergelijken met belangrijke maatschappelijke of geestelijke stromingen zoals het liberalisme, het socialisme, het christendom en de islam. Binnen de stromingen in de psychologie ontstond *schoolvorming*. Dit is te vergelijken met de vorming van politieke partijen.

Schoolvorming is uitstekend zolang men de andere gezichtspunten kent en er eventueel gebruik van maakt. Dit gebeurde, zeker in de eerste helft van de twintigste eeuw, niet. De scholen in de psychologie functioneerden net als de toenmalige politieke partijen: ze bestreden elkaar, vonden andere bevindingen irrelevant of gevaarlijk en sloten zich af door eigen taalgebruik. Elke school ontwikkelde specifieke begrippen waar we nu nog mee te maken hebben. Ook richtten ze eigen verenigingen op met alles wat daarbij hoort: congressen, tijdschriften (waarin alleen de leden mochten publiceren) en een cultuur waarin wetenschappers die afweken van de 'juiste lijn' werden uitgestoten. Vergelijkbare ontwikkelingen kenden de politieke partijen. Hoewel de onderlinge strijd nog wel eens opvlamt (zie kader 3), is de periode van extreme verkettering achter de rug. Dit is te zien aan het gegeven dat binnen de scholen weer verschillende accenten gelegd worden. Net als een politieke partij verschillende vleugels kent (zoals een linker- en rechtervleugel), zo worden ook in scholen verschillende accenten gelegd. 'De' psychoanalyse bestaat niet meer, er zijn verschillende soorten psychoanalyse. Naast de grotere vrijheid bínnen de scholen, is er de laatste jaren een nog steeds toenemende samenwerking tússen de verschillende scholen. De verkettering van jaren geleden is voorbij. Een vergelijkbare ontwikkeling was in de jaren negentig van de vorige eeuw in de Nederlandse politiek te zien. Er werd een 'paars' kabinet gevormd, met daarin onder andere de PvdA en de VVD. Dit was pakweg twintig jaar daarvoor ondenkbaar geweest.

Cultuurhistorische bepaaldheid

Net als politieke partijen zijn psychologische stromingen een product van de tijd. Het is (achteraf) altijd te verklaren waarom bepaalde stromingen juist op een bepaald moment ontstonden. Ze voorzagen namelijk in de behoefte van die periode en vertegenwoordigden waarden en normen die op dat moment van maatschappelijk belang waren.

Op elkaar reageren
Als bestaande partijen een belangrijk maatschappelijk probleem verwaarlozen, wordt er dikwijls een nieuwe partij opgericht die zich juist daarmee gaat bezighouden. In Europa is dit te illustreren aan de hand van de verwaarlozing van het milieu als item in de politiek. In de jaren zeventig en tachtig van de vorige eeuw werden er 'groene' partijen opgericht. In de jaren negentig gebeurde er in Nederland iets vergelijkbaars toen er verschillende 'ouderenpartijen' werden opgericht en in het begin van deze eeuw zagen we de opkomst van de (plaatselijke) Leefbaar-partijen. Het ontstaan van psychologische stromingen kent hetzelfde mechanisme. Zoals later nog beschreven zal worden, verwaarloosde het behaviorisme de cognitieve eigenschappen van mensen (zoals het denken en het geheugen). Er ontstond een stroming waarin juist dit aspect bestudeerd wordt: de cognitieve psychologie.

Slingerbeweging
Binnen de politiek zijn de ontwikkelingen te vergelijken met de slingerbeweging van een pendule. Om een actueel voorbeeld te nemen: eind jaren vijftig van de vorige eeuw werd het onderwijs in Nederland, vanwege een vermeende achterstand op de toenmalige Sovjet-Unie, gestimuleerd. In de jaren tachtig en negentig werden het onderwijs bezuinigingen opgelegd. Toen de eerste tekst van dit boek in de jaren negentig werd geschreven, werd de voorspelling gedaan dat deze bezuinigingen tot een achterstand zouden leiden. Dit zou weer leiden tot het stimuleren van het onderwijs met extra geld en dat is ook wat – zij het mondjesmaat – gebeurde in het begin van de huidige eeuw. Binnen de psychologie, en vooral binnen de psychotherapie, vinden c.q. vonden vergelijkbare ontwikkelingen plaats. Rogers (hoofdstuk 4) kwam in de jaren vijftig van de vorige eeuw met een non-directieve vorm van hulpverlening. Dat was een reactie op de toen geldende autoritaire vormen van hulpverlening. In de jaren tachtig en negentig was de slinger weer op de 'terugweg': directieve hulpverleningstechnieken kenden een snelle opkomst. De psychoanalyse (hoofdstuk 2) is lang niet meer zo dominant als zestig jaar geleden. Maar voor onderwerpen die verwant zijn aan de psychoanalyse – zoals het onbewuste, de persoonlijkheidsstoornis, meervoudige persoonlijkheid en hypnose – bestaat een hernieuwde belangstelling, zij het vanuit andere invalshoeken.

Gebruikmaken van elkaar
Politieke partijen nemen elkaars standpunten over, waarbij deze naar eigen inzicht worden aangepast. Een dergelijke ontwikkeling is er ook in de hedendaagse psychologie. Zo hoort het begrip 'onbewuste' traditioneel thuis in de psychoanalyse, maar wordt het tegenwoordig vanuit het referentiekader van de cognitieve psychologie bestudeerd. Binnen de politiek zien we partijen verdwijnen en fuseren. Zo is het CDA een fusie van drie christelijke partijen en GroenLinks een fusie van drie linkse partijen. De oorspronkelijke partijen hadden te weinig draagvlak. Binnen de psychologie en vooral binnen de psychotherapie waren er soortgelijke

ontwikkelingen. Een stroming als de gestalttherapie is bijvoorbeeld (tijdelijk?) 'uit'. Fusies in de psychologie zijn te illustreren aan de hand van de hedendaagse gedragstherapie waarin behavioristische en cognitieve opvattingen samengaan. Een relatief nieuwe ontwikkeling als directieve therapie is op haar beurt een kruisbestuiving tussen gedragstherapie en systeemtheorie. De samenwerking in de psychologie is, net als het ontstaan van scholen en stromingen, historisch en cultureel bepaald. Er is een toenemende behoefte aan flexibele en pragmatische opvattingen. Zoals men in de politiek tegenwoordig sceptisch staat tegenover alomvattende systemen en universele pretenties (denk aan de ineenstorting van het communistisch wereldbeeld), zo geldt dat ook voor de psychologie. 'Men is geneigd pragmatisch te werk te gaan, ambities niet te hoog te stellen en overal wat in te zien' (Van Kalmthout, 1995a: p. 173).

Nadruk op effectiviteit

Halverwege de jaren negentig startte een ontwikkeling – vooral binnen de hulpverlening, waaronder de psychotherapie – die waarschijnlijk van grote invloed zal zijn. In toenemende mate wordt van hulpverleningsmethoden verlangd dat bewezen is dat ze effectief – werkzaam – zijn (*evidence based*). Dat lijkt een open deur, maar dat is niet het geval. De laatste jaren wordt, in navolging van de medische wetenschap, van de hulpverlening verwacht dat de toegepaste methoden onderzocht worden op effectiviteit. Als effectiviteit niet bewezen kan worden, dan kan dat bijvoorbeeld gaan betekenen dat er geen geld beschikbaar wordt gesteld of dat de verzekering de hulpverlening niet meer dekt (Kaasenbrood, 2001; Konijn, 2003). De exacte gevolgen van deze ontwikkeling zijn nog niet te overzien, maar zullen waarschijnlijk aanzienlijk zijn. Zo gaan er steeds meer stemmen op (zie ook kader 3) om de psychotherapie niet in scholen te organiseren, maar in specialisaties in bepaalde problematiek: bijvoorbeeld 'rouwdeskundigen' of 'angstdeskundigen' en niet meer 'psychoanalyse' of 'non-directieve psychotherapie' (Boer, 2002; Van den Hout, 2002). Ook dit is een pragmatische aanpak, maar niet zodanig dat 'overal wat in gezien wordt'. Er is minder nadruk op de theoretische uitgangspunten en meer op praktisch nut. Het is een oude discussie, die ook al op het eerste internationale psychologiecongres uit 1889 plaatsvond. Elk volgend hoofdstuk kent een paragraaf 'kanttekeningen' waarin op deze nieuwe ontwikkeling ingegaan zal worden.

Aan de hand van de slingerbeweging valt te voorspellen dat de huidige periode van samenwerking en pragmatische inslag gevolgd zal worden door een periode waarin het eigen gelijk weer centraal zal staan. In de politiek zijn daar al voorbeelden van in de vorm van de opkomst van fundamentalistische bewegingen. De voorkeur van de schrijver van dit boek ligt bij de pragmatische aanpak. Elk verschijnsel, zo luidt zijn standpunt, is op verschillende manieren te bekijken; elke visie kent zijn sterke en zwakke punten. De roep om bewezen effectiviteit is terecht en in lijn met een eerder besproken belangrijk kenmerk van theorieën, namelijk dat de (wetenschappelijke) resultaten herhaalbaar moeten zijn. In de praktijk blijken er echter veel haken en ogen aan te zitten (Hutschemaekers & Van Kalmthout, 2004).

1.4.2 Mensbeelden bij theoretische stromingen

Iedere psychologische stroming is te karakteriseren aan de hand van een – meer of minder uitgewerkt – mensbeeld. Hierin komt tot uitdrukking hoe 'de mens' opgevat wordt. Mensbeelden bestaan niet alleen binnen (mens)wetenschappen, wij hebben allemaal een opvatting over wat typisch menselijk is. Deze opvattingen zijn historisch, cultureel en religieus bepaald. Eisenga c.s. (1987) omschrijven een mensbeeld onder andere als een 'voorbeeld ter navolging'. Ze verwijzen hierbij naar naamsvernoeming: in de middeleeuwen was het gewoonte om iemand naar een heilige te vernoemen. Het leven van de heiligen was uitvoerig vastgelegd en daarvan kon afgeleid worden hoe iemand zijn eigen leven diende in te richten.

Een mensbeeld kent *twee aspecten* (ibidem): *een beschrijving van de kenmerkende eigenschappen* (de bodem van het menselijk bestaan) en *een verwijzing hoe mensen behoren te zijn* (het zogenaamde doelbeeld). Bij de kenmerkende eigenschappen gaat het onder andere om het verschil tussen mensen en dieren of om het verschil tussen kinderen en volwassenen. Het doelbeeld is meer een morele visie. Daarin staat centraal hoe een mens zich behoort te gedragen. Met het doelbeeld sturen we ons eigen handelen aan en beoordelen we het gedrag van anderen. De uitspraak 'dat is onmenselijk' bijvoorbeeld is gebaseerd op een doelbeeld. Als zoiets gezegd wordt, laat men zien hoe mensen zich behoren te gedragen.

Mensbeelden worden beïnvloed door historische, culturele en religieuze invloeden, in de geschiedenis zijn daarvan voorbeelden terug te vinden. Zo wordt in de huidige tijd (in de westerse cultuur) uitgegaan van de gelijkheid van mensen. Dit is in de grondwetten van verschillende landen vastgelegd. De 'oude Grieken' kenden echter de opvatting dat slaven en vrouwen geen volwaardige mensen waren. Het mens-zijn werd alleen bereikt door de vrije man (Van Olst, 1990). In de middeleeuwen stond in het Westen de religieuze oriëntatie centraal in het mensbeeld. Het belang van het individu was ondergeschikt aan de mate waarin het gemeenschappelijke ideaal van het ware christelijke leven werd bereikt. Na de middeleeuwen – in de renaissance – ontstond aandacht voor de individuele verantwoordelijkheid. Die verschuiving werd versterkt doordat er binnen de christelijke ideologie een splitsing was ontstaan (katholieken versus protestanten). Er was geen overkoepelend wereldbeeld meer: men moest kiezen. Deze ontwikkeling heeft zich voortgezet en de nadruk op de individuele verantwoordelijkheid is heden ten dage in het Westen groot.

Het is goed te beseffen dat in andere culturen de individuele verantwoordelijkheid niet per se benadrukt wordt. In niet-westerse culturen kan meer de nadruk gelegd worden op de groep of de familie, waar het individu dan ondergeschikt aan is. Deze culturen worden fijnmazig genoemd (Pinto, 1994). Er is minder ruimte voor het individu en meer ruimte voor groepsbelangen. Ook kan er meer belang worden gehecht aan een religieuze oriëntatie. Mensbeelden hebben ook consequenties voor opvattingen over gezondheid en ziekte. Zo worden in het dominante mensbeeld van het Westen de hersenen centraal gesteld (vroeger was dat 'de ziel'). Dat blijkt uit richtlijnen bij donortransplantaties van verkeersslachtoffers of andere zieken: daarbij moet de donor 'hersendood' zijn. In Japan daarentegen wordt het hart als de essentie van de mens gezien en is iemand dood als zijn hart niet meer klopt. Ondanks het hoge niveau van de Japanse medische techniek worden er nauwelijks donortransplantaties uitgevoerd, want een verkeersslachtoffer die hersendood is, maar waarbij het hart nog wel klopt, wordt niet als potentiële donor geaccepteerd (Lock, 1995).

Psychologische stromingen of scholen kennen vaak een lange geschiedenis. De inhoud van een stroming wordt mede bepaald door de tijd en de cultuur waarin ze ontstond. In het begin van de psychologie was er geen samenwerking tussen de verschillende stromingen, maar dit is de laatste jaren veranderd. Dat uit zich in het overnemen van elkaars begrippen en het integreren van verschillende visies. Een heel recente ontwikkeling is het benadrukken van de effectiviteit van behandelingen en methodieken. De theoretische achtergrond wordt daarbij van minder belang geacht. Elke stroming heeft een meer of minder uitgewerkt mensbeeld. Daarin komt tot uiting wat als essentiële kenmerken van mensen worden gezien en hoe zij zich zouden moeten gedragen.

1.5 Indelingen van theoretische stromingen

Theoretische stromingen in de psychologie kunnen op verschillende manieren ingedeeld en onderscheiden worden (Altman et al., 1987). Het is belangrijk te weten wat voor (impliciete) vooronderstellingen door psychologische theorieën worden gebruikt. Om enige helderheid te verschaffen worden in deze paragraaf twee indelingen besproken die later in elk hoofdstuk als rode draad gebruikt worden. Met deze indelingen wordt de lezer in staat gesteld de verschillende stromingen met elkaar te vergelijken.

Allereerst wordt een indeling uit de psychologie geïntroduceerd waarmee de *mensbeelden* met elkaar vergeleken kunnen worden. Zo zijn er mensbeelden waarin een vergelijking wordt gemaakt met een statische machine en maken andere mensbeelden juist een vergelijking met een levend en groeiend organisme. Er zal aangegeven worden hoe de mensbeelden zich verhouden tot wetenschappelijke en hulpverleningsmethoden. Ten tweede wordt het *biopsychosociaal model* geïntroduceerd. Dit model is ontleend aan de systeemtheorie en wordt in verschillende wetenschappen gebruikt. Er wordt in benadrukt dat de 'menselijke werkelijkheid' in verschillende niveaus is op te delen. Er zal aandacht besteed worden aan het biologische niveau (lichaam en erfelijkheid), het psychische niveau (gedrag en cognities) en het sociale niveau (de materiële en sociale omgeving waarin mensen functioneren). In de systeemtheorie wordt benadrukt dat alle drie de niveaus een rol spelen bij het ontstaan van gedrag. Psychologische theorieën, die natuurlijk vooral op het psychische niveau zijn gericht, houden impliciet of expliciet juist wel of juist geen rekening met de andere niveaus. In elk hoofdstuk zal aangegeven worden hoe een stroming zich verhoudt tot de algemene systeemtheorie.

1.5.1 Mensbeelden in de psychologie

Om structuur te brengen in de psychologische theorieën maken we een onderscheid tussen drie niveaus van menselijk gedrag. Elk niveau correspondeert met een mensbeeld. Men maakt onderscheid tussen het niveau van het mechanisme, het organisme en de persoon (Eisenga et al., 1987; Van Olst, 1990). In moderne opvattingen wordt de visie uitgedragen dat alle drie de niveaus in menselijk gedrag aanwezig zijn, waarbij het persoonlijke niveau het hoogste en meest complexe is. Dit niveau omvat de twee andere, maar andersom is dat niet het geval: het mechanistische en organistische niveau omvatten niet het persoonlijke (zie figuur 1.1). Zoals we nog zullen zien, is de moderne opvatting dat alle niveaus in menselijk gedrag aanwezig zijn niet in elke stroming terug te vinden.

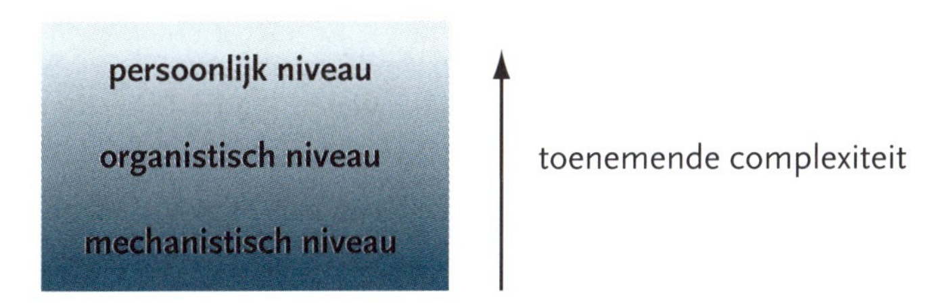

Figuur 1.1 *Menselijk gedrag is in te delen in drie niveaus. Hoe hoger het niveau, hoe complexer het gedrag.*

Het mechanistische mensbeeld
Als we de mens als een mechanisme opvatten, dan betekent dit dat hij – net als een machine – is samengesteld uit *afzonderlijke delen*. In deze visie bewaren de onderdelen hun afzonderlijke eigenschappen, ook al zijn ze deel van een groter geheel. Mensen worden beschreven als mechanieken die door *externe krachten* worden voortbewogen. Het is zaak om deze krachten te beschrijven zodat inzicht ontstaat in de oorzaken van menselijk gedrag. Dit mensbeeld heeft ertoe geleid dat mensen en menselijk gedrag vergeleken werden met (delen van) machines en apparaten. Voorbeelden zijn het horloge (drijfveer), de stoommachine (driften), een telefooncentrale (input-output) en de computer (informatieverwerking) (Eisenga et al., 1987).

De mechanistische visie houdt in dat delen van mensen *zelfstandig bestudeerd kunnen worden*. Mensen worden daarbij gereduceerd tot radertjes of spiraaltjes, om in de beeldspraak te blijven. Het betekent ook dat mensen bestudeerd kunnen worden *los van de sociale of materiële omgeving* waarin ze functioneren. Een voorbeeld uit de psychologie dat in deze traditie past is het behaviorisme (hoofdstuk 3). Ook onderdelen uit de biologische en cognitieve psychologie passen in dit mensbeeld. Het mechanistische mensbeeld heeft vier implicaties:

1 Er wordt geen principieel onderscheid tussen dieren en mensen gemaakt. Beiden worden opgevat als machines, waarbij de mens hooguit ingewikkelder is. Er wordt dan ook gebruikgemaakt van resultaten uit dierexperimenten.
2 Het verklaringsmodel dat wordt gebruikt is lineair causaal. Dat betekent dat er een oorzaak (of oorzaken) voor gedrag wordt gezocht (causaal) en dat het verband tussen oorzaak en gedrag rechtlijnig (lineair) is. A veroorzaakt B. De beeldspraak 'er zit een draadje bij jou los' slaat op dit verklaringsmodel.
3 Er wordt van uitgegaan dat als alle onderdelen bekend zijn, we het geheel kennen. Als we alle stofjes in en onderdelen van de hersenen zouden kennen, dan zouden we ook weten hoe ze als geheel functioneren. In deze visie is het geheel gelijk aan de som der delen.
4 Mensen en onderdelen van mensen kunnen zelfstandig bestudeerd worden zonder daarbij rekening te houden met de omgeving waarin zij verkeren.

Het organistische mensbeeld

In het organistische mensbeeld worden mensen opgevat als groeiende organismen, als *één geheel*. Er vindt geen opdeling plaats. Het organisme kent een interne dynamiek: de onderdelen beïnvloeden elkaar en zijn niet los van elkaar te zien. Het is geen 'statisch maaksel' (zoals een machine), maar een 'levend groeisel' (Eisenga et al., 1987). Als het organisme groeit, dan verandert het kwalitatief: het verkrijgt nieuwe vermogens. Als voorbeeld kan het groeiende kind dienen dat telkens – soms sprongsgewijs – nieuwe capaciteiten verwerft. Naast de *interne dynamiek* veronderstelt het organistische mensbeeld ook een *externe dynamiek*. Het organisme staat in wisselwerking met zijn omgeving. Het organisme (de mens) wordt beïnvloed door de omgeving en beïnvloedt zelf de omgeving. Daarom is het niet zinvol om gedrag te bestuderen zonder rekening te houden met de sociale en materiële omgeving. Organistische opvattingen zijn bij een aantal stromingen terug te vinden. Het meest uitgesproken is dat het geval bij de theorie over het gezinsinteractiesysteem (hoofdstuk 6) en de omgevingspsychologie (hoofdstuk 7). Maar ook onderdelen uit de cognitieve (hoofdstuk 5) en de biologische psychologie (hoofdstuk 8) gebruiken dit mensbeeld. Het organistische mensbeeld heeft vier implicaties:

1 Er worden ook vergelijkingen getrokken tussen mensen en dieren. Beiden zijn organismen die in wisselwerking staan met hun omgeving. Er wordt wel uitgegaan van één verschil: mensen hebben een sociale of culturele omgeving, die bij dieren ontbreekt.
2 Het verklaringsmodel dat wordt gebruikt is circulair causaal. Dit betekent dat er níet van uit wordt gegaan dat er eenduidige relaties zijn tussen een oorzaak

en een gevolg. Er is juist sprake van een wisselwerking: A veroorzaakt mede B en B veroorzaakt mede A. Bijvoorbeeld: een kind is ongehoorzaam, waardoor ouders strenger worden. Daardoor wordt het kind nog ongehoorzamer en worden de ouders nog strenger, enzovoorts.

3 Er wordt uitgegaan van de stelling dat het geheel meer is dan de som der delen. Een organisme is principieel meer dan een optelsom van zijn spieren, zenuwbanen, organen, enzovoorts.
4 Mensen zijn niet los van hun omgeving te bestuderen. En delen van mensen zijn niet los van het geheel te bestuderen.

Het personalistische mensbeeld

In de personalistische visie wordt het *unieke* karakter van mensen binnen de levende natuur benadrukt. Mensen leiden niet alleen een biologisch, maar ook een cultureel leven. Zij worden niet alleen beïnvloed door de cultuur, maar *scheppen zelf cultuur*. Dit is een essentieel verschil met de organistische visie, waarin deze bijzondere (culturele) positie van mensen niet benadrukt wordt. Dat de mens zelf zijn wereld schept, betekent ook zeggen dat hij *zin of betekenis verleent* aan de wereld. Vragen als 'waartoe zijn wij op aarde?' en 'wat is de zin van het leven?' worden binnen het personalistische mensbeeld serieus genomen. Thema's als geloof en spiritualiteit horen in dit mensbeeld thuis. Het grenst aan de 'huis-tuin-en-keuken'opvattingen van de 'niet-wetenschappelijke' mens. Ook deze zien mensen vooral als één geheel dat niet alleen in wisselwerking staat met de omgeving, maar er mede vorm aan geeft. Het personalistische mensbeeld benadrukt in tegenstelling tot de twee andere mensbeelden juist het verschil tussen mensen en dieren. Zo wordt gewezen op typisch menselijk verondersteldе eigenschappen als taal, muziek, creativiteit en religie (Ramachadran & Blakeslee, 1998). Met deze eigenschappen zijn mensen niet alleen in staat om in het 'hier en nu' te leven, maar kunnen ze zichzelf ook voorstellen in de toekomst, het verleden of zelfs het hiernamaals. Bij mensen staat daarom het *doelgericht handelen* centraal. Omdat zij zich de toekomst kunnen voorstellen, zijn ze ook gemotiveerd om iets in de toekomst te bereiken. Dit wordt gezien als een essentieel verschil met dieren. De ontwikkeling in mensvisie die tijdens de renaissance werd ingezet, namelijk dat mensen doelgericht te werk gaan en verantwoordelijk gesteld kunnen worden voor de keuzen die ze maken, keert vooral terug in het personalistische mensbeeld. Dit mensbeeld is terug te vinden in sommige vormen van de psychoanalyse (hoofdstuk 2), maar vooral in het humanistisch denken (hoofdstuk 4). Het personalistische mensbeeld heeft drie implicaties:

1 Mensen moeten als mens bestudeerd worden. Vergelijkingen met dieren schieten tekort, omdat deze geen cultureel leven kennen. Kennis uit dierexperimenten wordt als ontoereikend gezien.
2 Mensen moeten als één geheel bestudeerd worden: het 'opknippen' van de mens in afzonderlijk te bestuderen deeltjes wordt afgewezen. Dit standpunt komt overeen met het organistisch denken.

3 Mensen handelen doelgericht, hun gedrag heeft 'zin' en juist die zingeving moet bestudeerd worden. Daarnaast zijn mensen zelf (in ieder geval gedeeltelijk) verantwoordelijk voor hun gedrag. Zij zijn geen willoze speelballen die geheel afhankelijk zijn van sociale omstandigheden of erfelijke aanleg.

Methoden in de psychologie

Zowel de methoden van kennisverwerving uit de psychologie als de hulpverleningsmethoden zijn gedeeltelijk terug te voeren op het gebruikte mensbeeld. Grof geschetst bestaan er al sinds het ontstaan van de psychologie *twee benaderingen* in de (wetenschappelijke) kennisverwerving. Hieronder worden deze besproken en vervolgens nog een derde variant, die later belangrijk werd.

In de eerste benadering, die vooral correspondeert met het mechanistische en soms het organistische mensbeeld, worden de *objectiviteit en controleerbaarheid van de kennisverwerving* centraal gesteld. Kennis moet verkregen worden door objectieve verbanden aan te tonen en door algemeen geldende wetten (geldend voor het gedrag van alle mensen) te formuleren. Om dit te bereiken wordt het gedrag van mensen opgedeeld in en gereduceerd (beperkt) tot kleine delen die goed te controleren en te meten zijn. Deze benadering wordt toegepast op observeerbaar gedrag, immers alleen daarover vallen objectieve conclusies te trekken. Gedachten van mensen, om een redenatie uit deze benadering te noemen, zijn principieel subjectief en daarom niet geschikt voor wetenschappelijke studie. Deze benadering wordt ook wel de 'harde' kant van de psychologie genoemd. Men bedoelt dan vooral harde cijfers en verbanden. Een bekende onderzoekstechniek uit de psychologie, namelijk de vragenlijsten, is ook met deze methode verbonden. Met de begrippen objectiviteit, reductionisme en *verklaren* is deze goed te typeren. Ze leverde én levert veel kennis op, maar desondanks zijn er ook bezwaren tegen. Vooral binnen het behaviorisme wordt met de verklarende benadering gewerkt en ook het bewijzen van effectiviteit van hulpverlenings- en opvoedingsmethoeden (evidence based) past hierin.

De tweede benadering stelt de retorische vraag of de verklarende benadering 'de hele mens' omvat. Het antwoord hierop is nee. De mens is principieel meer dan een optelsom van onderdeeltjes. En kennis over mensen is dus meer dan kennis over onderdeeltjes van mensen. Een (methodische) benadering waarin uitgegaan wordt van mensen als complexe gehelen wordt de '*verstehende*' (begrijpende) methode genoemd. Iemand die deze methode hanteert, 'kruipt in de huid' van een uniek persoon om te proberen te begrijpen wat hem motiveert of emotioneert. Dit wordt wel de 'zachte' kant van de psychologie genoemd. Vooral binnen de psychotherapie en algemener binnen de hulpverlening wordt deze methode toegepast. Belangrijke begrippen zijn: subjectiviteit, complexiteit (de mens als één groot geheel) en *verstehen* (begrijpen). Dat binnen de psychologie de meningenstrijd over de gewenste methode nog niet gestreden is, wordt in kader 3 geïllustreerd.

Kader 3

Kan psychologie ook een harde wetenschap zijn?

In *de Volkskrant* van 22 oktober 1994 stond een interview met de psycholoog H. Merckelbach. Hij werd toentertijd gezien als de *young coming man* onder de Nederlandse psychologen en heeft die verwachting helemaal waargemaakt: hij is inmiddels professor. Het antwoord van Merckelbach op de vraag of psychologie een harde wetenschap kan zijn, is zonder meer ja. Sterker: hij vindt dat de psychologie hard móét zijn. Een tweetal citaten om aan te geven wat de mening van Merckelbach is over sommige psychologische praktijken. Het is aan de lezer om zich er een eigen mening over te vormen.

> *'Ik vind het treurig dat angst en depressies op grote schaal worden behandeld met psychoanalyse of rogeriaanse therapie terwijl er een aantal superieure theorieën is die onderzocht zijn. Van de psychoanalyse, de rogeriaanse therapie en de gestalttherapie moet ik het eerste goede onderzoek nog zien.' Goed onderzoek in de psychologie moet volgens Merckelbach voldoen aan de regels die ook voor natuurwetenschappelijk onderzoek gelden. 'Ik zie niet in waarom de sociale wetenschappen anders zouden zijn, waarom de spelregels van de natuurwetenschappen niet voor de psychologie zouden gelden. Wat is het verschil tussen het verklaren van het gedrag van dieren en dat van mensen? Ik zie geen verschil tussen onderzoek op het niveau van de chemie, de fysiologie en het gedrag.'*

En later in het interview:

Dat niet-werkzame theorieën opgeld doen, heeft volgens Merckelbach te maken met de manier waarop de psychotherapie georganiseerd is. Wie psychotherapeut wil worden, moet zich bekwamen in bijvoorbeeld de psychoanalyse, anders krijgt hij geen bevoegdheden. En de opleidingsinstituten worden gedragen door de verschillende beroepsverenigingen, die sektarisch van karakter zijn. 'Je hebt afzonderlijke verenigingen voor psychoanalyse, voor rogeriaanse therapie, voor gestalt, die nauwelijks over de grenzen van hun gebied kijken en daardoor niet openstaan voor vernieuwing. Het is alsof je in de psychofarmacologie afzonderlijke verenigingen zou hebben voor voorschrijvers van Prozac, valium en benzodiazepines. Dat zou toch belachelijk zijn?' Alleen de gedragstherapie, de cognitieve therapie en de psychofarmacologie worden aan gedegen onderzoek onderworpen, stelt Merckelbach (Evenbij, 1994).

Bij de verstehende methode is een kanttekening op zijn plaats. Zoals ze hier wordt beschreven, lijkt deze methode 'theorieloos'. De laatste jaren wordt binnen verschillende wetenschappen echter juist aangegeven dat elke waarneming, ook van een hulpverlener, 'theoriegeladen' is (zie 1.3). Zich zomaar verplaatsen in een ander gaat feitelijk niet, eigen interpretatiekaders worden altijd meegenomen. En dat is maar goed ook. Stel dat een hulpverlener iemand moet helpen die is 'vastgelopen' en het niet meer ziet zitten. Een honderd procent verstehende aanpak zou dan betekenen dat de hulpverlener in dezelfde situatie terecht zou komen, dat hij ook zou vastlopen. In hulpverlening wordt echter geprobeerd om verklaringen te vinden voor het vastlopen en om oplossingen te bedenken. Daarbij gebruikt men kennis, zoals de kennis uit dit boek.

De methode die uitgaat van 'theoriegeladen' waarneming in de hulpverlening wordt *hermeneutisch* genoemd. Niet zozeer het waarnemen, maar het *interpreteren* wordt centraal gesteld. Dit interpreteren geschiedt vanuit eerder opgedane kennis. Met deze kennis komt iemand tot het begrijpen van (delen van) het gedrag van mensen. De hermeneutische methode zoekt niet zozeer naar wetten, zoals de verklarende methode, maar naar wat gebeurtenissen, situaties, enzovoorts *betekenen* voor mensen. Ze sluit aan op het personalistische mensbeeld. In hoofdstuk 2 (psychoanalyse) en hoofdstuk 5 (sociaalconstructionisme) wordt nader op deze methode ingegaan.

Hoe moeten we gebruikmaken van de mensbeelden en methoden?

Voordat we verder gaan is het goed om stil te staan bij de toepassingen van de mensbeelden en methoden uit de psychologie. Een logische vraag is of een van deze mensbeelden de beste is. Toch is dat geen zinvolle vraag. Het is ongewenst om de mensbeelden of stromingen tegen elkaar uit te spelen. Zij hebben elk hun sterke en zwakke kanten. Het gaat er juist om ze allemaal te kunnen gebruiken en toe te passen. Daarmee wordt bedoeld dat een hulpverlener of opvoeder de manier van kijken uit een bepaalde stroming toepast als hij met een bepaalde problematiek geconfronteerd wordt. Toepassen is het gebruikmaken van de verschillende methodieken die deze stromingen hebben opgeleverd. Er is een tweetal argumenten voor dit standpunt. Het eerste argument is pragmatisch, het tweede komt voort uit hersenonderzoek.

1 Met de begrippen 'bril' (Rigter, 2004) of 'zoeklicht' zijn de functies van theoretische stromingen te verduidelijken. Elke stroming levert een bril waarmee men de werkelijkheid waarneemt en interpreteert. Een andere bril levert een andere kijk op de werkelijkheid. Van bril veranderen kan verrassend andere gezichtspunten opleveren. Op zich is er niets mis mee dat een stroming bepaalde aspecten uit de werkelijkheid benadrukt en andere verwaarloost. Maar we moeten nooit vergeten dat elke stroming per definitie eenzijdig is. Het toepassen van begrippen en verklaringen uit een specifieke stroming op een hulpverleningssituatie levert een zoektocht op. Afhankelijk van de bruikbaarheid

van de antwoorden is iemand er wel of niet tevreden mee. Stringent vasthouden aan één zienswijze, los van de resultaten die het oplevert, leidt tot blikvernauwing. De enige manier om 'blinde vlekken' te voorkomen is het besef dat elke stroming een deel van de werkelijkheid benadrukt en een ander deel bewust 'tussen haakjes' zet. Met de 'eenzijdigheid' die in elke stroming meer of minder aanwezig is, is goed om te gaan door verschijnselen binnen een groter geheel te plaatsen. De algemene systeemtheorie (1.5.2) levert daar een kader voor.

Een voorbeeld ter illustratie. Stel dat een hulpverlener te maken krijgt met een patiënt die enige tijd geleden een beroerte heeft gehad waardoor hij eenzijdig verlamd is geraakt. De hulpverlener moet nu proberen inzicht te krijgen in het huidige functioneren van de patiënt en in diens toekomstperspectieven. Als deze praktische kwesties achtereenvolgens door een mechanistische, een organistische en een personalistische 'bril' bekeken worden, dan komen de patiënt en zijn (on)mogelijkheden steeds anders 'in beeld' en bieden zich verschillende interpretaties en daarvan afgeleide hulpverleningsmogelijkheden aan.

De mechanistische visie wordt gebruikt door de arts. Hij probeert een verklaring te vinden voor de beroerte en voorspelt op grond daarvan de kans op herhaling. Dit is zinvol causaal denken, waarbij de personalistische visie nutteloos is. Ook de reacties van belangrijke anderen uit de omgeving van de patiënt kunnen vanuit een mechanistische visie bezien worden. De handicap kan ziektewinst opleveren. De omgeving van de patiënt stelt bijvoorbeeld minder eisen aan hem, omdat hij 'zielig' is, terwijl hij wellicht in staat is om vaardigheden nog zelf uit te voeren. Met causale relaties (ziekte levert beloning op) kan verklaard worden waarom de patiënt passief blijft.

De organistische visie maakt andere verschijnselen duidelijk. De gehandicapte persoon zal zich zowel naar binnen (lichamelijk) als naar buiten (de relatie met de omgeving) aanpassen. Lichamelijk kunnen sommige functies verstevigd worden die de oude, weggevallen functies vervangen. Het is opvallend hoe flexibel onze hersenen daarin zijn (Sacks, 1995; Sitskoorn, 2006). Hetzelfde zal te zien zijn bij de interactie tussen de persoon en zijn omgeving. Daar zal naar een nieuw evenwicht gezocht worden door de materiële omgeving aan te passen (bijvoorbeeld met een rolstoel en een traplift) en door de sociale omgeving te instrueren hoe zij het beste met de patiënt om kan gaan. Uit onderzoek blijkt (Visser-Meily et al., 2005) dat kinderen van een ouder die door een beroerte getroffen is daar nog lang last van kunnen houden. Kort na de beroerte bleek meer dan de helft van dergelijke kinderen problemen te ondervinden, wat zich uitte in depressieve en gedragsmatige klachten. Na een jaar was dat nog bij een derde van alle kinderen het geval. Dit verschijnsel is nooit te begrijpen met een mechanistische visie waarin geen rekening wordt gehouden met de wisselwerking tussen een persoon en zijn omgeving. De organistische visie biedt hiertoe wel een zinvol kader.

Tot slot geeft de personalistische visie ons inzicht in de wijze waarop een uniek persoon omgaat met zijn handicap. De twee andere ('lagere') niveaus bepalen gedeeltelijk deze wijze. Maar er is altijd een 'persoonlijk' aspect dat niet is te herleiden tot de lagere niveaus. Een voorbeeld daarvan is het opvallende verschijnsel dat mensen die een ernstige handicap of ziekte krijgen dat maar zelden accepteren als een vorm van pech hebben. Er is vrijwel niemand die zoiets overkomt die dan zegt: 'Ja, één op de tienduizend mensen krijgt dit, en toevallig hoor ik daarbij.' Vrijwel elk slachtoffer maakt een 'verhaal', een persoonlijke verklaring. Daarmee geeft iemand een interpretatie aan wat hem overkwam. Het verhaal is meestal de eerste stap naar nieuwe zingeving aan het leven met een handicap of ziekte. Het begrijpen en interpreteren van het verhaal is het niveau waarop de personalistische visie zich begeeft.

2 Behalve het pragmatische argument is er een argument dat voortkomt uit hersenonderzoek. Menselijke hersenen worden wel voorgesteld als een gebouw dat uit drie lagen bestaat (Vroon, 1989; 1992). Deze drie lagen verschillen evolutionair gezien in leeftijd. De eerste en evolutionair gezien oudste laag, zeg maar het fundament van het gebouw, omvat onder andere de hersenstam. Deze laag wordt wel het 'reptielenbrein' genoemd. Hier worden vooral de automatismen van ons gedrag geregeld, zoals instincten, reflexen en ander 'vanzelfsprekend' gedrag als slapen en ademhalen. De tweede laag bestaat vooral uit het limbische systeem, dat bij zowel mensen als dieren onder meer de emoties regelt. Deze laag wordt wel het 'zoogdierenbrein' genoemd. De derde ('buitenste') laag is de nieuwe hersenschors (neocortex). Dit is het 'mensenbrein' en hier worden typisch menselijke mogelijkheden geregeld zoals taal, denken, persoonlijkheid en levensbeschouwingen.
Voor ons zijn twee implicaties van dit model belangrijk. Allereerst blijkt dat het functioneren van de drie lagen, net zoals bij de mensbeelden, oploopt in complexiteit. De onderste laag functioneert mechanistisch, wat met causale wetten goed te beschrijven is. Bij het functioneren van de bovenste laag staat juist het begrip intelligentie centraal. Leerprocessen die in de hersenschors geregeld worden, zijn te typeren als argumenteren, overwegen en zin geven. Dit betekent dat het gedrag van mensen door verschillende hersenlagen bestuurd wordt en dat elke hersenlaag vraagt om een eigen benadering. Ten tweede impliceert dit model dat het functioneren van de 'bovenste' laag afhankelijk is van de lagen eronder. Ook dit is te vergelijken met het model van de drie mensbeelden. Mensen kunnen niet functioneren zonder de hersenstam, maar functioneren zonder de neocortex is wel enigszins mogelijk. Denk hierbij aan dementie (Vroon, 1992), waarbij de hersenschors als eerste aangetast wordt. Bij beginnende dementie verdwijnen de intelligente functies zoals planning en geheugen. Emoties zoals agressie en seksualiteit en basale functies zoals ademhalen en eten worden niet of pas veel later in het ziekteproces aangetast.

Wat voor de theoretische stromingen geldt, namelijk dat zij allemaal zinvol zijn, geldt ook voor de methoden uit de psychologie. Als we ons beperken tot de verklarende en de begrijpende methode, dan kan gesteld worden dat ze elkaar aanvullen. Als we bijvoorbeeld in het onderwijs te maken krijgen met een kind met een fobie (een extreme angst voor een object of situatie), dan zou het slecht zijn de resultaten uit wetenschappelijk onderzoek niet te gebruiken. Het ontstaan van fobieën (zie hoofdstuk 3 en 5) is goed te verklaren aan de hand van een mechanistisch model en met behulp van verklarende methoden. Willen we echter begrijpen wat iemand meemaakt tijdens zijn fobie, dan ligt de verstehende methode voor de hand.

Theoretische stromingen uit de psychologie baseren zich op een mensbeeld. Dit weerspiegelt een maatschappelijk bepaalde opvatting over kenmerkende eigenschappen van mensen en hoe mensen horen te zijn. De verschillende mensbeelden verschillen qua complexiteit. Er is een mechanistisch mensbeeld (de mens als machine); een organistisch mensbeeld (de mens als levend organisme) en een personalistisch mensbeeld (de mens als organiserend en scheppend wezen). De mensbeelden in de psychologie hangen samen met verschillende methoden van kennisverwerving en hulpverlening. Er zijn grofweg drie methoden. De twee bekendste zijn de verklarende en de verstehende methode. De derde, meer recente methode is de hermeneutische. Het is niet zinvol om de verschillende mensbeelden en methoden tegen elkaar uit te spelen. Het gaat er juist om dat een hulpverlener of opvoeder gebruik weet te maken van verschillende inzichten.

1.5.2 De algemene systeemtheorie

In de psychologie kan dus gebruikgemaakt worden van verschillende theoretische gezichtspunten, zonder deze tegen elkaar uit te spelen. Dit is uit te breiden naar een integratie van verschillende wetenschappen. Om systematiek aan te brengen in de complexe werkelijkheid én om de verschillende inzichten uit diverse wetenschappen te integreren, gebruikt men in de wetenschap sinds een aantal decennia de *algemene systeemtheorie* (AST). Deze theorie biedt een *overkoepelend kader* waarbinnen zowel verschillende wetenschappen als de uiteenlopende inzichten uit al deze wetenschappen hun plaats krijgen. De AST wordt een *metatheorie* genoemd, dat wil zeggen een theorie over theorieën. Hieronder worden vijf uitgangspunten van de AST behandeld. Daarna komt een belangrijk kenmerk aan de orde, namelijk het dynamisch denken. Vervolgens wordt besproken hoe de AST gebruikt kan worden, waarbij twee voorbeelden worden gegeven. In hoofdstuk 6 keert de AST terug als een van de stromingen. In deze paragraaf wordt zij gepresenteerd als een algemeen kader waarmee stromingen zijn te ordenen.

Uitgangspunten

1 Binnen de algemene systeemtheorie wordt de werkelijkheid onderscheiden in een aantal lagen (zie figuur 1.2). Deze lagen zijn hiërarchisch geordend, men spreekt van *hiërarchische niveaus*. De niveaus gaan van simpel naar complex:

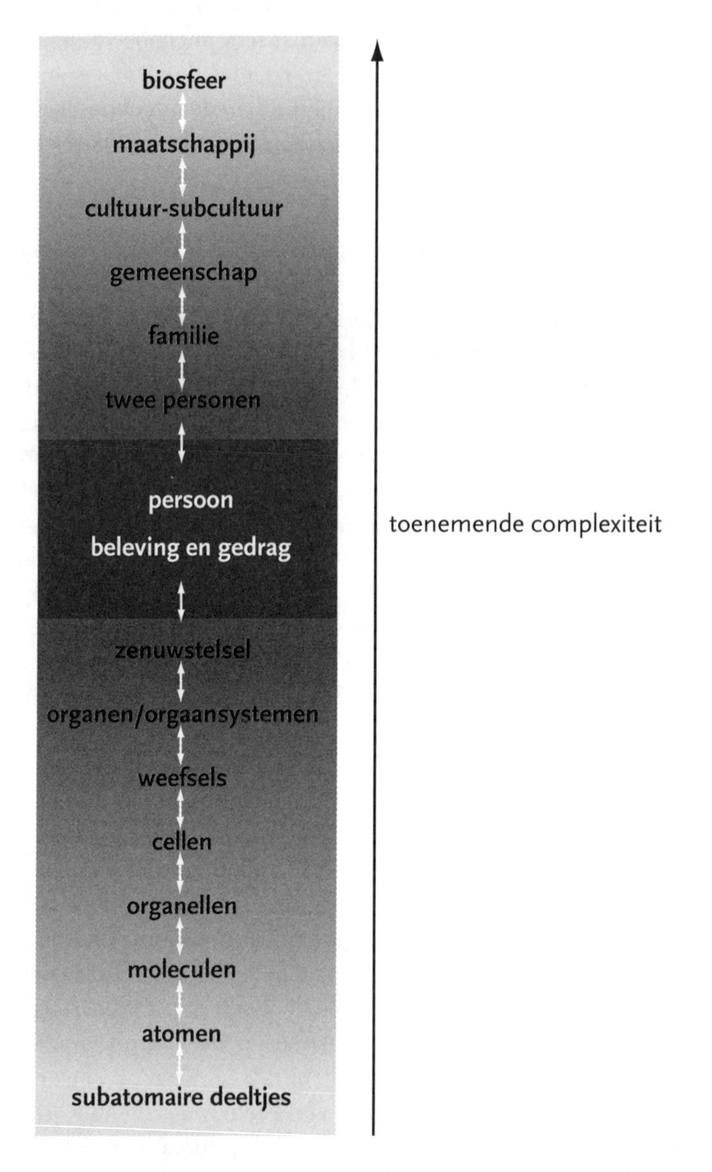

Figuur 1.2 *Hiërarchie van systeemniveaus. Hoe hoger het niveau, hoe complexer het systeem.*

2 Elk hiërarchisch niveau wordt opgevat als *een systeem* met als kenmerk dat het zichzelf in stand houdt. Dit doet het systeem door het *interne en externe evenwicht* te handhaven. Een systeem staat in contact met zijn omgeving (waaronder de hogere hiërarchische niveaus) en wisselt er materiaal, energie of informatie mee uit. Men spreekt daarom van *open systemen*. Deze manier van denken heeft overeenkomst met het organistische mensbeeld, waar immers wordt uitgegaan van een organisme dat in wisselwerking met zijn omgeving groeit. Het verschil met de AST is vooral gelegen in de uitgebreidheid. De AST biedt een model dat het gehele biologische, psychische en maatschappelijke gebeuren omvat.

3 *Een hiërarchisch hoger niveau is complexer van aard dan het niveau (of de niveaus) eronder.* Een hoger niveau omvat kenmerken van het lagere niveau, maar heeft tevens iets specifieks dat daar niet toe te herleiden is. Ook in de AST geldt het uitgangspunt: *het geheel is meer dan de som der delen.* Een voorbeeld om dit te verduidelijken. Cellen hebben bepaalde kenmerken en werkwijzen. Spierweefsel is opgebouwd uit cellen. Om de werking van een spier te begrijpen, is er dus kennis nodig over het functioneren van cellen. Maar die kennis is onvoldoende om het gehele functioneren van spierweefsel te verklaren. En zo kan men verder opklimmen in de hiërarchie. Het hart is een orgaan dat is opgebouwd uit spierweefsel, maar het functioneren van het hart is niet alleen te verklaren uit de eigenschappen van spierweefsel. En tot slot, als we alle organen en andere onderdelen van een mens optellen, hebben we dan een compleet beeld? Nee, we hebben wel kennis over de organen van mensen nodig om mensen te begrijpen. Er is immers geen mens zonder hart. Maar een mens is meer dan een optelsom van lichamelijke onderdelen.

4 Geen enkel niveau is te herleiden tot de niveaus eronder en dit geldt ook andersom: *geen enkel niveau is te herleiden tot de niveaus die hoger in de hiërarchie staan.* Zo is anorexia nervosa een kenmerk (op het niveau) van een persoon. Deze ziekte wordt vaak in verband gebracht met het dominante modebeeld, waarin slankheid benadrukt wordt. Dit is een kenmerk van een maatschappij, in het model van de AST een hoger niveau dan de persoon. Maar anorexia nervosa wordt natuurlijk nooit geheel bepaald door een modebeeld. Als dat zo zou zijn, dan zou iedereen eraan lijden. Dat is niet zo, de stoornis is vrij zeldzaam (Schoemaker, 2002). Dus moeten er andere factoren een rol spelen. Dit alles impliceert volgens de AST dat elk niveau zijn eigen wetenschappelijke benadering en discipline kent waarin de verschijnselen en wetten worden bestudeerd die voor dat niveau specifiek zijn.

5 In figuur 1.2 staat een donkerblauw vlak om het niveau 'persoon, beleving en gedrag'. Dit is het niveau waarmee de psychologie zich voornamelijk bezighoudt. Uit het schema is af te leiden dat een persoon zowel het hoogste

niveau van de biologische hiërarchie is als het laagste niveau van de sociale hiërarchie. Dit is een correct model van de werkelijkheid, want *de mens is zowel een biologisch organisme als een symbolisch wezen.* Dit hangt samen met de methoden in de wetenschapsbeoefening: de mens als sociaal en symbolisch wezen wordt vooral begrijpend (verstehend) bestudeerd, de mens als biologisch wezen wordt vooral verklarend bestudeerd (Van Tilburg & Milders, 1988).

Dynamisch denken

Het systeemdenken is te illustreren door de kenmerken van een 'open systeem' te vergelijken met de kenmerken van een 'ding' (Van Peursen, 1988).

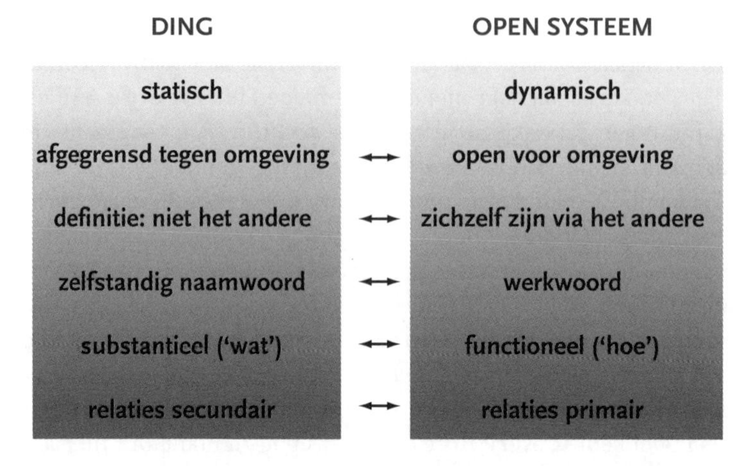

Figuur 1.3 Kenmerken van een ding vergeleken met kenmerken van een open systeem (Van Peursen, 1988: p. 24).

Ding-denken is bekend uit het dagelijkse spraakgebruik, maar vindt ook plaats in de wetenschap. Het heeft te maken met hoe wij taal gebruiken. Zonder erbij na te denken, praten we over mensen alsof het dingen zijn. De taal is zo georganiseerd dat gedrag dat iemand toont snel als een vaststaand kenmerk wordt beschreven. Zoals we van een steen zeggen 'die is hard', zeggen we ook 'Robert, die is agressief' of 'Jakop, die is gestoord'. Die steen is en blijft echt hard, kenmerken van een ding veranderen over het algemeen niet. Maar Robert is wellicht niet altijd agressief. Voor onze taal is die nuancering lastig, we zeggen niet zo gauw 'Robert toont zich agressief', terwijl dat wel de meest juiste manier van spreken volgens de AST zou zijn. In de systeemtheorie denkt men niet statisch, maar juist *dynamisch* of procesmatig. Een persoon of een kenmerk van een persoon wordt niet gezien als het eindproduct van iets, maar als een kenmerk dat kan veranderen en mede afhankelijk is van de omgeving. Een actueel voorbeeld om dit te verduidelijken. Veel docenten uit het w.o. en het hbo klagen over het gedrag van de studenten. Ze spreken vaak over 'de calculerende student' die zich alleen maar voor iets inzet als het een studiepunt oplevert. Ze spreken daarover alsof het een onveranderlijk kenmerk van de hedendaagse student is. Maar zou het niet zo kunnen zijn dat studenten zich calculerend gedragen vanwege de manier waarop het onderwijs en de studiefinanciering zijn georganiseerd? Wellicht lokt de organisatie van het onderwijs dit gedrag bij studenten uit. De AST voorspelt dat als we de organisatie van het onderwijs veranderen, het gedrag van de studenten mee zal veranderen.

Verandering in gedrag treedt volgens de AST op doordat een persoon *openstaat voor de omgeving* waarin hij functioneert. Hij kan zich daar nooit helemaal voor afsluiten. Iemand die statisch denkt, ontkent de invloed van de omgeving en beschouwt een persoon als onveranderlijk.

In het dagelijks leven en de wetenschap wordt een ding gedefinieerd door het te onderscheiden van het andere. Een koffiemolen is geen koffie. Een wasmachine is niet hetzelfde als wasgoed. In de psychologie zegt men dat geest niet hetzelfde is als lichaam. En Jakop is niet hetzelfde als Robert. Binnen de systeemtheorie wordt juist *de relatie tussen iets of iemand en het andere* benadrukt. De koffiemolen is pas een koffiemolen als er koffie in gemalen wordt. De wasmachine werkt pas als wasmachine als er wasgoed in zit. Geest bestaat niet zonder lichaam. En Jakop doet pas gek als zijn kleinkinderen er zijn. Kortom: een persoon of voorwerp kan pas zichzelf zijn via het andere.

Het onderscheid tussen zelfstandige naamwoorden en werkwoorden hangt hiermee samen. *Zelfstandige naamwoorden benadrukken het statische, werkwoorden juist het dynamische.* Om een ander voorbeeld te geven: iemand kan zijn werkplek betitelen als 'een star instituut' (zelfstandig naamwoord), maar kan ook zeggen dat het werk slecht georganiseerd is (werkwoord).

Een volgend onderscheid is dat tussen 'wat' en 'hoe'. Iemand kan de vraag stellen wat kenmerkend is voor een bepaalde cliënt of leerling die hij begeleidt. Dan zijn er antwoorden te verwachten als 'hij is agressief', 'in zichzelf gekeerd' of 'depressief'. Hier staat het woordje 'is', dat het statische benadrukt. Dergelijk denken is heel bekend in de psychologie. Er bestaan honderden vragenlijsten om (statische) kenmerken van mensen te meten. Systeemdenken benadrukt juist het procesmatige van gedrag. Men stelt de vraag hoe iemand zich gedraagt en wat daarvan de effecten zijn. Een antwoord kan dan bijvoorbeeld zijn: 'Robert (een bewoner) is agressief als Erik (een groepsleider) dienst heeft. Het effect daarvan kan zijn dat er geen eisen meer gesteld worden aan Robert, omdat Erik bang is voor zijn agressieve buien.' De agressiviteit van Robert wordt zo niet meer statisch opgevat, maar als een functie van de relatie met Erik (de omgeving).

Dit brengt ons op het laatste onderscheid, dat hiermee ook verduidelijkt is: in het systeemdenken staan de relaties tussen een systeem en de omgeving voorop. Een systeem kan daarbij een orgaan, een persoon of een organisatie zijn, dat maakt niet uit. Bij het ding-denken zijn de relaties tussen ding en omgeving juist ondergeschikt.

Hoe moeten we gebruikmaken van de algemene systeemtheorie?
Een belangrijke reden om de algemene systeemtheorie te gebruiken in de psychologie is dat ze een visie biedt op de werkelijkheid die, in tegenstelling tot afzonderlijke wetenschappen, allesomvattend is. Het wordt een holistische visie genoemd. Achter deze visie zit ook een mensbeeld en wel een waarin de eenheid tussen de mens en de wereld benadrukt wordt. Om het simpel te zeggen: alles hangt met alles samen.

De AST wordt vereenvoudigd weergegeven in het *biopsychosociale model*. De verschillende systeemniveaus worden hierin teruggebracht tot het biologische, het psychische en het sociale. Dit model is ontstaan binnen de psychiatrie als reactie op het eenzijdig medische (of biopsychische) model. Men geeft met het biopsychosociale model aan dat bij psychische stoornissen niet alleen biologische aspecten een rol spelen, maar ook psychische en sociale aspecten. Wat voor psychische stoornissen geldt, is van toepassing op al ons gedrag. Geen enkel gedrag is volledig te begrijpen zonder rekening te houden met biologische, psychische en sociale invloeden. Er is een tweede overweging waarom de AST van belang is voor de psychologie. Net zoals er in de psychiatrie van oudsher een overwaardering was van het biologische ten koste van het psychosociale, zo was er in de psychologie een overwaardering van het psychosociale ten koste van het biologische. De AST geeft daar een correctie op.

Hoewel alle drie de factoren – de biologische, de psychische en de sociale – nodig zijn om menselijk gedrag te begrijpen, is het niet zo dat ze bij al ons gedrag even belangrijk zijn. *Hun invloed is niet altijd evenredig.* Een voorbeeld om dit te verduidelijken. Bij de ziekte van Huntington leiden stoornissen in de hersenen uiteindelijk tot een vorm van dementie. De ziekte is geheel erfelijk bepaald door één gen. Iemand die drager van dit gen is, krijgt onherroepelijk de symptomen van de ziekte. Deze is ongeneeslijk en leidt uiteindelijk tot de dood (Wolters, Derix & Vanneste, 1994). Toekomstige therapieën, bijvoorbeeld een gentherapie, moeten binnen de biologie gezocht worden. Een aanpak op het persoonlijke niveau (psychotherapie) of het sociale niveau (voorlichting aan het gezin van de patiënt) kan betekenis hebben voor de verwerking van de ziekte en de omgang met de patiënt, maar zal nooit genezend kunnen werken. Bij het begrijpen van de ziekte van Huntington is het biologische van groter gewicht dan het psychische en het sociale.

Een voorbeeld van een verkeerde toepassing van de AST vinden we binnen bepaalde vormen van holistisch of 'newage'denken. Zo wordt geponeerd dat ernstige ziekten zoals kanker of aids veroorzaakt worden door negatieve gedachten van de patiënt. Op zich is het waar dat 'positief denken' een gunstige invloed kan uitoefenen op genezing van ziekten. Maar deze invloed is er nooit geheel verantwoordelijk voor! Het is absurd om een aandoening die medisch te verklaren is (zoals aids) terug te brengen tot een gebrek aan positief denken. In feite is dit omgekeerd reductionisme: iets wat op een lager hiërarchisch niveau plaatsvindt, bijvoorbeeld kanker aan een orgaan, zou geheel bepaald worden door een hoger hiërarchisch niveau, zoals denkprocessen bij de patiënt. Deze manier van denken, in Nederland bekend geworden onder de typering 'tussen-de-orenmaffia' (Spaink, 1992), is strijdig met een van de belangrijkste principes uit de AST, namelijk dat geen enkel hiërarchisch niveau geheel te herleiden is tot een ander (hoger of lager) hiërarchisch niveau.

Kader 4

Word je na een orgaantransplantatie een ander mens?

In 1998 verscheen het boek *Hart en ziel*. De schrijfster – Claire Sylvia – beweert dat ze zich mannelijk is gaan gedragen na een transplantatie. Enkele dagen na haar hart-longtransplantatie zei ze te snakken naar een biertje. Ze schrok van haar eigen woorden, want ze had nog nooit bier gedronken. De donor was een achttienjarige motorrijder.
In het model van de algemene systeemtheorie wordt aangegeven dat er een wisselwerking is tussen organen en het zenuwstelsel. Dus het hart wordt aangestuurd door de hersenen, maar het hart geeft op zijn beurt weer signalen terug naar de hersenen. Zouden mensen die een orgaantransplantatie hebben ondergaan zich anders kunnen gaan gedragen? Ja, zeggen veel deskundigen, dat doen ze vaak, maar dat komt door de ingrijpende en emotionerende ervaringen. De verhalen van Sylvia verwijzen ze naar het rijk der fabelen. Ad Dunning, een hoogleraar cardiologie, verklaarde voor *de Volkskrant* dat hij in Nederland 343 harttransplantatiepatiënten kende en dat niet één van hen zulke ervaringen had gerapporteerd. Goed wetenschappelijk onderzoek bleek niet te zijn verricht en Sylvia houdt ondanks alle kritiek vast aan haar verhaal. Wat denk jij? Gaan mensen doordat ze een orgaan van een ander krijgen zich een beetje als de donor gedragen? Of wordt het model van de algemene systeemtheorie hier te letterlijk genomen? Het artikel in het dagblad eindigt met de opmerking dat we experimenteren met het transplanteren van varkensharten. Zou dat effect kunnen hebben op de psyche en het gedrag van de persoon die het hart krijgt (Giesen, 1998)?

Twee voorbeelden: psychosomatiek en de invloed van alcohol

Met de volgende twee voorbeelden laten we zien dat een ogenschijnlijk voor de hand liggende verklaring van gedrag niet per se juist hoeft te zijn. Met het biopsychosociale model zijn de complexe invloeden op gedrag in beeld te brengen. Daarmee kunnen foute verklaringen voorkomen worden. De casus aan het begin van dit hoofdstuk wordt met het tweede voorbeeld verklaard.

• *Psychosomatiek*

Een onderwerp dat uitermate geschikt is om het biopsychosociale model te illustreren, is de psychosomatiek (Vingerhoets, 2005). Men spreekt van psychosomatiek als voor een lichamelijke klacht geen medische (= lichamelijke) oorzaak gevonden kan worden. Waarschijnlijk spelen dan andere factoren, zoals psychische, een rol. Er zijn twee belangrijke gegevens over psychosomatische klachten. Allereerst lijkt het zo te zijn dat de hoeveelheid stress die iemand moet verstouwen bijdraagt aan de psychosomatische klachten. Te veel stress leidt tot klachten, maar dat geldt ook voor onderpresteren, dus voor verveling (Kolk, 2002; Vingerhoets, 2005). Daarnaast is het zo dat bepaalde groepen meer last hebben van psychosomatische klachten dan andere. Vrouwen lijken vaker vage lichamelijke klachten te hebben dan mannen (Kolk, 2002). In zijn algemeenheid lijkt het erop dat bij mensen die (nog) geen of minder vermogen hebben om zich bewust te zijn van hun emoties of moeite hebben om deze onder woorden te brengen, er vaker sprake is van (vage) lichamelijke klachten. Denk hierbij aan jonge kinderen (buikpijn!) die nog niet goed kunnen praten, maar ook aan verstandelijk gehandicapten of mensen die de taal onvoldoende beheersen. Uit dit alles blijkt dat psychosomatische klachten, zoals het woord zegt, veroorzaakt worden door een interactie tussen lichamelijke en psychische factoren.

Maar er spelen nog meer factoren een rol. Lichamelijke prikkels worden subjectief ervaren. Of iemand klaagt over wat hij voelt, verschilt per persoon. Daarbij speelt de (sociale) omgeving een rol. Ons brein kan niet alle prikkels die wij ervaren doelbewust registreren, daarvoor zijn er te veel. Een interessante omgeving eist aandacht op en dat gaat ten koste van de aandacht voor interne zaken. In een saaie omgeving of bij onderprestatie zal iemand eerder aandacht voor zijn lichamelijke prikkels hebben (Everaerd & Van den Hout, 1994; Kolk, 2002). Het wekt dan ook geen verbazing dat wanneer een psychiatrisch patiënt met veel lichamelijke klachten een dagje uit wordt genomen, hij tijdens die dag vrijwel klachtenvrij kan zijn. Afleiding doet wonderen.

Een tweede factor van belang is de kennis die een persoon heeft over ziekten. Een mooi voorbeeld is de hoge bloeddruk. Deze ziekte kent geen specifieke lichamelijke symptomen waaraan iemand kan herkennen dat hij eraan lijdt en wordt vrijwel altijd door een arts vastgesteld. Maar uit een onderzoek bleek dat na het vaststellen van de te hoge bloeddruk de patiënten ongeveer zes 'symptomen' van hun ziekte 'ontdekten' (Everaerd et al., 1994). Deze symptomen hadden niets met de ziekte van doen, maar alles met de aandacht die de patiënten na de diagnose van de arts aan hun lichamelijke prikkels gingen geven. En dat is een psychisch proces. Een ander voorbeeld is de Bijlmerramp, waarbij een vliegtuig op een woonwijk stortte (Vingerhoets, 2005). Er was grote onzekerheid of in het neergestorte vliegtuig (licht) radioactief materiaal had gezeten. Nog jaren na het ongeluk werden huisartsen in de regio overspoeld met hulpvragen over allerlei vage klachten. En dat gebeurde vooral als er (hernieuwde) media-aandacht was voor deze ramp. Wat bij de patiënten met een hoge bloeddruk en bij de Bijlmerbewoners plaatsvond, was een proces van betekenisverlening. Na het vaststellen van de hoge bloeddruk of de hernieuwde aandacht voor het ongeluk kregen lichamelijke prikkels een nieuwe betekenis en werden ze daarmee (foutief) in verband gebracht.

Betekenisverlening is niet alleen afhankelijk van een persoon, maar ook van de cultuur waar hij deel van is. Wat in de ene cultuur als een symptoom van een ziekte wordt gezien, kan in een andere cultuur anders beoordeeld worden of in het geheel niet opgemerkt worden. Culturele antropologen stellen met recht dat er niets is dat niet cultuurlijk is, en dat geldt ook voor lichamelijke klachten. In onze cultuur zijn we opgevoed met begrippen als virus, bacterie en celwoekering, met die termen verklaren we (ook als leek) onze lichamelijke klachten. In andere culturen kan het echter gebruikelijk zijn om voor dezelfde klachten een verklaring te zoeken bij 'het boze oog' of 'hekserij'. Sommige voor ons normale (psycho)somatische klachten, zoals de overgang bij vrouwen, worden in andere culturen in het geheel niet waargenomen (Van der Geest, 1994).

Terug naar de vaststelling dat vrouwen in onze cultuur meer lichamelijke klachten hebben dan mannen. Dit is goed duidelijk te maken met het biopsychosociale model. Achtereenvolgens lopen we de biologische, de psychische en de sociale factoren langs. Biologisch is er een verschil tussen mannen en vrouwen. Vrouwen ervaren meer en vaker wisselende lichamelijke prikkels dan mannen, wat wordt veroorzaakt door de veranderlijke vrouwelijke hormoonhuishouding – denk hierbij aan de menstruatiecyclus, de overgang en het slikken van anticonceptiemiddelen. Als psychische factor kan de socialisatie een rol spelen. Deze is voor jongens en meisjes niet hetzelfde. Jongens wordt meer geleerd lichamelijke prikkels te negeren, terwijl meisjes geleerd wordt om aandacht te besteden aan hun lichaam. Bij meisjes is er bovendien meer lichamelijke verandering tijdens de puberteit dan bij jongens. Vooral de (eerste) menstruatie zou hen meer bewust maken van lichamelijke veranderingen en hen daarmee gevoeliger maken voor lichamelijke prikkels. Als sociale factor spelen (naast de cultuur) de omgeving en de eisen waaraan iemand moet voldoen een rol. Het verschil in het uiten van lichamelijke klachten tussen mannen en vrouwen is er vooral op volwassen leeftijd. Vrouwen bevinden zich vaker dan mannen in een situatie van over- of onderpresteren. Bij overpresteren is er stress doordat de vrouw overvraagd wordt, bijvoorbeeld als zij een drukke baan moet combineren met het huishouden en het opvoeden van kinderen. Bij onderpresteren worden er juist te lage eisen gesteld. Er zou dan meer tijd zijn om aandacht te besteden aan vage lichamelijke prikkels, zo luidt de veronderstelling. Dat zou gelden voor huisvrouwen van wie het werk wordt gekenmerkt door relatieve sociale isolatie en door saaie, zich vaak herhalende activiteiten. Daarnaast hebben werkende vrouwen vaker een deeltijdbetrekking en vaker een baan onder hun niveau (Gijsbers van Wijk et al., 1994; Kolk, 2002).

• *Alcohol- of drugsgebruik*
Over het algemeen wordt verondersteld dat bij het drinken van een stevig glas, het roken van een joint of het slikken van een ecstasypil het werkzame bestanddeel van de drug veranderingen veroorzaakt in het gedrag en de belevingen van de gebruiker. In feite is deze veronderstelling gebaseerd op een biopsychisch model: iets biologisch (in dit geval farmacologisch) veroorzaakt veranderingen in het psychisch functioneren. Deze veronderstelling blijkt echter niet te kloppen. Mensen die denken dat ze een drug hebben ingenomen terwijl dat niet zo is, blijken 'stoned' of 'dronken' gedrag te kunnen vertonen terwijl daarvoor geen farmacologische oorzaak is. De verklaring is dat het benevelde gedrag niet zozeer veroorzaakt wordt door de farmacologische stof, maar door de verwachtingen bij de 'gebruikers' over de effecten ervan. Een voorbeeld over alcoholgebruik ter verduidelijking.

In een experiment werden zware sociale drinkers (mannen) in twee groepen verdeeld. De ene groep kreeg alcohol te drinken en de andere groep niet. Er werden per groep twee verschillende instructies gegeven. Een deel van de groep die alcohol dronk kreeg te horen dat de drankjes alcohol bevatten (zij dronken alcohol en wisten dat). Het andere deel van dezelfde groep kreeg te horen dat de drankjes geen alcohol bevatten (zij dronken alcohol en wisten dat niet). De groep die geen alcohol dronk, kreeg ook twee verschillende instructies. Het ene deel kreeg te horen dat de drankjes alcohol bevatten (zij dronken fris en dachten dat het alcohol was) en het andere deel kreeg te horen dat de drankjes geen alcohol bevatten (zij dronken fris en wisten dat, zie figuur 1.4).

Wat men denkt te drinken: / Wat men echt drinkt:	**Dit drankje bevat alcohol.**	**Dit drankje bevat geen alcohol.**
Alcohol	Proefpersoon drinkt alcohol en weet dat.	Proefpersoon drinkt alcohol en weet dat niet.
Geen alcohol	Proefpersoon denkt dat hij alcohol drinkt, maar dat is niet zo.	Proefpersoon drinkt een drankje zonder alcohol en hij weet dat.

Figuur 1.4 Verdeling van groep zware drinkers in vier subgroepen.

Nadat de drankjes genuttigd waren en er enige tijd was genomen om de (vermeende) alcohol zijn werk te laten doen, moesten de proefpersonen een moeilijke (motorische) taak verrichten. Tijdens het uitvoeren van die taak werden zij op een vervelende manier beledigd en bekritiseerd door een handlanger van de proefleider. Nadat op deze wijze bij de proefpersonen frustratie was opgewekt, werd hun agressie gemeten. Zij mochten de handlanger straffen door (fictieve) schokken toe te dienen. En wat bleek? Er was een aanmerkelijk verschil in agressiviteit, dat echter niet werd verklaard door de werkelijke inhoud van de drankjes. De proefpersonen die dáchten dat ze alcohol gedronken hadden, gedroegen zich agressiever dan de proefpersonen die dachten dat ze geen alcohol gedronken hadden (Jansen, Merckelbach & Van den Hout, 1992). Verwachtingen over het effect van alcohol en niet de alcohol zelf verklaren hier dus het gedrag. Er was geen farmacologische (biologische) oorzaak voor, maar een psychische. Dit voorbeeld betekent niet dat biologische factoren helemaal geen rol spelen bij dronken worden. Ervaren drinkers kunnen meer verwerken dan onervaren drinkers, hun lichaam is er meer op ingesteld. En mannen kunnen meer drinken dan vrouwen, doordat ze over het algemeen genomen een groter en zwaarder lichaam hebben.

Ook culturele normen spelen een rol bij dronkenschap. In het hierboven aangehaalde experiment bleek al dat in westerse culturen dronkenschap geassocieerd wordt met agressiviteit en controleverlies. Dat is in lang niet alle culturen het geval (Vines, 1994). Kennelijk wordt het gedrag dat bij dronkenschap hoort geleerd. Onbewust nemen we over wat in een maatschappij de gewoonte is. Er zijn culturen waarin dronkenschap minder problemen oplevert dan in het Westen. In Tahiti (Polynesië) is het gedrag van de oorspronkelijke inwoners ten aanzien van alcohol drie keer gewijzigd. In de achttiende eeuw, bij de eerste kennismaking van de Polynesische eilandbewoners met alcoholische dranken, was er afkeer en werd het gebruik vermeden. Daarna was er een periode waarin de Tahitianen zwaar aan de drank gingen en zich daarbij gewelddadig gedroegen. Kennelijk namen ze het gedrag van hun overheersers (de Fransen) over. Hierna volgde een nieuwe periode – tot op heden –, waarin de Tahitianen nog steeds zwaar dronken, maar vredig en rustig dronken zijn. Conclusie: om iemands 'dronken gedrag' goed te verklaren dien je niet alleen rekening te houden met biologische, maar ook met psychische en sociale (culturele) factoren.

De algemene systeemtheorie biedt een kader waarmee de complexe werkelijkheid in haar totale samenhang is weer te geven. Met dit kader zijn inzichten uit verschillende wetenschappen te integreren. In de systeemtheorie wordt de verbondenheid tussen persoon en omgeving benadrukt. Dit betekent dat eigenschappen niet opgevat worden als onveranderlijk, maar als een kenmerk van de relatie tussen een persoon en zijn omgeving. Als de omgeving verandert, dan veranderen de eigenschappen ook. In de algemene systeemtheorie wordt gebruikgemaakt van het biopsychosociale model. Met dit model geeft men aan dat bij menselijk gedrag altijd biologische, psychische en sociale factoren een rol spelen.

1.6 Samenvatting

In dit eerste hoofdstuk werd een algemene schets gegeven van psychologische theorieën. Duidelijk werd dat de psychologie diverse en elkaar weersprekende theoretische stromingen kent. Ook is er een overlap met andere wetenschappen. De theoretische stromingen hebben maatschappelijke en culturele wortels. Dit betekent dat vaak niet het waarheidsgehalte van een stroming belangrijk was bij het ontstaan, maar de maatschappelijke behoefte. Gewezen werd op een nieuwe ontwikkeling waarin de effectiviteit van theorieën en hun toepassingen wordt benadrukt. Er werden twee indelingen behandeld waarmee de theoretische stromingen te vergelijken zijn: een indeling naar mensbeeld en de algemene systeemtheorie (AST). De indeling naar mensbeeld laat zien welke impliciete visies een theoretische stroming kan hebben. De algemene systeemtheorie biedt de mogelijkheid te kijken in hoeverre theoretische stromingen voldoende rekening houden met drie verschillende invloeden op menselijk gedrag: de biologische, de psychische en de sociale invloeden. Betoogd werd dat de theoretische stromingen hun sterke en zwakke kanten kennen, maar ook dat ze allemaal bruikbaar zijn. Welke theorie in een bepaalde situatie toegepast moet worden, is afhankelijk van de te beantwoorden vraag. Het toepassen van een theorie is te zien als het strategisch 'inzoomen' op een bepaald onderdeel van gedrag waarbij andere aspecten bewust verwaarloosd worden.

2 Psychoanalyse

Heb je dat ook wel eens, dat je iets doet wat je eigenlijk helemaal niet wilt? 'Ik had het me nog zo voorgenomen, maar toch...' Of dat je je gedraagt op een manier die je later niet verklaren kunt? Ook kan het zo zijn dat je het gedrag van iemand anders totaal niet begrijpt. 'Waarom doet iemand zoiets, dat is toch onbegrijpelijk?' En wat vind je van de onderstaande casus (zie ook kader 6)? Deze betreft iemand die zichzelf niet durft voor te stellen aan anderen: hij wil zijn naam niet noemen. Begrijp jij dat?

Bij een sociale fobie is iemand extreem angstig voor situaties waarin hij samen is met en bekeken wordt door anderen. De angst kan zo groot zijn dat hij deze situaties gaat mijden. De lichte variant, sociale angst genoemd, komt veel voor, denk bijvoorbeeld aan een lespresentatie die je moet geven. Sociale fobieën kunnen op verschillende manieren verklaard worden. Wat te denken van een jonge man die zijn studie succesvol afrondde, maar op zijn nieuwe werk een zo ernstige sociale fobie ontwikkelde dat hij niet meer kon functioneren. Het ergste van alles, zo zei hij, was het zichzelf voorstellen. Zijn eigen naam noemen, daar zag hij het meeste tegen op (Gabbard, 1994).

De psychoanalyse is de oudste stroming uit de psychologie. Zij is beroemd door het begrijpelijk maken van vreemd en ogenschijnlijk onbegrijpelijk gedrag. Een voorbeeld is bovenstaande casus. Na het lezen van dit hoofdstuk zal duidelijk worden hoe deze te verklaren is.

Hoofdstuk 2

Leerdoelen

Na bestudering van dit hoofdstuk:

- kun je de casus op de voorafgaande pagina verklaren;
- kun je de psychoanalyse typeren aan de hand van haar uitgangspunten, geschiedenis en mensbeeld (§ 2.1);
- kun je de psychoanalyse indelen naar mensbeeld en biopsychosociaal model (§ 2.1.4);
- ken je de hoofdkenmerken van de klassieke psychoanalyse van Freud (§ 2.2);
- ken je twee ontwikkelingen in de psychoanalytische theorie na Freud, namelijk de hechtingstheorie en objectrelatietheorie, en weet je aan te geven waarin zij verschillen van de klassieke theorie (§ 2.3);
- kun je aangeven hoe men in de psychoanalyse psychische stoornissen verklaart (§ 2.4);
- ken je de begrippen afweermechanisme, overdracht en tegenoverdracht en kun je daarvan de bruikbaarheid voor hulpverlenings- of opvoedingspraktijk aangeven (§ 2.5);
- kun je drie kanttekeningen plaatsen bij de psychoanalyse (§ 2.6).

Oefenen

Raadpleeg voor controlevragen, oefenvragen, opdrachten en 'verder studeren' de website: **www.coutinho.nl/palet**.

2.1 Typering van de psychoanalyse

In deze paragraaf wordt de psychoanalyse getypeerd aan de hand van zes uitgangspunten, haar geschiedenis en het mensbeeld dat ze hanteert. Ook wordt aangegeven hoe zij zich verhoudt tot het biopsychosociale model.

2.1.1 De basisuitgangspunten

Als men spreekt over de psychoanalyse, dan kan het zowel gaan over een theorie over het functioneren van mensen als over een hulpverleningspraktijk. De psychoanalytische theorie wordt ook wel psychodynamische theorie genoemd. Zij is niet ontstaan in laboratoria, tijdens experimenten met dieren of mensen, maar door het systematiseren van ervaringen die werden opgedaan tijdens hulpverlening – psychotherapie – aan mensen. Ervaringen uit de hulpverlening bepalen nog steeds de theorieontwikkeling in de psychoanalyse, en dit brengt ons op het eerste uitgangspunt.

1 De psychoanalyse gaat uit van de *subjectieve ervaringen* van mensen. Een psychoanalyticus – een therapeut – is meer geïnteresseerd in datgene waarin iemand zich onderscheidt van een ander dan in waarin iemand overeenstemt met een ander. Het gedrag van een persoon wordt opgevat als zijnde bepaald door zowel zijn biologische aanleg als zijn unieke levensgeschiedenis.
2 Het tweede uitgangspunt vormt de achtergrond van de casus op de vorige pagina. De psychoanalyse gaat ervan uit *dat wij lang niet altijd ons gedrag bewust aansturen*. Ook al maken we plannen en voornemens, ons gedrag lijkt soms zijn eigen gang te gaan. Dat geldt zeker voor emoties zoals angst of verdriet. De keuzes van mensen voor een studie, een baan, een levenspartner, een huisdier, de bestemming van een vakantie, noem ze maar op, worden mede bepaald door onbewuste krachten. Gabbard (1994: p. 8) geeft een voorbeeld van deze denkwijze. Hij vertelt over een jonge vrouw die tijdens haar psychotherapie inzag dat haar keuze om arts te worden mede was bepaald door gebeurtenissen uit haar jeugd en haar reacties daarop. Toen ze een meisje van acht jaar was, was haar moeder overleden aan kanker. Ze had zich bij deze tragedie machteloos gevoeld en haar keuze om arts te worden was gedeeltelijk bepaald door een onbewuste wens om controle over ziekte en dood te krijgen. Dit motief was een uitdrukking van de onbewuste wens om actieve invloed te hebben op een passief ervaren trauma. Op een bewust niveau ervoer ze de geneeskunst als een fascinerend vak.
3 Hiermee is het derde uitgangspunt genoemd. In de psychoanalyse gaat men uit van de veronderstelling dat mensen een *onbewuste* hebben. De inhoud van dit onbewuste bestaat uit wensen waarvan we soms nooit beseft hebben dat we ze hadden, maar het kunnen ook wensen zijn waarvan we ons ooit bewust waren maar die we weggestopt hebben. De centrale aanname is dat hoewel de wensen onbewust zijn, ze actief blijven en ons gedrag beïnvloeden.

4 Het vierde uitgangspunt is de veronderstelling dat het waarneembare (= manifeste) gedrag van mensen en hun bewuste gedachten en dromen bepaald worden door zowel hun onbewuste wensen als door het feit dat ze deze niet accepteren. Dit wordt het *conflictmodel* genoemd. Al ons gedrag is te zien als het resultaat van dit conflict; een compromis tussen een wens en een (zelf opgelegd) verbod. De uitspraak van een zedendeliquent: 'Ik wist dat het niet mocht, maar ik deed het toch' is een illustratie van dit conflict, met dien verstande dat hier het verbod niet meer werkte.
5 Het vijfde uitgangspunt volgt hieruit: *al ons gedrag heeft betekenis*. Toevallig gedrag, zoals een verspreking, een vergissing of een 'ongelukje', bestaat volgens de psychoanalyse niet. Elk gedrag heeft een (verborgen) betekenis, waarbij de uitingsvorm door twee invloeden wordt bepaald: de wens en het verbod. De psychoanalytische therapeut stelt zich onder andere de taak om verborgen betekenissen te verhelderen.
6 Het zesde uitgangspunt luidt dat *ervaringen uit de eerste levensjaren* in belangrijke mate de persoonlijkheid (karaktertrekken) van de volwassene bepalen. De psychoanalyse legt hier grote nadruk op en heeft daarom veel aandacht voor de psychische ontwikkeling van kinderen. Een belangrijk gegeven, afkomstig uit de neuropsychologie, ondersteunt dit uitgangspunt. Als een baby geboren wordt, zijn de hersenen nog niet uitgerijpt. Het rijpingsproces neemt nog vele jaren in beslag en ervaringen uit deze tijd hebben een grotere invloed op de vorming van de hersenen dan latere ervaringen. Zo blijkt dat extreme stress tijdens de eerste levensjaren, zoals veroorzaakt door verwaarlozing of kindermishandeling, de ontwikkeling van de hersenen negatief beïnvloedt. De kans dat het kind op latere leeftijd psychische stoornissen krijgt, neemt daardoor toe (Teicher, 2002, zie ook hoofdstuk 8).

2.1.2 Geschiedenis van de psychoanalyse

In deze subparagraaf wordt de geschiedenis van de psychoanalyse besproken aan de hand van de theoretische ontwikkeling bij Freud. Afgesloten wordt met enkele opmerkingen over de schoolvorming binnen de psychoanalyse.

De psychoanalyse is onlosmakelijk verbonden met Sigmund Freud (1856-1939), die het grootste deel van zijn leven in Wenen woonde. Hij is de 'uitvinder' van de psychoanalyse en heeft zowel de theorievorming als de hulpverleningspraktijk gestimuleerd. Zijn eerste stappen op het gebied van de psychoanalyse zette Freud ruim 120 jaar geleden. De psychoanalyse kent dus al een lange geschiedenis.

Een psychologische theorie kan grofweg op twee manieren ontworpen worden (Ellenberger, 1970). De eerste manier is het verzamelen van feiten waarbij gezocht wordt naar gemeenschappelijke factoren die de feiten verklaren. Op grond van deze bevindingen wordt een theorie ontworpen. De tweede manier is het ontwerpen van een theorie om daarna te kijken of en zo ja hoe de feiten erin passen. Als de feiten er niet in passen, wordt de theorie aangepast. Voor deze laatste methode koos Freud en zij wordt als zodanig nog steeds toegepast bij de theorieontwikkeling in de psychoanalyse. De feiten die men in de psychoanalyse gebruikt, zijn afkomstig uit de hulpverleningspraktijk. Zo'n werkwijze brengt met zich mee dat in de loop der tijd een theorie nogal kan veranderen en dat gebeurde dan ook bij de psychoanalytische theorie. Bedenk daarbij dat alleen Freud zelf al ruim vijftig jaar werkzaam was als therapeut en publicist. In zo'n tijdsbestek kan veel veranderen. Na zijn dood ging de theorievorming volgens de door hem gebruikte methode verder. Deze werkwijze – het ontwerpen van een theorie en deze op grond van bevindingen aanpassen – is belangrijk om de psychoanalyse te begrijpen. Het werk van Freud wordt op verschillende manieren geïnterpreteerd en dat komt onder andere doordat het zo vaak veranderd is.

Een tweede reden dat de theorie van Freud verschillend wordt geïnterpreteerd is dat zijn werk door twee belangrijke wetenschapstheorieën beïnvloed werd: de natuurwetenschappelijke en de romantische benadering.

Het medisch denken werd aan het eind van de negentiende eeuw gekenmerkt door een *natuurwetenschappelijke benadering*. Hierbij stond de biologische benadering centraal. Freud was opgeleid tot neuroloog en werd beïnvloed door deze wetenschapsopvatting. In het begin van zijn wetenschappelijke carrière stond hem dan ook een 'harde' psychologie voor ogen. Psychische processen probeerde hij met fysiologische wetten te verklaren. Hij zocht naar eenduidige oorzaken van gedrag. Dit wordt wel determinisme genoemd en het is een *mechanistische benadering* van de psychologie. Deze opvatting is onder andere herkenbaar in Freuds theorie dat mensen aangeboren driften hebben.

Een tweede belangrijke invloed was de *'romantische' benadering*. Lang voor Freud was er al aandacht voor het onbewuste. Magnetiseurs en hypnotiseurs waren een bekend verschijnsel (Ellenberger, 1970). Freud werd door de romantische benadering beïnvloed en gebruikte deze bij zijn theorieontwikkeling. Kenmerkend is de opvatting dat niet zozeer het verstand (de rationaliteit) het gedrag van mensen bepaalt, maar een irreële wil. Freud probeerde de irreële wil te doorgronden en maakte daarbij dankbaar gebruik van de heersende opvattingen over het onbewuste. Hierbij bleek het mechanistisch denken ontoereikend. Gedrag van zijn cliënten bleek, ook al kon het onbewuste oorzaken hebben, *doelgericht* te zijn. Hij probeerde de (onbewuste) oorzaken van dit gedrag begrijpelijk te maken. De psychoanalyse werd vooral een *'uitlegkunde'*. Aan gedrag en dromen werd een betekenis toegekend waardoor ze begrijpelijk werden gemaakt. Dit is de *hermeneutische methode*, die bij de *personalistische benadering* gebruikt wordt (zie p. 38). Omdat de psychoanalytische theorie twee verschillende mensbeelden kent, wordt zij tweezijdig (dualistisch) genoemd.

Hier worden drie momenten uit Freuds leven besproken die belangrijk zijn geweest voor zijn theorieontwikkeling. Het gaat om zijn eerste contacten met de hypnose, een publicatie over een ziektegeschiedenis en de verschijning van het standaardwerk uit de psychoanalyse: *De droomduiding* (1900/1987).

In 1885 kwam Freud als jonge arts in aanraking met de techniek van de hypnose. Tijdens een studiereis naar Parijs werd hij beïnvloed door het werk van de Fransman Charcot. Charcot bracht patiënten onder hypnose en kon zo psychische klachten verhelpen. Terug in zijn woonplaats Wenen publiceerde Freud samen met zijn vriend en collega J. Breuer de beroemd geworden ziektegeschiedenis van Anna O. Haar ziektegeval staat bekend als 'hét voorbeeld van een cathartische genezing' (Lauteslager & Van Hoorn, 1988). Zij kwam op het spreekuur van Breuer en had als klacht een verlamde arm. Haar problemen waren medisch echter niet te verklaren. De verlamming stopte namelijk bij haar oksel, terwijl als iemand 'echt' een verlamming heeft ook de schouderpartij daaraan onderhevig is. Breuer en Freud formuleerden de hypothese dat een dergelijke klacht een *symboolfunctie* heeft; het symptoom beeldt iets anders uit en verwijst naar een probleem of innerlijk conflict. Wat dat precies was, wist de patiënte zich niet te herinneren.

> *Onder hypnose wordt de patiënt teruggevoerd naar de oorzaken van haar hysterische symptomen, die in haar onbewuste weggezakt zijn. Door zich deze oorzaken te herinneren, te doorleven en met veel emotie onder woorden te brengen, vindt een afreageren van het ingeklemde affect plaats. Dit hele proces wordt catharsis of zielsreiniging genoemd (Lauteslager et al., 1988: p. 30).*

Breuer en Freud beweerden naar aanleiding van Anna O.'s ziektegeschiedenis dat *reële traumatische gebeurtenissen de achtergrond vormen van neurotische symptomen.* De ervaring en herinnering aan deze gebeurtenissen waren 'verwijderd' uit het bewuste. Dit was volgens hen bij Anna O. het geval.

Maar al spoedig nam Freud afstand van de hypnose. De omslag vond plaats bij het verschijnen van het boek *De droomduiding* in 1900 (Freud, 1900/1987). Ervaringen die Freud opdeed bij zijn patiënten bleken niet te verklaren met zijn theorie. De theorie werd daarop aangepast. Er waren twee verschijnselen die Freud hiertoe dwongen. Allereerst bleken niet al zijn patiënten gevoelig te zijn voor hypnose en bovendien bleek dat gehypnotiseerde patiënten zich niet altijd trauma's herinnerden. Freud veronderstelde dat er een actief psychisch mechanisme werkzaam was dat voorkwam dat pijnlijke herinneringen aan de oppervlakte kwamen. Hij noemde dat de *weerstand* (2.5.1). Ten tweede kwam Freud tot de conclusie dat binnen het onbewuste geen goed onderscheid gemaakt kon worden tussen fantasie en echte herinnering. Hij nam afscheid van het standpunt dat reële traumatische gebeurtenissen de oorzaak zijn van psychische problemen. De nadruk werd gelegd op onbewuste innerlijke wensen en de wijze waarop deze aan de oppervlakte komen. De ommezwaai van Freud wordt nog steeds bediscussieerd. Enerzijds is de laatste decennia duidelijk geworden dat (seksuele) traumatische gebeurtenissen vaker voorkomen dan men dacht (zie Masson, 1984; Draijer, 1985/1989). Anderzijds wordt er in de psychologie weer heftig gediscussieerd of er wel echte herinneringen bestaan. Men staat nu op het standpunt dat ons geheugen lang niet altijd betrouwbaar is: herinneringen kunnen onjuist zijn (Gezondheidsraad, 2004; Schacter, 1997). Wellicht had Freud het dus helemaal niet zo slecht gezien.

Hoe onbewuste innerlijke wensen aan de oppervlakte komen, ging Freud met zijn droomtheorie verklaren. Kort gezegd komt de theorie erop neer dat de droominhoud die iemand zich herinnert (de manifeste inhoud) een vermomming is van onbewuste innerlijke wensen (de latente inhoud). Door middel van droomanalyse probeerde Freud de onbewuste wensen van zijn patiënten te ontdekken. Het boek *De droomduiding* markeerde een keerpunt in zijn denken. Vanaf dat moment ontwikkelde zijn theorie zich verder, zoals in paragraaf 2.2 beschreven zal worden.

Schoolvorming

In hoofdstuk 1 werd een aantal kenmerken van schoolvorming in de psychologie besproken. De geschiedenis van de psychoanalyse vormt hiervan een mooie illustratie. Eigen taalgebruik, een eigen organisatie en het zich afzetten tegen andere opvattingen, dit alles is terug te vinden in de geschiedenis van de psychoanalyse. Freud ontwikkelde een eigen begrippenapparaat waarmee hij het gedrag van mensen beschreef. In het begin van de twintigste eeuw ontstond ook de eerste psychoanalytische organisatie, waarmee Freud zich afzette tegen de heersende opvattingen en organisaties binnen de psychiatrie en de psychologie. De psychoanalyse begon als een 'tegenbeweging' waarbij de eigen theorie centraal werd gesteld. Afwijkingen van 'de juiste lijn' werden niet getolereerd. In de loop van de geschiedenis van de psychoanalyse kwam het tot veel breuken met 'dissidente' volgelingen. Zo werd in 1913 gebroken met een andere beroemde psychoanalyticus: Carl Jung.

Maar ondanks het koesteren van het eigen gelijk ontwikkelde de psychoanalyse zich verder en werd van tegenbeweging een toonaangevende benadering. Na de dood van Freud waaierde de theorievorming verder uiteen. De verschillende accenten in het werk van Freud waren een bron van uiteenlopende opvattingen. Op dit moment is er dan ook geen sprake van dé psychoanalyse. De huidige stand van zaken in de theorievorming is wel vergeleken met een rivierdelta: een hoofdstroom met veel aftakkingen (De Wolf et al., 1994). Alleen al in Nederland bestaan er naast een psychoanalytisch instituut maar liefst vier verschillende organisaties die zich op de psychoanalyse baseren. De Nederlandse Vereniging voor Psychoanalyse (NVPA) is daarvan de oudste (zie **www.coutinho.nl/palet**).

2.1.3 Het mensbeeld in de psychoanalyse

In het voorgaande zijn al impliciet enkele aspecten van het psychoanalytische mensbeeld genoemd. Hieronder staan we er systematisch bij stil. Wat betreft het mensbeeld bestaan er binnen de psychoanalytische theorie verschillende opvattingen. Een belangrijk discussiepunt is de vraag of de psychoanalyse pessimistisch of optimistisch naar 'de mens' zou moeten kijken. Het pessimistische mensbeeld benadrukt dat mensen geen baas in eigen huis zijn en dat driften (waaronder agressie) ons leven besturen. Het optimistische mensbeeld benadrukt juist dat mensen zich bewust kunnen worden van hun (onbewuste) wensen en driften en zo hun leven (meer) in eigen hand kunnen nemen. Hieronder worden enkele aspecten van deze visies weergegeven.

In het dagelijkse leven gaan we er meestal van uit dat we zelf doelbewust richting geven aan ons leven. Zoiets als 'Ik zeg wat ik denk en ik doe wat ik zeg', om wijlen Pim Fortuijn te parafraseren. De psychoanalyse zet een dik vraagteken achter dit uitgangspunt. Hierin wordt juist benadrukt dat *ons leven mede door meerdere deels irrationele en onbewuste wensen bepaald wordt*. Het conflictmodel van de psychoanalyse benadrukt dat het gedrag van mensen het resultaat is van een compromis tussen (onbewuste) wensen en (onbewuste) verboden. Ook hier blijkt dat ons gedrag niet door onszelf, maar *door meerdere – soms onbewuste – krachten* wordt bepaald. De mens is in deze pessimistische visie geen baas in eigen huis.

Freud veronderstelde twee aangeboren *driften* bij mensen: de levens- of seksualiteitsdrift en de doods- of agressiedrift. Hoe moeten we deze driften in het kader van een mensbeeld zien? Jagen ze ons voort en raken we nooit bevredigd (Kuiper, 1983)? Moeten we eraan toegeven of moeten ze juist beteugeld worden? Met name de veronderstelde agressiedrift ondersteunt het pessimistische mensbeeld. 'Mensen zijn van nature slecht' is een conclusie die vooral op het bestaan van deze drift gebaseerd is. Denk hierbij aan de discussie over het gehoorzaamheidsexperiment in kader 2 of herinner je de televisiebeelden van de (oorlogs)misdaden in voormalig Joegoslavië, Rwanda, Kongo, Irak, enzovoorts. Binnen de moderne psychoanalyse wordt het beeld dat de agressiedrift een treintje is dat maar doorrijdt en niet te stoppen valt, afgewezen. Agressief gedrag uit zich op een bepaalde wijze en een bepaald moment. Het is een wisselwerking tussen een situatie, een tijdstip en een persoon (Van Marle, 1995). Dit betekent overigens niet dat agressieve neigingen onderschat moeten worden.

Het derde element geeft aan dat ons gedrag bepaald wordt door onze *levensgeschiedenis*. Het 'hier en nu' is wel belangrijk, maar wordt gekleurd door de ervaringen die wij in onze kindertijd hebben opgedaan. Ook dat wordt wel een pessimistische visie genoemd: de mens is (ten dele) een product van zijn geschiedenis en kan daaraan niet ontsnappen.

Een vierde element – en belangrijk voor de hulpverlening – is het standpunt over 'normaal' en 'abnormaal' gedrag. De psychoanalytische theorie is van toepassing op al ons gedrag, zowel het gestoorde als het normale. Het ontstaan van beide vormen van gedrag is met dezelfde principes te verklaren. Dit impliceert dat er *geen duidelijk onderscheid tussen normaal en gestoord gedrag gemaakt kan worden*. Het gedrag van elk individu heeft zowel gestoorde als gezonde aspecten. De psychoanalyse gaat uit van een glijdende schaal: er is sprake van minder of meer gezond gedrag.

Tot slot, na een aantal mogelijke pessimistische interpretaties van het psychoanalytisch mensbeeld, nu een optimistische. De techniek van de psychoanalyse heeft de bewustwording van de onderliggende oorzaken van gedrag tot doel. Hoewel niet bij elke persoon met een psychische stoornis bewustwording nagestreefd wordt, gaan psychoanalytici ervan uit dat de mensheid in het algemeen gebaat is bij bewustwording. Het nastreven van illusies of idealiseringen vervalst de realiteit. Bewustwording is belangrijk en een rad voor eigen ogen draaien vervreemdt ons van onszelf en vermindert de mogelijkheid tot een draaglijk samenleven van de mensen. We kunnen maar beter weten wat er in ons omgaat, zo luidt deze visie. Dat betekent ook dat we moeten proberen open te staan voor wat ons bang maakt, voor onze blijdschap en voor ons verdriet (Kuiper, 1983).

2.1.4 Indeling van de psychoanalyse

Hier bespreken we hoe de psychoanalyse zich verhoudt tot de drie mensbeelden en het biopsychosociale model. Omdat de psychoanalyse geen eenduidige theorie heeft, is de indeling ook niet eenduidig te maken.

In hoofdstuk 1 werd het onderscheid behandeld tussen mechanistische, organistische en personalistische mensbeelden in de psychologie. Een mechanistisch mensbeeld staat voor inperking of reductie: complex gedrag wordt teruggebracht tot zijn essentie. Een personalistisch mensbeeld staat voor zingeving. De psychoanalyse kent *beide mensbeelden*. Vooral het vroege werk van Freud, uit de periode waarin hij onder invloed stond van de natuurwetenschappelijke benadering en zocht naar eenduidige oorzaken van gedrag, is mechanistisch te noemen. In zijn latere werk staat de interpreterende methode centraal en dat is een kenmerk van een personalistisch mensbeeld. Het personalistische mensbeeld is dominant in de hedendaagse psychoanalyse. De techniek van de hulpverlening is te typeren als 'uitlegkunde' en heeft *bewustwording* van de onderliggende oorzaken van gedrag tot doel.

Hoe verhoudt de psychoanalyse zich tot het onderscheid tussen biologische, psychische en sociale invloeden op gedrag? De vroege psychoanalyse is als een biopsychische benadering te typeren: aangeboren (biologische) driften veroorzaken gedrag (psychisch). De latere psychoanalytische theorie, vooral die van na Freud, is niet meer als zodanig te typeren. Deze gaat uit van het biopsychosociale model, met dien verstande dat het *psychische niveau centraal* gesteld wordt. De biologische en omgevingsinvloeden op het gedrag van een individu worden *gefilterd* door de subjectieve ervaringen die het heeft meegemaakt.

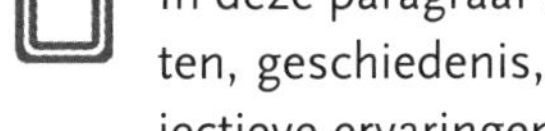

In deze paragraaf werd de psychoanalyse getypeerd aan de hand van uitgangspunten, geschiedenis, mensbeeld en indeling. Bij de uitgangspunten werden de subjectieve ervaringen van mensen, het onbewuste, de meervoudige bepaaldheid van gedrag en ervaringen uit de kindertijd centraal gesteld. Uit de geschiedenis blijkt dat de psychoanalytische theorie verschillende invloeden heeft ondergaan en zich nog steeds verder ontwikkelt. Het gevolg daarvan is dat de psychoanalyse uiteenlopende opvattingen kent. Zo verenigt zij zowel een pessimistische als een optimistische visie op mensen in zich. Ook is de psychoanalyse niet eenduidig in te delen. De 'jonge' psychoanalyse kan getypeerd worden als mechanistisch, terwijl de huidige psychoanalyse vooral personalistisch is. De huidige psychoanalyse blijkt goed met het biopsychosociale model te combineren, met dien verstande dat de nadruk gelegd wordt op het psychische niveau.

2.2 De klassieke theorie

Binnen de theorie van Freud worden vijf hoofdonderdelen onderscheiden: een theorie over *onbewuste mentale processen*; een theorie over de *ontwikkeling van een psychische structuur* bij een individu; een theorie over *psychoseksuele ontwikkeling* van kinderen; een theorie over *verdedigingsmechanismen* en een *praktijktheorie*. Vanwege de relevantie voor de hulpverleningspraktijk wordt in een aparte paragraaf ingegaan op de verdedigingsmechanismen en de begrippen overdracht en tegenoverdracht. Deze laatste zijn afkomstig uit de psychoanalytische praktijktheorie. Hieronder worden de onbewuste mentale processen, de psychische structuur en de psychoseksuele ontwikkeling besproken.

2.2.1 Onbewuste mentale processen

Het bewuste, het voorbewuste en het onbewuste

De theorie over het onbewuste, het voorbewuste en het bewuste wordt door Freud al snel benoemd. Het *bewuste* is dat deel van het 'psychische' dat alles omvat wat zich op een bepaald moment onder de aandacht afspeelt. Denk daarbij aan waarnemen, herinneren, emoties, gedachten, enzovoort. Het *voorbewuste* is die kennis, emoties, enzovoort die niet op dat moment onder de aandacht spelen, maar die wel (wellicht met enige moeite) op te roepen zijn. Als wij over (de oorsprong van) ons gedrag reflecteren, dan gebruiken we ook de inhoud van ons voorbewuste. Het *onbewuste* is dat deel van het 'psychische' waarvan men 'niet weet'. Het bevat kinderlijke wensen en herinneringen die te veel angst opwekken om zich bewust van te zijn. Het onbewuste is er al bij de geboorte en bevat dan twee aangeboren driften, de levensdrift en doodsdrift (zie verder).

Met het onbewuste bedoelt men binnen de psychoanalyse niet een automatische handeling. Immers, als daarover nagedacht wordt ('gereflecteerd'), wordt men zich ervan bewust. Zo kan ik nadenken over mijn automatische bewegingen bij het fietsen. Ook wordt niet de werking van ons fysiologisch systeem bedoeld dat grotendeels onbewust verloopt. Wij zijn ons bijvoorbeeld niet bewust van de werking van ons evenwichtsorgaan. Met het begrip 'onbewuste' uit de psychoanalyse worden vooral *cognitieve, emotionele en motivationele processen* bedoeld waarvan we ons niet bewust zijn, *omdat ze bijvoorbeeld te veel angst oproepen als we ons er wel bewust van zouden zijn.*

Hiermee stuiten we op een problematisch punt van de psychoanalytische theorie. Het bewuste en het voorbewuste kunnen we ons nog wel voorstellen, maar hoe moeten we ons iets voorstellen waarvan we ons niet bewust zijn? Het bestaan van het onbewuste is slechts indirect te 'bewijzen'. Aan zogenaamd 'toevallig' gedrag kent Freud een betekenis toe. Daarbij gaat het om dromen, versprekingen en andere *Fehlleistungen* (letterlijk: verkeerde handelingen, zie kader 5). Maar ook neurotisch gedrag, zoals overdreven angst, heeft volgens psychoanalytici een onbewust conflict als grondslag. Dromen, versprekingen of neurotisch gedrag zijn altijd een compromis tussen de onbewuste wensen of herinneringen en de censuur van het (voor)bewuste.

Het primaire en secundaire proces

Behalve naar de indeling ('anatomie') van het psychische apparaat in (voor)bewuste en onbewuste kunnen we ook naar het functioneren ervan kijken. Het functioneren is een *dynamisch proces* en Freud onderscheidt daarin twee vormen: het *primaire* en het *secundaire proces.*

Het primaire proces kenmerkt het onbewuste. Het onbewuste kent alleen maar wensen en geen waarden of normen. Het streeft naar verwerkelijking van de wensen: het *lustprincipe.* Het onbewuste streeft naar lustbevrediging en mijdt onlust. Het primaire proces van het onbewuste is *irrationeel,* waarmee bedoeld wordt dat het ongevoelig is voor bewuste overwegingen en redenen. Het (voor)bewuste wordt gekenmerkt door het secundaire proces. Het is een proces dat gericht is op doelmatigheid. Het organisme moet rekening houden met de realiteit, de eisen van de buitenwereld (zoals waarden en normen). Alleen die wensen die rekening houdend met de normen van de buitenwereld te bevredigen zijn, komen onder de aandacht van het bewuste. Het secundaire proces kenmerkt zich door *rationaliteit,* door overwegingen: wat wel en wat niet bereikt kan worden. Dit wordt daarom het *realiteitsprincipe* genoemd. Deze tegenstelling werkt Freud later uit in zijn theorie over de structuur van de persoonlijkheid (zie 2.2.2).

De drifttheorie

Freud gaat ervan uit dat mensen twee aangeboren basisdriften hebben die tegengesteld aan elkaar zijn. Met deze theorie probeert hij de motivatie van mensen te verklaren. Zowel het idee dat de driften biologisch bepaald zijn als de aanname dat er 'slechts' twee zijn, stuitte in de loop der jaren echter op kritiek.

Enerzijds veronderstelt Freud de *Eros,* ook wel de *seksuele* of *levensdrift* genoemd. Dit is eigenlijk de motor van al het gedrag dat als fijn of plezierig wordt ervaren. Deze drift omvat de seksueel-erotische wensen en de drift tot zelfbehoud. Maar ook het met plezier nuttigen van een maaltijd, het knuffelen van een kind en het beheersen van een moeilijke vaardigheid zijn hiervan afgeleide vormen. De Eros functioneert volgens het *lustprincipe.* Aangepast aan de realiteit wordt deze drift

Kader 5

Hoe onbewuste wensen zich kenbaar maken: de vergissing

Het onbewuste valt niet te bewijzen; het is niet aan te wijzen op een (röntgen)foto of scan. Freud veronderstelt het onbewuste en maakt daarmee bepaalde verschijnselen begrijpelijk. Hij noemt met name twee verschijnselen die begrepen kunnen worden met het onbewuste: de lapsus (vergissing of *Fehlleistung*) en de droom. Hier wordt ingegaan op de vergissing.
Een voorbeeld van een vergissing is de zogenoemde 'freudiaanse' verspreking. Maar er worden meer verschijnselen mee bedoeld, zoals het vergeten van namen of van voornemens, het niet kunnen terugvinden van voorwerpen (waarvan iemand wel weet dat ze er zijn), het vergrijpen en het maken van verlezingen en verschrijvingen. Een centraal idee uit de psychoanalyse, namelijk dat al ons gedrag betekenis heeft, wordt op bovenstaande verschijnselen toegepast. Het idee is dat een vergissing een onbewuste wens of conflict verraadt. Bij een verspreking zou een onbewuste gedachte het uiten van de bewuste gedachte verstoren. Behalve dat een vergissing vaak een bron van vermaak is, zegt deze dus ook iets over de inhoud van het onbewuste. Hieronder volgen twee voorbeelden: een voorbeeld van een verspreking uit de media en een voorbeeld van een verlegging – een minder bekende variant van de vergissing – uit het boek *Psychopathologie van het dagelijks leven,* waarin Freud een groot aantal voorbeelden geeft.

In het begin van 2006 kent Frankrijk roerige tijden. De regering wil een omstreden arbeidswet invoeren en dit wordt massaal bestreden door jongeren en vakbonden. De Franse premier Dominique De Villepin moet zijn beleid in het parlement verdedigen. Veel Fransen, en zeker de oppositie, eisen zijn aftreden. Het wetsontwerp ligt bij de Raad van State, die door de regering om advies is gevraagd. Tijdens het debat in het parlement, voor de draaiende tv-camera's, wil De Villepin aangeven dat de 'beslissing' van de Raad van State afgewacht moet worden. Maar hij gebruikt niet dit woord, maar het woord 'ontslag'. De Franse woorden voor ontslag en beslissing lijken sterk op elkaar: *démission* en *décision*. Deze gebeurtenis leidt tot grote hilariteit bij de oppositie en de Franse tv-kijkers. Het voorbeeld maakt een aantal kenmerken van de verspreking duidelijk. Een verspreking is niet zomaar iets anders zeggen. Het 'verkeerde' woord lijkt niet alleen in klank op het 'goede' woord, maar heeft bijna altijd een inhoudelijke relatie ermee. Vaak heeft het een tegengestelde betekenis. De Villepin gebruikte bijvoorbeeld niet het woord *dépression* (neerslachtigheid): dit lijkt qua klank ook op décision, maar het heeft er geen inhoudelijke relatie mee. Het andere kenmerk is dat versprekingen niet zozeer plaatsvinden als iemand moe of afgeleid is, maar juist in situaties van opperste concentratie (Van Vliet, 2006). De

Villepin hield een heel belangrijke redevoering en juist op dat moment overkwam hem dit. Dit is bij uitstek een illustratie van de gedachtegang van Freud: kennelijk zijn er naast de doelgerichte motivatie ('Ik moet een goede redevoering houden'), nog andere (onbewuste) krachten in de psyche van de mens die zijn gedrag beïnvloeden.

Een ander geval van *verleggen* verdient onze belangstelling wegens de omstandigheden waaronder het verlegde voorwerp werd teruggevonden. Een nog vrij jonge man vertelt me: 'Enkele jaren geleden was de verstandhouding in mijn huwelijk niet best, ik vond mijn vrouw te koel en hoewel ik graag haar voortreffelijke eigenschappen erkende, leefden we zonder tederheid naast elkaar. Op een dag kwam ze van een wandeling thuis met een boek dat ze had gekocht, omdat het mij misschien zou interesseren. Ik bedankte haar voor deze 'attentie', beloofde het boek te zullen lezen, legde het klaar en vond het niet meer terug. Zo gingen er maanden voorbij, waarin ik me nu en dan dat spoorloos verdwenen boek herinnerde en er ook tevergeefs naar zocht. Ongeveer een halfjaar later werd mijn dierbare moeder, die gescheiden van ons woonde, ziek. Mijn vrouw verliet het huis om haar schoonmoeder te verzorgen. De toestand van de zieke werd kritiek en stelde mijn vrouw in de gelegenheid zich van haar beste kanten te laten zien. Op een avond kom ik thuis, enthousiast over het werk van mijn vrouw en dankbaar jegens haar gestemd. Ik loop naar mijn schrijftafel, maak zonder bepaalde bedoeling maar als met somnambulistische (= slaapwandelachtige J.R.) zelfverzekerdheid een bepaalde lade open en bovenin vind ik het zo lang gemiste, verlegde boek' (Freud, 1901/1984: p. 170-171).

ook in verband gebracht met het 'creatieve' en het 'constructieve'. Deze zijn erop gericht niet alleen de bestaande, levende eenheden in stand te houden, maar van daaruit ook nieuwe dingen te scheppen.

Anderzijds veronderstelt Freud de *doodsdrift*, vernoemd naar *Thanatos*, de Griekse god van het dodenrijk. Deze bevat de agressieve en destructieve driften, maar ook de driften die gericht zijn op vermijding van spanning. Thanatos vertegenwoordigt de neiging tot terugkeer naar absolute rust, het *niet-leven*, het anorganische. Naar binnen gericht wordt de doodsdrift masochisme, naar buiten gericht agressie. Freud veronderstelt deze op zichzelf staande drift, omdat hij de agressie van mensen zo alom aanwezig acht. Beide driften zijn tegengesteld en elkaars concurrent, maar toch mengen ze zich met elkaar en komen ze zelden in pure vorm voor. Volgens Freud zijn mensen tegelijkertijd goed en slecht.

Freud verbindt zijn drifttheorie aan een energietheorie. Elke drift vertegenwoordigt volgens hem een energie. Hij noemt de driftenergie van Eros *Libido*; voor de energie verbonden met de doodsdrift formuleert hij nooit een speciale term. Het libido is in eerste instantie op het eigen lichaam gericht. Freud spreekt van auto-erotiek (zie 2.2.3). Het kind moet leren om deze energie te richten op een object (= een persoon) buiten zichzelf. Eerst is dat de moeder en tijdens het oedipusconflict (zie verder) gaat de vader een rol spelen. Uiteindelijk moet het kind na het afleren van de auto-erotische strevingen ook de strevingen gericht op de ouders (incestueuze verlangens) omvormen en de vrijgekomen energie richten op een bereikbaar en door de cultuur geaccepteerd object, bijvoorbeeld de latere levenspartner. Het object hoeft niet per se reëel te zijn: men kan de energie ook richten op een beeld van een object. Freud spreekt van *objectgerichte energie.*

2.2.2 De psychische structuur

De theorie van de psychische structuur met de onderdelen Id, Ego en Superego formuleert Freud later in zijn leven. Hij bouwt hier voort op het onderscheid tussen het bewuste en het onbewuste en op zijn drifttheorie. Freud past zijn theorie aan, omdat hij in zijn praktijk in aanraking kwam met patiënten bij wie hypnose niet effectief was. Hij veronderstelt dat in hun psychische structuren processen actief zijn (verdedigingsmechanismen, zie verder) die zich verzetten tegen de openbaring van het trauma. Van dit verzet zijn de patiënten zich niet bewust. Met de theorie over de psychische structuur is Freud wel in staat om de ervaringen te verklaren. Grof geschetst ontstaat de psychische structuur in drie stappen.

1. Een pasgeboren baby, zo stelt Freud, is enkel gericht op het bevredigen van lichamelijke behoeften zoals warmte, honger en dorst. Zijn psychische structuur bestaat nog alleen uit het **Id**. Het Id staat op dat moment gelijk met het onbewuste, dat alleen nog de driften bevat. Immers, er is nog niets geweest dat verdrongen kon worden. Het Id is gericht op bevrediging van de behoeften die veroorzaakt worden door de driften en is georiënteerd op een staat van lust. Het primaire proces is van toepassing op het Id. De omgeving (meestal de moeder, Freud redeneert vanuit de doorsnee gezinssituatie) zal niet altijd direct reageren als de baby door te huilen te kennen geeft dat bepaalde behoeften bevredigd dienen te worden. Met andere woorden: de (sociale) omgeving reageert niet direct (vanuit de lustwensen van de baby geredeneerd 'niet-adequaat') op de verlangens van de baby. Ook al reageert de moeder zo snel mogelijk, vanuit het perspectief van de baby is het áltijd te laat. Volgens Freud ontstaat er zo *spanning* tussen de verlangens naar lustbevrediging en de 'eis' van de omgeving om nog even in staat van onlust te verkeren. Er is sprake van een *conflict* waar de baby direct last van heeft en dat in diens verdere leven in allerlei vormen terug zal keren. Om uit deze conflictsituatie te komen, is een aanpassing van de psychische structuur nodig. Het kind moet leren om zelf zijn behoeftebevrediging uit te stellen.

2 De gewenste verandering van de psychische structuur komt volgens Freud tot stand doordat een deel van het Id verandert in een structuur die:
- functioneert in overeenstemming met de realiteit;
- de spanning kan hanteren die ontstaat uit de botsing tussen de eisen van het Id en de realiteit.

Een deel van het irrationele Id verandert in een *rationele structuur*: het **Ego**. Het Ego (het Ik) staat voor *rede, gezond verstand*. Het is dat deel van de psychische structuur dat actief is als je bewust redeneert, afweegt, beslissingen neemt, enzovoorts. Het Ego komt al tot ontwikkeling in het eerste levensjaar en functioneert volgens de kenmerken van het secundaire proces. Hoewel Freud dit secundair noemt, zegt hij dat bij een gezonde ontwikkeling het Ego dominant is over de primaire structuur van het Id. Maar hoewel het lustprincipe (Id) niet meer dominant zal zijn (bij de pasgeboren baby is dit nog wel het geval), blijft het invloedrijk. Het Ego probeert de eisen van het Id en van de realiteit op elkaar af te stemmen. Een beeldspraak is dan ook de schipper (Ego) die zijn boot op de woelige golven (Id) door de klippen (omgeving) heen loodst. *Het realiteitsprincipe is het dominante principe geworden.*

De spanning bij het afstemmen van het realiteitsprincipe en het lustprincipe is volgens Freud nodig voor de verdere psychische ontwikkeling. Het Ego ontwikkelt zich daarom verder na het eerste jaar. In het Ego plaatst Freud de zogenaamde afweer- of verdedigingsmechanismen (zie 2.5.1). Deze acht hij verantwoordelijk voor het verhinderen van het bewust worden van 'verboden' gedachten en 'angstaanjagende' herinneringen. Van de werking van de verdedigingsmechanismen zijn we ons vaak niet bewust. Deze zienswijze impliceert dan ook dat een groot deel van het Ego onbewust is (zie figuur 2.1).

3 Later in de ontwikkeling van de psychische structuur van een individu komt er een nieuw element bij: het **Superego** (Opper-ik of geweten). Deze uitbreiding voltrekt zich tijdens het zogenaamde oedipale conflict, dat zich afspeelt rond het vierde en vijfde levensjaar. Het Superego ontwikkelt zich uit het Ego. Bij deze ontwikkeling gebruikt het Ego verdedigingsmechanismen om zich te handhaven tussen de strijdige eisen van de omgeving en het Id. Een van die mechanismen is *identificatie*. Tijdens het oedipusconflict identificeert het kind zich met een van de ouders (meestal die van hetzelfde geslacht) en lost hiermee het conflict op (zie 2.2.3). Het kind vreest en bewondert de betreffende ouder tegelijkertijd. Door identificatie maakt het zich de waarden en normen van de ouder eigen: deze worden zijn bezit. Door dit proces eigent het kind zichzelf de rol toe van *tot de orde roepende*, een rol die tot dan toe door de buitenwereld, vooral door de ouders vervuld was. Dit proces wordt het *vermaatschappelijken* van het kind genoemd. Immers, de waarden en normen van de maatschappij worden via de ouders toegeëigend. Het Superego bevat naast de verinnerlijkte eisen van de omgeving ook het *Ik-ideaal*; dit is het ideale beeld waaraan iemand

wil voldoen. Als het Superego gevormd is, gaat het kind zichzelf 'toespreken'. Het Superego functioneert als moraal, als *geweten*.
Deze theorie van Freud wordt wel een ingewikkelde omschrijving van het biopsychosociale model genoemd (Peterson & Flanders, 2005). De biologie is het Id, de psyche het Ego en het sociale is het Superego. Het grote verschil met het biopsychosociale model is dat Freud ervan uitgaat dat grote delen van het psychische apparaat op onbewust niveau functioneren.

De vorming van de psychische structuur verloopt verschillend bij mensen. Zo spreekt men over een zwak of een sterk Ego. Het Superego kan soms (te) sterk zijn (veel schuldgevoelens) of te zwak (weinig schuldgevoelens). Ook delen van het Superego zijn onbewust. In plaats van het eerdere model waarin alleen onze driften onbewust zijn, komt Freud tot een model waarin het gehele Id en delen van zowel Ego als Superego onbewust zijn (zie figuur 2.1). Tussen het Id en het Superego is altijd sprake van een conflict. Het Ego moet dat conflict trachten te beheersen, maar zal het volgens Freud nooit kunnen oplossen: het blijft altijd bestaan. In kort bestek is dit het conflictmodel van de psychoanalytische theorie. De eisen vanuit de omgeving blijven een rol spelen, ook al heeft het kind de normen verinnerlijkt. Immers, de omgeving kan veranderen, terwijl je normen niet per se veranderen. Denk hierbij aan emigratie naar een andere cultuur. Iemand met een sterk Ego weet goed om te gaan met al deze conflicten. Hij weet een goede balans te vinden tussen Id, Superego en eisen uit de omgeving, waarbij gebruik wordt gemaakt van verdedigingsmechanismen.

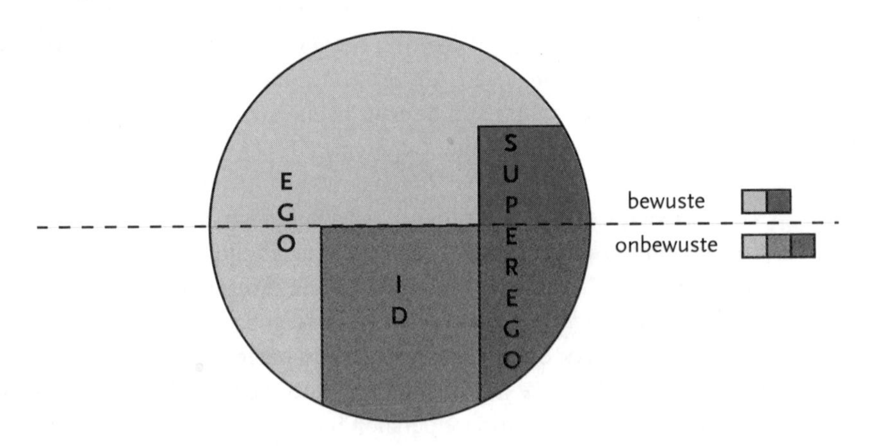

Figuur 2.1 Een model van Id, Ego en Superego en het bewuste en onbewuste (Gabbard, 1994).

2.2.3 Ontwikkelingsfasen (psychoseksuele stadia)

Freud hecht groot belang aan de (vroeg)kinderlijke ontwikkeling. Hier wordt de basis gelegd voor de kenmerken van de volwassen persoonlijkheid. Freud gaat uit van het idee dat de psychische ontwikkeling van kinderen volgens een *vaste volgorde* verloopt. Deze volgorde wordt bepaald door de lichamelijke ontwikkeling. Zijn uitgangspunt is dat de seksuele drift zich ontwikkelt volgend op de lichamelijke ontwikkeling van het kind. In de ontwikkeling onderscheidt Freud een aantal fasen. Elke fase is verbonden met een bepaald conflict dat het kind moet zien op te lossen (vergelijk met het begrip ontwikkelingsopgave in Rigter, 2002). Tijdens de eerste fasen richt het kind zich bij de bevrediging van lusten op zichzelf. Pas rond het vijfde levensjaar – de oedipale fase – gaat het kind zich op andere personen (= objecten) richten. In die eerste psychoseksuele fasen is de drift volgens Freud verbonden met een *lichamelijk gebied* (*erogene zone*) dat lust oplevert. Het ontwikkelen van de drift en hoe het kind daarmee leert omgaan in een omgeving (ouders) die eisen gaat stellen aan de manier waarop, kan problematisch verlopen. Hij stelt dat dit eventueel op latere leeftijd kan uitmonden in psychische stoornissen of typische persoonlijkheidskenmerken. Freud onderscheidt twee verschillende mogelijkheden bij het niet harmonieus verlopen van de driftontwikkeling:

Fixatie: een kind blijft steken in een fase en weet het conflict onvoldoende op te lossen. De oplossing van problemen en conflicten in latere fasen wordt gekleurd door dit onopgeloste conflict. Voorbeelden zijn orale fixatie en vaderfixatie.

Regressie: een kind heeft al één of meerdere fasen goed doorlopen, maar kan door allerlei oorzaken terugvallen in een eerdere fase. Deze regressie kan kort- maar ook langdurend zijn. De oorzaak is vaak angst of spanning bij het kind. Denk hierbij aan een kind dat weer gaat duimzuigen of bedplassen nadat het een broertje of zusje heeft gekregen of na ruzie tussen of echtscheiding van de ouders.

Freud noemde pasgeboren kinderen '*polymorf pervers*', waarmee hij aangeeft dat ze op allerlei manieren seksuele lust beleven via huid, mond, anus en genitaliën. Kinderen vinden alles lekker, seksualiteit en lust zijn nog niet gekoppeld aan één bepaald lichamelijk gebied. Maar al snel na de geboorte gaat een kind de psychoseksuele fasen doorlopen. Bij elke fase zal een bepaald lichamelijk gebied (*erogene zone*) domineren in de seksualiteits- en genotsbeleving. Pas bij het oedipuscomplex zal een object (= een andere persoon) een dominante rol gaan spelen.

Orale fase: in deze fase is de *mond* de erogene zone. Dit lichaamsdeel is dominant vanwege de voeding. Het kind *zuigt*, *sabbelt*, *kauwt* en *bijt* en verkrijgt hiermee bevrediging. Later, als het wat ouder is, zal het de dingen die het te pakken krijgt eerst in de mond stoppen om het te 'onderzoeken'. Het einde van deze fase is rond de negende à twaalfde maand. In deze fase moet het kind een conflict rond het thema '*afhankelijkheid*' zien op te lossen. Voor de bevrediging van zijn behoeften is het namelijk geheel afhankelijk van de verzorgende (meestal de moeder) en het kind moet leren om deze verzorgende te vertrouwen.

Anale fase: in deze fase is de *anus* de erogene zone. Het kind zal zijn eerste stapjes gaan zetten en de wereld om zich heen actief ontdekken. Dit betekent dat het letterlijk en figuurlijk geconfronteerd zal worden met grenzen die gesteld gaan worden. In deze fase speelt het conflict zich af rond het thema van '*de autonomie en zelfcontrole*'. Volgens Freud zal dit conflict zich vooral toespitsen op de eerste echte training die het kind krijgt: de zindelijkheidstraining. Het kind is in deze fase overgeïnteresseerd in alles wat met de anus en zijn functies te maken heeft. In deze fase vindt de eerste vorming van *het Ego* plaats. Met het ontstaan van een eigen wil of eigen ik leert het kind dat het de omgeving en zichzelf kan beïnvloeden/controleren. Naast de zindelijkheidstraining kan dit ook bij de 'eettafelstrijd' gebeuren.

Fallische fase: in deze fase is het *geslachtsdeel* de erogene zone. Bij de jongen is dat de *penis* ('fallus'), bij het meisje de *clitoris*. Het kind vindt het prettig om met zijn/haar geslachtsdeel te *spelen*. Het is daarin overgeïnteresseerd. De fallische fase loopt tot ongeveer het derde en vierde jaar en gaat over in de oedipale fase.

Oedipale fase: ook in deze fase moet het kind een conflict oplossen. Via het oplossen van een rivaliteitsconflict met vooral de vader ontwikkelt het een identiteit. Deze fase beslaat ongeveer het vierde en vijfde levensjaar en wordt gezien als een kerncomplex in de klassieke psychoanalytische theorie. Freud ontleent de naam Oedipus aan een Griekse tragedie. Kort gezegd komt deze tragedie (van Sophocles) op het volgende neer: Oedipus is te vondeling gelegd. Opgegroeid en wel raakt hij verliefd op een vrouw. Hij vermoordt een rivaal en trouwt met haar, maar later blijkt de rivaal zijn vader te zijn en de vrouw zijn moeder. In ons dagelijks leven staat het volgende tafereeltje model voor het oedipale conflict. Op een verjaardagsfeestje huppelt kleine Henkie langs de visite. Hij wordt opgepakt door een van de tantes en op schoot genomen. Hij is het middelpunt van de belangstelling. Dan vraagt een tante: 'En, Henkie, wat wil jij later worden?' Het kindje weet nog niet precies wat 'worden' is en antwoordt: 'Ik ga later met mama trouwen.' Vol vertedering kijken de tantes hem aan, totdat er eentje vraagt: 'En papa dan?' En Henkie zegt: 'Papa moet dan maar dood.'
Kenmerkend voor het oedipale conflict is het *incestthema*. Het kind wil de moeder als liefdesobject en de andere ouder is de rivaal. Dit conflict is de eerste fase in de ontwikkeling van het kind waarbij de bevrediging van zijn driften niet exclusief via een erogene zone verloopt, maar waarvoor een object nodig is.
Het oedipale conflict van het jongetje verloopt als volgt. De moeder van het jongetje wordt zijn liefdesobject. Op haar richt hij zijn wensen die hij wil bevredigen. Zijn vader is de rivaal die hij haat en op wie hij jaloers is. Immers, vader 'bezit' zijn liefdesobject. Het jongetje komt er volgens Freud tijdens deze fase achter dat een meisje geen penis heeft. Dat blijkt ook voor zijn moeder

te gelden. Hij kan dit 'gemis' niet verklaren, behalve door aan te nemen dat vrouwen ooit een penis gehad moeten hebben, maar dat deze 'afgenomen' is. Kort gezegd: het jongetje krijgt *castratieangst*. Hij is bang dat zijn penis hem afgenomen (afgesneden of weggetoverd, de inhoud van de fantasie kan verschillend zijn) zal worden. En vooral vader wordt gezien als degene die deze castratie kan verrichten. Er ontstaan angst voor en eventueel agressie tegen zijn vader, tegelijk met een schaamte voor zijn jaloezie. De (castratie)angst is er de oorzaak van dat het jongetje af gaat zien van zijn moeder als liefdesobject. Hij vervangt dit door een identificatieproces, en wel *identificatie* met zijn oorspronkelijke rivaal, zijn vader. De normen (geboden en verboden) die de vader vertegenwoordigt, worden overgenomen. Het Superego ontstaat en het kind vermaatschappelijkt. Het wordt onderdeel van de maatschappij door het toeeigenen van de heersende maatschappelijke normen en is nu 'echt' een jongen geworden.
Het oedipale conflict van het meisje verloopt anders en ingewikkelder. Ook voor het meisje is het allereerste liefdesobject haar moeder. Het meisje merkt (al voordat de oedipale fase intreedt) dat zij geen penis heeft. Er ontbreekt iets, iets wat ze ook wil hebben (volgens de veronderstelling van Freud). Er ontstaat *penisnijd*, wat een gevoel van minderwaardigheid ten opzichte van het mannelijk geslacht teweegbrengt. Moeder krijgt de schuld van haar gemis en het meisje richt zich op de vader als liefdesobject. Freud stelde dat het meisje langs symbolische weg de penis gelijkstelt aan een 'kind'. En vader zou haar zo'n kind (als vervanging van de wens een penis te hebben) kunnen bezorgen. Maar uiteindelijk moet het meisje afstand doen van deze wens. Net als bij het jongetje zou de wens te bedreigend zijn. Ook het meisje gaat zich dan identificeren met de ouder van dezelfde sekse: haar moeder. En zo ontstaat bij haar het Superego. Ze verinnerlijkt de normen van haar moeder.
Freud beschouwt het oedipuscomplex als een kerncomplex. Veel van het neurotische gedrag dat hij in zijn praktijk tegenkwam, zou hiertoe te herleiden zijn. Met name worden de fixaties genoemd, zoals een vader- of moederfixatie, die zich zou kunnen uiten in de partnerkeuze voor het latere huwelijk. De partner lijkt dan op een van de ouders. Verder noemt Freud dat veel schuldgevoelens en angsten te herleiden zijn tot deze fase. Schuldgevoelens hebben te maken met het Superego, dat zich in deze fase ontwikkelt, en angst heeft te maken met bijvoorbeeld een dominante en straffende vader.

Na het oedipale conflict onderscheidt Freud nog de *latentiefase* en de *genitale fase*.

Latentiefase: is er een van emotionele rust en sublimatie van de seksuele interesse, zo wordt verondersteld, en duurt vanaf het zesde jaar tot de puberteit.

Genitale fase: vanaf en na de puberteit komt de fase van volwassenheid, de genitale fase, die doorgaat tot de dood. Deze fase wordt gekenmerkt door de ontwikkeling van intieme relaties met iemand van het andere geslacht. Iemand met een genitaal karakter heeft alle eerdere (psychoseksuele) stadia weten te integreren en de conflicten opgelost.

De ontwikkelingstheorie van Freud is veel bekritiseerd en wordt tegenwoordig als – netjes geformuleerd – achterhaald of – minder netjes geformuleerd – complete onzin beschouwd. Daarbij moet beseft worden dat Freud de theorie formuleerde op grond van de verhalen van volwassen patiënten en niet op grond van observaties van kinderen. Uit deze verhalen heeft hij het oedipuscomplex geconstrueerd. Na Freud (zie verder) ontstaan er andere theorieën over de ontwikkeling van kinderen. Maar hoewel de ontwikkelingstheorie van Freud als achterhaald wordt beschouwd, zijn er aspecten van de theorie die toch nog steeds waarde hebben en ook terugkeren in nieuwe theorieën. Allereerst is dat het uitgangspunt dat kinderen een ontwikkeling kennen die in fasen is opgebouwd. Ten tweede blijkt uit de huidige hulpverleningspraktijk dat tijdens de kinderontwikkeling stoornissen ontwikkeld kunnen worden. Ook het uitgangspunt dat een kind in bepaalde fasen conflicten of opdrachten moet zien op te lossen, komt in moderne theorieën terug (Muris, 2005; Rigter, 2002).

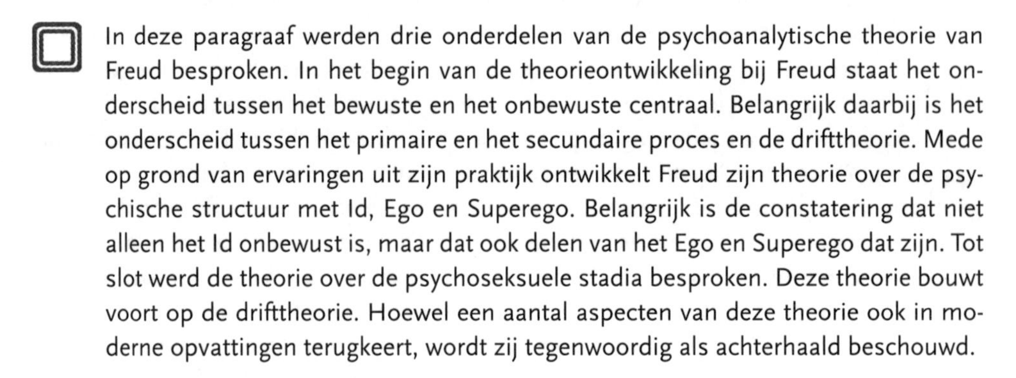

In deze paragraaf werden drie onderdelen van de psychoanalytische theorie van Freud besproken. In het begin van de theorieontwikkeling bij Freud staat het onderscheid tussen het bewuste en het onbewuste centraal. Belangrijk daarbij is het onderscheid tussen het primaire en het secundaire proces en de drifttheorie. Mede op grond van ervaringen uit zijn praktijk ontwikkelt Freud zijn theorie over de psychische structuur met Id, Ego en Superego. Belangrijk is de constatering dat niet alleen het Id onbewust is, maar dat ook delen van het Ego en Superego dat zijn. Tot slot werd de theorie over de psychoseksuele stadia besproken. Deze theorie bouwt voort op de drifttheorie. Hoewel een aantal aspecten van deze theorie ook in moderne opvattingen terugkeert, wordt zij tegenwoordig als achterhaald beschouwd.

2.3 Ontwikkelingen na Freud

Binnen de theorie van Freud zijn verschillende accenten te onderscheiden, waaronder een mechanistische (verklarende) en een personalistische (interpreterende) benadering. Beide denklijnen zorgden voor nieuwe ontwikkelingen. Heden ten dage zijn er dan ook verschillende 'soorten' psychoanalyse. Hieronder worden twee ontwikkelingen besproken: een ontwikkeling waarin het mechanistisch denken dominant is: de hechtingstheorie van Bowlby; en een ontwikkeling waarin het personalistisch denken dominant is: de objectrelatietheorie. Er zijn natuurlijk meer theoretische ontwikkelingen na Freud, maar er is gekozen voor deze twee opvattingen vanwege hun theorie over de kindertijd en hun grote invloed op hulpverlening en opvoeding. Met beide theorieën kan zowel het gedrag van kinderen als dat van volwassenen inzichtelijk gemaakt worden. De twee opvattingen vullen elkaar, ondanks het verschil in uitgangspunten, goed aan.

2.3.1 De hechtingstheorie van Bowlby

Hier wordt eerst uitgelegd waarin de hechtingstheorie van Bowlby verschilt met de klassieke psychoanalyse en worden de uitgangspunten van de hechtingstheorie besproken. Vervolgens worden twee aspecten uitgewerkt. Allereerst wordt aan de hand van onderzoeksresultaten aangegeven hoe hechtingsprocessen verlopen. Daarna wordt aan de hand van twee voorbeelden aangegeven hoe met behulp van de hechtingstheorie 'vreemd' gedrag begrepen kan worden.

Verschil tussen de hechtingstheorie en de klassieke psychoanalytische theorie
De Engelse psychiater John Bowlby (1907-1990) is oorspronkelijk psychoanalyticus. De hechtingstheorie die hij ontwikkelt, verschilt op een viertal punten met de klassieke psychoanalytische theorie. Ten eerste wordt binnen de klassieke theorie vooral 'teruggeredeneerd'. Als uitgangspunt dient een klacht bij een volwassene en dan wordt gekeken hoe deze klacht mogelijk samenhangt met een jeugdervaring. Dit is een hermeneutische methode: achteraf wordt betekenis verleend aan een klacht. Bowlby gaat andersom te werk. Zijn vertrekpunt is gedrag uit de kindertijd, waarbij hij kijkt hoe dit doorwerkt in de volwassenheid. Hij probeert aan de hand van jeugdervaringen voorspellingen te doen over volwassen gedrag. Dit is meer een oorzakelijke (mechanistische) manier van redeneren. Ten tweede benadrukt hij in zijn theorie wat er werkelijk in de kinderjaren plaatsvindt. De manier waarop het kind de gebeurtenissen beleeft is secundair. Ten derde baseert hij zich, in tegenstelling tot de klassieke theorie, op directe observaties van kinderen en niet op verhalen van volwassenen tijdens de therapie. Ten vierde maakt Bowlby gebruik van kennis uit andere wetenschappen of benaderingen in de psychologie zoals de ethologie – een wetenschap die het gedrag van dieren vergelijkt met het gedrag van mensen – en de cognitieve psychologie. Deze kennis probeert hij te integreren met de psychoanalytische theorie (Milders, 1988).

Uitgangspunten van de hechtingstheorie
Hechting (*attachment*) wordt door Bowlby opgevat als soortspecifiek gedrag. Veel diersoorten, inclusief mensen, kennen bepaalde vormen van hechting die genetisch zijn vastgelegd. Vooral dit uitgangspunt is mechanistisch. Bowlby ontleent deze opvatting aan (ethologische) dierstudies waaruit bleek dat dieren een inprentingsproces kennen waardoor het pasgeboren dier zich onmiddellijk hecht aan de moeder. Zo hebben ganzen een kritieke periode (vlak nadat zij uit het ei kruipen) waarin zij zich hechten aan moeder gans. Ook de experimenten met rhesusapen (van Harlow), waarbij de jonge aap een surrogaatmoeder kreeg aangeboden, tonen aan dat er een kritieke periode is waarin de jongen bemoedering nodig hebben om zich later sociaal normaal te kunnen ontwikkelen (De Witte, 1993).

Op grond van deze bevindingen veronderstelt Bowlby dat bij mensen een normale moeder-kindrelatie van essentieel belang is. In tegenstelling tot sommige diersoorten kennen mensen geen zogenaamde kritische periode, maar vinden de hechtingsprocessen over een lange periode plaats. Hechtingsgedrag staat in dienst van de overleving van de soort en is genetisch vastgelegd. Bowlby neemt hierbij afstand van de drifttheorie uit de klassieke psychoanalyse. Hij verving de liefdes- en doodsdrift door een andere aangeboren drift: de hechting.

Bowlby onderbouwt zijn standpunt met kindobservaties. Bekend – uit de jaren vijftig van de vorige eeuw – is zijn kritiek op inrichtingen waar kinderen gehospitaliseerd raakten doordat er geen hechtingsfiguren beschikbaar waren. Kinderen die in een ziekenhuis werden opgenomen, mochten vanwege vermeend besmettingsgevaar nauwelijks bezocht worden. Er was bovendien sprake van veel wisselend personeel, dat weinig emotioneel contact met de kinderen had. Bowlby observeert de effecten hiervan op jonge kinderen. Hij constateert dat de reacties van de kinderen in drie fasen zijn op te delen. In de eerste fase staat *protest* centraal. Het kind huilt, roept om de ouders en wijst het personeel af. In de tweede fase staat *terugtrekking* centraal. Het kind gaat apart zitten, heeft weinig contact, eet weinig en is in zichzelf gekeerd. In de derde fase staat *onthechting* (*detachment*) centraal. Het kind lijkt zich te herstellen doordat het actiever wordt, maar de contacten met volwassenen zijn kunstmatig. Als het kind naar huis mag, worden de ouders afgewezen en kunnen ze zelfs aangevallen worden. Dit patroon kan jarenlang in stand blijven (Holmes, 1993). Mede op grond van dit onderzoek verlopen ziekenhuisopnamen van kinderen tegenwoordig anders. Ouders worden in staat gesteld om in het ziekenhuis te overnachten (*rooming-in*), er is veel bezoek mogelijk, knuffels mogen meegenomen worden en er is zo min mogelijk wisselend personeel.

Het verloop van hechtingsprocessen

Sinds Bowlby is er veel onderzoek gedaan naar hechtingsprocessen. Hieronder volgt een aantal resultaten van dit onderzoek.

Bowlby wijst op het belang van een goede interactie tussen moeder en kind. Tegenwoordig wordt meer de nadruk gelegd op interacties tussen het kind en emotioneel beschikbare volwassenen. De volwassene hoeft niet per se de biologische moeder te zijn.

Het kind heeft een *aangeboren gedragsrepertoire* waarmee het zorggedrag van en interactie met een volwassene kan uitlokken: huilen, lachen en zich vastklampen. Dit hechtingsgedrag neemt toe in situaties waarin het kind zich onveilig voelt. Het heeft tot doel om de nabijheid van de beschermende volwassene te bewerkstelligen en daarmee zijn veiligheid te garanderen (De Boer, 1991).

Hechtingsgedrag wordt niet alleen door kinderen vertoond. Volwassenen hebben een *aangeboren zorginstinct*. Een gezonde moeder weet direct na de geboorte van haar kind wat ze moet doen, zonder dat het haar geleerd is. En al zijn niet alle volwassenen ook ouders, ze zijn wel allemaal gevoelig voor een glimlachend of huilend kind. Een reclamespotje waarin geld werd gevraagd voor derdewereldkinderen maakte hier handig gebruik van. Beelden van glimlachende kinderen gingen gepaard met een liedje van Willi Alberti: 'De glimlach van een kind doet je beseffen dat je leeft.'

Een kind richt zich in eerste instantie op alle volwassenen. Pas later (rond de leeftijd van acht maanden) ontstaat een verinnerlijkt beeld van de primaire verzorgers, meestal de ouders. Hier is een overlap met de objectrelatietheorie (zie verder). De zogenaamde *achtmaandsangst* (angst voor vreemde gezichten en stemmen) wordt hiermee verklaard.

Tussen de primaire verzorgers en het kind vindt een afstemming van signalen plaats: *matching*. Als de matching geslaagd, is spreekt men van *attunement*. De afstemming lukt alleen als zowel het kind als de verzorger emotioneel beschikbaar is.

Er is onderzoek gedaan naar de *kenmerken van slecht en goed gehechte kinderen*. Dit deed men door te kijken naar de reacties van moeder en kind bij scheiding en terugkeer. Niet zozeer het protestgedrag van het kind bij de scheiding blijkt belangrijk te zijn, maar wat het kind doet als de moeder terugkeert. Aan het einde van het eerste levensjaar doet een goed gehecht kind bij terugkomst van de ouder pogingen om de ouder bij zich in de buurt te krijgen. Kenmerkend aan het gedrag zijn blij begroeten, armpjes uitstrekken, naar de ouder toe kruipen en glimlachen (De Boer, 1993). Onveilig gehechte kinderen kunnen verschillend gedrag vertonen zoals: apathie, boosheid, extreem aanklampingsgedrag of ambivalent gedrag zoals moeder opzoeken en weer afwijzen.

Het begrijpelijk maken van 'vreemd' gedrag

De hechtingstheorie voorspelt dat als een kind zich niet veilig heeft kunnen hechten, dit later voor problemen kan zorgen in het volwassen leven en vooral in relaties met anderen. Voor alle duidelijkheid: de kans op problemen wordt groter, het is niet zo dat dit voor alle kinderen met hechtingsproblemen zal gelden. Bowlby staat op het standpunt dat hechtingsgedrag het hele leven voorkomt. Emotioneel verwaarloosde kinderen, van wie verondersteld wordt dat ze geen veilige hechting hebben gehad, dragen als het ware de 'ontrouw' die hun is aangedaan en de teleurstelling die dit teweeg heeft gebracht innerlijk met zich mee (Verhulst, 1994). Relaties op latere leeftijd kunnen ontbreken of worden gekenmerkt door 'allemansvriendjesgedrag'. Als aan zo'n relatie hogere eisen worden gesteld, dan kan dit omslaan in agressief gedrag of verbreking van de relatie.

Ook het gedrag van demente bejaarden kan in verband worden gebracht met de hechtingstheorie van Bowlby. Opvallend bij bejaarden met dementie is de voortdurende aandacht voor hun ouders. Miesen (1990) noemt dit ouderfixatie. De demente bejaarden gedragen zich ondanks hun hoge leeftijd alsof hun ouders nog leven. Vooral de moeder keert terug in hun belevingswereld. Het begrip fixatie dat Miesen gebruikt is niet hetzelfde als het fixatiebegrip van Freud; de demente bejaarden zijn niet blijven steken in een ontwikkelingsfase, maar 'kindergedrag' keert wel terug. Miesen veronderstelt dat het dementeringsproces bij de bejaarde een onveilige situatie creëert en dat het verlangen naar de ouders hier een uiting van is. Uit zijn onderzoek blijkt dat het niveau van cognitief functioneren bij de demente bejaarde van invloed is op het vertoonde hechtingsgedrag. Bejaarden in het begin van het dementieproces weten meestal dat hun ouders dood zijn, maar denken wel veel aan ze. Miesen noemt dit ouderoriëntatie. Kennelijk biedt het denken aan de ouders emotionele steun. Daarnaast vertonen bejaarden in het begin van het dementieproces hechtingsgedrag aan personeel en op bezoek komende familieleden dat sterk overeenkomt met dat van kinderen: vastklampen van personeel en familie; hen volgen met de ogen; huilen en familie naroepen als ze vertrekken. Als het dementeringsproces voortgaat, dan neemt dit gedrag af en komt daarvoor de ouderfixatie in de plaats. De veronderstelling is dat deze fixatie veiligheid oplevert voor de demente bejaarde: deze beschikt hiermee over moeders altijd aanwezige bijstand.

Het onderzoek van Miesen laat zien hoe de theorie van Bowlby toegepast kan worden op het gedrag van demente bejaarden. Daarnaast geeft het praktische aanwijzingen hoe ouderfixatie anders geïnterpreteerd kan worden: het is niet zozeer een teken dat iemand in het verleden leeft en onbereikbaar is, maar een roep om aandacht in een onveilige situatie.

2.3.2 De objectrelatietheorie

Hier wordt eerst een aantal verschillen tussen de objectrelatietheorie en de klassieke psychoanalytische theorie besproken. Daarna volgt een weergave van de algemene kenmerken van de objectrelatietheorie. Tot slot worden drie opmerkingen gemaakt over de betekenis van de objectrelatietheorie. Maar vooraf het volgende: het begrip 'object' levert vaak verwarring op. Binnen de psychoanalyse wordt hiermee een persoon bedoeld en niet een voorwerp. Men maakt onderscheid tussen het subject (de persoon die iets beleeft) en objecten (de andere personen bij wie je iets beleeft).

Verschil tussen de objectrelatietheorie en de klassieke psychoanalytische theorie
De objectrelatietheorie verschilt op drie punten van de klassieke psychoanalyse, te weten: er wordt minder nadruk gelegd op de fantasie; er wordt afstand genomen van het biologische driftmodel en er wordt anders aangekeken tegen de psychosociale ontwikkeling van kinderen. Hieronder worden deze punten kort toegelicht.

Het denken van Freud kent een ontwikkeling (2.1). Dacht hij eerst dat symptomen te herleiden waren tot reële trauma's, later verschuift zijn aandacht naar de rol van verlangen en fantasie. Er vindt een verschuiving plaats van 'buiten' (echt gebeurd) naar 'binnen' (fantasie). De objectrelatietheorie komt hier weer enigszins op terug en heeft meer aandacht voor 'buiten' – een mooi voorbeeld van de slingerbewegingen bij theoretische ontwikkelingen (hoofdstuk 1). Wellicht is deze 'stap terug' in de objectrelatietheorie te verklaren uit het feit dat deze, in tegenstelling tot de klassieke theorie, mede gebaseerd is op observaties van moeder-kindinteracties.

Het tweede verschilpunt is het driftmodel. In de objectrelatietheorie wordt niet uitgegaan van twee biologisch bepaalde driften. Driften ontstaan volgens deze theorie pas later en zijn niet aangeboren. Ze zijn gericht op objecten en worden in deze visie minder gestuurd door de wens om lusten te bevredigen.

Een derde verschil is de psychosociale ontwikkeling van kinderen. De objectrelatietheorie besteedt meer aandacht aan de periode voorafgaand aan het oedipusconflict. Ook wordt, op grond van observaties, geconcludeerd dat kinderen veel eerder hun seksuele identiteit beseffen dan Freud veronderstelt.

Uitgangspunten van de objectrelatietheorie

De redenatie van de objectrelatietheorie over de psychische ontwikkeling is als volgt. In het begin van de kinderlijke ontwikkeling is er sprake van een *symbiotische relatie* tussen moeder en kind. Er is een intense betrokkenheid en het kind ervaart zich nog niet als een zelfstandig individu. Ook Freud benadrukt dit, hier is nog weinig verschil van opvatting. De symbiotische fase duurt ongeveer tot de vijfde levensmaand van het kind. Na deze vijfde maand gaat het kind (subject) relaties aan met andere personen (objecten). Het gaat dan vooral om voor het kind betekenisvolle personen zoals de moeder en later de vader, eventuele broertjes en zusjes, grootouders en bijvoorbeeld het personeel van de crèche. In de fase na de vijfde levensmaand staat het *separatie-individuatieproces* centraal, dat rond het derde levensjaar afgesloten zal worden. Het begrip separatie slaat op losmaking en het begrip individuatie slaat op het verkrijgen van een eigen identiteit, een eigen 'ik'.

In deze tweede fase worden de objectrelaties die het kind aangaat verinnerlijkt. In de symbiotische fase zijn er natuurlijk ook al relaties tussen het kind en anderen, maar het kind is dan nog niet in staat om deze relaties te verinnerlijken. Tijdens het proces van verinnerlijken houdt het kind beelden, herinneringen vast van belangrijke objecten. Deze zijn bepalend voor de latere ontwikkeling tot volwassene. Als het kind start met verinnerlijken, slaat het nog niet het complete beeld van een persoon op, maar beelden van deelaspecten. Dergelijke beelden gaan gepaard met een beeld van zichzelf en een beeld van de relatie. Om een voorbeeld te geven: als een kind een prettige ervaring heeft bij het voeden door zijn moeder, dan verinnerlijkt het een positief beeld van zichzelf (het kind dat gevoed wordt), een positief beeld van het object (de moeder die voedt is goed) en een positief beeld van de emotionele ervaring (er is plezier en bevrediging). Hetzelfde gebeurt als het kind honger ervaart en de moeder te laat (in de beleving van het kind) komt met de voeding. Het kind verinnerlijkt een negatief beeld van zichzelf (een gefrustreerd, niet zijn zin krijgend kind), een negatief beeld van het object (een onbereikbare moeder) en een negatief beeld van een emotionele ervaring (boosheid, woede) (Gabbard, 1994). Het kind begint dus met het opslaan van verschillende objectbeelden van zijn moeder (of een ander object), zowel positief (moeder die een behoefte bevredigt) als negatief (moeder die frustreert). Pas later, bij een normale ontwikkeling, zal het kind een genuanceerd en geïntegreerd beeld verwerven van de moeder, dat wil zeggen een moeder als één geheel met diverse kenmerken. Hetzelfde geldt voor het beeld van zichzelf. Opvallend in deze benadering is het benadrukken van het verinnerlijken. Dit betekent dat in deze theorie de cognitie van kinderen een belangrijkere rol krijgt dan bij Freud

Het verinnerlijken van beelden is voor het kind nodig om zich los te kunnen maken uit de symbiose en een zelfstandig functionerend individu te worden. Het losmaken (separatie) geeft in het begin zoveel angst dat dit proces alleen maar te volbrengen is door beelden vast te houden. Het kind maakt daarbij ook gebruik van zogenaamde *'transitionele objecten'* (zoals knuffels). Volgens de objectrelatietheorie fungeert een transitioneel object tijdelijk als vervanging van moeder. Als de externe personen volledig verinnerlijkt zijn, dan zal de functie van transitionele objecten afnemen. Rond het derde levensjaar is dit proces bij een normale ontwikkeling afgerond, wat niet betekent dat de knuffels geen andere functie meer kunnen vervullen. Bij een gestoorde ontwikkeling blijft het absolute onderscheid tussen het goede en het kwade bestaan. Met deze theorie zijn sommige persoonlijkheidsstoornissen te begrijpen bij volwassenen die andere mensen alleen maar kunnen ervaren als helemaal goed of helemaal slecht (Van Marle, 1995). Ook bij 'normale' mensen kunnen restanten bestaan van niet-geïntegreerde beelden.

Bij een normale ontwikkeling ontstaat vanaf het derde jaar een *emotionele objectconstantie*. Dit begrip betekent niet hetzelfde als de objectconstantie in de theorie van Piaget (zie hiervoor p. 203). Emotionele objectconstantie betekent:

> *'Cognitief en gevoelsmatig is het kind nu in staat om een innerlijk beeld van de moeder vast te houden, niet alleen van de accepterende en stimulerende moeder, maar ook van de afkeurende. Deze integratie van goede en slechte eigenschappen, in wezen het ongedaan maken van de splitsing tussen helemaal goed en helemaal slecht, verzacht haatgevoelens en nuanceert gevoelens van liefde' (Van Marle, 1995: p. 27).*

Tegelijkertijd met het ontstaan van de emotionele objectconstantie ontstaat de constante zelfbeleving, zoals het zelfbeeld. Deze beide processen, objectconstantie en zelfconstantie, blijven het hele leven voortduren: we doen immers steeds nieuwe ervaringen op. De ervaringen uit de kindertijd hebben echter de meeste invloed.

Drie consequenties van de objectrelatietheorie

Hier worden drie consequenties van de objectrelatietheorie benadrukt. Binnen de klassieke theorie wordt de bron van angst vooral bij het oedipuscomplex geplaatst. De objectrelatietheorie laat zien dat angst al eerder in de ontwikkeling van een kind kan optreden. Zo is binnen de kinder- en jeugdpsychiatrie *separatieangststoor-*

nis een bekende diagnose. Het slaat op al wat oudere kinderen die extreme angst beleven als zij gescheiden worden van hun moeder. Separatieangst is normaal bij jonge kinderen zoals peuters, maar ongewoon bij kinderen van zes jaar of ouder. Als een ouder kind toch deze angst heeft, dan is de veronderstelling bij de objectrelatietheorie dat het individuatie-separatieproces onvoldoende heeft plaatsgevonden. Separatieangststoornis kan bijvoorbeeld tot uiting komen als het kind voor het eerst naar de basisschool gaat (Rigter, 2002).

Wordt binnen de klassieke theorie een onbewust conflict opgevat als een strijd tussen een impuls (een wens) en een verbod, binnen de objectrelatietheorie is het een strijd tussen twee tegengestelde beelden van objectrelaties. Als iemand zowel een negatief als positief beeld van zijn oudere zus heeft opgeslagen (bijvoorbeeld een 'etterbak' versus 'een altijd klaarstaande helpster') zonder integratie, dan kan dit een innerlijk conflict veroorzaken.

Benadrukt moet worden dat het verinnerlijkte beeld van een object niet per se waarheidsgetrouw hoeft te zijn. Het gaat om de beleving van het kind. Kinderen, zeker op jonge leeftijd, kunnen de wereld nog niet in zijn complexiteit overzien, maar hebben er wel emotionele ervaringen bij. Een tweejarig kind begrijpt bijvoorbeeld niet waarom moeder hem in de steek laat als oma ziek is. Moeder wordt dan ervaren als 'niet-bereikbaar' of 'afwijzend' en als zodanig verinnerlijkt. Bij het omgaan met herinneringen van volwassenen aan hun kindertijd moet beseft worden dat het om opnieuw beleefde emoties gaat die als zodanig relevant zijn, maar niets hoeven te zeggen over wie er werkelijk 'schuldig' was.

In deze paragraaf werden twee theoretische benaderingen besproken die na Freud ontstonden: de hechtingstheorie en de objectrelatietheorie. Beide baseren zich op kindobservaties, maar ze verschillen in theoretische uitgangspunten. De hechtingstheorie is mechanistisch te noemen en de objectrelatietheorie personalistisch. Daarmee samenhangend is het verschil dat in de hechtingstheorie weinig aandacht wordt besteed aan de belevingen en fantasieën van kinderen, terwijl dit in de objectrelatietheorie wel wordt gedaan. Beide theorieën kunnen belangrijke gezichtspunten voor de opvoedings- en hulpverleningspraktijk opleveren.

2.4 Het verklaren van psychische stoornissen

Wat in het algemeen voor menselijk gedrag geldt, is binnen de psychoanalyse ook van toepassing op psychische stoornissen. Psychische stoornissen worden opgevat als uitingen van onbewuste conflicten en bij het ontstaan ervan spelen vroegkinderlijke ervaringen een grote rol. Vooral in het verklaren van de zogenaamde neurotische stoornissen, 'gewone' problemen die (tijdelijk) verergerd zijn – zoals stemmings- en angstproblemen –, is de psychoanalyse altijd sterk geweest. In de moderne psychoanalyse (Gabbard, 1994) worden biologische oorzaken van psychische stoornissen, zoals erfelijke aanleg, niet ontkend. Wel benadrukt men dat bij het begrijpen van het persoonlijke lijden een biologische verklaring tekortschiet. Elk lijden wordt gekleurd door (onbewuste) persoonlijke ervaringen.

2.4.1 Depressie

Binnen de psychoanalyse lopen de verklaringen voor het ontstaan van een depressie uiteen. Freud maakt een onderscheid tussen rouw en melancholie, een oude term voor depressie. Rouw ontstaat bij het kwijtraken van een belangrijk persoon zoals bij het overlijden van een kind, partner of ouder. Depressie zou ontstaan bij het symbolische (in plaats van echte) verlies van een persoon. Kenmerkende aspecten van depressie zoals verminderde zelfwaarde, zelfverwijt en schuldgevoelens ontbreken meestal bij rouw. Freud stelt dat beelden van belangrijke personen verinnerlijkt worden, een standpunt dat ook de objectrelatietheorie inneemt. Depressies zouden veroorzaakt kunnen worden doordat een streng Superego schuldgevoelens produceert als er bijvoorbeeld (onbewuste) agressieve gevoelens zijn naar een, in de bewuste ervaring, geliefd persoon. Depressie wordt gezien als een *symptoom* van dit conflict.

Een andere verklaring van een depressie berust op het verschil tussen het (onbewuste) ik-ideaal uit het Superego en de werkelijkheid. Iemand kan bijvoorbeeld niet meer voldoen aan de eisen die zijn Superego stelt en ontwikkelt daardoor depressieve klachten.

Zoals al eerder is aangegeven kunnen verlieservaringen uit de jeugd, zoals het overlijden van een ouder, mensen gevoeliger maken voor het ontwikkelen van een depressie. Een nieuwe pijnlijke ervaring op latere leeftijd kan onverwerkte wonden uit de jeugdtijd weer openrijten.

2.4.2 Angststoornissen

Angst is in principe een normale reactie op een bedreigende situatie. Net als pijn heeft deze een alarmerende functie die van belang is voor overleven. Angst kan echter 'ontsporen'. Men spreekt van een stoornis als de angst zelf een klacht is geworden. De angst maakt het leven dan ondraaglijk en belemmert het functioneren. Er zijn veel angststoornissen, de bekendste zijn fobieën: angst voor bijvoorbeeld specifieke situaties of dieren. Angst is traditioneel een belangrijk onderwerp binnen de psychoanalyse. Veel van de neurotische klachten die door Freud werden behandeld, waren angststoornissen. Hij onderkent dat angst een normale reactie kan zijn en noemt dat *angst voor de realiteit* (De Wolf et al., 1994). Een angststoornis wordt gezien als een *symptoom* van een onbewust conflict. Ze wordt opgevat als het eindresultaat van een psychisch conflict tussen onbewuste seksuele of agressieve impulsen uit het Id en de daarmee corresponderende dreigingen van straf uit het Superego. Het Ego, zo gaat de redenatie vanuit dit model verder, neemt de angstsignalen uit het onbewuste waar en vat deze op als gevaar. De verdedigingsmechanismen (zie verder) waar het Ego over beschikt, worden ingezet om te voorkomen dat de onbewuste en bedreigende gedachten en gevoelens bewust worden. Deze mechanismen zijn noodzakelijk en voorkomen door het 'vermommen' van het oorspronkelijke conflict dat een persoon door angst wordt overspoeld. De vermomming is de klacht die een persoon ervaart, bijvoorbeeld extreme angst voor sociale situaties. Ze is enerzijds de uiting van een neurotisch, onbewust conflict en anderzijds een aanpassing om te voorkomen dat dit conflict tot het bewuste doordringt. Binnen de moderne psychoanalyse wordt rekening gehouden met erfelijke aanleg voor angststoornissen. Maar de psychoanalyse gaat verder dan de biologie. Ze biedt de mogelijkheid om de persoonlijke ervaringen die mede een rol vullen op te helderen (zie kader 6).

Kader 6

Een sociale fobie: je eigen naam niet durven noemen

Een sociale fobie is een angststoornis die optreedt in sociale situaties, dat wil zeggen bij andere mensen. De persoon die de klacht ervaart is bijvoorbeeld bang dat hij zich belachelijk maakt of dat anderen hem kritisch beoordelen. Een lichte variant (geen stoornis) is blozen. Het volgende voorbeeld is ontleend aan Gabbard (1994).

De heer P. was een 25-jarige man die net zijn hbo-opleiding had afgerond en zijn eerste baan had gekregen binnen een bedrijf. Hij had een sociale fobie ontwikkeld met als kenmerken dat hij extreem bang was om zich in sociale situaties te begeven en nieuwe mensen te ontmoeten op zijn werk. Hij was ook extreem bang als hij op zijn werk een groep mensen moest toespreken. Als hij zich toch in deze situaties begeven moest, raakte hij buiten adem en struikelde in zo'n mate over zijn woorden dat hij geen zin kon afmaken. De heer P. ging in kortdurende psychoanalytische therapie en tijdens de derde zitting meldde hij de therapeut dat hij er het meeste tegen opzag om zich voor te stellen als hij nieuwe mensen ontmoette (T is therapeut, P is patiënt):

T: Wat is er moeilijk aan om je naam te zeggen?
P: Ik heb geen idee.
T: Als je even nadenkt over je naam, wat komt er dan in je op?
P: (na enige stilte) Nou, het is ook de naam van mijn vader.
T: Hoe voel je je daarbij?
P: Een beetje onprettig, denk ik.
T: Waarom is dat zo?
P: Nou, ik heb geen goede relatie met hem gehad. Sinds hij mijn moeder heeft verlaten toen ik vier jaar oud was, heb ik weinig meer van hem vernomen.
T: Dus je woonde alleen met je moeder sinds hij vertrok?

P: Dat klopt. Mijn moeder is nooit opnieuw getrouwd, dus van jongs af aan moest ik de man in het huis zijn en ik voelde me niet in staat om zoveel verantwoordelijkheid te dragen. Ik ben daar altijd wrok over blijven koesteren. Toen ik nog een kind was, zei iedereen dat ik me gedroeg als een volwassene. Dat vond ik lastig, want ik vond dat ik maar net deed alsof ik een volwassene was terwijl ik me een kind voelde. Ik had het idee dat ik iedereen voor de gek hield en dat ze boos zouden worden als ze daarachter kwamen.
T: Ik vraag me af of je dat ook zo voelt als je jezelf moet voorstellen.
P: Dat is precies zoals ik me voel. Mijn naam zeggen is net alsof ik zeg dat ik mijn vader probeer te zijn.

Tot zover deze weergave. Merk op dat de patiënt in eerste instantie niet wist waar zijn angst vandaan kwam. De vragen van de therapeut hielpen hem in te zien dat zijn angst samenhing met schuld en schaamte voor het vervullen van zijn vaders rol. Hij was bang dat anderen zijn 'spel' zouden doorzien en afkeuren (Gabbard, 1994: p. 263/264; vertaling en bewerking J.R.).

Het psychoanalytisch denken biedt een kader waarmee psychische stoornissen te begrijpen zijn. Er zijn twee belangrijke uitgangspunten: aan een psychische stoornis ligt vaak een onbewust conflict ten grondslag én ook al kunnen veel psychische stoornissen mede een erfelijke oorzaak hebben, ze worden altijd gekleurd door persoonlijke, vroegkinderlijke ervaringen.

2.5 Toepassingen van de psychoanalyse in hulpverlening en opvoeding

Regelmatig wordt mij door studenten de vraag gesteld wat het praktische nut is van de psychoanalyse voor het dagelijks handelen als hulpverlener of opvoeder. Ook is een veelgehoorde opmerking dat deze theorie meer op de psychotherapie van toepassing is dan op de algemene hulpverlening. Op zich zijn deze opmerkingen niet onterecht, maar toch ben ik van mening dat voor 'niet-psychotherapeutische' hulpverleners en opvoeders het psychoanalytische referentiekader nuttig is. Het belangrijkste argument daarvoor is dat de psychoanalyse alternatieve interpretaties biedt van het gedrag van mensen. 'Onbegrijpelijk gedrag' begrijpelijk maken is de sterke kant van de psychoanalyse en dat speelt niet alleen binnen een psychotherapie. Gabbard (1994) geeft een mooi voorbeeld van een 29-jarige man die nog steeds vrijgezel is en (weer) bij zijn ouders woont. De man lijdt al tien jaar aan een obsessief-compulsieve stoornis (dwangstoornis), met als kenmerken angstaanjagende dwanggedachten (obsessies) die alleen maar zijn te neutraliseren als hij tot dwanghandelingen (rituelen of compulsies) overgaat. Met de handelingen worden de angst veroorzakende dwanggedachten beheersbaar. De man in kwestie heeft de obsessie dat hij het gevaar loopt om door een vreselijke ziekte besmet te raken. Zijn ritueel bestaat uit het overmatig handenwassen, het schoonmaken van kleding, enzovoorts. Dit gedrag is dermate uit de hand gelopen dat zijn moeder hem moet helpen met douchen, aankleden en eten koken. Eerdere pogingen tot hulpverlening werden direct na het eerste contact door de patiënt afgebroken en een poging om medicatie te slikken werd gestopt vanwege klachten over zogenaamde bijverschijnselen. Wat veel van de eerdere hulpverleners niet zagen, wordt na een opname in een psychiatrisch ziekenhuis wel duidelijk: met deze stoornis stelt de patiënt zichzelf in staat om de aandacht van zijn moeder vrijwel exclusief voor zichzelf te winnen. Vader wordt noodgedwongen door moeder verwaarloosd. De symptomen stellen de patiënt in staat om, psychoanalytisch gezien, zijn moeder te 'stelen' van zijn vader. Met andere woorden: het oedipusconflict speelt op de achtergrond stevig mee. Bij een succesvolle hulpverlening zou de zoon zijn moeder opnieuw 'verliezen'. Eerdere pogingen tot hulpverlening faalden doordat de hulpverleners dit mechanisme niet zagen. Dit voorbeeld is een mooie illustratie hoe vanuit een psychoanalytisch referentiekader het weigeren van behandelingen geïnterpreteerd kan worden. En weigerachtig gedrag komt niet alleen voor in de spreekkamer van artsen.

Nog twee andere inzichten zijn van belang, ook in hulpverlenings- of opvoedingssituaties waar het psychoanalytisch denken niet op de voorgrond staat. Het betreft de verdedigingsmechanismen en de verschijnselen van overdracht en tegenoverdracht.

2.5.1 Verdedigingsmechanismen

Freud ontdekt dat in de psyche van mensen een mechanisme werkzaam is dat het zich herinneren van onbewuste wensen, impulsen en trauma's verhindert. Hij noemt dit *weerstand* en werkt het uit tot de verdedigingsmechanismen (ook wel defensie- of afweermechanisme genoemd). In de hulpverlening en opvoeding is het belangrijk om verdedigingsmechanismen te herkennen. In principe gebruikt iedereen ze, dus zowel een hulpverlener of docent als een hulpvrager of leerling! Iedereen is geneigd om zichzelf 'voor de gek te houden' als het te pijnlijk is om de waarheid onder ogen te zien. In het hierna volgende worden de functie van verdedigingsmechanismen en enkele bekende voorbeelden besproken. Er wordt een onderscheid gemaakt tussen neurotische, volwassen en primitieve verdedigingsmechanismen.

Neurotische verdedigingsmechanismen
Neurotische verdedigingsmechanismen zitten 'tussen' de volwassen en de primitieve mechanismen in. Ze moeten zorgen dat onbewuste, bedreigende gedachten niet aan de oppervlakte komen. De mechanismen houden de wensen er niet alleen onder, maar vervormen ze in zo'n mate dat de oorsprong moeilijk te vinden

is. Vroeger gingen de meeste psychoanalytici ervan uit dat verdedigingsmechanismen onbewust te werk gaan. Tegenwoordig zijn zij van mening dat de mechanismen zijn in te delen op een schaal van bewust (iemand weet dat hij zichzelf voor de gek houdt) tot helemaal onbewust (Malan, 1983). Ook al worden verdedigingsmechanismen toegepast, dan betekent dit niet dat de (onbewuste) impulsen niet meer actief zijn. Juist op momenten dat iemand er niet op is voorbereid, kunnen de impulsen of verdrongen herinneringen weer toeslaan. Dit wordt 'terugkeer van het verdrongene' genoemd (ibidem). Denk bijvoorbeeld aan iemand die door een speelfilm waarin een incestscène voorkomt herinnerd wordt aan de eigen, weggestopte incestervaringen. Ook het voorbeeld hieronder over verplaatsing is te zien als terugkeer van het verdrongene. Verdedigingsmechanismen gebruikt iedereen en we hebben ze nodig. De man die een tikkende tijdbom moet demonteren kan zich bijvoorbeeld beter niet bewust zijn van de consequenties van een mislukking. Hij kan deze beter negeren en aan iets anders denken (Frijda, 1988).

Verdringing is het bekendste verdedigingsmechanisme. Het verdringingsproces verloopt geheel onbewust. Onaanvaardbare wensen, impulsen of fantasieën worden uit het bewuste gebannen. Verdringing speelt bij vrijwel alle neurotische conflicten een rol (Gabbard, 1994). Ramachandran (1998), een neuroloog, geeft een voorbeeld van een vrouw die van hem te horen krijgt dat ze (aan een kant van haar lichaam) verlamd is. De vrouw huilt tien minuten als ze deze boodschap tot zich door laat dringen. Maar al een paar uur later (!) weet ze zich niets meer van deze emotioneel geladen gebeurtenis te herinneren.

Verplaatsing is een mechanisme waarbij gevoelens die verbonden zijn aan een bepaalde situatie of persoon (bijvoorbeeld de vader) gericht worden op een andere situatie of persoon (bijvoorbeeld de docent). Verplaatsing is het werkzame principe bij overdracht (2.5.2). In het volgende voorbeeld van verplaatsing van de ene situatie naar de andere lukt het de moeder om in eerste instantie haar boosheid in bedwang te houden. Maar de impuls zoekt toch een uitweg. Bij de eerstvolgende gelegenheid die zich voordoet, worden de verdedigingsmechanismen 'overrompeld'. De oorspronkelijke boosheid keert versterkt terug.

> *'Op een avond kwam een moeder de kamer van haar dochtertje binnen en ontdekte dat de muren volgesmeerd waren met fecaliën. Hoewel ze het vreselijk vies vond, gaf ze haar dochter geen uitbrander en maakte de boel zonder meer schoon. De volgende dag gooide het meisje per ongeluk de suiker om en de moeder verloor volledig haar zelfbeheersing en sloeg haar' (Malan, 1983: p. 14).*

Reactieformatie wordt ook omkering in het tegendeel genoemd. Een onaanvaardbare wens of impuls wordt geneutraliseerd door juist het gedrag te tonen dat er lijnrecht tegenover staat. Dit mechanisme wordt veel door kinderen gebruikt. Bijvoorbeeld: kleine Els die jaloers is op haar broertje. De jaloezie keert ze om in het tegendeel: ze is als overbezorgd moedertje juist lief en bedrijvig met hem bezig; haar weggewerkte gevoel komt pas tevoorschijn als ze hem wel erg hard knuffelt. Of neem Jan die in kindertherapie is. Hij was vijf jaar oud toen zijn vader door een auto-ongeluk om het leven kwam. Sindsdien is hij alleen met zijn moeder. Volgens de therapeute kan vaders dood door Jan beleefd zijn als een vervulling van zijn (onbewuste) agressieve oedipale wensen. Zijn agressie keert hij om in het tegendeel als hij zich tijdens de therapie steeds door de therapeute bij het schaken laat verslaan, terwijl hij veel beter speelt (Oosterhuis, 1997).

Isoleren van gevoel is een verdedigingsmechanisme dat voor kan komen bij slachtoffers van trauma's, zoals incest- en oorlogsslachtoffers. De traumatische herinnering kan gemakkelijk opgehaald worden, maar de emoties die erbij horen, bijvoorbeeld angst of schaamte, herinnert men zich niet.

Ongedaan maken is het mechanisme dat bij de obsessief-compulsieve stoornis hoort. Angstaanjagende gedachten worden ongedaan gemaakt met rituelen. Ook kinderen maken veel gebruik van dit mechanisme; denk hierbij aan magisch denken.

Somatiseren wordt in de psychoanalyse ook als een verdedigingsmechanisme gezien. Het slaat op het proces dat onbewuste wensen vermomd een uitdrukking krijgen in lichamelijke klachten.

Vermijding is een simpel mechanisme. De gedachten of situaties die je confronteren met angsten of schaamte worden vermeden. Vermijding is een mechanisme waarvan iemand zich goed bewust kan zijn.

Met het gedrag **ageren** voorkomen mensen dat gedachten bewust worden. Het treedt vooral op als iemand niet over iets kan praten. Omdat kinderen hun gevoelens nog niet zo goed in taal kunnen uitdrukken, ageren ze meer. Jan die zijn vader op vijfjarige leeftijd aan een verkeersongeluk verloor, vertoont zelf roekeloos gedrag in het verkeer waarmee hij, zo is de interpretatie, zijn onbewuste schuldgevoel vormgeeft. Het is ook een uitdrukking van zijn verlangen om zich met vader te identificeren (Oosterhuis, 1997).

Rationaliseren is wel het treffendste mechanisme van jezelf in de maling nemen. Het is een soort 'smoes' waarmee iemand voorkomt dat een negatieve situatie of negatieve informatie funeste gevolgen voor hem heeft. Zo gold dat voor een man die zijn leven lang politiek actief was geweest. Omdat zijn geheugen snel achteruit ging, werd hij doorverwezen naar een psychogeriatrische arts voor onderzoek naar beginnende dementie. Deze arts testte het geheugen van de man met de vraag wie de huidige minister-president van het land was. De man antwoordde: 'Wat maakt dat nou uit, het is toch allemaal gajes', waarmee hij zijn gebrekkige geheugen probeerde te camoufleren.

Volwassen verdedigingsmechanismen

Volwassen verdedigingsmechanismen worden als nuttig en nastrevenswaardig gezien. Hier volgen drie voorbeelden:

Sublimatie slaat op het proces dat onaanvaardbare wensen worden omgezet in sociaal aanvaardbaar gedrag. De wens om broertjelief de strot door te snijden, wordt omgezet in een chirurgische carrière. Een ander bekend voorbeeld is de deelname aan competitieve sport, zoals voetbal, wat gezien kan worden als de sublimatie van agressieve wensen.

Altruïsme is het ondergeschikt maken van eigen belangen aan die van anderen.

Humor Jezelf op de hak kunnen nemen wordt gezien als een belangrijk aspect van geestelijke gezondheid (Gabbard, 1994). Ramachandran (1998: p. 182) noemt humor 'het meest effectieve tegengif tegen de absurditeit van de menselijke staat'.

Kader 7

De kracht van humor

Humor als tegengif, hoe werkt dat? Micha de Winter, hoogleraar pedagogiek van de Universiteit Utrecht geeft een ontroerend voorbeeld. In 2005 werd hij door een directeur van Unicef gebeld met de vraag of hij als onafhankelijke deskundige wilde bekijken hoe de kinderopvang in de vluchtelingenkampen in Darfur, Soedan geregeld is. Soedan is dan al jaren verscheurd door een burgeroorlog. In de woestijnen bevinden zich enkele vluchtelingenkampen met daarbij ook zeer geïmproviseerde opvang voor getraumatiseerde kinderen. De plekken in de kampen waar deze kinderen worden opgevangen, worden *child friendly spaces* genoemd. De Winter treft daar grote groepen kinderen aan met wie vrijwel niet gepraat wordt. Kinderen die 'hebben meegemaakt dat hun dorpen zijn platgebrand, hun familie uitgemoord, hun moeders verkracht. Depressieve, naar binnen gekeerde kinderen die zich te barsten schrikken als je ze iets vraagt'. Het doet hem denken aan concentratiekampen en de woestijn functioneert als het hek. De vluchtelingen zitten als ratten in de val. Hoe kun je in zo'n situatie de kinderopvang verbeteren? vroeg De Winter zich af. In die ellende treft hij hoog opgeleide Soedanezen aan zoals studenten, onderwijzers en acteurs die ondanks de radeloze situatie over veel humor beschikken. 'Ik heb me een ongeluk gelachen met hen. Daardoor heb ik iets meer begrepen van de kracht van humor bij het verwerken van trauma's.' Hij besluit om samen met deze mensen een aanpak te ontwikkelen om de opvang van de kinderen te verbeteren. Trauma's verwerken door erover te praten was daar onmogelijk. 'Ze hebben dingen meegemaakt die niet te bevatten zijn. Moet je niet gewoon beginnen met een beetje gezelligheid? Een kind wil niets liever dan lachen en pret maken. Misschien is humor voor hen wel de beste eerste stap naar verwerking. *Als je grappen maakt over je eigen situatie, laat je immers zien dat je je leven toch nog een beetje onder controle hebt*' (cursivering J.R.). Tijdens een tweede bezoek gaat De Winter een aantal mensen trainen en betrekt daarbij nadrukkelijk hun eigen inzichten. In de winter van 2006 volgt zijn derde bezoek. 'Toen ik in de kampen terugkwam, bleken de trainers ongelofelijk goed werk te hebben gedaan. Opeens zag ik in dezelfde ruimte kleine groepjes kinderen zitten in een totaal andere atmosfeer. Ik zag hoe er met kinderen werd gepraat, dat er vragen aan hen werden gesteld. Precies zoals ik het had bedoeld. Dat heeft mij diep, diep ontroerd. Ik zag zomaar een jong meisje grapjes vertellen aan een groepje kinderen. Ze rolden over de grond van het lachen. Dat was de eerste keer dat ik kinderen zag lachen in Darfur.' (Van der Zee, 2006)

Primitieve verdedigingsmechanismen

Primitieve verdedigingsmechanismen zijn moeilijk te behandelen tijdens een therapie. Het zijn mechanismen die vaak al vroeg in de kindertijd zijn ontstaan. Hieronder volgen drie voorbeelden.

Ontkenning slaat op het mechanisme dat iemand niet openstaat voor traumatische ervaringen of informatie. Het mechanisme is niet gericht tegen innerlijke wensen zoals bij verdringing, maar tegen de overrompelende werkelijkheid buiten de persoon. Het is een bekend fenomeen als iemand een slechte boodschap krijgt: 'Mijn kind dood, nee dat kan niet, ik zag hem net nog buiten spelen.' Ramachandran (1998) geeft het voorbeeld van een hoogopgeleide man die weet dat hij een hersentumor heeft. Tijdens een consult krijgt hij van de arts te horen dat de tumor uitgezaaid en onbehandelbaar is. Hij heeft waarschijnlijk nog minder dan een jaar te leven. In plaats van daarop in te gaan, vraagt hij de arts om naar een blaartje op zijn wang te kijken omdat alle andere artsen dat niet gedaan hebben. Als de behandelende arts het gesprek opnieuw op de hersentumor en de negatieve prognose weet te brengen, antwoordt de man: 'Ach, u weet toch ook dat artsen het soms helemaal bij het verkeerde eind hebben.' Güldner en Veerman (2003) wijzen op het verrassende verschijnsel dat kinderen met psychiatrische problemen hun eigen capaciteiten vaak te hoog inschatten. Ze hebben een positiever zelfbeeld dan men zou verwachten. De onderzoekers verklaren dit vanuit het proces van zelfidealisatie. De kinderen houden hun zelfbeeld als het ware kunstmatig hoog door het ontkennen van de 'objectieve' beperkingen.

Splitsen is het onbewuste mechanisme waarbij tegengestelde gevoelens gescheiden worden. Zoals besproken bij de objectrelatietheorie is dit een mechanisme dat door het kleine kind wordt toepast. Goed en slecht, plezier en onaangenaamheid worden van elkaar gescheiden. Op latere leeftijd zou dit mechanisme vooral voorkomen bij personen die problemen hebben gehad bij de vroegkinderlijke ontwikkeling. Sommige mensen met een persoonlijkheidsstoornis (zoals de borderlinestoornis) of andere psychiatrische problematiek kunnen gebruikmaken van dit mechanisme. Splitsing wordt niet alleen innerlijk toegepast, maar kan uitgespeeld worden naar de omgeving. Het mechanisme dat daarbij gebruikt wordt, noemt men projectie.

Projectie slaat op het proces waarbij iemand onbewuste gevoelens van zichzelf en gevoelens die hij ontkent toeschrijft aan iemand anders. Iemand kan zijn agressieve impulsen toeschrijven aan een ander. Het proces wordt ingewikkelder als de ander zich ook als zodanig gaat gedragen. Immers, er zijn weinig mensen immuun voor de aan hen toegeschreven slechte of goede karaktereigenschappen. Splitsen en projectie gaan vaak hand in hand. De inrichtingspatiënt projecteert zijn gesplitste gevoelens bijvoorbeeld op het personeel. Aan het ene personeelslid worden de positieve gevoelens toegeschreven en aan een ander personeelslid de negatieve. Als de personeelsleden hiernaar gaan handelen, dan kan dat desastreuze gevolgen hebben voor het team waar zij beiden deel van uitmaken. Er zijn al heel wat teamvergaderingen geweest waarbij de personeelsleden zich vertwijfeld afvroegen of ze het wel over dezelfde patiënt hadden. De een beschrijft de patiënt in lovende bewoordingen en de ander juist in negatieve en ze staan als kemphanen tegenover elkaar. Als dit proces niet vroegtijdig onderkend wordt, zijn patiënten in staat om een team te splitsen dat vervolgens ruziemakend zijn weg probeert te vervolgen.

Gabbard (1994) geeft vier mogelijke criteria waaraan splitsing van een team eventueel is te onderkennen:

1. Als een personeelslid onbarmhartig hard en straffend naar een patiënt is;
2. Als een personeelslid ongewoon toegevend is;
3. Als een personeelslid herhaaldelijk een patiënt verdedigt tegen kritische opmerkingen van collega's;
4. Als een personeelslid denkt dat hij de enige is die een patiënt begrijpt.

2.5.2 Overdracht en tegenoverdracht

Overdracht

Een belangrijk onderdeel van de psychoanalyse is de praktijktheorie over het hulpverleningsproces. Hier staan de begrippen overdracht en tegenoverdracht centraal. De klassieke psychoanalytische techniek gebruikt vrije associatie. De cliënt ligt op een bank en moet alles vertellen wat er in hem opkomt. De therapeut luistert, stelt vragen en geeft verklaringen voor de opkomende gedachten. Freud merkt in zijn praktijk dat veel opkomende gedachten en gevoelens op de therapeut gericht worden, terwijl de oorsprong ervan in het verleden van de persoon ligt. Gevoelens over een belangrijk persoon uit de kindertijd, bijvoorbeeld boosheid die de cliënt voor zijn vader voelt, worden *verplaatst* naar de therapeut. De patiënten van Freud zijn zich niet bewust van de oorsprong van deze gevoelens, dat wil zeggen: er is geen herinnering, maar wel een beleving in het hier en nu. Ze zijn boos op de therapeut. In eerste instantie vindt Freud dit verschijnsel storend, maar al spoedig beseft hij dat het een belangrijk middel kan zijn om conflicten uit de kindertijd opnieuw te laten beleven waardoor ze alsnog verwerkt kunnen worden. Hij noemt het verschijnsel *overdracht*. Het wordt een belangrijk middel in psychoanalytische therapieën en wordt vaak door de therapeut actief nagestreefd.

Een *overdrachtsreactie* heeft twee belangrijke kenmerken: ze is een *herhaling* van een gedragspatroon uit het verleden en ze is *inadequaat*, dat wil zeggen niet in overeenstemming met de realiteit van de situatie (De Wolf & Cassee, 1994). Een belangrijke discussie gaat over de toepassing van dit begrip. De vraag is of overdracht alleen binnen een therapeutische relatie bestaat of ook daarbuiten. Waarschijnlijk is het zo dat overdracht zich ontwikkelt bij elke persoon die belangrijk is in iemands leven. Het is een fenomeen dat in een psychoanalyse voorkomt, maar ook in andere hulpverleningsrelaties, het onderwijs of relaties in het 'gewone' leven. In een psychoanalyse wordt overdracht vaak bewust uitgelokt en is het een belangrijk instrument bij het laten herleven van 'oude' conflicten. In andere relaties wordt het vaak als hinderlijk ervaren en niet nagestreefd. Een *vuistregel* is dat hoe persoonlijker, frequenter en langduriger een contact met een cliënt is, hoe groter de kans zal zijn dat overdrachtgevoelens tot ontwikkeling komen. Zeker in de huidige hulpverlening, waar vaak gewerkt wordt met een persoonlijk begeleider van een cliënt, moet men erop bedacht zijn dat overdracht zich kan ontwikkelen. Er wordt een onderscheid gemaakt tussen positieve en negatieve overdracht. *Positieve overdracht* bevat positieve gevoelens, zoals bewondering, zich veilig voelen en verliefdheid. *Negatieve overdracht* bevat negatieve gevoelens, zoals boosheid, agressie en jaloezie.

Overdracht is een begrip dat afkomstig is uit de analyse van volwassenen. Toch is het ook, zij het anders, van toepassing op kinderen. Bij heel jonge kinderen is er nog geen sprake van overdracht. Overdracht bij kinderen wordt mogelijk als zij emotionele objectconstantie hebben bereikt. Dit vindt plaats aan het einde van het derde jaar (2.3.2). Deze overdracht is dan geen herhaling van vroegere conflicten, want de kinderen bevinden zich nog in de kindertijd, maar de conflicten die zich thuis afspelen kunnen 'meegenomen' worden naar de opvang, de school of de hulpverleningssituatie. Oosterhuis (1997) geeft het voorbeeld van het vierjarige meisje Sonja dat in kindertherapie kwam. Sonja was enig kind. Een aantal relatievormen werd overgedragen naar de therapie. Zo had Sonja het moeilijk met kinderrivaliteit op de crèche en later op school. Toen ze tijdens de therapie merkte dat de therapeut ook andere kinderen behandelde, vond ze dat niet leuk. Ook haar strijdrelatie met haar moeder nam ze mee naar therapie. Ze gedroeg zich bazig en dicteerde de therapeut hoe er gehandeld moest worden bij spelletjes.

Niet alleen in de individuele hulpverlening, maar ook in de residentiële hulpverlening is overdracht een bekend verschijnsel. In afdelingen van instellingen waar het behandelklimaat is georiënteerd op de psychoanalytische theorie kan de overdracht soms bewust nagestreefd worden. Deze manier van werken is zeldzaam geworden. Voorbeelden waren de therapeutische gemeenschappen en bijvoorbeeld de Nederlandse Mesdagkliniek. In deze tbs-instelling, waar veel delinquenten verpleegd worden met persoonlijkheidsstoornissen, werd bewust een gezinsklimaat nagestreefd met strakke regels, duidelijke grenzen en weinig ruimte voor de patiënt. Overdracht werd hiermee uitgelokt en leverde materiaal op waarmee de stoornis behandeld kon worden (Van Marle, 1995). In de meeste residentiële instellingen van (kinder)psychiatrie, jeugdzorg en gehandicaptenzorg of in het onderwijs wordt het ontstaan van overdracht niet actief nagestreefd, maar kan zij wel plaatsvinden. Als een werker daar geen oog voor ontwikkelt, dan kan dat consequenties hebben voor hemzelf, maar ook voor de patiënt. Overdracht kan soms heftige reacties oproepen bij de werker. Tegenoverdracht is daar eventueel een aspect van.

Tegenoverdracht

Een belangrijk uitgangspunt bij het psychoanalytische mensbeeld is dat er geen duidelijk onderscheid te maken is tussen 'ziek' en 'gezond'. De hulpverlener heeft meer overeenkomsten dan verschillen met de hulpvrager. Het hulpverlenings- of opvoedingsproces is een ontmoeting tussen twee (of meer) mensen. Beiden hebben een verleden, een onbewuste en wensen die verdrongen zijn. In dit proces speelt dus zowel het verleden van de hulpvrager of leerling als ook het verleden van de hulpverlener of opvoeder een rol! Zo kan het gedrag van een hulpvrager, waaronder de eventuele overdracht, bepaalde gevoelens bij een hulpverlener losmaken waarvan hij zich (nog) niet bewust was. Als een hulpvrager verliefd wordt op een hulpverlener, dan kan dat een herhaling zijn van een patroon uit het verleden van de hulpvrager: positieve overdracht. Voor de hulpverlener kan de verliefdheid ook corresponderen met een patroon uit zijn verleden. Hij kan behoefte hebben aan genegenheid die voortkomt uit eigen verborgen wensen: tegenoverdracht. Weinig hulpverleners, en dat geldt ook voor docenten die met oudere leerlingen werken, zijn immuun voor de verliefdheid van een cliënt of student. Onderzoek uit de jaren negentig van de vorige eeuw (Pope genoemd in Hebbrecht, 1997) liet zien dat 10 procent van de mannelijke psychotherapeuten in de VS ooit erotisch contact heeft gehad met een patiënt. Bij 5 procent ging het daadwerkelijk om seks. Eerder gepubliceerd onderzoek in Nederland (Aghassy & Noot, 1987) toont aan dat toentertijd seksueel contact tussen een psychotherapeut en cliënt veelvuldig voorkwam, met dien verstande dat de therapeut bijna zonder uitzondering van het mannelijk geslacht was.

De vuistregel in de psychoanalyse is dat de hulpverlener zich bewust moet worden van de gevoelens die een patiënt bij hem oproept. Deze moeten niet in daden omgezet worden, maar gebruikt worden om de problemen van de patiënt te begrijpen. Dat is makkelijk gezegd, maar moeilijk gedaan, blijkens bovengenoemde gegevens. Overigens is dit een voorbeeld van positieve overdracht en tegenoverdracht. Ook negatieve overdracht is een bekend verschijnsel, zeker bij 'moeilijke' patiënten. Als de hulpverlener of opvoeder zich niet bewust is van de negatieve overdracht en zijn eigen (negatieve) reacties erop, dan geldt vaak de wet van de vergelding: oog om oog, tand om tand (Feldbrugge, 1986). De patiënt of leerling wordt met gelijke munt terugbetaald. 'Als jij mij haat, dan haat ik jou ook.'

Net zoals overdracht kent ook het begrip tegenoverdracht een ontwikkeling. De reactie van de hulpverlener werd eerst als een belemmering gezien. Pas later beseft men dat het bewust worden van tegenoverdrachtgevoelens een belangrijk instrument kan zijn in de hulpverlening. Een andere discussie is of tegenoverdrachtgevoelens altijd onbewust zijn, een standpunt dat Freud inneemt. De laatste jaren wordt er binnen de psychoanalyse voor gepleit dat er ook 'objectieve' tegenoverdracht is. Deze zou vooral plaatsvinden bij moeilijke patiënten, bijvoorbeeld patiënten met persoonlijkheidsstoornissen. De reactie van de hulpverlener op het vaak bizarre en soms gewelddadige gedrag van de patiënt wordt als normaal gezien, in de zin dat het een natuurlijke reactie is die vrijwel iedereen vertoont (Gabbard, 1994). Deze reactie moet echter niet uitgeleefd worden, maar gebruikt worden om inzicht te krijgen in de problemen van de patiënt. Bij overdracht werd nog een voorbehoud gemaakt of deze bij alle hulpvragers voorkomt. Dat zou niet het geval zijn bij heel jonge kinderen. Dit voorbehoud geldt niet bij tegenoverdracht: deze kan binnen elke hulpverleningssituatie voorkomen, omdat de hulpverlener altijd zichzelf 'meeneemt'. Een viertal voorbeelden van situaties waarvan bekend is dat zij gemakkelijk tegenoverdracht uitlokken zijn de volgende.

De laatste tientallen jaren is er in westerse landen een regelmatige instroom van vluchtelingen, vooral uit oorlogsgebieden. Vaak zijn zij getraumatiseerd en dragen gruwelijke ervaringen met zich mee. De hulpverlening aan deze mensen stelt daarom hoge eisen aan de hulpverlener. De verhalen van de vluchteling kunnen gevoelens van boosheid, onbegrip en ook twijfel aan de juistheid ervan oproepen. Dit alles kan sporen met onverwerkte conflicten bij de hulpverlener zelf (Van der Veer, 1991). Haans (1995) noemt overafstandelijkheid, gevoed door (onbewuste) gevoelens van weerzin, en overbetrokkenheid, gevoed door (onbewuste) gevoelens van aantrekking, als twee uiterste reacties. Van vluchtelingenkinderen is bekend dat zij hun trauma's en ervaringen via spel en tekeningen eindeloos kunnen herhalen om er zo greep op te krijgen (VTO Nieuwsbrief, 1994). Zeker het spel kan gruwelijk overkomen op hulpverleners en het is niet vreemd om te veronderstellen dat het eventueel een verbod kan uitlokken als de hulpverlener zich niet bewust is van de functie ervan en van zijn eigen gevoelens.

Een tweede voorbeeld is afscheid nemen. Vooral binnen de residentiële hulpverlening bevinden zich cliënten met een lange ervaring van 'in de steek gelaten worden' achter de rug, zowel door ouders als door andere opvoeders en hulpverleners. Het personeelsverloop binnen de hulpverlening is groot, zodat het niet raar is om te veronderstellen dat veel patiënten meerdere keren de ervaring hebben gehad dat ze in de steek werden gelaten. Een hulpverlener moet proberen zich daar bewust van te zijn. Dat betekent niet dat hij juist het tegendeel moet proberen te bewijzen. Dat kan krampachtigheid en onechtheid veroorzaken, waarmee hij juist in de 'val' trapt.

Ouders kunnen hun kind haten. Dat haat een vrij normaal verschijnsel in menselijke relaties is, wordt binnen de psychoanalyse onderkend. Hulpverleners hebben vaak wel het theoretische besef dat opvoedingsproblemen tussen ouder en kind mede veroorzaakt kunnen worden door (onverwerkte) problemen bij de ouder(s). Maar de tegenoverdracht ligt op de loer: het gevoel een betere ouder voor het kind te zijn dan de echte ouders (Oosterhuis, 1997).

Tegenoverdracht komt meer voor bij hulpverleners die met kinderen werken. Dit komt doordat kinderen hun gevoelens meer uit-ageren dan verwoorden. Dit roept meer verzet op bij de hulpverlener (Sanders, 1983).

Adviezen voor de praktijk

Hierboven werd een aantal voorbeelden genoemd van vormen van (tegen)overdracht. Een belangrijke vraag is hoe een (toekomstige) hulpverlener daar mee om kan gaan.

1. Allereerst is het van essentieel belang te onderkennen dat zowel overdracht- als tegenoverdrachtgevoelens in hulpverlening en opvoeding voorkomen. Ook al worden ze niet bewust uitgelokt, ze zijn er en hebben invloed. Iemand die dat blijft beseffen, heeft een belangrijke winst geboekt.
2. Ten tweede het advies om voorzichtig te zijn met lukrake interpretaties. Dat geldt ook voor eventuele verdedigingsmechanismen die iemand meent waar te nemen. Toets en controleer je interpretaties bij collega's.
3. De volgende stap is het benoemen en bespreekbaar maken van tegenoverdrachtgevoelens binnen het hulpverleningsteam en/of in supervisie of intervisie. De praktijk leert dat dit erg moeilijk is. Het stelt hoge eisen aan de werker en het collegiale klimaat, maar is voor goede hulpverlening en welzijn van de hulpverleners enorm belangrijk. In de residentiële hulpverlening, waar met teams gewerkt wordt, kan iemand bijvoorbeeld in een gesprek met zijn collega's erachter proberen te komen of zij dezelfde gevoelens bij een cliënt hebben. Zo kan de eventuele objectieve tegenoverdracht onderscheiden worden van de subjectieve. Het vaststellen van de objectieve tegenoverdracht is van belang om uit te zoeken wat de problemen van een cliënt zijn en het is een belangrijk instrument in de verdere hulpverlening. De subjectieve tegenoverdracht is vooral belangrijk om de persoonlijke interactie met een cliënt helder te krijgen. Supervisie kan daarbij een aanvullende functie vervullen, vooral binnen de individuele hulpverlening, omdat het delen van de ervaringen met collega's die met dezelfde cliënt werken vaak niet mogelijk is.
4. Het bespreekbaar maken van de (tegen)overdracht binnen de hulpverleningsrelatie zelf is mijns inziens alleen toegestaan als overdracht als hulpverleningsmiddel nagestreefd wordt. Het is een gespecialiseerde methode die niet voor iedereen, zowel hulpvrager als hulpverlener, is weggelegd.
5. Er is een verschuiving van residentiële naar ambulante hulpverlening. De laatste jaren zijn er vernieuwingsprojecten met als gemeenschappelijk kenmerk dat cliënt(en) thuis opgezocht worden. Een belangrijk ervaringsgegeven uit deze nieuwe vormen van hulpverlening is dat het werken met duo's ('cotherapie') belangrijk is. Allereerst wordt hiermee voorkomen dat een hulpvrager

zich in de steek gelaten voelt als een hulpverlener niet kan komen. Er is dan altijd nog een tweede hulpverlener. Ten tweede komen er zo minder (tegen)-overdrachtproblemen. Door te werken met duo's wordt de (tegen)overdracht als het ware verdund en kunnen de twee hulpverleners hun ervaringen met elkaar bespreken (zie Hermanides-Willenborg et al., 1994/Van Oenen et al., 1995).

In deze paragraaf werden twee onderwerpen behandeld die belangrijk kunnen zijn voor de hulpverleningspraktijk, ook al is die praktijk niet per se psychoanalytisch georiënteerd. Besproken werden de verdedigingsmechanismen en de (tegen)overdracht. Bij de verdedigingsmechanismen werd uitgelegd wat voor functie zij vervullen. Bij (tegen)overdracht werd aangegeven hoe men die in een analyse als middel gebruikt. Ze kan echter ook voorkomen in andere hulpverleningssituaties. Er werden adviezen gegeven hoe daar in de praktijk mee om te gaan is.

2.6 Kanttekeningen

In deze laatste paragraaf wordt een aantal kanttekeningen bij de psychoanalyse en de toepassing ervan besproken. Een belangrijke kritiek op de psychoanalyse is het gesloten karakter van de theorie. Zeker het kritiekloos toepassen van de begrippen kan ervoor zorgen dat de toepasser altijd zijn eigen gelijk creëert. Met name het begrip weerstand draagt deze mogelijkheid in zich. Als iemand het gedrag van een ander klakkeloos interpreteert als verdringing en de ander ontkent dat, dan kan het ontkennen als weerstand geïnterpreteerd worden, waarmee de cirkel gesloten wordt.

De sterke kant van de psychoanalyse is de aandacht voor de subjectiviteit. Daarmee is ook de zwakke kant genoemd: de psychoanalyse is een theorie die vaak moeizaam met wetenschappelijk onderzoek gecombineerd kan worden. Zo staan de opvattingen over de (vroeg)kinderlijke ontwikkeling, ook uit de objectrelatietheorie, onder vuur omdat wetenschappelijk onderzoek uitwijst dat kinderen in de eerste levensmaanden helemaal niet zo passief (of symbiotisch) zijn als de psychoanalytische theorie veronderstelt (Dornes, 1994). De laatste jaren hecht men in de medische wetenschap grote waarde aan bewijs voor de werkzaamheid van behandelingen. Ook in de psychotherapeutische en psychosociale hulpverlening wordt steeds vaker onderzoek verricht naar de werkzaamheid van therapieën en hulpverleningsprogramma's. In het onderzoek naar bewezen effectiviteit ('evidence based') komen de programma's die op de psychoanalyse gebaseerd zijn er niet goed af. In twee Amerikaanse overzichtspublicaties betreffende werkzame behandelingen bij kinderen en adolescenten worden behandelingen gebaseerd op de psychoanalyse of in het geheel niet genoemd (Kazdin & Weisz, 2003) of wordt gezegd dat ze niet of slecht onderzocht zijn (Fonagy et al., 2002). In de Nederlandse multidisciplinaire richtlijnen voor het behandelen van angststoornissen en depressie bij volwassenen – deze zijn gebaseerd op evidence based-onderzoek en bedoeld voor artsen, psychiaters, psychologen en andere hulpverleners – worden op de psychoanalyse gebaseerde behandelingen in het geheel niet genoemd (CBO & Trimbos-instituut, 2003/2005).

De psychoanalyse heeft de aandacht gevestigd op de vroegkinderlijke ontwikkeling bínnen het gezin. De huidige aandacht voor kindermishandeling en incest past in deze traditie. Een nadeel hiervan is dat er weinig aandacht is voor (traumatische) ontwikkelingen buiten het gezin. Onlangs werden resultaten van een onderzoek gepubliceerd (Ambert, 1995) waaruit bleek dat mishandeling door leeftijdsgenoten (denk aan discriminatie en pesten) voor meer trauma's verantwoordelijk is dan mishandeling binnen het gezin.

Uit deze kanttekeningen mogen we niet de conclusie trekken dat Freud en de latere psychoanalytische beweging alles onjuist zagen. Uit modern psychologisch onderzoek blijkt bijvoorbeeld dat heel veel van ons gedrag onbewust verloopt. Ramachandran (1998) beweert dat we ons volledig onbewust zijn van 90 procent van wat er in onze hersenen gebeurt. Ook zou het onzin zijn om het bestaan van afweermechanismen te ontkennen. Misschien werkt het anders dan hoe Freud het beschreef, maar het is duidelijk dat iedereen zichzelf meer of minder in de maling neemt, bijvoorbeeld door te lachen als hij zenuwachtig is. Ook het belang van de rol van de ervaringen uit de kindertijd in de vorming van de volwassen persoonlijkheid en het op latere leeftijd ontstaan van psychische problematiek wordt heden ten dage niet ontkent. De oorsprong van abnormaal gedrag blijkt vooral in de kindertijd te liggen (Muris, 2005; Rigter, 2002).

2.7 Samenvatting

In dit hoofdstuk hebben we kennisgemaakt met de psychoanalyse. Het bleek dat de psychoanalyse al een 'oude' theorie is, die aan het einde van de negentiende eeuw ontstond door toedoen van Freud. De psychoanalyse begon als tegenbeweging, maar ontwikkelde zich snel tot een dominante stroming in de psychologie. Belangrijke begrippen uit de psychoanalytische theorie zijn subjectiviteit, onbewuste, conflictmodel en vroegkinderlijke ervaringen. De psychoanalyse heeft zich ontwikkeld van een gesloten beweging, met alle kenmerken van schoolvorming, tot een theorie waarin plaats is voor verschillende opvattingen. In dit hoofdstuk werden de hechtingstheorie en de objectrelatietheorie besproken als voorbeelden van nieuwe visies binnen de psychoanalyse. De bruikbaarheid van de psychoanalyse in de hulpverlening werd getoond door voorbeelden te geven van 'vreemd' gedrag dat begrijpelijk gemaakt kon worden met psychoanalytisch denken. Daarnaast werd stilgestaan bij twee onderdelen uit de psychoanalytische theorie, te weten verdedigingsmechanismen en (tegen)overdracht, waarmee onder andere hulpverlenings- en opvoedingsprocessen beschreven kunnen worden. Doordat de psychoanalyse zich zo concentreert op subjectieve ervaringen is ze slecht te combineren met de principes van wetenschappelijk onderzoek. Op de psychoanalyse gebaseerde hulpverlening scoort niet goed in het onderzoek naar effectiviteit.

3 Behaviorisme

Een negenjarig verstandelijk gehandicapt meisje bezocht overdag op het instituut waar ze verbleef een klas. In de klas viel ze op omdat ze veelvuldig braakte. Medisch onderzoek kon hier geen lichamelijke oorzaken voor vinden. Na drie maanden werd ze van school gestuurd, omdat het braken dramatisch in frequentie was toegenomen. Toen een psycholoog geraadpleegd werd, viel het hem op dat de leerkracht haar naar aanleiding van het braken al vaker weggestuurd had. Het meisje kreeg dan in haar leefgroep schone kleren. De psycholoog adviseerde dat het meisje de klas niet mocht verlaten als ze braakte (De Wolf in Duker, Didden & Seys, 1993). Hoe is het braakgedrag van het meisje te verklaren? Wat bezielde de psycholoog? Na het lezen van dit hoofdstuk zal duidelijk worden hoe deze vragen beantwoord kunnen worden.

Hoofdstuk 3

Leerdoelen

Na bestudering van dit hoofdstuk:

- kun je antwoorden op de casus op de voorafgaande pagina;
- kun je het behaviorisme typeren aan de hand van zijn uitgangspunten, geschiedenis en mensbeeld (§ 3.1);
- kun je het behaviorisme indelen naar mensbeeld en biopsychosociaal model (§ 3.1.4);
- kun je vier leerprocessen beschrijven alsook praktische toepassingen en leerwetten die uit de leerprocessen voortvloeien (§ 3.2);
- kun je aangeven hoe in de leerpsychologie het behaviorisme zich verder ontwikkeld heeft richting cognitieve psychologie (§ 3.3);
- kun je aangeven hoe het behaviorisme psychische stoornissen verklaart (§ 3.4);
- ken je de uitgangspunten van de gedragsanalyse, registratieopdrachten, *exposure*technieken, beloningssystemen en socialevaardigheidstrainingen en kun je daarvan de bruikbaarheid voor de hulpverlenings- en opvoedingspraktijk aangeven (§ 3.5);
- kun je kanttekeningen plaatsen bij het behaviorisme (§ 3.6).

Oefenen

Raadpleeg voor controlevragen, oefenvragen, opdrachten en 'verder studeren' de website: **www.coutinho.nl/palet**.

3.1 Typering van het behaviorisme

3.1.1 De basisuitgangspunten

Het behaviorisme staat zowel voor een wetenschapsfilosofische opvatting als voor een benadering in de psychologie waarin leerprocessen centraal worden gesteld om gedrag te verklaren. Hier worden vijf basisuitgangspunten besproken.

1. Het behaviorisme (afgeleid van het Engelse woord *behaviour*: gedrag) begint als een wetenschapsfilosofische opvatting waarin gesteld wordt hoe wetenschap bedreven moet worden. Behavioristen stellen *objectiviteit* centraal. Dat betekent volgens hen dat psychologen zich alleen maar mogen richten op het *waarneembare gedrag* van mensen en dieren. Gedachten en dromen, en daarover reflecteren – een bron van kennis binnen de psychoanalyse – kunnen in de psychologie niet bestudeerd worden omdat ze per definitie subjectief, dat wil zeggen niet door anderen waarneembaar zijn, zo stellen behavioristen.
2. Het behaviorisme stelt *leerprocessen* centraal bij het verklaren van gedrag. Daarbij gaat het niet om het vergaren van kennis, maar om aangeleerd gedrag. Factoren buiten een organisme of individu (periferalisme) worden gebruikt om het ontstaan van gedrag te verklaren. Factoren binnen een individu (centralisme), zoals motivatie en geheugen, worden niet onderzocht (zie verder).
3. Evolutionair gezien bestaat er volgens behavioristen een *continuïteit* tussen het gedrag van dieren en mensen. Hoewel mensen hoger op de evolutionaire ladder staan dan dieren en ze ingewikkelder gedrag vertonen, verschillen leerprocessen bij dieren en mensen niet principieel. Daarom wordt binnen het behaviorisme gebruikgemaakt van de resultaten uit dierexperimenten.
4. Binnen het klassieke behaviorisme wordt uitgegaan van de veronderstelling dat mensen blanco op de wereld komen. Dit uitgangspunt wordt *tabula rasa* ('lege lei') genoemd en impliceert dat al het gedrag van een persoon in de loop der jaren geleerd is. Er is weinig aandacht voor de erfelijk bepaalde aansturing van gedrag. Dit standpunt werd later genuanceerd met de opvatting dat gedrag dat geleerd kan worden begrensd wordt door de biologische mogelijkheden van een organisme. Zo kunnen mensen nooit leren hoe ze moeten vliegen, omdat hun lichaam daartoe niet is uitgerust (Kop et al., 1986).
5. Om gedrag te bestuderen, mag het opgeknipt worden in kleine delen. Complex gedrag wordt opgevat als een aaneenrijging van in principe simpele elementaire leerprocessen. Om complex gedrag begrijpelijk te maken, moet er *reductie* toegepast worden. Dat wil zeggen dat het ontstaan van het gedrag zo simpel als mogelijk verklaard wordt. Van complexe verklaringen zoals het oedipuscomplex gruwen behavioristen.

3.1.2 Geschiedenis van het behaviorisme

De wieg van het behaviorisme staat in de Verenigde Staten. John Watson (1878-1958) is verbonden aan de beginperiode. Net zoals er in de geschiedenis van de psychoanalyse een belangrijk moment is aan te wijzen waarop een essentieel boek verscheen (*De droomduiding*), zo is er ook een dergelijk moment in de geschiedenis van het behaviorisme. In 1913 verschijnt Watsons artikel 'Psychology as the Behaviorist views it' (Sanders, 1972). De uitgangspunten van het behaviorisme zoals hierboven genoemd, zijn al grotendeels in dit artikel terug te vinden. Gedrag wordt door Watson opgevat als een reactie (respons = R) van een organisme op een bepaalde prikkeling of signaal (stimulus = S) van buitenaf. Volgens Watson wordt al het gedrag geleerd volgens simpele S-R(stimulus-respons)-koppelingen. Hij gaat uit van het leerprincipe van de *klassieke conditionering*, dat ook door de Russische fysioloog Ivan Pavlov (1849-1936) was ontdekt. De geleerde S-R-koppeling wordt gezien als een reflex. Merk op dat het opknippen van gedrag in oorzaak (S) en reactie (R) een *mechanistische* opvatting is.

Bij het ontstaan van het behaviorisme speelt een aantal factoren een rol. Zoals in hoofdstuk 1 werd aangegeven, was er al vanaf het prille begin van de psychologie een splitsing tussen psychologen die theorievorming centraal stelden en psychologen die praktische toepassingen centraal stelden. Vooral door psychologen uit de Verenigde Staten werd het praktische nut van de psychologische wetenschap centraal gesteld. Naast deze pragmatische instelling beïnvloedde ook de evolutietheorie van Darwin de wetenschap in de Verenigde Staten rond 1900. Binnen de Amerikaanse psychologie werd toentertijd veel onderzoek gedaan bij dieren en naar leerprocessen (Sanders, 1972). Al deze elementen keren terug bij Watsons behaviorisme: hij streeft praktische toepassingen na, ziet geen principieel verschil tussen dieren en mensen en stelt leerprocessen centraal bij het verklaren van gedrag. Watson was kind van zijn tijd en land. Met deze opvattingen reageert hij op eerdere ontwikkelingen in de psychologie, waarbij het bewustzijn van mensen onderzocht werd. Hij zet zich tegen dit onderzoek af omdat het niet tot objectieve kennis kon leiden. Watson zelf reageert niet op de psychoanalyse; pas later in de geschiedenis van het behaviorisme, als de gedragstherapie ontstaat, gaat deze stroming zich daartegen afzetten (Korrelboom & Kernkamp, 1999).

Bij de start van het behaviorisme en in de jaren daarna zijn het vooral Amerikaanse psychologen die zich met de theorieontwikkeling over leerprocessen bezighouden. Al snel ontstaan er opvattingen die met het begrip *neobehaviorisme* aangeduid worden. Binnen het neobehaviorisme wordt uitgegaan van de opvatting dat gedrag (R) zowel afhankelijk is van de stimulus uit de omgeving (S) alsook van de condities in het organisme (O). Het begrip *interveniërende variabele* (een variabele tussen stimulus en respons in) wordt geïntroduceerd. Hierbij kan gedacht worden aan angst of motivatie, maar ook aan lichamelijke vermoeidheid. Wel blijft het standpunt dat wetenschap gestoeld moet zijn op controleerbare feiten en niet op interpretaties (zoals in de psychoanalyse). Watson stelt als criterium dat het gedrag observeerbaar moet zijn en zijn opvolgers omarmen de experimentele psychologie waarin kennis over gedrag wordt vergaard door middel van laboratoriumexperimenten. Aan interveniërende variabelen wordt de eis gesteld dat ze objectief meetbaar moeten zijn.

Met de opkomst van het neobehaviorisme wordt ook aandacht besteed aan een ander leerprincipe: het *operant conditioneren*. Hieraan is vooral de naam van Burrhus Skinner (1904-1990) verbonden. Zijn theorie heeft veel invloed op het behaviorisme en de daaruit voortgekomen gedragstherapie. Skinner benadrukt niet zozeer dat het gedrag (R) wordt uitgelokt door een stimulus (S), maar stelt dat het gevolg op of de consequentie van het gedrag (hier als C aangeduid) bepaalt of gedrag in frequentie zal toe- of afnemen. Het gaat volgens Skinner niet zozeer om uitgelokt gedrag (uitgelokt door een stimulus), maar om gedrag dat door een organisme zelf gestart is en waar consequenties op volgen. Watson legt bij het verklaren van gedrag dus de nadruk op de stimulus en Skinner legt de nadruk op de consequenties. Beide leerprincipes, klassiek en operant conditioneren, domineren vanaf dat moment de theorievorming binnen het behaviorisme.

Met zijn opvatting neemt Skinner afstand van het mechanistische standpunt van Watson. Watson benadrukte de lineaire relaties tussen S en R; Skinner begrijpt het gedrag van een organisme vanuit een *wisselwerking* tussen het organisme en de omgeving. Gedrag dat een plezierig effect oplevert, neemt in frequentie toe en gedrag dat een onplezierig effect oplevert, neemt in frequentie af. De begrippen beloning en straf, twee vormen van *reinforcement* (versterking) van gedrag, doen hun intrede in het behaviorisme (De Wolf, 1991). Ook Skinner wijst onderzoek van het bewustzijn af en hij neemt het standpunt van de tabula rasa over. Hij schrijft:

> *'Mensen vertonen uiteenlopend gedrag in verschillende omgevingen, en waarschijnlijk gewoon vanwege de verschillen in de omgeving. De paardrijdende nomade uit Buiten-Mongolië en de astronaut in buitenaardse sferen zijn verschillende mensen, maar, voor zover we weten, als ze bij hun geboorte verwisseld waren, hadden ze elkaars plaats ingenomen' (Skinner, 1971 in de Wolf, 1991: p. 57, vertaling en bewerking J.R.).*

Volgens Skinner zijn mensen niet los te zien van hun omgeving. Dit betekent niet dat mensen willoze slachtoffers zijn van hun omgeving (zo is de theorie van Watson wel op te vatten), maar dat het organisme inspeelt op de effecten uit de omgeving vanuit zijn drang tot overleven. Skinner denkt dus niet alleen vanuit mechanistische opvattingen, maar neemt ook een organistisch standpunt in (De Wolf, 1991).

Begin jaren zestig van de vorige eeuw neemt de invloed van het behaviorisme af. De cognitieve psychologie (een reactie op het behaviorisme) komt op. Het wordt duidelijk dat er meer leerprincipes zijn dan de twee vormen van conditioneren. Er is bijvoorbeeld aandacht voor de sociale leertheorie (verbonden aan de naam Bandura), waarin wordt gesteld dat mensen van elkaar leren door simpel naar elkaar te kijken en te luisteren. Een beloning blijkt niet per se noodzakelijk te zijn. Een kind kan alleen door te kijken naar een spelletje al leren hoe het gespeeld moet worden. Deze vorm van leren, *observatie-leren of model-leren* genaamd, is niet meer weg te denken uit de hedendaagse psychologie.

Het neobehaviorisme ontwikkelt zich verder en er ontstaat meer aandacht voor de interveniërende variabelen. Mede op grond van het gegeven dat de klassieke behavioristische theorie niet alle leerprocessen kan verklaren, vindt er een omslag naar het cognitieve denken plaats. Er is nu geen duidelijke behavioristische school meer in de psychologie. De erfgenaam van het behaviorisme in de hulpverlening is vooral terug te vinden in de gedragstherapie waarbij inzichten uit het behaviorisme en de cognitieve psychologie gecombineerd worden (zie hoofdstuk 5).

Schoolvorming

Net als de psychoanalyse voldoet het behaviorisme aan een aantal kenmerken van schoolvorming. Zo gebruikt men een eigen begrippenapparaat zoals stimulus, respons en bekrachtiging en een specifieke (onderzoeks)methode zoals de leerprocessen en de experimentele psychologie. Het behaviorisme heeft echter geen eigen organisatie gevormd. In tegenstelling tot de psychoanalyse slaat het begrip behaviorisme alleen maar op een theorie en niet op een hulpverleningspraktijk. Het bestuderen van leerprocessen vond (en vindt) plaats in universitaire laboratoria. De hulpverleningspraktijk die zich baseert op het behaviorisme, de gedragstherapie, ontstaat pas in de jaren vijftig van de vorige eeuw en zet zich af tegen de dan dominante psychoanalyse. De aanhangers van de gedragstherapie vormen wel eigen organisaties. Zo wordt in Nederland in 1966 de Vereniging van Gedragstherapie (VGt) opgericht met een eigen tijdschrift en eigen congressen (Korrelboom et al., 1999). De Vlaamse Vereniging voor Gedragstherapie (VVGT) wordt in 1973 opgericht. De Nederlandse vereniging is intussen omgedoopt in de Vereniging voor Gedragstherapie en Cognitieve therapie (VGC).

3.1.3 Het mensbeeld in het behaviorisme

Hierboven is een aantal kenmerkende aspecten van het behavioristisch mensbeeld genoemd. Hieronder worden ze op een rijtje gezet.

Volgens het behaviorisme *geeft niet een persoon zelf richting aan zijn leven*, maar wordt het gedrag van mensen bepaald door omgevingsinvloeden. Dit wordt *periferalisme* genoemd. De buitenkant (periferie) van het organisme is belangrijker dan de binnenkant (centralisme). Daarmee wijst het behaviorisme het alledaagse mensbeeld, namelijk dat we zelf ons gedrag bepalen, af. Het begrip (intrinsieke) motivatie is dan ook niet in het behaviorisme terug te vinden. Men gebruikt als argument dat interpretaties binnen het alledaagse mensbeeld vaak *cirkelredeneringen* zijn (Bakker, 1983). Stel dat iemand bij het kijken naar een voetbalwedstrijd van jonge kinderen opmerkt dat een van de spelers goed kan voetballen. Als de omstanders dit gaan verklaren, zullen ze snel zeggen dat de speler aanleg heeft tot voetballen of gemotiveerd is. Behavioristen noemen dit een cirkelredenering (tautologie). Immers, op grond waarvan wordt gezegd dat iemand aanleg heeft? Op grond van zijn goede voetballen. Daarmee is de cirkel rond. Het goede voetballen wordt met goed voetballen verklaard. Behavioristen zijn van mening dat het ontstaan van gedrag alleen door omgevingsinvloeden i.c. leerervaringen verklaard kan worden. Overigens vinden dergelijke schijnverklaringen ook in de wetenschap plaats. Als aan een psychiater gevraagd wordt waarom iemand hallucineert, dan is het antwoord te verwachten dat de persoon een psychose heeft. Als gevraagd wordt hoe hij weet dat de persoon een psychose heeft, dan wordt de interpretatie vaak mede gebaseerd op de hallucinatie en daarmee is de cirkel rond (Jansen et al., 1992).

Met het benadrukken van leerprocessen hangt de visie samen dat *mensen blanco op de wereld komen*. Na de geboorte wordt iemand 'ingekleurd' door de omgevingsinvloeden. Van Watson is een beroemde uitspraak die deze visie onderstreept. Hij stelde dat gezonde kinderen gevormd kunnen worden tot dat wat door de opvoeder verkozen wordt (dokter, advocaat, kunstenaar of misdadiger) op voorwaarde dat de omgevingsvariabelen door de opvoeder naar believen kunnen worden gemanipuleerd (Korrelboom et al., 1999). Skinner omarmt deze visie. Sommigen noemen dit een optimistisch mensbeeld. Immers, mensen zijn hierin te kneden en te vormen en bovendien veronderstelt men dat wat geleerd is ook weer afgeleerd kan worden. Dit laatste valt in de praktijk nogal eens tegen, zoals doorgewinterde hulpverleners weten. Anderen zijn huiverig voor dit mensbeeld. Het doet technisch en totalitair aan.

Een volgend kenmerk is de opvatting dat er *geen wezenlijk verschil* bestaat tussen mensen en dieren. Bij beiden wordt het gedrag bepaald door leerprocessen. De mens is hooguit een wat ingewikkelde rat.

In de psychoanalyse staat de *geschiedenis van een persoon* centraal in het mensbeeld. Iemand draagt de ervaringen uit zijn kinderjaren met zich mee. Het klassieke behaviorisme gaat uit van 'geschiedenisloosheid' van een individu. Diens gedrag wordt geheel verklaard vanuit het 'hier en nu'. Gedrag wordt in stand gehouden omdat het 'nu' prettige ervaringen oplevert en niet zozeer omdat het vroeger geleerd is.

In de psychoanalyse wordt, door middel van het benadrukken van de kinderjaren, een onderscheid gemaakt tussen het functioneren van kinderen en volwassenen. In het behaviorisme ontbreekt dit onderscheid. De leerprincipes die men onderkent werken bij kinderen precies hetzelfde als bij volwassenen.

Tot slot een opmerking over hoe klassieke behavioristen over de geest of de cognitie denken. Hierbij moet een onderscheid gemaakt worden tussen wat ze als privépersoon denken en wat als wetenschapper. Als persoon ontkennen ze de cognitie (zoals het geheugen) niet, maar als wetenschapper nemen klassieke behavioristen het standpunt in dat *cognitie niet objectief te bestuderen* is. Daarom past de geest niet in het (wetenschappelijke) behavioristische mensbeeld. Dat wat plaatsvindt tussen stimulus en respons werd de *black box* genoemd en daar kunnen we niet in kijken. De uiterste consequentie van deze opvatting wordt in kader 8 met een mopje verduidelijkt.

Kader 8

Twee behavioristen die met elkaar naar bed gaan

Het klassieke behaviorisme verwijderde alle kennis over niet-observeerbare mentale verschijnselen uit de wetenschappelijke psychologie. Kennis, gedachten, wensen en gevoelens werden niet meer geaccepteerd in de behavioristische psychologie. Dergelijke verschijnselen kunnen immers alleen maar gerapporteerd worden als een persoon bij zichzelf 'naar binnen kijkt'. Deze methode, introspectie genaamd, levert alleen maar subjectieve informatie op, zo stellen de behavioristen. Zij streven juist naar objectiviteit. De consequentie van dit mensbeeld wordt als volgt uitstekend verwoord:

> *'Een behaviorist die met een andere behaviorist naar bed gaat, zegt nadat hij de liefdesdaad heeft bedreven: "Dat was fijn voor jou, maar hoe was het eigenlijk voor mij?"' (Johnson-Laird, 1988 geciteerd in Wallman, 1992).*

3.1.4 Indeling van het behaviorisme

Hoe verhoudt het behaviorisme zich tot de twee indelingen uit hoofdstuk 1? Wat betreft het mensbeeld is duidelijk dat het behaviorisme er niet van uitgaat dat mensen hun leven in eigen hand hebben. Gedrag wordt bepaald door de omstandigheden. De personalistische visie valt dus af. De dominante benadering binnen het behaviorisme is de mechanistische visie. Er wordt uitgegaan van de veronderstelling dat gedrag is te ontleden in deeltjes die bestaan uit S-R-verbindingen (Watson) of R-C-verbindingen (Skinner). In beide gevallen wordt lineair causaal gedacht: er is een oorzaak en een gevolg. Skinner benadrukt ook de interacties tussen een organisme en zijn omgeving, waarmee hij aandacht besteedde aan de circulaire causaliteit zoals die in de organistische visie bestaat.

Binnen het biopsychosociale model geldt het algemene uitgangspunt dat bij het begrijpen van gedrag uitgegaan moet worden van biologische, psychische en sociale invloeden. Het (klassieke) behaviorisme wijst eventuele erfelijke aanleg af. Hoewel de evolutietheorie invloed heeft uitgeoefend, wordt er weinig tot geen aandacht besteed aan biologische oorzaken van gedrag. Hetzelfde geldt voor de sociale en culturele invloeden op menselijk gedrag. Indirect impliceert de opvatting van Skinner – een mens is niet los te zien van zijn omgeving – wel dat sociale en culturele aspecten invloed uitoefenen op het gedrag. Deze invloed wordt in zijn theorie echter weinig uitgewerkt. Het behaviorisme kijkt dus alleen naar gedrag (het psychische niveau) en verwaarloost daarbij de belevingen van mensen.

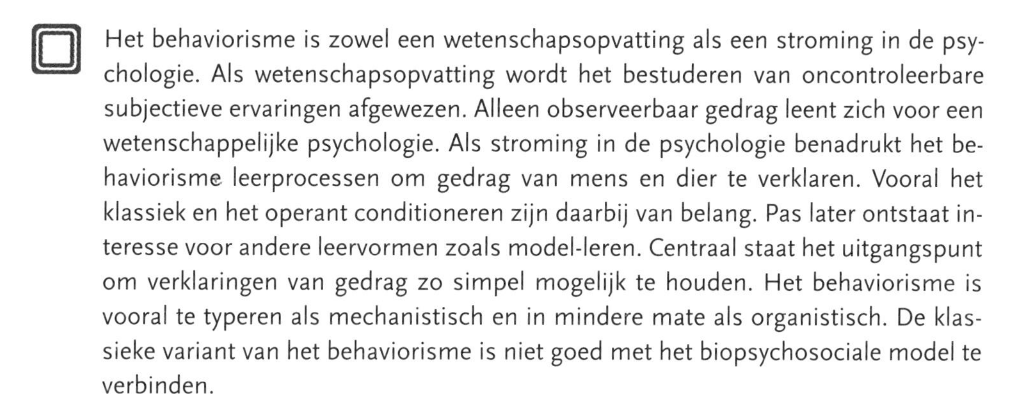

Het behaviorisme is zowel een wetenschapsopvatting als een stroming in de psychologie. Als wetenschapsopvatting wordt het bestuderen van oncontroleerbare subjectieve ervaringen afgewezen. Alleen observeerbaar gedrag leent zich voor een wetenschappelijke psychologie. Als stroming in de psychologie benadrukt het behaviorisme leerprocessen om gedrag van mens en dier te verklaren. Vooral het klassiek en het operant conditioneren zijn daarbij van belang. Pas later ontstaat interesse voor andere leervormen zoals model-leren. Centraal staat het uitgangspunt om verklaringen van gedrag zo simpel mogelijk te houden. Het behaviorisme is vooral te typeren als mechanistisch en in mindere mate als organistisch. De klassieke variant van het behaviorisme is niet goed met het biopsychosociale model te verbinden.

3.2 Leerprocessen

In deze paragraaf worden vier leerprocessen besproken: habituatie (gewenningsleren), klassiek conditioneren, operant conditioneren en model-leren. Vooral het klassiek en het operant conditioneren komen voort uit de behavioristische traditie. Aandacht voor habituatie en model-leren is van latere datum, maar ook dit zijn leerprocessen die het ontstaan en in stand houden van gedrag kunnen verduidelijken. Bij elk leerproces worden voorbeelden gegeven en *leerwetten* besproken die uit de processen voortvloeien. De cognitieve leerprocessen zullen zijdelings behandeld worden in de volgende paragraaf en komen vooral in hoofdstuk 5 aan de orde.

Voortbordurend op het denken uit de evolutietheorie gaan moderne leerpsychologen en neobehavioristen uit van de stelling dat leerprocessen hiërarchisch en evolutionair geordend kunnen worden. De stelling houdt in dat hoe lager een organisme op de evolutionaire ladder staat, hoe simpeler het gedrag en de leerprocessen zijn die dit gedrag beïnvloeden. Hoe hoger een organisme op de evolutionaire ladder staat, hoe complexer het gedrag en de daarbij horende leerprocessen zijn. De indeling is globaal als volgt (Kraaimaat, 1991):

- op het laagste niveau staan het gewenningsleren (habituatie) en sensitisatie;
- op het volgende niveau staat het associatieleren. Dit is een term die op zowel het klassiek als op het operant conditioneren slaat;

- op het hoogste niveau staat het cognitief of symbolisch leren. Deze vorm van leren komt voor bij mensen en sommige zoogdieren. Het idee bij deze indeling is dat hogere leerprocessen de lagere omvatten. Ze sluiten elkaar niet uit.

Cognitief of symbolisch leren	bij mensen en intelligente zoogdieren zoals mensapen en wellicht walvisachtigen
Associatieleren: klassiek & operant conditioneren	bij complexere organismen, zoals zoogdieren
Gewenningsleren: habituatie & sensitisatie	in principe bij alle levende organismen

Figuur 3.1 Indeling van leerprocessen naar complexiteit

3.2.1 Habituatie

In ons dagelijks functioneren komen onnoemelijk veel prikkels (stimuli) op ons af. Deze worden door een organisme automatisch geselecteerd op relevantie. Aandacht besteden aan alle prikkels is onmogelijk. Prikkels die de selectie doorkomen worden, na verloop van tijd, als 'niet meer belangrijk' door het organisme ter zijde geschoven. Dit verschijnsel wordt verklaard door habituatie (gewenningsleren) en is simpel te illustreren. Stel dat je op bezoek komt bij iemand die net koffie heeft gezet. Als je binnenkomt, zul je de koffiegeur direct opmerken. Het is een nieuwe stimulus die opvalt. Maar al na enkele minuten zal de koffiegeur je niet meer opvallen: er heeft gewenning plaatsgevonden. Voorwaarde is dat de prikkel niet verandert. Een ander voorbeeld is het tikken van een ouderwetse wekker. De meeste mensen horen dat na verloop van enige tijd niet meer, maar als het midden in de nacht stopt omdat de wekker stilstaat, dan worden de meeste mensen wakker. De verandering van de prikkel valt op. Het gedrag van een verslaafde die steeds meer nodig heeft van een middel om dezelfde gewenste effecten te bereiken (gewenning) is met dit leerproces te verklaren (Korrelboom & Ten Broeke, 2004). Dat geldt ook voor de wenperiode als een kind in een kinderdagverblijf naar een andere groep gaat.

Hoewel het een leerproces is, is de mogelijkheid tot habituatie aangeboren. Een baby kan het direct. Mensen verschillen wel in de mate waarin ze kunnen habitueren. Mensen die weinig habitueren kunnen schrikachtig zijn, maar het voordeel is dat ze zich niet zo snel vervelen. Mensen die snel habitueren raken sneller verveeld. Opvallend is dat mensen met autisme (Jansen et al., 1992) of schizofrenie (Van den Bosch, 1988) slecht kunnen habitueren. Een prikkel die herhaald wordt toegediend blijft voor hen een 'nieuwe' prikkel. Een groepsleider die met een cliënt met autisme werkt zal de klepperende deur niet opmerken, maar de cliënt schrikt van elke nieuwe klap. Veel mensen met schizofrenie kunnen zich niet concentreren doordat ze snel afgeleid worden door prikkels waarvoor ze niet habitueren. Van der Gaag (1988) geeft het volgende voorbeeld:

> *'Zo klaagde een vrouwelijke (schizofrene J.R.) patiënt tijdens een gesprekje over het lawaai van het verkeer. Zelf was me niets opgevallen. Zij had echter de grootste moeite om deze bron van ruis naar de achtergrond te duwen. Bij een socialevaardigheidstraining bleek dit filterprobleem bij een patiënt die midden in zijn eigen betoog steeds omkeek als een schoonmaker in een andere ruimte met de bezem een deur of kast raakte.'*

Een les die hieruit getrokken kan worden voor hulpverlening en onderwijs aan deze mensen is dat bij een gesprek of oefening storende prikkels zo gering mogelijk moeten zijn. Daarbij moet beseft worden dat wat hen stoort voor anderen onopvallend kan zijn.

Sensitisatie is het tegenovergestelde van habituatie. Het komt bij angst voor en slaat op het verschijnsel dat een lichte variant van de oorspronkelijke prikkel dezelfde angst uitlokt. Neem bijvoorbeeld de vliegtuigramp in de Amsterdamse Bijlmer. Veel slachtoffers leden na afloop aan angst in de vorm van een posttraumatische stressstoornis. Bekend is dat angst uitgelokt kan worden door herinneringen aan het oorspronkelijke trauma. Tijdens de ramp hing er in de Bijlmer een geur van brand en verbrand vlees en bij sommige slachtoffers bleek later dat de angst weer tot leven werd gewekt als zij zich in de nabijheid van een barbecue bevonden. Zij waren extreem gevoelig geworden voor brandgeur.

3.2.2 Klassiek conditioneren

Het klassiek conditioneren is het eerste leerproces dat uitgebreid door behavioristen werd bestudeerd. Het werd vrijwel gelijktijdig in het begin van de twintigste eeuw in zowel Rusland (Pavlov) als de Verenigde Staten (Watson) ontdekt. Volgens Pavlov en Watson is het klassiek conditioneren een leervorm waarbij voortgebouwd wordt op een al bestaande, aangeboren reflex. Net als habituatie is dit leerproces direct na de geboorte mogelijk. Als iemand plotseling een hard geluid hoort, dan produceert dit een schrikreactie. Dat is een reflex. Iemand fietst bijvoorbeeld door een straat en hoort opeens een harde claxon achter zich. In de theorie van het klassieke conditioneren wordt het harde geluid een *ongeconditioneerde* (= niet geleerde) *stimulus* genoemd en de schrikreactie een *ongeconditioneerde respons*. Als de ongeconditioneerde stimulus gelijktijdig plaatsvindt met een andere stimulus (bijvoorbeeld een knalrode auto), dan kan deze van oorsprong neutrale stimulus dezelfde schrikreactie oproepen. Er heeft dan een leerproces plaatsgevonden waarbij het organisme geleerd heeft om twee stimuli met elkaar te verbinden: te *associëren*.

Watson laat zien dat met dit model het ontstaan van fobieën (angststoornissen) verklaard kan worden. Hij doet een experiment met een jongetje van nog geen jaar oud, Little Albert. Albert is voor het experiment getest en blijkt niet bang te zijn voor witte muizen. Watson ziet echter kans om hem angst voor de muizen aan te leren. Dat doet hij door een hard geluid achter zijn rug te maken als het jongetje met de muizen speelt. Na enkele keren is Little Albert bang geworden voor de witte muizen, ook al wordt het geluid niet meer geproduceerd. De angst uit zich in huilen en terugtrekken. De ongeconditioneerde stimulus 'hard geluid' wordt geassocieerd met de neutrale stimulus 'witte muizen'. De ongeconditioneerde respons 'schrik' wordt na het leerproces ook uitgelokt door de witte muizen. In de terminologie van het klassieke conditioneren worden na het leerproces de witte muizen een geconditioneerde (= geleerde) stimulus genoemd. De aan de witte muizen gekoppelde angst wordt geconditioneerde respons genoemd. In figuur 3.2 staat het leerproces van Little Albert in een schema.

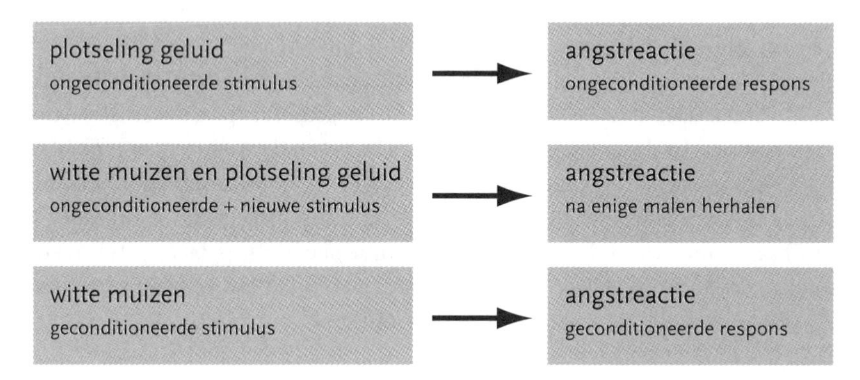

Figuur 3.2 Schema van de klassieke conditionering bij Little Albert waarbij hij angst voor muizen ontwikkelde.

Met het klassieke conditioneringsmodel is het ontstaan van veel gedrag begrijpelijk te maken, zoals het gedrag van alcoholisten (of algemeen: verslaafden). Hiertoe maken we eerst een uitstapje naar de biologie. Uit biologisch onderzoek blijkt dat lichamen van dieren en mensen zo zijn ingericht dat als een lichaamsvreemde stof zoals alcohol wordt ingenomen het lichaam daarop een tegenreactie inzet. Er worden stoffen geproduceerd die de werking van alcohol tegengaan. Deze *compensatiereactie* is klassiek te conditioneren. In dit model wordt het innemen van alcohol opgevat als een ongeconditioneerde stimulus, de compensatiereactie van het lichaam is de ongeconditioneerde respons. Deze verloopt automatisch, als een reflex. Het produceren van het tegengif is biologisch gezien belangrijk, omdat hierdoor de organen minder snel aangetast worden. Voor de alcoholist betekent het dat hij veel kan drinken: zijn lichaam is tolerant voor alcohol.

De ongeconditioneerde stimulus (alcohol drinken) kan geassocieerd worden met een andere stimulus die dan dezelfde reactie (aanmaken van tegengif) oproept. De alcoholist die alleen maar in zijn stamkroeg drinkt associeert de inname van alcohol (ongeconditioneerde stimulus) met de plaats waar hij drinkt. De kroeg wordt een geconditioneerde stimulus. Dit leerproces verloopt buiten de wil van de alcoholist om en hij hoeft zich er niet van bewust te zijn. Als het heeft plaatsgevonden, dan betekent het dat als de alcoholist langs zijn kroeg loopt het tegengif automatisch geproduceerd wordt en hij 'trek' krijgt. Ook andersom verklaart dit leerprincipe bepaalde verschijnselen bij de alcoholist. Als hij alleen maar in zijn kroeg drinkt, dan heeft hij juist daar een grote tolerantie voor alcohol ontwikkeld en kan hij veel innemen. Zou hij echter gaan drinken in een situatie waarin hij dat niet gewend is, bijvoorbeeld op zijn werk, dan raakt hij eerder aangeschoten dan in de kroeg. De tolerantie is geringer.

Een laatste voorbeeld om de verklaringskracht van het klassieke conditioneringsmodel te illustreren gaat over het ontwikkelen van voorkeuren. Het betreft een voorbeeld waarbij cognities (opvattingen) geconditioneerd worden, een onderwerp dat pas later binnen het behaviorisme werd bestudeerd. Walgelijke foto's (een verminkt lijk) of naaktfoto's zijn op te vatten als ongeconditioneerde stimuli, zij roepen respectievelijk afkeer en opwinding op. In een experiment werden proefpersonen neutrale foto's, zoals van berglandschappen getoond, met vlak daarna een foto van een kattenlijk. Een volgende foto met een vergelijkbaar landschap werd getoond in combinatie met een opwindende foto en zo ging dat door. Enige tijd later moesten de proefpersonen hun oordeel geven over de neutrale foto's. Foto's die gekoppeld waren aan walgelijke foto's werden als onaangenamer beoordeeld dan vrijwel identieke foto's die gekoppeld waren aan opwindende foto's. De van oorsprong neutrale foto's waren geconditioneerde stimuli geworden. Zelfs maanden na dit experiment kon nog steeds een veranderde voorkeur aangetoond worden (Jansen et al., 1992). Ook zoiets als een seksueel script, de combinatie van smaken en voorkeuren die een ieder heeft op seksueel gebied (Heemelaar, 2008), is goed met de klassieke conditionering te verklaren. Zo vertelt een man dat hij als puber zijn eerste echt opwindende ('geile') seksuele ervaring had met een meisje dat knoflook had gegeten. Terwijl de meeste mensen een afkeer hebben van 'knoflookadem' zei hij daar al zijn hele verdere leven van te genieten.

Uitwerking van enkele leerwetten gebaseerd op het klassiek conditioneren
Hieronder wordt een viertal leerwetten besproken die gebaseerd zijn op het klassiek conditioneren.

Onbewust leren en geringe invloed van kennis

Bij alle voorbeelden die hier zijn gegeven (fobie, verslaving en voorkeuren) is het leerproces onbewust verlopen. Zelfs als iemand zich achteraf wel bewust wordt van het leerproces, dan is de geconditioneerde respons niet zomaar weer af te leren. Geconditioneerde responsen vormen zich automatisch, ze werken als een reflex. Motivatie of kennis heeft weinig invloed op een geconditioneerde respons. Dit is goed te zien bij een spinnenfobie. Als iemand met een spinnenfobie een spin ontdekt in de slaapkamer dan zal dat grote angst veroorzaken. Uitleggen dat een spin juist een nuttig dier is dat vervelende prikkende muggen vangt, zal hierop weinig effect hebben. De angst blijft.

Discriminatie en generalisatie

De twee belangrijke leerwetten zijn discriminatie en generalisatie. *Discriminatie* slaat op het verschijnsel dat een stimulus aan bepaalde kenmerken moet voldoen om de geconditioneerde respons uit te lokken. Little Albert werd bang gemaakt voor witte muizen. Als hij later een bruin konijn zou zien en daar niet bang voor zou zijn, dan zou Little Albert discrimineren (onderscheid maken) tussen witte muizen en bruine konijnen.

Generalisatie is een proces waarbij juist geen onderscheid wordt gemaakt tussen twee verschillende stimuli. Little Albert is bang gemaakt voor witte muizen en later blijkt hij ook bang te zijn voor een wit konijn en zelfs (het aanraken van) een bontjas. Zijn geleerde angstreactie voor witte muizen wordt gegeneraliseerd (overgedragen) naar een andere stimulus. De voorwaarde is dat de stimuli op elkaar lijken. Bij mensen kan generalisatie ook plaatsvinden via de taal, een inzicht dat later ontstond, want taal is een cognitief verschijnsel. Zo blijkt dat mensen die geconditioneerd zijn voor een brandende lamp (als een lamp brandde kregen ze een lichte elektrische schok) ook een schrikreactie vertonen als *gezegd wordt* dat de lamp aangaat. De oorspronkelijke geconditioneerde stimulus 'brandende lamp' is gegeneraliseerd naar de woorden 'de lamp gaat branden'.

Contiguïteit

Een belangrijke voorwaarde volgens de klassieke behavioristen voor het leren van een nieuwe (geconditioneerde) reflex is contiguïteit tussen de ongeconditioneerde en de geconditioneerde stimulus. Contigu betekent aangrenzend. Met dit begrip wordt aangegeven dat de twee stimuli *gelijk of vlak na elkaar* moeten plaatsvinden. Als er een te lange tijd is verstreken tussen de ongeconditioneerde stimulus en een andere stimulus dan wordt er geen verband (associatie) tussen de stimuli gelegd. Little Albert zou geen fobie voor de muizen ontwikkeld hebben als het geluid bijvoorbeeld vijf minuten na zijn spel met de muizen geproduceerd zou zijn.

Extinctie (uitdoven)

Wat gebeurt er als de verbinding tussen ongeconditioneerde en geconditioneerde stimulus verbroken wordt, als Little Albert witte muizen ziet en er geen hard en eng geluid geproduceerd wordt? Het blijkt dat als dit herhaald wordt de geconditioneerde respons (de angstreactie) langzaam uitdooft.

3.2.3 Operant conditioneren

Het operant conditioneren is verbonden aan Skinner, maar het belangrijkste inzicht uit deze theorie werd al eerder door de Amerikaan Edward Thorndike opgesteld. Deze psycholoog formuleerde de *wet van het effect*. Simpel gezegd komt deze erop neer dat gedrag (een respons) in frequentie zal toenemen als het gevolgd wordt (consequentie) door een prettige gebeurtenis voor het organisme. Het organisme heeft een *associatie* geleerd tussen gedrag en consequentie. Een kind dat een tekening maakt, zal er meer gaan maken als hij voor het eerste product geprezen wordt. Frequentie van gedrag zal afnemen als het vertoonde gedrag gevolgd wordt door een onprettige gebeurtenis of als het genegeerd wordt. Het kind dat de tekening niet op een daarvoor bestemd papier, maar op de huiskamermuur heeft getekend, kan daarvoor gestraft worden. Het tekenen op de huiskamermuur zal dan in frequentie afnemen of niet meer plaatsvinden. Thorndike veronderstelde dat gedrag toevallig geleerd wordt, door vallen en opstaan (*trial and error*): een kind leert 'per ongeluk' dat het zijn zin krijgt als het gaat jengelen. Een volgende veronderstelling is dat als geleerd gedrag niet meer door consequenties gevolgd wordt het afgeleerd zal worden (*uitdoving* of *extinctie*). Skinner baseert op de wet van het effect zijn theorie over het operant conditioneren. Zijn grootste verdienste is dat hij zowel onderscheid maakt tussen de verschillende soorten consequenties (hij gebruikte het begrip *bekrachtiging of reïnforcement*) – zoals prettige, onprettige of geen consequenties – alsook tussen de verschillende manieren waarop de consequenties op het gedrag volgen. Denk bij dit laatste aan de frequentie en de tijd tussen gedrag en consequentie. Skinner breidde het R-C(respons-consequentie)-model uit met aandacht voor de stimulus. Het werd een *S-R-C-model* (stimulus-respons-consequentie). Een organisme leert in welke situatie (stimulus) bepaald gedrag beloond, gestraft of genegeerd zal worden. Een kind kan bijvoorbeeld leren dat als het om een snoepje vraagt, dit 's ochtends door moeder nooit gegeven wordt (negeren), maar 's middags bijvoorbeeld wel. Het kind leert daarmee dat de combinatie 'moeder en middag' de *discriminante stimulus* (*Sd*) voor 'snoepje' is. Dit begrip slaat op het feit dat alleen specifieke stimuli bepaald gedrag uitlokken.

Een ander voorbeeld is het zelfverwondende gedrag (automutilatie) van sommige mensen met een verstandelijke handicap. Dit gedrag staat meestal onder controle van het geven van aandacht (consequentie) door de groepsleiding. Ook de situatie (stimulus) speelt hierbij een rol. Duker et al. (1993) geven het voorbeeld van een ernstig verstandelijk gehandicapt meisje dat vooral tijdens de maaltijd hevig met haar hoofd op tafel bonkt. Ook in andere situaties bonkt ze tegen muren en ramen. Na observatie bleek dat het bonken achterwege bleef als de groepsleiding niet in de buurt was. Het nam echter abrupt toe als iemand van de groepsleiding langs het raam liep of op de leefgroep kwam. De aanwezigheid van de groepsleiding was voor het meisje de discriminante stimulus (Sd). Deze functioneerde voor haar als een aankondiging dat ze aandacht (een prettige consequentie) zou krijgen als ze bepaald gedrag vertoonde. Het gedrag van het meisje is in figuur 3.3 in een schema gezet.

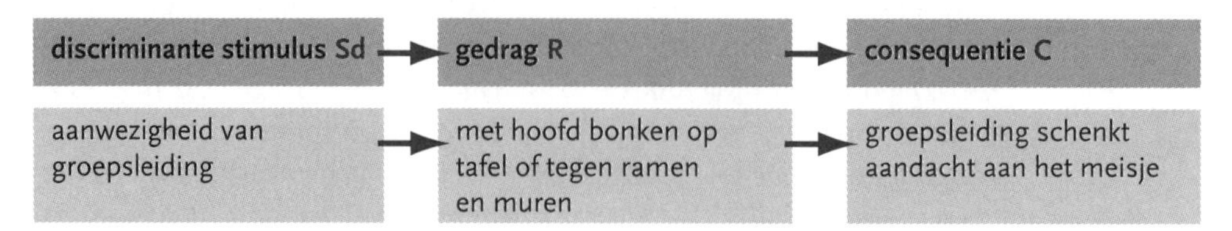

Figuur 3.3 *Het gedrag van een meisje met een verstandelijke handicap weergegeven in een S-R-C-schema.*

Voordat we het onderscheid tussen consequenties gaan behandelen moet een belangrijke ervaring uit opvoeding en hulpverlening vermeld worden. Of de consequenties die op het gedrag volgen prettig of niet-prettig zijn, wordt 'bepaald' door degene die de consequenties ervaart en niet door de opvoeder of hulpverlener. In de operante conditioneringstheorie wordt daarom van de volgende vuistregel uitgegaan: *als gedrag in hoge frequentie voorkomt, dan levert dit gedrag prettige consequenties voor het organisme op.* Hier volgen twee voorbeelden, één uit de verstandelijkgehandicaptenzorg en een ander uit een opvoedingssituatie (zie ook kader 9).

> *Een negenjarig meisje met een verstandelijke handicap dat in een instituut verbleef braakte veelvuldig in de klas die ze bezocht. Voor het braken konden geen lichamelijke oorzaken worden vastgesteld. De reactie van de leerkracht op het braken bestond uit het verwijderen van het meisje uit de klas. Na de verwijdering ging het meisje naar haar leefgroep waar ze verschoond werd en wellicht ook aandacht kreeg van de groepsleiding. De leerkracht ging uit van de veronderstelling dat het verwijderen van het meisje voor haar een straf zou zijn. Ondanks, of beter gezegd dankzij de verwijdering nam het braken echter in frequentie toe. Analyse van het gedrag leverde de veronderstelling op dat het verwijderen uit de klas voor het meisje juist een prettige consequentie was, net als de verzorging in de leefgroep. Bij een programma om het gedrag van het meisje af te leren werd de leerkracht geïnstrueerd dat het meisje de klas niet meer mocht verlaten als ze braakte. In dertig dagen daalde het braken van 24 keer per dag tot nul en bleef op dat niveau (De Wolf et al., 1965 besproken in Duker et al., 1993).*

In deze casus is voor de leerkracht het uit de klas verwijderen bedoeld als straf, een onprettige consequentie. Het meisje vindt het juist prettig, wellicht omdat ze het in de klas zijn vervelend vindt. Dergelijke misvattingen over straf zijn ook in de opvoeding te zien. Ouders kunnen hun kinderen waarschuwen voor bepaald gedrag, wat bedoeld is als (aankondiging van) straf. Toch zien we soms dat kinderen juist dan doorgaan met het ongewenste gedrag. De veronderstelling uit het operante conditioneren is dat in zo'n geval het waarschuwen door het kind als prettig wordt ervaren omdat het bijvoorbeeld een vorm van aandacht geven is.

> *Een kind dat steeds straf krijgt na een driftbui, zou door dit onprettige gevolg toch moeten stoppen met het krijgen van driftbuien. Dat het buien blijft vertonen wijst erop dat de straf kennelijk niet opweegt tegen waarschijnlijk aanwezige prettige gevolgen. Deze gevolgen zijn vaak niet direct zichtbaar, maar blijken bij nadere observatie. Door de bui hoeft het kind niet meer mee te eten aan tafel, niet meer zijn taakjes in huis af te ronden, niet meer te luisteren naar de dominante verhalen van zijn oudere broer en zus en zich niet meer te ergeren aan de vervelende gewoonten van vader of moeder. Het kan fijn weg naar zijn kamer vol speelgoed. Bovendien krijgt het met de scène veel meer en veel intensievere aandacht dan wanneer het rustig en aangepast had gereageerd. Het kind merkt dat zijn vader en moeder zich niet meer zo druk maken over broer en zus, dus is het eigenlijk machtiger, hetgeen zijn zelfwaardegevoel kan vergroten. Het onprettige element van de 'straf', namelijk de verbale afkeuring en de kamer uitgestuurd worden, weegt niet tegen al deze voordelen op' (Nijhoff-Huysse, 1997: p. 167-168).*

Indeling van de consequenties die volgen op gedrag
Op vertoond gedrag kunnen verschillende soorten consequenties volgen. Hieronder wordt een indeling van de consequenties besproken waarbij gebruik werd gemaakt van Korrelboom & Kernkamp (1999), Korrelboom & Ten Broeke (2004) en Orlemans (1994).

Consequenties kunnen worden ingedeeld als *prettig of niet-prettig* voor een persoon. Ten tweede zijn consequenties in te delen in de manier waarop zij verschijnen. Dit wordt de *procedure* genoemd. Kort gezegd kan: 1 er een nieuwe consequentie verschijnen; 2 een consequentie die er al is weggenomen worden en 3 een consequentie die een individu verwacht uitblijven. Door de indelingen te combineren, kunnen we een onderscheid tussen zes soorten consequenties aanbrengen. De terminologie die bij de consequenties gebruikt wordt, is helaas verwarrend. In figuur 3.4a worden de bijvoeglijke naamwoorden positief en negatief gebruikt. Deze begrippen slaan echter niet op de ervaring van het individu (zie daarvoor figuur 3.4b), maar op respectievelijk het toedienen en het wegnemen. Positief is iets toedienen en negatief is iets weghalen. Om enige duidelijkheid te scheppen worden de consequenties uit figuur 3.4 besproken en van voorbeelden voorzien.

aard van de consequentie / procedure	**prettige consequentie C+**	**niet prettige consequentie C-**
toedienen	positieve beloning	positieve straf
wegnemen	negatieve straf	negatieve beloning
uitblijven	negeren en uitdoven	confrontatie en uitdoven

Figuur 3.4a Zes verschillende vormen van consequenties op gedrag afhankelijk van de aard van de consequentie en de procedure.

Positieve beloning is toegediende beloning en slaat op het 'heitje voor een karweitje'principe. Iemand doet iets en krijg daarvoor iets prettigs terug. Dit principe wordt veelvuldig toegepast. Gewenst gedrag wordt aangeleerd door het te belonen. In een hulpverleningsgesprek kan de hulpverlener door te knikken en aandacht te geven de hulpvrager belonen. Ouders spelen nog even gezellig met hun kind nadat het zijn kamer heeft opgeruimd. Belangrijk is dat bij dit principe een onderscheid is te maken tussen intrinsieke en extrinsieke beloning. *Intrinsieke beloning* vloeit voort uit het gedrag zelf. Iemand stuurt dit zelf aan, bijvoorbeeld door als hij honger heeft te gaan eten (gedrag) en daardoor verzadigd te raken (positieve beloning). *Extrinsieke beloning* wordt door de omgeving toegediend. Het kind eet zijn bordje leeg omdat de ouders hem prijzen.

Positieve straf is toegediende straf. Deze consequentie is vrijwel altijd extrinsiek. Als een kind op straat voetbalt, kan de bal in de tuin van de boze buurman terechtkomen. Als de buurman direct het mes in de bal zet (straf), dan zal het kind wel uitkijken waar het in het vervolg gaat voetballen. Overigens moet ook de buurman uitkijken, want dergelijke straffen kunnen wraakacties uitlokken. Bij (positieve) straf geldt in zijn algemeenheid de waarschuwing dat dit meestal geen goed middel is om gedrag aan te leren (zie verder).

Negatieve straf vindt plaats als een prettige situatie wordt weggenomen. Ook deze vorm is vrijwel altijd extrinsiek. Het doel van opvoeders of hulpverleners is dat onaangenaam gedrag hiermee ophoudt. Ouders die hun kind willen afleren om op zijn duim te zuigen kunnen bijvoorbeeld de tv uitzetten als hun kind tijdens het tv-kijken duimzuigt. Het onderscheid tussen positieve en negatieve straf is gradueel. Straffen door een kind op zijn kamer te zetten kan beide aspecten in

aard van de consequentie / procedure	**prettige consequentie C+**	**niet prettige consequentie C-**
toedienen	prettig	niet prettig
wegnemen	niet prettig	prettig
uitblijven	niet prettig	prettig

Figuur 3.4b Zes verschillende vormen van consequenties op gedrag en de psychologische effecten daarvan op het individu.

zich verenigen. Naar de kamer sturen is positieve straf, het daarmee onderbreken van bijvoorbeeld een videogame is te zien als negatieve straf. Overigens geldt ook hier dat de beleving van het kind bepaalt of iets als straf wordt ervaren. Een kind dat naar zijn kamer wordt gestuurd omdat het zich vervelend aan de eettafel gedroeg, kan dit als beloning ervaren als op zijn kamer een computer staat waarop het kan gaan internetten. Naast het wegnemen van een prettige situatie zijn er ook strategieën waarbij de prettige situatie onprettig wordt gemaakt. In de verstandelijkgehandicaptenzorg en de psychiatrie zijn wel eens bewoners die er een vreemd verzamelgedrag op na houden. Zij slepen allerlei materiaal naar hun kamer, wat voor problemen zoals stankoverlast kan zorgen. Bekend is het voorbeeld van een vrouw die handdoeken verzamelde (Ayllon, 1963, besproken in Korrelboom et al., 1993). De interventie die het personeel uiteindelijk toepaste nadat verbieden niet hielp was het stimuleren. Elke dag werden haar extra handdoeken aangeboden, tot wel zestig per dag. Uiteindelijk bracht de vrouw ze maar terug. De handdoeken hadden hun belonende werking verloren. Dit principe wordt *verzadiging* (satiatie) genoemd. Ook in de opvoeding is dit toe te passen. Ik moet daarbij aan een eigen ervaring denken. Als kind speelde ik graag met lucifers. Fikkie stoken trok me aan en verbieden hielp kennelijk niet. Ik leerde het spelen met lucifers echter definitief af toen mijn moeder een heel pak (twaalf doosjes) lucifers kocht en ik de lucifers één voor één in haar bijzijn moest afstrijken.

Negatieve beloning is het stoppen van een onprettige situatie of consequentie. Het effect is dus prettig. Negatieve beloning speelt een rol bij het in stand houden van wat negatief gedrag wordt genoemd. Negatieve beloning kan zowel intrinsiek als extrinsiek verworven worden. Vermijdingsgedrag wordt bijvoorbeeld intrinsiek negatief beloond. Een kind dat sociaal angstig is, kan zich ziek melden als het op school een spreekbeurt moet houden. Een angstaanjagende situatie wordt daarmee vermeden. Een andere vorm van intrinsieke negatieve beloning is te zien bij sommige lichamelijke aandoeningen. Een kind met eczeem kan zichzelf openkrabben. Pijn is hier een negatieve beloning, want dat is minder erg dan jeuk. Bij verstandelijk gehandicapten is oorontsteking een berucht voorbeeld. Bewoners bestrijden de pijn van de oorontsteking met andere pijn veroorzaakt door automutilatie (zelfverwonding). Ook vandalisme blijkt onder controle te staan van negatieve beloning. Als er in een woonwijk niets te doen is voor de opgroeiende jongeren dan zullen ze zich vervelen (onprettige situatie). De verveling wordt snel opgeheven als ze fikkie gaan stoken of iets vernielen. Zeker als de politie erop afkomt is het succes volmaakt. Verveling is vervangen door spanning.

Negeren en uitdoven spelen in een situatie waarbij een persoon al het verband heeft geleerd tussen zijn gedrag en een consequentie. Negeren wordt toegepast met de bedoeling het gedrag af te leren. Het is een extrinsiek mechanisme. Het voorbeeld van het brakende meisje past bij dit mechanisme. Zij heeft geleerd dat braken voor haar een positieve consequentie oplevert. De leerkracht leert haar dit gedrag weer af door het braken te negeren. Het gedrag dooft uit.

Confrontatie en uitdoven vormen een bekende techniek uit de gedragstherapie. Een patiënt verwacht een negatieve consequentie als hij bepaald gedrag vertoont. Zo verwacht iemand met een liftfobie een angstaanval als hij een lift ingaat. Deze verwachting blijft bestaan, omdat de patiënt de lift zal vermijden (negatieve beloning). De gedragstherapeut past bij dergelijke fobici de exposure(blootstellings)techniek toe. De patiënt wordt zodanig blootgesteld aan de angstverwekkende situatie dat hij deze niet kan vermijden, maar ook dat er geen angstreactie komt. Een patiënt gaat bijvoorbeeld met een hulpverlener de lift in, ontspant zich tegelijkertijd en merkt dat er niets vreselijks gebeurt. Hij leert zo de associatie tussen lift en angst te verminderen, wat uiteindelijk kan leiden tot uitdoving van het vermijdingsgedrag.

Leerwetten gebaseerd op het operant conditioneren

De theorie van het operant conditioneren heeft een aantal leerwetten opgeleverd die inzicht geven in de mechanismen die gedrag in stand houden of veroorzaken. Hieronder worden er enkele behandeld die belangrijk kunnen zijn voor hulpverlening en opvoeding.

- *Meerdere consequenties die op het gedrag volgen*

Gedrag neemt in frequentie toe door de prettige consequenties die erop volgen, zo luidt de wet van effect. Als er nauwkeurig gekeken wordt naar de consequenties die op (problematisch) gedrag volgen, dan blijken er meestal meerdere consequenties te zijn. Als het de bedoeling is om gedrag te veranderen of te stoppen, dan is het belangrijk om bij het opstellen van een strategie rekening te houden met de verschillende consequenties. In de voorbeelden van het meisje dat in de klas braakt en de jongen met de driftbuien is dit terug te vinden. Op het braakgedrag van het meisje volgde direct een negatieve beloning: ze werd de klas uitgestuurd zodat ze niet meer in een voor haar vervelende situatie hoefde te blijven. Daarna volgde een positieve beloning doordat ze in de leefgroep aandacht kreeg. Bij het jongetje met de driftbuien is er een vergelijkbaar patroon. De driftbuien zorgen ervoor dat hij naar zijn kamer wordt gestuurd. Hij ontsnapt daarmee aan een vervelende situatie (negatieve beloning) en in zijn kamer kan hij met speelgoed spelen (positieve beloning).

• *Frequentie en directheid van de consequenties*
Skinner heeft veel onderzoek gedaan naar de invloed van de hoeveelheid consequenties op het gedrag. Hij heeft twee belangrijke wetten ontdekt: de frequentie van de consequenties en de snelheid waarmee ze toegediend worden.

De wet van frequentie heeft twee implicaties:
- Gedrag dat áltijd gevolgd wordt door een prettige consequentie (positieve of negatieve beloning) dooft snel uit als de consequenties stoppen. Een kind dat voor elke tekening geprezen wordt, stopt snel met tekenen (mits het geen intrinsieke beloning oplevert) als het prijzen gestopt wordt.
- Gedrag dat niet altijd, maar zo nu en dan beloond wordt, dooft juist langzaam uit. Skinner gebruikt hiervoor het begrip *intermittant reinforcement* (zo nu en dan belonen). Een kind dat om snoep zeurt maar dat van de ouder nooit krijgt, zal stoppen met zeuren. Maar als de ouder zo nu en dan van het gezeur af wil zijn en toegeeft, zal het kind leren dat zeuren zo nu en dan effect oplevert. Het zeuren zal hardnekkig blijven bestaan. Het advies aan opvoeders om consequent te blijven is op deze leerwet gebaseerd. Een fenomeen dat in verband wordt gebracht met intermittant reinforcement is *gokverslaving*. Gokken levert zo nu en dan een beloning op en juist dit maakt het gedrag hardnekkig. Zeker de methoden waarbij vrijwel direct het resultaat bekend wordt (zie hieronder), zoals bingo, de fruitautomaat en krasloten, lijken erg verslavend te zijn. Naast directe beloning is de onregelmatige (intermittant) uitkering bevorderlijk voor de verslaving. Toeval werkt als bekrachtiging, de speler is geneigd om steeds opnieuw in te zetten omdat hij nooit weet wanneer de grote prijs kan vallen. Bovendien varieert het uit te keren bedrag sterk, van laag tot zeer hoog. Ook dit lijkt het gokken te stimuleren (Bieleman et al., 1994).

De andere wet die door Skinner werd ontdekt is dat snelle of directe consequenties die op het gedrag volgen het meeste effect sorteren. Hier speelt de invloed van de *contiguïteit* een grote rol. Effecten die pas lang na het vertoonde gedrag verschijnen, hebben minder of geen invloed. Een moeder die een straf voor een kind uitstelt totdat vader thuis is, zorgt ervoor dat de straf minder effectvol wordt. Binnen het Nederlandse justitiële systeem wordt nog te weinig met dit principe rekening gehouden. Lange vrijheidsstraffen blijken niet goed te werken. De snelheid en zekerheid waarmee gereageerd wordt op strafbaar gedrag (het zogenaamde 'lik-op-stukbeleid') hebben meer invloed dan de hoogte van de straf (Schuyt, 1995). Een ander voorbeeld is roken. Elke roker weet dat zijn gedrag de kans op kanker verhoogt, maar toch blijft hij roken. Het operant conditioneren verklaart dit door te wijzen op de kortetermijneffecten. De directe positieve beloning zoals ontspanning sorteert meer effect dan de positieve straf (hoesten of kanker) op lange termijn. In kader 9 wordt hier nader op ingegaan.

Kader 9

Vinden mannen impotent worden erger dan een hartaanval krijgen?

Sinds een aantal jaren staan er op de verpakkingen van tabaksartikelen waarschuwingen die wijzen op de langeretermijngevolgen van roken. Zou het helpen? Het volgende artikeltje is wellicht te gebruiken om antwoord te geven op deze vraag.

'In Israël hebben ze ontdekt dat de waarschuwing "Roken schaadt de gezondheid" op een pakje sigaretten minder effectief is dan de mededeling "Roken schaadt de potentie". Bij het Centrum voor Impotentie en Vruchtbaarheid in Jeruzalem werden de afgelopen tien jaar 886 zware mannelijke rokers behandeld. Nadat de mannen hadden gehoord dat roken *onmiddellijke* (cursivering J.R.) invloed heeft op de kleine bloedvaten die nodig zijn voor het krijgen van een erectie en ook op langere termijn een nadelige invloed kan hebben op de seksuele prestatie, besloot driekwart van deze mannen meteen met roken te stoppen. De overgrote meerderheid van de 'stoppers' hield voorgoed op met roken. Cijfers van het Israëlische gezondheidsfonds tonen aan dat slechts 40 procent van de mannen stopt met roken als hun verteld wordt dat het de kans op een hartaanval verdubbelt.' (*de Volkskrant*, 28 september 1994)

In dit berichtje vallen twee aspecten op die met het operant conditioneren zijn te begrijpen. Ten eerste blijken onmiddellijke consequenties meer effect te hebben dan consequenties op langere termijn. Ten tweede is uit dit berichtje de conclusie te trekken dat voor mannen impotentie een grotere straf is dan een hartaanval.

• *De effecten van straf*

Over de effecten van straf in hulpverlening en opvoeding bestaan verschillende inzichten. Herhaaldelijk is in dierexperimenten aangetoond dat straf effectief kan zijn. Maar deze gegevens zijn niet zomaar te vertalen naar de opvoedingspraktijk bij mensen. Straffen produceert ongewenste neveneffecten en er zijn ethische bezwaren tegen. Uit experimenteel (dier)onderzoek blijkt dat straf alleen maar effect sorteert als de negatieve consequentie groter is dan de positieve consequentie van het ongewenste gedrag. Zo is voor te stellen dat als een kind geld steelt uit de portemonnee van zijn ouders, de nadelen van een eventueel huisarrest niet opwegen tegen de voordelen van het geld. Een ander gegeven uit experimenteel onderzoek is dat als straf geleidelijk in intensiteit wordt opgevoerd dit minder effectief is dan vanaf het begin de meest intensieve straf toe te dienen. In de praktijk levert het toepassen van deze wetmatigheden ethische problemen op. Tot hoever mag je gaan met straf? Mag je steeds harder straffen als een kind 'niet wil luisteren'? Bij het beantwoorden van deze vraag blijken persoonlijke en ook culturele normen een rol te spelen.

Naast ethische bezwaren heeft straffen negatieve bijeffecten. Zo levert het geven van straf het slachtoffer een *model*. De straf onderdrukt het gedrag, maar leert het niet af. Een kind dat straf krijgt leert hoe het agressief moet zijn, werd in Amerikaans onderzoek aangetoond. In de VS blijkt meer dan 90 procent van de kinderen wel eens een pak slaag te krijgen. Kinderen die thuis slachtoffer zijn van gewelddadige discipline worden later op de kleuterschool de meer agressieve kinderen. Een pak slaag bevordert de sociale ontwikkeling van een kind niet – wat de bedoeling van de ouders is –, maar juist wel agressief gedrag (*Literatuurselectie*, 1995).

Een tweede kanttekening bij straf is dat deze niet per se onprettig hoeft te zijn. Straf is soms prettig als het veel aandacht oplevert voor de gestrafte. De derde kanttekening is dat straf wraak kan oproepen. De man die de bal van zijn buurjongetje doorsnijdt, moet oppassen voor wraakacties. En ten slotte: straf onderdrukt niet alleen ongewenst gedrag, maar ook gewenst gedrag. Een kind kan bijvoorbeeld zijn vader vermijden als deze veel straft. Eventueel positief gedrag wordt zo niet geleerd en dit kan gepaard gaan met angst en een negatief zelfbeeld bij het kind.

Negatieve straf (prettige consequenties worden onbereikbaar) is milder dan positieve straf (gedrag leidt tot onprettige consequenties). Met negatieve straf laat de opvoeder of hulpverlener wel zien wat bereikbaar is, bij positieve straf ontbreekt dat voordeel.

• *Het ritssluitingeffect*

Als opvoedings- of (residentiële) hulpverleningssituaties goed geanalyseerd worden dan zal blijken dat niet alleen het (problematische) gedrag van een bewoner of kind in stand wordt gehouden door de consequenties, maar ook het gedrag van hulpverlener of opvoeder. In navolging van Baadsgaard & Wagner (1993) noemen we dit het *ritssluitingeffect*. Hiermee wordt aangeduid dat het gedrag van kind en opvoeder elkaar wederzijds (meestal negatief) beloont. Het voorbeeld van het meisje dat in de klas braakt verduidelijkt dit mechanisme. Het staat in figuur 3.5 in een S-R-C-schema.

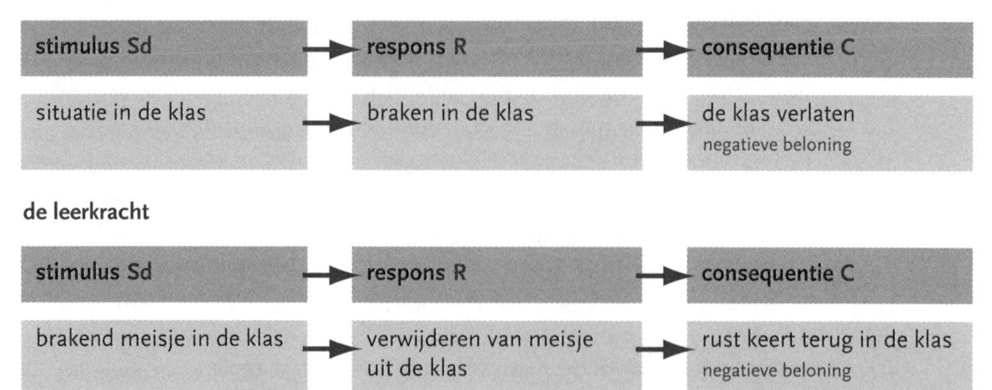

Figuur 3.5 *Het ritssluitingeffect: zowel het gedrag van een cliënt of kind als het gedrag van een hulpverlener of opvoeder staat onder controle van een Sd en de consequenties.*

Net zoals een ritssluiting in elkaar grijpt, zo geldt dat ook voor het gedrag van de twee personen. Het gedrag van het meisje (respons) is voor de leerkracht de discriminatieve stimulus. Het gedrag waarmee de leerkracht reageert, is voor het meisje de consequentie op haar gedrag. Het ritssluitingeffect is vooral van toepassing als opvoeders of hulpverleners niet consequent zijn. Het zal niet optreden als de leerkracht het gedrag van het meisje consequent negeert. Geeft hij echter toe, dan is dit effect van toepassing. Op grond van dit gegeven is er een tweede vuistregel te formuleren: *bij negatief gedrag dat in stand wordt gehouden door positieve of negatieve beloning wordt ook het gedrag van de opvoeder of hulpverlener in stand gehouden door (vooral negatieve) beloning.* Als bijvoorbeeld een ouder het zeuren van zijn kind om een ijsje zat, is kan hij overstag gaan. Het kind krijgt een ijsje (positieve beloning). De ouder beloont zichzelf doordat het kind nu ophoudt met zeuren en de rust terugkeert (negatieve beloning).

• *Generalisatie en discriminatie*

De leerwet van het klassiek conditioneren, namelijk dat een organisme discrimineert tussen en generaliseert over stimuli, geldt ook voor het operant conditioneren. Het brakende meisje in de klas kan bijvoorbeeld leren dat braken alleen maar zin heeft als de leerkracht aandacht besteedt aan andere kinderen. Ze heeft dan een onderscheid tussen verschillende stimuli geleerd. Het gedrag kan ze ook generaliseren naar situaties buiten de klas. Ze leert bijvoorbeeld dat ze met braken ook aandacht krijgt in de leefgroep.

Shaping

Behavioristen 'knippen' complex gedrag in kleine stukjes. Elk stukje mag zo klein zijn dat het nog zelfstandig geleerd kan worden. Als men achter elkaar de stukjes leert, kan complex gedrag geleerd worden. Het begrip *shaping* wordt hiervoor gebruikt. Denk bijvoorbeeld aan het leren van een circusact bij dieren. Stap voor stap wordt een hond geleerd om door brandende hoepels te springen. Elke verworven deelvaardigheid wordt beloond totdat de gehele act beheerst wordt. Als we denken aan een extreem verlegen meisje in een schoolklas kan shaping eruit bestaan dat ze eerst wordt beloond (met aandacht en complimenten) als ze andere kinderen aankijkt. Vervolgens als ze naar ze wijst of een stap in hun richting zet. Vervolgens als ze iets zegt tegen een ander kind, enzovoorts. Als voorbeeld uit de hulpverlening kan het leren van zelfstandig reizen aan een verstandelijk gehandicapte dienen. Zelfstandig reizen is complex gedrag. Dat verloopt – simpel gesteld – met de deur uitgaan, naar het openbaar vervoer lopen, instappen in de juiste tram of bus, op tijd uitstappen en naar de bestemming lopen. Om dit een verstandelijk gehandicapte te leren blijkt het nodig het gedrag in stukjes te knippen, die vervolgens stap voor stap geleerd worden. In de praktijk blijkt dat dit leerproces aan het eind van de keten moet beginnen. Dus als eerste zelfstandig van de tramhalte naar de bestemming lopen en aanbellen. Van daaruit wordt teruggewerkt. Naar analogie van de keten wordt dit leerproces *chaining* genoemd. Ook ander complex gedrag zoals leren koken of zichzelf correct aankleden kan het beste met chaining aangeleerd worden (Cladder, Nijhoff-Huysse & Mulder, 1998).

3.2.4 Model-leren

Eind jaren zestig van de vorige eeuw ontstaat het toenemend inzicht dat er naast associatief leren (operant en klassiek conditioneren) en habituatie nog een andere belangrijke leervorm is: het *model-leren* of observatie-leren. Dat er weinig aandacht was besteed aan deze leervorm die zo voor de hand ligt, werd veroorzaakt door het dominante behavioristische denken in de psychologie. Model-leren impliceert namelijk een cognitieve visie (Rigter, 2004). Bij het model-leren neemt een persoon een ander (het model) waar en leert hij van diens gedrag. Het is leren van iemand anders en wordt daarom *sociaal-leren* genoemd. Model-leren was al bekend bij leerlingen van Watson, maar raakte in de vergetelheid. Zij toonden al aan dat als een kind bang was voor een konijntje (aangeleerd met het klassiek conditioneren), het die angst geleidelijk kwijtraakte als het andere kinderen met een konijntje zag spelen. De andere kinderen fungeerden dus als een model (Korrelboom et al., 1999). Binnen de huidige leerpsychologie wordt model-leren opgevat als een hogere vorm van leren. Het komt vooral voor bij mensen en in mindere mate bij een aantal diersoorten. Als een hond passief is, dan wordt een andere hond niet ook passief als hij deze hond waarneemt. Bij mensen is dat wel mogelijk. Apathische mensen waarnemen kan apathisch maken.

De theorie van het model-leren is ontwikkeld door de Canadese psycholoog Albert Bandura. Hij ontdekt dat kinderen die een agressief model zien later meer agressief gedrag vertonen dan kinderen die een niet-agressief model zien. Bandura probeert deze bevindingen te integreren binnen het S-R-C-model van het operant conditioneren. Hij ziet het niet als tegengesteld aan operant conditioneren, maar als aanvullend. Hij ontdekt dat bij het model-leren ook wordt geleerd in welke situatie (stimulus) het model het gedrag (respons) vertoont en welke consequenties op het gedrag volgen. Kinderen die een agressief model observeren, leren behalve de agressiviteit ook de omstandigheden waarin agressiviteit het meeste oplevert. In de praktijk betekent dit dat kinderen die agressief gedrag hebben waargenomen dit gedrag in sommige situaties wel en in andere niet vertonen. In dit voorbeeld is sprake van eenrichtingverkeer. Meestal gaat het bij sociaal-leren om wederkerigheid. Het gedrag van de een beïnvloedt het gedrag van de ander en andersom.

Lastige, delinquente pubers leerden van een psycholoog en een speciale leraar 'hoe zij het gedrag van hun gewone leraren konden veranderen'. Zij leerden te glimlachen naar hun docenten, rechtop te zitten, oogcontact met hen te maken, enzovoorts. Ook leerden zij adequaat feedback te geven aan de leraren ('ik werk beter wanneer een leraar aardig tegen mij is' of 'het is lastig om goed werk te leveren wanneer je voortdurend op je kop krijgt'). De interactie tussen docenten en lastige leerlingen verbeterde gigantisch door deze manipulatie. Bovendien kregen de moeilijke leerlingen veel meer zelfvertrouwen over hun schoolwerk (Zimbardo & Leippe, 1991 in Korrelboom & Ten Broeke, 2004: p. 126).

Model-leren is een belangrijk principe in verschillende hulpverleningsmethoden geworden, onder andere in *socialevaardigheidstrainingen* (3.5.5). *Video-hometraining* is een ander voorbeeld: hierbij worden de interacties tussen ouders en kind opgenomen. Vooral interacties die goed verlopen worden opnieuw bekeken. In principe kan de ouder de eigen, succesvolle, interacties bekijken en deze als model gebruiken voor andere situaties. Het meest simpele maar ook meest belangrijke voorbeeld is *'voor-leven'*. Als een leerkracht of ouder een kind positief gedrag wil leren, dan lukt dat alleen maar als hijzelf dit gedrag ook toont (Gravesteijn & Diekstra, 2004). Ouders die hun kinderen verbieden om te roken, maar dit zelf wel doen, zullen weinig succesvol zijn. Ook een hulpverlener moet beseffen dat hij tijdens de hulpverlening *op elk moment* model staat. De begeleiding of hulpverlening die nagestreefd wordt, mag daarmee niet strijdig zijn. Een kinderleider die tegen een kind schreeuwt dat het stil moet zijn, geeft een verkeerd voorbeeld.

Binnen de leerpsychologische traditie worden vier leerprocessen bestudeerd: habituatie, klassiek conditioneren, operant conditioneren en model-leren. Vooral klassiek en operant conditioneren zijn afkomstig uit de behavioristische traditie. Habituatie en model-leren verwierven later aandacht, waarbij aangetekend moet worden dat model-leren een cognitieve visie op het leren inhoudt. Bij elk leerproces werden voorbeelden gegeven en aandachtspunten voor de praktijk. Uit het klassiek en operant conditioneren is een aantal leerwetten af te leiden. Bij het operant conditioneren werd onderscheid gemaakt tussen de verschillende consequenties die op gedrag kunnen volgen. Belangrijk is de constatering dat negatief gedrag meestal onder controle staat van negatieve beloning. De twee vuistregels en het ritssluitingeffect bieden belangrijke aandachtspunten voor praktische toepassingen.

3.3 Nieuwe ontwikkelingen in de leerpsychologie

De titel van deze paragraaf luidt niet 'Nieuwe ontwikkelingen in het behaviorisme', maar 'Nieuwe ontwikkelingen in de leerpsychologie'. Het behaviorisme is namelijk al jaren geleden 'dood' verklaard. Het streven om gedrag te verklaren zonder gebruik te maken van cognitieve verschijnselen bleek onhoudbaar. De blackboxvisie werd opzij geschoven. Psychologen proberen nu juist het 'dekseltje van de box' te openen om te kijken welke processen zich in de hersenen afspelen. Deze mogelijkheid is er tegenwoordig vanwege nieuwe onderzoeksinstrumenten zoals de fMRI-scan (hoofdstuk 8). Ook op grond van gedrag worden steeds vaker conclusies getrokken over het cognitief functioneren van mensen. Zo is het model-leren niet te begrijpen zonder begrip van de cognitieve mogelijkheden zoals het geheugen. De nieuwe ontwikkelingen betekenen niet het einde van de leermodellen uit de vorige paragraaf. Deze modellen maken gedrag wel degelijk begrijpelijk, maar worden tegenwoordig anders geïnterpreteerd. Hieronder wordt daar kort op ingegaan. In hoofdstuk 5 volgt een uitgebreide bespreking.

Bij de beschrijving van de geschiedenis van het behaviorisme werd gemeld dat er al spoedig een moderne variant – het *neobehaviorisme* – ontstond. Deze stroming heeft er vooral voor gezorgd dat aandacht werd besteed aan *interveniërende variabelen*. Tussen de stimulus en de respons werden andere processen verondersteld die van invloed zijn op het gedrag. Het S-R-C-model verandert in een S-O-R-C-model, waarbij 'O' staat voor organisme. Binnen het organisme plaatst men bijvoorbeeld motivatie, angst of vermoeidheid. Later worden ook persoonlijkheidskenmerken en cognities tot de O gerekend (Korrelboom & Ten Broeke, 2004). Kenmerkend blijft het streven om de interveniërende variabelen meetbaar te maken. Zo is motivatie met een vragenlijst te meten en vermoeidheid met een lichamelijke test. Motivatie, maar ook cognities en persoonlijkheidskenmerken, beïnvloeden hoe een stimulus wordt geïnterpreteerd. Een jongetje dat graag wil voetballen, zal op de stimulus bal eerder voetbalgedrag vertonen dan een kind dat niet in voetballen geïnteresseerd is. Het neobehaviorisme bleef het oorspronkelijke gedachtegoed koesteren en zette zich af tegen een te vergaande cognitieve interpretatie van gedrag. Dit was tevergeefs. Sinds de jaren zeventig van de vorige eeuw is er een duidelijke omslag te constateren naar een cognitieve interpretatie van zowel het klassiek als het operant conditioneren.

Het begrip *associatie*, dat in de vorige paragraaf werd gebruikt, vond ingang. Klassiek conditioneren wordt niet meer opgevat als reflexmatig leren, maar als het *leren van betekenissen.* Een betekenis die geleerd wordt, maakt de omgeving *voorspelbaar.* Zo leren wij in de loop van ons leven de associatie tussen donkere wolken en regen en tussen honden en bijten. Donkere wolken voorspellen regen, een hond voorspelt bijten. De betekenisvolle associatie tussen de twee stimuli wordt in het geheugen opgeslagen en is af te leiden uit het gedrag. Het benadrukken van de cognitieve processen heeft veel gevolgen. Ik noem er twee.

Eerder werd aangegeven dat de ongeconditioneerde en de geconditioneerde stimulus gelijktijdig gepresenteerd moeten worden, wil er klassieke conditionering plaatsvinden (contiguïteit). In de cognitieve interpretatie van klassiek conditioneren wordt niet zozeer gelijktijdigheid, maar de logische samenhang benadrukt. De nieuwe geconditioneerde stimulus moet een inhoudelijk verband hebben met de ongeconditioneerde stimulus (contingentie). Dit verklaart dat nadat iemand geleerd heeft dat een brandende lamp een negatieve gebeurtenis voorspelt, hij ook een angstreactie krijgt als later wordt gezegd dat de lamp gaat branden.

Extinctie werd in de oorspronkelijk opvatting verklaard door het uitblijven van de ongeconditioneerde stimulus. Little Alberts angst voor de muizen dooft uit als er geen enge, harde geluiden meer optreden. De cognitieve interpretatie benadrukt juist dat er niets wordt afgeleerd (Korrelboom & Ten Broeke, 2004). Little Albert blijft weten dat de relatie ooit bestond, maar hij leert dat de angstrespons niet meer nuttig is. Dat het jongetje bij wijze van spreken wel argwanend blijft, blijkt uit onderzoek. De harde geluiden hoeven maar één keer weer plaats te vinden en de angstrespons is direct en vaak verhevigd terug.

Het operante conditioneren wordt binnen de cognitieve interpretatie opgevat als de behoefte van een organisme om *controle uit te oefenen* op de omgeving. Het zien van donkere wolken zorgt ervoor dat je een paraplu meeneemt. Daarmee worden onaangename consequenties (natte kleren) zo veel mogelijk voorkomen. Bij het zien van de hond maak je eventueel een omweg (Orlemans, 1994; Korrelboom et al., 1999).

De nieuwe ontwikkelingen in de leerpsychologie zijn cognitief van karakter. Met het neobehaviorisme wordt nog geprobeerd om de behavioristische traditie zo levend mogelijk te houden. Maar sinds de jaren zeventig wordt zowel klassiek als operant conditioneren in toenemende mate cognitief geïnterpreteerd. Daarbij gaat het respectievelijk om voorspelbaarheid en controle.

3.4 Het verklaren van psychische stoornissen

Ook het behaviorisme heeft zich beziggehouden met het verklaren van het ontstaan en in stand blijven van psychische stoornissen. Vooral voor angststoornissen levert dit steekhoudende verklaringen. Hieronder wordt eerst depressie besproken, waarbij een uitstapje wordt gemaakt naar het begrip 'aangeleerde hulpeloosheid'. Daarna worden twee angststoornissen besproken.

3.4.1 Depressie

Depressie is een stemmingsstoornis. Een stemming is een permanent aanwezig emotioneel gevoel of toestand die medebepalend is hoe wij onszelf, anderen, de omgeving, verleden en toekomst ervaren. Dit betekent dat stemming en dus ook een depressie cognitief van karakter is. Dat maakt het lastig om een depressie geheel volgens behavioristische principes te verklaren.

De leerpsychologische theorie over het ontstaan van een depressie sluit aan bij het operant conditioneren. Volgens deze zienswijze ontstaat depressief gedrag doordat normaal (niet-depressief) gedrag uitdooft (extinctie). Prettige consequenties (positieve en negatieve beloning) zijn te weinig aanwezig bij normaal gedrag. Ook veronderstelt men dat de potentieel depressieve persoon te weinig sociale vaardigheden heeft om de prettige consequenties zelf uit te lokken (zie 3.5.5). Na de uitdoving van het normale gedrag ontstaat inactiviteit, passiviteit en apathie, wat zo kenmerkend is voor een depressie. Het depressieve gedrag wordt wél gevolgd door prettige consequenties. De depressieve persoon verkrijgt bijvoorbeeld aandacht voor zijn problemen (positieve beloning) en zijn taken en plichten hoeft hij wellicht niet meer zo goed uit te oefenen (negatieve beloning). Dit leerpsychologische model geeft dus zowel een verklaring voor het ontstaan als voor het voortduren van depressie. Moeilijker wordt het om met deze theorie te verklaren dat een depressief persoon de depressie niet als plezierig ervaart, ondanks de veronderstelde prettige consequenties die erop zouden volgen. Ook zijn er vraagtekens te zetten bij de veronderstelde aandacht die een depressieve persoon krijgt. Dit is wellicht zo in het begin van een depressie, maar als deze lang voortduurt wordt de patiënt vaak eerder gemeden dan dat hij aandacht krijgt. Een cognitieve verklaring biedt hier meer aanknopingspunten.

Het model van het klassiek conditioneren wijst erop dat er 'normale' situaties (ongeconditioneerde stimuli) zijn die verdriet of depressiviteit uitlokken, bijvoorbeeld het beëindigen van een relatie, het overlijden van een geliefde of het niet succesvol afronden van een opleiding. Deze stimuli kunnen geassocieerd worden met andere situaties (geconditioneerde stimuli) die op hun beurt de depressieve reactie gaan uitlokken (Korrelboom & Kernkamp, 1999).

Depressiviteit wordt ook in verband gebracht met '*aangeleerde hulpeloosheid*' (Peterson et al., 1993). Aangeleerde hulpeloosheid werd ontdekt bij dierexperimenten. In een kooi die uit twee delen bestond werd een rat geleerd om ontsnappingsgedrag te vertonen. Daartoe werd de ene helft van de kooi onder stroom gezet. De rat ontsnapte hieraan (negatieve beloning) door naar de andere helft te gaan. Het experiment werd uitgebreid met een brandende lamp. Als de lamp brandde was dat een signaal dat de kooihelft waar de rat zich bevond onder stroom werd gezet. De rat kon de stroomstoot voorkomen door naar de andere helft te gaan. Tot zover kon de rat dit allemaal aan. Het experiment werd echter na de voorgaande leerprocedure vervolgd door het lukraak onder stroom zetten van verschillende delen van de kooi. De brandende lamp voorspelde de stroomstoot niet meer. Het gevolg hiervan was dramatisch. Binnen korte tijd zat de rat volkomen apathisch en hulpeloos in een hoekje en onderging gelaten de stroomstoten. Negatieve beloning was voor de rat onmogelijk, omdat hij geen controle meer kon uitoefenen op de omgeving. De discriminante stimulus (lamp) had zijn voorspellende betekenis verloren.

In hulpverlening en opvoeding komen vergelijkbare situaties voor. Natuurlijk niet door het onder stroom zetten van een vloer, maar stimuli kunnen ook hier hun voorspellende betekenis verliezen waardoor patiënten of kinderen geen invloed meer kunnen uitoefenen op hun omgeving. Een paar voorbeelden:

> *'Giovanni, wil je je bord leeg eten?' vraagt de vader van Giovanni. Als Giovanni nee zegt, blijkt even later dat hij niets te vertellen heeft. Het bord móet leeg gegeten worden.*
>
> *'Mevrouw Jansen, gaat u even gezellig mee naar buiten?' Voordat mevrouw Jansen wat heeft kunnen antwoorden, wordt haar rolstoel al in beweging gezet.*
>
> *Een groepsleider vraagt aan een bewoner of hij een glas melk wil. Voordat hij kan antwoorden, staat het glas al voor zijn neus.*

Voor alle drie de voorbeelden geldt dat als iemand deze ervaringen systematisch ondergaat, hij leert dat eigen initiatief geen zin heeft. Hulpeloosheid wordt aangeleerd. Op het gewone gedrag volgt geen prettige consequentie. Integendeel, als hij zijn eigen wil toont, kan hij een onprettige consequentie verwachten ('Nee mevrouw Jansen, u kunt niet alleen binnen blijven, dat is tegen de regels'). Het gewone gedrag zal uitdoven en op het apathische gedrag volgt in ieder geval nog aandacht (positieve beloning). Aangeleerde hulpeloosheid wordt in verband gebracht met het ontstaan van depressie. Maar ook hier woedt het debat of de hulpeloosheid niet beter cognitief is te verklaren (Peterson et al., 1993) (zie hiervoor hoofdstuk 5).

3.4.2 Angststoornissen

Angst is in principe een normale reactie bij mensen en dieren. Men spreekt van een angststoornis als de angst zelf een probleem is geworden. Bekende angststoornissen zijn de fobie en de obsessief-compulsieve stoornis. Beide worden hieronder besproken.

Angststoornissen waren vanaf het begin van het behaviorisme onderwerp van studie. Watson toonde bij Little Albert aan hoe geleerd kan worden om angst te verbinden met een nieuwe stimulus. Dit klassieke conditioneringsmodel wordt nog steeds als uitgangspunt gebruikt om het *ontstaan* van fobieën te verklaren.

Later in de geschiedenis van het behaviorisme werd de vraag opgeworpen wat een **fobie** in stand houdt; *waarom blijft een fobie bestaan* en dooft zij niet uit? In de jaren vijftig ontstond het *tweefactorenmodel*, waarmee vrij goed het ontstaan én het voortbestaan van een fobie verklaard kan worden. Dit model komt er simpel gezegd op neer dat een fobie ontstaat door klassieke conditionering en dat zij blijft bestaan door operante conditionering. Stel dat iemand een liftfobie heeft. Het tweefactorenmodel veronderstelt dat de extreme angst voor liften is ontstaan door klassiek conditioneren. Dat kan bijvoorbeeld doordat iemand heeft meegemaakt dat de lift waarin hij zat vast kwam te zitten en dat gepaard ging met hevige angst. Als er een fobie is ontstaan, dan zal de patiënt de angstaanjagende stimulus gaan vermijden. Dit leidt tot vermindering van de angst, een negatieve beloning (operant conditioneren). De man met een liftfobie neemt liever de trap naar de tiende etage dan de lift. De inspanning van het traplopen neemt hij voor lief. Het effect van het vermijden van de lift is echter dat de angst voor de lift blijft bestaan. De angst zal niet uitdoven.

Een **obsessief-compulsieve stoornis** (of dwangstoornis) kenmerkt zich door angstaanjagende gedachten ('Ik kan van een vreselijke ziekte besmet raken' of 'Heb ik het gas wel uitgezet?') die gevolgd worden door dwanghandelingen (respectievelijk: handen wassen of telkens opnieuw naar huis gaan om te controleren of het gas uit is). De obsessief-compulsieve stoornis wordt door behavioristen aan de hand van *de wet van het effect* uit het operant conditioneren verklaard. De wet van het effect stelt dat gedrag in frequentie toeneemt als het prettige consequenties oplevert en in frequentie afneemt als het onprettige consequenties oplevert. Bij een dwangstoornis is de frequentie van de dwanghandelingen hoog. Er wordt extreem veel schoongemaakt of gecontroleerd. Kennelijk levert dit gedrag veel prettige consequenties op. Consequenties zijn te onderscheiden in positieve beloningen (iets plezierigs neemt toe) en negatieve beloningen (iets vervelends neemt af). Bij de obsessief-compulsieve stoornis is er volgens de behavioristen sprake van negatieve beloning. De angstaanjagende gedachten (obsessies) worden geneutraliseerd door de dwanghandelingen (compulsies). De man die naar zijn werk gaat en de deur van zijn huis dichttrekt, kan dan al angstig zijn of hij het gas wel heeft uitgedaan. Hij krijgt bijvoorbeeld ontploffingsvisioenen. De angst vermindert (negatieve beloning) als hij gaat controleren of het gas wel uit staat.

Met het behavioristische leerpsychologische model probeert men depressiviteit te verklaren met zowel operant als klassiek conditioneren. Bij deze verklaringen werden vraagtekens gezet omdat het cognitieve karakter van depressiviteit er te veel in verwaarloosd wordt. Van angststoornissen werden twee voorbeelden besproken. Fobieën kunnen verklaard worden met het tweefactorenmodel, een combinatie van klassiek en operant conditioneren; en de obsessief-compulsieve stoornis werd begrijpelijk gemaakt aan de hand van de wet van het effect uit het operant conditioneren.

3.5 Praktische toepassingen van leerpsychologie in hulpverlening en opvoeding

In het hiervoor gaande zijn al voorbeelden gegeven van praktische toepassingen van de leerpsychologie. In deze paragraaf wordt op een aantal toepassingen verder ingegaan en worden enkele nieuwe toepassingen geïntroduceerd.

3.5.1 Gedragsanalyse

Als het 'probleemgedrag' van een kind, leerling of cliënt beïnvloed moet worden, dan zal het eerst concreet gedefinieerd en onderzocht moeten worden. In het behaviorisme werd de nadruk gelegd op waarneembaar en meetbaar gedrag. Dit uitgangspunt keert terug in de gedragsanalyse.

Een bekende fout is dat probleemgedrag onnauwkeurig omschreven wordt. Dat kan zowel door ouders of hulpverleners als door cliënten zelf gedaan worden. Een ouder zegt: 'Carolien luistert nooit'; een sociaal werker: 'Danny vertoont vaak hyperactief gedrag'; een cliënt: 'Ik ben altijd bang'. De eerste stap die gezet moet worden bij het maken van een gedragsanalyse is het *definiëren van het probleemgedrag* zodat het geobserveerd en gemeten kan worden. Wat wordt bedoeld met niet luisteren, met hyperactief gedrag en met bang zijn? Pas als probleemgedrag gedefinieerd is, kan met observaties vastgesteld worden hoe vaak iets voorkomt. Want wat is 'nooit', 'vaak' of 'altijd'? Het niet luisteren van Carolien wordt bijvoorbeeld gedefinieerd met: 'Carolien komt niet binnen als haar moeder haar roept.'

Bij het observeren en meten van het gedrag moet op drie criteria gelet worden: frequentie, tijdsduur en intensiteit (Baadsgaard et al., 1993). Frequentie is het antwoord op de vraag hoe vaak Carolien op een dag niet binnenkomt als haar moeder haar roept. Tijdsduur is het antwoord op de vraag naar de totale lengte van het probleemgedrag op een dag: de optelsom van de tijd tussen de verzoeken van moeder en het binnenkomen van Carolien. Intensiteit slaat op het gedrag voor en tijdens het binnenkomen van Carolien. Hoe hard roept ze op straat dat ze niet komt? Scheldt ze haar moeder uit? Slaat ze met deuren als ze binnenkomt?

Tegelijkertijd met het registreren van het probleemgedrag kan geobserveerd worden welke factoren een rol spelen voordat Carolien 'niet binnenkomt' (stimuli) en welke factoren nadat ze weigert en nadat ze binnenkomt (consequenties). Met andere woorden: er wordt geprobeerd om een soort diagnose van het probleemgedrag te maken. De vraag die beantwoord moet worden, is wat het gedrag veroorzaakt en in stand houdt. Dit wordt gedaan door het gedrag in een S-R-C- of S-O-R-C-schema te plaatsen. Van het gedrag van Carolien wordt in figuur 3.6 een fictief S-O-R-C-schema weergegeven.

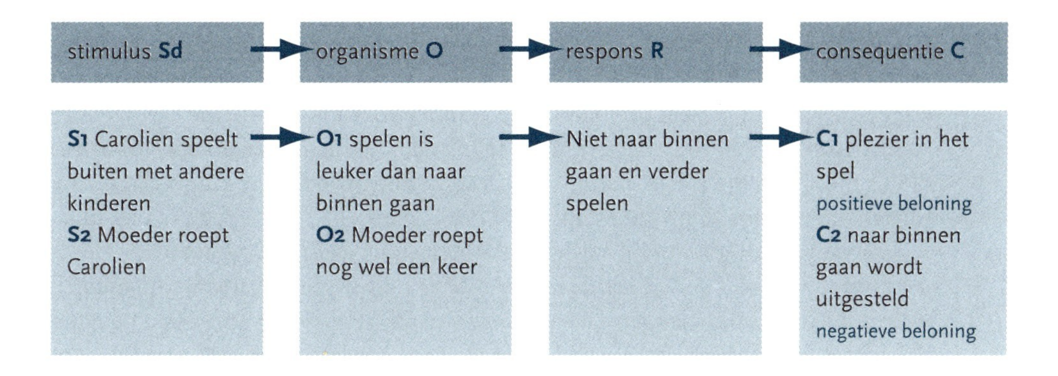

Figuur 3.6 Een mogelijk S-O-R-C-schema van een kind dat niet naar haar moeder luistert.

Bij het maken van een S-R-C- of S-O-R-C-schema kunnen de eerder genoemde vuistregels toegepast worden: gedrag met prettige consequenties levert een hoge frequentie op. En vooral bij negatief gedrag is er sprake van een ritssluitingeffect. Als geconstateerd wordt dat Carolien vaak te laat binnenkomt, dan betekent dit dat 'laat binnenkomen' voor haar prettige consequenties heeft. Het kan bijvoorbeeld in stand gehouden worden door een negatieve beloning: ze weet dat als ze eindelijk binnenkomt ze zo op haar donder krijgt dat ze dit zo lang mogelijk wil uitstellen. Bij het ritssluitingeffect kan gekeken worden wat het gedrag van moeder veroorzaakt en in stand houdt. Ook haar gedrag is meetbaar te maken en in een S-O-R-C-schema te plaatsen. Hoe vaak roept ze dat Carolien binnen moet komen? Dreigt ze zonder er consequenties aan te verbinden? Wat voor consequenties levert haar gedrag op?

Als de observatiefase achter de rug is, is er een *nullijn* te maken. Deze is de weergave van de situatie voordat een behandeling of interventie gestart wordt. De nullijn (baseline) geeft aan hoe groot de frequentie, de tijdsduur en de intensiteit van het probleemgedrag is. Een nullijn móét gemaakt worden, omdat anders niet vastgesteld kan worden of het probleemgedrag door een interventie afneemt, toeneemt of hetzelfde blijft. Afhankelijk van de resultaten van een interventie kan vastgesteld worden of de gedragsanalyse juist was. Dat is het geval als problematisch gedrag na een interventie minder wordt. Het is niet alleen belangrijk om vast te stellen of iets werkt, maar dit weten is bijzonder motiverend voor de hulpverlener en bij het voorbeeld van Carolien ook voor haar moeder. Succes wordt nog wel eens over het hoofd gezien, omdat meestal alleen op de frequentie wordt gelet. Maar ook als de intensiteit van het problematische gedrag verandert, bijvoorbeeld als Carolien minder met de deuren gaat slaan wanneer ze binnenkomt, is er succes geboekt.

Hierboven werd geschreven dat bij het maken van een gedragsanalyse gebruikgemaakt kan worden van de twee vuistregels. De eerste is dat als gedrag vaak voorkomt, dit inhoudt dat het prettige consequenties voor het organisme oplevert. De tweede is het ritssluitingeffect: als gedrag in stand wordt gehouden door positieve of negatieve beloning, dan wordt het gedrag van de opvoeder of hulpverlener ook in stand gehouden door (meestal) negatieve beloning. Er is nog een derde vuistregel die erg nuttig kan zijn bij het analyseren van gedrag: *problematisch gedrag wordt vaak vertoond omdat het aandacht oplevert; dit is vooral het geval in situaties waar 'normaal' gedrag genegeerd wordt.* Deze vuistregel is te illustreren aan de hand van zowel de residentiële hulpverlening als van opvoeding en ziekteverzuim. In instellingen is er vaak een tekort aan personeel. Dit betekent dat het beschikbare personeel zijn aandacht besteedt aan urgente zaken. In de praktijk betekent dit dat 'normaal' gedrag van de bewoners minder opgemerkt en daarom niet beloond wordt. Bewoners verkrijgen meer aandacht als zij problematisch gedrag vertonen. Het is in het dagelijks werk, alsook bij het maken van een gedragsanalyse, belangrijk om deze vuistregel in de gaten te houden. In het geval van Carolien kan het zo zijn dat haar normale speelgedrag nooit enige aandacht krijgt van haar ouders. Pas wanneer ze gaat klieren of wanneer ze te laat binnenkomt krijgt ze de door haar gewenste aandacht. De laatste jaren wordt veel aandacht besteed aan het registreren en terugdringen van ziekteverzuim. Daartoe wordt managers onder andere geleerd hoe ze hun zieke werknemers moeten benaderen. Het is de vraag of dat helpt. Een werknemer die pas aandacht van zijn baas krijgt als hij ziek is, zal vreemd opkijken. Vanuit preventief oogpunt kan geconcludeerd worden dat managers geleerd moet worden om positief met de gezonde werknemers om te gaan (Barning, 1993).

Na het maken van de gedragsanalyse die in een nullijn uitmondt, kan gestart worden met het beïnvloeden van het problematische gedrag. Hieronder staan enkele richtlijnen die hierbij nuttig kunnen zijn. Wel geldt de kanttekening dat het soms specialistisch werk betreft waarbij steun nodig is van een gespecialiseerde hulpverlener.

- Positieve straf van het problematische gedrag heeft allerlei nadelen en moet daarom zo veel mogelijk voorkomen worden (zie 3.2.3).
- Het negeren van het problematische gedrag om uitdoving te bereiken, biedt meer perspectief. Als daartoe besloten wordt, moet wel duidelijk zijn dat iemand dit volhoudt. Negeren van probleemgedrag heeft vaak tot gevolg dat het in het begin toeneemt. Als een opvoeder alsnog overstag gaat, heeft het kind geleerd dat het moet volhouden. Het probleemgedrag escaleert dan.
- Hoewel soms volstaan kan worden met het negeren van probleemgedrag – zie het voorbeeld van het brakende meisje – is het meestal nodig om gewenst gedrag aan te leren en dat van prettige consequenties te voorzien. De prettige consequenties die op het nieuwe gedrag volgen, moeten voor de persoon in kwestie meer opleveren dan de prettige consequenties die het probleemgedrag

oplevert. In de praktijk kan dit samengaan met negeren. Een kind dat geleerd heeft om zijn zin te krijgen als het schreeuwt, kan geleerd worden om vragen op een normale toon te stellen. Het schreeuwen wordt dan genegeerd en het op een normale toon iets vragen beloond.

- Aan de hand van de gedragsanalyse is ook inzicht verkregen in welke situaties een bewoner of kind het problematische gedrag vertoont. Deze situatie (Sd) kan veranderd worden, waardoor het gedrag niet meer uitgelokt wordt. Als ouders merken dat hun kind vooral schreeuwt als zijzelf van mening verschillen, ligt het voor de hand om deze Sd te veranderen.

3.5.2 Registratieopdrachten

Hierboven werd beschreven dat het belangrijk is om vast te stellen hoe vaak en in welke intensiteit probleemgedrag voorkomt. Pas dan kan vastgesteld worden of een aanpak succesvol is. Dit werd beschreven vanuit het perspectief van een hulpverlener of ouder. Gedrag registreren kan ook door de cliënt zelf gebeuren. Als dan vastgesteld wordt dat het probleemgedrag afneemt, dan werkt dat enorm motiverend. Stel dat iemand met rugklachten bij zijn huisarts komt en er na onderzoek geen oorzaak vastgesteld blijkt te kunnen worden. De huisarts vermoedt dat stress en een slechte lichaamshouding een rol spelen en stelt de patiënt voor om onder leiding van een fysiotherapeut sport- en ontspanningsoefeningen te gaan doen. Tegelijkertijd krijgt de patiënt de opdracht om de situaties van pijn te registreren. Omdat hij handig met een computer is, moet hij tabellen maken van de frequentie (hoe vaak), de intensiteit (hoe pijnlijk) en de tijdsduur van de pijnmomenten. Bij een evaluatie na een maand blijkt dat de frequentie nog niet is afgenomen, maar de intensiteit en de tijd wel. Dit motiveert de patiënt enorm om de oefeningen vol te houden. Zo'n simpele opdracht kan bij de behandeling van mensen met allerlei probleemgedrag toegepast worden, zoals bij een kind dat leert met zijn angst om te gaan of bij een volwassene die werkt aan het verminderen van zijn vreetbuien.

3.5.3 Exposuretechnieken

Gedragstherapeuten worden regelmatig geraadpleegd voor het behandelen van angstproblemen. Vaak hebben mensen zichzelf geleerd om hun angst te beteugelen door vermijding van de angstverwekkende situatie. Op de langere termijn is dat echter geen oplossing en creëert het zelfs een nieuw probleem. Voorbeelden zijn mensen met vliegangst, mensen met paniekaanvallen die plekken mijden waar ze zich niet makkelijk uit kunnen verwijderen zoals een supermarkt en kinderen die zo verlegen zijn dat ze school mijden. De verklaring voor dergelijk gedrag wordt gezocht in het tweefactorenmodel. Een geconditioneerde stimulus – respectievelijk het vliegtuig, de supermarkt en de school – lokt een geconditioneerde angstreactie uit. De angst wordt beteugeld door de stimulus te vermijden:

dat is een negatieve beloning. Men probeert meestal dit gedrag te behandelen door uitdoving van de respons uit te lokken, een methode die gebaseerd is op het klassiek conditioneren. Het wordt gedaan door de patiënt langdurig en herhaaldelijk bloot te stellen aan de angstverwekkende situatie (geconditioneerde stimulus) totdat de angstreactie is verdwenen. Deze aanpak wordt exposure (blootstelling) genoemd. Er zijn twee vormen: *exposure in vivo*: blootstelling aan de echte stimulus, waarbij de patiënt bijvoorbeeld echt met een vliegtuig mee moet. En *exposure in vitro*, waarbij de patiënt zich voorstelt dat hij blootgesteld wordt aan de stimulus. Onderzoek toont aan dat exposure in vivo een van de best en snelst werkende behandelingen is van deze angstproblemen (Korrelboom & Ten Broeke, 2004; Van Hout, 2003). Het is het paradepaardje uit de gedragstherapie. Soms is blootstelling aan de daadwerkelijke geconditioneerde stimulus niet mogelijk, bijvoorbeeld bij een posttraumatische stressstoornis die veroorzaakt is door deelgenoot te zijn aan oorlogshandelingen. Exposure in vitro is dan wel mogelijk door de patiënt de oorlogshandelingen steeds in zijn herinnering op te laten roepen. Een andere manier is dat iemand de herinneringen inspreekt op een bandje of cd en deze steeds opnieuw afluistert totdat de angst naar een acceptabel niveau is gedaald.

3.5.4 Beloningssystemen

Bij het analyseren van probleemgedrag is het belangrijk om vast te stellen of iemand iets helemaal niet kan of dat hij het wel kan, maar niet doet. Met behulp van een gedragsanalyse kan een hulpverlener of opvoeder concluderen dat een cliënt of kind wel over bepaalde vaardigheden beschikt, maar deze te weinig toont. In dat geval is het systematisch belonen van gewenst gedrag een optie die onderzocht moet worden. Deze methode staat bekend staat onder het begrip *token economy* en is afkomstig uit het operant conditioneren.

Token economy (TE) ontstond eind jaren zestig van de vorige eeuw in de Verenigde Staten en werd een aantal jaren later in Nederland geïntroduceerd. Oorspronkelijk was deze methode geheel gebaseerd op het operant conditioneren en werd vooral toegepast binnen de residentiële hulpverlening zoals afdelingen van psychiatrische ziekenhuizen met chronische patiënten (Betgem, 1982) en behandelingstehuizen in de jeugdhulpverlening (Slot & Bartels, 1981; Slot & Heiner, 1986). Bij een TE wordt gebruikgemaakt van het inzicht dat gedrag door zijn consequenties in stand wordt gehouden. Er wordt naar gestreefd om de consequenties die verpleging, groepsleiding of opvoeders verstrekken te standaardiseren. Dit proces verloopt als volgt. Gewenst gedrag van bijvoorbeeld een bewoner wordt direct beloond met een token. Een token (een fiche of een waardebonnetje) is een symbolische beloning. Voor bepaald, nauwkeurig omschreven gedrag kunnen de bewoners tokens verdienen, ongewenst gedrag wordt genegeerd of kan eventueel bestraft worden met het inleveren van tokens. Tokens kunnen op een later tijdstip (niet te laat, anders werkt de beloning niet) ingewisseld worden voor een 'echte' beloning. Bijvoorbeeld met een groepsleider een pilsje drinken op een terras of een weekend onbegeleid verlof. In het begin van de TE's werden vooral materiële beloningen gebruikt zoals een pakje sigaretten of extra eten en drinken. Tokens in een residentiële setting zijn te vergelijken met de rol van geld in de maatschappij: ze vormen een geleerde (secundaire) beloning die gebruikt kan worden om een echte (primaire) beloning te verwerven.

In de praktijk blijkt deze methode toch niet zo goed te werken. De methode is zo effectief als de zwakste schakel toelaat. Er hoeft slechts één werknemer te zijn die moeite heeft met dit systeem, of het werkt niet. Daarnaast zijn er terechte morele bezwaren. Het systeem werd soms misbruikt in die zin dat bewoners zaken moesten verdienen waar ze wettelijk recht op hadden. Zo zijn er TE's geweest waar de bewoners hun eigen maaltijd en privacy moesten verdienen. Dit is tegenwoordig, en terecht, uitgesloten (Van Wijmen & de Braake, 1989). In de huidige TE's wordt meer de nadruk gelegd op individuele doelen die in samenspraak met de bewoners worden opgesteld. Voor elke bewoner kan dus een aparte TE opgesteld worden. De doelen waarnaar men streeft, zijn meer verschoven naar sociaal gedrag en het zelfstandig maken van keuzen. Een bewoner verkrijgt bijvoorbeeld tokens voor zijn keuze (en de uitvoering daarvan) om zelf eten te gaan koken of zijn medicatie in eigen beheer te nemen (Van der Gaag & Van der Plas, 1991). Het leergedrag is daarbij cognitiever van aard geworden en er wordt ook gebruikgemaakt van model-leren door te stimuleren dat de bewoners kijken hoe medebewoners de tokens verdienen. Van de oorspronkelijke TE die zich baseerde op het operant conditioneren is enige afstand genomen.

Tegenwoordig spreekt men van beloningssystemen, deze worden bijvoorbeeld in de opvoeding geadviseerd. Een hulpverlener stelt dan samen met de ouders en het kind vast wat het gewenste gedrag is en wat de beloningen zijn. Registratieopdrachten kunnen het succes van deze methode vergroten. Het kind houdt bijvoorbeeld bij hoeveel tokens het heeft verdiend en wanneer deze verzilverd kunnen worden. Meestal wordt een beloningssysteem niet meer als enige methode gebruikt, maar is het onderdeel van een bredere methodiek. Een mooi voorbeeld hiervan is het *MTFC: Multidimensional Treatment Foster Care* (Chamberlain, 2003; Van Rooijen, 2006, www.mtfc.com). Deze methode is in de Verenigde Staten ontwikkeld voor delinquente jongeren met ernstige gedragsproblemen die afkomstig zijn uit problematische gezinnen. In tegenstelling tot wat ook in Nederland gebruikelijk is worden de jongeren niet in een justitiële instelling geplaatst, maar in speciaal daartoe opgeleide en geselecteerde opvoedgezinnen (foster care). In 2006 werd met deze methode ook in Nederland gestart door het Leger des Heils. De behandeling is gedragsgericht en kent meerdere componenten zoals een training voor de opvoedouders, een gezinstherapie voor het oorspronkelijke gezin, vaardigheidstraining voor de jongeren, enzovoorts. Een onderdeel is een beloningssysteem. De opvoedouders worden getraind in het herkennen en systematisch belonen van gewenst gedrag. Daarbij wordt ervan uitgegaan dat het goede gedrag er in potentie is, maar niet tot ontwikkeling is gekomen of tijdelijk is afgeleerd. 'Het is soms heel moeilijk om iets goeds van de jongere te zien. Maar in Amerika zeggen ze: "Er is altijd wel iets goed. Ze staan te laat op, maar uiteindelijk staan ze op. Ze gaan te laat naar school, maar ze gaan naar school." Het idee achter dit puntensysteem is dat de jongeren zich vanzelf goed gaan gedragen wanneer je hen consequent beloont voor goed gedrag, omdat dit gewoon beter voelt' (in Van Rooijen, 2006).

3.5.5 Socialevaardigheidstrainingen

Uit een gedragsanalyse kan de conclusie getrokken worden dat iemand slechts rudimentair of helemaal niet over bepaalde gewenste vaardigheden beschikt. In zo'n geval kan gekozen worden voor het systematisch trainen van de gewenste vaardigheden. Ook voor deze methode geldt dat ze meestal een onderdeel is van een breder behandelplan.

In de jaren tachtig van de vorige eeuw ontstonden binnen de hulpverlening en het onderwijs de eerste systematische socialevaardigheidstrainingen. De Goldsteintraining, oorspronkelijk ontwikkeld voor patiënten met weinig opleiding, is een beroemd voorbeeld. De opzet van socialevaardigheidstrainingen past zowel in de traditie van het operant conditioneren als van het model-leren.

Socialevaardigheidstrainingen zijn ontwikkeld voor uiteenlopende groepen, zoals voor psychiatrisch patiënten, kinderen met specifieke problemen, schoolleerlingen en verstandelijk gehandicapten, maar ook ouders en hulpverleners. Voorbeelden zijn diverse assertiviteitstrainingen, de programma's ter bevordering van sociale vaardigheden en sociale competentie bij leerlingen, zoals levensvaardigheden (Gravesteijn & Diekstra, 2000), leefstijl (www.leefstijl.nl), de kanjertraining voor kinderen en jongeren (www.kanjertraining.com), het programma 'vrienden' voor kinderen met angstproblemen en depressieve klachten (www.vriendenprogramma.nl), enzovoorts. Maar ook opvoedingscursussen voor ouders of methodiektrainingen voor hulpverleners vallen onder het brede concept van socialevaardigheidstrainingen.

Allerlei mensen kunnen dus gebrekkig ontwikkelde sociale vaardigheden hebben. Hun gedrag is te omschrijven met de begrippen '*gedragstekort*', dat slaat op de gebrekkige sociale vaardigheden, en '*teveel aan gedrag*', waarmee ze hun gebrekkige sociale vaardigheden compenseren. Iemand die verlegen is heeft bijvoorbeeld een gedragstekort ten aanzien van contact leggen en een teveel aan gedrag ten aanzien van terugtrekken. Jongeren met gedragsstoornissen hebben een teveel aan gedrag wat betreft agressiviteit en delinquentie, maar hebben bijvoorbeeld een gedragstekort ten aanzien van omgaan met vrije tijd, autoriteitsfiguren en onderwijssituaties.

Het gedrag van mensen met gebrekkige sociale vaardigheden staat vooral onder controle van negatieve beloning (Slot, 1994). Een verlegen kind trekt zich terug, waardoor het een angstige situatie mijdt. Kinderen die niet om kunnen gaan met vrije tijd en onderwijs doorbreken hun verveling met bijvoorbeeld vandalisme. Uit onderzoek blijkt dat agressieve kinderen een onvermogen hebben om op een gewone manier met andere kinderen om te gaan. In dit onderzoek moesten kinderen middels een rollenspel zo veel mogelijk te weten komen over een ander kind dat bij hen in de klas zou komen. Agressieve kinderen lukt dit veel minder dan niet-agressieve kinderen. Zonder het vaak zelf in de gaten te hebben, verstoren ze het gesprek (*Psychologie*, 1995). Kinderen of volwassenen met een tekort aan sociale vaardigheden hebben bijna altijd een negatieve verwachting ten aanzien van de effectiviteit van hun gedrag op anderen (Ringrose & Dikken, 1986; Ringrose & Nijenhuis, 1986). Hierdoor raken ze in een vicieuze cirkel. De negatieve verwachting produceert angst en gespannenheid, waardoor nieuw sociaal gedrag negatief beïnvloed wordt.

Socialevaardigheidstrainingen hebben tot doel om de sociale incompetentie die negatief beloond wordt te vervangen door sociaal competent gedrag dat positief beloond wordt. Voordat er met socialevaardigheidstrainingen gestart kan worden, moet er een gedragsanalyse van het probleemgedrag gemaakt worden. Tegelijkertijd moet worden nagegaan over welke gewenste gedragingen een cliënt al beschikt en wanneer deze vertoond worden. Daarna kan gestart worden met een vaardigheidstraining, die vrijwel altijd in een groep plaatsvindt. Voorwaarde voor een succesvolle aanpak is dat de groep als veilig ervaren wordt. In zo'n veilige groep kan de cliënt samen met anderen oefeningen doen waarbij hij de gewenste sociale vaardigheden aanleert.

Bij socialevaardigheidstrainingen wordt gebruikgemaakt van model-leren en operant conditioneren. Het model-leren vindt plaats als de cliënt het effectieve sociale gedrag van anderen (bijvoorbeeld tijdens een rollenspel) observeert. Dit kan een instructievideo zijn, maar ook gedrag van de hulpverleners (trainers) en de medecursisten. Het operant conditioneren vindt plaats doordat de cliënt nieuwe (positieve) ervaringen opdoet door middel van het vertonen van het gewenste gedrag. Daarbij kan hij complimenten krijgen (*positieve beloning*) van belangrijke personen zoals de trainers en andere cursisten. Soms leert iemand dit stap voor stap en daarom is *shaping* een belangrijk aandachtspunt tijdens de training. Een ander aandachtspunt is *generalisatie*. De trainingen worden meestal in een 'onnatuurlijke' situatie gegeven, zoals in een groep kinderen met dezelfde problematiek. Dit biedt voordelen zoals van elkaar leren, veiligheid enzovoorts, maar ook nadelen. Een nadeel kan zijn dat het geleerde gedrag niet getoond wordt in natuurlijk situaties: er vindt geen generalisatie plaats. Zo werd een jongen in een justitiële instelling getraind in het beheersen van zijn agressieve impulsen. Echter, de eerste de beste keer dat hij 'buiten' getergd werd, sloeg hij erop los. De oplossing hiervoor moet gezocht worden in de training zelf, daar moet aandacht besteed worden aan de generalisatie van het gedrag.

Een socialevaardigheidstraining kan de volgende onderdelen bevatten: kennismaken, luisteren, iets vragen, nee zeggen, een praatje beginnen, iets bepraten, kritiek krijgen en kritiek geven. Elke vaardigheid kan weer opgesplitst worden in concrete stappen ('leerpunten'; Muris et al., 1994). Een voorbeeld over de vaardigheid 'iets vragen' wordt in tabel 3.1 gegeven.

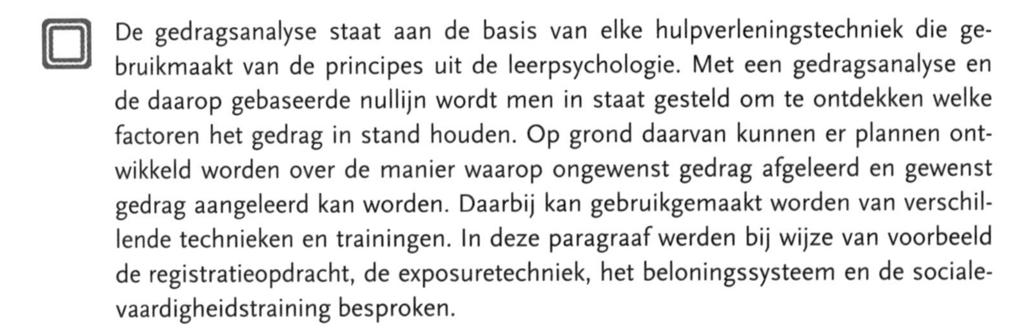

Iets vragen	
1	Bedenk van tevoren wat je precies wilt vragen.
2	Zeg dat je iets wilt vragen.
3	Stel je vraag.
4	Vertel waarom je het vraagt.
5	Luister goed naar het antwoord.
6	Vertel wat je van het antwoord vindt.

Tabel 3.1 De sociale vaardigheid 'iets vragen' onderverdeeld in leerpunten volgens de Goldsteinmethode (Muris et al., 1994).

Socialevaardigheidstrainingen kunnen succesvolle hulpverleningstechnieken zijn. Het vereist echter nogal wat training om ze te kunnen toepassen. Zie hiervoor de aanbevolen literatuur op **www.coutinho.nl/palet.**

De gedragsanalyse staat aan de basis van elke hulpverleningstechniek die gebruikmaakt van de principes uit de leerpsychologie. Met een gedragsanalyse en de daarop gebaseerde nullijn wordt men in staat gesteld om te ontdekken welke factoren het gedrag in stand houden. Op grond daarvan kunnen er plannen ontwikkeld worden over de manier waarop ongewenst gedrag afgeleerd en gewenst gedrag aangeleerd kan worden. Daarbij kan gebruikgemaakt worden van verschillende technieken en trainingen. In deze paragraaf werden bij wijze van voorbeeld de registratieopdracht, de exposuretechniek, het beloningssysteem en de socialevaardigheidstraining besproken.

3.6 Kanttekeningen

In deze paragraaf worden enkele kanttekeningen besproken bij het behavioristische leermodel en de mede daaruit afkomstige gedragstherapie. De eerste kanttekening is al in de tekst genoemd: het gebruikmaken door behavioristen van de blackboxvisie bleek een doodlopende weg. Om het gedrag van een individu te begrijpen, moet er met meer factoren rekening gehouden worden dan alleen de factoren buiten het individu. Aandacht voor cognitieve processen zoals motivatie en geheugen zijn daarbij van belang. Dit betekent niet dat het inzicht uit de behavioristische traditie waardeloos is geworden. Dan gooi je het kind met het badwater weg. Het is belangrijk om de leerprocessen eventueel anders te interpreteren en aan te vullen met andere inzichten.

De tweede kanttekening gaat over de praktische problemen bij het toepassen van de leerwetten. Veel wetten zijn ontdekt tijdens laboratoriumexperimenten met dieren. In zo'n situatie heeft de proefleider volkomen controle over de situatie waarin het dier leert. Zo kan het dier niet ontsnappen aan straffen. De hulpverlener die gebruik wenst te maken van de behavioristische leerwetten heeft, gelukkig, geen totale controle over de omstandigheden waarin gedrag (af)geleerd moet worden. Dit betekent in de praktijk dat leerprincipes uit een laboratoriumsituatie in een hulpverleningssituatie op praktische en ethische problemen kunnen stuiten. Een praktisch probleem is dat als alle groepsleiders het gedrag van een bewoner dienen te negeren, er altijd wel een groepsleider kan zijn die daar moeite mee heeft. Ethische problemen spelen bij straffen en negeren. Hoe lang mag gedrag genegeerd worden als een bewoner daarin volhardt? Hoe hard mag er gestraft worden?

De derde kanttekening gaat over de afkeer die het behaviorisme vaak oproept. Het behavioristische mensbeeld botst met het dagelijkse mensbeeld. De afkeer kan zich ook richten op de hulpverleningsmethoden die mede op het behaviorisme gebaseerd zijn. Deze kunnen technocratisch en autoritair overkomen. Toch is het belangrijk te beseffen dat het behaviorisme juist inzichtelijk maakt dat er áltijd consequenties op gedrag van mensen volgen, of dit wel of niet met opzet gebeurt maakt voor een analyse niet zo veel uit, het gebeurt! Maar hulpverleners en opvoeders hebben, zeker bij kleine kinderen of onmondige cliënten zoals verstandelijk gehandicapten, een grote invloed op het al dan niet belonen of bestraffen van gedrag. Voorzichtigheid is daarom geboden. Elke keer kan een hulpverlener voor de keuze staan of hij gedrag moet belonen of niet. Het kind dat op een crèche een ander kind wegduwt om bij een speeltje te komen: vertoont dat nu agressief of assertief gedrag? Het is belangrijk om bij dit soort vragen stil te staan.

Een vierde kanttekening betreft juist een sterk punt van vooral de gedragstherapie. Van het behaviorisme heeft deze hulpverleningsmethode de nadruk op objectief werken overgenomen. De gedragstherapie is klachtgericht en streeft het veranderen van concrete gedragingen na en niet het beïnvloeden van de gehele persoon, zoals de psychoanalyse en de humanistische psychologie. Of concrete gedragingen veranderen is makkelijk meetbaar te maken. De effecten van de methodieken die in de gedragstherapie gebruikt worden zijn in de loop der jaren veelvuldig onderzocht. Uit dit onderzoek is gebleken dat de gedragstherapie over het algemeen genomen een effectieve hulpverleningsmethode is, zowel qua resultaten als qua kosten. Zo blijkt uit de eerder genoemde overzichten van werkzame behandelingen bij jongeren (Fonagy et al., 2002; Kazdin & Weisz, 2003) dat gedragstherapeutische behandeling bij onder andere autisme en ticstoornissen effect sorteert. Dit geldt ook voor socialevaardigheidstraining aan ouders met kinderen met gedragsproblemen (*parent management training*). Socialevaardigheidstraining en exposure blijken volgens de Nederlandse richtlijnen voor het behandelen van angststoornissen bij volwassenen bij een aantal van deze stoornissen erg effectief te zijn (CBO & Trimbos-instituut, 2003).

Tot slot: net als elke andere stroming die in dit boek besproken wordt, is ook het behaviorisme door de tijd en de cultuur gekleurd. Dat geldt ook voor de hulpverleningstechnieken. In onze multiculturele maatschappij betekent dit dat opvattingen over gewenst gedrag en belonen en straffen uiteenlopen. Een voorbeeld ter verduidelijking. Slaapstoornissen bij jonge kinderen kunnen makkelijk afgeleerd worden door het problematische gedrag (huilen als een kind naar bed gaat en huilen als het 's nachts wakker wordt) te negeren: het gedrag dooft dan uit (Rigter, 2002). Maar opvattingen over gewenst slaapgedrag zijn beïnvloed door culturele normen. Rigoureuze toepassing van deze effectieve methode kan bij Nederlandse ouders op weerstand stuiten, en zeker bij buitenlandse ouders die uitgaan van een ander slaappatroon. In westerse culturen, waarbij de Nederlandse hoogstwaarschijnlijk de kroon spant (Small, 1995), wordt grote waarde gehecht aan het regelmatig slapen van een (jong) kind. In andere culturen hoeft dat niet zo te zijn.

3.7 Samenvatting

In dit hoofdstuk hebben we kennisgemaakt met het behavioristisch gedachtegoed en de leerpsychologische inzichten die daarop gebaseerd zijn. Het behaviorisme bleek te typeren als een stroming waarbij controleerbaarheid (objectiviteit) en vereenvoudiging (reductie) centraal staan. Hulpverleningsmethoden gebaseerd op het behaviorisme blijken goed te scoren op effectonderzoek. Vergeleken met de psychoanalyse geeft het behaviorisme een totaal andere visie op de psychologie en het menselijk gedrag. In dit hoofdstuk bleek ook dat de klassieke behavioristische visie vrijwel niet meer gehanteerd wordt. De opvatting dat cognitieve processen niet bestudeerd kunnen worden omdat die subjectief zijn, heeft geen stand gehouden. Bovendien bleek dat de leerpsychologische inzichten uit het behaviorisme goed te combineren zijn met cognitieve visies. Voor de hulpverleningspraktijk hebben het behaviorisme en de mede daarop gebaseerde gedragstherapie veel nuttige inzichten opgeleverd. In dit hoofdstuk werd een aantal methoden besproken. Ook al gaat vrijwel niemand er meer van uit dat gedrag van mensen voor 100 procent bepaald wordt door de omgeving, die invloed is er wel degelijk. Het is belangrijk voor hulpverlener en opvoeder te beseffen dat zijn gedrag invloed heeft op het gedrag van een cliënt of kind.

4 Humanistische psychologie

Een meisje van zeven jaar oud werd door haar ouders voor therapie aangemeld. Ze gedroeg zich thuis bijzonder lastig en dreef haar ouders tot wanhoop met heftig en onberekenbaar gedrag. Ze verweet haar ouders dat ze niet van haar hielden. Uit het gesprek met de ouders bleek dat ze heftige gevoelens van jaloezie naar haar jongere broertje had. Dit broertje was drie jaar daarvoor ernstig ziek geweest en in een ziekenhuis opgenomen. Hij had enkele maanden alle tijd en energie van de ouders opgeslokt. Nadat hij hersteld was, werd het zusje steeds lastiger en daar kwam geen eind aan.
In het begin van de therapie gedraagt het meisje zich uitdagend en test alle grenzen uit. Hoewel ze intelligent is, zijn haar activiteiten zoals spel en tekeningen onbeholpen. Ze vraagt waarom haar broertje niet mee mag komen. De therapeut legt alles geduldig uit en probeert of ze er al aan toe is om iets meer van haar gevoelens jegens haar broertje te laten zien. Maar daarop reageert ze schrikachtig. Na enkele maanden wordt ze rustiger in de relatie met de therapeut. Ze heeft zich ervan overtuigd dat die haar accepteert en niet boos wordt als ze de grenzen overschrijdt, maar wel duidelijk maakt aan welke grenzen ze zich te houden heeft. Haar activiteiten gaan steeds meer bij haar leeftijd passen. Ondertussen wordt er veel gepraat. Ze vertelt over haar angst voor ziekten en ongelukken. Ook haar broertje komt ter sprake. Ze vertelt over die tijd en dat ze alleen en boos was als pappa en mamma er niet waren. Weken lang keren deze onderwerpen terug en op een dag vraagt ze: 'Waarom begrijp jij me wel en pappa en mamma niet?' (De Bruin-Beneder, 1999: p. 124).
Hoe komt het dat dit meisje zo verandert tijdens de therapie en wat voor rol speelt de therapeut hierin? Na het lezen van dit hoofdstuk zal duidelijk zijn hoe dit te verklaren is.

Hoofdstuk 4

Leerdoelen

Na bestudering van dit hoofdstuk:

- kun je de casus op de voorafgaande pagina verklaren;
- kun je de humanistische psychologie typeren aan de hand van haar uitgangspunten, geschiedenis en mensbeeld (§ 4.1);
- kun je de humanistische psychologie indelen naar mensbeeld en biopsychosociaal model (§ 4.1.4);
- ken je de visie van Rogers op persoonlijkheid en de drie grondhoudingen van de hulpverlener en kun je de uitwerking van Gendlin weergeven (§ 4.2);
- kun je aangeven wat de moderne ontwikkelingen zijn binnen de rogeriaanse theorie over hulpverlening en opvoeding en kun je de positieve psychologie plaatsen binnen de humanistische traditie (§ 4.3);
- kun je aangeven waarom de humanistische psychologie vrijwel geen theorie over psychische stoornissen heeft (§ 4.4);
- ken je de uitgangspunten van de Gordonmethode, *gentle teaching*, *validation* en motivationele gespreksvoering en kun je de bruikbaarheid ervan voor de hulpverlenings- en opvoedingspraktijk aangeven (§ 4.5);
- kun je kanttekeningen plaatsen bij de grondhoudingen van Rogers (§ 4.6).

Oefenen

Raadpleeg voor controlevragen, oefenvragen, opdrachten en 'verder studeren' de website: **www.coutinho.nl/palet.**

4.1 Typering van de humanistische psychologie en Rogers

4.1.1 De basisuitgangspunten

In dit hoofdstuk wordt de humanistische psychologie besproken door vooral aandacht te besteden aan één belangrijke vertegenwoordiger van deze stroming: Carl Rogers. Deze keuze is gemaakt omdat de theorievorming van Rogers het verst ontwikkeld is en nog steeds van grote invloed is op hulpverlening en opvoeding.

De humanistische psychologie werd begin jaren zestig van de vorige eeuw gepresenteerd als de 'derde weg' of 'derde kracht'. Ze was een reactie op de psychoanalyse en het behaviorisme. De humanistische psychologie ontstond vrijwel gelijktijdig met de cognitieve psychologie (hoofdstuk 5), maar heeft daar in het begin niet op gereageerd. Pas later benadrukken volgelingen van Rogers een aantal verschillen met de cognitieve psychologie. Hieronder volgen zeven uitgangspunten van de humanistische psychologie. Indien van toepassing zal aangegeven worden waarin ze verschillen of overeenkomen met de twee stromingen waarop gereageerd werd.

1 In de humanistische psychologie staat, net als in de psychoanalyse, *subjectiviteit* centraal. De eigen ervaringen van een persoon, zijn individuele belevingen en gedachten vormen het uitgangspunt bij het begrijpen van gedrag. Dit verschilt duidelijk van het behaviorisme, waarin eigen ervaringen niet bestudeerd worden. De humanistische psychologie stelt het *centralisme* voorop. Belevingen en gedrag worden door *de persoon zelf* veroorzaakt en niet door iets 'buiten' hem zoals stimuli en beloningen.
2 Door het benadrukken van subjectiviteit wordt ook *bewustzijn* centraal gesteld. Iemand is goed in staat om over zichzelf en zijn eigen gedrag na te denken, te reflecteren. Als je wilt weten wat iemand motiveert, dan heb je 'een blik van binnenuit' nodig (Van Vliet, 2006). Psychoanalyse en behaviorisme worden door de humanistische psychologie gezien als stromingen die te sturend of interpreterend zijn en geen ruimte bieden aan de eigen inzichten en visies van een persoon.
3 In de humanistische psychologie wordt de *ontwikkeling* van een persoon benadrukt. Deze beperkt zich niet tot de kinderjaren, maar is levenslang. Men spreekt van *proces en groei* en zet zich af tegen een statische opvatting van de mens. De mens is geen (eind)product van aanleg, opvoeding of sociale omstandigheden, maar altijd in ontwikkeling en op zoek naar het goede. De behoefte om zich te ontwikkelen, te groeien en goed te doen zou bij elk mens aanwezig zijn.
4 Belangrijk voor hulpverlening en opvoeding is het uitgangspunt dat mensen *zelf verantwoordelijk* zijn voor hun leven. Mensen zijn in staat om er het beste van te maken en weten bij problemen waar de schoen wringt en in welke richting de oplossing gezocht moet worden. De humanistische psychologie heeft een groot vertrouwen in de veerkracht en de goedheid van de mens. Mensen hebben het vermogen om te groeien en te optimaliseren. Om *zichzelf te realiseren, te actualiseren.* Voor de hulpverlening betekent dit dat de hulpverlener niet op de voorgrond moet staan of vooraf van theoretische verklaringen moet uitgaan. Hij moet vooral

luisteren naar het verhaal van de *cliënt*. Heel bewust wordt in de humanistische psychologie gebroken met het begrip patiënt, omdat dit het afwijkende, het zieke benadrukt. Het begrip cliënt benadrukt eigen verantwoordelijkheid.

5 In de humanistische psychologie worden de eigen ervaringen en belevingen in het *'hier en nu'* geplaatst. De historische bepaaldheid van een individu, zoals de invloed uit de kinderjaren, krijgt weinig aandacht. Dit is een duidelijk verschil met de psychoanalyse.

6 De mens wordt als *totaliteit*, als *één geheel* opgevat. Elke reductie tot één of meer aspecten wordt afgewezen. Dit uitgangspunt is zowel een breuk met de psychoanalyse, die een inperking maakt naar het onbewuste, als met het behaviorisme, die een inperking maakt naar leerprincipes. Met het benadrukken van de mens als totaliteit, als een holistisch geheel, kent de humanistische psychologie een duidelijke verwantschap met het denken uit de algemene systeemtheorie (4.1.4).

7 Het doel van de humanistische psychologie is niet het voorspellen en controleren van gedrag, maar de persoon te *bevrijden van eventuele belemmeringen* die veroorzaakt kunnen worden door maatschappelijke of psychische problemen. Als de belemmeringen zijn opgeheven, kan iemand zijn groei vervolgen.

4.1.2 Geschiedenis van de humanistische psychologie

De humanistische psychologie stelt het zelfstandige individu centraal. Dit uitgangspunt is in meerdere filosofische en psychologische stromingen terug te vinden. Voor de humanistische psychologie in de Verenigde Staten ontstond, waren er in Europa drie stromingen die erop lijken (Bierkens, 1983; Van Vliet, 2006). Allereerst is dat het *humanisme*, een stroming die in de middeleeuwen in Europa tot bloei kwam. Humanisten kennen groot belang toe aan opvoeding en onderwijs (net als Rogers) en zijn ervan overtuigd dat een mens zelf het vermogen heeft om uit te maken wat goed en wat slecht is. Ten tweede is dat het *existentialisme*, waaraan de namen van Sartre en Heidegger verbonden zijn. Centraal in het existentialisme staan de individuele verantwoordelijkheid; persoonlijke beslissingen; persoonlijk oordelen en handelen; vrije wil en de subjectiviteit. Het is een stroming die een tegenwicht geeft aan theorieën waarin de rol van de samenleving en de sociale groep benadrukt wordt. Ermee verwant is de *fenomenologische psychologie*, waarin de eigen beleving en de eigen ervaring van een persoon worden benadrukt en niet de objectieve realiteit (Reber, 2007).

Naast overeenkomsten met filosofische stromingen is er overeenkomst met de *gestaltpsychologie* (Bierkens, 1983). Het benadrukken van de gehele mens in de humanistische psychologie heeft duidelijke *organistische* trekken (zie hoofdstuk 1). De organistische visie houdt in dat de mens niet te herleiden is tot één van zijn delen, maar begrepen moet worden als een levend geheel dat interacteert met zijn omgeving. De gestaltpsychologie, die voor de Tweede Wereldoorlog in Duitsland ontstond, benadrukt deze visie. De mens wordt opgevat als één geheel, een

'Gestalt'. Als de kenmerken van de samenstellende delen van het geheel bekend zijn, zoals bijvoorbeeld motieven, leerervaringen en ervaringen uit de kindertijd, betekent dat nog niet dat de kenmerken van het grote geheel bekend zijn. Of, een ander voorbeeld, als alle individuele leden van een gezin bekend zijn, betekent dat nog niet dat de eigenschappen van het gehele gezin, het systeem, bekend zijn. Het motto van de gestaltpsychologie, dat *het geheel meer is dan de som der delen,* is ook van toepassing op de humanistische psychologie.

Net als van het behaviorisme staat de wieg van de humanistische psychologie in de Verenigde Staten. In de jaren veertig van de vorige eeuw verschijnen de eerste publicaties van psychologen die later onder de humanistische psychologie geschaard worden. De bekendste zijn Abraham Maslow (1908-1970) en Carl Rogers (1902-1987). Maslow is beroemd geworden door zijn theorie over de hiërarchie van menselijke *motivaties.* Hij zet zich zowel af tegen de nadruk in de toenmalige psychologie op afwijkend gedrag, zoals de neuroses in de psychoanalyse, als tegen mechanistische verklaringen uit het behaviorisme. Met zijn motivatietheorie stelt Maslow het *doelgerichte gedrag* van mensen centraal, waarbij hij aandacht heeft voor de hogere menselijke motivaties zoals behoefte aan *eigenwaarde* en *zelfrealisatie* of *zelfactualisatie.* Zijn model gaat uit van hiërarchisch geordende motivaties. De 'laagste' motivaties, zoals fysiologische behoeften aan slaap of voedsel, moeten eerst verwezenlijkt zijn voor de 'hogere' verschijnen (Rigter, 2004).

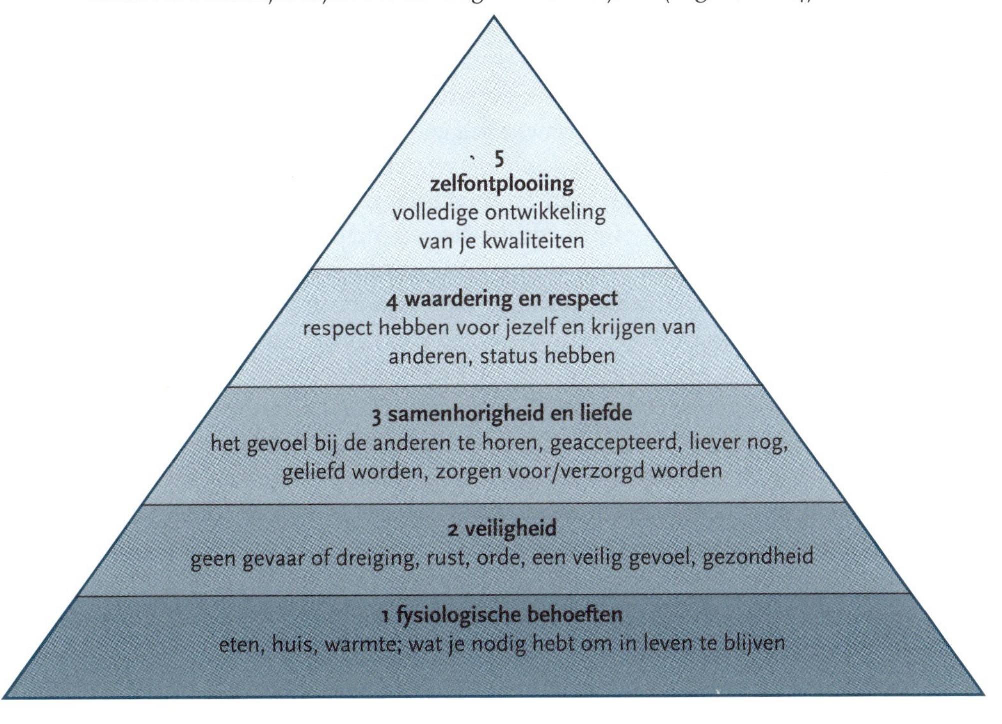

Figuur 4.1 Behoeftehiërarchie van Maslow.

Pas in de jaren zestig van de vorige eeuw – vele jaren na de eerste publicaties – ontstaat het begrip humanistische psychologie en wordt deze gepresenteerd als een alternatief voor de psychoanalyse en het behaviorisme. Net als bij andere stromingen spelen maatschappelijke omstandigheden een rol bij het ontstaan van de humanistische psychologie. De grote vlucht die de humanistische psychologie in de jaren zestig neemt, wordt bevorderd door een toenemend onbehagen in de Amerikaanse maatschappij over de plaats van en de visie op de mens (Bierkens, 1983). Kritiek op geweld, oorlog (Vietnam), onderdrukking en bureaucratisering gaan samen met een behoefte aan idealen. Men herkent zich steeds minder in de leerpsychologie en de psychoanalyse, omdat deze niet uitgaan van een uniek individu dat op zoek is naar een bevredigende levensvervulling (ibidem).

Ongeveer halverwege de jaren zeventig vermindert de invloed van de humanistische psychologie. Zij was een korte, maar frisse wind die de vinger legde op de zwakke punten van andere benaderingen. Enkele uitgangspunten van de humanistische psychologie zijn gemeengoed geworden. Een voorbeeld is het de mens opvatten als één geheel, wat is terug te vinden in de algemene systeemtheorie. Een ander voorbeeld is empathie, die als begrip en als activiteit bijna elke hulpverleningsmethode en opvoedingsstrategie beïnvloed heeft. Dat de humanistische psychologie niet aansloeg binnen de gevestigde psychologie heeft ongetwijfeld te maken met de nadruk die op het subjectieve werd gelegd. In de traditionele, universitaire psychologie worden juist de verwerving en toepassing van objectieve kennis benadrukt (zie bijvoorbeeld kader 3).

Maar ondanks de korte duur van de bloei van de humanistische psychologie is er nog een duidelijke sympathie voor haar uitgangspunten. Dit heeft te maken met het benadrukken van het unieke van elk individu en het optimistische mensbeeld. Deze kenmerken sporen met de westerse manier van denken waarin de unieke persoonlijkheid van mensen benadrukt wordt. De kritiek van Maslow dat de psychologie zich te veel richt op afwijkend gedrag is nog steeds geldig. Aan het einde van de twintigste eeuw ontstaat de *positieve psychologie.* Daarbij wordt ten dele gelijkluidende kritiek geformuleerd (Seligman, 1998).

Carl Rogers

Carl Rogers wordt gezien als de belangrijkste vertegenwoordiger van de humanistische psychologie. Aan zijn naam is een stroming uit de hulpverlening verbonden: de rogeriaanse psychotherapie. Zijn uitgangspunten voor een goede hulpverlening zijn in vele andere benaderingen geïntegreerd; we gaven al eerder het voorbeeld van empathie.

Rogers kent, net als Freud, een ontwikkeling in zijn denken. In zijn gedachtegoed zijn sporen terug te vinden van zijn persoonlijke ontwikkeling en de tijd en cultuur waarin hij leefde. Verschillende schrijvers (Dijkhuis, 1995; Eisenga, 1987) brengen Rogers' afkeer van autoriteit in verband met zijn opvoeding waarin hard werken en een fundamentalistisch godsgeloof centraal stonden. Na meerdere afgebroken opleidingen gaat Rogers psychologie studeren en maakt kennis met de psychoanalyse. Hij start zijn carrière vanaf 1928, begint als kinderpsycholoog en ontwikkelt zijn theorie vanuit zijn praktijk als psychotherapeut. Later verbreedt hij zijn theorie naar onderwijs, management en persoonlijkheidstheorie. Het is belangrijk te beseffen dat hoewel Rogers over psychotherapie schrijft, zijn theorie de gehele hulpverlening en opvoedingspraktijk heeft beïnvloed.

De eerste periode in Rogers' theorievorming is de *non-directieve periode* (zie kader 10). De zienswijzen uit deze periode worden verwoord in zijn boek *Counseling and psychotherapy* (1942). Het begrip counselen, dat niet meer zoveel wordt gebruikt, slaat op een hulpverleningspraktijk waarin adviseren, interviewen en begeleiding centraal staan. Rogers' eerste boek is een reactie op de directieve manier van werken uit de psychoanalyse en de gedragstherapie die toentertijd dominant waren. In deze directieve werkwijzen werd gebruikgemaakt van '"autoritaire" methoden zoals verbieden, bevelen, raad geven, interpreteren, suggesties doen, geruststellen en overtuigen' (Rogers, 1942 in Lietaer, 1991: p. 54). Rogers reageert op de directiviteit door het tegenovergestelde, de non-directiviteit, te benadrukken. Zijn eerste boek gaat daarom over de rol van de hulpverlener en dan over vooral wat deze moet nalaten. Rogers' non-directieve periode wordt wel de periode van de '*don'ts*' genoemd: doe dit niet en doe dat niet. In deze periode stelt Rogers twee uitgangspunten centraal (Dijkhuis, 1995). Het eerste is dat *de cliënt zelf* competent genoeg is om uit te maken wat de doelstellingen van een therapie moeten zijn. De cliënt moet centraal staan en niet de hulpverlener met zijn theorie en technieken. Het conflict of probleem waarmee een cliënt komt is niet zozeer het belangrijkste, het doel van de therapie is om de cliënt te helpen om zich zodanig te ontwikkelen (te groeien) dat hij meer geïntegreerd (als één geheel) het actuele probleem, maar ook komende problemen weet te verwerken. Het tweede is dat de *therapeutische relatie* in het 'hier en nu' centraal staat. Dit uitgangspunt is een breuk met de psychoanalyse, die het verleden centraal stelt. Behalve het voorschrift dat het 'hier en nu' centraal moet staan, golden er nog andere adviezen. Vooral de richtlijn dat de therapeut zich moet onthouden van een aantal directieve interventies valt op. De techniek van de therapeut wordt als volgt omschreven:

> *'De rogeriaanse therapeut geeft geen opdrachten of voorschriften, verbiedt niet, is niet suggestief, reikt geen oplossingen aan, diagnostiseert niet en presenteert zichzelf niet als onafhankelijke deskundige' (Dijkhuis, 1995: p. 98).*
> *'Geef je eigen mening niet, laat niet blijken dat je er niets van begrijpt, kom niet op iets terug, laat niet merken dat je op de cliënt gesteld bent of iets in hem waardeert, schenk er geen aandacht aan als het in je opkomt dat de cliënt ergens anders over zou moeten praten, zwijg zelf ook als de cliënt zwijgt' (ibidem: p. 130-131).*

Kader 10

Neemt u hier ooit volwassenen in counseling?

Rogers geeft het volgende voorbeeld dat hij illustratief vindt voor de omslag (van psychoanalytisch naar non-directief) in zijn denken. Toen hij werkzaam was als kinderpsycholoog, kreeg hij op zijn instituut een intellectuele vrouw in therapie met klachten over het gedrag van haar zoon. Zowel moeder als zoon kreeg therapie. Rogers behandelde de moeder. Tijdens de therapie probeerde hij de vrouw ervan te overtuigen dat ze haar zoon verwierp. Deze diagnose was in het team van deskundigen gesteld. Telkens weer probeerde hij haar het patroon van verwerping te laten zien. Niets hielp echter en na twaalf sessies stelde Rogers voor om op te houden. De vrouw ging akkoord. Ze verliet de kamer en keerde even later terug en vroeg: 'Neemt u hier ooit volwassenen in counseling?' Rogers begreep in eerste instantie niet wat hij daarmee aan moest, maar antwoordde dat ze dit soms deden. De vrouw keerde terug naar haar stoel en stortte haar hart uit over ernstige moeilijkheden tussen haar en haar man. Rogers luisterde alleen maar en interpreteerde niet. Na een aantal sessies verbeterde haar huwelijksrelatie en verdween het probleemgedrag van haar zoon geleidelijk. Rogers eindigt zijn verhaal met:

> *'Dit was een vitaal leermoment voor mij. Ik had haar spoor gevolgd in plaats van de mijne. Ik had gewoon geluisterd in plaats van te proberen haar te duwen in een diagnostisch begrijpen waar ik reeds toe gekomen was' (Rogers, 1980 in Lietear, 1991: p. 54).*

Kortom, het van tevoren interpreteren van het probleem bleek slecht te werken. De therapeut kon beter onbevooroordeeld luisteren naar het verhaal van de cliënt.

De tweede periode die men binnen de theorievorming bij Rogers onderscheidt, volgde vrij snel. Ook hier staat een boek centraal: *Client-centered therapy* (1951). Het begrip non-directiviteit, dat in principe slaat op het handelen van de hulpverlener, wordt ingewisseld voor een begrip waarbij de cliënt centraal wordt gesteld: *client-centered.* De competenties van de cliënt worden daarbij benadrukt en het belang van een professionele hulpverleningsrelatie wordt afgezwakt. Rogers vergelijkt de rol van de hulpverlener met die van de verloskundige:

> *'De cliënt dient niet langer gezien te worden als een hulpbehoever, maar als iemand die in barensnood verkeert. De therapeut dient zich derhalve als een verloskundige op te stellen "die niets bewerkt, maar slechts geboren helpt worden wat uit zichzelf geboren wil worden"' (Eisenga, 1987).*

De hulpverlener moet niet de technische deskundigheid centraal zetten, maar zijn houding: hij dient de cliënt te accepteren en te respecteren.

Tot slot wordt een publicatie van Rogers uit 1957 als startpunt gezien van een derde periode uit zijn theoretische ontwikkeling (De Haas et al., 1991). Rogers neemt in deze publicatie nog verder afstand van de non-directiviteit en formuleert een drietal uitgangspunten waaraan de hulpverlener wél moet voldoen. Deze zijn: echtheid van de hulpverlener, onvoorwaardelijke positieve acceptatie van diens cliënt en empathie: het inleven van de hulpverlener in de wereld van zijn cliënt (zie 4.2.2). De 'don'ts' (doe dit niet) worden ingewisseld voor '*do's*' (doe dit). Rogers gaat de hulpverlening (= psychotherapie) opvatten als een ontmoeting tussen twee personen. Het begrip *person-centered* wordt gebruikt om deze derde periode aan te duiden.

Het denken bij Rogers ontwikkelt zich dus van nadruk op de professionaliteit van de therapeut (non-directief), via nadruk op de cliënt (cliënt-centered) naar opnieuw nadruk op de therapeut, maar dan op zijn 'manier van zijn', zijn houding.

Begin jaren zestig van de vorige eeuw verlegt Rogers zijn belangstelling van individuele psychotherapie naar groepstherapie, onderwijs, management, opvoeding en zelfs raciale en internationale conflicten. Het idee hierachter is dat een persoon pas in therapie komt als er iets is misgelopen. Het zou goed zijn om te proberen dit te voorkomen of bij te sturen in bijvoorbeeld het onderwijs. Na de jaren zestig ontstaan er in de rogeriaanse psychotherapie verschillende accenten (zie 4.3). Rogers zelf krijgt meer aandacht voor de parapsychologie en de mystiek, een ontwikkeling die niet al zijn aanhangers volgen.

Culturele en maatschappelijke omstandigheden bij de theorievorming bij Rogers
Bij het formuleren van zijn theorie had Rogers de wind mee. Vlak na de Tweede Wereldoorlog vindt er in de Verenigde Staten een debat plaats over de oorzaken van oorlog, geweld, enzovoorts. Er worden vragen gesteld waar de toenmalige psychologie, gedomineerd door het behaviorisme en de psychoanalyse, geen antwoord op heeft. Rogers presenteert in deze discussie een zienswijze die in goede aarde valt. Zijn theorie was eenvoudig, 'een simpel en begrijpelijk systeem, ontdaan van iedere diepzinnige franje, waarbij iedereen de handen uit de mouwen kon steken' (Eisenga, 1987: p. 642). Bovenal sluit Rogers aan bij de 'Amerikaanse Droom van gelijkheid en individualisme'. Een concretisering van deze droom luidt dat:

> *'Alle maatschappelijke instellingen en menselijk inspanningen beoordeeld moeten worden op de mate waarin zij de capaciteiten van menselijke individuen vrij maken en ontwikkelen zonder onderscheid naar ras, sekse, klasse of economische status' (ibidem: p. 644).*

Rogers sluit hierop aan door het benadrukken van groei, zelfactualisatie en het goede van de mens. Dit gebeurt in een tijdperk waarin er verzet is tegen autoriteit en behoefte aan een visie waarin het individu centraal werd gesteld. Ook in Nederland en België valt de visie van Rogers in goede aarde. Na de verstikkende atmosfeer van de jaren vijftig en begin jaren zestig waarbij de waarden en normen van kerk, school en gezin in grote mate bepaalden hoe een individu zich diende te gedragen, is de tijd hier rijp voor zijn ideeën. Rogers' pleidooi voor individuele vrijheid en zelfbeschikking wordt als een verademing gezien (Conradi & Van Drunen, 1995).

Schoolvorming

De humanistische psychologie en de uitwerking van Rogers kennen een aantal kenmerken van schoolvorming. De humanistische psychologie is vooral in de jaren zestig een alternatieve beweging. Ze gebruikt een eigen begrippenapparaat, zoals groei en zelfactualisatie, maar vooral de eigen visie op de psychologie is dominant. Reductionisme wordt afgewezen en de mogelijkheid tot groei bij elk individu wordt benadrukt. Schoolvorming in de zin van een eigen organisatie van humanistisch psychologen heeft in Nederland en Vlaanderen niet plaatsgevonden. Dit gebeurt wel in de psychotherapie. In 1962 wordt in Nederland de Vereniging voor Rogeriaanse Therapie (VRT) opgericht. Saillant detail daarbij is dat Rogers zelf schoolvorming altijd heeft afgewezen en niet blij was dat in Nederland zijn naam verbonden werd met een school (Dijkhuis, 1994). In 1996 wordt de naam daarvan veranderd in Vereniging Cliëntgerichte Psychotherapie (VCgP). In 1974 wordt de Vlaamse zusterorganisatie opgericht: De Vlaamse Vereniging voor Cliëntgerichte Psychotherapie. Ook deze vereniging verandert van naam en wordt in 2004 omgedoopt in de Vlaamse Vereniging voor Cliëntgericht-Experiëntiële Psychotherapie en Counseling (VVCEPC). Deze verenigingen hebben een aantal kenmerken van een school, zoals eigen congressen, opleiders en een tijdschrift.

4.1.3 Het mensbeeld in de humanistische psychologie

In het voorgaande is een aantal aspecten van het humanistisch psychologisch mensbeeld de revue gepasseerd. Hieronder volgt een nieuwe rangschikking waarbij aandacht wordt besteed aan verschillen met andere stromingen. Deze subparagraaf eindigt met het bespreken van een tweetal discussies over het humanistisch mensbeeld.

Opvallend is het *optimistische mensbeeld.* Met name hierin onderscheidt de humanistische psychologie zich van de psychoanalyse, waarin men uitgaat van (onbewuste) driften waarmee iemand moet leren omgaan en die eventueel geremd moeten worden. Humanistisch psychologen vertrouwen op de groeimogelijkheden van een individu. Deze moeten niet geremd worden, maar de volle ruimte krijgen (Swildens, 1992).

In het humanistisch psychologisch mensbeeld wordt *de rol van het individu* benadrukt. De tendens om te groeien en zichzelf te vervolmaken zou aangeboren zijn. Aandacht voor maatschappelijke inperking en erfelijke belasting van het individu is er matig. Ook voor de beïnvloeding van het individu door taal en culturele normen is, zeker in de beginperiode van de humanistische psychologie, weinig aandacht.

De *subjectiviteit* staat centraal. Psychologie, hulpverlening en onderwijs moeten volgens humanistisch psychologen altijd vertrekken vanuit de subjectief ervaren gevoelens van de persoon of cliënt. Een manier van werken waarbij gereduceerd wordt, zoals het geven van een diagnostisch stempeltje ('hij heeft een angststoornis'), wordt afgewezen. Dat is immers een beoordeling van buitenaf en niet van binnenuit (Van Vliet, 2007). Het gevaar van een diagnose, zo stelt men, is dat unieke gevoelens van een individu op de achtergrond kunnen raken ten gunste van de algemene kenmerken van de diagnose.

Binnen de rogeriaanse theorie is er aandacht voor *het verschil tussen kind en volwassene*. Kinderen worden opgevat als personen met een eigen ervaringswereld en gevoelens die de basis vormen voor hun gedrag. Rogers dacht dat kinderen in de eerste jaren van hun leven hun eigen ervaringswereld onbelemmerd gebruiken als leidraad voor hun gedrag. Op grond van lijfelijk ervaren zouden ze spontaan weten wat goed of slecht is. Jonge kinderen kennen wellicht minder gedifferentieerde gevoelens dan volwassenen, maar hun gevoelens zouden volgens Rogers wel 'echter' ('puur') zijn. Op latere leeftijd gaat het kind rekening houden met anderen, vooral de ouders. De 'echtheid' verdwijnt en ervoor in de plaats komt de behoefte te voldoen aan de wensen en eisen van de opvoeders. Omdat het kind behoefte heeft aan positieve waardering en die meestal pas krijgt als het zich gedraagt zoals de opvoeders willen, verleert het om op zijn eigen kompas (= eigen gevoelens) te varen (Santen, 1991).

In de humanistische psychologie wordt geen aandacht besteed aan verschillen of overeenkomsten tussen dieren en mensen. Dieren worden als wezenlijk anders opgevat dan mensen en er wordt dan ook geen gebruik gemaakt van kennis afkomstig uit dierexperimenten.

Tussen volgelingen van Rogers ontstond een discussie over twee punten van het mensbeeld: de sociale bepaaldheid en de innerlijke goedheid van mensen. De eerste kanttekening bij het humanistische mensbeeld (door 'rogerianen' verwoord) betreft het in het humanistisch mensbeeld besloten conflict tussen het streven naar onbelemmerde ontwikkeling van een eigen identiteit aan de ene, en de onvermijdelijke beperkingen die het functioneren binnen een sociale structuur met zich medebrengt aan de andere kant' (De Haas & Swildens, 1991: p. 20). Iemand die zijn eigen weg probeert te gaan, komt immers altijd belemmeringen tegen. Je zou kunnen stellen dat voor een ontwikkeling beperkingen noodzakelijk zijn. Immers, als er geen enkele beperking is, is er ook geen behoefte aan ontwikkeling (Van Vliet, 2007). In feite maakt ook Rogers een reductie. Geen reductie bij de persoon, zoals het behaviorisme doet door enkel naar leerprocessen te kijken, maar een reductie van de gehele werkelijkheid. De sociale invloed op de mens wordt te weinig onderkend. Moderne rogerianen onderschrijven deze kritiek, maar gaan ervan uit dat een individu enige speelruimte heeft om zijn eigen weg te gaan en dat hij aangesproken kan worden op zijn eigen verantwoordelijkheid. Ze ontkennen de invloed van sociale omstandigheden niet, maar wijzen het standpunt dat een individu voor 100 procent wordt bepaald door sociale omstandigheden pertinent af.

Een tweede discussiepunt betreft de veronderstelde goedheid van de mens. Dit standpunt wordt wel als naïef omschreven. Kijk om je heen naar de ontwikkelingen in de wereld of lees kader 2 nog eens om argumenten aan te dragen tegen deze visie. Rogers staat op het standpunt dat het kwade niet uit het binnenste van de mens komt, maar juist van buitenaf. Moderne rogerianen nemen hiervan afstand. Enerzijds wijzen zij op het feit dat 'goedheid' cultureel en historisch bepaald is. Anderzijds sluiten zij niet uit dat een persoon zijn keuzevrijheid kan gebruiken om bijvoorbeeld machtswellust en zelfverheerlijking na te streven (Eisenga & Wijngaarden, 1991).

4.1.4 Indeling van de humanistische psychologie

Het mensbeeld uit de humanistische psychologie sluit vooral aan op de personalistische visie. Dit uit zich in het benadrukken van de persoonlijke vrijheid van het individu om zijn leven in eigen hand te nemen. Het is een visie waarin het innerlijke van de mens, zoals het bewustzijn, motieven en emoties, centraal wordt gesteld. Dit heet *centralisme.* De mens zelf is de centrale factor bij het ontwikkelen van zijn leven. Zo'n duidelijk personalistisch standpunt zijn we niet eerder bij andere stromingen tegengekomen. Ook met de organistische visie, waarin de interactie tussen organisme en omgeving benadrukt wordt, zijn er raakvlakken. Het organisme zou een innerlijk streven hebben om te groeien. Aandacht voor de omgeving is er met het standpunt dat groei alleen kan plaatsvinden als de mens een accepterende en ruimte biedende situatie aantreft (De Haas & Swildens, 1991). Voor een kind betekent dit bijvoorbeeld dat het geliefd wordt door zijn ouders en dat zijn basisbehoeften zoals aandacht, warmte en affectie bevredigd worden. Als dat gerealiseerd is, wordt de neiging tot zelfactualisatie bevorderd (Van Vliet, 2007).

De humanistische psychologie kent een lastige relatie met het biopsychosociale model. Enerzijds is een duidelijke verwantschap te vinden in het uitgangspunt dat een persoon als totaliteit bestudeerd moet worden en in de nadruk op de interactie tussen individu en omgeving (een persoon groeit alleen als hij in een aanvaardende, positieve omgeving verkeert). Anderzijds is er weinig aandacht voor zowel de biologische als de culturele invloed op het individu. Aangenomen wordt dat mensen een aangeboren neiging hebben om te groeien, maar veel verder wordt de biologische invloed niet uitgewerkt. En, zoals we hierboven zagen, kwam er pas laat aandacht voor sociale invloeden op het individu. In tegenstelling tot biologische invloeden worden sociale invloeden door moderne rogerianen wel in hun theorie verwerkt.

De humanistische psychologie presenteert zich als alternatief voor het behaviorisme en de psychoanalyse. Als belangrijk uitgangspunt geldt dat de mens als één geheel, als totaliteit begrepen moet worden. Reductionisme wordt afgewezen. Een individu is de motor van zijn ontwikkeling en kent zichzelf het beste. Vooral in dit (personalistische) uitgangspunt verschilt de humanistische psychologie van andere stromingen. Door het benadrukken van de subjectieve ervaringen van het individu heeft de humanistische psychologie weinig invloed uitgeoefend op de wetenschappelijke psychologie, maar door de theorieën van Rogers juist wel op hulpverlening en opvoeding. Hoewel in de humanistische psychologie traditioneel weinig aandacht wordt besteed aan de invloed van biologische en sociale factoren op het gedrag van een individu, zijn de uitgangspunten ervan toch te combineren met de algemene systeemtheorie.

4.2 De theorie van Rogers

Hieronder worden drie onderdelen uit de rogeriaanse theorie besproken. Eerst bespreken we het begrip 'persoonlijkheid' en vervolgens de drie basishoudingen die Rogers eind jaren vijftig formuleerde. Deze zijn nog steeds van invloed. De paragraaf wordt afgesloten met de theorie van Gendlin. Hij is de belangrijkste leerling van Rogers en geeft een eigen accent aan diens theorie.

4.2.1 Persoonlijkheid

De theorie van Rogers werd ontwikkeld voor de individuele psychotherapie en later veralgemeniseerd naar andere hulpverleningsvormen en de opvoedingspraktijk. Net als de psychoanalyse wil ook Rogers' psychotherapie een verandering van de persoon tot stand brengen. Het gaat daarbij niet om het verminderen van symptomen of klachten, zoals in de gedragstherapie. De persoon moet zo sterk worden gemaakt dat hij zowel zijn actuele als toekomstige problemen zelfstandig kan oplossen. 'Moderne' begrippen zoals *competentie* en *empowerment* passen bij deze doelstelling. Met zo'n doel is het belangrijk om een theorie over de persoonlijkheid te hebben.

In de rogeriaanse theorie wordt niet een statische persoonlijkheid benadrukt, zoals gebeurt bij het gebruiken van vragenlijsten – iemand is zus of zo –, maar de *dynamische persoonlijkheid* – iemand is in ontwikkeling. Het worden of groeien staat centraal in plaats van het zijn. Binnen een persoon worden drie processen onderscheiden: voelen, denken en handelen of anders geformuleerd: emoties, cognities en gedrag (De Haas, 1980; 1985). Met handelen wordt het communicatieve gedrag ten opzichte van een ander bedoeld. In de rogeriaanse theorie wordt de *interactie* tussen voelen, denken en handelen benadrukt, waarbij de nadruk op gevoel wordt gelegd. Bij mensen met psychische problemen wordt verondersteld dat deze interactie vastgelopen is. Iemand kan zich afsluiten voor zijn eigen gevoelens of voor informatie uit de omgeving die strijdig is met zijn opvattingen. Om de interactie tussen voelen, denken en (communicatief) handelen duidelijk te maken, wordt gebruikgemaakt van de begrippen interne en externe dialoog.

De **interne dialoog** is de interactie tussen denken en voelen. Bij een gezonde, in ontwikkeling zijnde interne dialoog zijn voelen en denken met elkaar in evenwicht. Dit is het geval als voelen invloed heeft op denken en andersom. Bij mensen met psychische problemen veronderstelt men een vastgelopen – 'bevroren' – interne dialoog, omdat zij zich afsluiten voor hun eigen gevoelens. Om een voorbeeld te geven: aanstaande ouders die binnenkort een baby verwachten kunnen daarbij zowel een gevoel van blijdschap hebben als een gevoel van angst. Dat laatste gevoel kan onderdrukt worden als men denkt: Zo mag ik niet voelen, ik hoor blij te zijn, waardoor de interne dialoog vastloopt. De persoon staat niet meer open voor zijn eigen gevoelens en is 'niet echt', niet zichzelf of *niet congruent* (zie verder).

De **externe dialoog** slaat op de interactie met anderen. Men spreekt van een gezonde, in ontwikkeling zijnde externe dialoog als iemand zichzelf kan zijn in de interactie met anderen, en als het handelen (communicatie) van anderen voor hem betekenis heeft. Men spreekt van een *gezond, geïntegreerd individu* als de interne en de externe dialoog op elkaar zijn afgestemd en in harmonie zijn. In dat geval kan een persoon in zijn communicatie met anderen laten zien wat hij zelf ervaart, voelt en denkt en is hij daarnaast in staat om zich aangetrokken te voelen tot de ander en zijn communicatie met de ander als positief te beleven (zie figuur 4.2). De externe dialoog kan vastlopen als een betekenisvolle ander (zoals een geliefde of ouder) zijn liefde voorwaardelijk stelt aan het gedrag van de persoon: 'Ik hou pas van je als je dit of dat doet.' Voorwaardelijke liefde wordt door Rogers gezien als een omgeving waarin groei belemmerd wordt en iemand niet zichzelf – niet echt – kan zijn. Hij kan eigen ervaringen en gevoelens die niet passen bij de gestelde eisen van de ander ontkennen en komt daarmee in een spagaat tussen wat hij zelf en wat de ander wil.

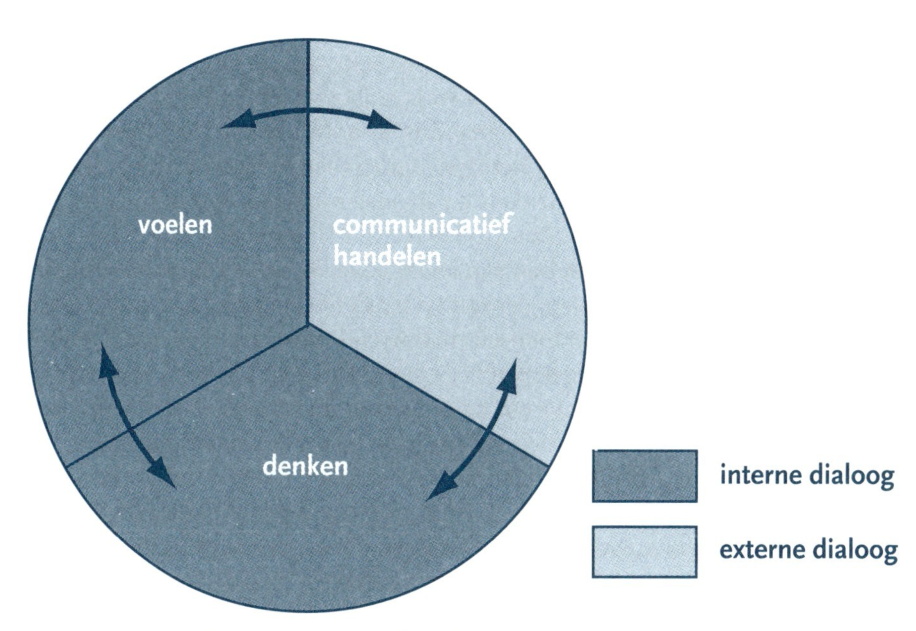

Figuur 4.2 Wisselwerking tussen voelen, denken en (communicatief) handelen (De Haas, 1985: p. 85).

De rogeriaanse benadering kent in tegenstelling tot de cognitieve psychologie (hoofdstuk 5) meer gewicht toe aan voelen dan aan denken. Men spreekt over de *lichamelijk gevoelde betekenis*, waarmee uitgedrukt wordt dat lichamelijke gewaarwordingen een gevoelsbetekenis hebben. Het zijn de lichamelijke aspecten van een emotie, zoals een brok in de keel of vlinders in de buik. Mensen kunnen deze gevoelens negeren en het rationele denken vooropstellen door bijvoorbeeld tegen zichzelf te zeggen: 'Ik mag nu niet bang zijn, ik negeer de pijn in mijn buik.' Met dergelijke gedachten wordt de interne dialoog verstoord. Hoewel er verschillende accenten zijn (zie 4.3), staan de meeste rogerianen op het standpunt dat lichamelijke gewaarwordingen van groot belang zijn. Sommigen (Gendlin, zie 4.2.3) nemen het standpunt in dat denken en handelen geheel voortkomen uit voelen. Aan het lichaam wordt een 'intuïtieve wijsheid' toegekend, de brok in de keel is 'echter' en informatiever dan de gedachte. De cliënt die hulp vraagt, moet leren om weer open te staan voor zijn lichamelijke gewaarwordingen.

Binnen de rogeriaanse hulpverlening worden diverse 'technieken' toegepast om de interne en externe dialoog van een cliënt weer op gang te brengen. Dit kan door de externe dialoog met de hulpverlener als uitgangspunt te nemen, door de cliënt weer in contact te brengen met de lichamelijk gevoelde betekenissen of door als therapeut vooral te luisteren en datgene wat de cliënt naar voren brengt steeds samen te vatten en in eventueel andere bewoordingen terug te geven en daarbij aandacht te schenken aan de 'gevoelsmatige ondertoon' die uit woord en gedrag van de cliënt wordt opgemaakt (De Haas, 1985). Deze laatste techniek, die bekendstaat als spiegelen, werd als dé rogeriaanse techniek gezien. Dat is tegenwoordig niet meer het geval, de aandacht voor de externe dialoog en de lichamelijk gevoelde betekenissen is even belangrijk (zie 4.3). In alle rogeriaanse benaderingen staat centraal dat een techniek niet werkt en zelfs contraproductief is als de hulpverlening niet voldoet aan drie grondhoudingen. In de volgende subparagraaf gaan we hier op in.

De rogeriaanse theorie was in eerste instantie gericht op de psychotherapie. Hierin staat persoonlijkheidsverandering voorop en niet het bestrijden van symptomen. Een 'gezonde' persoonlijkheid is altijd in ontwikkeling, er is sprake van een (groei)proces. Binnen de persoonlijkheid worden drie aspecten onderscheiden: gevoel, denken en handelen. Deze drie, waarvan gevoel veelal als belangrijkste wordt gezien, moeten met elkaar in contact staan. Bij psychische problemen wordt verondersteld dat het innerlijke proces, de wisselwerking tussen gevoel, denken en handelen, is vastgelopen. Het doel van rogeriaanse psychotherapie is het weer op gang brengen van het innerlijke proces.

4.2.2 Drie grondhoudingen

Eind jaren vijftig van de vorige eeuw formuleert Rogers drie grondhoudingen voor de hulpverlener: echtheid, onvoorwaardelijke positieve gezindheid en empathie. Deze grondhoudingen worden gezien als noodzakelijk, maar ook voldoende voor het welslagen van een *therapie* die een persoonlijkheidsverandering (in de zin van de groei weer op gang brengen) nastreeft. In het begin van zijn theorievorming besteedde Rogers al aandacht aan positieve gezindheid en empathie. In zijn publicatie in 1957 wordt het begrip echtheid gepresenteerd. In de jaren daarna krijgt echtheid steeds meer nadruk en wordt gezien als de meest fundamentele grondhouding van de hulpverlener (Lietaer, 1991). Empathie en positieve gezindheid zouden gebaseerd zijn op de echtheid. Vanwege deze nadruk starten we hier met het bespreken van echtheid en volgen we niet de volgorde van ontstaan van de drie begrippen.

Echtheid

Echt zijn – men spreekt ook van zichzelf of authentiek zijn – in relatie tot een ander is misschien de moeilijkste opdracht voor een hulpverlener. Rogers omschrijft echtheid als volgt:

> *'Echtheid in therapie betekent dat de therapeut zijn werkelijke zelf is tijdens zijn ontmoeting met de cliënt. Zonder een façade op te trekken staat hij open voor de gevoelens en houdingen die in hem opwellen in het nu-moment. Dit veronderstelt zelfbewustzijn, hetgeen betekent dat zijn gevoelens voor hem toegankelijk zijn, toegankelijk voor zijn bewustzijn, en dat hij in staat is deze gevoelens te doorleven, ze te ervaren in de relatie, en ze te communiceren indien ze blijvend zijn' (Rogers, 1966 in Lietaer, 1991: p. 29).*

Echtheid betekent bij Rogers vooral dat de hulpverlener voor zichzelf geen enkel gevoel ontkent en zich niet verschuilt achter een professionele façade (Leijssen & Adriaensen, 2003). Echtheid kent een binnenzijde en buitenzijde (Lietaer, 1991). De binnenzijde slaat op het proces dat de hulpverlener gaat openstaan voor al zijn gevoelens en dat gevoelens en bewustzijn van gevoelens gaan samenvallen (figuur 4.2). Men spreekt in dat geval van een *congruente* interne dialoog. De buitenzijde is dat wat de hulpverlener laat zien aan zijn cliënt. Deze hoeft niet lastiggevallen te worden met alle gevoelens en gedachten van de hulpverlener, maar soms kan dat een therapeutisch effect hebben. Met het begrip *transparantie* (doorzichtigheid) wordt de buitenzijde aangeduid. Een hulpverlener is transparant als hij zijn echte gevoelens kenbaar maakt. Zo kan hij hardop denken tijdens de hulpverlening of aangeven dat hij dezelfde problemen heeft gehad als de hulpvrager. Congruentie en transparantie hoeven niet samen te vallen. Een congruente hulpverlener hoeft zijn gevoelens niet per se kenbaar te maken. Congruentie wordt gezien als een voorwaarde voor een goede hulpverlening. Transparantie is een eigenschap die per hulpverlener en per situatie kan verschillen. De eis dat een hulpverlener congruent moet zijn, moet niet onderschat worden. Lietaer geeft de volgende opsomming:

> *'Congruentie betekent op de eerste plaats dat de therapeut een goed ontwikkeld en geïntegreerd persoon is, dat hij voldoende "geheel(d)" is en dicht bij zichzelf leeft. Dit houdt onder meer in: tekorten en kwetsbare kanten onder ogen durven zien, zichzelf met een zekere mildheid aanvaarden in zijn positieve en negatieve aspecten; ongewapend kunnen openstaan voor en voeling hebben met wat er in zichzelf leeft' (Lietaer, 1991: p. 31).*

Congruentie is zo belangrijk omdat de mate van aanvaarding en empathie die de hulpverlener kan opbrengen hierdoor wordt bepaald: 'De therapeut kan de cliënt nooit verder brengen dan waar hij zelf als persoon staat' (ibidem: p. 32).

Congruentie kan ook gedefinieerd worden aan de hand van het tegenovergestelde. Wat typeert een incongruente hulpverlener? Kenmerken van incongruentie kunnen zijn: eigen kwetsbaarheden, onopgeloste conflicten, witte vlekken, enzovoorts (ibidem). Men spreekt van een incongruente hulpverlener als deze aandacht voor zijn cliënt veinst maar in werkelijkheid verveeld is. Of als het verhaal van de cliënt de hulpverlener raakt op zijn gevoelige punten en hij daardoor niet in staat is de cliënt te begeleiden naar meer openheid en groei. In tegenstelling tot de non-directieve periode wordt nu aan hulpverleners geadviseerd om wél hun gevoelens kenbaar te maken, maar deze zo productief mogelijk te gebruiken. De eventuele verveeldheid kan kenbaar gemaakt worden om uit te zoeken waarom er tijdens de ontmoeting tussen twee personen verveeldheid is opgetreden. Het niet kenbaar maken van relevante gevoelens kan leiden tot incongruentie. Dit is belangrijk, want verzwegen incongruentie of gespeelde echtheid verraadt zichzelf. Mensen beschikken over zowel verbale als non-verbale communicatie. Verbale communicatie is redelijk te controleren, maar non-verbale communicatie veel minder (Rigter, 2004). Incongruentie bij de hulpverlener kan zich verraden door het verschil tussen de verbale en non-verbale communicatie dat door de cliënt wordt opgemerkt. Omdat echtheid zo'n belangrijk instrument is, wordt tijdens de opleiding tot rogeriaanse hulpverlener veel aandacht besteed aan persoonlijke vorming van de hulpverlener. Echtheid of congruentie bij een professionele hulpverlener of opvoeder betekent vooral 'mens-zijn' en niet het toepassen van trucjes of techniekjes.

Onvoorwaardelijke positieve gezindheid

In samenhang met de openheid voor zichzelf dient de hulpverlener open te staan voor de gevoelens en gedachten van de cliënt. Dit heet onvoorwaardelijke aanvaarding. Het idee is dat iemand alleen maar kan groeien in een voedende en steunende omgeving. Een therapeut (of opvoeder) moet een veilige, warme, niet-bedreigende en accepterende sfeer scheppen waarin cliënten uiteindelijk 'als vanzelf' hun weg naar groei en gezondheid kunnen hervinden (Van Vliet, 2006). Hiertoe is onvoorwaardelijke aanvaarding of acceptatie noodzakelijk. Belevingen van de cliënt moeten door de hulpverlener zonder voorwaarden worden geaccepteerd. Dit betekent dat de hulpverlener de belevingen van de cliënt niet vanuit zijn eigen referentiekader be- of veroordeelt, maar zich erin probeert in te leven (zie verder) en ze accepteert. Het belang van deze grondhouding voor het hulpverleningsproces is groot. Rogers gaat uit van de veronderstelling dat psychische problemen veroorzaakt worden door voorwaardelijke liefde. Dit is het geval als iemand alleen liefde krijgt als hij voldoet aan de voorwaarden die een ander hem stelt. In zo'n geval, veronderstelt Rogers, nemen mensen normen van anderen over waar ze het niet mee eens zijn. Dit veroorzaakt incongruentie. Om deze scheefgroei weer recht te trekken, is het nodig dat de hulpverlener de cliënt aanvaardt zoals hij is. Aanvaarding van de cliënt door de hulpverlener bevordert zelfaanvaarding. En pas als mensen zichzelf aanvaarden zoals ze zijn, is er weer groei mogelijk (Lietaer, 1991).

Deze grondhouding impliceert niet het accepteren van al het gedrag, maar wel het accepteren van alle gevoelens van de cliënt. Van een agressieve of (op de hulpverlener) verliefde cliënt worden gevoelens geaccepteerd, maar gedrag begrensd. Het betekent overigens ook niet dat de hulpverlener instemt met alle gevoelens: hij aanvaardt ze zonder ze te bevestigen (Miller & Rollnick, 2002). In de grondhouding van onvoorwaardelijke positieve gezindheid zijn naast de onvoorwaardelijke aanvaarding ook zaken van belang als *inzet* van de hulpverlener en *geloof en bevestiging* in de mogelijkheden van de cliënt. De cliënt heeft recht op een hulpverlener die zijn best doet en die de mogelijkheden van de cliënt waardeert.

Empathie

De derde geformuleerde grondhouding is empathie. Deze term slaat op inleven en is te vergelijken met 'verstehen' (hoofdstuk 1). Emphatie gaat over de houding van de hulpverlener die probeert om de cliënt van binnenuit te begrijpen. We kijken eerst wat precies met empathie bedoeld wordt en daarna wat het voor een cliënt kan betekenen wanneer hij empathisch begrepen wordt. Rogers omschrijft empathie als volgt:

> *'Empathisch zijn is het interne verwijzingskader (dit zijn gewaarwordingen, herinneringen, betekenissen, enzovoorts J.R.) van een ander iemand accuraat waarnemen, met de emotionele componenten en betekenissen die erin vervat liggen, alsof men de ander is maar zonder dit "alsof-karakter" te verliezen' (Rogers, 1959 in Vanaerschot et al., 1991: p. 94).*

Empathie betekent dus het cognitief én emotioneel begrijpen van de ervaringen van iemand anders. 'Ik weet hoe jij de dingen ervaart en ik voel wat jij voelt'. Aan empathie ligt een veronderstelling ten grondslag, namelijk dat het begrijpen van een ander slechts mogelijk is als er een gelijkenis is tussen mensen. We gaan ervan uit dat het beleven van mensen op elkaar lijkt. Dit is niet altijd het geval, in 4.6 en kader 11 gaan we daar nader op in.

Empathie betekent dat de hulpverlener zijn eigen waarden en zienswijzen opzijschuift. Deze kunnen wel gebruikt worden om de ander te begrijpen, maar worden niet opgedrongen. Het empathisch begrijpen van een ander is een *actief proces*, het vraagt veel inzet en is nooit af. De hulpverlener moet het begrip dat hij heeft van de ervaringen en belevingen van de ander steeds toetsen. Hij moet kijken of hij hem goed begrepen heeft. Empathie mag niet blijven steken bij een star herhalen van de woorden van een cliënt. Dit wordt papegaaien genoemd en is een karikatuur van de non-directieve periode uit de rogeriaanse hulpverlening. Lees het volgende voorbeeld (C staat voor cliënt en T voor therapeut. De cijfers slaan op de volgorde van de interacties en T3 is een alternatief voor de eerdere twee uitingen van de therapeut):

C1 Het enige wat je doet, is herhalen wat ik net gezegd heb.
T1 Je hebt het gevoel dat het enige wat ik doe is: jouw woorden herhalen.
C2 Zie je wel, je doet het weer!
T2 Je hebt het gevoel dat ik het op dit eigenste ogenblik doe.

T3 Ik denk dat je bedoelt dat ik nogal frustrerend kan zijn; dat ik je maar laat rondploeteren in deze warboel die zo moeilijk aan te pakken is. Ik vermoed dat mijn passiviteit jou nogal irriteert (Martin, 1983 in Vanaerschot et al., 1991: p. 104-105).

De uitingen Tl en T2 van de therapeut zijn in wezen verwisselbaar met die van de cliënt. Hij drukt er hetzelfde gevoel en dezelfde beleving mee uit. Maar er is heel weinig empathisch begrip. De uiting T3 is wel empathisch. De therapeut begrijpt de boodschap en geeft deze weer in zijn eigen woorden.

Empathie wordt wel met twee andere zaken verward, te weten: identificatie en steunen. Bij empathie moet nooit het 'alsof-karakter' uit het oog verloren worden. Empathie is *geen emotionele identificatie* van de therapeut met de cliënt. Empathie betekent dat de therapeut de gevoelens van de cliënt begrijpt, maar hij hoeft deze als persoon niet zelf te ervaren. Voorbeeld: de therapeut voelt samen met de cliënt het verdriet dat deze ervaart over zijn vrouw die hem heeft verlaten. Maar de therapeut zelf is niet verdrietig, hij kan zelfs sympathie koesteren voor het besluit van de vrouw. Bij empathie gebruikt de hulpverlener zijn eigen ervaringen om zich in te kunnen leven in het verdriet van de cliënt. Het kind dat treurt om de dood van zijn hondje, kan toch een empathische reactie krijgen van een hulpverlener die een hekel aan hondjes heeft. Hij kan zich bijvoorbeeld een verlies voor de geest halen waar hijzelf om zou treuren. Ook hier heeft de empathie een 'alsof-karakter'.

Empathie is *niet hetzelfde als steunen* en moed inspreken. Steunen of moed inspreken zijn logische reacties van familieleden en vrienden die bijvoorbeeld te maken hebben met iemand die depressief is. Opbeurende opmerkingen als: 'Er is toch helemaal geen reden om depressief te zijn, je hebt toch een fijne vrouw, leuke kinderen en een goede baan?' of 'Kop op meid, morgen schijnt de zon weer, het gaat echt wel weer over' gaan voorbij aan het gevoel van de depressieve persoon. Hoe goed ze ook zijn bedoeld, de opmerkingen kunnen het effect hebben dat de depressieve persoon zich nog minder begrepen en nog meer alleen voelt. Op zich is het niet vreemd dat vrienden of familieleden van iemand die depressief is hem proberen op te beuren. Zij zijn immers zelf emotioneel betrokken bij het leed dat iemand ervaart. Ze kunnen er zelf onder lijden en bang zijn. Het klinkt paradoxaal, maar juist omdat de hulpverlener minder emotionele betrokkenheid heeft kan hij zijn eigen normen en waarden opzijschuiven om een cliënt empathisch te begrijpen.

Empathie is een eis die gesteld wordt aan de hulpverlener. De veronderstelling is natuurlijk dat dit positieve effecten heeft op de cliënt en zijn groeiproces weer op gang brengt c.q. bevordert. Vanaerschot en Van Balen (1991) noemen de volgende mogelijke effecten. Het ervaren van empathie betekent dat de cliënt een hulpverlener heeft die om hem geeft, wat ertoe leidt dat de cliënt zich gewaardeerd en aanvaard gaat voelen. Hij gaat zichzelf de moeite waard vinden. Doordat de empathische hulpverlener de gevoelens van zijn cliënt accepteert en niet veroordeelt, leert de cliënt zelf zijn gevoelens te accepteren. En daarbij blijft het niet: de cliënt gaat ook zijn gevoelens en ervaringen meer vertrouwen en maakt deze weer tot richtlijn voor zijn handelen. rogeriaanse hulpverleners gaan ervan uit dat empathie allereerst de interne dialoog weer op gang brengt, waardoor de cliënt weer gaat openstaan voor zijn gevoelens. Vervolgens wordt het handelen opnieuw afgestemd op het gevoel: interne en externe dialoog worden op elkaar afgestemd. Dit klinkt eenvoudig, maar is in de praktijk vaak een moeizaam proces.

Kader 11

Kan ik een kip empathisch begrijpen? En zij mij?

De humanistische psychologie besteedt weinig aandacht aan verschillen of overeenkomsten tussen mensen en dieren. Empathie werd jarenlang gezien als een typisch menselijke eigenschap. Het onderzoek naar empathie, ook bij dieren, is echter verder gegaan en dit heeft verrassend nieuwe inzichten opgeleverd. Men maakt daarbij een onderscheid tussen cognitieve empathie – de gemoedstoestand van een ander en de eventuele oorzaken en gevolgen daarvan begrijpen – en emotionele empathie – meevoelen wat de ander voelt. Cognitieve empathie kan kil zijn, zonder mededogen. Een beul weet exact wat hij een ander aandoet, maar voelt niet mee. Mensenbaby's kennen al emotionele, maar nog geen cognitieve empathie. Ze raken van streek en huilen mee als ze een andere baby horen huilen, maar reageren niet op vergelijkbaar niet-menselijk geluid van dezelfde toonhoogte en intensiteit. De vraag van een meisje van vier over een ander meisje dat huilt – 'Huilt ze omdat ze haar pop kwijt is, mamma?' – verraadt de eerste ontwikkeling van cognitieve empathie.
Met de opkomst van de evolutiepsychologie (hoofdstuk 8) ontstaat er meer aandacht voor overeenkomsten tussen mensen en (andere) dieren. Veel gedrag dat als typisch menselijk wordt gezien, zoals moraal en geweten en humor en muziek, blijkt ook – soms rudimentair – bij bepaalde diersoorten voor te komen. Empathie, is nu duidelijk, komt ook voor onder (mens)apen. Dat betekent dat zij zich kunnen inleven in elkaar (De Waal, 1996; 2007a). Ze houden rekening met elkaar, troosten en plagen. Relatief nieuw is het gegeven dat diersoorten die minder op ons lijken en minder intelligent zijn dan mensapen ook empathie kennen. Muizen raken gestrest als ze merken dat andere muizen pijn lijden. De empathische reactie is groter bij bekende (uit dezelfde kooi) dan onbekende muizen (De Waal, 2007b). Men vermoedt nu dat waarschijnlijk de meeste zoogdieren vormen van empathie kennen. De vraag in dit kader is of leden van *verschillende* diersoorten empathische reacties naar elkaar kennen. Mensen met huisdieren zullen hierop – waarschijnlijk terecht – meestal bevestigend antwoorden. Zij geven aan dat de kat of hond hun stemming aanvoelt. Hiervan bestaan mooie voorbeelden, zoals de volgende over Lucy, een chimpansee die bij een menselijk echtpaar opgroeit. De man vertelt het verhaal; Jane is zijn vrouw.

> *'Als Jane verdrietig is, merkt Lucy het onmiddellijk en probeert haar dan te troosten door haar armen om haar heen te slaan,*

haar te vlooien of te kussen. Als ik de oorzaak ben van het verdriet, bijvoorbeeld doordat we aan het kibbelen zijn, zal Lucy proberen ons uit elkaar te halen of mij af te leiden, zodat Jane's verdriet wordt verzacht. Ook als Jane ziek is, heeft Lucy dat direct in de gaten. Zo raakte ze telkens in de war als Jane moest overgeven. Ze rende dan naar de badkamer, bleef bij Jane en troostte haar door haar te kussen of door een arm om haar heen te slaan als ze moest braken. Als Jane ziek in bed lag benaderde Lucy haar met tedere bescherming, bracht eten, deelde haar eigen eten met haar of zat haar op de rand van het bed troostend te aaien of te vlooien' *(Temerlin, 1975 in De Waal, 1996: p. 165).*

Bij het interpreteren van dierengedrag en -emoties is het de vraag of deze te begrijpen zijn vanuit menselijk perspectief. Als er overeenkomsten zijn tussen de gedragingen en emoties betekent dit dan dat ze vergelijkbare oorzaken hebben? In dat geval is (cognitieve) empathie zinvol, dan begrijpen we het dier vanuit onze eigen ervaringen. Het gevaar dat op de loer ligt, is het ten onrechte toeschrijven van menselijke kenmerken aan dieren. Dat wordt antropomorfisme genoemd (De Waal, 2007a). Van een aap die in een hoek zit en zijn kin ondersteunt met een hand wordt dan bijvoorbeeld gezegd: 'Hij denkt na.' Wil empathie zinvol zijn, dan moeten de signalen van een dier dezelfde betekenis hebben als bij een doorsneemens en dat is lastig. Ik noem twee voorbeelden. Verdriet bij mensen uit zich vaak door te huilen. Huilen (in de zin van tranen vergieten) is typisch menselijk gedrag en is tot nu toe niet bij andere diersoorten aangetroffen (Lutz, 2001). Het toeschrijven van verdriet aan een dier is daarmee voor ons mensen lastiger geworden, want als dieren deze emotie al kennen hoe uiten zij dat dan? Een tweede voorbeeld betreft het interpreteren van emoties aan de hand van gezichtsuitdrukkingen. Wat bij mensen een teken van plezier kan zijn, namelijk het ontbloten van tanden bij een lach, kan bij andere diersoorten een teken van boosheid zijn. Deze discussie speelde bij het incident met de gorilla Bokito (in 2007), die uit zijn verblijf ontsnapte en een vrouw uit het publiek doelgericht aanviel. Op de televisie verscheen een filmpje waarin Bokito al op een eerder moment zijn tanden naar de vrouw ontblootte. Deskundigen verschilden van mening of dit geïnterpreteerd moest worden als een vijandig of juist als vriendelijk signaal (Giesen & Van Raaij, 2007).

Kortom, het gedrag van dieren begrijpen door je 'in te leven' in zijn gevoelens, is niet eenvoudig. Andersom – het dier dat zich inleeft in jouw gevoelens – is nog lastiger. Hoe verder de diersoort evolutionair van mensen afstaat, hoe lastiger dit waarschijnlijk is. Het empathisch proberen te begrijpen van een kip is vermoedelijk een zinloze bezigheid.

Het belang van Rogers is vooral gelegen in het benoemen van drie grondhoudingen waaraan de hulpverlener moet voldoen om het hulpverleningsproces te laten slagen. De drie grondhoudingen zijn: echtheid, onvoorwaardelijke positieve gezindheid en empathie. Hiervan wordt echtheid als belangrijkste gezien, want deze bepaalt tot hoever positieve gezindheid en empathie kunnen gaan. Bij onvoorwaardelijke acceptatie wordt een onderscheid gemaakt tussen het accepteren van de gevoelens van de cliënt en het accepteren van diens gedrag. Het eerste moet wel, het tweede meestal niet. Empathie slaat op het cognitief en emotioneel begrijpen van de cliënt door de hulpverlener. Een cliënt die empathie ervaart van de hulpverlener gaat ook zichzelf aanvaarden.

4.2.3 De benadering van Gendlin

Gendlin wordt gezien als Rogers' belangrijkste leerling. Hij werkte met Rogers en gaf een eigen richting aan de rogeriaanse therapie die bekendstaat als *experiëntiële therapie*. Deze term is afgeleid van het Engelse werkwoord *to experience*, dat het beste te vertalen is met 'ervaren' of 'beleven' (Dijkstra, 1991).

Rogers benadrukte al dat 'ieder individu leeft in een voortdurend veranderende wereld van ervaring waarvan hijzelf het middelpunt is' (Rogers, 1951 in Dijkstra, 1991: p. 68). Het geheel van ervaringen van iemand komt niet alleen voort uit de waarneming van de wereld om hem heen, maar ook uit de waarnemingen van de 'binnenwereld', het lichaam en de herinneringen. Deze waarnemingen gaan altijd gepaard met een gevoel: iemand raakt verward door een herinnering of van streek bij het zien van een ongeluk.

Gendlin benadrukt in zijn werk het *gevoelsaspect* en dan vooral het *lichamelijk gevoel* – denk hierbij aan angst die gepaard kan gaan met lichamelijke gewaarwordingen zoals buikpijn of een stokkende ademhaling. Gendlin stelt dat wezenlijke veranderingen in de mens niet alleen plaatsvinden door intellectuele inspanning (gedachten) en handelingen (gedrag), maar dat er altijd een 'gevoelsproces' voor nodig is (Peters, 1984). Hiermee neemt Gendlin een positie in tegenover de cognitieve therapieën en de gedragstherapieën. Een irrationele gedachte vervangen door een rationele, zoals de rationeelemotieve therapie nastreeft (5.5), zal volgens Gendlin alleen maar werken als de gedachte 'goed voelt'. Het aanleren van nieuw gedrag door middel van een vaardigheidstraining zal sneller en langduriger werken als het nieuwe gedrag verbonden wordt met het innerlijke gevoelsleven.

In de therapievorm van Gendlin wordt de cliënt geleerd zich te richten op de gevoelens die op dat moment in hem worden opgewekt. Hij moet zich gaan richten op lichamelijk beleefde gevoelens die zich bijvoorbeeld uiten in 'een zucht van verlichting, een druk op de maag, vermoeide benen, hartpijn, et cetera' (Peters, 1984: p. 27). Gendlin gaat er echter van uit dat intuïtieve 'kennis' van het menselijke lichaam waardevoller is dan rationele kennis. Als we ervoor openstaan, 'voelen' we volgens hem de lichamelijke 'kennis'. Zijn opvatting komt overeen met inzichten uit de psychologie waarin benadrukt wordt dat gevoelsmatige reacties op prikkels (bijvoorbeeld een reactie op een donderslag) vaak de eerste reacties zijn en plaatsvinden zonder cognitieve verwerking. Ook hersenonderzoek lijkt dit te bevestigen (LeDoux, 1996). Volgens deze inzichten zouden gevoel en cognitie (kennis) twee verschillende vormen van informatieverwerking zijn die los van elkaar kunnen functioneren (Dijkstra, 1991).

Gendlin ontwikkelde een methode (*focusing*) waarmee een cliënt geleerd kan worden om voor zijn lichamelijke gevoelens open te staan. De gevoelde lichamelijke betekenis komt zo in het brandpunt (de *focus*) van de aandacht te staan. Het gaat bij deze methode van zelfonderzoek om het toelaten van en niet zozeer het denken over gevoelens. De lichamelijk gevoelde betekenis wordt door Gendlin preconceptioneel genoemd, waarmee hij bedoelt dat er nog geen woorden (concepten) zijn voor het gevoel. De lichamelijke gewaarwording wordt wel gevoeld, maar nog niet cognitief gekend. Met behulp van de therapeut worden woorden en symbolen gezocht bij het gevoel. Dat wat eerst impliciet was, wordt expliciet gemaakt.

Omdat dit alles wellicht wat 'vaag' klinkt, volgt hieronder een voorbeeld om de techniek te illustreren. Het gaat om een cliënte die na de geboorte van haar dochter langdurig depressief blijft. Eerdere hulpverleningstechnieken hebben niet geholpen en de vrouw komt nu bij een therapeut die de techniek van focusing beheerst.

> *Terwijl ze spreekt komen er herhaaldelijk enkele tranen om ogenschijnlijk onbegrijpelijke redenen. De therapeut, die dit opmerkt, nodigt haar uit om niet te zoeken naar een verklaring, maar om met haar aandacht in haar lichaam te gaan en te wachten met de vraag: 'Wat is er eigenlijk met mij?' De therapeut blijft intussen rustig aanwezig. Na een tijd beginnen de tranen (lichamelijk gevoel J.R.) meer te stromen totdat er opeens iets tastbaars opduikt uit de complexiteit van gevoelens: 'Ik wil niet dat ze mijn dochter afnemen!' Deze 'uitspraak' brengt iets van de innerlijk gevoelde betekenis naar buiten.*
> *Dat is een volgende stap in het focusing-proces: de ervaring wordt benoembaar in een woord, een beeld, een uitdrukking. Het samenvallen van innerlijk gevoelde betekenis en symbool voelt als een opluchting... De juistheid van het symbool is onmiskenbaar; het zijn woorden die 'raken' aan wat impliciet gevoeld wordt (Leijssen, 1995: p.28).*

Focusing heeft een belangrijke plek veroverd binnen de hulpverleningstechnieken. Het lichaam en de lichaamsprocessen krijgen in de meeste psychotherapeutische hulpverleningsmethoden weinig aandacht, terwijl er veel behoefte is om het lichaam als drager en bron van kennis te zien (denk hierbij bijvoorbeeld aan de opkomst van de haptonomie). Focusing heeft dit gemis gedeeltelijk opgeheven.

Het succes ervan is wellicht ook te verklaren uit het feit dat focusing lijkt op sommige vormen van meditatietechnieken. Er is ook overeenkomst met Mindfulness, een nieuwe therapievorm die gebaseerd is op meditatie en besproken wordt in hoofdstuk 5 (Baljon, 2007). Het verschil is wel dat bij meditatie een inhoudsvrije geestelijke toestand wordt nagestreefd en dat focusing de aandacht juist richt op lichamelijk gevoelde betekenissen (Leijssen, 1991). Net als bij meditatie kunnen de ervaringen die bij focusing 'omhoog' komen van religieuze of spirituele aard zijn. Regelmatig geven cliënten aan dat zij ervaringen opdoen die ze beleven als zichzelf 'overstijgend' (ibidem).

Gendlin heeft een eigen benadering van de rogeriaanse hulpverlening geïntroduceerd. In zijn therapie staat focusing – het richten van de ervaring op lichamelijke gevoelens – centraal. Hij neemt daarmee afstand van cognitieve en gedragstherapieën, waar het gevoel respectievelijk minder belangrijk en onbelangrijk wordt gevonden.

4.3 Nieuwe ontwikkelingen: uitwaaiering en positieve psychologie

Hieronder geven we een schets van nieuwe ontwikkelingen binnen de rogeriaanse hulpverlening. Deze kunnen vooral getypeerd worden als het voortgaan op verschillende wegen. Ten tweede gaan we kort in op de positieve psychologie, een recent ontstane stroming die enkele overeenkomsten heeft met de humanistische psychologie.

4.3.1. Rogeriaanse hulpverlening

Binnen de 'rogeriaanse' hulpverlening werden al tijdens het leven van Rogers verschillende accenten gelegd. Dit is enerzijds te verklaren vanuit kritiek op een aantal uitgangspunten van Rogers en anderzijds vanuit ervaringen die werden opgedaan in de hulpverlening.

Het schizofrenieproject
Rogers stelde dat de drie grondhoudingen een voldoende voorwaarde vormen om een veranderingsproces bij *elke cliënt* op gang te brengen. Op grond van eigen ervaringen moest hij terugkomen op deze veronderstelling. Eind jaren vijftig en begin jaren zestig past Rogers zijn methodiek toe op mensen met schizofrenie. Zijn poging hen te behandelen, die bekendstaat als 'het schizofrenieproject', mislukt. Mensen met schizofrenie kunnen in zichzelf teruggetrokken zijn en weinig van hun gevoelens laten merken. De methode van Rogers, namelijk dat de therapeut de gevoelens van de cliënt herhaalt en 'teruggeeft' zodat hij er iets mee kan doen, bleek niet te werken. Er vielen vrijwel geen gevoelens terug te geven, omdat de schizofrene cliënten bijna geen gevoelens uitten. Daarnaast bleken ze de onvoor-

waardelijke acceptatie van de therapeut te beleven als onverschilligheid. Kortom, Rogers moest concluderen dat er cliënten zijn, in ieder geval sommige mensen met schizofrenie, bij wie de drie grondhoudingen onvoldoende voorwaarde zijn om een veranderingsproces op gang te brengen. Dit inzicht werd verder ontwikkeld, waarbij de drie grondhoudingen niet werden afgezworen, maar wel werd onderkend dat er cliënten zijn die meer nodig hebben. Dit 'meer' is meestal een sturende houding van de therapeut. Met andere woorden: er kwam ruimte voor directiviteit van de therapeut.

Kritiek vanuit andere theoretische invalshoeken

Nieuwe ontwikkelingen werden ook gestimuleerd door de kritiek uit andere theoretische stromingen op de uitgangspunten van rogeriaanse hulpverlening. Hier wordt kort de kritiek uit de leerpsychologie en de communicatietheorie uit de systeemtheorie (hoofdstuk 6) besproken.

Het uitgangspunt van de rogeriaanse hulpverlening is dat de cliënt eigen baas is en hijzelf zijn problemen het beste kent. Hij moet zelf richting en invulling van zijn leven bepalen. Het gedrag van een individu zou niet door factoren buiten hem, maar juist door factoren binnen hem worden gestuurd. De enige rol van de hulpverlener zou bestaan uit het stoppen van een incongruente toestand en uit het nieuw leven inblazen van het groeiproces. De hulpverlener zou de cliënt niet beïnvloeden en beperkt zijn aandeel tot het herhalen van diens gedachten en gevoelens. Hij maakt daarbij gebruik van een aantal gesprekstechnieken zoals concretisering (aan de cliënt vragen om vage gedachten concreet te maken), actualisering (als de cliënt zegt dat iedereen een hekel aan hem heeft bijvoorbeeld de vraag stellen of zijn vrouw ook een hekel aan hem heeft) en confronteren (telkens als je over je broer praat zie ik een gespannen zenuwtrekje). Vanuit de leerpsychologie kwam kritiek op dit uitgangspunt. Juist bij het toepassen van gesprekstechnieken maakt de hulpverlener een keuze, zo wordt gesteld. Daarmee krijgen bepaalde onderdelen van het verhaal van de cliënt wel aandacht (worden beloond) en andere niet (worden genegeerd). Ook het aanleren om open te staan voor gevoelens is in feite een vorm van sturen, zo luidt een andere kanttekening. Met andere woorden, volgens de leerpsychologen beïnvloeden de rogeriaanse hulpverleners op subtiele wijze wel degelijk het denken en handelen van hun cliënten. De leerpsychologen benadrukken dat de therapeut een modelfunctie heeft voor de cliënt, of hij dat nu wel of niet wil. Ook model-leren is een subtiele vorm van invloed uitoefenen. Kortom, het rogeriaanse uitgangspunt dat het gedrag van een individu alleen maar door factoren binnen hem wordt veroorzaakt, blijkt niet te kloppen; er is ook invloed van buiten het individu.

In de communicatietheorie uit de systeemtheorie (hoofdstuk 6) wordt de stelling gehanteerd dat al ons gedrag communicatieve waarde heeft. Ook bij zwijgen seint iemand een boodschap uit. Omdat 'niet-gedragen' (geen gedrag vertonen) onmogelijk is, is er altijd communicatie: er wordt altijd een boodschap uitgezonden. Een logisch gevolg van deze stelling is dat ook 'niet-beïnvloeden' onmogelijk is. Het zwijgen van de therapeut als de cliënt zwijgt, is ook beïnvloeding. Het kan een zoekproces bij de cliënt stimuleren of het uiten van gedachten om de stilte te verbreken.

Beide kritieken snijden hout. Moderne rogeriaanse hulpverleners beamen dan ook dat er veel meer beïnvloeding tijdens de hulpverlening plaatsvindt dan men eerst wilde doen geloven. Hun standpunt blijft echter dat beïnvloeding nooit mag uitgroeien tot manipulatie van de cliënt. Deze houdt zijn eigen verantwoordelijkheid en heeft het recht te leven volgens eigen inzichten (Lietaer, 1991).

Procesgerichte gesprekstherapie

In figuur 4.2 zien we drie segmenten: voelen, denken en communicatief handelen. Binnen de rogeriaanse hulpverlening zijn na 1960 drie ontwikkelingen aan te wijzen die enigszins parallel lopen aan de drie segmenten (De Haas, 1985).

De benadering van Gendlin correspondeert met het segment 'voelen'. Bij psychisch disfunctioneren zou de cliënt onvoldoende openstaan voor zijn eigen belevingen. De therapeut probeert de cliënt te helpen dit te veranderen, waardoor deze 'echter' zou worden en beter zou gaan functioneren.

In een tweede benadering staat het 'denken' centraal. Deze komt overeen met de oorspronkelijke benadering van Rogers en ontwikkelde zich verder na 1960. De verbale uitingen van de cliënt dienen als uitgangspunt in het hulpverleningsproces. De werkwijze van de therapeut bestaat uit het luisteren naar het verhaal van de cliënt, dat hij telkens opnieuw samenvat. In de samenvatting brengt de therapeut vooral de 'gevoelsmatige ondertoon' die hij in het verhaal beluistert naar voren.

In een derde benadering wordt vooral het communicatieve handelen ofwel de externe dialoog centraal gesteld. De interactie tussen therapeut en cliënt wordt als uitgangspunt van het hulpverleningsproces genomen. Aanhangers van deze benadering gaan uit van de veronderstelling dat een psychische problematiek zich uit in een gestoorde communicatie, bijvoorbeeld een rigide of stereotiepe communicatie.

Mede als reactie op de versnippering ontstaat begin jaren zeventig van de vorige eeuw een moderne rogeriaanse stroming met de naam *procesgerichte gesprekstherapie* (De Haas, 1985; Swildens, 1992). In deze stroming wordt voortgebouwd op de uitgangspunten die Rogers geformuleerd had en worden de ervaringen van het schizofrenieproject, de kritieken uit andere stromingen en uiteenlopende ontwikkelingen serieus genomen. Deze stroming heeft drie kenmerken.

De procesgerichte gesprekstherapie is *eclectisch*. Hiermee wordt bedoeld dat niet één bepaald systeem of theorie als algemeen geldend wordt gezien, maar dat men uit verschillende benaderingen of theorieën datgene kiest wat in een bepaalde hulpverleningssituatie als nuttig wordt gezien. Concreet betekent dit dat alle drie de ontwikkelingen die hierboven worden genoemd (gericht op voelen, denken of communicatief handelen) geaccepteerd worden. Welke benadering in een bepaalde situatie de voorkeur verdient, wordt bepaald door de problemen en vragen van de cliënt. Dat kan tijdens het therapieproces veranderen en de therapeut past zich dan aan met zijn interventies. Het is een flexibele aanpak.

Naast het eclectische karakter wordt er in de procesgerichte gesprekstherapie van uitgegaan dat het hulpverleningsproces allerlei beïnvloedingsaspecten kent. Anders geformuleerd: er wordt directiever gewerkt dan Rogers en *directiviteit* wordt niet ontkend.

Ten derde wordt met de procesgerichte gesprekstherapie meer met *'moeilijke' cliënten* gewerkt. Er worden toepassingen gezocht in de hulpverlening aan bijvoorbeeld mensen met schizofrenie, een drugsverslaving of persoonlijkheidsstoornissen. Dit betekent dat in de procesgerichte gesprekstherapie, in tegenstelling tot de therapie van Rogers, wel gebruik wordt gemaakt van diagnostische categorieën. In artikelen die op de procesgerichte gesprekstherapie gebaseerd zijn, kunnen daarom richtlijnen staan waarin gesteld wordt wat een therapeut moet doen of laten. Om een voorbeeld te geven: een rogeriaanse hulpverlener stelt dat in de hulpverlening aan drugsverslaafden eerst duidelijk grenzen gesteld moeten worden (dus directief zijn), dat er bij onvoorwaardelijke positieve aanvaarding een duidelijk onderscheid gemaakt moet worden tussen het aanvaarden van de drugsverslaafde als persoon en het (niet) aanvaarden van zijn gedrag. Bovendien moet de hulpverlener van drugsverslaafden zichzelf goed kennen en moet er dus sprake zijn van congruentie; maar hij moet heel voorzichtig zijn met het openhartig of transparant met drugsverslaafden omgaan. In de praktijk blijkt namelijk dat drugsverslaafden de eventuele transparantie van de hulpverlener kunnen misbruiken, doordat zij nogal kunnen manipuleren (Martens, 1995). Dergelijke adviezen waren er vrijwel niet in de beginperiode van de rogeriaanse hulpverlening, maar worden wel gegeven in de procesgerichte gesprekstherapie.

In de procesgerichte gesprekstherapie blijven de drie grondhoudingen van Rogers nog steeds een belangrijk referentiekader voor de hulpverlener. De gedachte dat het toepassen ervan voldoende is voor een succesvol hulpverleningsproces is wel verlaten. Zeker de hulpverlening aan 'moeilijke' cliënten vereist een meer directieve aanpak. Getracht wordt om in de therapie rekening te houden met de specifieke symptomen van een stoornis en deze achtergrond te combineren met de uitgangspunten van Rogers. Dit levert dan nieuwe opvattingen en richtlijnen op voor specifieke groepen, bijvoorbeeld mensen met dissociatie (kort door de bocht: mensen met meerdere persoonlijkheden; Smulders, 2006) en daders van seksuele delicten (Vanhooren, 2006). Zoals uit de naam van de nieuwe stroming blijkt, blijft het proceskarakter in de hulpverlening daarin centraal staan. Dit begrip slaat zowel op het weer op gang brengen van het gestagneerde groeiproces bij de cliënt als op het proces in de gesprekken.

4.3.2 Positieve psychologie

Positieve psychologie is de jongste loot onder de psychologische stromingen. De startdatum ervan wordt gelegd bij het verschijnen van een artikel van Martin Seligman: Building human strength: Psychology's forgotten mission (Seligman, 1998). In de functie van president van de American Psychological Association constateert hij daarin dat de (Amerikaanse) psychologie zich vooral gericht heeft op het begrijpen en behandelen van menselijke tekorten, zoals psychische problematiek, negatieve emoties, geweld, enzovoorts. Hij pleit ervoor de aandacht (ook) te richten op de positieve krachten in een mens. Deze tot bloei brengen zou preventief kunnen werken. Al snel wordt het begrip positieve psychologie 'geboren', een begrip dat al eerder door Maslow was gebruikt maar nooit was aangeslagen (Maslow, 1954). In de positieve psychologie staat niet zozeer genezing centraal, maar het voorkomen van psychische problematiek (preventie). Er zijn drie kernthema's (www.ppc.sas.upenn.edu): positieve emoties, positieve individuele kenmerken en positieve instituties. Tot de positieve emoties worden tevredenheid, geluk, hoop, enzovoorts gerekend. Tot positieve individuele kenmerken worden moed, sociale vaardigheden, wijsheid, veerkracht, enzovoorts gerekend. Positieve instituties zoals opvoeding en onderwijs, werk, vrijetijdsbesteding, enzovoorts moeten op zo'n manier ingericht worden dat de positieve emoties en kenmerken tot ontwikkeling kunnen komen. Daarnaast dienen de instituties het verantwoordelijkheidsgevoel voor de maatschappij te bevorderen. Dit kan door het stimuleren van rechtvaardigheid, leiderschap, tolerantie, burgerschap, enzovoorts.

Net als in de humanistische psychologie wordt in de positieve psychologie de nadruk gelegd op innerlijke krachten en het goede in de mens. De mens wordt gezien als een creatief wezen dat zijn leven positief kan beïnvloeden. Verschillen zijn er in het nadrukkelijk aansluiting zoeken met wetenschappelijk onderzoek, het onderkennen van biologische en erfelijke invloed op gedrag en het niet alleen bevorderen van individueel geluk (waarin de humanistische psychologie wordt bekritiseerd) maar ook van het collectief welzijn (Seligman & Csikszentmihalyi, 2000; Snyder & Lopez, 2007).

De positieve psychologie kende een 'vliegende start' en verwerft steeds meer aanhang. Het feit dat veel vooraanstaande psychologen zich achter dit initiatief hebben geschaard, zal daaraan bijgedragen hebben. Een mijlpaal is het verschijnen van het handboek *Character Strengths and Virtues* (Peterson & Seligman, 2004). In dit handboek staan de kenmerken van allerlei positieve eigenschappen en de manieren om deze te bevorderen op een rij. Voorbeelden hiervan zijn creativiteit, nieuwsgierigheid, volhardendheid, sociale intelligentie, eerlijkheid, burgerschap, vergevingsgezindheid en nog meer. Het is een knipoog naar *DSM-IV-TR*, het handboek waarin (de kenmerken van) psychische stoornissen op een rij staan.

Sinds enige tijd wordt er ook geëxperimenteerd met positieve psychotherapie, een therapievorm die tot nog toe wordt toegepast bij mensen met depressie en die veelbelovende resultaten scoort (Seligman, Rashid & Parks, 2006). Het idee is dat het zich richten op positieve emoties (een plezierig leven), betrokkenheid (een betrokken leven) en zinvolheid (een zinvol leven) niet alleen preventief werkt, maar ook genezend. In kader 12 staan voorbeelden van de manier waarop deze therapie werkt – zinvol voor mensen met en zonder depressieve kenmerken.

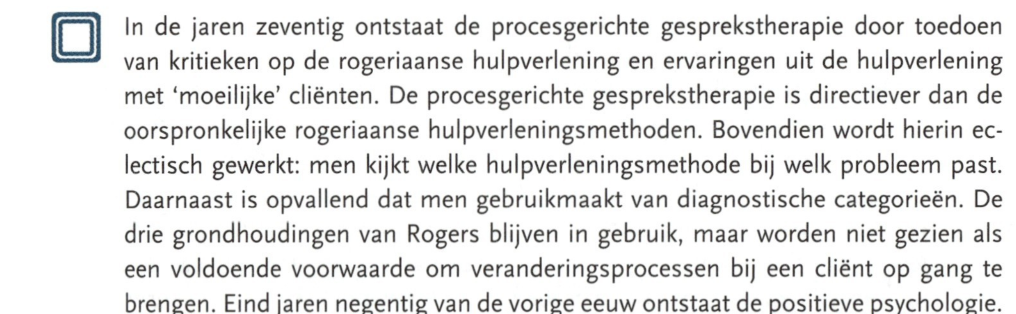

In de jaren zeventig ontstaat de procesgerichte gesprekstherapie door toedoen van kritieken op de rogeriaanse hulpverlening en ervaringen uit de hulpverlening met 'moeilijke' cliënten. De procesgerichte gesprekstherapie is directiever dan de oorspronkelijke rogeriaanse hulpverleningsmethoden. Bovendien wordt hierin eclectisch gewerkt: men kijkt welke hulpverleningsmethode bij welk probleem past. Daarnaast is opvallend dat men gebruikmaakt van diagnostische categorieën. De drie grondhoudingen van Rogers blijven in gebruik, maar worden niet gezien als een voldoende voorwaarde om veranderingsprocessen bij een cliënt op gang te brengen. Eind jaren negentig van de vorige eeuw ontstaat de positieve psychologie. Deze nieuwe stroming kent overeenkomsten met de humanistische psychologie in het benadrukken van innerlijke krachten en de goedheid van mensen. Een verschil is dat positieve psychologie nadrukkelijk gebaseerd wil zijn op wetenschappelijk onderzoek. Daarnaast benadrukt ze het bevorderen van collectief welzijn.

Kader 12

Oefeningen uit de positieve psychotherapie

Positieve psychotherapie wordt zowel in individuele gesprekken als in groepsbijeenkomsten en op internet toegepast. Hieronder staan zes oefeningen die tijdens groepsbijeenkomsten werden gebruikt (Seligman et al., 2006: p. 776, vertaling en bewerking J.R.). Bekijk deze oefeningen en probeer ze ook zelf toe te passen of anderen aan te raden.

1. *Gebruik je kwaliteiten.* Vul de VIA-IS-vragenlijst in (*VIA-IS strengths questionnaire*, zie de link op: **www.coutinho.nl/palet**) en stel je vijf topkwaliteiten vast. Bedenk hoe je deze kwaliteiten meer kunt gebruiken in je dagelijks leven.
2. *Drie goede dingen of zegeningen.* Schrijf elke avond op welke drie goede dingen er die dag gebeurd zijn en waarom je denkt dat deze plaatsgevonden hebben.
3. *Necrologie of biografie.* Stel je voor dat je overleden bent na een vruchtbaar en bevredigend leven. Hoe zou je herdacht willen worden, wat zou je graag vermeld willen hebben in je necrologie (= levensgeschiedenis van een pas overledene, J.R.)? Schrijf een verhaal van één à twee pagina's waarin staat hoe jij graag herinnerd wil worden.

4. *Dankbaarheid bezoekje.* Denk aan iemand die veel voor je heeft gedaan, maar die je daarvoor nog nooit goed bedankt hebt. Schrijf een brief waarin je je dankbaarheid uit en lees die brief voor via de telefoon of in een persoonlijk gesprek.
5. *Actief-constructief reageren.* Een actief constructieve reactie vindt plaats als je op een zichtbaar positieve en enthousiaste manier reageert op goed nieuws van iemand anders. Reageer minstens een keer per dag actief en constructief op iemand die je kent.
6. *Genieten.* Zorg ervoor dat je minstens een keer per dag van iets geniet waar je gewoonlijk vanwege haast niet de tijd voor neemt, bijvoorbeeld van een maaltijd nuttigen, een douche nemen of naar school of werk gaan. Schrijf na afloop op wat je gedaan hebt, wat je eraan veranderd hebt en hoe je het ervaren hebt in vergelijking met de haastige variant.

4.4 Het verklaren van psychische stoornissen

Rogeriaanse hulpverlening gaat uit van het individu en de specifieke problemen die hij ondervindt en waarvoor hij hulp vraagt. Dit heeft consequenties voor de visie op psychische stoornissen. Omdat Rogers zo'n nadruk legt op de unieke persoon wijst hij diagnostische categorisering van de hand. Hij stelt dat een etiket plakken op iemands problemen, bijvoorbeeld depressie, het gevaar met zich meebrengt dat de unieke problemen die een individu ervaart en waarin hij verschilt van andere mensen op de achtergrond raken. Op de voorgrond komt dan de overeenkomst tussen de cliënt en andere mensen met eenzelfde stoornis. Omdat Rogers geen diagnostische categorisering gebruikt, heeft er geen theorievorming plaatsgevonden over de oorzaken van stoornissen. Zijn er binnen de leerpsychologie en de psychoanalyse wel verklaringen voor het ontstaan en voort blijven bestaan van psychische stoornissen, binnen de humanistisch-psychologische en rogeriaanse theorievorming ontbreken ze.

Rogers heeft nog een tweede reden om de categorisering van psychische problemen af te wijzen. Hierdoor zou de klacht voorop komen te staan in de hulpverlening, en Rogers streeft nadrukkelijk meer na dan symptoombestrijding. Hij stelt het groeien van een persoon voorop en niet enkel het verdwijnen van bijvoorbeeld angstsymptomen. In de hulpverlening wordt ernaar gestreefd om een persoon zo te laten groeien dat hij niet alleen de huidige problemen en klachten weet op te lossen, maar hieraan in de toekomst zelfstandig het hoofd kan bieden.

Hoewel er binnen de rogeriaanse theorievorming geen verklaringen zijn voor specifieke stoornissen, staat bij alle psychische stoornissen – van 'groot' naar 'klein' – één visie centraal. Als iemand psychische problemen heeft, dan is er volgens de rogeriaanse theorie *altijd sprake van incongruentie* (Van Kalmthout, 1995b). Bij elke psychische stoornis bestaat een geremde of verstoorde afstemming tussen voelen, denken en (communicatief) handelen. Bij dit ene, alomvattende verklaringsprincipe past ook slechts één hulpverleningsdoel: de congruentie en groei van de cliënt herstellen.

Zoals we in de voorgaande paragraaf zagen, wordt binnen moderne varianten van de rogeriaanse hulpverlening wel gebruikgemaakt van diagnostische categorisering. Het idee daarachter is dat het nuttig is om kennis te hebben van kenmerkende aspecten van een bepaalde stoornis zoals schizofrenie, angststoornis of verstandelijke handicap. Op grond van die kennis wordt de hulpverlener in staat gesteld om rogeriaanse hulpverleningsprincipes op maat toe te passen. Het bevorderen van groei bij de cliënt blijft centraal staan; symptoombestrijding wordt van de hand gewezen (ibidem).

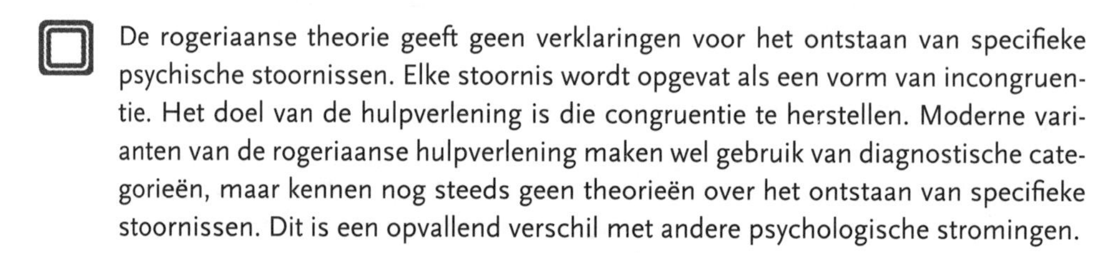

De rogeriaanse theorie geeft geen verklaringen voor het ontstaan van specifieke psychische stoornissen. Elke stoornis wordt opgevat als een vorm van incongruentie. Het doel van de hulpverlening is die congruentie te herstellen. Moderne varianten van de rogeriaanse hulpverlening maken wel gebruik van diagnostische categorieën, maar kennen nog steeds geen theorieën over het ontstaan van specifieke stoornissen. Dit is een opvallend verschil met andere psychologische stromingen.

4.5 Praktische toepassingen van rogeriaanse principes in hulpverlening en opvoeding

De theorie van Rogers heeft geleid tot uiteenlopende toepassingen. Rogers legt zelf verschillende accenten en zijn leerlingen doen dat ook. Dit betekent dat de toepassingen ook verschillend zijn. In de ene wordt de cliënt centraal gesteld, in een andere wordt juist meer gekozen voor een sturende, directieve aanpak door de hulpverlener. Bijna allemaal gebruiken ze inzichten uit andere theorieën en zijn in die zin niet zuiver rogeriaans. Toepassingen zijn te vinden in een breed scala van hulpverlenings- en opvoedingssituaties en vaak gericht op communicatie en gesprekstechnieken. Meestal betreft het eerder een vorm van bejegening dan van therapie. We starten het overzicht met de *Gordonmethode*, een uitwerking van de rogeriaanse grondhoudingen naar de opvoedingssituaties, zowel in het gezin als in het onderwijs. Ten tweede wordt *gentle teaching* besproken, een uitwerking naar de zorg aan verstandelijk gehandicapten. Ten derde komt de *validationmethode* aan de orde, een uitwerking naar de psychogeriatrie. Tot slot besteden we aandacht aan de *motiverende gespreksteehniek*, die oorspronkelijk werd ontwikkeld voor de verslavingszorg maar tegenwoordig breed wordt toegepast.

4.5.1 De Gordonmethode

Thomas Gordon heeft de rogeriaanse grondhoudingen uit de psychotherapeutische hulpverlening vertaald naar de pedagogische situatie. Hij heeft zich daarbij vooral gericht op de dagelijkse opvoedingssituatie, de interactie tussen kind en volwassene in gezin (Gordon, 2005) en onderwijs (Gordon & Burch, 2005). Zijn werk wordt ook toegepast in andere pedagogische situaties zoals kinderdagverblijven en de verstandelijkgehandicaptenzorg. Hieronder worden drie aspecten van de Gordonmethode besproken (zie Peters, 1984): onvoorwaardelijke acceptatie, actief luisteren en het transparant uiten van boodschappen door de opvoeder. Net als Rogers neemt Gordon het standpunt in dat autoritair handelen schadelijk kan zijn. Gordon werkt dit principe uit naar de opvoedingssituatie en wijst niet alleen af, maar benoemt gedragsalternatieven.

Onvoorwaardelijke acceptatie
We zagen eerder dat bij onvoorwaardelijke acceptatie een onderscheid gemaakt moet worden tussen het accepteren van gevoelens en van gedrag. In een therapie moet de therapeut de boosheid van een cliënt wel acceperen, maar geldt dat niet voor diens boze gedrag. Een opvoeder wordt vaker geconfronteerd met gedrag, simpelweg omdat een opvoedingssituatie langduriger is dan een therapie. Daarom benadrukt Gordon dat een opvoeder onmogelijk al het gedrag van een kind kan accepteren. Acceptatie, zo stelt hij, is niet alleen afhankelijk van de opvoeder, maar ook van de interactie tussen kind en opvoeder. Sommige opvoeders kunnen meer accepteren dan andere, sommige kinderen zijn moeilijker in de omgang dan andere en ook de situatie speelt een rol. Een opvoeder die grieperig of moe is, kan minder aan dan wanneer hij goed in zijn vel zit. Veel belangrijker dan de acceptatie van al het gedrag vindt Gordon dan ook de *ware gevoelens* (vergelijk echtheid en congruentie) van de opvoeder. Het is belangrijk dat de opvoeder laat merken wat hij vindt van het gedrag van een kind. Ware gevoelens, zo stelt Gordon terecht, blijven in een opvoedingssituatie niet verborgen voor het kind. Hij waarschuwt dan ook voor pseudoacceptatie: net doen alsof het gedrag van het kind wordt aanvaard, maar het innerlijk afwijzen. Pseudoacceptatie heeft volgens Gordon een negatieve invloed op kinderen.

Een gevolg van dit standpunt is dat Gordon het *niet erg* vindt als opvoeders *inconsequent* zijn met hun acceptatie van gedrag. Op het ene moment kan een ouder het lawaaierige spel van zijn kind wel accepteren en een ander moment – als hij bijvoorbeeld praat met de buurman – juist niet. Belangrijk is dan dat de ouder het kind laat merken waarom hij op dat moment het lawaai vervelend vindt. Hij moet laten merken wat hij echt denkt en voelt. Een belangrijk instrument daarbij zijn *ik-boodschappen* (zie verder).

Het niet accepteren van gedrag en daarbij zo eerlijk mogelijk blijven kan de opvoeder ten dele oplossen door zich af te vragen wie het probleem heeft. Gedrag van een kind kan een probleem voor de opvoeder, voor het kind zelf of voor beiden zijn. Degene die het probleem heeft, is de aangewezen persoon om het op te lossen. De vader die last heeft van het lawaai van zijn kind omdat hij met de buurman wil praten, zal minder geneigd zijn om met een verbod te reageren als hij beseft dat dit zíjn probleem is. Hij kan zijn probleem bijvoorbeeld duidelijk maken door te zeggen: 'Giovanni, als je zoveel lawaai maakt, dan heb ik daar last van omdat ik niet kan horen wat de buurman zegt.' Met deze opmerking wordt Giovanni de gelegenheid geboden om zijn vader te helpen door of minder lawaai te maken of ergens anders te gaan spelen. De vader toont hiermee dat hij vertrouwen heeft in zijn kind. Als het gedrag een probleem voor het kind is, bijvoorbeeld wanneer het kwaad van tafel loopt na het verliezen van een spelletje, dan moeten opvoeders niet direct oplossingen aandragen. Als ze dat doen, dan nemen ze volgens Gordon het probleem van het kind over en dat moet juist leren zelf oplossingen te vinden. Dit spoort met het uitgangspunt van de humanistische psychologie dat een individu zelf verantwoordelijk is voor zijn gedrag.

Luisteren

In de psychotherapie draait het om luisteren, benadrukt Rogers. Door te luisteren wordt vertrouwen geschonken. Gordon vindt luisteren ook een belangrijk instrument in de opvoeding. Te vaak verbieden of adviseren opvoeders voordat een kind de mogelijkheid heeft gekregen iets te verduidelijken. De opvoeder moet zichzelf niet opdringen aan het kind, maar het de ruimte geven om zelf oplossingen te vinden en er zijn als het kind dat vraagt. Dit kan worden bereikt door zo goed mogelijk te luisteren naar het kind.

Gordon onderscheidt niet-verbale van verbale vormen van luisteren. *Niet-verbaal luisteren* is door niet-verbale boodschappen – zoals knikken of een knipoog – het kind kenbaar maken dat het geaccepteerd wordt. Het kind niet storen in zijn bezigheden is ook een vorm van niet-verbaal luisteren. Bij *verbaal luisteren* gaat het in eerste instantie om het accepteren van wat het kind bedoelt te zeggen. Bij verbaal luisteren stimuleert de opvoeder het kind verbaal om door te praten, bijvoorbeeld met opmerkingen zoals 'Ik ben benieuwd naar wat je op school hebt gedaan', 'Vind je het leuk om het me te vertellen?' of 'Leuk zeg'. *Actief luisteren* is ook een vorm van verbaal luisteren. Dit lijkt enigszins op het spiegelen van een therapeut. De opvoeder laat blijken dat hij de boodschap van het kind heeft ontvangen en geeft er een onderliggende betekenis aan. Het is een vorm van luisteren waarbij *empathie* essentieel is. Een voorbeeld:

> *Stel dat een vader zijn zoon helpt bij het huiswerk. Bij het overhoren van de 'moeilijke woorden' blijkt dat deze te veel woorden niet weet. Kwaad smijt hij het boek in de hoek en rent snikkend naar zijn kamer. Vader kan dan naar de kamer van zijn zoon gaan en voor de deur roepen dat hij beter zijn best moet doen of dat het allemaal wel meevalt. Dit zijn vormen van niet-actief luisteren. Vader kan ook zijn zoon even alleen laten en later vragen of hij op zijn kamer mag*

> *komen. Als dat mag, kan vader bijvoorbeeld zeggen: 'Je voelt je verdrietig is het niet?' Dit laatste maakt duidelijk dat hij actief probeert te luisteren.*

Transparant uiten van boodschappen

Gordon vindt echtheid bij de opvoeder belangrijker dan acceptatie van het gedrag van het kind. Echtheid is te onderscheiden in een binnenkant (congruentie: jezelf kennen) en een buitenkant (transparantie: je tonen zoals je echt bent). Gordon richt zich vooral op transparantie. Hij onderscheidt twee soorten boodschappen bij de opvoeder: de ik-boodschap en de jij-boodschap. Een goede ik-boodschap komt overeen met een transparante manier van uiten, de opvoeder laat zien wat hij innerlijk ervaart.

Gordon staat op het standpunt dat als opvoeders een probleem hebben zij dit niet voor het kind moeten verzwijgen, maar het juist op een eerlijke, open manier moeten laten blijken. Het kind mag er best mee geconfronteerd worden. Een goede manier om dit te doen is met de *ik-boodschap*: 'Onder een ik-boodschap wordt verstaan dat ik oprecht zeg hoe ik iets vind, beleef, voel, hoe ik in een bepaalde relatie c.q. situatie sta, wat bepaald gedrag voor me betekent enzovoort' (Peters, 1984: p. 53). Een volledige ik-boodschap maakt het kind duidelijk met welk probleem een opvoeder zit, over welk gedrag het gaat, welk gevoel hij erbij heeft en wat het voor hem betekent, dat wil zeggen wat de gevolgen van het gedrag zijn of wat voor uitwerkingen het heeft op de opvoeder. Een voorbeeld ter verduidelijking:

> *Stel dat een kind te laat thuiskomt na school (het is ergens blijven spelen), dan kan de ouder de volgende ik-boodschap geven: 'Jochem, als je niet direct na school naar huis komt (niet te accepteren gedrag), dan ga ik me zorgen maken en word ik helemaal zenuwachtig (gevoel). Ik loop dan de hele tijd te ijsberen en bel Jan en alleman op om te vragen waar je bent' (concrete uitwerking).*
> *Een jij-boodschap zou in dit geval kunnen zijn: 'Jochem, je maakt me helemaal gek, je moet op tijd thuis komen.'*

Ik-boodschappen zijn geen garantie voor een ongestoorde opvoeding, maar wel een manier om te voorkomen dat de opvoeder in een autoritaire rol schiet. Een goede ik-boodschap laat zien wat een opvoeder innerlijk beleeft zonder daarmee het kind onder druk te zetten. Ik-boodschappen mogen van Gordon dan ook geen oplossingen bevatten, het kind moet de mogelijkheid krijgen om zelf een oplossing te vinden.

4.5.2 Gentle teaching

Gentle teaching (vriendelijk onderwijzen) wordt vooral in de verstandelijkgehandicaptenzorg, maar tegenwoordig ook breder bij 'mensen met kwetsbaarheden' toegepast (Siepkamp, 2005). Deze werkwijze werd ontwikkeld door de kinderpsychiaters Frank Menolascino en vooral John McGee, afkomstig uit de Verenigde Staten en Canada. Hieronder worden drie aspecten besproken. Allereerst het mensbeeld, dat op een aantal punten verschilt met dat van Rogers. Ten tweede de werkwijzen die men hanteert en tot slot een paar kritische kanttekeningen.

Rogers stelt in zijn mensbeeld de unieke persoon voorop. Hij vindt het belangrijk om een individu in zijn totaliteit te beschouwen en geen reductie toe te passen. Groei en streven naar zelfverwerkelijking staan centraal. Gentle teaching sluit aan op de humanistische psychologie, maar eigenlijk meer op de existentieel-fenomenologische benadering (Van Berckelaer-Onnes, 1993). Ook bij gentle teaching wordt de mens als totaliteit opgevat. Daarnaast wordt juist het samen-leven met andere mensen erin benadrukt. Existeren (bestaan) wordt opgevat als co-existeren (samen-bestaan). Een mens geeft richting aan zijn eigen leven, maar wordt alleen maar mens samen met andere mensen. Deze nadruk op het samen-leven of verbonden zijn ontbreekt bij Rogers.

Voor de verstandelijkgehandicaptenzorg heeft dit mensbeeld grote consequenties. De verstandelijk gehandicapte wordt niet opgevat als een defecte machine die slecht kan communiceren en niet voor zichzelf kan zorgen, maar als een mens in wording die daarbij afhankelijk is van anderen. Bij gentle teaching wordt de onderlinge afhankelijkheid tussen hulpontvanger en hulpverlener benadrukt. Daarbij gaat het om solidariteit, samenzijn, geliefd worden, genegenheid tonen en vriendschap (Reinders, 1993; Siepkamp, 2005).

Het benadrukken van de wederzijdse afhankelijkheid betekent dat veranderingen in de een veranderingen in de ander teweegbrengen. McGee stelt vriendelijkheid en veiligheid voorop; dominerende of straffende hulpverlening wordt afgewezen. Technieken uit de leerpsychologie, waarbij men uitgaat van het mensbeeld van de defecte machine, worden argwanend bekeken.

Gentle teaching heeft veel gemeen met de rogeriaanse grondhoudingen. McGee benadrukt de gelijkwaardigheid tussen hulpontvanger en hulpverlener en het belang van een benadering die veiligheid, solidariteit en warmte uitstraalt. Behalve door de humanistische psychologie is gentle teaching ook beïnvloed door de ideeen van Bowlby. Deze benadrukte het belang van een affectieve band (hechting) tussen kind en opvoeder in de eerste levensjaren. In gentle teaching wordt het belang van hechting voor alle levensjaren benadrukt: 'Het is een affectieve band die niet alleen van belang is in de eerste fase van de menselijke ontwikkeling, maar het is een opvoedkundig proces dat in alle fases van die ontwikkeling dient voor te komen' (Peters, 1992: p. 146). Gedragsproblemen bij verstandelijk gehandicapten worden volgens McGee veroorzaakt door een gebrek aan hechting. Om de hechting te herstellen, moet de hulpverlener vooral ingaan op positieve gedragingen en negatieve negeren. Disciplinering wordt afgewezen. Vier sleutelbegrippen staan centraal bij de solidariteit die de hulpverlener moet uitstralen: *acceptatie, affectie, tolerantie* en *warmte*. Aandacht wordt gegeven aan positieve aspecten van gedrag, waarbij de groepsleider volhardend moet blijven. Het benadrukken van acceptatie spoort met een belangrijk uitgangspunt van de humanistische psychologie, namelijk dat groei alleen in een accepterende en ruimte biedende situatie mogelijk is.

De hulpverleningshouding die McGee voorstaat, stelt hoge eisen aan de hulpverleners. Hij benadrukt dat zij de eigen waarden en normen en hun sterke en zwakke plekken moeten kennen.

> *Het is belangrijk dat wij ons bewust zijn van onze eigen kwetsbaarheden alvorens we ons richten op de zwakheden van mensen die wij willen helpen. Sommige van deze kwetsbaarheden hangen samen met onze persoonlijke eigenschappen, andere zijn het gevolg van krachten die van buiten ons komen.*
> *Als een groepsleider bijvoorbeeld bang is om lichamelijk gekwetst te raken, zal hij eerder zijn toevlucht nemen tot vrijheidsbeperkende middelen en maatregelen dan iemand die daar niet bang voor is. En als een groepsleider zelf depressief is, is hij niet goed in staat om andere mensen op een opgewekte manier te benaderen (McGee, 1995: p. 57).*

McGee pleit daarom voor intervisie waarbij de hulpverlener kritisch naar zichzelf leert kijken, zodat hij zijn eigen waarden een steviger fundament kan geven om daarmee anderen te kunnen helpen die kwetsbaar zijn (ibidem).

De Nederlandse orthopedagoog Hans Peters (1992) is kritisch over enkele uitgangspunten van gentle teaching. McGee stelt dat hulpverleners ook de dikwijls zeer negatieve gedragingen van verstandelijk gehandicapten onvoorwaardelijk moeten accepteren. Peters stelt dat hiermee het onderscheid tussen het accepteren van belevingen en het niet accepteren van bepaalde gedragingen onduidelijk blijft. Zoals we hebben gezien, wordt dit onderscheid binnen de rogeriaanse hulpverlening wel gemaakt. Peters vindt dat het juist vanuit het respect dat iemand heeft voor een ander mogelijk is om grenzen te stellen aan gedrag. Net zoals in de rogeriaanse hulpverlening vindt hij echtheid (congruentie) belangrijker dan onvoorwaardelijke acceptatie:

> *'Het kan soms veel spanning tussen pupil en verzorger wegnemen, door aan te geven wat je grenzen zijn. Bovendien, door te laten blijken wat in het gedrag van die ander echt niet kan, wordt deze serieus genomen en kan er, wanneer dit vanuit een respectvolle, liefdevolle houding gebeurt, soms méér sprake van gelijkwaardigheid zijn, dan wanneer dit tegen alle gevoel in geaccepteerd wordt' (Peters, 1992: p. 155).*

Ook ten aanzien van het negeren van problematisch gedrag is Peters kritisch. Hij heeft twee opmerkingen. Problematisch gedrag kan een vorm zijn van aandacht vragen, wat daarom genegeerd kan worden. Maar, zo stelt Peters, problematisch gedrag kan ook een uiting van lijden zijn. Juist vanuit een accepterende en warme houding kan het nodig zijn om op gedrag in te gaan in plaats van het te negeren. Ten tweede vindt hij het stelselmatig negeren van problematisch gedrag vreemd gezien de kritiek die gentle teaching heeft op de leerpsychologie. Negeren van gedrag is namelijk een bekend leerpsychologisch middel en kan door de cliënt, zeker als het problematische gedrag een uiting van lijden is, als een straf ervaren worden. Peters vindt dat de aanhangers van gentle teaching hier veel te weinig aandacht voor hebben.

4.5.3 Validationmethode

Validation is een 'bejegeningsmethode' voor familie en personeel van dementiepatiënten. Deze werd begin jaren tachtig van de vorige eeuw ontwikkeld door de Amerikaanse gerontologisch maatschappelijk werkster Naomi Feil en is beïnvloed door zowel de humanistische psychologie als de neopsychoanalyse. Validation kreeg grote invloed in de psychogeriatrie. Hieronder worden de uitgangspunten ervan kort besproken.

Het mensbeeld dat Feil hanteert sluit aan op de humanistische psychologie. Feil zegt dat demente bejaarden niet begrepen moeten worden vanuit een aftakeling van de hersenen: ook hier moet de gehele mens het uitgangspunt zijn. Ze is ook beïnvloed door de levensfasetheorie van de ontwikkelingspsycholoog en neopsychoanalyticus Erik Erikson. Deze stelt dat een persoon in elke levensfase een bepaalde ontwikkelingstaak te vervullen heeft. Zo staat in de eerste levensmaanden het ontwikkelen van vertrouwen in andere mensen (zoals hechting aan de opvoeders) centraal. In de tweede fase staat (vergelijk met de objectrelatietheorie) het ontwikkelen van zelfstandigheid centraal (Mönks & Knoers, 2004). Belangrijk voor de theorie van Feil is de laatste fase die Erikson onderscheidt. Deze fase is verbonden met de ouderdom en het is de taak van de oudere zijn leven te overzien en het te accepteren zoals het verlopen is. Als dat niet lukt, zou dat volgens Erikson wanhoop (depressie) kunnen veroorzaken. Als het wel lukt, bereikt het individu een toestand van 'ik-integriteit'.

Feil stelt dat deze taak voor een oudere met dementie vaak niet goed te vervullen is vanwege cognitieve (geheugen)stoornissen. Maar ouderen met dementie trekken zich wel vaak terug in het verleden, waarbij emotionele herinneringen naar boven kunnen komen. De taak van de hulpverlener is door middel van empathische communicatie de emotionele herinneringen te accepteren en te stimuleren. De oudere met dementie verwerkt daarmee niet de emotionele problemen, maar zou wel (tijdelijk) opluchting ervaren (Dröes, 1995). Feil (1994) stelt dat met deze methode de oudere met dementie zijn waardigheid kan hervinden en dat angst en in zichzelf terugtrekken erdoor verminderen.

Net als gentle teaching is validation gebaseerd op een overtuiging, een positief mensbeeld. Hieronder staan zes overtuigingen die Feils aansluiting bij de humanistische psychologie illustreren:

1 Ieder mens is uniek en dient als individu te worden behandeld.
2 Ieder mens is waardevol, hoe gedesoriënteerd hij ook moge zijn.
3 Het gedrag van hoogbejaarden wordt niet alleen bepaald door anatomische veranderingen in de hersenen, maar ook door een combinatie van lichamelijke, sociale en psychische veranderingen die gedurende het gehele leven hebben plaatsgevonden.
4 Hoogbejaarden dienen zonder waardeoordeel te worden geaccepteerd.
5 Gevoelens gaan minder pijn doen wanneer ze worden geuit, erkend en gevalideerd door iemand die het vertrouwen heeft van de oudere. Worden ze genegeerd of onderdrukt, dan worden de gevoelens alleen maar heviger.
6 Door empathie ontstaat vertrouwen, nemen angst en onrust af en wordt waardigheid hersteld (Feil, 1994: p. 34-35).

In bovenstaande overtuigingen zijn de rogeriaanse basishoudingen onvoorwaardelijke acceptatie en empathie te herkennen. Feil besteedt weinig aandacht aan echtheid. Ze schrijft:

> *'Validerende zorgverleners moeten hun eigen oordeel en verwachtingen over het gedrag van de oudere opzij kunnen zetten en een gevoel ontwikkelen voor de logica achter de desoriëntatie van zeer oude mensen' (ibidem: p. 39).*

Feil is zich ervan bewust dat dit niet makkelijk is. Elke toepassing van validation begint daarom met een ontspanningsoefening voor hulpverlener of familielid. Het doel daarvan is de hulpverlener in staat te stellen zijn eigen emoties 'af te reageren' om daardoor beter in staat te zijn empathisch te luisteren.

4.5.4 Motiverende gespreksvoering

De theorie van Rogers heeft veel invloed gehad op gesprekstechnieken; motiverende gespreksvoering (MGV) is hier een recente illustratie van (Miller & Rollnick, 2002). Deze techniek heeft vooral toepassing gevonden in de verslavingszorg, maar wordt tegenwoordig breder toegepast bij onder andere delinquenten, jongeren met gedragsproblemen en mensen met eetstoornissen. Kenmerkend aan deze mensen is, oppervlakkig gezien, een gebrek aan motivatie. In MGV wordt motivatie niet opgevat als een vastliggend kenmerk van bijvoorbeeld een verslaafde ('hij is ongemotiveerd'), want dat zou betekenen dat het zinloos is om iets te gaan doen. Motivatie wordt opgevat als een kenmerk dat te beïnvloeden is door interventies en houdingen van een hulpverlener (Renders, 2002). Centraal staat de visie van Rogers dat als iemand incongruent is, dit een onplezierige toestand is die iemand motiveert om te veranderen (Fiedler, 2007). Iemand die verslaafd is, ervaart waarschijnlijk incongruentie. Hoe hij zich gedraagt, komt niet overeen met hoe hij zou willen zijn (gedachten) en hij zal zich ook niet plezierig voelen. Het idee is dat hoe groter de incongruentie is, hoe groter de (intrinsieke) behoefte en motivatie om te veranderen zijn. In MGV wordt getracht deze intrinsieke motivatie te vergroten. Daarbij geldt een aantal voorwaarden. Net als bij Rogers geldt dat hulpverleningsvaardigheden geen snelle trucjes mogen zijn, maar wezenlijke kenmerken van de hulpverlener en hulpverleningsrelatie (Miller & Roddnick, 2002). Dit betekent dat de hulpverleningsrelatie is te typeren als samenwerking. De motivatie van de cliënt wordt niet vergroot als de hulpverlener met hem in discussie gaat, maar wel door de cliënt aan te sporen tot zelfonderzoek. De hulpverlener onderwijst niet en wijst niet terecht ('Besef je wel wat je aan het doen bent?'), maar lokt zelfonderzoek door de cliënt uit. De verantwoordelijkheid daarvoor ligt helemaal bij de cliënt, deze is autonoom (zie figuur 4.3). De MGV kent vier algemene principes (ibidem): toon je empathie, bevorder de discrepantie, ga niet tegen de weerstand in en heb vertrouwen in de persoonlijke effectiviteit van de cliënt.

Fundamentele benadering van motiverende gespreksvoering	Spiegelbeeldig tegenovergestelde benadering van hulpverlening
Coöperatie. De hulpverlener sluit een bondgenootschap dat recht doet aan de deskundigheid en perspectieven van de cliënt. Hij zorgt voor een sfeer die bijdraagt aan verandering, in plaats van verandering af te dwingen.	Confrontatie. De hulpverlener schuift de vertroebelde perspectieven van de cliënt opzij door hem te brengen tot bewustwording en acceptatie van een 'werkelijkheid' die hij niet kan zien of niet wil toegeven.
Evocatie. De hulpverlener gaat ervan uit dat de middelen en de motivatie voor verandering zich in het innerlijk van de cliënt bevinden. Intrinsieke motivatie voor verandering wordt bevorderd doordat de percepties, doelen en waarden van de cliënt zelf erbij worden gehaald.	Educatie. De hulpverlener gaat ervan uit dat het de cliënt ontbreekt aan belangrijke kennis, inzichten en/of vaardigheden die nodig zijn om verandering tot stand te brengen. Hij streeft ernaar deze gebreken op te heffen door de vereiste verlichting te brengen.
Autonomie. De hulpverlener bevestigt bij de cliënt het recht op en het vermogen tot zelfsturing en schept faciliteiten voor een doordachte keuze.	Autoriteit. De hulpverlener zegt tegen de cliënt wat hij of zij moet doen.

Figuur 4.3 De geest van de motiverende gespreksvoering (Miller & Rollnick, 2002: p. 35).

Empathie. De hulpverlener probeert de gevoelens en opvattingen van de cliënt te begrijpen zonder te oordelen, kritiek te geven of te beschuldigen. Mensen blijken, zoals Rogers aangaf, ruimte te krijgen voor verandering als ze aanvaard worden. Ze zetten juist de hakken in het zand als ze niet aanvaard worden. In dit proces van verandering is het logisch dat een cliënt (i.c. verslaafde) twijfelt en ambivalent is, want anders was hij allang gestopt. Ook ambivalentie wordt door de hulpverlener geaccepteerd.

De incongruentie moet bevorderd worden. Miller & Roddnick noemen dit **discrepantie**. Daarin zijn zij directiever dan Rogers. De hulpverlener speelt een rol in het vergroten van de discrepantie die de cliënt al ervaart, maar kennelijk nog niet groot genoeg is om tot gedragsveranderingen te komen. Als de discrepantie toeneemt, dan stimuleert de hulpverlener het door de cliënt zelf aandragen van argumenten voor verandering, dat moet uit hemzelf komen.

Het is logisch dat de cliënt zo nu en dan in verzet gaat. Er ontstaat **weerstand**. De ervaring heeft geleerd dat de hulpverlener deze niet moet gaan bestrijden, dat hij geen argumenten moet aandragen waarin de cliënt wordt aangespoord om door te gaan. De discussie wordt vermeden en het probleem wordt teruggegeven aan de cliënt ('Nee, jij beslist. Doe wat je zelf goeddunkt.'). In andere benaderingen wordt deze techniek judoën genoemd: ga geen confrontatie met de cliënt aan zoals bij boksen, maar beweeg met hem mee zoals bij judo (Lange, 2006).

De hulpverlener moet oprecht geloven dat de cliënt zelf het vermogen heeft om een taak of beslissing uit te voeren, hij moet geloven in diens **persoonlijke effectiviteit**. Voor de cliënt is dat een belangrijke stimulans voor zijn eigen motivatie.

MGV is nog jong, maar al wel regelmatig onderzocht op effectiviteit, en die blijkt aanzienlijk te zijn (Wiers, 2007). Een voorbeeld is een onderzoek naar een eenmalig motiverend gesprek met studenten die meer dronken dan hun leeftijdgenoten, maar niet vonden dat zij een probleem hadden. Dit ene gesprek deed het drankgebruik in het jaar daarna verminderen in vergelijking met evenveel drinkende studenten die het gesprek niet gevoerd hadden. Zelfs vier jaar later was er nog effect aantoonbaar.

In deze paragraaf zijn vier toepassingen van de rogeriaanse principes in de hulpverlening besproken. In de Gordonmethode wordt minder belang gehecht aan onvoorwaardelijke acceptatie. Luisteren (een empathische activiteit) en echtheid bij de opvoeder zijn wel van belang. Zowel bij gentle teaching als bij validation worden juist acceptatie en empathie benadrukt. Beide toepassingen besteden, zij het verschillend, minder aandacht aan de echtheid bij de hulpverlener. In de motiverende gesprekstechniek wordt een meer directieve aanpak toegepast, maar blijft de cliënt centraal staan.

4.6 Kanttekeningen

In de loop van dit hoofdstuk is een aantal kritische kanttekeningen bij de humanistische psychologie geplaatst. Zo zagen we dat in het rogeriaanse mensbeeld te weinig rekening wordt gehouden met de invloed van sociale omstandigheden en erfelijke aanleg op het gedrag van een individu. De positieve psychologie corrigeert dit gemis. Ook bij de door Rogers veronderstelde innerlijke goedheid van de mens werd een vraagteken gezet. Verder zagen we dat de praktijk heeft uitgewezen dat de drie grondhoudingen niet altijd een voldoende voorwaarde bieden voor een succesvolle hulpverlening. De ervaring leert dat de grondhoudingen toegesneden moeten worden op de kenmerken van de cliënt. Dat kan bijvoorbeeld betekenen dat er directiever wordt gehandeld.

Hieronder bespreken we nog twee kanttekeningen. Rogers was positief over de mogelijkheid van therapeuten om de drie grondhoudingen toe te passen. Kunnen zij dat in de praktijk inderdaad? We kijken wat specifieker naar het toepassen van empathie en zullen zien dat deze grondhouding niet altijd succesvol toegepast kan worden. Ten tweede kijken we naar wat bekend is over effectonderzoek van humanistische en rogeriaanse hulpverleningsmethoden. Is er bewijs dat deze effectief zijn?

Empathie is gemeengoed in de hulpverlening en het ligt voor de hand om te veronderstellen dat het een belangrijk instrument is bij de hulpverlening aan mensen van allochtone afkomst. Door eigen normen en waarden opzij te schuiven kan de hulpverlener zich immers beter inleven in de belevingswereld van zijn allochtone cliënt. Hij moet zich daarbij verdiepen in diens cultuur en zich bewust zijn van zijn eigen culturele en hulpverleningsnormen. Als dit onvoldoende gebeurt, sluiten de referentiekaders van hulpverlener en cliënt niet aan: er is dan geen sprake van empathie. Kortmann (1995) wijst op westerse normen en waarden die onze hulpverlening kleuren: positieve waardering van individualisme, de aanmoediging van vrije expressie van gevoelens, de bevordering van assertiviteit en grote tolerantie voor datgene wat van de norm afwijkt. Het is niet moeilijk te zien dat deze normen overeenkomen met uitgangspunten van rogeriaanse hulpverlening. Maar, zo schrijft Kortmann, westerse normen in de hulpverlening botsen bijvoorbeeld met normen en waarden uit de hindoecultuur. Daarin staat het individu niet centraal en bevordert het geloof in reïncarnatie een zekere acceptatie van de levenssituatie. Een hulpverlener zal bij het werken met mensen uit een andere cultuur zijn eigen normen en waarden dus moeten relativeren. Maar dat is makkelijker gezegd dan gedaan.

Een tweede probleem is er als een hulpverlener zich niet wil verdiepen in de achtergrond van een ander. Empathie is soms een opgave. Kan een hulpverlener een terrorist, een moordenaar of een kinderverkrachter empathisch begrijpen? Dat zal niet altijd lukken. De theorievorming over empathie is verder gegaan (Vanaerschot, 2004; De Haas, 2005) en er worden nu drie lagen onderscheiden.

Een **empathische verstandhouding** wordt gekenmerkt door vriendelijkheid, begrip, erkenning en acceptatie van de gevoelens van de ander. Men graaft niet diep in de belevingswereld van de ander, maar toont respect.

Persoonsempathie betekent begrijpen hoe het is en voelt om deze cliënt te zijn; begrijpen hoe bijvoorbeeld vroegere ervaringen de cliënt hebben gemaakt tot wat hij nu is. Bij de moordenaar wordt op dit niveau bijvoorbeeld de vraag gesteld: 'Wat heeft hem bezield?'

Bij **procesempathie** stemt de hulpverlener zich af op de beleving van de cliënt. Er is sprake van diepgaand psychologisch contact. De cliënt ervaart dan zijn belevingswereld als zinvol en beseft dat hij ertoe doet.

Lang niet altijd zal een hulpverlener in staat zijn om het derde niveau te bereiken. De Haas (die zelf werkt met gedetineerden) noemt het eerste niveau voorwaardelijk voor contact. Over het derde niveau zegt hij dat hij dit niet altijd kan en wil opbrengen. Empathie kent grenzen.

Kader 13

Empathische problemen in Ethiopië

Frank Kortmann is een Nederlandse psychiater die in de jaren tachtig van de vorige eeuw in Ethiopië werkte. In die situatie, zo zegt hij zelf, werd zijn empathisch vermogen danig op de proef gesteld. Hier volgt zijn relaas, waarin duidelijk wordt wat de problemen waren:

'Het ziektegedrag van Ethiopiërs was voor mij vaak moeilijk invoelbaar. Een Ethiopiër komt meestal ondersteund door zijn familie of vrienden naar de polikliniek. Soms dragen zij hem zelfs de spreekkamer binnen, ook al mankeert hij niets aan zijn benen. De eerste minuten is het vaak moeilijk contact met zo'n patiënt te krijgen. Hij houdt zijn ogen gesloten, zucht veel en fluistert onverstaanbaar als antwoord op vragen. De familie neemt het antwoorden dan snel van hem over. Bij zo'n presentatie dacht ik aanvankelijk met erg zieke patiënten te maken te hebben en benaderde ik hen als zodanig. Maar toen ik na enige tijd in de gaten kreeg dat, ondanks deze dramatische presentatie, het vaak met de ernst van de ziekte wel meeviel, daalde mijn empathie met de patiënt sterk. Ik was nu eenmaal niet gewend aan dit naar mijn maatstaven "overdreven" ziektegedrag. Ik voelde me geïrriteerd en kreeg vaak de neiging om de Ethiopische familie de spreekkamer uit te sturen, de patiënt rechtop in zijn stoel te zetten en hem duidelijk te verstaan te geven dat, als hij geholpen wilde worden, hij zich niet zo moest aanstellen. Zou ik dat doen, dan zouden de patiënt, zijn familie en mijn studenten me voor gek verklaren en zou er uiteraard niets meer terechtkomen van een behandelrelatie met zulke patiënten. Pas toen ik enigszins had leren accepteren dat Ethiopische patiënten hun ziekte nu eenmaal uitbundiger demonstreren dan ik als Nederlander normaal vond, kwam er meer ruimte voor empathie met hen. Het omgekeerde deed zich uiteraard ook voor. Ethiopiërs interpreteerden emotionele uitingen van mensen uit de Nederlandse cultuur anders dan wij. Dit bleek tijdens de jaarlijkse Europese filmweek in Addis Abeba, waarin de Nederlandse film *De opname*, een productie van het Werktheater, werd gedraaid. Deze film gaat over de emotionele worsteling van een Aalsmeerse bloemenkweker die onverwacht wordt geconfronteerd met kanker. Op mij had deze film eerder een diepe indruk gemaakt. Ik nodigde een paar van mijn Ethiopische studenten uit om mee te gaan naar de film, om hen ook iets van mijn cultuur te laten zien. Tot mijn verbijstering zaten de studenten te lachen tijdens de voor mij meest dramatische passages van de film, met name het moment waarop de hoofdrolspeler ten volle beseft dat het waarschijnlijk uit is met zijn leven en in huilen uitbarst. Ik voelde me verontwaardigd en schaamde me voor de andere westerse filmbezoekers. Na afloop bedankten de studenten me voor de gezellige avond. Wat zij zo komisch aan deze film hadden gevonden, konden ze me moeilijk uitleggen. In ieder geval vonden ze dat de hoofdpersoon overdreven met zichzelf bezig was geweest en op een lachwekkende manier zijn gevoelens had geuit.' (Kortmann, 1995: p. 343)

Humanistische en rogeriaanse hulpverleningsmethoden zijn lastig te combineren met onderzoek naar effectiviteit. Dit komt allereerst doordat de humanistische psychologie geen aansluiting zocht bij de universitaire ('wetenschappelijke') psychologie. De nadruk op subjectieve belevingen van mensen is lastig met onderzoek te combineren. Een tweede verklaring is dat het internationale effectonderzoek uitgaat van psychische stoornissen. Onderzocht wordt welke behandelingen bewezen effectief (evidence based) zijn bij bijvoorbeeld angststoornissen, depressie, ADHD, enzovoorts. Zoals we eerder zagen gaan Rogers en veel van zijn volgers niet uit van psychische stoornissen, maar van de gehele mens (Lietaer, 2003; Takens, 2003). Het gaat hen om een mens die in zijn groei is vastgelopen en niet om bepaalde symptomen en het etiket dat daaraan verbonden wordt. Het gevolg daarvan is dat rogeriaanse therapieën in al hun veelvormigheid er slecht uitkomen bij effectonderzoek. Een derde verklaring is dat in rogeriaanse therapievormen geen trucjes worden toegepast: het gaat hierin om de echtheid van de hulpverlener, om het bewerkstelligen van menselijk contact. Men hanteert een brede doelstelling, waarin competentie en zelfredzaamheid bij de cliënt bevorderd worden. In zo'n benadering is het geloof van de therapeut in eigen kunnen van groot belang, maar dergelijke aspecten worden in het huidige effectonderzoek niet meegenomen (Hutschemaekers & Van Kalmthout, 2004). Een en ander betekent dat de humanistische en rogeriaanse hulpverleningsvormen er slecht op staan bij het internationale onderzoek naar bewezen effectiviteit. In twee al eerder genoemde Amerikaanse overzichtspublicaties betreffende werkzame behandelingen bij kinderen en adolescenten worden rogeriaanse of humanistische behandelingen in het geheel niet genoemd (Kazdin & Weisz, 2003; Fonagy et al., 2002). Ook in de eerder genoemde (Nederlandse) multidisciplinaire richtlijnen voor behandeling van angststoornissen en depressie worden humanistische en rogeriaanse therapieën niet genoemd (CBO & Trimbos-instituut, 2003; 2005). In de toekomst kan dit problemen opleveren, omdat ze buiten de verzekering kunnen gaan vallen. En dat is onterecht, want daarmee worden ze gestraft voor een andere manier van werken (Hutschemaekers & Van Kalmhout, 2004; Takens, 2003). Overigens wordt in de richtlijnen voor stoornissen in het gebruik van alcohol de motiverende gespreksvoering wel genoemd als effectieve en goedkope methode (CBO & Trimbos-instituut, 2007).

Er is kritiek mogelijk op de basishoudingen van de rogeriaanse therapie. Zij blijken geen garantie te zijn voor een succesvolle hulpverlening en worden lang niet altijd toegepast of kunnen soms niet toegepast worden. Dit werd geïllustreerd aan de hand van empathie. Humanistische en rogeriaanse hulpverleningstechnieken blijken op gespannen voet te staan met het streven naar evidence based-behandelingen. Een uitzondering hierop vormt de motiverende gespreksvoering.

4.7 Samenvatting

De humanistische psychologie ontstond in de jaren vijftig in de Verenigde Staten. Zij is op te vatten als een alternatief voor de psychoanalyse en het behaviorisme. Belangrijk in de humanistische psychologie is de nadruk op de gehele persoon. Elke reductie in deelaspecten van de mens wordt afgewezen. Deze personalistische visie heeft via de opvattingen van Rogers grote invloed op hulpverlening en opvoeding. Belangrijk daarbij zijn de drie grondhoudingen van Rogers. De grote verdienste van de rogeriaanse theorie over de hulpverlening is dat de hiërarchische positie van de hulpverlener ter discussie is gesteld. Vooral de nadruk op de eigen verantwoordelijkheid en mogelijkheden van de cliënt was een belangrijke stap. In niet-psychotherapeutische hulpverlening worden de inzichten van Rogers vooral ingezet als een vorm van bejegening. De positieve visie op kind, bewoner of cliënt is daarbij opvallend. In de huidige tijd waarin in de hulpverlening effectiviteit, diagnosticeren, kostenbesparing en standaardisering (protocollen) vooropstaan, is het belangrijk om het geluid uit de 'rogeriaanse hoek' te blijven horen. Het erkennen van het unieke karakter van elk individu mag niet verloren gaan. De humanistische psychologie kende een korte bloeiperiode en de positieve psychologie zal zich wellicht gaan ontpoppen als een succesvolle voortzetting.

5 Cognitieve psychologie

De posttraumatische stressstoornis (PTSS) is een angststoornis die kan ontstaan na een ingrijpende, soms levensbedreigende gebeurtenis (een trauma) – denk hierbij bijvoorbeeld aan een verkrachting, een ongeluk, de vliegramp uit 1992 in de Bijlmer of de nieuwjaarscafébrand in Volendam. Mensen met een PTSS denken vaak (ongewild) terug aan het trauma en/of herbeleven het opnieuw in nachtmerries.

Twee Amerikaanse psychologen werden geconfronteerd met een PTSS-patiënt die op straat door een auto was geschept. Het ongeluk had een hoofdwond veroorzaakt, waardoor de patiënt er geen bewuste herinneringen aan had. Echter, elke keer wanneer hij een kruising moest oversteken, sloeg de angst hem om het hart (NRC Handelsblad, 30 maart 1995). Hoe is dit te verklaren? Na het lezen van dit hoofdstuk zal je dat duidelijk zijn.

Hoofdstuk 5

Leerdoelen

Na bestudering van dit hoofdstuk:

- kun je de casus op de voorafgaande pagina verklaren;
- kun je de cognitieve psychologie typeren aan de hand van haar uitgangspunten, geschiedenis en mensbeeld (§ 5.1);
- kun je de cognitieve psychologie indelen naar mensbeeld en biopsychosociaal model (§ 5.1.4);
- kun je globaal de cognitieve theorieën over waarneming, geheugen, cognitieve ontwikkeling en persoonlijkheid weergeven (§ 5.2);
- kun je de uitgangspunten van het sociaalconstructivisme en mindfulness weergeven (§ 5.3);
- kun je aangeven hoe men in de cognitieve psychologie psychische stoornissen verklaart (§ 5.4);
- ken je de toepassingen van psycho-educatie, cognitieve psychotherapie en het werken met cognitieve prothesen (§ 5.5);
- kun je kanttekeningen plaatsen bij de cognitieve psychologie (§ 5.6).

Oefenen

Raadpleeg voor controlevragen, oefenvragen, opdrachten en 'verder studeren' de website: **www.coutinho.nl/palet**.

5.1 Typering van de cognitieve psychologie

5.1.1 De basisuitgangspunten

De cognitieve psychologie is vooral een reactie op het behaviorisme. De basisuitgangspunten ervan zijn daaraan dan ook grotendeels tegengesteld. Hieronder worden er zes besproken.

1. Cognitief psychologen nemen de inhoud van de black box ('hersenprocessen') als uitgangspunt bij het verklaren van menselijk gedrag. Binnen het (klassiek) behaviorisme worden de factoren voorafgaand aan en de factoren volgend op gedrag (stimuli en consequenties) centraal gesteld bij het voorspellen van gedrag. Factoren die het gedrag uitlokken of in stand houden, worden aan 'de buitenkant' (de periferie) van het organisme gezocht. De binnenkant van het organisme (black box) wordt niet onderzocht. De cognitieve psychologie neemt juist als uitgangspunt dat 'de binnenkant' (de hersenprocessen) van een organisme onderzocht moet worden om gedrag adequaat te kunnen begrijpen. Dit wordt *centralisme* genoemd – wat in tegenstelling staat tot periferalisme. Hierin komt de cognitieve psychologie overeen met de humanistische psychologie.
2. De cognitiefpsycholoog wil *begrijpen* hoe gedrag tot stand komt. Terwijl de behaviorist met zijn S-R-schema's vooral (het verschijnen van) gedrag wil voorspellen, vraagt de cognitiefpsycholoog zich af waarom iemand iets doet (Vroon, 1983), anders gezegd: wat zijn motivaties zijn.
3. Bij het begrijpen van menselijk gedrag staat het begrip *informatieverwerking* centraal. De mens wordt niet meer opgevat als een robot die reageert op van buiten komende prikkels, maar als een machine (computer) die binnenkomende informatie permanent verwerkt en daar al of niet op reageert.
4. Mensen worden in de cognitieve psychologie opgevat als wezens die zelfstandig richting kunnen geven aan hun leven. Er wordt afstand genomen van de behavioristische opvatting die mensen ziet als reagerend op stimuli en consequenties uitlokkend. Volgens de cognitief psychologen komen delen van menselijk gedrag tot stand zonder dat er aanwijsbare externe prikkels voor zijn. De mens wordt opgevat als een *actief en creatief wezen* dat zelf zijn gedrag aanstuurt.
5. Hoewel ook dieren cognitieve processen kennen, wordt uitgegaan van een essentieel verschil tussen dieren en mensen. Mensen hebben de beschikking over *taal*, dat wil zeggen: ze maken gebruik van symbolen om de werkelijkheid te ordenen. Dit cognitieve vermogen kennen dieren niet.
6. Binnen de cognitieve psychologie gaat men ervan uit dat kinderen wezenlijk verschillen van volwassenen. Typisch cognitieve vermogens zoals symbolisch denken, het gebruik van taal, herinneren en probleem oplossen zijn bij kinderen afwezig of nog in ontwikkeling. De cognitieve ontwikkeling die kinderen doorlopen, wordt zowel bepaald door rijping als door de invloed van de omgeving: het leren.

5.1.2 Geschiedenis van de cognitieve psychologie

Het startpunt van de cognitieve psychologie ligt in de jaren zestig van de vorige eeuw in de Verenigde Staten. Ook hier wordt het startpunt gelegd bij het verschijnen van een boek, namelijk *Cognitive psychology* van Ulric Neisser uit 1967. Voordat de cognitieve psychologie zich als een zelfstandige stroming in de psychologie ontwikkelde, bestonden er al cognitieve opvattingen binnen de psychologie, die echter geen voet aan de grond kregen of niet (h)erkend werden. Zo hebben we in hoofdstuk 3 gelezen dat het behaviorisme vooral zijn wetenschapsfilosofische uitgangspunt (objectiviteit) vooropstelde. Maar we zagen ook dat binnen het behaviorisme aandacht ontstond voor cognitieve verschijnselen. De interveniërende variabelen uit het neobehaviorisme zijn daar een voorbeeld van. Naast het neobehaviorisme in de Verenigde Staten waren er in Europa al cognitieve theorieën, die echter pas veel aandacht kregen nadat in de Verenigde Staten de cognitieve psychologie voet aan de grond had gekregen. Het bekendste voorbeeld daarvan zijn de theorieën van de Zwitserse psycholoog Jean Piaget (1896-1980). Hij bestudeerde al vanaf de jaren twintig van de vorige eeuw de *cognitieve ontwikkeling bij kinderen* (5.2.3). Zijn boeken werden pas eind jaren vijftig en begin jaren zestig van de vorige eeuw in de VS vertaald en hij kreeg via deze omweg ook veel bekendheid in Europa (Koops, 1985 in Sanders, De Wit & Looren de Jong, 1989). Zijn theorie is tegenwoordig niet meer weg te denken uit de (ontwikkelings)psychologie.

De omslag van behavioristisch naar cognitief denken werd niet door ontwikkelingen in de psychologie zelf veroorzaakt, maar door *maatschappelijke ontwikkelingen*. Met name de Tweede Wereldoorlog was van grote invloed op de psychologische theorievorming. Tijdens deze oorlog ontstond er aandacht voor communicatieprocessen. Ervaringen met oorlogscommunicatie riepen praktische vragen op zoals: hoe lang kan iemand een kort bericht onthouden? Hoeveel berichten kan iemand onthouden? Hoe kan verveling beperkt en aandacht scherp gehouden worden? Deze vragen waren van belang voor het uitoefenen van functies als (gevechts)piloot, radaroperator en luchtverkeersleider. Het behaviorisme kon deze vragen niet beantwoorden (Sanders et al., 1989). Aan de hand van kennis over de toenmalige communicatiemiddelen (zoals morse) werd een theorie ontwikkeld over menselijke communicatie als *informatieoverdracht*. Men ontwikkelde een schema (figuur 5.1) waarmee communicatie in beeld werd gebracht. De begrippen die men daarbij gebruikte, zoals (de)coderen, kanaal en ruis, waren onder andere van de morse afkomstig.

Een gevolg van het denken in termen van informatieoverdracht was dat een stimulus niet meer beschreven werd in fysische termen, zoals grootte of luidheid, maar vooral in *betekenis*. Gaandeweg werd het begrip stimulus vervangen door het begrip *informatie*.

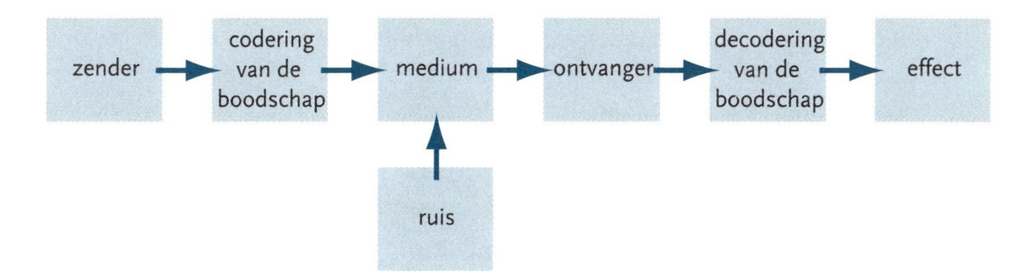

Figuur 5.1 *Schematische weergave van communicatie als informatieoverdracht (Remmerswaal, 2003: p. 124).*

Een tweede maatschappelijke ontwikkeling die grote invloed had op het ontstaan van de cognitieve psychologie was de uitvinding van de computer en daarmee de opkomst van de informatietheorie (ibidem). Om inzicht te krijgen in het functioneren van menselijke cognitie wordt deze vergeleken met de computertechnologie – denk hierbij aan hardware (de bedrading en chips van de computer worden vergeleken met de neurale structuren van de hersenen) en software (het kennisbestand van mensen wordt vergeleken met een computerprogramma).

Een derde ontwikkeling die invloed uitoefende op het ontstaan van de cognitieve psychologie was de *linguïstiek* (taalkunde). De linguïst (taalkundige) Noam Chomsky diende het behaviorisme de doodsteek toe. Omdat het behaviorisme uitgaat van de veronderstelling dat een kind blanco ter wereld komt (tabula rasa) werd de verwerving van taal verklaard met behavioristische leerprincipes. Concreet betekent dit dat een kind een begrip of zin gehoord moet hebben voordat het deze zelf kan uiten. Maar de taalontwikkeling bij kinderen gaat veel sneller dan op grond van imitatieprocessen verwacht kan worden. Kinderen produceren zinnen die zij nog nooit gehoord hebben. Mensen gebruiken taal *creatief* en niet reactief. Het behaviorisme had hier geen afdoende verklaring voor. Chomsky schatte dat de gemiddelde spreker 10^{20} (een 1 met twintig nullen) zinnen kan verstaan. Deze hoeveelheid is te groot om volgens behavioristische principes in meerdere levens geleerd te kunnen worden (Vroon, 1983). Chomsky veronderstelt bij mensen dan ook een aangeboren mogelijkheid om taal te verwerven, die alleen tot ontwikkeling komt als kinderen in een talige omgeving opgroeien. Kinderen komen dus – in ieder geval volgens Chomsky op taalgebied – niet blanco ter wereld. Taaltheorie (psycholinguïstiek) is een belangrijk onderdeel van de cognitieve psychologie geworden. Met deze theorie wordt niet alleen gebroken met het uitgangspunt van de tabula rasa. Ook een ander uitgangspunt van het behaviorisme, namelijk dat er slechts een gradueel verschil tussen mensen en dieren bestaat, wordt hiermee ondergraven. Taal, wat iets anders is dan communicatie, komt alleen voor bij mensen en niet bij dieren. Recent (Van der Waal, 1996; 2001) is dit standpunt genuanceerd. Sommige intelligente diersoorten zoals de mensapen en wellicht walvisachtigen kennen rudimentaire vormen van symbolisch denken, dat als de basis van het taalvermogen wordt gezien.

In de eerste decennia van de cognitieve psychologie werden vooral de bewerking en de ontwikkeling van kennis bij mensen bestudeerd. Hoewel de cognitieve psychologie met veel uitgangspunten van het behaviorisme brak, werd het standpunt dat objectieve kennis alleen met experimenteel wetenschappelijk onderzoek verworven kan worden wel overgenomen. De introspectieve methode, waarbij wordt uitgegaan van wat mensen zelf vertellen, werd in de beginperiode van de cognitieve psychologie als onwetenschappelijk van de hand gewezen. Hoewel er later andere opvattingen zijn gekomen, is deze manier van werken binnen de cognitieve psychologie lang dominant gebleven. Daarmee zet deze benadering zich af tegen de psychoanalyse en de humanistische psychologie, waarin juist wel gebruik wordt gemaakt van wat mensen zelf te melden hebben. In feite behield de cognitieve psychologie in de beginjaren van haar ontwikkeling een *mechanistische visie*. Gedrag werd weliswaar niet meer in S-R-C-blokjes geanalyseerd, maar wel in input-output. Deze manier van denken bleef lineair causaal: je stopt wat informatie in het organisme (input of oorzaak) en je kijkt wat er aan gedrag uitkomt (output of gevolg) (vergelijk ook figuur 5.1). In dit communicatiemodel ligt hetzelfde oorzaak-gevolgdenken besloten.

Al spoedig ontstond binnen de cognitieve psychologie kritiek op het mechanistische standpunt. Zo wees men op het feit dat de mens, in tegenstelling tot de computer, een actief *organisme* is. Mensen oefenen invloed uit op de informatie die ze tot zich nemen (ze *selecteren* de informatie) en ze bewerken deze ook nog eens. Mensen *construeren* de werkelijkheid. Om een voorbeeld te geven: mensen hebben emoties en die beïnvloeden de waarneming. Computers hebben geen emoties; een computer is nog nooit in de lach geschoten bij een stomme tikfout.

Aan de hand van deze kritiek kwam er ruimte voor de *organistische visie*, waarin de mens wordt opgevat als een actief organisme dat in wisselwerking staat met zijn omgeving. Sommige cognitiefpsychologen gaan nog een stap verder en vatten de mens op als een actief en creatief wezen dat op grond van de informatieverwerking zelf richting geeft aan zijn leven (Vroon, 1983). Dit is *een personalistische visie*. Zowel binnen de organistische als binnen de personalistische visie in de cognitieve psychologie wordt wel gebruikgemaakt van introspectie. Want alleen van een persoon zelf kun je horen hoe hij de werkelijkheid construeert. We kunnen concluderen dat er meerdere mensbeelden in de cognitieve psychologie bestaan.

In de mechanistische cognitieve psychologie werden alleen de *cognitieve processen* bestudeerd. Met de verschuiving naar de organistische en personalistische visies kwam er ruimte om ook de inhoud van cognities te bestuderen. Men stelt dus niet meer alleen de vraag hoe bijvoorbeeld het geheugen werkt, maar ook waarom iemand zich wel gebeurtenis A herinnert en niet gebeurtenis B. Om een beeldspraak te gebruiken: in het begin ging het alleen om de ingrediënten van de soep, de cognitieve processen. Later gaat het ook om de smaak van de soep, de inhoud van de cognities (Bem et al., 1994).

De afgelopen jaren is dit debat nog verder ontwikkeld, waarbij een oud filosofisch strijdpunt opnieuw ten tonele werd gevoerd: is de mens nu allereerst een individu dat een grote mate van vrijheid heeft om zelf zijn gedrag te bepalen (zie hoofdstuk 4) of is hij een sociaal dier dat in eerste instantie gevormd wordt door zijn sociale en culturele omgeving? Mede beïnvloed door de cognitieve psychologie ontstond rond 1975 het *sociaalconstructivisme* (5.3). Zoals de naam al aangeeft wordt in deze theorie vooral het sociale aspect van mensen benadrukt. Kennis wordt niet opgevat als een individueel kenmerk, maar als een sociaal verschijnsel. Hoe iemand de wereld waarneemt, zo stelt men in deze theorie, wordt mede bepaald door de taal en de kennis die in een maatschappij voorhanden zijn. Ook het geheugen wordt daarbij opgevat als een sociaal verschijnsel. Sámen met een broer of zus haalt iemand herinneringen op. De een weet dit nog en de ander dat. Het geheugen is gemeenschappelijk (Wijdeveld et al., 1990). Een tweede ontwikkeling van de afgelopen jaren die van grote invloed is op de hedendaagse cognitieve psychologie is het ontstaan van nieuwe technische mogelijkheden waarmee we 'in' de hersenen kunnen kijken. Door deze nieuwe mogelijkheden maakt de neuropsychologie (hoofdstuk 8) een snelle ontwikkeling door, die hand in hand gaat met de verdere ontwikkeling van de cognitieve psychologie. Theorieën over bijvoorbeeld de werking van het geheugen zijn te toetsen aan de hand van hersenonderzoek. Mede door dit onderzoek heeft men kunnen vaststellen dat, hoewel al ons gedrag wordt aangestuurd door hersenprocessen, het overgrote deel hiervan volkomen automatisch verloopt. We zijn er ons niet bewust van. De aandacht voor onbewuste processen is door deze ontwikkeling terug, maar deze worden anders geïnterpreteerd dan in de psychoanalyse – wederom een voorbeeld van de slingerbeweging in de wetenschap die in hoofdstuk 1 beschreven werd.

De geschiedenis van de cognitieve psychologie levert een mooi voorbeeld van de visie dat psychologische stromingen vooral voortkomen uit maatschappelijke ontwikkelingen. Zo was de uitvinding van de computer een stimulans voor het ontstaan van de cognitieve psychologie. De hiermee gepaard gaande informatietechnologie heeft een ontwikkeling in gang gezet waarvan het eindpunt nog lang niet in zicht is. Het gebruik van computers, laptops, organizers, mobieltjes, enzovoorts is explosief toegenomen. Informatie is een sleutelbegrip geworden en nog nooit heeft de mensheid een periode gekend waarin kennis zo belangrijk is en ook weer zo snel veroudert. In een dergelijke samenleving is een theorie over kennis en onderwijs van eminent belang. 'De hoeveelheid kennis die de laatste vijftig jaar geproduceerd is, overtreft de totale kennis van alle voorafgaande eeuwen. Thans leven er meer wetenschapsbeoefenaars dan er ooit samen genomen geleefd hebben,' zo stelden Wijdeveld, Jaanus & Van Hoorn al in 1990. Daarna is de hoeveelheid kennis nog verder toegenomen en op de golven van deze turbulente ontwikkeling drijft de cognitieve psychologie mee. Zij is op dit moment – samen met de neuropsychologie – de dominante stroming in de psychologie.

Schoolvorming
Het begrip cognitieve psychologie wordt vanaf de jaren zestig van de vorige eeuw gebruikt en sindsdien als aparte stroming in de psychologie behandeld. Zoals hierboven bleek en in de volgende paragrafen nog eens bevestigd zal worden, bestaan er binnen de cognitieve psychologie verschillende opvattingen, er is geen sprake van een eenduidige theorie. Wel is er een geheel nieuw begrippenapparaat ontstaan met termen als informatieverwerking, input en output, cognitieve stijl, geheugen en cognitief schema. Dit begrippenapparaat verschilt wezenlijk van dat van de psychoanalyse, het behaviorisme en de humanistische psychologie. Dit heeft tot gevolg gehad dat er tijdschriften werden opgericht – vooral in het Angelsaksische taalgebied – die zich op dit onderwerp gestort hebben. Van schoolvorming in de zin van een eigen organisatie voor cognitief psychologen is geen sprake geweest. Wel bestaat er binnen de psychotherapie een eigen organisatie: de Vereniging voor Gedragstherapie en Cognitieve Therapie (hoofdstuk 3). Deze psychotherapeuten combineren inzichten uit het behaviorisme met inzichten uit de cognitieve psychologie.

5.1.3 Het mensbeeld in de cognitieve psychologie

Hieronder worden de kenmerkende aspecten van het cognitieve mensbeeld op een rijtje gezet, een aantal werd hierboven al genoemd. Alle cognitiefpsychologen stellen de *innerlijke cognitieve processen centraal* bij het verklaren van gedrag. Mensen worden opgevat als informatieverwerkers en -bewerkers. Ook binnen de psychoanalyse en de humanistische psychologie worden innerlijke processen centraal gesteld, maar dit betreft respectievelijk alleen driften (of moderner geformuleerd: motivaties) en gevoelens (of: emoties). De cognitieve psychologie gaat vooral uit van kennisprocessen, maar heeft dit uitgebreid naar meerdere innerlijke processen en bestudeert tegenwoordig motivaties, emoties, kennis, kennisopslag (geheugen), waarneming, enzovoorts.

Cognitiefpsychologen benadrukken, in tegenstelling tot bijvoorbeeld de behavioristen, zowel de verschillen tussen mensen en dieren als de verschillen tussen kinderen en volwassenen. Men neemt het standpunt in dat er kwalitatief gezien *grote verschillen zijn tussen enerzijds mensen en dieren en anderzijds kinderen en volwassenen*. Het verschil tussen mensen en dieren komt vooral tot uiting in de taal. Mensen beschikken over taal, dieren niet of hooguit rudimentair. Ook verschillen tussen een aantal leerprocessen worden benadrukt. Habituatie, klassiek en operant conditioneren komen voor bij mensen én dieren, andere leerprocessen zoals model-leren, regel-leren en probleem oplossen komen wel voor bij mensen en niet of op simpeler niveau bij dieren. Ook stelt men dat cognitieve vaardigheden in de loop van het leven tot volle wasdom komen, waardoor (jonge) kinderen bijvoorbeeld op het gebied van logica, probleem oplossen en taalgebruik, kwalitatief verschillen van volwassenen.

5.1.4 Indeling van de cognitieve psychologie

Het is moeilijk te zeggen welke visie schuilgaat achter het mensbeeld in de cognitieve psychologie. De verschillende opvattingen binnen de cognitieve psychologie zijn immers *niet eenduidig*. Er kan wel een historische ontwikkeling onderscheiden worden. De *vroege vorm van de cognitieve psychologie*, die alleen de informatieverwerking bestudeerde, is *mechanistisch* te noemen. De vergelijking van de mens met een robot uit het behaviorisme werd vervangen door de vergelijking van de mens met een computer. Hierbij bleef men in oorzaak-gevolgrelaties denken en werd objectieve kennisverwerving benadrukt. In *latere ontwikkelingen*, maar ook al bij Piaget wordt de interactie tussen omgeving en organisme benadrukt. Men gaat hierbij uit van circulaire causaliteit (wederzijdse beïnvloeding van omgeving en organisme) die kenmerkend voor een *organistische visie* is. Waarnemen en informatie verwerken worden opgevat als processen van betekenis verlenen en construeren. Deze processen zijn subjectief en kunnen alleen door middel van introspectie bestudeerd worden. Nog een stap verder gaan cognitiefpsychologen die het betekenis verlenen en construeren als uitgangspunt nemen van de visie dat de mens actieve invloed heeft op zichzelf en zijn wereld. Dit is een *personalistische visie*. De mens is hierin geen slaaf van zijn prikkels, zoals in het behaviorisme, maar een actief en scheppend wezen (Vroon, 1983). We zullen in de volgende paragraaf zien dat op grond van recent geheugenonderzoek vraagtekens bij deze visie te zetten zijn.

De cognitieve psychologie is goed te combineren met het biopsychosociale model. Hoewel binnen de cognitieve psychologie de nadruk wordt gelegd op het psychische niveau – binnen een individu vindt de informatieverwerking plaats – wordt er rekening gehouden met zowel biologische als sociale invloeden op het menselijk gedrag. De biologische invloed op gedrag onderkent men door uit te gaan van de veronderstelling dat mensen aangeboren mogelijkheden hebben om bepaalde gedragsvormen te ontwikkelen. Voorwaarde is dat deze mogelijkheden gestimuleerd worden in een sociale omgeving. Een voorbeeld daarvan is taalontwikkeling. Dezelfde redenatie – aanleg komt alleen tot wasdom in een sociale situatie – wordt toegepast op andere cognitieve functies zoals sommige leervormen, intelligentie en geheugen. Zoals uit bovenstaande blijkt wordt naast de aanleg ook de sociale invloed op gedrag onderkend. Wel is er verschil van mening over het belang van de sociale invloed. Binnen het sociaalconstructivisme (5.3) legt men grotere nadruk op sociale invloeden en cultuur en minder op het psychische niveau van het individu.

De cognitieve psychologie is als een reactie op het behaviorisme te zien. Zij werd en wordt door maatschappelijke ontwikkelingen gestimuleerd. In de huidige – op kennis gerichte – maatschappij bestaat grote behoefte aan cognitieve theorieën. In de cognitieve psychologie zijn zowel mechanistische en organistische als personalistische visies aan te wijzen. Ondanks de verschillen worden in alle visies de innerlijke, cognitieve processen centraal gesteld. De cognitieve psychologie blijkt goed te combineren met de algemene systeemtheorie.

5.2 Theorieën over cognitie

Cognitie is te omschrijven als '*bewerking en ontwikkeling van kennis en informatie*' (Bem et al., 1994). Hierbij spelen veel functies een rol, zoals: 'oriëntatie, geheugen, waarneming, psychomotoriek, aandacht en concentratie, vermogen tot probleem oplossen c.q. beoordelen, sociale aanpassing, reactievermogen, leervermogen en intelligentie' (Miesen, 1990). Binnen de cognitieve psychologie bestaan over al deze functies vele theorieën. In deze paragraaf worden de theorieën over waarneming (perceptie), geheugen, cognitieve ontwikkeling en persoonlijkheid besproken. De eerste twee zijn traditioneel belangrijk in de cognitieve psychologie; de laatste twee in opvoeding en hulpverlening.

Voordat deze onderwerpen behandeld worden, is het vermelden van twee resultaten van onderzoek naar het cognitieve functioneren bij mensen van belang. In veel van de theorieën over bovenstaande cognitieve functies keren deze resultaten terug.

Ten eerste is gebleken dat er twee verschillende cognitieve processen zijn (Jansen et al., 1992; Wiers, 2006). Enerzijds zijn er cognitieve processen die *doelbewust gestuurd* en gecontroleerd worden, bijvoorbeeld als iemand iets nieuws leert zoals tijdens het bestuderen van deze tekst of het kennismaken met een nieuwe collega. Anderzijds zijn er cognitieve processen die *automatisch* verlopen, bijvoorbeeld bij een vaardigheid die al lang geleden is verworven zoals het schakelen in een auto of het sturen van een fiets. Gecontroleerde processen gaan langzaam, kosten aandacht en concentratie. Automatische porcessen gaan snel en kunnen tegelijkertijd plaatsvinden.

Het tweede resultaat uit onderzoek is het *onderscheid tussen proces en resultaat.* Van cognitieve processen zijn we ons vaak niet bewust, van de resultaten wel. Zo kunnen we bij onszelf opmerken dat we op iemand verliefd zijn (resultaat), maar hoe de verliefdheid tot stand kwam (proces) weten we vaak niet.

5.2.1 Waarneming en cognitieve schema's

Waarneming wordt in de cognitieve psychologie als een actief proces opgevat. Mensen zijn geen spiegels die passief informatie uit hun omgeving opvangen. Zij hebben verwachtingen (kennis) over de werkelijkheid en verdelen hun aandacht (selectie) over de informatie die hen bereikt. Men spreekt van *cognitieve* (of *geheugen)schema's* die in de loop der jaren bij iemand tot ontwikkeling komen. Een cognitief schema is een innerlijke weergave van een object of situatie en kan algemeen of specifiek zijn. Mensen hebben cognitieve schema's van kinderen en een specifiek kind, van ouders en hun eigen ouders, van mensen en zichzelf (zelfbeeld), van angst en angst voor een speciale hond, enzovoorts. Een cognitief schema bevat kennisaspecten met een emotionele kleuring. Iemand kan een innerlijk beeld oproepen van een hond en dat zal gepaard gaan met een emotie, bijvoorbeeld angst of nieuwsgierigheid. De inhoud van een cognitief schema zal bij mensen uit eenzelfde cultuur gelijkenissen vertonen, maar kent altijd individuele aspecten op grond van unieke persoonlijke ervaringen. Zo bevat een cognitief schema van een hond bij alle mensen de uiterlijke kenmerken van dit dier, zoals vier poten en een staart. Maar hoe groot iemand zich een hond voorstelt kan verschillen, net als hoe iemand een hond waardeert. Een hond kan een huisdier of zelfs 'mijn beste vriend' zijn, maar ook een eng en gevaarlijk beest. Naast individuele verschillen zijn er verschillen die veroorzaakt worden door culturele waarden. Zo komt in veel andere culturen het kenmerk 'huisdier' niet voor in het cognitieve schema 'hond'. Het dier wordt bijvoorbeeld als onrein gezien. In sommige culturen (in Zuidoost-Azië) komt het kenmerk 'eetbaar' voor in het cognitieve schema 'hond', iets wat in Europa ondenkbaar is.

Schema's dienen als leidraad voor het selecteren, coderen (interpreteren), terughalen (herinneren) en verwerken van informatie (Graham, 2006). Er zijn vier mechanismen te onderscheiden (Van der Heiden, 2004):

1. Schema's beïnvloeden welke informatie wordt waargenomen en welke genegeerd wordt (selectie).
2. Op basis van de schema's wordt aan de geselecteerde informatie een betekenis toegekend (interpretatie) en wordt de informatie verder verwerkt tot nieuwe betekenissen (transformatie).
3. Schema's beïnvloeden welke informatie iemand uit zijn geheugen kan ophalen en welke betekenis daaraan wordt toegekend (herinnering).
4. Schema's beïnvloeden en sturen het gedrag dat iemand uitoefent (actie). Een belangrijk uitgangspunt uit de cognitieve psychologie is dan ook dat als schema's veranderen, ook het gedrag zal veranderen.

Waarneming is te beschrijven als een wisselwerking tussen cognitieve schema's en de informatie uit de omgeving. De Amerikaanse psycholoog Jerome S. Bruner ontwikkelde de theorie over de waarnemingscyclus (figuur 5.2). Bruner vatte waarneming op als een actief en cyclisch proces, waarin hij drie fasen onderscheidde: de hypothesefase, de informatiefase en de confirmatiefase (Wijdeveld et al., 1990).

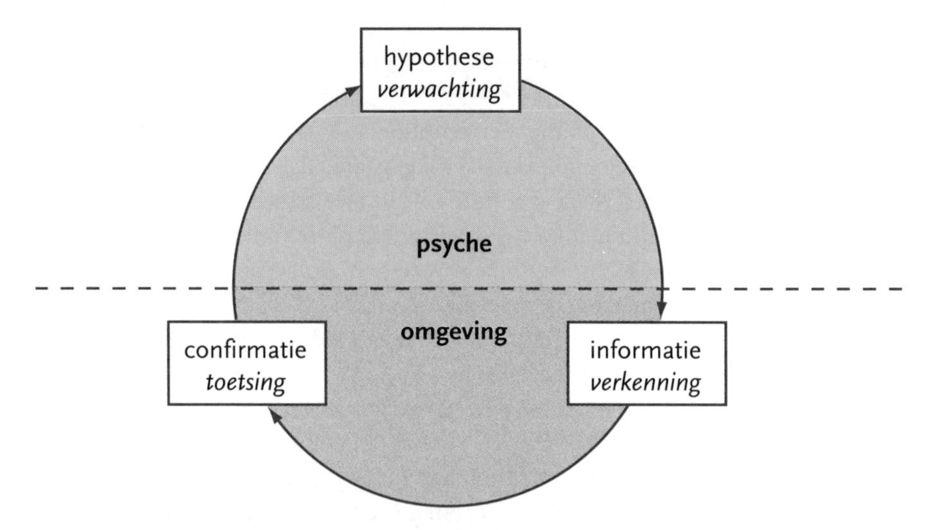

Figuur 5.2 *De waarnemingscyclus volgens Bruner (overgenomen uit Wijdeveld et al., 1990: p. 25).*

De hypothesefase kenmerkt zich door verwachtingen van de persoon. Deze vinden hun oorsprong in eerder opgedane kennis en daarbij behorende gevoelens uitgedrukt in een cognitief schema. Stel dat iemand roept: 'Pas op, een hond!' Bij een ander zal deze waarschuwing het cognitieve schema van een hond activeren. Hij zal verwachten dat hij een vierpoter met sterke tanden gaat zien en dit gaat wellicht gepaard met angst. In de tweede fase staat informatieverwerving centraal. De binnenkomende informatie wordt op grond van de hypothese relevant of irrelevant geacht. Er vindt selectie plaats. Iemand verwerft de informatie over de hond, maar let bijvoorbeeld niet op de kenmerken van de omgeving waarin hij de hond waarneemt. Zo kan iemand een woeste hond zien, maar niet de bal waarachter de hond aanrent. In de confirmatiefase vindt toetsing van de informatie plaats. Voldoet de informatie wel of niet aan de hypothese? Als ze niet voldoet, dan kan de hypothese (het cognitieve schema) worden bijgesteld en wordt de cyclus opnieuw doorlopen. Iemand kan bijvoorbeeld concluderen dat deze hond niet eng was maar juist speels. Het cognitieve schema over honden wordt dan genuanceerd: naast eng kunnen honden ook speels zijn. Niet altijd zal op grond van nieuwe informatie een cognitief schema bijgesteld worden. Mensen kunnen informatie negeren om hun (voor)oordelen en wereldbeeld in stand te houden. Soms wordt nieuwe informatie bedreigend gevonden.

De hoeveelheid en gedetailleerdheid van iemands cognitieve schema's zijn te omschrijven als zijn kennisbestand. De omvang en de specialisatie van kennis over bepaalde onderwerpen verschillen per persoon. Een arts zal eerder een bepaalde ziekte herkennen dan een leek. Vergelijkbare verschijnselen zien we bij 'ervaringsdeskundigen'. Iemand die zelf verslaafd is geweest, herkent eerder 'verslaafd gedrag' bij anderen dan iemand die deze ervaring niet heeft. En bijvoorbeeld dochters die zelf een depressie hebben (gehad), herkennen de symptomen van deze stoornis eerder bij hun moeder dan dochters die deze stoornis nooit hebben gehad (Coelho, Cooper & Murray, 2006).

Ook bij waarneming is een onderscheid te maken tussen bewust en onbewust verlopende cycli. Een bewust verlopende waarnemingscyclus vindt vooral plaats tijdens vreemde of nieuwe situaties. Een bewust verlopende waarnemingscyclus heeft als kenmerk dat *slechts één situatie of probleem aandacht krijgt*. Dit is te vergelijken met het schijnen met een zaklantaarn: één aspect wordt verlicht en de rest blijft donker. Een onbewust verlopende waarnemingscyclus vindt vooral plaats tijdens routineachtige situaties en heeft als kenmerk dat er *zeer veel informatie tegelijkertijd* verwerkt kan worden. Het 'gewone' wordt verwerkt en er wordt gedachteloos naar gehandeld. Pas als er iets bijzonders plaatsvindt, keert de actieve aandacht terug. Iemand die in de auto elke dag van A naar B rijdt, voert routinematig allerlei handelingen uit en neemt veel informatie op, maar zal daarover na afloop van de autorit zelden iets kunnen opmerken.

Waarneming wordt binnen de cognitieve psychologie als een actief proces opgevat. Dit proces werd verduidelijkt met de waarnemingscyclus: onze kennis (cognitief schema) beïnvloedt de waarneming en onze waarneming beïnvloedt de kennis. Waarnemingscycli kunnen bewust en onbewust (automatisch) verlopen.

5.2.2 Geheugen

Geheugen is een bekend studieonderwerp uit de cognitieve psychologie. Hier wordt een geheugenmodel besproken waarin de bewuste verwerking en opslag van informatie centraal worden gesteld. Maar ook bij geheugenprocessen blijken er automatische, impliciete processen te bestaan waarvan wij 'geen weet' hebben. Deze relatief nieuwe inzichten worden op grond van recent onderzoek besproken. Aan de hand hiervan wordt stilgestaan bij het mensbeeld in de psychologie en praktische consequenties voor de hulpverleningspraktijk. In deze subparagraaf is het antwoord te vinden op de casus waarmee het hoofdstuk startte.

Het geheugen is niet los te zien van de waarneming. Enerzijds wordt waarneming gestuurd door wat wij al weten en anderzijds voedt ze het geheugen. In de begintijd van de cognitieve psychologie werd een mechanistisch model – van input en output – geformuleerd bij het onderzoek naar geheugenprocessen (figuur 5.3). Input is de informatie die we met de zintuigen vergaren en output is het gedrag. Op grond van het verschil tussen input en output maakt men modellen over de geheugenprocessen. Tussen input en output worden drie fasen in het proces of drie soorten geheugen verondersteld: het sensorische geheugen, het kortetermijngeheugen (KTG) en het langetermijngeheugen (LTG).

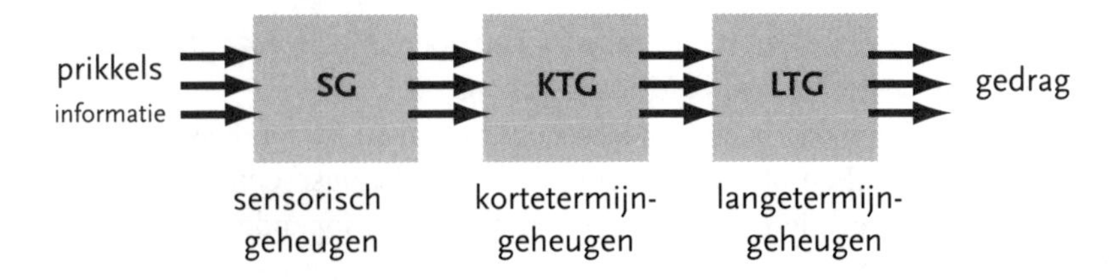

Figuur 5.3 Schematisch model van het geheugen waarbij uitgegaan wordt van input en output. Tussen input en output plaatst men het sensorische, het kortetermijn- en het langetermijngeheugen.

De eerste fase bestaat uit de zintuigen met het sensorisch (zintuiglijk) geheugen. Zintuigen kunnen heel kort de informatie vasthouden. Iemand ziet iets en denkt direct: Ik zag nog iets, wat was dat? Het beeld is nog even te reproduceren. Het sensorisch geheugen voor het gezichtsvermogen blijft circa zes seconden bestaan, dat voor het gehoor circa elf seconden (Wijdeveld et al., 1990). Direct nadat de informatie het sensorisch geheugen is 'gepasseerd' vindt de selectie plaats.

Na het sensorisch geheugen komt het kortetermijngeheugen. In dit geheugen kan informatie kortstondig, circa twee minuten, vastgehouden worden. Hier vindt de eventuele bewerking van de informatie plaats (daarom wordt het ook werkgeheugen genoemd). Na gebruik wordt de informatie vergeten, zoals bij het even onthouden van een telefoonnummer, of opgeslagen in het langetermijngeheugen. De capaciteit van het KTG is beperkt. Mensen kunnen niet meer dan gemiddeld zeven stuks informatie tegelijkertijd kortstondig onthouden. Mensen verschillen in de informatie die ze kort onthouden. Bij de een zijn het zeven cijfers, bij de ander zeven getallen. De een onthoudt een aantal openingszetten bij een schaakspel, de ander een aantal mogelijke openingen.

Na het KTG veronderstelt men het *langetermijngeheugen* (LTG). Het LTG heeft in principe onbeperkte capaciteit. Er is nog nooit vastgesteld dat iemands geheugen 'vol' zat, wat bij een computer (harde schijf) wel kan. Na bewerking in het KTG wordt alleen relevante informatie in het LTG opgeslagen, zo veronderstelt men. In dit model wordt de nadruk op actieve en bewuste verwerking van informatie gelegd. Maar informatie die eenmaal in het LTG is opgeslagen, zou er ook onveranderd weer uit gehaald kunnen worden.

Al spoedig bleek dat dit model niet op alle geheugenprocessen van toepassing is. De menselijke informatieverwerking is ingewikkelder dan die van een computer. Een computer kan uit worden gezet, maar menselijke informatieverwerking gaat dag en nacht door. Zo vat men binnen de cognitieve psychologie dromen op als een vorm van informatiebewerking en niet zoals binnen de psychoanalyse als onbewuste wensen (zie kader 14). De bewerking van de informatie in dromen staat niet onder controle van bewuste cognitieve processen. Er gebeurt iets waar we geen bewuste invloed op uit kunnen oefenen. Een ander voorbeeld is dat als iemand in een situatie gebracht wordt waarbij hij zeer weinig prikkels (informatie) te verwerken krijgt, hij zelf prikkels gaat produceren door bijvoorbeeld te hallucineren. Dit schijnt een bekend fenomeen te zijn bij solozeilers die langdurig op zee verblijven. Ook dit is een proces waarop we geen bewuste controle kunnen uitoefenen.

Kader 14

Droom er maar lekker op los

In de psychoanalyse worden dromen opgevat als uitingen van onbewuste wensen. Wetenschappelijke theorieën over dromen zijn ook na Freud tot ontwikkeling gekomen. Ook in de cognitieve psychologie bestaan er theorieën over.
Sinds de jaren vijftig van de vorige eeuw weten we dat de slaapperiode verschillende fasen kent. Een van die fasen wordt de REM-slaap genoemd, waarbij REM staat voor *rapid eye movements*. Tijdens deze fase maken de ogen snelle bewegingen. Als iemand wakker gemaakt wordt tijdens de REM-slaap, blijkt hij te dromen. De REM-slaap is de droomfase en deze ontdekking heeft tot veel onderzoek geleid. Zo is gebleken dat iedereen droomt, ook al weet niet iedereen zich zijn dromen te herinneren. Ook veel diersoorten, zoals vogels en zoogdieren, kennen de REM-slaap, maar deze ontbreekt bij vissen en reptielen. Pasgeboren baby's dromen de helft van hun slaap, vanaf vierjarige leeftijd is dat nog 20 procent (Meuleman, 1994; Rigter, 2002). Waarschijnlijk vervullen dromen een essentiële functie in de ontwikkeling van de hersenen.
Uit cognitief onderzoek blijkt dat slapen én dromen belangrijk zijn om kennis te onthouden (Burgers & Hoffman, 1994). Voor een tentamen de hele nacht doorstuderen is een slechte strategie. Het blijkt dat de geleerde stof voor het slapen nog wel paraat is, maar na een slechte of korte nachtrust veel minder. Naar analogie van de computer kan gezegd worden dat tijdens de slaap een soort back-up wordt gemaakt van de kennis die de dag ervoor is opgedaan. Nader onderzoek toonde aan dat vooral de REM-fase belangrijk is om kennis te onthouden. Slapers die tijdens de REM-fase wakker werden gemaakt, konden de volgende dag veel minder goed de geleerde stof reproduceren dan slapers die tijdens een andere fase werden wakker gemaakt. Als ratten iets nieuws geleerd wordt, dan blijken ze tijdens hun slaap een grotere REM-fase te hebben dan wanneer ze niets hebben geleerd. Hoewel er nog veel onduidelijkheid bestaat over de cognitieve functies van dromen lijkt het handig om met het voorbereiden van een tentamen op tijd te beginnen, vroeg naar bed te gaan en vooral veel en lekker te dromen.

Verder bleek bij de bespreking van de waarnemingsprocessen dat informatie automatisch kan worden verwerkt. Kennelijk hoeven wij ons daar niet altijd bewust van te zijn. Bovenstaand model van KTG en LTG gaat er juist wél van uit dat we weten welke informatie we verwerken. Recent geheugenonderzoek suggereert dat mensen *verschillende soorten langetermijngeheugen* hebben. Hieronder worden drie voorbeelden besproken van recente inzichten over (langetermijn)geheugen, te weten: contextafhankelijkheid van het geheugen, het onderscheid tussen semantisch en episodisch geheugen en het onderscheid tussen impliciete en expliciete geheugenprocessen.

Contextafhankelijkheid van het geheugen

Onderzoek heeft uitgewezen dat de mate waarin het ons lukt om herinneringen (uit het langetermijngeheugen) op te halen mede afhankelijk is van de context ten tijde waarvan de informatie werd opgeslagen. Een diepzeeduiker die onder water een aantal woorden leert, herinnert zich deze woorden op land slechter dan onder water (Jansen et al., 1992). Dit heeft belangrijke consequenties. Zo is het aan te raden om een boek te bestuderen in een omgeving (context) die lijkt op de omgeving waarin iemand later getentamineerd wordt. Deze voorbeelden slaan op een *externe context*. Er is ook sprake van een *interne context*, waarmee de stemming en emotie bedoeld worden die iemand heeft als hij iets leert. Mensen die verdrietig zijn herinneren zich vooral gebeurtenissen die met dat gevoel overeenkomen. De contextafhankelijkheid van het geheugen is niet goed te verklaren met het model uit figuur 5.3.

Verschillende soorten geheugen

Mensen hebben meerdere soorten geheugens, die verschillend functioneren. We hebben geheugens voor beelden, geluiden en geuren. Het geurgeheugen werkt anders dan het beeldgeheugen (Engen, 1991). Dit is als volgt te illustreren: probeer een visueel beeld op te roepen van het gerecht dat je gisteren hebt gegeten. Dat zal zonder veel moeite lukken. Probeer daarna de geurherinnering van hetzelfde gerecht op te roepen. Dat zal niet lukken. Het visuele beeld van een gerecht roept niet de geurherinnering op. Andersom werkt het wel. Als je een bekende geur ruikt, dan roept dat het visuele beeld en de emoties die erbij horen op. Denk hiervoor bijvoorbeeld aan een man die de parfum ruikt die zijn overleden partner gebruikte. Het model van KTG en LTG is niet van toepassing op geurherinneringen. Dit model impliceert namelijk dat herinneringen en informatie bewerkt worden in het KTG. Het geheugenschema van een visueel beeld is wel door nieuwe ervaringen te veranderen. De cognities die bij het visuele beeld van een roofvogel horen, kunnen bijvoorbeeld veranderen na een bezoek aan een dierentuin, het zien van een natuurfilm of het lezen van een boek. De associatie tussen geur en betekenis is echter moeilijk te veranderen wanneer ze eenmaal geleerd is. De geur van speculaas betekent levenslang speculaas.

Een ander onderscheid is dat tussen het semantisch en het episodisch geheugen. Met het **semantisch geheugen** duidt men de opslag van algemene kennis aan zoals talenkennis, kennis van rekenen en wiskunde en de feitjes van aardrijkskunde en geschiedenis – 1500 na Christus: geboorte van Karel de Vijfde, Athene is de hoofdstad van Griekenland, Ali B. is een rapper uit Almere, enzovoorts. Ook geleerde procedures en vaardigheden zoals autorijden en kaartspelen vallen onder het semantisch geheugen. Daarin blijken het tijdstip (bijvoorbeeld de leeftijd) waarop en de context waarin iets geleerd wordt een ondergeschikte rol te spelen. Probeer je maar eens te herinneren wanneer en waar je hebt leren klaverjassen (of een ander kaartspel). Waarschijnlijk zal dit moeite kosten. Overigens geldt dit niet voor alle vaardigheden, je zal nog wel weten wanneer je autorijles hebt gehad.

Met het **episodisch geheugen** duidt men de opslag van autobiografische kennis aan. Deze kennis is meer aan tijd en plaats gebonden, zoals de herinnering van een kind dat toen het zeven jaar oud was en logeerde bij tante Alie voor het eerst op het strand kwam. Vooral het episodisch geheugen is met stemming verbonden, bijvoorbeeld de herinnering van het kind dat hij erg opgewonden was toen hij het strand op rende. Het episodisch geheugen is juist gevoelig voor de externe en interne context van het tijdstip waarop informatie werd opgeslagen.

Verschillende geheugenprocessen: impliciet en expliciet

Naast verschillende soorten geheugen zijn er verschillende geheugenprocessen. Een relatief nieuw onderscheid is dat tussen expliciete en impliciete geheugenprocessen. *Expliciete geheugenprocessen* verlopen bewust. Het model uit figuur 5.3 is hier dan ook op van toepassing. Het gaat om kennis waarvan we weten dat we die verwerkt hebben. *Impliciete geheugenprocessen* zijn niet met dit model te verklaren: we kunnen informatie opslaan zonder dat we dat weten. We kunnen bang zijn voor een bepaalde situatie zonder te weten hoe en waar we dat geleerd hebben. Uit onderzoek blijkt dat veel van onze voorkeuren en gevoelens gevormd zijn door gebeurtenissen en ervaringen die we ons niet expliciet herinneren. Psychologen toonden proefpersonen in een flits een tekening, maar zo kort dat ze de tekening nauwelijks konden zien. Later moesten ze een voorkeur uitspreken voor bepaalde tekeningen en vonden ze de tekeningen die ze eerder 'gezien' hadden mooier dan de andere, maar konden ze niet aangeven waarom en konden ze zich de tekeningen ook niet herinneren (Schacter, 1997).

Met het impliciete geheugen is de casus van het begin van dit hoofdstuk te verklaren. Mensen kunnen door een ongeluk een posttraumatische stressstoornis (PTSS) krijgen. Deze stoornis heeft drie hoofdkenmerken: herbeleving van het ongeluk, vermijding van situaties die doen denken aan het ongeluk en angst gepaard gaande met lichamelijke reacties zoals verhoogde hartslag. De herbeleving – een 'levende' herinnering – wordt 'veroorzaakt' door het expliciete geheugen. Als het ongeluk gepaard is gegaan met een (lichte) hersenbeschadiging, dan kan de expliciete herinnering ontbreken, maar kunnen vermijding en angst wel aanwezig zijn. Deze worden namelijk 'veroorzaakt' door het impliciete geheugen. Dit is het geval bij de patiënt uit de casus. Overigens wijst onderzoek uit dat het ontbreken van een bewuste – expliciete – herinnering beschermend werkt: er ontwikkelt zich dan minder snel een PTSS (Gil et al., 2005).

Onderzoek bij mensen met geheugenproblemen toont zowel het verschil tussen de verschillende soorten geheugen als het verschil tussen de processen aan. Specifieke geheugeninhouden kunnen 'verdwijnen' of onbereikbaar worden na een hersenbeschadiging, bijvoorbeeld door een ongeluk, een bloeding of een tumor. Zo zijn er mensen die geen toegang meer hebben tot (delen van) hun episodisch geheugen en is bij anderen juist het semantisch geheugen aangetast (Ramachandran, 1998; Sacks, 1986 en 1995; Schacter, 1997). Het functioneren van het geheugen van patiënten die lijden aan het Korsakovsyndroom vormt hiervan een pakkende illustratie. Dit syndroom is een vorm van dementie – meestal veroorzaakt door te veel alcoholgebruik. De patiënten hebben anterograde amnesie (geheugenverlies), wat inhoudt dat zij zich informatie die ze opgeslagen hebben vóórdat ze aan het syndroom gingen lijden nog wel kunnen herinneren, maar dat ze geen nieuwe informatie meer kunnen opslaan (Wolters, 1995). Opvallend is dat vooral het episodische geheugen en in mindere mate het semantische geheugen verstoord is. De kennis dat Athene de hoofdstad van Griekenland is blijft bestaan, maar wat er gisteren gegeten werd is snel vergeten. Patiënten met Korsakov blijken nog wel in staat om onbewust (impliciet) informatie op te slaan. Als hun een mop verteld wordt, dan lachen ze daar de eerste keer om. Wordt dezelfde mop een aantal dagen later weer verteld, dan lachen ze niet. Hoewel ze ontkennen dat ze de mop al kennen – ze zeggen de tweede keer dat ze de mop niet zo leuk vinden – heeft er impliciete verwerking van eerdere informatie plaatsgevonden (Bonke et al., 1994). Geheugenverlies bij Korsakovpatiënten is vooral een stoornis van expliciete geheugenprocessen.

Ook bij patiënten die onder algehele narcose (anesthesie) geopereerd werden, zijn impliciete geheugenprocessen een aantal keren (niet altijd) aangetoond (ibidem). In een onderzoek kregen onder narcose gebrachte patiënten een koptelefoon op waardoor vreemde woorden te 'horen' waren. Toen de patiënten bijgekomen waren, bleken ze de woorden te herkennen, maar konden ze niet aangeven waarop de herkenning gebaseerd was.

Vooral het onderzoek naar impliciete geheugenprocessen laat zien dat wij veel minder 'baas in eigen brein' zijn dan we denken. Op grond hiervan is een vraagteken te zetten bij het mensbeeld dat we bewust ons gedrag besturen. Uit onverwachte hoek krijgt de psychoanalytische theorie, waarin benadrukt wordt dat het onbewuste ons gedrag beïnvloedt, steun.

Het onderscheid tussen de verschillende geheugens is belangrijk wanneer er gewerkt wordt met mensen met geheugenstoornissen. Het meest bekende voorbeeld zijn mensen met dementie zoals de ziekte van Alzheimer. Geheugenverlies – ook bij mensen met vergevorderde dementie – is vrijwel nooit algemeen, maar

Kader 15

Omstreden herinneringen

De afgelopen jaren zijn in de pers met enige regelmaat artikelen verschenen over wat wordt genoemd 'hervonden' en 'ingebeelde' herinneringen. Volwassen mensen zouden zich gebeurtenissen uit het verleden die zij vergeten of 'verdrongen' hadden opnieuw kunnen herinneren. Bepaalde gebeurtenissen in het heden zouden de herinneringen kunnen activeren. Verdrongen herinneringen worden in verband gebracht met mishandeling of seksueel misbruik in de kindertijd. Daarnaast blijken er ook ingebeelde herinneringen te zijn: mensen blijken zich in volle overtuiging gebeurtenissen uit het verleden te kunnen herinneren die later nooit gebeurd blijken te zijn. Ook hier gaat het vaak om (vermeende) trauma's uit de kindertijd. Beide verschijnselen leveren heftige en emotionele debatten op. Hulpverleners maakten fouten door de geuite herinneringen van hun cliënten voor waar aan te nemen. Op grond van geheugenonderzoek blijkt dat het geheugen eerder onbetrouwbaar dan betrouwbaar is. Mensen kunnen niet als een computer hun herinneringen opslaan en deze weer ongeschonden oproepen. Wij bewerken en construeren herinneringen. Herinneringen aan autobiografische gebeurtenissen die op verschillende tijdstippen plaatsvonden kunnen wij – zonder dat te weten – met elkaar vermengen. Ook kunnen we herinneringen aan gebeurtenissen die werkelijk hebben plaatsgevonden vermengen met informatie uit boeken, films of 'gewoon' gesprekken over de gebeurtenis. Iedereen heeft ingebeelde herinneringen, sommige mensen meer dan andere.

Het pas op latere leeftijd voor het eerst over een trauma vertellen komt vaak voor. Niet omdat men het zich niet kon herinneren, maar omdat er schaamte mee kan spelen of omdat het vertellen te pijnlijk was. Hulpverleners en opvoeders behoren te weten dat het geheugen niet altijd adequaat is. Zij moeten voorzichtig zijn met suggestieve beïnvloeding van de herinneringen van een leerling of cliënt. Ervaringen met 'omstreden herinneringen' laten zien dat mensen met bepaalde persoonlijkheidskenmerken en/of psychiatrische stoornissen gevoeliger zijn voor suggestieve opmerkingen, vooral als zij vage klachten hebben. Opvoeders en hulpverleners die sterk geloven in hun eigen gelijk en onvoldoende openstaan voor alternatieve verklaringen blijken eerder (maar niet doelbewust) omstreden herinneringen uit te lokken (Gezondheidsraad, 2004).

beperkt zich tot een aantal functies en/of levensperioden. De achteruitgang bij dementie is een geleidelijk proces: steeds meer herinneringen slijten weg. Dit vergeten begint met het niet meer opslaan van nieuwe ervaringen en breidt zich geleidelijk aan uit naar de herinneringen aan gebeurtenissen uit het verleden.

Het wegslijten verloopt niet voor alle vormen van geheugen hetzelfde. Zo slijt het geheugen voor verbale communicatie (taal) eerder dan het geheugen voor nonverbale communicatie. Demente patiënten begrijpen bijvoorbeeld niet meer de woorden, maar wel de intonatie. Het geheugen voor muziek, tast, geur en smaak blijft zeer lang intact (De Lange, 1990). Patiënten met vergevorderde dementie blijken nog wel te reageren op (bekende) liedjes, streling en (bekende) geuren. Met behulp van deze middelen kunnen gevoelens opgewekt worden en is contact mogelijk tussen de demente en de buitenwereld.

Het geheugen is een belangrijk onderwerp uit de cognitieve psychologie. Het geheugenmodel van KTG en LTG gaat uit van een lineaire ordening en bewuste verwerking van informatie. Dit model blijkt niet altijd correct. Niet alle geheugenprocessen verlopen lineair en bewust. Deze nieuwe inzichten hebben geleid tot nieuwe begrippen zoals contextafhankelijkheid, episodisch en semantisch geheugen en expliciete en impliciete geheugenprocessen.

5.2.3 Cognitieve ontwikkeling

In de cognitieve psychologie wordt het verschil tussen kinderen en volwassenen benadrukt. De cognitieve vermogens van kinderen verschillen van die van volwassenen. Kinderen doorlopen een cognitieve ontwikkeling en er bestaan verschillende opvattingen over het verloop daarvan. Hier wordt de theorie van Piaget behandeld, omdat deze nog steeds toonaangevend is. Allereerst volgt een typering van de theorie en wordt er een kanttekening bij geplaatst. Vervolgens worden de stadia die Piaget onderscheidt bij de cognitieve ontwikkeling van kinderen besproken. Hierbij wordt een aantal voorbeelden gegeven van de kenmerken van het cognitief functioneren van kinderen tijdens een bepaald stadium. De subparagraaf sluit af met een aantal voorbeelden van de ontwikkeling van het denken over ziek zijn bij kinderen.

Ook in de theorie van Piaget staat het begrip *cognitief schema* centraal. We zagen al (5.2.1) hoe een schema ontstaat en verandert op grond van informatie uit de waarneming. Er is een belangrijk verschil tussen het ontwikkelen van schema's bij volwassenen en kinderen. Bij kinderen is, afhankelijk van de leeftijd, het logisch redeneren nog in ontwikkeling. De stadia in cognitieve ontwikkeling bij kinderen die Piaget onderscheidt houden dan ook vooral verband met het niveau van logisch redeneren. Informatie uit de waarneming wordt bij het kind verwerkt op het aanwezige niveau van logisch redeneren. Piaget benadrukt de interactie tussen een organisme en zijn omgeving. Op grond daarvan ontwikkelen zich de schema's bij kinderen en deze worden complexer naarmate het kind ouder wordt. Hoewel het organistisch denken het uitgangspunt van Piaget is, stelt hij ook dat de ontwikkeling van denken bij kinderen automatisch verloopt. De omgeving zou enigszins remmend of stimulerend kunnen werken, maar de ontwikkeling niet wezenlijk beïnvloeden. Vooral op deze rijpingsgedachte is Piaget bekritiseerd en later onderzoek toonde aan dat door goede stimulatie van bijvoorbeeld ouders of leerkrachten kinderen veel sneller een cognitieve ontwikkeling kunnen doorlopen dan Piaget voor mogelijk hield.

Het ontwikkelen van cognitieve schema's: assimilatie en accommodatie

Cognitieve schema's ontwikkelen zich door de continue wisselwerking tussen een persoon en zijn omgeving. Bij de ontwikkeling en aanpassing van cognitieve schema's onderscheidt Piaget twee mechanismen: assimilatie en accommodatie.

Assimilatie is het proces waarbij nieuwe informatie geïntegreerd wordt in de cognitieve schema's die iemand al bezit. Bekend is het voorbeeld van het kind dat zijn ouders voor het eerst ziet en hoort vrijen. Als het kind nog jong is, zal het deze waarneming niet goed kunnen begrijpen. Mede op grond van de waargenomen geluiden en heftige bewegingen kan het de conclusie trekken dat zijn ouders ruzie hebben. De waarneming van het kind wordt geassimileerd in het cognitieve schema 'ruzie maken'.

Accommodatie slaat op het proces dat nieuwe informatie leidt tot het construeren van een nieuw cognitief schema of het bijstellen van een al bestaand schema. Als het kind later leert wat vrijen is, dan maakt het in zijn cognitief schema over geluiden en heftige bewegingen een onderscheid tussen ruzie en vrijen. Het kind heeft een bestaand cognitief schema gedifferentieerd in twee nieuwe schema's.

Cognitieve stadia volgens Piaget

Belangrijk is het onderscheid tussen een aantal cognitieve stadia. Elk stadium komt overeen met een bepaald niveau van logisch redeneren.

Het eerste stadium is de **sensomotorische fase** (0 tot circa 2 jaar). Waarnemen ('senso' slaat op sensorisch: zintuigen) en motoriek staan centraal. In deze fase leert het kind onderscheid te maken tussen zichzelf en de wereld. Dit gebeurt op basis van het handelen (motoriek). Het kind grijpt naar iets en het grijpen heeft effect. Eerst komt het grijpen daarna het be-grijpen. Het kind leert hierdoor dat het invloed kan uitoefenen op zijn omgeving. Tijdens deze fase verwerft het objectconstantie. Het leert dat als het een object niet meer ziet (of hoort), het object nog wel bestaat ('constant is'). Als het kind dit geleerd heeft, heeft het de mogelijkheid verworven om innerlijke beelden (cognitieve schema's) van objecten vast te houden. Objectconstantie heeft bij Piaget dus een andere betekenis dan bij de objectrelatietheorie; daar slaat het op een emotionele constantheid van een beeld van een persoon (zie p. 78).

Het tweede stadium is de **preoperationele fase** (circa 2 tot circa 7 jaar). Het denken van het kind tijdens deze fase is strikt *waarnemingsgebonden*. Het kind kent nog geen denkprocessen die los van de waarneming staan. Bovendien kan het zich bij de waarneming en het denken dat daarop gebaseerd is slechts op *één aspect* richten. Meerdere dimensies bij de waarneming kunnen nog niet tegelijkertijd verwerkt worden. Een stukje klei waarvan een poppetje gemaakt wordt, wordt een poppetje en is geen stukje klei meer. Een groot en dun poppetje is voor het kind wezenlijk anders dan een klein en dik poppetje. Dat beide poppetjes van hetzelfde gewicht zijn, beseft het nog niet. Het denken van het kind is *egocentrisch.* Zijn eigen perspectief staat centraal en het ziet zichzelf daarbij als almachtig. Het kind kan daardoor denken dat veel gebeurtenissen door hemzelf worden veroorzaakt. Wanneer de ouders gaan scheiden, kan het geneigd zijn om de oorzaak bij zichzelf te zoeken en dit kan – onterechte – schuldgevoelens produceren. Doordat het kind geleerd heeft dat het zelf invloed kan uitoefenen op zijn omgeving, gaat het achter elke waargenomen gebeurtenis ook een oorzaak zoeken. De oorzaak wordt na verloop van tijd niet meer alleen bij zichzelf gezocht, maar elke gebeurtenis heeft wel een oorzaak. *In deze fase bestaat voor het kind geen toeval.* Wanneer een kind een gebeurtenis waarneemt, dan wordt de oorzaak daarvan vooral gezocht in een andere gebeurtenis die qua tijd en plaats vlak daarvoor plaatsvond. Het kind wordt niet gehinderd door enig logisch denken. Toevallig opgevangen verklaringen van volwassenen kan het assimileren (integreren) in zijn denkwijze. Het heeft bijvoorbeeld hoofdpijn gekregen doordat het vlak daarvoor in de regen speelde; griep door de sigaret die zijn vader net rookte, enzovoorts. Doordat het kind nog geen goed onderscheid aanbrengt tussen het psychische en fysische, dicht het voorwerpen mogelijkheden toe die het zelf bezit. Levenloze objecten bezitten voor het kind in deze fase een bewustzijn. Dit heet *magisch denken.* Een voorbeeld hiervan is het denken van Sjaak.

> *Sjaak logeert een dag in de week bij een oppas en is ongeveer drie jaar oud als het volgende zich voordoet. Hij speelt in de woonkamer als plotseling de kamerdeur open waait. 'Wat is dat?' vraagt Sjaak verschrikt. 'Oh, dat is de wind,' antwoordt de oppas. Als hij even later naar bed moet waarbij hij door de kamerdeur en vervolgens de trap op naar boven moet, wordt hij bang. De wind zit immers boven en die kan hem misschien kwaad doen. Met uitleg en samen zoeken naar een 'onvindbare wind' wordt Sjaak gerustgesteld en gaat slapen.*

Het derde stadium is de **concreet operationele fase** (circa 7 tot circa 11 jaar). Nu is het kind *minder egocentrisch.* Het ontdekt dat andere mensen (letterlijk) een andere kijk op de wereld kunnen hebben. De overgang van preoperationeel naar concreet operationeel valt in onze maatschappij ongeveer gelijk met het wel en niet meer geloven in Sinterklaas. Het magisch denken dat hoort bij het geloven in Sinterklaas maakt plaats voor meer logisch redeneren. De ontwikkeling van het conservatiebegrip is een andere belangrijke mijlpaal. Als vloeistof van een laag en breed glas overgegoten wordt in een hoog en smal glas, dan wordt het vloeistofpeil hoger. Een kind in de preoperationele fase zal zeggen dat er meer vloeistof in het hoge glas zit. Het richt zich bij zijn waarneming maar op één aspect: het vloeistofpeil. Een kind in de concreet operationele fase zal wel zeggen dat er evenveel vloeistof in de verschillende glazen zit, *mits* het de handeling kan waarnemen (daarop slaat het woord concreet). Een ander voorbeeld van het ontbreken van het conservatiebegrip is het volgende.

> *Emiel logeert bij zijn grootouders, hij is vijf jaar oud. 's Ochtends is het tijd voor zijn boterham. Omdat hij gewend is wit brood te eten en zijn grootouders alleen bruin brood hebben, wordt het verorberen van de boterham een klein drama. De grootvader schenkt geen aandacht aan het zeuren van Emiel en begeleidt elk stukje weggewerkt brood met een compliment. Op een gegeven moment liggen er nog twee stukjes brood op het bord, waar Emiel met afgrijzen naar kijkt. Hij weigert ze op te eten. Als zijn grootvader vraagt wat er toch mis is met deze twee laatste stukjes, antwoordt Emiel dat ze te groot zijn. Voor het eerst zwicht de grootvader en snijdt de twee stukjes doormidden. Het effect is verrassend: met tranen in zijn ogen en trillende lipjes zegt Emiel: 'Nou zijn het er weer vier'.*

In de concreet operationele fase heeft het kind zichtbare objecten nodig om logisch te kunnen redeneren. Vingers of een telraam als het moet rekenen, blokken of andere voorwerpen als het moet classificeren.

Als hoogste stadium van de cognitieve ontwikkeling noemde Piaget het **formeel operationele stadium** (vanaf circa 11 jaar tot en met volwassenheid). Het kind kan in deze fase logisch redeneren en uit het hoofd rekenen en het weet bij het experiment met het overgieten van vloeistof het juiste antwoord te geven zonder het experiment zelf waar te hoeven nemen.

Bij kinderen vindt vooral assimilatie plaats

De theorie over de cognitieve ontwikkeling geeft inzicht in hoe kinderen 'de wereld' verklaren en begrijpelijk maken. Bij het geven van uitleg aan kinderen moet rekening gehouden worden met de fase waarin ze zich bevinden. Dat wat kinderen verteld wordt, assimileren (integreren) ze in de cognitieve schema's die al aanwezig zijn. Voor een goed besef van sommige zaken kan de cognitieve ontwikkeling van kinderen nog ontoereikend zijn. *Accommodatie is lang niet altijd mogelijk* vanwege het beperkte logisch denken. Dat kinderen de uitleg assimileren in de geheugenschema's die ze al hebben ontwikkeld laat het volgende voorbeeld zien.

> *Tegenwoordig wordt aan jonge kinderen al uitleg gegeven over zaken waarover men een aantal jaren geleden nog dacht dat het niet hoorde, bijvoorbeeld over doodgaan en seksuele voorlichting. Dat is lang niet eenvoudig en bij seksuele voorlichting kan het tot grappige situaties leiden. Toen Emiel vier jaar oud was, hoorde hij dat een baby in de*

buik van mamma groeit en dat mamma dan een dikke buik heeft. Bij hem had dat tot effect dat hij vol overtuiging tegen zijn oma, die niet mager is, zei: 'Jij krijgt een baby.'

Hoe leg je aan een kind uit dat het ernstig ziek is en wellicht doodgaat? Koopman (1993) deed onderzoek naar de ontwikkeling in het denken over ziekte bij kinderen. Hij ontdekte dat ook dit in fasen verloopt. Tijdens de sensomotorische fase is er totaal onbegrip, dit denken begint pas in de preoperationele fase. In die fase wordt ziekte door het kind verklaard door verband te leggen met gebeurtenissen die toevallig vlak voor de ziekte plaatsvonden. Op wat latere leeftijd ontstaat het besef dat nabijheid van andere mensen tot besmetting kan leiden. Wat zich inwendig in een ziek lichaam afspeelt, beseft het kind pas tijdens de formeel operationele fase (vanaf circa 11 jaar). Nog later ontstaat de algemene kennis dat ziekte te begrijpen is vanuit een interactie tussen lichaam en geest. Belangrijk is Koopmans conclusie dat pas tijdens de formeel operationele fase het kind enige kennis heeft over lichamelijke processen. In de fasen daarvoor ontbreekt dat. Dit kan een richtlijn zijn bij het geven van voorlichting over ziekte aan kinderen. Koopman geeft voorbeelden waarbij dat 'mis' ging. Hij benadrukt dat kinderen de uitleg die aan hen gegeven wordt assimileren in hun reeds aanwezige, maar gebrekkige kennisbestand. Volwassenen vragen een dokter om uitleg als ze iets niet begrijpen, ze kunnen dan een nieuw schema maken (accommodatie). Kinderen vragen vrijwel nooit uitleg, maar assimileren de gegeven voorlichting. Een paar voorbeelden van uitleg die op een te hoog niveau gegeven werd:

Een jongen van acht jaar merkt op dat hij de 'Groningse ziekte' heeft. Het begrip 'chronisch' (door hulpverleners frequent gebruikt) is voor hem aanvankelijk niet te classificeren en hij onderneemt pogingen het begrip thuis te brengen. Chronisch wordt dan Gronings. Een arts gebruikt in aanwezigheid van een kind het woord 'bloedspiegel'. Het woord spiegel wordt letterlijk opgevat: 'Ik heb een spiegel in mijn bloed.'
Een ander kind krijgt te horen dat er sprake is van leukemie. Na afloop van de uitleg wordt gerepliceerd: 'Leukemie? Er is niets leuk aan.'
Een volgend kind reageert op de vaststelling 'bof': 'Nou dan bof je, dan hoef je niet naar school' (Koopman, 1994: p. 142-143).

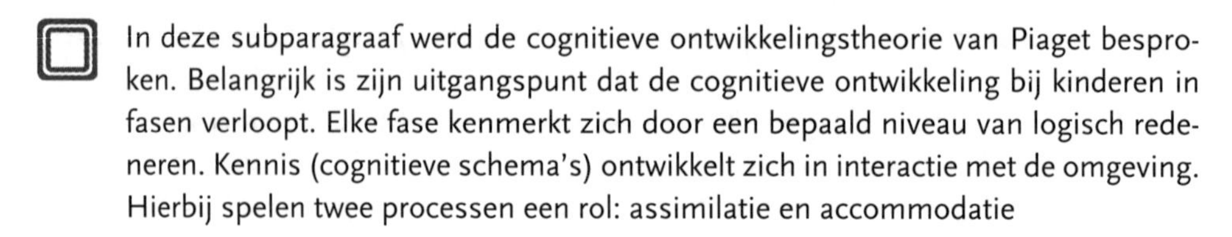

In deze subparagraaf werd de cognitieve ontwikkelingstheorie van Piaget besproken. Belangrijk is zijn uitgangspunt dat de cognitieve ontwikkeling bij kinderen in fasen verloopt. Elke fase kenmerkt zich door een bepaald niveau van logisch redeneren. Kennis (cognitieve schema's) ontwikkelt zich in interactie met de omgeving. Hierbij spelen twee processen een rol: assimilatie en accommodatie

5.2.4 Persoonlijkheid

Persoonlijkheid wordt in de cognitieve psychologie gedefinieerd als het geheel van die karaktertrekken en gedragingen die kenmerkend zijn voor een individu (Wijdeveld et al., 1990). Deze blijven door de tijd heen bestaan en worden in verschillende situaties vertoond. We zeggen bijvoorbeeld: 'Dat is typisch iets voor Jan' als Jan weer eens het voor hem kenmerkende gedrag vertoont. Individuele verschillen in persoonlijkheid worden in de cognitieve psychologie teruggevoerd op individueel verschillende cognitieve schema's. De schema's op hun beurt zijn (ten dele) te herleiden tot de eigen stijl van informatieverwerving en -verwerking die elke persoon heeft. Het persoonlijkheidsbegrip zoals dat in de (cognitieve) psychologie, maar ook in het dagelijks leven wordt gebruikt, heeft twee implicaties: het benadrukt de individuele verschillen tussen mensen en de stabiliteit binnen één persoon. In onze opvattingen verandert persoonlijkheid alleen maar na ingrijpende gebeurtenissen: 'Na de dood van haar man is ze nooit meer de oude geworden' of 'Jantien is heel erg veranderd sinds ze is gaan studeren en op kamers gaan wonen'. Zoals we in hoofdstuk 4 hebben gezien, is de persoonlijkheid ook als een proces op te vatten. In de cognitieve psychologie is dat minder gebruikelijk.

Het benadrukken van een eigen persoonlijkheid is overigens een typisch westers verschijnsel. Juist binnen de westerse cultuur (en de westerse psychologie) wordt de individualiteit van mensen benadrukt. Elk kind wordt (meestal impliciet) het besef bijgebracht dat het een unieke persoon is van wie er geen tweede bestaat. In niet-westerse culturen wordt dit minder benadrukt in de opvoeding.

Hoewel vanuit de cognitieve psychologie de individuele verschillen bij informatieverwerving en de toepassing ervan benadrukt kunnen worden, biedt ze ook de mogelijkheid om juist te zoeken naar (cognitieve) overeenkomsten tussen mensen. Het begrip *cognitieve stijl* slaat op deze praktijk. Een voorbeeld is het onderscheid tussen introverte (in zichzelf gekeerde) en extraverte (naar buiten gerichte) mensen. Andere voorbeelden zijn verschillende leerstijlen of denkstijlen.

Een bekend onderscheid is dat tussen verschillende *attributiestijlen*. Attributie slaat op de manier waarop iemand de waargenomen werkelijkheid oorzakelijk verklaart. Als een kind valt, dan kan het de oorzaak van het vallen aan een straatsteen attribueren (toeschrijven), aan losse veters of aan zichzelf omdat het niet oplette. Dit voorbeeld laat zien dat mensen bij het maken van attributies de keuze hebben tussen een *interne attributie* (ik was zelf de oorzaak) en een *externe attributie* (iets of iemand anders is de oorzaak). Dergelijke verklaringen geven mensen van eigen en andermans gedrag.

Uit onderzoek blijkt dat mensen een algemene stijl van attributie vertonen, die op *drie criteria* in te delen is: gedrag kan toegeschreven worden aan interne of externe oorzaken, aan stabiele (blijvende) of variabele oorzaken en aan algemeen geldende of specifieke oorzaken (Peterson et al., 1993; Ruiter, 1989). Een voorbeeld om dit te verduidelijken.

Stel dat iemand een ander probeert te versieren en daarbij een blauwtje loopt. We gaan ervan uit dat dit een negatieve gebeurtenis voor deze persoon is. In dit geval is het mogelijk dat hij de volgende attributies maakt (iemand die deze 'mislukking' waarneemt kan hetzelfde doen).
Er is een onderscheid te maken tussen interne en externe oorzaken van de afwijzing. Een **interne attributie** *is: 'Ik ben onaantrekkelijk' of 'Ik heb het verkeerd aangepakt'. Een* **externe attributie** *is: 'Zij had er geen zin in' of 'Contact leggen is moeilijk voor andere mensen'.*
Vervolgens is er een onderscheid te maken tussen oorzaken die stabiel en blijvend zijn en oorzaken die variabel zijn. Een **stabiele attributie** *is: 'Ik ben onaantrekkelijk' of 'Contact leggen is voor mij moeilijk'. Een* **variabele attributie** *is: 'Ik pakte het bij haar verkeerd aan'.*
Tot slot is er een onderscheid te maken tussen algemene en specifieke attributies. Een **algemene attributie** *is: 'Ik ben onaantrekkelijk'. Een* **specifieke attributie** *is: 'Voor haar ben ik onaantrekkelijk'.*

Interne attributie	Externe attributie
Stabiel	**Stabiel**
Algemeen 'Ik ben onaantrekkelijk.'	*Algemeen* 'Contact leggen is moeilijk voor andere mensen.'
Specifiek 'Voor haar ben ik onaantrekkelijk.'	*Specifiek* 'Zij kan moeilijk contact leggen.'
Variabel	**Variabel**
Algemeen 'Ik pak het soms verkeerd aan.'	*Algemeen* 'Mensen hebben soms geen zin in een relatie.'
Specifiek 'Ik pakte het bij haar verkeerd aan.'	*Specifiek* 'Zij had er geen zin in.'

Figuur 5.4 Voorbeelden van oorzakelijke verklaringen (attributies) bij het lopen van een blauwtje (bewerking van Peterson et al., 1993: p. 149).

De manier waarop iemand zijn eigen gedrag verklaart (attribueert), kan belangrijk zijn voor zijn zelfbeeld. Iemand die bij een negatieve gebeurtenis zoals het lopen van een blauwtje de oorzaken vooral aan zichzelf toeschrijft – waarbij die attributie ook nog stabiel en algemeen is –, zegt daarmee dat hij in de toekomst ook dergelijke negatieve ervaringen zal opdoen. Immers, als iemand zegt dat hij onaantrekkelijk is, dan zegt hij daarmee ook dat dit voor meer mensen dan alleen die ene persoon geldt. Dit vergroot de kans op een negatief zelfbeeld. De attributiestijl voor *het verklaren van eigen gedrag* is in de cognitieve psychologie een bekende theorie waarmee het ontstaan van depressie verklaard wordt (zie 5.5).

Mensen zijn in te delen op attributiestijlen. Mensen met depressie blijken gemiddeld genomen een andere attributiestijl te hanteren dan mensen zonder depressie. Er zijn ook verschillen aangetroffen *tussen mannen en vrouwen*. Men keek daarbij naar de verschillen in attributiestijl ten aanzien van het eigen gedrag en naar attributiestijlen van (belangrijke) anderen die het gedrag van vrouwen en mannen waarnemen. Uit onderzoek (Ruiter, 1989) naar de attributiestijlen *ten aanzien van het eigen gedrag* bleek dat vrouwen geneigd zijn om eigen succes aan externe en onstabiele oorzaken zoals geluk of gemakkelijkheid van de taak toe te schrijven. Dit in tegenstelling tot mannen, die eigen succes eerder aan interne en stabiele oorzaken zoals competentie of intelligentie toeschrijven. Eigen falen wordt door vrouwen juist wél toegeschreven aan stabiele, interne oorzaken (ibidem). De resultaten van onderzoek naar hoe *anderen* de prestaties van vrouwen en mannen beoordelen, zijn eensluidend. 'Succes van vrouwen wordt door anderen eveneens toegeschreven aan geluk of een gemakkelijke taak; dezelfde prestaties van mannen wordt toegeschreven aan kundigheid' (Ruiter, 1989: p. 75). Dergelijke verschillen in attributie werden aangetoond bij (mannelijke en vrouwelijke) leerkrachten op lagere scholen. Op grond van hoe de leerkrachten de prestaties van de leerlingen verklaarden, bleken de jongens te leren dat slechte prestaties niets met hun intelligentie (intern en stabiel) te maken hadden en meisjes dat dit juist wel het geval was (ibidem). Zo'n socialisatieproces kan natuurlijk grote gevolgen hebben voor het zelfbeeld van mannen en vrouwen.

Kader 16

Wanneer geven we iemand hulp? Een voorbeeld over zelfbeschadiging.

Een belangrijke vraag voor hulpverleners en opvoeders is hoe hun eigen hulp- en opvoedkundig gedrag gestuurd wordt. Wanneer besteed je aandacht aan een ander en wanneer niet? Waarom besteed je meer aandacht aan de ene persoon en minder aan een ander terwijl ze hetzelfde gedrag vertonen? De attributietheorie levert antwoorden op deze vragen. Het blijkt dat mensen minder geneigd zijn andere mensen te helpen als zij de oorzaak van de problemen zien als iets in de persoon zelf (interne attributie) en als de oorzaak voor de betreffende persoon controleerbaar is. Ook speelt een rol of de oorzaak wel of niet als incidenteel wordt waargenomen (stabiele of variabele attributie). In een onderzoek werd gekeken naar het hulpverleningsgedrag bij personeel (artsen en verpleging) van een eerstehulpafdeling in situaties waarbij sprake was van doelbewuste ernstige zelfbeschadiging (ook wel poging tot zelfdoding genoemd, deze begrippen worden door elkaar gebruikt). Doelbewuste zelfbeschadiging komt veel voor, in Nederland naar schatting zeventigduizend keer per jaar (www.trimbos.nl). Hoewel de meeste mensen die zichzelf beschadigen niet overgaan tot een geslaagde suïcide, is zelfbeschadiging wel de belangrijkste voorspeller van zelfdoding. Brits onderzoek (Hawton et al., 1998) laat zien dat 50 procent van de mensen die zich suïcideren eerder zichzelf ernstig beschadigd heeft ('een poging hebben gedaan'). Goed reageren door hulpverleners in een situatie van ernstige zelfbeschadiging is belangrijk bij het voorkomen van daadwerkelijke suïcides. De indruk bestaat dat personeel op eerstehulpafdelingen soms niet adequaat reageert. De patiënten die binnenkomen na een poging tot zelfdoding zijn niet – om het zo maar uit te drukken – populair. Hoe is het gedrag van dit personeel te verklaren? Mackay & Barrowclough (2005) legden het personeel van eerstehulpafdelingen een aantal casussen voor waarin een vrouw wordt beschreven die een overdosis medicijnen heeft ingenomen. In het ene geval vertelt de vrouw dat een goede vriend van haar een halfjaar geleden is overleden, in het andere geval dat zij ernstige financiële problemen heeft. Daarnaast vertelt de vrouw of zij voor het eerst op de afdeling komt of dat het de zesde keer is. Uit het onderzoek bleek dat als het personeel de oorzaak van de poging tot zelfdoding ziet als iets wat de patiënt zelf kan beïnvloeden (interne attributie bij de financiële problemen), het zich meer ergert aan het gedrag van de vrouw en minder adequate hulpverlening toepast. Als het personeel inschat dat het gedrag zich kan gaan herhalen in de toekomst (stabiele attributie bij de vrouw die voor de zesde keer komt), dan vermindert dat het vertrouwen in het effect van eigen handelen ('het heeft toch geen zin') en dat gaat gepaard met een verminderde inzet. De onderzoekers bepleiten op grond van dit onderzoek dat het personeel van eerstehulpafdelingen beter getraind moet worden in de omgang met mensen die zichzelf ernstig beschadigd hebben.

In de cognitieve psychologie wordt onderzoek gedaan naar persoonlijkheidsstijlen. Er zijn twee verschillende benaderingen te onderscheiden. Enerzijds is er een benadering waarin het unieke karakter van een persoonlijkheid vooropstaat. Individuele verschillen worden daarbij herleid tot individueel verschillende geheugenschema's. Anderzijds is er een benadering waarin gezocht wordt naar cognitieve overeenkomsten tussen mensen. Daarbij wordt het begrip cognitieve stijl gebruikt.

5.3 Nieuwe ontwikkelingen

De cognitieve psychologie – de belangrijkste stroming op dit moment – kent veel nieuwe ontwikkelingen. Dit is vooral het geval op het gebied van de cognitieve psychotherapie (5.5.1). Er worden specifieke cognitieve therapiemethoden ontwikkeld voor mensen met specifieke problemen zoals persoonlijkheidsstoornissen

(Arntz & Bögels, 2000) en hypochondrie (Bouman & Visser, 2006). Hier kijken we naar twee nieuwe benaderingen met een groter toepassingsgebied dan enkel de psychotherapie: het sociaalconstructivisme en 'mindfulness', het product van een samenwerking tussen cognitieve psychologie en boeddhisme.

5.3.1 Sociaalconstructivisme

Binnen de cognitieve psychologie wordt bestudeerd hoe *individuen* de wereld waarnemen en construeren. In principe maakt men daarbij een *scheiding* tussen de persoon en zijn (fysieke en sociale) omgeving. In de jaren tachtig van de vorige eeuw ontstond het *sociaalconstructivisme*, dat gedeeltelijk voortbouwt op de cognitieve psychologie. Sociaalconstructivisten benadrukken *de inhoud* van cognities. Mensen verlenen betekenis aan zowel interne (lichamelijke gewaarwordingen of emoties) als externe stimuli (een gebeurtenis, een geur, in principe alles). Hoe iemand dat doet, is niet geheel individueel bepaald. Het is, zo stellen de sociaalconstructivisten, sterk afhankelijk van de cultuur waarbinnen iemand opgroeit. Cultuur en individu zijn nauw met elkaar verbonden en daarom is het de vraag of er wel een duidelijk onderscheid te maken valt tussen de persoon en de (sociale) omgeving.

Als belangrijkste kenmerk van een cultuur wordt de taal genoemd (Wayt Gibbs, 2002). Deze biedt een interpretatiekader van de wereld. Als een individu wordt geboren, dan komt hij in een wereld waar al een taal aanwezig is en waar al opvattingen, waarden en normen bestaan. De cultuur en zijn taal gaan het waarnemen en denken van het individu beïnvloeden. Hij kan niet los van zijn cultuur bestudeerd worden. Cultuur en individu zijn wel te onderscheiden, maar niet te scheiden. De cultuur waarin wij opgroeien zit 'in ons hoofd', zo stellen de sociaalconstructivisten. Het probleem is dat we ons daar meestal niet bewust van zijn (Zeegers & Jansz, 1988), het is immers zo 'normaal'. Dat merkt iemand pas op als hij in contact komt met andere culturen waarin andere sociale afspraken gelden en andere woorden worden gebruikt, waardoor anders tegen de wereld wordt aangekeken. Fortmann (1971: p. 7) schreef:

> *'Indien een vis ontdekkingen zou kunnen doen, zo heeft men wel gezegd, dan zou zijn laatste ontdekking die van het bestaan van water zijn. Pas op de kar van de visboer zou hij weten wat het betekent een waterdier te zijn. Zo moet men zich ook niet verwonderen dat de mens eerst in het allerjongste verleden heeft ontdekt hoezeer hij gevormd is door de hem omringende cultuur. Het altijd aanwezige en dus vanzelfsprekende valt immers niet op.'*

Het is duidelijk dat de uiteenlopende begrippen van verschillende talen de wereld anders laten zien. Dat is al het geval bij jargon. Taalkundigen probeerden de gemeenschappelijke basiskenmerken van alle talen te omschrijven. Lang werd verondersteld dat zo'n kenmerk het gebruik van persoonlijke voornaamwoorden zou zijn. Men kon zich eenvoudigweg niet voorstellen dat in een taal de begrippen voor 'ik', 'jij', 'wij', enzovoorts zouden ontbreken. Totdat het Ica werd ontdekt, een taal die in het noorden van Columbia wordt gesproken (Wayt Gibbs, 2002) en waarin de persoonlijke voornaamwoorden ontbreken. Helaas wordt niet beschreven hoe de Icasprekers de wereld interpreteren, maar dat moet echt heel anders zijn dan in al die culturen met een taal waarin wel persoonlijke voornaamwoorden bestaan.

Sociaalconstructivisten benadrukken dat cultuur, taal en cognitie verweven zijn, maar ook dat mensen gezamenlijk de wereld construeren: co-constructie. Tussen mensen worden begrippen en normen ontwikkeld waarmee de wereld wordt geïnterpreteerd en van betekenis voorzien. Het sociaalconstructivisme benadrukt de gemeenschappelijke constructies en verschilt daarmee van andere psychologische stromingen. Vanuit het model van de algemene systeemtheorie is het te typeren als een theorie waarbij 'het sociale' als vertrekpunt wordt genomen bij het bestuderen van het menselijk functioneren. Niet de individuele persoon staat in het centrum van de aandacht, maar de geconstrueerde sociale realiteit. Met dit standpunt wordt afstand genomen van de nadruk op het individu.

De wereld leent zich voor vele interpretaties

Een consequentie van de sociaalconstructivistische visie is dat er geen ware interpretatie van de wereld bestaat (Zeegers et al., 1988). Dit geldt zowel voor de interpretaties die 'gewone' mensen geven als voor de interpretaties die wetenschappers geven. Wat 'waar' is wordt bepaald door de overeenstemming die mensen hebben over een bepaalde interpretatie; een objectief criterium bestaat niet. Dit standpunt heeft een tweetal implicaties (Burr, 1995).

Sociaalconstructivisten hebben een *zeer kritische houding tegenover wat men noemt 'vanzelfsprekende' kennis.* Ze beschouwen met achterdocht de veronderstellingen van mensen hoe de wereld in elkaar zit. De begrippen die wij gebruiken om de wereld te ordenen, zo stellen zij, hoeven niet noodzakelijkerwijs te corresponderen met hoe de werkelijkheid 'echt' in elkaar zit.

De manier waarop wij de wereld begrijpen en de begrippen die we daarbij gebruiken zijn *historisch en cultureel bepaald,* zo luidt de tweede implicatie. Dit betekent dat de tijd en de cultuur waarin iemand opgroeit (mede) bepalen wat hij wel en niet 'ziet', wat hij wel en niet kan verklaren. Een voorbeeld van historische bepaaldheid in de westerse cultuur is het begrip 'kind'. Enkele eeuwen geleden waren 'kind' en 'kindertijd' hier relatief onbekende begrippen. Kinderen werden beschouwd als miniatuurvolwassenen, wat zich ook uitdrukte in hun maatschappelijke positie. Denk aan de kinderarbeid uit de negentiende eeuw om te beseffen dat dit nog niet zo heel lang geleden is.

Het sociaalconstructivisme biedt een interpretatiekader waarmee het gedrag van mensen uit een andere cultuur of andere tijd gemakkelijker begrepen kan worden. Belangrijk is de les dat het interpreteren van gedrag cultureel en historisch bepaald is. Lang hebben westers opgeleide hulpverleners gehandeld alsof het genezen van ziekten een cultuurvrije aangelegenheid is, maar gelukkig komt deze misvatting nu minder vaak voor. Binnen de westerse cultuur is het interpreteren van psychische stoornissen in termen van bezetenheid niet dominant. In andere culturen kan dat wel het geval zijn. Als (westers) hulpverlener is het belangrijk om open te staan voor de (alternatieve) verklaringen die bijvoorbeeld een immigrant voor zijn problemen geeft.

5.3.2 Mindfulness

In 2000 vonden er gesprekken plaats tussen de Dalai Lama en zijn medewerkers en een aantal vooraanstaande westerse wetenschappers, onder wie de psychologen Paul Ekman (emotiedeskundige) en Daniel Goleman (van de emotionele intelligentie). Het was de achtste bijeenkomst in een reeks van *Mind and Life*-ontmoetingen tussen de Dalai Lama en westerse wetenschappers (www.mindandlife.org). In 2007 vond de dertiende van deze interessante ontmoetingen plaats tussen westers en oosters georiënteerde denksystemen. In de ontmoeting uit 2000 werd vastgesteld dat het boeddhisme veel psychologische uitgangspunten kent, zowel theoretisch (over menselijk bewustzijn) als praktisch (meditatie), met raakvlakken met de cognitieve (neuro)psychologie. Zo is de cognitieve therapie (5.5.2) op te vatten als een manier om zelfinstructie en zelfbeheersing te leren. Dat lijkt op het doel van meditatie, namelijk 'geest en hart te disciplineren en te reguleren om zodoende een meer ideale staat te bereiken' (Goleman, 2003: p. 109).

Vanaf eind jaren negentig van de vorige eeuw verschijnen de eerste systematische publicaties over mindfulness ('opmerkzaamheid'), het resultaat van een kruisbestuiving tussen boeddhistische meditatietechnieken en theorieën uit de cognitieve psychologie en therapie. Het resultaat zijn trainingen en therapievormen waarin de cliënt geleerd wordt om opmerkzaam te zijn op wat er in hem omgaat. Deze techniek richt zich op juist dat waarvan we ons bewust zijn en niet op dat wat automatisch verloopt. Daarnaast wordt geleerd om niet te veroordelen wat ons beroert, maar het te accepteren. Een derde kenmerk is dat men probeert te leren om de eigen gedachten, emoties, enzovoorts enigszins objectief te beschouwen. Niet opgaan in de eigen emotie ('ik ben woedend'), maar deze op enige afstand 'bekijken' (Koster, 2007). Mindfulness wordt toegepast als behandelwijze bij stress en chronische pijn (*Mindfulness Based Stress Reduction*) en bij (terugkerende) depressie (*Mindfulness Based Cognitive Therapy*). Maar de belangrijkste bijdrage van deze nieuwe ontwikkeling ligt wellicht in het gewone leven. Door bij zichzelf stil te staan en te merken wat werkelijk van belang is in het leven, zou de kwaliteit van iemands leven vergroot kunnen worden (Deth, 2007).

Er zijn veel nieuwe ontwikkelingen binnen de cognitieve psychologie, hier werden er twee besproken. Het sociaalconstructivisme legt bij het verklaren van cognities de nadruk op de sociale omstandigheden van mensen. Mensen komen ter wereld in een talige omgeving waar ze niet buiten kunnen treden. De taal beïnvloedt het denken en waarnemen. Dit standpunt brengt met zich mee dat men kritisch staat tegenover zogenaamde objectieve kennis. Mindfulness is het resultaat van samenvoegen van boeddhistische uitgangspunten met de uitgangspunten van de cognitieve psychologie. Het levert een veelbelovende nieuwe techniek op met zowel toepassingsmogelijkheden in het dagelijks leven als in de hulpverlening.

5.4 Het verklaren van psychische stoornissen

We hebben gezien dat in het behaviorisme psychische stoornissen verklaard worden met uit de hand gelopen leermechanismen. In de psychoanalyse verklaart men het vanuit onbewuste conflicten. Binnen de cognitieve psychologie wordt bij het verklaren van psychische stoornissen vooral uitgegaan van een ontregeling van de informatieverwerking.

5.4.1 Depressie

Een depressie is een stemmingsstoornis, dus vooral cognitief van karakter. Bij het verklaren van depressie blijken cognitieve theorieën succesvoller te zijn dan behavioristische theorieën. De belangrijkste cognitieve theorie over depressie is afkomstig van Aaron Beck (1963). Zijn theorie houdt verband met inadequate cognities en *cognitieve stijlen* die bij mensen te onderscheiden zouden zijn. Beck benadrukt dat bij het ontstaan van depressies de cognities belangrijk zijn. Ze zijn geworteld in cognitieve stijlen of cognitieve schema's die in de loop van iemands leven ontstaan en iemand die zijn leven lang gehoord heeft dat er van alles aan hem mankeert, kan het schema 'niets waard zijn' ontwikkelen (Van den Hoofdakker et al., 1990). Hij ontwikkelt eventueel een cognitieve stijl waarbij neutrale gebeurtenissen of situaties vooral negatief geïnterpreteerd worden. Dit kan leiden tot een vicieuze cirkel. Iets neutraals wordt negatief geïnterpreteerd, er wordt gehandeld naar deze interpretatie en waar iemand bang voor is gebeurt. Als de negatieve interpretaties overheersen, dan spreekt Beck van een *disfunctioneel schema* (zie figuur 5.5).

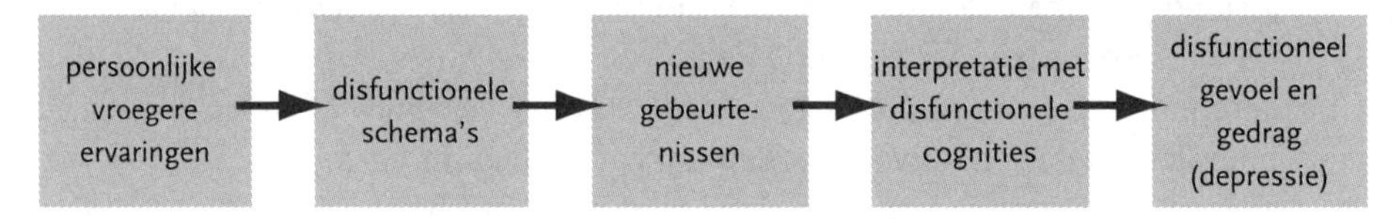

Figuur 5.5 Een schematische weergave van het depressiemodel van Beck (1963).

In het model van Beck worden de cognitieve schema's centraal gesteld bij de verklaring van depressiviteit. Is een disfunctioneel schema eenmaal ontstaan, dan kan dat leiden tot een aantal *systematische fouten* in de waarneming en de interpretatie van informatie. Dit worden *automatische gedachten* genoemd (Oppen & Bögels, 2006). Negatieve automatische gedachten kunnen een depressie in stand houden. Hieronder volgen twee voorbeelden van automatische gedachten die een rol kunnen spelen bij depressie.

Overgeneralisatie slaat op het verschijnsel dat op grond van één of enkele voorvallen een algemene conclusie wordt getrokken. Bijvoorbeeld: 'Mijn collega zei gisteravond dat ik een fout had gemaakt bij de overdracht. Zie je wel, ik ben helemaal ongeschikt voor dit werk.'

Personalisatie slaat op het verschijnsel dat externe gebeurtenissen door de depressieve persoon op zichzelf betrokken worden, terwijl daar geen aanleiding toe is. Bijvoorbeeld: 'Gisteren is op mijn werk een kind heel hard gevallen; zie je wel, ik let helemaal niet op en ben ongeschikt voor dit werk.'

Volgens Beck zijn er specifieke disfunctionele schema's voor specifieke psychische problemen. Bij stemmingsstoornissen spelen waarschijnlijk vooral schema's een rol waarin de eigen waardeloosheid, schuldgevoelens en perspectiefloze toekomst centraal staan. Jones et al. (2005) tonen dit aan bij mensen met depressie of een bipolaire stoornis (manisch-depressiviteit). Respondenten moesten een vragenlijst invullen waarbij ze aangaven hoe vaak ze iets dachten. Zelfvertrouwen werd gemeten (onder meer met de vraag: 'Er zijn momenten dat ik denk dat ik helemaal niet zo aardig ben') en disfunctionele opvattingen, zoals opvattingen over behoefte aan succes ('Als iets half mislukt, is dat net zo erg als iets dat helemaal mislukt'), afhankelijkheid ('Als anderen een hekel aan je hebben, kun je niet gelukkig zijn') en zelfcontrole ('Ik wil mijn gevoelens altijd geheel onder controle houden'). Uit dit onderzoek blijkt dat zowel mensen met een bipolaire stoornis als mensen met een depressie een (significant) negatiever zelfvertrouwen en meer disfunctionele opvattingen hebben dan mensen zonder deze stoornissen.

Critici stellen dat mensen met een depressie niet zozeer te negatief denken, maar dat optimistische mensen de werkelijkheid verdraaien door te positief te denken (Peterson et al., 1993). In een onderzoek moesten studenten een schatting maken van de controle die ze in een situatie hadden. Er waren twee groepen: studenten met en studenten zonder depressieve symptomen. Het experiment was simpel: de studenten moesten door op een knop te drukken proberen een lamp brandend te houden. Indrukken betekende toevoer van elektriciteit. In werkelijkheid werd de mate van controle bepaald door de proefleider. De situaties varieerden van bijna gehele tot helemaal geen controle. Na afloop moesten de studenten schatten hoeveel controle ze hadden gehad. Als er enige controle was toegestaan door de proefleider, dan bleken alle studenten dat goed te schatten. Echter, in de gevallen waarin er helemaal geen controle was, wisten alleen de depressieve studenten dat goed in te schatten. De niet-depressieve studenten dachten dat ze controle hadden in situaties waarin deze geheel afwezig was. Conclusie: niet de depressieve studenten vervormden de werkelijkheid, maar juist de niet-depressieve studenten. Ook in andere experimenten werd iets dergelijks aangetoond. Niet-depressieve mensen blijken veelvuldig de werkelijkheid geweld aan te doen, maar dat doet hen kennelijk goed. Ze hebben 'positieve illusies': een vorm van positief denken.

In hoofdstuk 3 is besproken hoe vanuit de behavioristische theorie *aangeleerde hulpeloosheid* verklaard wordt. In de cognitieve psychologie gebeurt dit door de *attributies* van personen centraal te stellen. De theorie komt erop neer dat mensen negatieve gebeurtenissen, waaraan ze niet kunnen ontsnappen, oorzakelijk proberen te verklaren. Vooral mensen die deze gebeurtenissen met interne en stabiele attributies verklaren, zouden aangeleerde hulpeloosheid ontwikkelen. Aangeleerde hulpeloosheid zou depressiviteit kunnen veroorzaken (Peterson et al., 1993). Op negatieve gebeurtenissen worden vooral interne, stabiele en algemene verklaringen (attributies) losgelaten ('Ik ben het die het veroorzaakt, het zal altijd zo blijven en alles wat ik probeer zal erdoor mislukken') en op positieve gebeurtenissen worden vooral externe, variabele en specifieke verklaringen losgelaten ('Ik heb er niets aan gedaan, het is zo weer voorbij en het is gewoon een toevallige gebeurtenis'). Met de attributietheorie wordt inzicht gegeven in de manier waarop cognitieve stijlen werkzaam kunnen zijn, iets wat ontbreekt in de oorspronkelijke theorie van Beck.

5.4.2 Angststoornissen

In hoofdstuk 3 hebben we gezien dat klassiek en operant conditioneren ook op een cognitieve manier te begrijpen zijn. Waarschijnlijk spelen schema's waarin gevaar centraal wordt gesteld hierbij een grote rol (Oppen & Bögels, 2006). Klassiek conditioneren is in deze visie het leren van betekenissen waarmee de wereld voorspelbaar wordt. Operant conditioneren is te zien als een vorm van controle uitoefenen op de omgeving. In deze lijn van redeneren wordt binnen de cognitieve psychologie geprobeerd om angststoornissen te verklaren. Iemand die bang is voor honden vermijdt het park waarin deze dieren worden uitgelaten. Volgens de cognitieve theorie doet een hondenfobicus dit niet omdat hij voor dit gedrag beloond wordt (minder angst), maar omdat hij weet dat hij zo zijn omgeving kan controleren. Het gaat dus om het toepassen van kennis. Tot slot een voorbeeld van de obsessief-compulsieve stoornis, die bestaat uit dwanggedachten en dwanghandelingen. Met de behavioristische theorie bleek goed te verklaren waarom iemand dwanghandelingen uitvoert: dit gedrag levert een negatieve beloning op. Met *dwanggedachten* (Heb ik het gas wel uitgezet?) komt de behavioristische theorie minder goed uit de voeten. Waarom hebben mensen obsessies? Uit onderzoek (Jansen et al., 1992) blijkt dat vrijwel iedereen wel eens vreemde gedachten heeft, dat is kennelijk heel normaal. Het verschil met obsessief-compulsieve patiënten is dat zij veelvuldige en hardnekkige pogingen doen om deze gedachten te onderdrukken. Het effect daarvan is dat de gedachten juist in frequentie toenemen.

Dit doet denken aan de paradoxale opdracht: 'Je mag nu niet aan roze biggetjes denken.' Als je zo'n opdracht krijgt, dan schieten bij wijze van spreken de roze biggetjes in allerlei soorten en maten over je 'geestelijke' beeldscherm. Waarom dit cognitieve proces zo werkt weet men niet, wel is duidelijk dat de poging om een gedachte te onderdrukken juist leidt tot een toename in de frequentie ervan (ibidem).

Binnen de cognitieve psychologie worden psychische stoornissen verklaard met behulp van ontregelde informatieverwerking. Depressie ontstaat in deze visie door disfunctionele cognitieve schema's en/of disfunctionele attributiestijlen. Angststoornissen kunnen verklaard worden vanuit controlemechanismen en/of disfunctionele schema's over 'gevaar'.

5.5 Praktische toepassingen van de cognitieve psychologie in hulpverlening en opvoeding

In deze paragraaf worden drie toepassingen besproken van de cognitieve psychologie. We starten met een toepassing die vaak over het hoofd wordt gezien: het geven van uitleg en voorlichting. Dit is een vrijwel dagelijks terugkerende taak van opvoeders en hulpverleners. De tweede toepassing is de cognitieve psychotherapie. Deze therapievorm startte met de al eerder genoemde Beck en heeft intussen diverse vormen en een grote omvang aangenomen. Het aanbrengen van cognitieve prothesen is het derde onderwerp. Deze toepassing is relevant voor werkvelden waarin men werkt met cliënten die geheugenstoornissen hebben.

5.5.1 Geven van voorlichting: psycho-educatie

Hulpverleners moeten regelmatig voorlichting geven aan bewoners of cliënten, maar ook aan kinderen en opvoeders zoals leerkrachten, ouders en andere familieleden. Voorlichting is niet alleen belangrijk omdat cliënten, familieleden, enzovoorts behoefte hebben aan informatie en daar recht op hebben. Het vergroten van kennis kan ook een therapeutisch middel zijn. Dit wordt hieronder geïllustreerd aan de hand van psycho-educatie. Bij het geven van voorlichting is goed gebruik te maken van de inzichten uit de cognitieve psychologie.

Het kernbegrip uit de cognitieve psychologie is het cognitieve schema. Met voorlichting wordt getracht om iemands cognitieve schema te beïnvloeden. Er wordt vooral kennis verstrekt waardoor een schema complexer kan worden (vergelijk assimilatie) of waardoor er nieuwe schema's kunnen ontstaan (vergelijk accommodatie). Voorlichting is te zien als een soort onderwijs, met dien verstande dat voorlichting meestal gegeven wordt aan 'leken' en onderwijs aan toekomstige beroepsbeoefenaren (Van Meer, 1988). Binnen verschillende werkvelden wordt vrijwel dagelijks voorlichting gegeven aan cliënten, bewoners, familieleden, enzovoorts. Hierbij kan gedacht worden aan het uitleg geven over de werking van medicijnen, de symptomen van een ziekte of stoornis, het verloop van een behandeling of training, enzovoorts.

Als voorlichting naast het geven van informatie ook een therapeutisch doel dient, dan wordt ze *psycho-educatie* genoemd. Psycho-educatie was vrijwel onbekend tot ongeveer halverwege de jaren tachtig van de vorige eeuw, maar is tegenwoordig een integraal bestanddeel van vrijwel elke hulpverlening bij zowel somatische als psychische problemen. Ze gaat uit van het simpele idee dat als mensen de juiste kennis hebben over hun problemen dit hun genezing kan bevorderen en de kans op terugval kan beperken. Depressie is een psychische stoornis waarbij er grote kans is op een nieuwe episode. Ook kan depressie chronisch worden (Kovacs, 1997) en het is belangrijk om dit proberen te voorkomen. Kronmüller et al. (2007) vergeleken de invloed van kennis op het verloop van een depressieve stoornis. Mensen die bij de start van een depressie veel kennis hadden over de stoornis en vooral over de behandeling daarvan kenden twee jaar later veel minder terugval dan mensen met weinig kennis.

Met psycho-educatie wordt dan ook getracht kennis over de stoornis te bevorderen bij de belanghebbenden, zoals de cliënt en zijn familieleden. Meestal betreft het kennis over de stoornis (of ziekte), maar het kan ook gaan om informatie over de omgang daarmee (als patiënt, partner of ouder, enzovoorts), over de behandeling, over het voorkomen van terugval, enzovoorts. Psycho-educatie is niet hetzelfde als een behandeling, maar is wel bijna altijd een standaardonderdeel van een behandelingsaanbod. Naast therapie en medicijnen wordt dus kennis verschaft en dat is bij vrijwel elke behandeling van een somatisch of psychisch probleem mogelijk. Psycho-educatie kan op verschillende manieren worden gegeven: individueel, in lotgenotengroepen (bijvoorbeeld ouders van kinderen met schizofrenie), met lezingen of met schriftelijke of visuele informatie zoals folders, boeken en video's.

Om zo effectief mogelijk te zijn moet bij voorlichting of psycho-educatie rekening gehouden worden met de doelgroep. Psycho-educatie voor adolescenten met depressie ziet er op onderdelen anders uit dan voor ouderen, omdat de depressie zich bij hen anders uit. Ook is het belangrijk om aan te sluiten bij de voorkennis en het taalgebruik van de doelgroep. Een ander kenmerk waar rekening mee gehouden moet worden, is de sekse ('gender') van de doelgroep. Zo liet een onderzoek zien dat vrouwelijke zorgverleners van mensen met schizofrenie veel meer van psycho-educatie leerden dan mannelijke zorgverleners. De onderzoekers (McWilliams et al., 2006) wijzen erop dat mannen wellicht minder tevreden zijn met de rol van zorgverlener. Wil iemand juist deze doelgroep bereiken, dan zal hij daar met de opzet van de psycho-educatie rekening mee moeten houden.

Hoe eenvoudig en voor de hand liggend deze methode ook lijkt, er blijkt nog weinig onderzoek gedaan te zijn naar de effectiviteit ervan. Bij twee ernstige psychische stoornissen – schizofrenie en manisch-depressiviteit – wordt al vrij lang met psycho-educatie gewerkt. Hier is het meeste onderzoek verricht en daaruit blijkt dat, mits er rekening wordt gehouden met de kenmerken van de doelgroep, het een vrij effectieve methode is (Pekkela & Merinder, 2002; Weber Rouget & Aubry, 2007).

5.5.2 Cognitieve psychotherapie

Uit de cognitieve psychologie zijn veel vormen van psychotherapie voortgekomen, die allemaal onder het verzamelbegrip 'cognitieve therapie' vallen. In de cognitieve psychotherapie gaat men ervan uit dat verkeerde cognities en/of het ontbreken van cognitieve mogelijkheden psychische stoornissen veroorzaken. Gaat het bij voorlichting en psycho-educatie om het vergroten van de kennis en informatie, bij cognitieve therapie gaat het vooral om de interpretatie van informatie. In feite is het een training in het anders leren aankijken tegen lastige en vervelende situaties (Van der Heide, 2004). Het grondmodel van de cognitieve therapie staat in onderstaand schema.

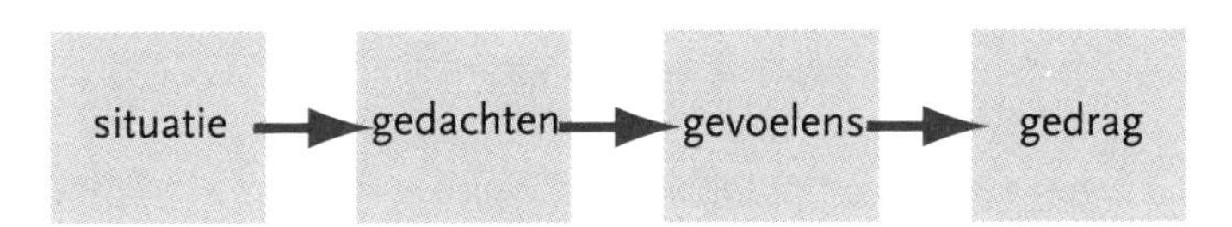

Figuur 5.6 Grondmodel van de cognitieve therapie.

Dit schema lijkt op het S-O-R-C-schema van het (neo)behaviorisme. Het verschil is dat in de cognitieve therapie de nadruk op gedachten wordt gelegd. De gedachten en niet de situatie (S) bepalen het gevoel en het gedrag. Het gaat er dus om hoe iemand een situatie interpreteert. Is iets eng of juist uitdagend? Bij iedereen spelen gedachten een essentiële rol in het sturen van gedrag. Cognitieve therapie is nodig bij die mensen die automatisch (negatieve) gedachten hebben die bijna niet zijn te corrigeren. Bijvoorbeeld iemand die bij elke nieuwe situatie denkt: 'Dat is eng' of 'Dat kan ik niet'. Nadat de automatische gedachten worden vastgesteld (met hulp van de therapeut), wordt gezocht naar 'bewijsmateriaal' ervoor ('Waarom is het eng?' 'Wat heb je meegemaakt dat je het eng vindt?' 'Hoe vaak heb je dat meegemaakt?'). Dit bewijsmateriaal is er bijna nooit of uiterst mager. Door alleen al dat vast te stellen, worden de gedachten afgezwakt en komt er ruimte om te werken aan het formuleren van reële en rationele gedachten (Oppen en Bögels, 2006).

Een bekende vorm van de cognitieve therapie is de rationeel-emotieve therapie (kortweg RET) die door Albert Ellis (1962) werd ontwikkeld. Ook in de RET hanteert men het uitgangspunt dat mensen niet zozeer in de war raken van gebeurtenissen zelf, maar door de manier waarop zij gebeurtenissen interpreteren. In de war raken is afhankelijk van onze waarnemingen, opvattingen, normen en waarden (Walen, DiGiuseppe & Dryden, 1992). Maar mensen hebben meestal de overtuiging dat ze in de war raken door een gebeurtenis. We zeggen bijvoorbeeld: 'In die situatie werd ik bang' of 'Zijn opmerking maakte me van streek'. In de RET wordt een zoekproces gestart naar de manier van interpreteren van de cliënt. Als iemand stellig van iets overtuigd is, dan zal een RET-hulpverlener hem uitdagen om de waarheid van zijn overtuiging aan te tonen. Immers, in de wijze van interpreteren kan een fout geslopen zijn. Hoe weet iemand zeker dat juist die ene opmerking hem van streek heeft gebracht? Gedachten over en interpretaties van gebeurtenissen zijn meestal gebaseerd op redeneringen. De RET-hulpverlener kijkt of deze redeneringen *logisch consistent* zijn. Een voorbeeld:

> *Stel dat ik een recensie van mijn boek krijg die mij van streek maakt. Op mijn werk ben ik chagrijnig en als mijn collega's vragen wat er aan de hand is, antwoord ik dat het komt door een rottige recensie. Aan mijn gevoel kunnen de volgende redeneringen ten grondslag liggen: 'Ik moet een perfect boek schrijven,' 'Oh jé, ik heb een slechte recensie gekregen. Ik blijk fouten gemaakt te hebben en dat is desastreus!' of 'Dit bewijst dat ik niet alles weet, ik ben een waardeloze schrijver'.*

In deze redeneringen zit een aantal logische fouten. De RET-hulpverlener bij wie ik wellicht langsga na de recensie, zal vragen welke aanleiding ik heb om te stellen dat ik een perfect boek móét schrijven. Dat ik een fout heb gemaakt zal hij niet gaan betwisten, maar wel mijn conclusie dat de fout *desastreus* is. De conclusie dat ik niet alles weet zal hij ook niet betwisten, wel de gevolgtrekking dat ik waardeloos ben. Kortom: beweringen die mensen hanteren bij het waarnemen en interpreteren van gebeurtenissen worden door een RET-hulpverlener op hun logica onderzocht. Het gaat er in deze methode om mensen te leren welke redeneringen ten grondslag liggen aan hun conclusies (bijvoorbeeld: Ik ben waardeloos) en om eventuele verkeerde redeneringen te veranderen.

Rigiditeit, dogmatisme, enzovoorts worden afgewezen, omdat deze tot psychische problemen kunnen leiden. Het is niet zo dat RET-hulpverleners streven naar het volledig uitbannen van negatieve gevoelens – ik mag best teleurgesteld zijn na een slechte recensie –, maar deze mogen niet leiden tot onnodig verdriet. De conclusie dat ik na een slechte recensie waardeloos ben, is onnodig en niet gebaseerd op logische redeneringen.

In de rationeel-emotieve *theorie* worden drie psychologische aspecten van menselijk functioneren benadrukt (Walen et al., 1992): gedachten, gevoelens en gedrag. Deze aspecten zijn wederzijds met elkaar verbonden, dat wil zeggen: gedachten beïnvloeden gevoel en gevoel beïnvloedt gedrag. Maar het kan ook andersom: door je anders te gedragen, kun je ook weer je gevoel en gedachten beïnvloeden.

Binnen de RET-benadering wordt de nadruk gelegd op een speciale cognitie: *evaluatieve gedachten*. Immers, bij veel gedachten trekken we conclusies, denk aan de attributietheorie. Een voorbeeld om dit centrale begrip te verduidelijken:

> *Stel dat iemand op zijn werk komt, zwaait naar een collega die bezig is en niet wordt teruggegroet. Dit is op verschillende manieren te interpreteren: 'Mijn collega heeft me niet gezien' of 'Mijn collega zag me wel, maar wil niet teruggroeten'. Dergelijke gedachten kunnen juist of onjuist zijn en negatieve gevolgen hebben. Het is bijvoorbeeld niet leuk dat een collega niet terug wil groeten. De RET-benadering benadrukt vooral de gedachten die daarna komen. Een gedachte als 'Mijn collega wil me niet zien, zie je wel, niemand vindt mij aardig', is een evaluatie van de gebeurtenis. Ze wordt een irrationele gedachte genoemd, omdat ze geen logische redenatie is. Op grond van één observatie, die wellicht juist is, wordt een generaliserende conclusie getrokken die hoogstwaarschijnlijk onjuist is.*

Het begrip irrationele gedachte is een sleutelbegrip binnen de RET-benadering. Er zijn meerdere vormen van irrationele gedachten, twee daarvan zijn erg bekend (ibidem).

Het stellen van eisen die niet realistisch zijn. Dergelijke eisen kenmerken zich meestal door het werkwoord 'moeten': 'Ik moet perfect zijn,' 'Ik moet een uitstekend boek schrijven,' 'Iedereen moet me aardig vinden.'

Het overdrijven van negatieve consequenties: 'Het is vreselijk dat hij niet meer van me houdt,' 'Het is een ramp dat ik geen voldoende heb gehaald voor dit tentamen.'

Binnen de rationeel-emotieve therapie worden de irrationele gedachten onder vuur genomen door de hulpverlener. Het doel is niet dat mensen geen negatieve emoties meer ervaren. Het doel is wel dat de negatieve emoties beperkt blijven in frequentie en intensiteit door het rationele in plaats van het irrationele denken te benadrukken. Bijvoorbeeld: 'Ja het klopt dat sommige mensen mij niet leuk vinden, maar is dat zo erg om er van streek van te raken?' Of: 'Ja, mijn liefde is uit, maar deze crisis zal niet eeuwig duren'.

Het ABC-schema van de rationeel-emotieve therapie

Binnen de RET-benadering wordt gebruikgemaakt van het ABC-schema, een lichte variant van het hierboven weergegeven schema.

- A staat voor *Activating event*: een gebeurtenis die gedachten uitlokt;
- B staat voor *Belief system*: een systeem dat bestaat uit rationele en irrationele gedachten;
- C staat voor *emotional and behavioral Consequences*: de consequenties waar de persoon last van heeft.

Bij C kun je onderscheid maken tussen de emotie en het gedrag dat daarop volgt. In het Nederlands taalgebied wordt dan ook wel gesproken van de vier G's: Gebeurtenis, Gedachten, Gevoel en Gedrag.

Het is belangrijk om als hulpverlener deze drie (of vier) aspecten te leren onderscheiden. De evaluatieve opvattingen van een persoon staan in het hulpverleningsproces centraal. De cliënt moet geleerd worden dat niet zozeer gebeurtenissen of andere personen zijn emoties veroorzaken, maar de gedachten die hij er zelf bij heeft.

De meeste ervaringen met cognitieve therapie zijn opgedaan bij ouderen. Sinds het einde van de jaren tachtig van de vorige eeuw wordt cognitieve therapie ook met succes toegepast bij adolescenten en oudere kinderen. Voor kinderen jonger dan acht of negen jaar is deze vorm ongeschikt, omdat zij cognitief nog niet volgroeid zijn (Graham, 2006). Cognitieve therapie is niet alleen succesvol in (individuele) gesprekken, maar is ook heel geschikt voor zelfhulpboeken en internet.

5.5.3 Cognitieve prothesen

Een persoon bij wie een been is geamputeerd of die zijn tanden is kwijtgeraakt, krijgt een prothese: respectievelijk een kunstbeen en een kunstgebit. Daarmee komt het been of het gebit niet terug, maar worden de beperkingen die het gebrek oplevert verminderd. Dit is ook mogelijk bij mensen met cognitieve functiestoornissen, zoals geheugenstoornissen en aandachtsstoornissen. Met behulp van cognitieve prothesen wordt geprobeerd om de beperkingen die de cognitieve stoornissen opleveren te verminderen. Er wordt een hulpmiddel aangereikt waardoor de stoornissen minder negatieve effecten hebben.

Cognitieve prothesen worden toegepast bij mensen met cognitieve functiestoornissen, zoals niet aangeboren hersenletsel (veroorzaakt door een beroerte of een ongeluk) en dementie (zoals Korsakovpatiënten of mensen met Alzheimer). Kenmerkend is dat de cognitieve functies afgenomen of verloren zijn gegaan. Bij een verblijf in een instelling zal het sociale klimaat meestal structurerend zijn, want de patiënten hebben vaak de mogelijkheid verloren om zelf structuur in hun leven aan te brengen. Het bieden van structuur is te zien als een cognitieve prothese, waarmee wordt voorkomen dat patiënten bijvoorbeeld faalervaringen opdoen. Deze ervaringen kunnen namelijk pijnlijk zijn en er wordt meestal niets van geleerd (Raatgever, 1995).

Naast het bieden van structuur, waarbij het personeel directief te werk gaat, is het soms mogelijk om patiënten te trainen in handelingsstrategieën, zodat de cognitieve stoornissen in mindere mate leiden tot beperkingen. Deze strategie kan toegepast worden bij mensen met niet aangeboren hersenletsel. Een voorbeeld uit dit werkveld:

> *J. heeft ernstige stoornissen in het inprenten van informatie en het langetermijngeheugen, waardoor allerlei afspraken, boodschappen en het op tijd innemen van medicijnen niet worden opgeslagen in het geheugen of worden vergeten. Tijdens de training wordt geleerd relevante afspraken onmiddellijk te noteren in een bureauagenda (d.i. een cognitieve prothese J.R.) die zij altijd bij zich heeft. Met behulp van een alarmhorloge kijkt J. elk halfuur in haar agenda welke de volgende activiteit of afspraak is. Vervolgens streept J. met een merkstift aan wat zij zojuist heeft gedaan. Wanneer er iemand belt, schrijft J. dit direct op in haar agenda, zodat deze tevens het externe geheugen voor dagelijkse gebeurtenissen wordt. Ten slotte wordt haar geleerd regelmatig de agenda door te bladeren (ook dit noteert zij als activiteit) om na te gaan of belangrijke zaken zijn gerealiseerd (Van Balen, Beers & Groet, 1995: p. 65-66).*

Een andere vorm van hulpverlening waarbij gebruikgemaakt wordt van cognitieve prothesen is de *realiteitsoriëntatietraining* (ROT, niet te verwarren met RET). De ROT werd oorspronkelijk ontwikkeld voor chronische psychiatrische patiënten, maar is sinds de jaren zestig vooral bekend geworden door de toepassingen bij demente patiënten (Dröes, 1995). Er wordt gepoogd de patiënt te betrekken bij de realiteit door zijn nog intacte cognitieve functies te stimuleren. Daartoe wordt het personeel en/of de familie geïnstrueerd. De herkenning van een patiënt wordt bijvoorbeeld gestimuleerd doordat een personeels- of familielid zich bekendmaakt. Bij ambulante hulpverlening kan iemand van de thuiszorg zich bijvoorbeeld als volgt bekend maken als hij 's ochtends een patiënt bezoekt: 'Goedemorgen mijnheer Jansen, ik ben Karel van de thuiszorg. Weet u nog wel? Gisteren was ik er ook. Ik kom u helpen met het ontbijt.' Of als mijnheer Jansen vraagt waar zijn vrouw is: 'Uw vrouw is er niet meer mijnheer Jansen. Weet u nog wel? Ze is vorig jaar overleden.'

In de woning of het verpleeghuis van de demente patiënt kunnen in de materiële omgeving maatregelen getroffen worden om hem zo goed mogelijk in de realiteit te trekken en zo desoriëntatie en verwarring te voorkomen. Over het algemeen geldt de vuistregel 'Hou het zo simpel mogelijk en vermijd irrelevante afleiders'. Zo blijken opgehangen mededelingen voor personeel of familieleden enorm verwarrend te kunnen zijn voor de demente bewoners van een verpleeghuis (Fritschy, Kessels & Postma, 2004). Bekend zijn de (grote) kalenders en klokken waarop datum en tijd worden aangegeven en wegwijzers en tekstbordjes op de deuren van toilet en slaapkamer. Zo bleek uit een onderzoek dat als er met tekstbordjes op laden en kastdeuren werd aangegeven wat erin lag, de demente bewoners beter in staat waren om simpele handelingen, zoals tafeldekken, uit te voeren. Een ander onderzoek liet zien dat als op een slaapkamer een naambordje werd bevestigd samen met een jeugdfoto van de demente bewoner, deze vrijwel geen fouten meer maakte bij het vinden van zijn kamer (ibidem).

Op grond van onderzoeksresultaten lijkt het verstandig om 'het terughalen naar de realiteit' alleen toe te passen bij patiënten die 'beginnend dement' zijn en bij wie verwacht wordt dat de ROT het controlegevoel versterkt (Droes, 1995). In een later stadium van dementie werkt ROT eerder nadelig, doordat de dementerende steeds weer geconfronteerd wordt met zijn falen en met verdriet uit het verleden. De steeds herhaalde mededeling aan mijnheer Jansen dat zijn vrouw dood is, kan dan meer negatieve dan positieve gevolgen opleveren (De Lange, 1990). In zo'n stadium is validation waarschijnlijk geschikter (hoofdstuk 5).

In deze paragraaf werden drie toepassingen van de cognitieve psychologie behandeld. De psycho-educatie is een (voorlichtings)benadering waarbij getracht wordt een cognitief schema met nieuwe informatie uit te breiden. In de cognitieve gedragstherapie staat juist het beïnvloeden van een interpretatie of automatische gedachte van een cliënt centraal. Met cognitieve protheses wordt getracht verloren gegane cognitieve functies te vervangen.

5.6 Kanttekeningen

In de dominante visie in de cognitieve psychologie wordt de nadruk gelegd op bewuste informatieverwerking. In dit hoofdstuk werden daar kanttekeningen bij geplaatst. Zo blijkt uit recent geheugenonderzoek dat ook onbewuste cognitieve processen grote invloed hebben. Dit werd geïllustreerd aan de hand van het functioneren van het geheugen. Welke invloed dit nieuwe gezichtspunt uiteindelijk zal hebben op het mensbeeld binnen de cognitieve psychologie is nog niet te overzien. Een andere visie die kritiek levert op de bewuste informatieverwerking is het sociaalconstructivisme. Hierin wordt benadrukt dat de invloed van historische en culturele normen op onze cognities groot is, terwijl we die invloed vaak niet beseffen.

Een andere kanttekening is te plaatsen bij het impliciet rechtlijnig denken in de cognitieve therapie. Haar centrale uitgangspunt, namelijk dat cognities (gedachten) gevoelens en gedrag veroorzaken, wordt tegenwoordig genuanceerd. Dit is eenzijdig redeneren en de relatie kan natuurlijk ook andersom liggen. Iedereen weet uit eigen ervaring dat ons slecht voelen een negatieve invloed kan hebben op onze gedachten over onszelf en onze toekomst (Graham, 2006). Deze interactie tussen emotie en cognitie wordt binnen de cognitieve psychologie, in tegenstelling tot binnen de humanistische psychologie, te weinig benadrukt.

Binnen de emotietheorie (gevoel is een emotie) wordt benadrukt dat emoties verschillende aspecten kennen: naast het cognitieve aspect is er een lichamelijk aspect (Frijda, 1988; Rigter, 2004). Het lichamelijke aspect wordt binnen de cognitieve psychologie verwaarloosd. In een ingenieus experiment werd proefpersonen wijsgemaakt dat ze de kwaliteit van koptelefoons moesten testen (Albersnagel, 1989). Met de koptelefoon op konden ze luisteren naar muziek en voorgelezen tekst. Een groep moest daarbij met het hoofd schudden, de zogenaamde 'nee-beweging' die in de westerse cultuur geassocieerd wordt met afkeuring. De andere groep moest met het hoofd knikken, de zogenaamde 'ja-beweging', in de westerse cultuur geassocieerd met instemming. Wat bleek? De groep 'ja-knikkers' had een veel positiever oordeel over muziek, tekst en koptelefoon dan de groep 'nee-schudders'. Kennelijk worden gevoelens (want het oordeel is een gevoel) ook door lichamelijke en niet alleen door cognitieve processen beïnvloed. Dit laatste inzicht spoort met onderzoeksresultaten waaruit blijkt dat lichaamsbeweging een positieve invloed kan hebben op stemming. Zo blijkt 'hardlooptherapie' succesvol te zijn bij het behandelen van sommige vormen van depressiviteit (Bosscher, Van Tilburg & Mellenbergh, 1993). Dit geldt ook voor drie tot vijf keer per week dertig minuten aerobic doen. Bij volwassenen met depressie bleek deze inspanning de symptomen met gemiddeld 50 procent te verminderen. Dit resultaat is vergelijkbaar met de resultaten van het slikken van medicatie of het volgen van cognitieve therapie (Dunn et al., 2005).

Een sterke kant van de cognitieve psychologie is de verwevenheid met wetenschappelijk onderzoek. Dit geldt zowel voor het onderzoek naar cognitieve functies zoals waarneming, leren, geheugen, enzovoorts als voor de resultaten van de cognitieve therapie. Als het gaat om evidence based-bewijsmateriaal dan scoort de cognitieve therapie als een van de beste (Graham, 2006; Oppen & Bögels, 2006). Dat betekent niet dat de cognitieve therapie een soort wondermiddel is. Ze werkt niet even goed bij alle mensen en bij alle problemen, maar is uniek in haar (positieve resultaten op) effectonderzoek en verschillende therapievormen toegespitst op specifieke problemen en mensen. In de Nederlandse richtlijnen voor het behandelen van angststoornissen en depressie bij volwassenen wordt dan ook veelvuldig verwezen naar een of andere vorm van cognitieve therapie (CBO & Trimbos-instituut, 2003, 2005) en dit geldt ook voor de overzichten van effectieve behandelingen bij jongeren (Fonagy et al., 2002; Kazdin & Weisz, 2003).

Er is een aantal kanttekeningen te plaatsen bij de cognitieve psychologie. Met de nadruk op het bewust verwerken van informatie wordt de invloed van onbewuste processen en van tijd en cultuur te veel verwaarloosd. Daarnaast werd aangetoond dat niet alleen cognitieve processen invloed hebben op emoties en stemming. De cognitieve psychologie scoort goed op het gebied van effectonderzoek.

5.7 Samenvatting

In dit hoofdstuk hebben we kennisgemaakt met geschiedenis, mensbeeld, theorieën en toepassingen van de cognitieve psychologie. De cognitieve psychologie is enerzijds beïnvloed door maatschappelijke ontwikkelingen en is anderzijds een reactie op het behaviorisme. Er zijn verschillende cognitieve theorieën en ook het mensbeeld van de cognitieve psychologie is niet eenduidig. Gemeenschappelijk in alle benaderingen is de nadruk op de (bewuste) informatieverwerking. We hebben gezien dat op grond van nieuw onderzoek en nieuwe theorieën kritiek is te leveren op dit uitgangspunt. Zo bleek dat mensen ook onbewust informatie verwerken, een gegeven dat enigszins met de psychoanalyse overeenkomt. Daarnaast bleek dat mensen zich vaak niet bewust zijn van de culturele en historische invloed op hun denken en waarneming. Psychische stoornissen worden vanuit de cognitieve psychologie verklaard door ontregelde informatieverwerking. Inzichten uit de cognitieve psychologie zijn goed toe te passen binnen de hulpverleningspraktijk en zijn een inspiratiebron voor vele nieuwe toepassingen.

6 Systeemtheorie

Fatima, een leidster op een kinderdagverblijf, merkt dat Michael van drie jaar van streek raakt als de kindergroep onrustig is. Vooral als (een van de) andere kinderen een standje van een van de leidsters krijgt, kan Michael een flinke huilbui krijgen, waarbij wilde en ongecontroleerde bewegingen voorkomen. Michael vertoont de huilbuien niet alleen als andere kinderen een standje krijgen, maar ook toen twee leidsters woorden met elkaar hadden. Het gedrag van Michael stopt als de aandacht naar hem gaat of de rust in de groep terugkeert. Als Fatima aan de moeder van Michael vraagt of hij dergelijk gedrag thuis ook vertoont, reageert zij verbaasd. Ze (her)kent dit gedrag niet.

Anita, een meisje van zeventien jaar, wordt opgenomen in een kliniek voor eetstoornissen, ze heeft anorexia. In de loop van de behandeling raakt ze voldoende op gewicht en ziet het leven zonnig tegemoet. Haar bezorgde ouders zijn blij dat ze naar huis kan. Een halfjaar na haar ontslag moet ze echter opnieuw opgenomen worden, ze weegt bijna 20 procent minder dan voor haar leeftijd gemiddeld is. Ditmaal worden ook de ouders bij de behandeling betrokken en er volgen gezinsgesprekken met een maatschappelijk werker. Vooral de (over)bezorgdheid van de ouders, die zich uit in het stellen van eisen waar Anita niet zo goed mee om kan gaan, komt ter sprake. Spoedig komt Anita weer aan. De gezinsbegeleider gaat verder met de gezinsgesprekken en constateert meer conflicten in het gezin. Tussen de ouders speelt een, niet duidelijk uitgesproken, conflict dat door het gedrag van Anita op de achtergrond raakte.

Hoe kun je deze twee casussen verklaren? Is er een overeenkomst tussen beide casussen? In de loop van dit hoofdstuk zul je antwoorden vinden op deze twee vragen.

Hoofdstuk 6

Leerdoelen

Na bestudering van dit hoofdstuk:

- kun je de casussen op de voorafgaande pagina verklaren;
- kun je de algemene systeemtheorie typeren aan de hand van de uitgangspunten, geschiedenis en het mensbeeld (§ 6.1);
- kun je de systeemtheorie indelen naar mensbeeld en biopsychosociaal model (§ 6.1.4);
- kun je globaal de theorieën van de strategische stroming uit de gezinstherapie en de ecologische systeemtheorie weergeven (§ 6.2);
- kun je aangeven welke twee ontwikkelingen na de strategische stroming plaatsvonden (§ 6.3);
- kun je aangeven hoe in de strategische stroming, het biopsychosociale model en de ecologische systeemtheorie psychische stoornissen verklaard worden (§ 6.4);
- ken je enkele hulpverleningsstrategieën en technieken uit de strategische stroming; de *expressed-emotions*-benadering en de multisystemische benaderingen uit de jeugdhulpverlening. Van alle drie kun je de bruikbaarheid voor de hulpverlenings- of opvoedingspraktijk aangeven (§ 6.5);
- kun je kanttekeningen plaatsen bij de systeemtheorie en haar toepassingen (§ 6.6).

Oefenen

Raadpleeg voor controlevragen, oefenvragen, opdrachten en 'verder studeren' de website: **www.coutinho.nl/palet**.

6.1 Typering van de algemene systeemtheorie

6.1.1 De basisuitgangspunten

De systeemtheorie kent meerdere uitgangspunten. Hieronder worden er acht genoemd, waarbij gebruik werd gemaakt van Compernolle (1988). In paragraaf 6.2 worden de meeste uitgangspunten verder uitgewerkt.

1 De systeemtheorie is het beste te typeren als een (logische) *denkwijze* waarbij men ervan uitgaat dat een systeem of persoon altijd een *context* (omgeving) heeft. Met deze denkwijze is de werkelijkheid te ordenen in *verschillende niveaus* (zie figuur 1.2: p. 42). De verschillende niveaus zijn *hiërarchisch geordend*: hoe hoger in de hiërarchie hoe complexer het niveau.
2 De systeemtheorie is een manier van denken die *in verschillende wetenschappen* toegepast wordt; zij is niet per se verbonden aan de psychologie, psychiatrie, hulpverlening of opvoeding. Het toepassen van systeemtheoretisch denken is te vergelijken met het gebruiken van een zoomlens. De scherpte van de camera wordt ingesteld op een bepaald niveau. De arts doet dat op het niveau van een orgaan, de maatschappelijk werker op het niveau van de persoon. Vervolgens is de zoom te gebruiken: zonder de scherpte te verliezen kan er geswitcht worden van telelens naar groothoek. De arts kijkt naar een orgaan, vergroot de zoom en brengt ook de persoon en eventueel het gezin in beeld. De maatschappelijk werker kan naast de persoon ook het gezin in beeld brengen en eventueel de buurt waarin ze leven, enzovoorts. Andersom is ook mogelijk: van groothoek, bijvoorbeeld een organisatie, naar team en vervolgens een teamlid. De systeemtheorie propageert een *flexibele manier van kijken* die meerdere invalshoeken toelaat. Hierdoor komen *de relaties tussen systeemonderdelen en tussen systeem en omgeving* in beeld.
3 De systeemtheorie heeft minder interesse in *onderdelen* – maar verwaarloost die niet – en meer interesse in *grote gehelen*. Zo kijkt men eerder naar een gezin dan naar een individu; eerder naar een team dan naar een teamlid; eerder naar een groep bewoners dan naar een individuele bewoner.
4 Het object dat men onderzoekt wordt niet gezien als op zichzelf staand, maar in *wisselwerking* met zijn omgeving. Een hiërarchisch niveau wordt daarom een *open systeem* genoemd. Er wordt vooral gekeken naar dynamische processen.
5 Een eigenschap van een object of systeem wordt niet zozeer gezien als eigen aan het object of systeem, maar wordt opgevat als *eigenschap die niet los van de omgeving te zien is.* Verlegenheid is niet zozeer een kenmerk van de persoon, maar een kenmerk van de persoon in een bepaalde context.
6 De eigenschappen van een geheel worden wel beïnvloed, maar niet bepaald door de kenmerken van de onderdelen. Het geheel kent wetmatigheden die niet zijn af te leiden uit de onderdelen. Dit komt overeen met het gestaltpsychologisch uitgangspunt: het geheel is meer dan de som der delen. Andersom geldt deze wet ook: een onderdeel van een systeem wordt beïnvloed door de

kenmerken van het geheel, maar er niet eenzijdig door bepaald. Bij verklaringen van kenmerken van een systeem of individu wordt de nadruk op het proceskarakter gelegd.

7 Systeemtheoretisch denken wijst eenvoudige (eenzijdige) verklaringen van gedrag af. Men gaat ervan uit dat gedrag altijd door meerdere aspecten beïnvloed wordt. Dronken worden en dronken gedrag, zoals we in hoofdstuk 1 zagen, worden zowel beïnvloed door biologische en psychische als sociale factoren. Bovendien beïnvloeden deze factoren elkaar: de biologische werkelijkheid staat niet los van de psychische en sociale.
8 In de systeemtheorie werd in eerste instantie vooral het 'hier-en-nu' benadrukt en bestond minder aandacht voor de ontwikkeling van een systeem. Later is dit gecorrigeerd met onder andere de ecologische systeemtheorie van Urie Bronfenbrenner (6.2.2).

Kader 17

De werking van een systeem: hoe de wolven de bomen lieten groeien

De werking van een systeem is moeilijk in woorden te vangen. We zeggen dan dat een systeem dynamisch en complex is en dat de werking niet goed is te voorspellen. Onderdelen van systemen beïnvloeden elkaar, maar hebben ook een 'eigen' inbreng. Wat betekent dat? Hier een voorbeeld van een ecosysteem, waarmee een aantal kenmerken verduidelijkt wordt.

Het Yellowstone Park bevindt zich in de Rocky Mountains in het westen van de VS. Het werd gesticht in 1872 en is het oudste natuurpark van het land. Het Yellowstone Park is met tachtigduizend vierkante kilometer bijna twee keer zo groot als Nederland. Hier leven grote wilde dieren zoals bizons, elanden, beren en poema's (www.ypf.org). Er mag niet recreatief gejaagd worden. In de jaren tachtig van de vorige eeuw stelden parkbeheerders vast dat er (vergeleken met zo'n zestig jaar daarvoor) belangrijke veranderingen waren opgetreden. Het meest opvallende was dat sommige boomsoorten zich niet verjongden. Een aantal populieren- en wilgsoorten, zoals de esp, kenden alleen maar bomen van zestig jaar of ouder. Een effect daarvan was dat de rivieroevers minder begroeid raakten, wat de erosie bevorderde. Men vroeg zich af wat de oorzaak van deze verandering was en vond het antwoord bij het uitroeien van de wolven in de jaren dertig van de vorige eeuw – gebaseerd op onterechte veronderstellingen over het gevaar van deze dieren. Men vermoedde dat hierdoor het aantal elken (een iets grotere hertensoort dan het Europese edelhert) explosief was gegroeid. Zonder een veelvoorkomende natuurlijke vijand konden deze rustig grazen en jonge boomscheuten eten. Men besloot daarom de wolf te herintroduceren. In 1995 werd met veertien wolven een start gemaakt, een jaar later volgden

er nog eens zeventien. Wat het effect hiervan zou zijn wist men niet goed. Zouden de wolven zich kunnen handhaven en zouden ze zich uitbreiden? Zouden de elken in aantal afnemen en hoeveel dan? Wat zou het effect zijn op andere dieren en op de vegetatie? Het was een spannende tijd voor de beheerders.
Een kleine tien jaar later werden de eerste resultaten bekendgemaakt (Robbins, 2004; Smith, Peterson & Houston, 2003). De elken waren van twintigduizend stuks (in 1990) afgenomen tot tienduizend stuks. Er waren zestien roedels van gemiddeld tien wolven in het park en elke roedel was verantwoordelijk voor – gemiddeld – het doden van één elk per dag. Maar er waren ook – soms onverwachte – andere effecten. Zoals verwacht bleken de bomen zich te herstellen. Ze groeiden ook weer op de oevers, wat ervoor zorgden dat bevers terugkeerden, die voor hun dammen jonge boompjes nodig hebben. De toename van het aantal bomen zorgde voor een toename van het aantal (zang)vogels. Minder verwacht was de toename van het aantal beren: zij profiteerden van de karkassen van de gedode elken. Ook het aantal andere aaseters nam toe: raven en arenden. Er waren minder coyotes: de wolven bleken hen weg te jagen en te doden.
Dit voorbeeld laat zien hoe een complex systeem werkt. Het verwijderen van één element (de wolven) bleek grote consequenties te hebben, net als het (her)introduceren ervan. Effecten van veranderingen zijn lastig te voorspellen vanwege de wederzijdse invloeden. Critici stellen dat het nog te vroeg is om harde conclusies te trekken over de resultaten van het experiment met de wolven. Zij benadrukken nog meer de multicausaliteit (er is nooit één oorzaak) van veranderingen en vragen zich af wat de invloed van de klimaatverandering is en wat er gaat gebeuren als er een paar strenge winters na elkaar plaatsvinden. Het blijft spannend.

6.1.2 Geschiedenis van de systeemtheorie en de gezinstherapie

Hieronder wordt zowel de (ontstaans)geschiedenis van de systeemtheorie als de gezinstherapie besproken. Beide geschiedenissen worden besproken omdat de systeemtheorie vaak vereenzelvigd wordt met de gezinstherapie. Duidelijk zal worden dat hun geschiedenissen niet parallel lopen en dat systeemtheorie niet gelijk gesteld kan worden aan één hulpverleningsmethode: de gezinstherapie.

Systeemtheorie

De systeemtheorie is een manier van denken die in verschillende wetenschapsgebieden toegepast kan worden. Ze is beïnvloed door verschillende wetenschappen. Belangrijk bij het ontstaan van de systeemtheorie waren inzichten uit de gestaltpsychologie, de cybernetica (letterlijk stuur- of navigatiekunst, een wetenschap waarin bestudeerd wordt hoe systemen zichzelf regelen), de informatica en de evolutie- en de ecologische biologie (ecosystemenleer). Hieronder worden deze invloeden kort besproken.

De systeemtheorie is net als de humanistische psychologie schatplichtig aan de *gestaltpsychologie*. De humanistische psychologie nam hiervan vooral het standpunt over dat gehelen het uitgangspunt dient te zijn. Dit had tot gevolg dat de mens als één, niet te reduceren, geheel werd opgevat. Dit standpunt is terug te vinden in de systeemtheorie, maar er zijn meer invloeden. Daartoe moet eerst iets uitgelegd worden over de gestaltpsychologie. In de gestaltpsychologie werd vooral onderzoek gedaan naar waarnemingsprocessen. Men ontdekte dat mensen vooral gehele vormen waarnemen en pas daarna de onderdelen. Als je op de hei wandelt en je hebt het geluk een hert te zien, dan zie je eerst het hert, het geheel. Pas daarna vallen je het gewei, de kleur, de grootte op. Het grote geheel wordt *Gestalt* genoemd. Bij het waarnemen richten wij ons op één aspect en de rest wordt achtergrond (context). In dit voorbeeld is het hert een Gestalt, voorgrond, en is de hei achtergrond. Maar we kunnen bij het waarnemen switchen van voor- naar achtergrond en weer terug. Je concentreert je bijvoorbeeld op het gewei van het hert: het gewei is dan voorgrond en het hert is achtergrond. Dit betekent dat kennis (wat je waarneemt) wisselt afhankelijk van de positie die wordt ingenomen (Rijnders & Nicolai, 1992). Dit onderscheid tussen voor- en achtergrond is door de systeemtheorie overgenomen. In de hulpverlening kan men zich eerst richten op de cliënt; diens gezin is dan achtergrond. Later kan de aandacht gericht worden op het gezin; de gezinsleden zijn als achtergrond op te vatten. In de gestaltpsychologie werd het verschil tussen voor- en achtergrond benadrukt, maar in werkelijkheid is er interactie. Een belangrijke theoreticus van de systeemtheorie, Ludwig von Bertalanffy, stelt dat voorgrond en achtergrond zijn te onderscheiden, maar niet te scheiden. Er is geen systeem zonder omgeving (Van Peursen, 1988).

Von Bertalanffy verbond de systeemtheorie met inzichten uit de cybernetica (ibidem). De cybernetica ontstond in de technische wetenschappen, die na de Tweede Wereldoorlog door toepassingen binnen de militaire industrie een snelle ontwikkeling kenden. De automatische piloot in een vliegtuig is hiervan een voorbeeld. Als het vliegtuig uit koers raakt, komt daarvan een melding zodat er een correctie ingezet kan worden. In de cybernetica worden dergelijke stuurprocessen beschreven in termen van input en output (vergelijk de ontwikkelingen in de cognitieve psychologie: hoofdstuk 5). Input en output werden niet gezien als een oorzaak-gevolgrelatie (lineair), maar als twee bronnen van informatie die elkaar met een circulaire relatie in evenwicht houden. Input beïnvloedt output en output beïnvloedt input. Het vliegtuig raakt uit koers, er komt een koerscorrectie, het vliegtuig vindt de goede koers weer, de koerscorrectie stopt. De thermostaat van de verwarming is een ander klassiek voorbeeld.

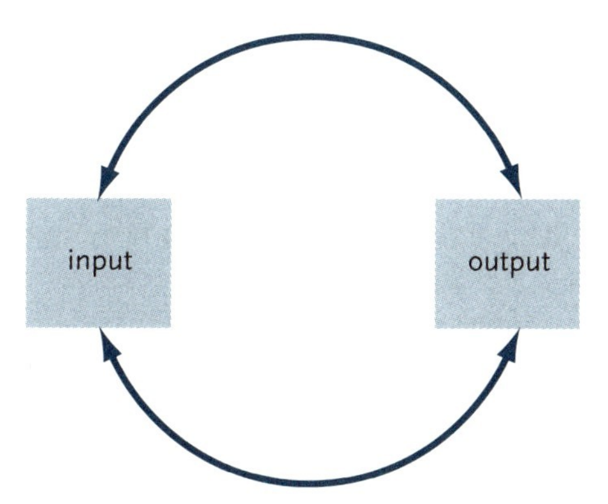

Figuur 6.1 De circulaire relatie tussen input en output zoals opgevat binnen de cybernetica.

Door de inzichten uit de cybernetica toe te passen op biologische en sociale systemen kwamen de begrippen *evenwicht* en *feedback* in het centrum van de aandacht te staan. Een systeem houdt zich in evenwicht doordat het feedback (informatie) uit de omgeving krijgt. Zo is koorts op te vatten als een cybernetisch mechanisme. Griep brengt het lichaam uit evenwicht. Er komt een seintje (feedback) dat in het lichaam een tegenreactie veroorzaakt (koorts) om het evenwicht weer te herstellen. Met behulp van inzichten uit de informatietheorie werd het mogelijk om feedbackmechanismen op te vatten als vormen van informatie.

Uit de biologie en de medische wetenschap werd steeds vaker duidelijk dat veel verschijnselen niet te verklaren zijn met eenvoudige oorzaak-gevolgrelaties. Hoewel griep veroorzaakt wordt door een griepvirus – wat een belangrijke ontdekking was –, verklaart dit niet waarom de ene persoon die eraan is blootgesteld wel en een ander persoon geen griep krijgt. Kennelijk speelt er meer dan alleen het virus. Andere voorbeelden zijn (Compernolle, 1988): baby's en kleuters zijn, ook wanneer ze lichamelijk goed verzorgd worden, vatbaarder voor infectieziekten als er gebrek is aan sociaal contact; tuberculose komt vaker voor bij alleenstaanden; in ernstige stresssituaties reageren vrouwen met goede sociale steun minder vaak met depressie dan vrouwen zonder die steun. Met deze voorbeelden ontstond het inzicht dat ziekte door meerdere factoren beïnvloed wordt. Men vond in de systeemtheorie een model waarmee deze meervoudige beïnvloeding beter begrepen kon worden.

Kortom, de systeemtheorie kon tot ontwikkeling komen dankzij ontdekkingen in andere wetenschappen (cybernetica en informatietheorie) en door steeds meer aanwijzingen (uit vooral biologie en medische wetenschap) dat met eenvoudige oorzaak-gevolgredeneringen (virus veroorzaakt ziekte) de werkelijkheid niet goed verklaard kon worden.

In de Verenigde Staten werd de systeemtheorie eind jaren vijftig en begin jaren zestig van de vorige eeuw voor het eerst toegepast binnen de psychologie en de psychiatrie. Mensen leven in sociale systemen. De grote vraag, zo bleek al snel, was of sociale systemen in vergelijking met bijvoorbeeld biologische systemen specifieke kenmerken hebben. Het antwoord hierop werd gezocht in de communicatie en later meer specifiek in taal. Zo werd bij het toepassen van het systeemdenken op gezinnen geprobeerd om psychische stoornissen te verklaren vanuit communicatieprocessen binnen het gezin. Een groep wetenschappers, de Palo Altogroep, vernoemd naar de plaats waar ze werkten, stond aan de wieg van wat later de strategische stroming in de gezinstherapie genoemd zou worden. Bekende namen zijn Gregory Bateson, Jay Haley en Paul Watzlawick.

Gezinstherapie
Gezinstherapie is een redelijk recent verschijnsel. Hoe normaal deze hulpverleningsmethode tegenwoordig ook lijkt, veertig jaar geleden was zij in Nederland geheel onbekend (De Boer & Boutellier, 1982). In die periode bestond er in Nederland alleen individuele psychotherapie. Als een relatieproblematiek al herkend werd, dan kregen beide echtgenoten apart hulp van verschillende hulpverleners (zoals in kader 10, waar beschreven wordt hoe kind en moeder los van elkaar therapie kregen). Gezamenlijke therapie, laat staan met het hele gezin, kwam toen niet in de hoofden van de hulpverleners op. Het eerste congres over gezinstherapie in Nederland vond in 1965 plaats (Van Lawick, 2004). Gelijktijdig begonnen er, in navolging van de Verenigde Staten, experimenten met gezinstherapie. Deze werden vooral in het maatschappelijk werk toegepast, waar al enige ervaring met hulpverlening aan gezinnen was opgedaan. De toenmalige hulpverlening aan gezinnen stond nog los van de systeemtheoretische visie.

Door maatschappelijke veranderingen ontstond er behoefte aan gezinshulpverlening. Tot in de jaren vijftig was het gezin een gesloten bolwerk. Vaders en in mindere mate moeders wil waren wet en de vuile was werd niet buiten gehangen. Als gezins- of relatieproblemen al (h)erkend werden, dan lag een gesprek met de pastoor of dominee meer voor de hand dan de professionele hulpverlening. Doordat vanaf de jaren vijftig de invloed van de kerk verminderde en de eerste tekenen van de seksuele revolutie en de tweede feministische golf zich aankondigden, brokkelde het gezinsbolwerk af (De Boer & Boutellier, 1982). In hoofdstuk 4 zagen we al dat deze ontwikkelingen een goede voedingsbodem voor de humanistische psychologie vormden. Doordat emotionele en relatieproblemen nu bespreekbaarder werden, ontstond er behoefte aan een hulpverleningstechniek die het gezin als uitgangspunt nam: de gezinstherapie

De verbinding tussen de gezinstherapie en de systeemtheorie ontstond later. Vanaf begin jaren zeventig werden de theorie en de toepassingen van de Palo Altogroep bekend in Nederland. Maatschappelijk werkers zagen in dat hulpverlening aan gezinnen goed gecombineerd kon worden met systeemtheoretisch denken. Vanaf die tijd gingen ook psychiaters en psychotherapeuten zich bemoeien met de hulpverlening aan gezinnen en was deze geen exclusieve aangelegenheid meer van het maatschappelijk werk.

Omdat gezinstherapie en systeemtheorie vaak met elkaar vereenzelvigd worden, gebruikt men liever het begrip *systeemtherapie*. Daarmee wordt duidelijk dat een hulpverleningsmethode die gebaseerd is op het systeemtheoretisch denken meer toepassingen kent dan alleen maar het gezin. Vanuit dit kader kan gewerkt worden met teams, bewonersgroepen, organisaties en individuen. Welke toepassing er ook genomen wordt, de gemeenschappelijke systeemtheoretische visie kenmerkt zich door onder andere de flexibele manier van kijken en door het onderscheid tussen systeem en omgeving.

Na de succesvolle combinatie van gezinstherapie en systeemtheorie zijn de ontwikkelingen verder gegaan. Binnen de gezinstherapie zijn verschillende stromingen ontstaan (6.3), vaak in samenwerking met een andere psychologische stroming. Bekende voorbeelden zijn de combinaties met de cognitieve gedragstherapie, met de strategische stroming (zie 6.2) en met het sociaalconstructivisme (Boeckhorst, 1997).

Schoolvorming

De systeemtheorie is een stroming in het wetenschappelijk denken die gekenmerkt wordt door een eigen begrippenapparaat zoals (sub)systeem, hiërarchische ordening, wederzijdse beïnvloeding, evenwicht, enzovoorts. Schoolvorming heeft plaatsgevonden in de psychotherapie en, voorzover bekend, niet in andere toepassingsgebieden. In Nederland bestaat sinds 1983 de Nederlandse Vereniging voor Relatie- en Gezinstherapie (NVRG). België kent de Belgische Vereniging voor Relatie- en Gezinstherapie en Systeeminterventie (BVRGS). Beide organiseren congressen, de NVRG geeft het tijdschrift *Systeemtherapie* uit.

6.1.3 Het mensbeeld in de systeemtheorie

De systeemtheorie houdt zich bezig met de gehele complexe werkelijkheid. Dit heeft een tweetal gevolgen voor het mensbeeld achter deze visie.

Concreet betekent de wisselwerking tussen omgeving en systeem (organisme) dat in de systeemtheorie persoonskenmerken niet opgevat worden als unieke eigenschappen die bij een persoon horen, maar als *kenmerken van een persoon binnen een bepaalde context* waar die persoon op een gegeven moment deel van uitmaakt. Dit betekent dat er geen absolute kennis over een organisme is, maar alleen relatieve kennis. Het voorbeeld is al gegeven: de verlegenheid van Jan wordt niet gezien als kenmerkend gedrag van Jan: Jan is verlegen in een bepaalde context. Het gedrag van Michael (zie de start van dit hoofdstuk) is niet typisch iets van Michael, maar mede afhankelijk van de context: de groep kinderen en leidsters van het kinderdagverblijf. Dit betekent dat niet de persoon centraal staat, maar *de relaties tussen de persoon en zijn omgeving*. De omgeving wordt daarbij meestal opgevat als een sociaal systeem van andere personen (zoals het gezin, een schoolklas of een groep bewoners). Ook de materiële omgeving beïnvloedt het gedrag van een persoon. Angst wordt niet opgevat als een kenmerkende eigenschap van een individu, maar als een eigenschap van de relatie tussen een individu en zijn materiële omgeving. Het kind is bang in het donker en niet als de lamp aan is. Kortom, de systeemtheorie veroorzaakte in de psychologie en de hulpverlening een verschuiving van de aandacht voor het individu naar aandacht voor *interacties*.

In de systeemtheorie zoals die door Von Bertalanffy geformuleerd werd, wordt het *hier-en-nu* centraal gesteld. Er is weinig aandacht voor de ontwikkeling (geschiedenis) van systemen. Voor het mensbeeld betekent dit dat gedrag van een persoon opgevat wordt als een kenmerk van de relaties tussen de persoon en zijn omgeving in het hier-en-nu. Het vertoonde gedrag heeft nú een functie, er worden geen verklaringen in het verleden voor gezocht. Tegenwoordig wordt het ontbreken van een theorie over de ontwikkeling van systemen als een gemis gezien. Zeker voor de jeugdhulpverlening is een theorie over de ontwikkeling van kinderen nodig (Stapert, 1988). Bronfenbrenner (6.2.2) leverde deze theorie.

6.1.4 Indeling van de systeemtheorie

Het biopsychosociale model is afkomstig uit de systeemtheorie. De vraag hoe die twee zich tot elkaar verhouden, speelt niet in dit hoofdstuk. Ze zijn min of meer aan elkaar gelijk. De systeemtheorie impliceert *een organistische manier van kijken* naar de werkelijkheid. Een persoon functioneert in interactie met zijn omgeving en daarbij is er sprake van wederzijdse beïnvloeding. Waar de humanistische psychologie het meest de personalistische visie benadrukt, benadrukt de systeemtheorie het meest de organistische visie.

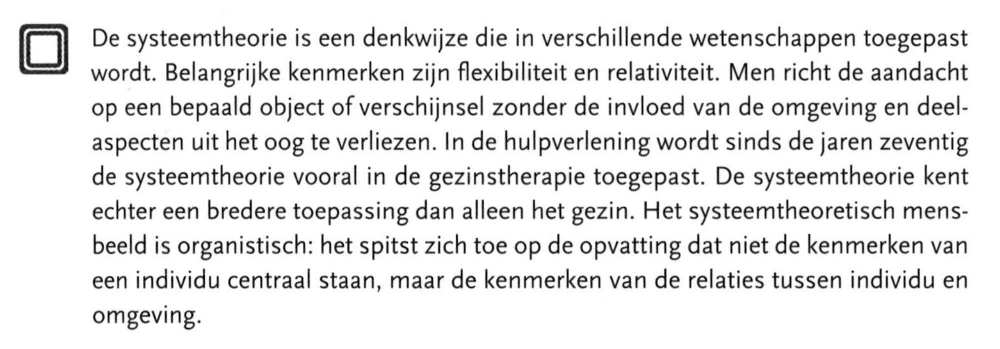

De systeemtheorie is een denkwijze die in verschillende wetenschappen toegepast wordt. Belangrijke kenmerken zijn flexibiliteit en relativiteit. Men richt de aandacht op een bepaald object of verschijnsel zonder de invloed van de omgeving en deelaspecten uit het oog te verliezen. In de hulpverlening wordt sinds de jaren zeventig de systeemtheorie vooral in de gezinstherapie toegepast. De systeemtheorie kent echter een bredere toepassing dan alleen het gezin. Het systeemtheoretisch mensbeeld is organistisch: het spitst zich toe op de opvatting dat niet de kenmerken van een individu centraal staan, maar de kenmerken van de relaties tussen individu en omgeving.

6.2 Systeemtheorieën

Er is niet één systeemtheorie, maar er zijn verschillende systeemtheorieën. In deze paragraaf staan we stil bij de strategische stroming in de gezinstherapie en de ecologische systeemtheorie. De strategische stroming wordt besproken aan de hand van de theorie van Watzlawick, die veel invloed heeft gehad op de psychologische theorievorming en hulpverlening. De ecologische systeemtheorie van Bronfenbrenner wordt gebruikt binnen de ontwikkelingspsychologie en de ontwikkelingspsychopathologie (Rigter, 2002).

6.2.1 De strategische stroming in de gezinstherapie

De pragmatische aspecten van de menselijke communicatie (Watzlawick, Beavin & Jackson, 1970) is een invloedrijk boek van vertegenwoordigers van de strategische stroming, waarin een poging wordt gedaan om het systeemdenken te combineren met communicatietheorieën. Hieronder wordt ingegaan op het systeemdenken zoals Watzlawick et al. dat verwoordden. Vervolgens wordt besproken hoe zij communicatietheorieën probeerden te integreren in het systeemdenken.

De strategische stroming ontstond eind jaren vijftig, begin jaren zestig van de vorige eeuw in Palo Alto (bij San Francisco) in de Verenigde Staten. Een groep wetenschappers had kritiek op het ding-denken (zie hoofdstuk 1) in de psychiatrie. Net als de humanistisch psychologen wezen zij het gebruik van psychiatrische classificaties ('stempeltjes') van de hand. Zo'n psychiatrische classificatie vonden ze te star, te dingachtig en deze deed volgens hen geen recht aan de complexiteit van psychische stoornissen. Bovendien waren zij van mening dat de toenmalige individuele hulpverlening patiënten te geïsoleerd van hun omgeving opvatte. Behandeling van een psychische stoornis betekende toentertijd vaak een opname. De Palo Altogroep wees op het frappante verschijnsel dat wanneer de (ex-)patiënt in zijn gezin terugkeerde de psychische stoornis terug kon keren of een ander gezinslid een stoornis kon ontwikkelen (zie de casus aan het begin van dit hoofdstuk). De overtuiging groeide dat een psychische stoornis niet opgevat moest worden als een kenmerk van een individu, maar als *een kenmerk van een systeem* (zie 6.4). Dat betekende dat de hulpverlening zich op het systeem (gezin) moest richten.

Gregory Bateson, een belangrijke vertegenwoordiger van de Palo Alto-groep, verrichtte onderzoek naar communicatiepatronen in gezinnen met een schizofreen kind. Hij vatte het gezin op als een sociaal systeem. Deze combinatie van communicatietheorie en systeemdenken is kenmerkend voor de strategische stroming in de gezinstherapie.

Het systeemdenken bij Watzlawick et al.

In het systeemdenken wordt de wisselwerking tussen systeem en omgeving benadrukt. Wat als systeem benoemd wordt, hangt af van waar de aandacht op gericht wordt. Of, zoals Compernolle het zou zeggen, hoe de zoomlens is ingesteld. Zowel een persoon als een gezin, een team, een organisatie en een maatschappij is een systeem. Een systeem is te definiëren als *een samenstel van elementen met bepaalde eigenschappen én de relaties tussen de elementen*. Watzlawick gebruikt het begrip betrekkingen voor de relaties. Een gezin is volgens zijn definitie opgebouwd uit een aantal gezinsleden (elementen), een land is onder meer opgebouwd uit een aantal dorpen en steden en een individu is bijvoorbeeld opgebouwd uit de elementen geest en lichaam. Als er een keuze is gemaakt op welk hiërarchisch niveau de aandacht wordt gericht – dus wat het systeem is –, dan wordt tegelijkertijd vastgesteld wat de omgeving en de elementen zijn. Het systeemdenken is dus flexibel, elk onderdeel van de hiërarchische ordening (zie figuur 1.2) is als systeem op te vatten. Omdat Watzlawick zich voornamelijk richt op gezinnen geven we daar voorbeelden van.

Het gezinssysteem is opgebouwd uit een aantal elementen: de gezinsleden. Zij zijn op te vatten als subsystemen. Vier gezinsleden zijn dus vier individuele subsystemen. Maar er is meer onderscheid te maken. De ouders vormen ook een subsysteem, net als de kinderen. Een ouder vormt ook met één van zijn kinderen een subsysteem, bijvoorbeeld moeder en dochter. Kortom, hieruit blijkt de flexibele oriëntatie van de systeemtheorie. De omgeving van het gezin wordt gevormd door de maatschappij, waarin allerlei lagen en onderdelen zijn te onderscheiden, zoals de school van de kinderen, de kennissen van het gezin, de buurt; de werkplekken van de ouders, enzovoorts.

- *Regels*

Naast de wisselwerking tussen een systeem en de omgeving zijn er wetmatigheden binnen een systeem. Watzlawick besteedt vooral daar aandacht aan. Het belangrijkste van een (sociaal) systeem vindt hij *de onderlinge relaties of regels*. Een voorbeeld uit de sport om de essentie van dit denken toe te lichten.

> *Stel dat het spreekwoordelijke mannetje van Mars op aarde landt. Hij kent onze gebruiken niet. Het ruimteschip landt in Nederland en de bevolking reageert enthousiast. De Nederlandse regering nodigt het marsmannetje uit om een voetbalinterland te bekijken. Hij heeft geluk, want er wordt een belangrijke wedstrijd gespeeld waar veel publiek op afgekomen is. Hij komt in een stadion en verbaast zich in hoge mate. Op Mars kennen ze namelijk alleen maar individuele en geen teamsporten. Als het marsmannetje vanuit zijn individuele referentiekader het gebeuren probeert te begrijpen zal hij zich bijvoorbeeld afvragen waarom de bal die iemand veroverd heeft weer schijnbaar vrijwillig wordt afgegeven aan een andere speler. Hij begrijpt (nog) niet dat de spelers sámen een spel spelen. Na verloop van tijd zal hij enige regels ontdekken en oog krijgen voor het proces. Wellicht ontdekt*

hij de regel dat de aardmannetjes die tussen de palen staan wel hun handen mogen gebruiken. Hij zal zich waarschijnlijk afvragen wat voor sport die ene man beoefent die zo nu en dan een hoog en snerpend geluid produceert.

Dit voorbeeld laat zien dat het functioneren van individuele leden van een groep (de elementen van een systeem) *alleen maar begrepen kan worden vanuit de regels en het proces van het systeem*. En de regels om het voetbalspel te begrijpen, betreffen zowel spelregels als strategieën van de teams. De rol en de waarde van de linksbuiten op een bepaald moment worden mede bepaald door de posities en handelingen van de andere (tegen)spelers. Het vrij spelen van de spits is niet alleen een individuele actie, maar wordt ook mogelijk gemaakt door de activiteiten van zijn medespelers. Het gedrag van een speler wordt begrijpelijk als de regels van het spel begrepen worden. Hiermee is een van de belangrijkste opvattingen van Watzlawick verwoord: *in een systeem zijn de regels belangrijker dan de spelers*. De regels bepalen hoe het spel gespeeld wordt en de spelers hebben alleen inbreng binnen de grenzen daarvan. Deze manier van denken wordt op gezinnen en groepen toegepast. *Een gezin of groep is een regelgeleid systeem*. De gezinsleden (elementen van het systeem) kunnen kennis hebben van de regels, maar dat hoeft niet. Er kunnen systeemregels zijn waar de individuele leden zich niet van bewust zijn. Watzlawick spreekt van *patronen*, steeds terugkerende manieren van communicatie waarmee een regel wordt uitgedrukt (zie kader 18 voor een voorbeeld).

Kader 18

Welk bordje wordt vanavond leeg gegeten?

Een voorbeeld van de invloed van een systeemregel op het gedrag van individuen betreft de volgende situatie. Twee kleinkinderen van acht (meisje) en zes (jongetje) jaar oud logeren regelmatig bij hun grootouders. Zo nu en dan komen ze allebei, iets vaker een van de twee. Als er slechts één kleinkind logeert, het maakt niet uit welk, dan vormt het (avond)eten zelden een probleem. Hij of zij eet wat de pot schaft. Als ze echter allebei komen logeren, dan levert het (avond)eten een heel ander tafereel op. Zoals zoveel broers en zussen concurreren ze stevig met elkaar en willen ze zich van elkaar onderscheiden. Je zou het een symmetrische relatie (zie verder) kunnen noemen. De concurrentie uit zich onder andere in wat ze 'lekker' vinden. De regel die hun gedrag beheerst, is dat wat de een lekker vindt de ander juist niet lekker vindt. Zo is het voor de grootouders vrij makkelijk te voorspellen dat als de een smakelijk begint te eten, de ander met lange tanden eet. Wie er begint maakt niet uit. Dit patroon bestaat al een tijdje. De ouders verbazen zich wel eens als ze horen wat hun kind heeft gegeten als hij of zij alleen bij de grootouders logeert. Thuis levert het eten van hetzelfde gerecht namelijk veel (eettafel)strijd op. Het is een bekend verschijnsel voor veel ouders. Het eten waar hun kind thuis de neus voor ophaalt, wordt in een andere situatie smakelijk verorberd. Hieruit blijkt dat het gedrag van de kinderen niet veroorzaakt wordt door individuele kenmerken (zoals smaakvoorkeur), maar door een systeemkenmerk: de regel dat wat de een lust de ander niet blieft. Het gedrag is contextafhankelijk.

- *Totaliteit*

Het begrip totaliteit is afkomstig uit de gestaltpsychologie. Toegepast op een sociaal systeem betekent dit begrip dat een gezin niet te definiëren is als een optelsom van de kenmerken van de afzonderlijke gezinsleden. Het gezin is een georganiseerd geheel met eigen regels. Kortom: het geheel is meer dan de som der delen. Als de kenmerken van elf voetbalspelers bekend zijn, dan is dat (opgeteld) nog niet het kenmerk van het elftal. Als de kenmerken van de kinderen van een groep in een kinderdagverblijf bekend zijn, dan weten we nog niet wat de kenmerken zijn van de groep.

Het totaliteitsbeginsel houdt nog meer in: 'Elk deel van een systeem verhoudt zich zo tot de andere delen, dat een verandering in één deel een verandering in alle delen en in het totale systeem zal veroorzaken' (Watzlawick et al., 1970: p. 109). Dit uitgangspunt werd geïllustreerd met kader 17, over het Yellowstone Park. Eén element verdween en dat had consequenties voor de andere elementen. En zo zal het ontslag van vader invloed uitoefenen op alle andere leden van het gezin en het gehele gezinsfunctioneren (het proces). Uit het begrip totaliteit zijn twee principes af te leiden: niet-optelbaarheid en niet-eenzijdigheid.

Het principe van *niet-optelbaarheid* betekent dat een systeem niet is te definiëren als een optelsom van de onderdelen. Een file auto's is meer dan vijfhonderd auto's op een rij. Een orkest is meer dan vijftien muzikanten. Om een systeem goed te definiëren, is het juist noodzakelijk om de onderdelen wat te verwaarlozen ten gunste van het grote geheel.

Het principe van *niet-eenzijdigheid* betekent dat er binnen een systeem geen eenzijdige relaties zijn. Het is niet zo dat één individu verantwoordelijk is voor het gedrag van de andere individuen. Eenzijdig redeneren is monocausaal redeneren: A veroorzaakt B. Deze manier van denken werd binnen de systeemtheorie afgewezen en ingewisseld voor multicausaal redeneren. Er zijn meerdere invloeden die een bepaald effect teweegbrengen, de casus over het Yellowstone Park laat dit zien. Interacties tussen delen van een systeem worden circulair opgevat. A beïnvloedt B, maar B beïnvloedt ook A. Deze redenering wordt ingewikkelder als het systeem bestaat uit vier, vijf of elf elementen. De consequentie van niet-eenzijdig redeneren is dat een (eind)toestand van een systeem nooit geheel toegeschreven kan worden aan één onderdeel. Het resultaat van een voetbalelftal wordt nooit geheel veroorzaakt door de prestatie van één speler. Dit geldt ook andersom: het goede of slechte spel van één speler wordt nooit alleen veroorzaakt door het spel van het gehele team. Bij een echtscheiding spelen minimaal twee personen een rol. Stress of burn-out binnen een hulpverleningsteam wordt niet alleen veroorzaakt door de botte houding van de teamleider. De verklaring ervoor moet gezocht worden in het proces, in de interacties tussen de werknemers én de interacties tussen werknemers en teamleider.

• *Feedback en evenwicht*
Als een systeem niet 'bestuurd' wordt door middel van eenzijdige relaties, hoe dan wel? De verklaring voor het functioneren van een systeem zoekt Watzlawick bij de cybernetica. Hieruit zijn de begrippen feedback en evenwicht afkomstig. Sociale systemen (iets anders dan ecosystemen) houden zichzelf in stand door middel van informatie. Informatie vat Watzlawick op als het uitwisselen van communicatie: *feedback*. Feedbackmechanismen zijn ingewikkelde processen waar *geen begin en geen eind* te zien zijn: ze zijn circulair (zie figuur 6.1). Om het functioneren van systemen te begrijpen, gaat het volgens Watzlawick niet zozeer om hoe het allemaal begonnen is, maar om het hier-en-nu. Zoals het voorbeeld uit kader 18 laat zien gaat het er niet om wie van de twee ooit begonnen is met 'dat lust ik niet', maar om het patroon zoals zich dat elke keer afspeelt. Als het ene kind een nieuw gerecht probeert (dat is informatie voor het andere kind), dan zal het andere kind zeggen: 'Nee, dat lust ik niet' (ook informatie). Waarop het ene kind waarschijnlijk het gerecht met nog meer smaak zal opeten en het andere kind met nog meer misbaar het bord van zich af zal schuiven. Het proces heeft geen begin en geen einde.

Watzlawick onderscheidt twee vormen van feedback: positief en negatief. Vooral de functie van negatieve feedback werkt hij uit. De bijvoeglijke naamwoorden 'positief' en 'negatief' slaan niet op de inhoud van de feedback, maar op het effect ervan. *Positieve feedback* bevordert de ontwikkeling van een systeem of subsysteem. *Negatieve feedback* remt de ontwikkeling. Negatieve feedback vindt plaats als het systeem uit *evenwicht* (ook wel *homeostase* genoemd) dreigt te raken en heeft een conserverend doel: de stabiliteit en het oude (de status-quo) behouden. De Wolf geeft het volgende voorbeeld:

> *'Wanneer een makelaar uit Schagen, die een huis moet kopen of verkopen voor cliënte M., zijn zakelijke relatie met M. wil uitbouwen tot een meer intieme persoonlijke relatie, zal hij avances maken en daarmee afwijken van de gestelde norm (het evenwicht J.R.). Indien M. niet gediend is van dergelijke avances zal zij acties ondernemen om het verloren gegane evenwicht te herstellen (negatieve feedback). Indien M. wel gediend is van de avances van de makelaar uit Schagen zal zij gedrag vertonen dat stapje voor stapje steeds verder af komt te*

staan van het oorspronkelijke evenwicht. In zo'n geval spreken we van positieve feedback' (De Wolf, 1991: p. 68-69).

De negatieve feedback van cliënte M. hoeft inhoudelijk gezien niet negatief te zijn. Ze kan bijvoorbeeld zeggen: 'Ik vind u een aardige man en een goede makelaar, maar ik wil het verder bij een zakelijke relatie houden.'

• *Equifinaliteit en multifinaliteit*

Een vierde eigenschap van open systemen is de onvoorspelbaarheid van het eindresultaat van een ontwikkelingsproces. Met het begrip *equifinaliteit* (eenzelfde eindtoestand) geeft men aan dat een systeem vanuit uiteenlopende begintoestanden eenzelfde eindtoestand kan bereiken. Tien aan cocaïne verslaafde jongeren (dezelfde eindtoestand) kennen tien verschillende combinaties van oorzaken die hetzelfde probleem hebben veroorzaakt. De eindtoestand kent nooit één en dezelfde oorzaak zoals – om maar wat te noemen – een strenge vader die zijn kinderen slaat. Dat zou een 'een-zijdige' redenatie zijn. Andersom geldt deze redenering ook. Dezelfde startsituatie, bijvoorbeeld tien studenten MWD die in een bepaald jaar op een bepaalde opleiding afgestudeerd zijn, kennen na een aantal jaren een verschillende eindtoestand. Zij doen allemaal verschillende dingen en met wisselend succes. Dit verschijnsel wordt *multifinaliteit* genoemd: eenzelfde start kent verschillende eindtoestanden.

• *Kalibrering en trapfuncties*

Elk open systeem dat enige tijd functioneert, komt op een bepaald moment in evenwicht (homeostase). Het functioneert zoals het gezien de omstandigheden en gezien de elementen van het systeem het beste kan functioneren. Als een studentengroep in subgroepjes wordt verdeeld die studieopdrachten moeten uitvoeren, dan zullen die groepjes na verloop van tijd een bepaald evenwicht vinden. Er zijn regels ontstaan, zoals een taakverdeling en een patroon van communiceren. Binnen bepaalde grenzen blijft het systeem in evenwicht. Het afstellen van een open systeem op een bepaald evenwicht noemt Watzlawick *kalibrering*. Dit afstellen doet het systeem met circulaire feedbackprocessen. Een systeem kan door omstandigheden uit evenwicht raken, bijvoorbeeld als het studiegroepje gebruikt wordt door een andere docent die extra taken opgeeft die niet meer op de oorspronkelijke wijze zijn uit te voeren. Het systeem ziet zich dan genoodzaakt om een nieuw evenwicht te vinden. Het voorbeeld van het Yellowstone Park illustreert dit. Het overschakelen op een ander evenwicht noemt Watzlawick een *trapfunctie*. Als een systeem niet overschakelt als de omstandigheden gewijzigd zijn, dan loopt het gevaar om, naar analogie van een machine, vast te lopen of oververhit te raken. Als in een gezin moeder weer gaat werken ('als de kinderen wat ouder zijn'), dan staat het voor de taak om zijn regels opnieuw te definiëren (trapfunctie) om zo een nieuw evenwicht te bereiken. Ook als in een gezin gezinsuitbreiding plaatsvindt of een kind het huis uittrekt, moet er een herdefiniëring van de gezinsregels plaatsvinden. Als een gezin zich niet weet aan te passen aan de nieuwe situatie, dan kan het ontsporen. Het gedrag van Anita (zie het begin van het hoofdstuk) is wellicht in dit kader te begrijpen. Misschien heeft haar anorectische gedrag de impliciete boodschap dat zij zich wil losmaken van haar overbezorgde ouders.

De communicatietheorie bij Watzlawick et al.
Bij het toepassen van het systeemdenken op sociale systemen is het begrip *informatie* essentieel. Watzlawick vat informatie op als communicatie. Communicatie is *interactie* tussen twee of meer mensen en gaat om *observeerbare interacties in het hier-en-nu*. Watzlawick bestudeert communicatie op het gedragsniveau. De subjectieve betekenis die zowel de zender als de ontvanger aan een boodschap verleent, is volgens hem niet objectief te bestuderen. Communicatie wordt daarom strikt formeel als gedrag opgevat en omvat meer dan taal. De communicatietheorie is in vijf stellingen verwoord.

• *De onmogelijkheid om niet te communiceren*
Watzlawick stelt gedrag en communicatie aan elkaar gelijk, wat betekent dat iemand altijd communiceert. 'Gedrag heeft geen tegenstelling. Er bestaat niet zo iets als niet-gedrag, of, om het eenvoudiger te stellen: men kan zich niet níét gedragen' (Watzlawick et al., 1970: p. 42). Al het gedrag heeft een communicatieve waarde. Iemand die zwijgt tijdens een groepsdiscussie seint daarmee een boodschap uit, net als de hulpverlener die zijn cliënt niet wil beïnvloeden en daarom zwijgt. Ook Anita die niet meer wil eten seint daarmee een boodschap uit.

• *Inhouds- en betrekkingsniveau van de communicatie*
Elke interactie tussen twee (of meer) mensen betekent *een betrokkenheid of relatie*. Communicatie zonder een relatie bestaat niet. De bedelaar die op straat zijn kostje bij elkaar probeert te scharrelen presenteert zich onderdanig, smekend, gebrekkig, enzovoorts. Hij torent niet boven andere mensen uit, want daarmee zou hij een andere boodschap uitzenden. Hij gaat op de grond zitten of loopt gebogen en kijkt naar beneden. Door zich zo te presenteren, stelt hij zich in een relatie ten opzichte van de ander. Men spreekt hier van een *relatievoorstel of relatiedefinitie*. Iemand die communiceert met een ander laat zien hoe hij zichzelf en de ander ziet. In de relatie die de bedelaar presenteert is hij de ondergeschikte, de minder-waardige. In dit voorbeeld, juist omdat er geen woord aan te pas komt, is de betrokkenheid of relatie heel duidelijk.

Vaak gaat menselijke communicatie gepaard met taal. De woorden die iemand uitspreekt, noemt Watzlawick het *inhoudsniveau* van de communicatie. Maar gesproken taal gaat altijd gepaard met een *manier waarop* ze wordt uitgesproken, taal vindt plaats in een context. Behalve de inhoud heeft een boodschap een *betrekkingsniveau*. In de boodschap presenteert iemand zichzelf aan een ander en verzoekt hij de ander zich op een bepaalde manier te gedragen. Het zinnetje 'Ik voel me niet lekker' kan, afhankelijk van hoe het wordt uitgesproken, thuis betekenen dat de persoon vertroeteld wil worden, op het werk kan het een verzoek zijn aan een collega om een taak over te nemen en bij de dokter dat de persoon onderzocht wil worden. In alle drie de gevallen is het inhoudsniveau hetzelfde, maar verschilt het betrekkingsniveau.

Watzlawick stelt dat elke communicatie een inhouds- en een betrekkingsniveau heeft, maar dat het betrekkingsniveau belangrijker is en laat zien hoe het inhoudsniveau opgevat moet worden. Zo kan een docent bij het uitdelen van tentamenvragen zeggen: 'Zo, ik heb het flink moeilijk gemaakt,' maar daarbij tegelijkertijd een vette knipoog geven. De knipoog (betrekkingsniveau) bepaalt hoe het inhoudsniveau opgevat moet worden. Watzlawick werkt het onderscheid tussen betrekkings- en inhoudsniveau uit naar het functioneren van gezinnen en andere sociale systemen. Hij stelt dat in spontane of 'gezonde' relaties het onderscheid tussen betrekkings- en inhoudsniveau op de achtergrond raakt. Daarentegen worden problematische relaties juist gekenmerkt door een strijd om de aard van de betrekking en is het inhoudsaspect van de communicatie onbelangrijk. Het opvallende is dat het lijkt alsof de afzonderlijke personen strijden om de inhoud. Zo kunnen er eindeloze ruzies zijn over hoe de afwas gedaan moet worden, over hoe je je hoort te gedragen als een collega op bezoek komt of over de vraag of het goed voor het kind is dat het al vroeg op zwemles gaat. In feite gaat het bij deze meningsverschillen niet om de inhoud, maar om de betrekking. De strijd gaat om wie het voor het zeggen heeft.

• *Interpunctie*

In het systeemdenken wordt uitgegaan van circulaire causaliteit. Input beïnvloedt output en vice versa. Maar zo denken de meeste mensen niet. Bij het interpreteren van de werkelijkheid maken mensen automatisch oorzaak-gevolgredeneringen. Iets vindt plaats en dat komt door iets anders. Er wordt lineair causaal (eenzijdig) geredeneerd in plaats van circulair. Het aanbrengen van een oorzaak en een gevolg noemt Watzlawick *interpunctie*. Dat woord is afgeleid van het aanbrengen van leestekens in een tekst: met het aanbrengen van leestekens, zoals komma's, verdelen we zinnen in blokjes en brengen we nadruk aan. Iets dergelijks kunnen we ook doen bij een serie communicatieve berichten.

Er is sprake van een *interpunctieprobleem* als dezelfde werkelijkheid door twee personen verschillend verklaard wordt. Bij een echtpaar met huwelijksproblemen kan de volgende situatie zich voordoen: de man gaat vreemd en wordt door zijn vrouw afgewezen. Voor de vrouw is het gedrag van haar man de oorzaak van haar gedrag. Ze zegt: 'Ik wijs hem af omdat hij vreemdgaat.' De man zegt echter: 'Omdat mijn vrouw me afwijst, ga ik vreemd.' In de oorzaak-gevolgredenatie die ze beiden toepassen definiëren ze hun gedrag als veroorzaakt door de ander. Het feit dat ze allebei dit proces in gang houden en dat het een circulair karakter heeft wordt niet gezien.

- *Digitale en analoge communicatie*

Mensen beschikken over twee vormen van communicatie: digitaal en analoog. *Digitale communicatie* slaat op taal. Watzlawick gebruikt het begrip digitaal (van *digits* uit de informatica) om uit te drukken dat talige communicatie oneindig veel mogelijkheden heeft om informatie uit te drukken. *Analoge communicatie* slaat op de niet-talige (non-verbale) communicatie, zoals de lichaamstaal, de intonatie van de stem en de context waarin de communicatie plaatsvindt. Nu is het zo dat met *digitale communicatie* goed de *inhoudelijke aspecten* van een communicatie zijn over te brengen. Met behulp van de taal kun je aan iemand die nog nooit in jouw geboorteplaats is geweest heel precies uitleggen waar je geboortehuis staat. Gaat het echter om het *betrekkingsaspect van een communicatie*, dan is de *analoge communicatie* daar beter geschikt voor dan de digitale. Denk hierbij aan het eerder gegeven voorbeeld van de bedelaar. En als iemand bijvoorbeeld duidelijk wenst te maken dat hij van iemand anders houdt, dan zal hij snel op de grenzen van de digitale communicatie stuiten. Honderd keer herhalen 'Ik hou van je' maakt minder indruk dan de intonatie van de stem, glanzende ogen of de bloemen die bij verrassing worden meegebracht.

Omdat Watzlawick uitgaat van de stelling dat gedrag hetzelfde is als communicatie, vat hij *symptomen van een psychische stoornis* op als een *vorm van analoge communicatie*. Met die analoge communicatie wordt een (betrekkings)boodschap of relatiedefinitie gecommuniceerd. Iemand die een angststoornis heeft en de straat niet meer op durft, communiceert daarmee: Ik kan de boodschappen niet doen, jij moet het maar opknappen. Ook het kind dat niet wil slapen en het kind dat weer in bed gaat plassen als het een broertje of zusje krijgt, zijn voorbeelden van analoge communicatie.

Doordat menselijke communicatie twee vormen kent, kennen wij *vertaalproblemen*. Een digitale betekenis geven aan analoge communicatie kan moeilijk zijn. Dit kan het geval zijn tussen mensen die uit verschillende culturen afkomstig zijn, omdat de betekenis van non-verbale communicatie kan verschillen (zie kader 19). Maar ook in eenzelfde cultuur levert een digitale betekenis geven aan analoge communicatie al problemen op. Watzlawick geeft twee voorbeelden. Is plotseling met bloemen thuiskomen een teken van genegenheid of is er iets goed te maken? En als een verdachte tijdens het verhoor gaat stamelen, is dat dan een teken van schuld of van grote angst dat hij onschuldig veroordeeld zal worden?

Kader 19

Beleefdheid

Sinds begin jaren tachtig van de vorige eeuw is bekend dat het adopteren van een buitenlands kind tot problemen kan leiden in het adoptiegezin. Hoewel de meeste adopties goed verlopen, gaat het in adoptiegezinnen vaker mis dan in gezinnen met biologische kinderen. Soms is het zo erg dat een geadopteerd kind uit huis geplaatst moet worden. Geerars (1992) zet de mogelijke oorzaken hiervan op een rijtje. Daaruit blijkt dat vertaalproblemen tussen analoge en digitale communicatie een rol kunnen spelen. De schrijfster haalt Marth aan, een adoptiekind:

> *'In India geef je elkaar nooit een hand en je kijkt mensen ook nooit in hun gezicht. Hier moest ik handen geven, m'n vader en moeder in de ogen kijken als ik met hen praat. Nou dat vond ik ontzettend eng en dat begrepen zij weer niet.'*

Het is niet moeilijk om ons voor te stellen waar zo'n communicatiestoornis toe kan leiden. Niet in de ogen kijken (analoog) kan door de adoptieouders uitgelegd worden (digitaal) als onbeleefdheid, terwijl het voor het kind juist beleefdheid betekent. De ouders voelen wellicht de behoefte om het kind toch (hun) beleefdheid bij te brengen. Als zij dat proberen door het kind in de ogen te kijken, dan verergert het communicatieprobleem.

- *Symmetrische en complementaire interactie*

Een interactie, een uitwisseling van communicaties, is volgens Watzlawick of symmetrisch of complementair. Een *symmetrische interactie* is gebaseerd op *gelijkheid* van de partners. Er is sprake van een *spiegelbeeld*. Symmetrie slaat op de relatie c.q. betrekking tussen twee mensen. Zij hebben beiden evenveel macht en uiten dat via hun communicaties. De inhoud van de communicatie kan juist heel verschillend zijn. Twee mensen die over alles kibbelen en elkaar nooit gelijk geven, verschillen van mening over de inhoud van de boodschappen, maar zijn op betrekkingsniveau elkaars spiegelbeeld. De één zegt A en de ander reageert met B. Het maakt niet uit wie er begint. Het voorbeeld uit kader 18 is op te vatten als een symmetrische interactie. Hier blijkt dat de behoefte van de kinderen om zich van elkaar te onderscheiden tot effect heeft dat ze op betrekkingsniveau precies hetzelfde doen. Een *complementaire interactie* is juist gebaseerd op verschil, op ongelijkheid. De één zegt A en de ander beaamt dat. In een complementaire interactie heb je altijd een leider en een volger. Hulpverlenings- en opvoedingsrelaties zijn over het algemeen op te vatten als complementaire relaties. Er is sprake van een machtsverschil. Ook bij een psychische stoornis kan er sprake zijn van een complementaire relatie. Zo stelt de persoon met een angststoornis ('Ik durf niets') zich complementair volgend op. Een symmetrische of complementaire interactie is niet per se goed of slecht. Een gezonde relatie kenmerkt zich volgens Watzlawick door afwisselende symmetrische en complementaire interacties. Een relatie wordt als ziek of pathologisch gezien als een van de twee interactievormen extreem overheerst.

6.2.2 De ecologische systeemtheorie

De theorie van de psycholoog Urie Bronfenbrenner staat bekend als 'ecologische systeemtheorie', de laatste jaren gebruikt hijzelf het begrip 'bio-ecologische' theorie van de menselijke ontwikkeling (Bronfenbrenner, 2001/2005). Bronfenbrenner weet, in tegenstelling tot Watzlawick et al., juist wel de menselijke ontwikkeling begrijpelijk te maken. Zijn theorie is vooral binnen de ontwikkelingspsychologie bekend geworden; in artikelen van gezinstherapeuten wordt er – raar genoeg – zelden naar verwezen. Bronfenbrenner definieert ontwikkeling als het gezamenlijke product van de kenmerken van de ontwikkelende persoon (inclusief zijn erfelijke eigenschappen) en de kenmerken van de omgeving.

Het begrip **bio** slaat op de kenmerken van de persoon en het begrip 'ecologisch' slaat op de kenmerken van de omgeving. In feite sluit Bronfenbrenner naadloos aan op het biopsychosociale model: hij integreert in zijn theorie de biologische en psychische kenmerken van de ontwikkelende persoon en de kenmerken van de omgeving. Vooral zijn indeling van de omgeving is bekend geworden. Hij onderscheidt hierin een viertal lagen. Zelf van Russische afkomst vergeleek hij zijn theorie met de Russische matroesjka's, de houten poppetjes waarin telkens weer een nieuw poppetje verscholen zit.

De ontwikkeling van een persoon, zo stelt hij, vindt plaats in een **microsysteem**: de context waarin men elkaar in de ogen kan kijken (Bronfenbrenner, 1992/2005). Voorbeelden hiervan zijn het gezin, de school, de werkplek, de vriendengroep, de sportclub, enzovoorts. Een microsysteem bestaat meestal uit meerdere mensen. In een gezin heeft een kind bijvoorbeeld een relatie met zijn moeder, zijn vader en al zijn broertjes en zusjes. Elke relatie is een aparte setting die de ontwikkeling van het kind beïnvloedt. Een microsysteem is niet statisch, maar wordt mede beïnvloed door de systeemlagen daaromheen. Bronfenbrenner onderscheidt hier drie andere lagen.

Het **mesosysteem** wordt gevormd door de relaties tussen de verschillende microsystemen. Zo zullen ouders contact hebben met leerkrachten, buren, oppasmoeders, enzovoorts. De relatie kan ook via het kind zelf verlopen. Wat het meemaakt op school beïnvloedt zijn gedrag thuis en omgekeerd. In feite gaat het om een relatie tussen twee of meer settings. Deze relatie beïnvloedt het functioneren van de verschillende microsystemen en daarmee de ontwikkeling van het kind (zie kader 20).

Het **exosysteem** wordt gevormd door al die systemen waarvan andere leden van een microsysteem deel uitmaken, maar het kind zelf niet. Zo wordt het functioneren van de vader en moeder in een gezin mede beïnvloed door situaties op hun werk. Een kind wordt ook beïnvloed door wat zijn broer of zus meemaken op hun school en in hun vriendenkring. En in zijn eigen vriendenkring wordt het mede beïnvloed door het feit dat bijvoorbeeld de vader van een vriendje ernstig ziek is, enzovoorts. Bij het mesosysteem gaat het om relaties tussen microsystemen waar het kind zelf deel van uitmaakt, bij het exosysteem gaat het om relaties tussen het microsysteem en een ander systeem waarvan het kind geen deel uitmaakt, maar dat zijn ontwikkeling indirect beïnvloedt doordat een persoon uit zijn microsysteem beïnvloed wordt.

Het **macrosysteem** betreft niet zozeer mensen – zoals alle voorgaande systemen –, maar opvattingen, ideeën, waarden en normen. Het wordt gevormd door de opvattingen die met andere mensen gedeeld worden en hun gedrag beïnvloeden (Bronfenbrenner, 1992/2005). Binnen het macrosysteem zijn allerlei lagen te onderscheiden die in complexiteit van elkaar verschillen. Het 'allergrootste' macrosysteem is de cultuur. Maar ook het pedagogisch beleid van een basisschool, waarin de gedeelde opvattingen over opvoeden zijn vastgelegd, is er een voorbeeld van. Macrosystemen (dus gedeelde opvattingen) zijn niet statisch maar ontwikkelen zich, niet in de laatste plaats door de invloeden uit de andere systemen. Bij het beschrijven van macrosystemen benoemt men (sub)culturen en bepaalde tijdsperioden. Zo spreekt men bijvoorbeeld van een typisch 'jarenzestigkind' of maakt onderscheid tussen platteland en stad, tussen verschillende geloven, tussen een- en tweeverdienersgezinnen, enzovoorts.

Naast de indeling van de context is de theorie van Bronfenbrenner met een aantal begrippen te typeren. Hierin zien we de overeenkomst met andere systeemtheoretische benaderingen terug.

- *Mensen zijn actieve wezens* die invloed uitoefenen op hun eigen ontwikkeling. Een persoon wordt gevormd door zijn ontwikkeling, maar beïnvloedt deze zelf ook.
- Mensen *verschillen in de mogelijkheden* waarop zij hun eigen ontwikkeling positief kunnen beïnvloeden. Bronfenbrenner wijst erop dat sommige kinderen bij wijze van spreken 'geluk' hebben (1992/2005). Zij hebben persoonlijke kwaliteiten zoals rustig gedrag (in plaats van druk gedrag) en een leuk uiterlijk (in plaats van een chagrijnig of lelijk uiterlijk) en lokken daardoor positieve reacties uit van opvoeders. Daarnaast zijn er psychische kenmerken waarmee een kind zijn eigen ontwikkeling kan structureren. Een jong kind dat een positieve gerichtheid kent op zijn omgeving zal zich over het algemeen positiever ontwikkelen dan een verlegen kind. En op latere leeftijd zal een kind dat vertrouwen heeft in eigen kunnen en ervan uitgaat dat het zelf invloed heeft op zijn ontwikkeling het over het algemeen beter doen dan een kind met weinig zelfvertrouwen.
- *Ontwikkeling is een wederzijds proces.* De theorie van Bronfenbrenner wordt vaak ingezet om de ontwikkeling van kinderen te begrijpen. Maar alle spelers

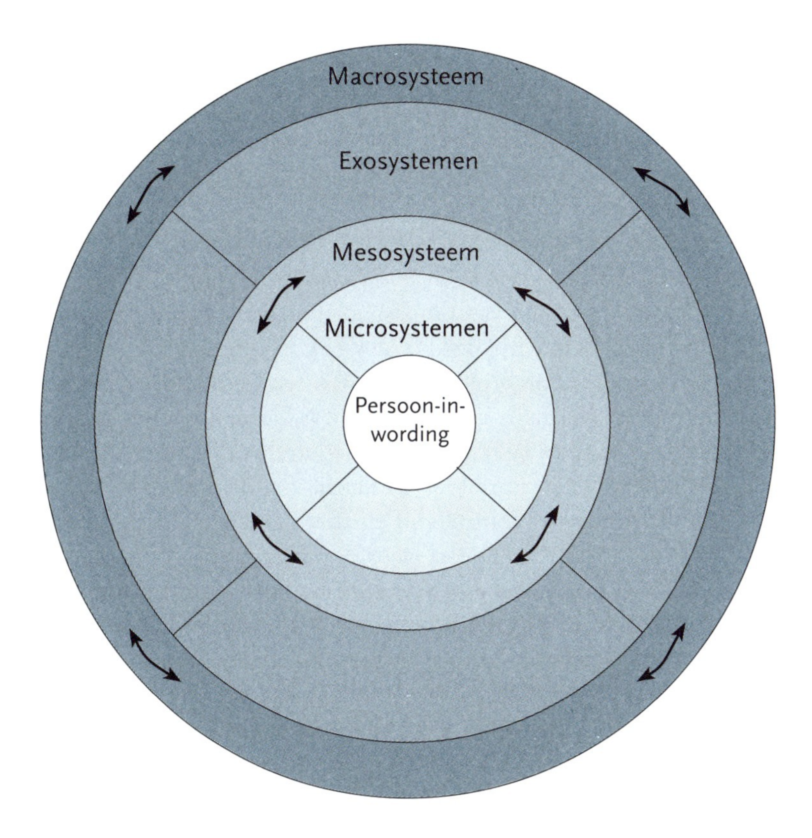

Figuur 6.2 Het ecologische systeemmodel van Bronfenbrenner.

in een systeem zijn actief: ze beïnvloeden elkaar en ontwikkelen zich. Ook ouders ontwikkelen zich door de ervaringen die zij opdoen met het opvoeden van hun kind (Bronfenbrenner, 2001/2005). Het kind beïnvloedt hen. Dit maakt begrijpelijk waarom een opvoedingscontext van kinderen uit eenzelfde gezin altijd verschillend is. Want naast een andere plek in de kinderrij, waardoor het microsysteem anders is, is er ook een verschil in opvoedgedrag van de ouders. Dit gedrag is veranderd door de ervaringen die zij bij het opvoeden van de eerdere kinderen hebben opgedaan.

- *Het geheel is meer dan de som der delen*. Toegepast op ontwikkeling komt dit erop neer dat de ontwikkeling van een kind niet is af te leiden uit de optelsom van de afzonderlijke invloeden van zijn eigen aanleg en die van de diverse opvoeders. Het kind heeft invloed, vader heeft invloed en moeder heeft invloed, maar hun gezamenlijke invloed kan vele malen groter zijn dan de optelsom. Om een voorbeeld te geven: een vader met ADHD zal moeite hebben om structuur en voorspelbaarheid te bieden in de opvoeding van zijn kind. Dat is minder erg als moeder dit kan compenseren. Maar als moeder ook ADHD heeft, dan kunnen de chaos en onvoorspelbaarheid in het gezin vele malen groter zijn dan door de afzonderlijke invloeden van beide ouders kan worden verklaard.

Dit komt doordat zij bij elkaar bepaalde processen versterken, wat wordt aangeduid met het begrip *synergie*. Hetzelfde geldt voor de combinatie 'eigen aanleg' en 'omgevingsinvloed'. De kans op 'opgroeiproblemen' bij een kind met ADHD wordt vele malen groter als ook een van zijn ouders ADHD heeft (zie ook hoofdstuk 8).

- *De resultaten van identieke opvoedingspraktijken kunnen bij verschillende macrosystemen verschillend of zelfs tegengesteld zijn.* Bronfenbrenner gebruikt de theorie over opvoedingsstijlen van de psychologe Diana Baumrind om deze stelling te illustreren. Baumrind deed onderzoek naar de effectiviteit van drie opvoedingsstijlen: de autoritaire (waarbij kinderen weinig te zeggen hebben en veel gecontroleerd worden), de permissieve (waarbij kinderen juist weinig regels krijgen opgelegd en weinig worden gecontroleerd) en de autoritatieve. Bij deze laatste stijl worden warmte en aandacht van de opvoeders voor het kind gecombineerd met het controleren en met het stellen van en uitleg geven aan regels. Baumrind concludeert (voor de Amerikaanse samenleving) dat de autoritatieve stijl de meest gunstige effecten heeft op het positief opgroeien van kinderen. Ook in West-Europa incluis Nederland wordt deze stijl als wenselijk gezien (De Winter, 2004). Ander onderzoek (Dornbusch et al. in Bronfenbrenner, 1992/2005) toont echter aan dat het effect van een autoritatieve opvoedingsstijl afhankelijk is van de subcultuur of het ras. In dit onderzoek (in de VS) werd gekeken naar de relatie tussen het behalen van middelbareschooldiploma's en de opvoedingsstijl van de ouders. Voor blanken en zwarten bleken de veronderstellingen van Baumrind te kloppen: kinderen van ouders met een autoritatieve opvoedingsstijl behalen vaker een diploma dan kinderen van ouders met een permissieve respectievelijk autoritaire stijl. Bij Aziaten en Latijns-Amerikanen blijkt dit echter niet het geval te zijn. Bij hen leidt de autoritaire opvoedingsstijl tot meer schoolsucces van de kinderen dan de twee andere stijlen. Met welke processen dit precies kan worden verklaard is nog niet bekend, maar het voorbeeld illustreert dat met een ander macrosysteem (i.c. andere cultuur of ras) de effecten van eenzelfde opvoedingspraktijk verschillend kunnen zijn.

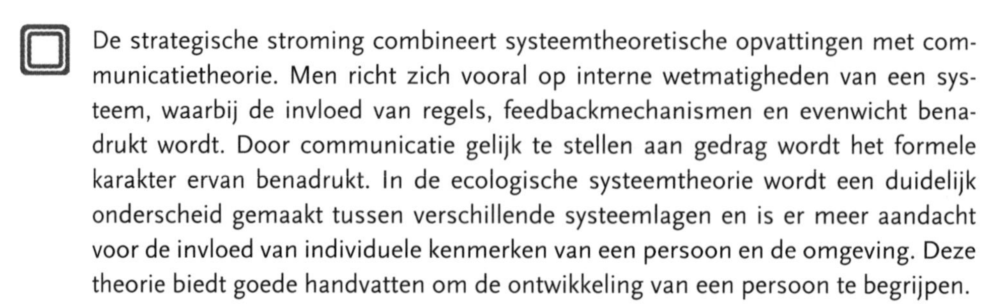
De strategische stroming combineert systeemtheoretische opvattingen met communicatietheorie. Men richt zich vooral op interne wetmatigheden van een systeem, waarbij de invloed van regels, feedbackmechanismen en evenwicht benadrukt wordt. Door communicatie gelijk te stellen aan gedrag wordt het formele karakter ervan benadrukt. In de ecologische systeemtheorie wordt een duidelijk onderscheid gemaakt tussen verschillende systeemlagen en is er meer aandacht voor de invloed van individuele kenmerken van een persoon en de omgeving. Deze theorie biedt goede handvatten om de ontwikkeling van een persoon te begrijpen.

Kader 20

3 is meer dan 2+2+2

Al vrij lang is uit onderzoek bekend dat het opgroeien zonder vader de kans vergroot op een minder goede ontwikkeling van kinderen. Dit is natuurlijk niet het geval bij al deze kinderen, maar de kans wordt wel groter. De meeste eenoudergezinnen zijn gezinnen zonder vader en in Nederland groeit 12 procent van de kinderen op in een eenoudergezin (www.cbs.nl). De kans op fysieke mishandeling en emotionele verwaarlozing van kinderen is groter in eenoudergezinnen dan tweeoudergezinnen, net als de kans op psychische problemen bij kinderen (Zeijl et al., 2005). Bronfenbrenner noemt vergelijkbare cijfers uit de VS. Is dit alles te verklaren met de ecologische systeemtheorie? In een onderzoek (Crockenberg, 1981) werd gekeken naar de invloed van sociale steun op het ontstaan van een hechtingsrelatie tussen moeder en baby. In de ontwikkelingspsychologie wordt bijna alleen maar onderzoek gedaan naar de moeder-kindrelatie – een microsysteem – en zelden naar de invloed van grotere gehelen. De theorie van Bronfenbrenner voorspelt dat de kwaliteit van het nog te ontwikkelen hechtingsproces mede afhankelijk is van de kenmerken van grotere sociale contexten. En dat is precies wat in dit onderzoek werd aangetoond. Hoe groter de sociale steun was die de moeder kreeg van vader, vrienden of familie, des te beter de hechting tot stand kwam. De kans op onveilige hechting was vooral groot bij een moeilijke baby in combinatie met weinig sociale steun. Bij een makkelijke baby lukt het ook om veilige hechting tot stand te brengen zonder sociale steun. Maar hoe werkt sociale steun? Nossent (2006) laat in een boekbespreking een mogelijkheid zien. Ze illustreert dat de kenmerkende interacties van een triade (drie personen, in dit geval een vader, een moeder en een baby) van een veel hoger niveau en veel complexer zijn dan de interacties in een dyade (twee personen). Vader daagt de baby uit, moeder steunt de baby; moeder schaterlacht als vader zijn kind kietelt, het kind gaat mee lachen; het kind kijkt afwisselend naar vader en moeder en probeert erachter te komen wat ze van plan zijn. Enzovoorts, enzovoorts. Nossent concludeert dat de triade (de interactie tussen het kind, vader en moeder) meer is dan de som der dyades (vader met moeder; moeder met kind en vader met kind). Het zal duidelijk zijn dat deze interacties van kwalitatief hoog niveau niet of moeilijker tot stand komen in een eenoudergezin. Bij oudere kinderen zullen de processen anders verlopen, maar ook daar zal het proces in een eenoudergezin wezenlijk verschillen van het proces in een tweeoudergezin. In hoeverre met dit verschil verklaard kan worden waarom kinderen uit eenoudergezinnen het op een aantal ontwikkelingsgebieden minder goed doen dan kinderen uit tweeoudergezinnen, moet uit toekomstig onderzoek duidelijk worden.

6.3 Nieuwe ontwikkelingen na de strategische stroming

In deze paragraaf richten we ons op nieuwe ontwikkelingen in de gezinstherapie. In de gezinstherapie is de strategische stroming zeer invloedrijk (geweest). Deze manier van denken zorgde voor een omslag in de hulpverlening. Niet het individu, maar het gezin kwam in het centrum van de aandacht te staan. In de loop van de jaren tachtig van de vorige eeuw kwam er kritiek op de strategische stroming, die mede haar oorsprong vond in de praktijkervaringen uit de hulpverlening. Vooral twee nieuwe stromingen werden in die periode dominant: de psycho-educatieve benadering (zie hoofdstuk 5) en het constructivisme (Schmitt, 1991). Hieronder wordt de kritiek in twee delen gepresenteerd. Als uitgangspunt wordt figuur 1.2 genomen, waarin de algemene systeemtheorie gepresenteerd wordt als een manier om de werkelijkheid te ordenen met behulp van hiërarchische niveaus. Elk niveau kent zijn eigen wetten, maar wordt mede beïnvloed door de niveaus eronder en erboven. De kritiek op de strategische stroming wordt verdeeld in kritiek die de invloed van niveaus onder een gezin benadrukt en kritiek die de invloed van niveaus boven een gezin benadrukt.

De onderkant van het gezin
De strategische stroming brak met het uitgangspunt dat de oorzaken van individueel gedrag bij het individu gezocht moeten worden. Dit uitgangspunt, dat tot dan toe heel kenmerkend was voor de psychologie, werd ingewisseld voor het uitgangspunt dat individueel gedrag een kenmerk is van het systeem waar het individu deel van uitmaakt. Deze ommezwaai, die ontegenzeggelijk veel heeft opgeleverd, werd na enige tijd bekritiseerd vanwege de te rigide toepassing ervan. Watzlawick et al. wisselden het individu in voor het gezin. Het gedrag van een individu werd *geheel* verklaard vanuit de communicatieve regels van het gezin. In de systeemtheorie wordt juist benadrukt dat het functioneren van een systeem nooit te verklaren is door de kenmerken van de elementen (gezinsleden) op te tellen, maar dat deze kenmerken wel invloed uitoefenen. Deze stelling is ook om te keren:

> *'Niet alleen is het geheel, het gezin, méér dan de som der delen, ook is elk deel, elk gezinslid, méér dan door het geheel kan worden verklaard. Elk gezinslid vertoont méér dan alleen systeembepaald gedrag. Elk gezinslid heeft in principe het vermogen om, door af te wijken van een starre systeemnorm, hoognodige veranderingen op gang te brengen of om, door ernstig pathologisch gedrag, het systeem te ontwrichten' (Van der Pas, 1990: p. 185-186).*

Van der Pas verduidelijkt dit standpunt door de volgende vergelijking te maken: een persoon identificeren we met een voornaam en een achternaam. De voornaam staat als het ware voor zijn individualiteit, de achternaam voor zijn lidmaatschap van een gezinsgroep. Het gedrag van een individu wordt zijn leven lang bepaald deels door zijn persoonlijkheid en deels door het gezin waarin hij functioneert. De gezinstherapeut richt zijn blik vooral op het tweede aspect (ibidem).

Kortom: in de strategische stroming zoals die door Watzlawick werd verwoord, is de speelruimte die een individu heeft weggevallen. Hoewel Watzlawick de uitgangspunten van de systeemtheorie omarmde, is zijn toepassing te rigide. Als we de vergelijking met de zoomlens nog een keer maken, kunnen we zeggen dat hij alleen maar op het gezin heeft 'ingezoomd'; de relaties met de omgeving en met de elementen van het gezin blijven te veel uit beeld. In feite past ook Watzlawick een reductie toe: hij reduceert de werkelijkheid tot het gezin.

De aandacht voor de 'onderkant' van het gezin, voor de invloed van de gezinsleden, is bij Watzlawick minimaal. Aan de hand van de huidige opvattingen over schizofrenie wordt toegelicht hoe bij de verklaring van het gedrag van een individu rekening kan worden gehouden met zowel de individuele 'speelruimte' als met het systeem.

Zoals we nog zullen zien (6.4) verklaart Watzlawick het ontstaan en in stand houden van psychische stoornissen zoals schizofrenie vanuit de gezinsinteracties. Er kwam kritiek op deze verklaring toen uit nader onderzoek bleek dat de interacties in gezinnen met een schizofreen kind lang niet altijd de ziekmakende werking hadden die Watzlawick veronderstelde (Lange, 2006). Daarnaast had deze theorie soms een slechte uitwerking in de hulpverlening. Hoewel Watzlawick benadrukt dat een schizofreen kind een rol vervult in het systeem, kregen in de hulpverlening ouders impliciet of expliciet de schuld van het feit dat hun kind een psychische stoornis had. De hulpverleners dachten kennelijk toch in oorzaak-gevolgrelaties, terwijl Watzlawick juist de equifinaliteit (het proces) benadrukt had. Niet-eenzijdig denken of, anders gezegd, het vermijden van interpuncties is ook voor hulpverleners moeilijk. Zij zijn net als alle mensen snel geneigd om in oorzaak-gevolgrelaties te denken. Van der Pas (1995) laat zien dat hulpverleners die met kinderen werken snel geneigd zijn om problemen van het kind toe te schrijven aan de ouder(s). Dat is een eenzijdige manier van verklaren. Zij meldt dat de stelling 'er raken evenveel ouders in de problemen door hun kinderen als kinderen door hun ouders' (ibidem: p. 157) veel weerstand oproept bij jeugdhulpverleners. Toch laat die stelling zien wat niet-eenzijdig redeneren inhoudt en hoe eenzijdig redeneren is om te draaien.

In de loop van de jaren tachtig van de vorige eeuw begonnen ouders van schizofrene kinderen steeds vaker te protesteren tegen het feit dat zij de schuld van de stoornis kregen. Samen met deze protesten en nieuwe kennis in de (medische) wetenschap kwam er ruimte voor een andere opvatting over schizofrenie.

Tegenwoordig weten we dat bij schizofrenie erfelijke factoren een relatief grote rol vervullen. Men heeft dat kunnen aantonen met tweelingstudies, waarin men het voorkomen van een stoornis bij eeneiige tweelingen (die genetisch identiek zijn en onder vrijwel identieke omstandigheden opgroeien) vergelijkt met het voorkomen bij twee-eiige tweelingen (die genetisch minder verwant zijn, maar ook onder vrijwel identieke omstandigheden opgroeien). Uit dergelijk onderzoek blijkt dat als één helft van een eeneiige tweeling schizofrenie heeft, er een kans van ongeveer 45 procent is dat de andere helft ook schizofrenie ontwikkelt. Bij twee-eiige tweelingen is die kans 'slechts' 12 procent (Anders, 1988). Kortom, erfelijkheid speelt een rol, maar schizofrenie is niet geheel erfelijk bepaald (zie hoofdstuk 8). In dat geval zou, als één helft van een eeneiige tweeling schizofrenie krijgt, de andere helft het ook altijd krijgen. Kennelijk spelen er meer factoren een rol bij het ontstaan van schizofrenie. Dit is ook het uitgangspunt bij huidige verklaringen van deze stoonis; men gaat uit van meerdere oorzaken, een visie die spoort met de algemene systeemtheorie.

Het model dat tegenwoordig wordt gebruikt is ontleend aan het *biopsychosociale model*. Men veronderstelt bij het ontstaan van schizofrenie biologische (vooral erfelijke), psychologische en sociale invloeden. Dit model staat bekend onder de naam *kwetsbaarheid-stress-copingmodel* (Louwerens & Bosch, 1994). Met kwetsbaarheid geeft men aan dat een individu door zijn erfelijke bagage en eventuele complicaties tijdens de zwangerschap en bevalling gevoelig (kwetsbaar) kan zijn voor de ontwikkeling van schizofrenie. Maar om de stoornis tot ontwikkeling te laten komen, moet het individu in zijn leven tegenslag meegemaakt hebben waarmee hij niet goed weet om te gaan. Tegenslag wordt in dit model als stress betiteld. Stress wordt veroorzaakt door de omstandigheden (waaronder het gezin!) waarin het individu functioneert. Dit is de sociale invloed op het ontstaan van schizofrenie. Coping ten slotte betreft de manier waarop een individu omgaat met zijn kwetsbaarheid en met stress. Dit is het psychologische niveau.

Met dit model is niet alleen het ontstaan van schizofrenie begrijpelijk te maken. Immers, al ons gedrag, ook bijvoorbeeld intelligentie en temperament, heeft een erfelijke basis (zie hoofdstuk 8). Elk kind heeft bij zijn geboorte erfelijk en constitutioneel vastgelegde kwetsbare en sterke kanten. De ontwikkeling van de aanleg is mede afhankelijk van de sociale omgeving zoals het gezin. In feite sluit deze theorie naadloos aan bij het ecologische systeemmodel van Bronfenbrenner. Belangrijk is de constatering dat met het kwetsbaarheid-stress-copingmodel de invloed van het gezin wel onderkend wordt, maar niet als enige oorzaak van bijvoorbeeld schizofrenie gezien wordt. Op de gezinstherapeutische hulpverlening aan gezinnen met schizofrene kinderen heeft dit model veel invloed gehad. Er ontstond een geheel nieuwe stroming (Lange, 2006), de *psycho-educatie* die, zoals we in hoofdstuk 5 gezien hebben, duidelijke relaties heeft met de cognitieve stroming. Bij psycho-educatie aan ouders met een kind met een psychische stoornis gelden twee belangrijke doelstellingen. Allereerst moeten zij ervan overtuigd worden dat zijzelf hier niet schuldig aan zijn (schuldsanering; Konstantareas, 1990). Ten tweede kan hun geleerd worden hoe zij het beste met de stoornis van hun kind om kunnen gaan. Ouders worden door de hulpverlener dus niet meer als vijand (veroorzaker van de stoornis), maar juist als medehulpverlener gezien. Deze visie – met ouders moet samengewerkt worden – is tegenwoordig dominant in de jeugdhulpverlening.

De bovenkant van het gezin
Watzlawick benadrukt dat gedrag een kenmerk van het systeem is. Hij keek daarbij alleen naar het gezin. Het gedrag van een individu wordt geheel verklaard uit de gezinscontext. De vraag kan gesteld worden hoe het zit met de invloed van de hiërarchische niveaus boven het gezin. Zoals we weten bevinden wij ons in een cultuur met waarden en normen, die Bronfenbrenner het macrosysteem noemt. Onze opvattingen over bijvoorbeeld verschillen tussen mannen en vrouwen en over de plaats van kinderen in een gezin zijn mede cultureel bepaald.

In de *constructivistische stroming* in de gezinstherapie, die aansluit bij het sociaalconstructivisme (hoofdstuk 5), wordt de invloed van de systemen boven een gezin (het macrosysteem) veel meer benadrukt dan in de strategische stroming. Hier wordt communicatie niet meer puur formeel opgevat, maar wel degelijk als het toekennen van betekenissen (Van Boeckhorst, 1997). Hét kenmerk van sociale systemen, zo stelt men, is juist dat zij bestaan uit mensen die de beschikking over *taal* hebben. Door betekenis te verlenen geven mensen een omschrijving aan hun ervaringen en problemen en zoeken naar (inhoudelijke) verklaringen. De subjectieve betekenisverlening wordt zowel beïnvloed door het gezin of de relatie waarvan iemand deel uitmaakt alsook door de normen en waarden van zijn cultuur. Zoals we bij de behandeling van het sociaalconstructivisme al zagen, zijn wij ons vaak niet bewust van de invloed van maatschappelijke normen op onze waarneming en gedachten.

Van der Pas (1990) maakt dit op de volgende wijze duidelijk. Zij wijst op het verschijnsel dat een Nederlandse hulpverlener die met een Marokkaans gezin werkt wel degelijk rekening houdt met de invloed van wat zij noemt de 'machtige moslimcultuur'. De hulpverlener begrijpt bijvoorbeeld dat hij de Marokkaanse dochter niet eventjes kan stimuleren om zelfstandig te gaan wonen, omdat de familie dat niet zomaar zal accepteren. Bij een Nederlands gezin ziet dezelfde hulpverlener echter volop mogelijkheden tot verandering. Hij *denkt* een sociaal systeem voor zich te hebben waarin manoeuvreerruimte bestaat. Maar, zo zegt van der Pas, dat systeem is in feite een subsysteem. De hulpverlener en het gezin maken beiden deel uit van een groter systeem: de Nederlandse cultuur. Hierdoor 'ziet' de hulpverlener bepaalde dingen niet, hij vindt ze gewoon.

Zo zijn er ook in de Nederlandse cultuur opvattingen over mannelijk en vrouwelijk gedrag en over de plaats van een dochter. Als een man met zijn vrienden een avond de kroeg ingaat, dan geven we daar (hijzelf ook) betekenis aan. Hetzelfde gedrag van een vrouw krijgt een andere betekenis. De betekenissen zijn onderhevig aan maatschappelijke en culturele invloeden. Van der Pas schrijft:

> *'Ten aanzien van het aanleren van "mannelijk" c.q. "vrouwelijk" gedrag maakt elk Nederlands gezin deel uit van een omringend maatschappijsysteem. Zoals het gedrag van individuele gezinsleden deels wordt bepaald door het gezin, zo wordt het functioneren van dat gezin deels bepaald door een maatschappij' (Van der Pas, 1990: p. 183).*

Een hulpverlener die met gezinnen werkt, zo stelt Van der Pas, moet niet alleen oog hebben voor het gezin, maar ook voor de invloed van de systemen erboven. In de hulpverleningspraktijk die mede op de strategische stroming gebaseerd was, is de stellingname van Van der Pas niet terug te vinden. Men richtte zich vooral op de interactie in het hier-en-nu en verloor daarbij wel eens uit het oog wat de invloed was van culturele normen (zoals man-vrouwverschillen) en hoe deze in de loop van de geschiedenis veranderden. Het benadrukken van de interactie in het hier-en-nu liep gelijk op met het benadrukken van de wederzijdse invloed bij een communicatie. A beïnvloedt B, en B beïnvloedt A. Als A en B man en vrouw zijn, dan had men in de strategische stroming geen aandacht voor hun maatschappelijk ongelijke posities. Tegen deze opvattingen, maar vooral tegen deze praktijk kwam onder andere verzet uit de hoek van de feministische hulpverlening (Plooy, 1985). Want de hulpverlening kreeg ook te maken met mishandelde vrouwen en incestslachtoffers. De vraag werd opgeworpen of de vrouw respectievelijk het kind mede verantwoordelijk was voor wat hun was overkomen. Het antwoord zal duidelijk zijn: nee. Ook het systeemtheoretisch denken is maar een model. 'Causaliteit in de zin van absolute controle van A over B komt dus in de systeemtheoretische denkwereld niet voor. In het dagelijks leven van gezinnen wél. Incest is één voorbeeld daarvan' (Van der Pas, 1990: p. 184). In de gezinshulpverlening ontstond, mede naar aanleiding van deze kritiek, het inzicht dat sommige relaties binnen een gezin niet begrepen en behandeld moeten worden vanuit een visie die de wederzijdse afhankelijkheid benadrukt. Vrouwen zijn in onze maatschappij nog steeds minder machtig dan mannen. Ze hebben bijvoorbeeld minder kans op een baan en een eigen inkomen. Dergelijke maatschappelijke verhoudingen moeten betrokken worden bij het begrijpen van het gedrag van leden van een gezin.

Hoe maatschappelijke verhoudingen invloed uitoefenen op het gedrag van een persoon is niet geheel duidelijk. Een poging om die invloed te verduidelijken, wordt wel eens aangeduid met de term *sociale perspectieven.* Sociale perspectieven zijn de 'regels in de samenleving', ideeën over hoe men zich behoort te gedragen die door grote groepen aangehangen worden. Sociale perspectieven zijn van een hogere orde dan bijvoorbeeld de regels in een relatie of een gezin. Hoe hoger bepaalde regels in de hiërarchie en hoe groter de groep die de regels aanhangt, des te moeilijker wordt het voor het individu om deze regels te beïnvloeden. Sociale perspectieven zijn zo geïntegreerd in ons bestaan, in ons denken, dat ze een wezenlijk onderdeel vormen van onze perceptie. Dit betekent dat wij hun invloed vaak niet zien (Borra, 1991: p. 147).

Op de strategische stroming uit de gezinstherapie kwam kritiek, omdat het individu hierin geheel werd ingeruild voor het gezin. Het gegeven dat je altijd uit moet gaan van relatieve invloed (medebeïnvloeding) werd veronachtzaamd. Als reactie op deze kritiek ontstonden er twee nieuwe stromingen: de psycho-educatie met meer nadruk op individuele kenmerken (zoals erfelijkheid) en het constructivisme met meer nadruk op de invloed van cultuur en maatschappij.

6.4 Het verklaren van psychische stoornissen

Hier behandelen we verklaringen afkomstig uit verschillende stromingen van de systeemtheorie over het ontstaan van psychische stoornissen. Allereerst gaan we in op de opvattingen uit de strategische stroming van de gezinstherapie. Vervolgens kijken we naar de biopsychosociale visie en tot slot naar de verklaringen uit het sociaalecologische model van Bronfenbrenner.

In de strategische stroming staat het gezin voorop bij de verklaringen van gedrag van zijn leden. Dit betekent dat psychische stoornissen opgevat worden als een kenmerk van het gezin en niet als een kenmerk van een individu. Anders geformuleerd: een psychische stoornis wordt niet opgevat als een intrapsychisch ('innerlijk'), maar als een interpsychisch fenomeen, een kenmerk van de relaties tussen mensen. Samengevat is de (toentertijd revolutionaire) opvatting met twee stellingen te typeren:

1 Gedrag is een functie van de context (zoals het gezin) en zal veranderen bij een zich wijzigende context.
2 Gedrag komt tot stand binnen een wederkerige beïnvloeding (Van Oenen et al., 1992: p. 67).

In de strategische stroming wordt vooral gekeken naar de *functie van gedrag*. Ook (of juist) bizar gedrag, zoals bij een psychische stoornis, vervult een functie in het systeem. Binnen de strategische stroming wordt benadrukt dat de functie van bizar gedrag vooral ligt in het in stand houden van het evenwicht van het systeem. Deze manier van redeneren wordt op meerdere psychische stoornissen toegepast. Beroemd (en berucht) zijn de verklaringen voor verslaving bij adolescenten, schizofrenie, eetstoornissen en zelfs autisme. In al deze gevallen wordt de stoornis opgevat als een kenmerk van het systeem (gezin). Oorzaken van de stoornis worden niet binnen een individu gezocht, maar binnen de communicatieve interacties in het gezin. Het begrip *geïdentificeerde patiënt* wordt gebruikt. Deze wordt doorgaans gezien als het meest kwetsbare lid van het gezin, wiens gestoorde gedrag de overige gezinsleden in staat stelt het pathologische ('ziek makende') gezinsevenwicht te handhaven. Bij schizofrenie zijn de drie voornaamste veronderstellingen uit de strategische stroming dat:

1. De oorzaken van deze stoornis in het gezin moeten worden gezocht en de stoornis dus geen lichamelijke oorsprong heeft.
2. Het gezin vergelijkenderwijs tot een keuze komt van zijn zieke gezinslid.
3. Deze ziekte het 'voordeel' heeft dat het gezin erdoor in staat wordt gesteld zijn homeostatisch evenwicht te bewaren (Terkelsen, 1983 in Konstantareas, 1991: p. 99).

De vergelijking met de zwakke schakel dringt zich op. In een gezin met pathologische communicatie wordt de zwakste schakel de geïdentificeerde patiënt. Als de patiënt individuele hulpverlening krijgt en later terugkeert in het gezin waar niets veranderd is, dan is de voorspelling dat hij opnieuw de psychische stoornis zal vertonen (hij blijft de zwakste schakel) of dat iemand anders psychische problemen zal krijgen (een ander wordt de zwakste schakel). Kortom, een disfunctionerend individu hangt samen met een disfunctionerend gezin. In deze opvatting is de geïdentificeerde patiënt niet zelf verantwoordelijk voor zijn daden. In feite ligt – in deze visie – de schuld bij het gezin, dat de echte, 'niet-geïdentificeerde' patiënt is (Smit, 1998). Naast de theorie van de zwakke schakel zijn er ook opvattingen dat juist de sterkste schakel de geïdentificeerde patiënt wordt. Hij zou de gezinsproblemen het beste kunnen dragen zonder er compleet aan ten onder te gaan.

Net als in de humanistische psychologie ontbreekt in de strategische stroming de theorievorming over specifieke psychische stoornissen. Het enige waar op gewezen wordt, is de functie die een stoornis voor het (in stand houden van het) systeem vervult. Zo kan een psychische stoornis bij een kind tot functie hebben dat de aandacht wordt afgeleid van de onderliggende huwelijksproblemen van de ouders. Of het een eetstoornis, een verslaving of een schoolfobie is doet dan niet ter zake. De evenwicht in stand houdende functie blijft hetzelfde (zie de casus van Anita aan het begin van dit hoofdstuk).

Binnen de relatie van twee mensen wordt dezelfde redenering gebruikt. Zo beweerde William Fry (aangehaald in Watzlawick et al., 1970) dat een fobische stoornis bij de ene partner (bijvoorbeeld een liftfobie) gepaard kon gaan met, zij het minder ernstige, fobische klachten bij de andere partner (bijvoorbeeld hoogtevrees). De liftfobie van de ene partner zou voorkomen dat de ander met zijn problemen geconfronteerd wordt. Fry voorspelde dan ook (Van Dyck, 1990) dat symptoomverbetering bij de ene partner zou leiden tot negatieve reacties bij de andere partner.

Bovenstaande redeneringen hebben veel invloed gehad op de hulpverlening. Men ging bij gezinnen op zoek naar de functie van een klacht en probeerde het functioneren van het gezin te veranderen. Deze benadering heeft veel opgeleverd, maar ook tot veel verkeerde interpretaties geleid. Interacties binnen een gezin werden ten onrechte als enige verklaring gezien en niet als iets wat *mede van invloed* is.

Tegenwoordig is een dergelijke manier van redeneren niet meer gebruikelijk. Daarvoor in de plaats is het biopsychosociale model gekomen. In dit model gaat men ervan uit dat biologische, psychische en sociale factoren een rol kunnen spelen bij het ontstaan en in stand houden van een psychische stoornis. De invloed van deze drie factoren kan per stoornis verschillend zijn. Zo blijkt de erfelijke aanleg bij schizofrenie en autismespectrumstoornissen een relatief grote rol te spelen, maar bij de meeste angststoornissen vrijwel afwezig te zijn. Angststoornissen worden vooral geleerd (Emmelkamp, Hoogduin & Van den Hout, 2000). Bij schizofrenie spelen sociale aspecten een grote rol, maar Van Dijck (1990) toont aan dat bij agorafobie (straatvrees) dit vrijwel niet het geval is. Ook het biopsychosociale model moet dus flexibel gebruikt worden. De aanname dat deze drie factoren een rol spelen mag niet leiden tot de conclusie dat dit bij elke stoornis in gelijke mate het geval is.

Ook in de theorie van Bronfenbrenner wordt uitgegaan van de gemeenschappelijke invloeden van biologische, psychisch en sociale factoren. Maar hier wordt meer gekeken naar het proces dat het ontstaan van psychische problematiek kan verklaren. Als een kind ter wereld komt, dan kan het bepaalde (erfelijk en constitutioneel bepaalde) kenmerken hebben die het bijvoorbeeld gevoelig maken om zich te ontwikkelen tot een verlegen kind. Maar of de verlegenheid echt tot ontwikkeling komt, hangt af van de ervaringen die het kind opdoet in de verschillende microsystemen waarvan het deel uitmaakt en van de contexten daaromheen.

Laten we uitgaan van een over het algemeen kalme moeder die als gevolg van een gecompliceerde geboorte een beetje angstig is geworden. Haar angst tijdens de eerste maanden van het leven van haar baby beïnvloedt haar zodanig dat ze tijdens de interacties met haar kind onzeker en minder adequaat reageert. Als reactie op haar inconsequente gedrag kan de baby onregelmatigheden ontwikkelen in zijn eet- en slaappatronen, die met elkaar de indruk wekken van een moeilijk temperament. Dit moeilijke temperament vermindert het plezier van de moeder, waardoor zij minder tijd met haar kind doorbrengt. Wanneer zij of de andere verzorger niet actief interacties aangaat met het kind en er – vooral – niet mee praat, kan het kind later als peuter slecht gaan scoren op taaltesten en sociaal minder rijp zijn (Sameroff & Mackenzie, 2005: p. 253-254).

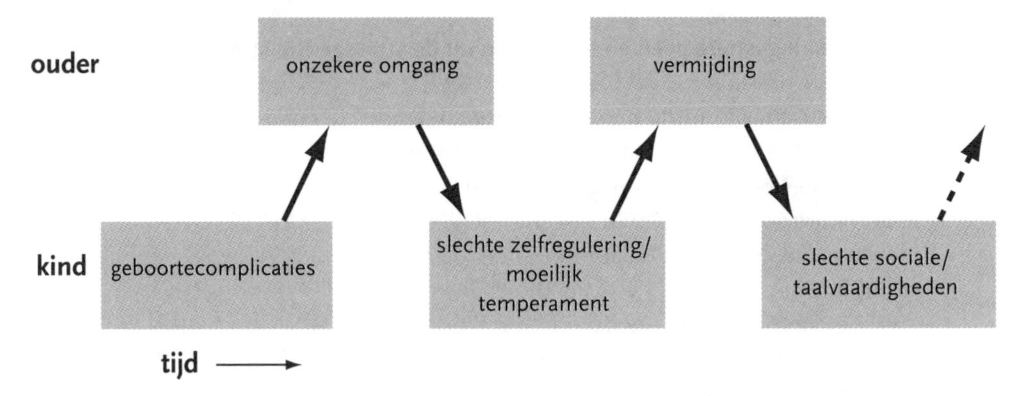

Figuur 6.3 Wederzijdse interactie als verklaring van ontwikkelingsproblemen (Sameroff & Mackenzie, 2005: p. 253).

Met dit voorbeeld, dat zich alleen nog maar afspeelt in het gezin tussen één opvoeder en één kind, wordt duidelijk dat een lineaire verklaring (geboortecomplicaties veroorzaken slechte sociale vaardigheden) onjuist is. Het toont juist aan dat de feitelijke ontwikkeling zelden het gevolg is van de kenmerken van alleen het kind of alleen de ouder, maar het resultaat is van wederzijdse interacties tussen verschillende kenmerken van twee personen die ook nog eens in de loop van de tijd veranderen. Kortom, het gaat om een proces.

De strategische stroming wijst op een algemene functie van psychische stoornissen: ze vervullen een evenwicht bevorderende rol in gezinnen en relaties. Een logisch gevolg van deze visie is dat niet een individu behandeld moet worden, maar een gezin. De laatste jaren is hiervan afstand genomen. Het biopsychosociale model, ook afkomstig uit de systeemtheorie, won aan invloed. In dit model wordt het ontstaan van psychische stoornissen begrepen vanuit een combinatie van biologische, psychische en sociale invloeden. Ook de ecologische systeemtheorie gebruikt deze zienswijze, maar voegt toe dat individuele kenmerken, zoals een psychische stoornis, begrepen moeten worden vanuit het ontwikkelingsproces dat eraan ten grondslag ligt.

6.5 Praktische toepassingen van de systeemtheorie in hulpverlening en opvoeding

In deze paragraaf worden drie praktische toepassingen van de systeemtheorie besproken. Allereerst zullen we enkele hulpverleningstechnieken en -strategieën bespreken die mede gebaseerd zijn op zienswijzen uit de strategische stroming. Ten tweede zullen we de theorie over de *expressed emotions* bespreken en de hulpverleningsmethode die hier mede op gebaseerd is: de psycho-educatie. Ten derde bespreken we een drietal nieuwe hulpverleningsvormen uit de jeugdhulpverlening die zich bezighouden met meerdere systemen rond een cliënt.

6.5.1 Hulpverleningsstrategieën en technieken uit de strategische stroming

De strategische stroming uit de gezinstherapie heeft allerlei technieken en strategieën opgeleverd die niet alleen in de gezinstherapie, maar ook daarbuiten, zoals bij teambegeleiding of in onderwijssituaties, hun waarde hebben bewezen. Hieronder wordt een aantal als illustratie besproken. Overigens worden deze technieken ook toegepast door hulpverleners die zich niet (alleen) op de strategische stroming baseren: ze zijn vrij algemeen geaccepteerd (Lange, 2006).

Een moderne hulpverlener die zich (mede) baseert op de strategische stroming (verder hulpverlener genoemd) vat het gedrag van een gezinslid niet meer op als een kenmerk van het gezin, maar gaat er wel van uit dat de kenmerken van het gezin het gedrag van een individu beïnvloeden. Meestal is het zo dat een individu zich aanmeldt of aangemeld wordt (bijvoorbeeld door de ouders) voor de hulpverlening. Vanwege bovenstaande visie *zal de hulpverlener het gehele gezin proberen te motiveren om aan de hulpverlening deel te nemen.* Als een gezinslid in de residentiële hulpverlening wordt opgenomen, bijvoorbeeld een kind in de jeugdhulpverlening, dan zal de hulpverlener het contact met het gezin zo groot mogelijk houden. Ouders worden niet (meer) gezien als veroorzakers van een stoornis, dus als 'vijand', maar als mensen die een wezenlijke bijdrage kunnen en moeten leveren aan het helpen van hun kind. Daarom wordt een behandelingscontext die los van het gezin staat als nadelig gezien.

Problematisch gedrag dat de aanleiding vormt voor de hulpvraag wordt opgevat als communicatie. Verondersteld wordt dat de communicatie mede afhankelijk is van en weer invloed uitoefent op het gedrag – de communicatie – van de overige gezinsleden. Er is sprake van een wederzijdse, circulaire beïnvloeding. De hulpverlener probeert allereerst te ontdekken wat voor een rol het problematische gedrag van een gezinslid speelt in het gehele gezin. Met andere woorden: hij probeert *de regels van het spel* (de gezinsregels) te ontdekken. Het is hiervoor belangrijk dat hij werkt met het hele gezin. Een belangrijk aandachtspunt is bijvoorbeeld of binnen een gezin de leden (te) weinig ruimte krijgen of juist (te) veel. Zitten ze 'op elkaars lip' of trekken ze zich bijna niets van elkaar aan?

Niet alleen het gezin, maar ook andere systemen kunnen een rol spelen. Bij problematisch gedrag van een bewoner in de residentiële hulpverlening kan een hulpverlener ook kijken of dit gedrag een functie vervult binnen de groep bewoners. De zoomlens kan zelfs nog groter gemaakt worden door te kijken wat voor een functie het gedrag vervult binnen de groep bewoners én de personeelsleden. Samen vormen deze twee groepen namelijk ook weer een systeem. Ook hier kan gekeken worden hoeveel ruimte de leden van een systeem elkaar geven, want ook medebewoners en personeelsleden kunnen te veel op elkaar betrokken zijn.

Als de hulpverlener de regels van het spel binnen het gezin of een ander systeem kent, zal hij een strategie kiezen om de gezinsleden te motiveren om andere, minder problematische omgangsvormen te kiezen. Bij het bepalen van een strategie en de technieken die daarbij passen, krijgt zoals gezegd de manier van communiceren in een gezin de meeste aandacht. Het aanleren van de volgende communicatieregels kan daarom een belangrijk onderdeel zijn van de hulpverlening aan gezinnen of andere systemen waarin de communicatie rigide is.

Gezinsleden kunnen in de strijd om het eigen gelijk verstrikt geraakt zijn in het stellen van eisen aan elkaar. De hulpverlener kan proberen hen te motiveren om geen eisen te stellen, maar om iets *te vragen* aan elkaar. Iets vragen werkt namelijk positiever dan iets eisen en doorbreekt wellicht de negatieve communicatie.

Een ander bekend verschijnsel is dat gezinsleden zich in hun meningsverschillen vooral kunnen richten op vroegere gebeurtenissen, op 'oude koeien uit de sloot halen'. De hulpverlener kan proberen om hun interacties *op het 'hier en nu' te richten.*

Ook miscommunicatie zoals vaag praten, invullen wat de ander denkt en debatteertrucs zijn aspecten waar de hulpverlener op dient te letten en die hij moet proberen te veranderen (zie voor meer voorbeelden Lange, 2006).

Een belangrijke, mede uit de strategische stroming afkomstige techniek is het *positief heretiketteren*, dat gebaseerd is op het interpunctieprincipe. Als een gezin zich met een problematiek aanmeldt, dan hebben de gezinsleden meestal een verklaring voor hun problemen. De oorzaak ervan wordt bijvoorbeeld gelegd bij het onhandelbare gedrag van de zoon. De gezinsleden geven hiermee een verklaring die gebaseerd is op een interpunctie. Zoals we gezien hebben, gaat de strategische stroming uit van het circulaire causaliteitsmodel: er is een wederzijdse interactie tussen probleemgedrag en overig gezinsfunctioneren. Dit model uitleggen werkt vaak niet en daarom bedient de hulpverlener zich van *positief etiketteren*, een techniek waarbij de oorzaak-gevolgrelatie van het gezin wordt omgedraaid. Het probleemgedrag van de 'geïdentificeerde patiënt' wordt niet benoemd als oorzaak, maar als gevolg van het gezinsfunctioneren: er wordt een *nieuwe interpunctie* gegeven. Iets wat eerst door de gezinsleden als een individueel kenmerk wordt gezien krijgt nu een interactionele verklaring. Daarnaast krijgt het probleemgedrag een *positief motief van* de hulpverlener. In feite wordt de interpunctie omgedraaid. Een voorbeeld:

> *Ronald (veertien jaar) is de aangemelde 'patiënt' in een gezinstherapie. Hij schijnt thuis onhandelbaar te zijn. Tijdens de eerste gesprekken blijkt dat Ronald een intelligente jongen is die vooral met zijn vader in een machtsstrijd is gewikkeld, waardoor de kleinste meningsverschillen tot heftige escalaties kunnen leiden. Zijn vader heeft weinig opleiding gehad, kan slecht uit zijn woorden komen en heeft een baan waar hij niet zo tevreden over is. Bovendien heeft hij last van psychosomatische klachten. Ronald is in veel opzichten zijn tegenpool. Hij zit op het vwo, het leren gaat hem vlot af, hij ziet er goed uit en kan prima verbaliseren. Tijdens de zittingen doet hij op ontroerende wijze zijn best zich te verweren tegen de beschuldigingen van zijn ouders. Daarbij valt wel op hoe hij de neiging heeft om op alle slakken zout te leggen en over elke kleinigheid een debat aan te gaan. Halverwege het*

> *tweede gesprek komt de therapeut tot de volgende etikettering: Ronald is een uitstekend observator, die alles ziet wat er om hem heen gebeurt. Daar komt bovendien bij dat hij zeer eerlijk is en steeds het gevoel heeft dat hij de anderen niet serieus zou nemen als hij niet zou zeggen wat hij ziet of denkt (Lange, 1980: p. 60).*

Uit het voorbeeld blijkt dat bij positief etiketteren de 'zieke' kanten van de cliënt in een gunstig daglicht gesteld worden en niet de 'gezonde' (Van der Velden et al., 1980). Het geven van positieve etiketten kan verschillende functies vervullen. De belangrijkste is dat het *zelfbeeld* van de 'geïdentificeerde patiënt' verandert. Daarbij verandert ook de interpretatie van de overige gezinsleden. Iets wat men vervelend vond, wordt nu positief bekeken. Hierdoor wordt *de band tussen het gezin of een gezinslid en de therapeut verstevigd.* De therapeut kan na bovenstaand etiket bij Ronald bijvoorbeeld vervolgen met de vraag of Ronald wellicht begrijpt dat andere gezinsleden zijn gedrag vervelend vinden. Zo'n vraag is makkelijker te stellen na een (geslaagd) positief etiket dan daarvoor.

6.5.2 Expressed emotions en psycho-educatie

In 6.3 zagen we dat moderne opvattingen over schizofrenie geleid hebben tot een nieuwe stroming in de gezinstherapie: de psycho-educatie. Deze stroming wordt vaak in één adem genoemd met het begrip expressed emotions (geuite emoties). Hieronder wordt dit begrip uitgelegd. Vervolgens bespreken we de opvattingen uit de psycho-educatie en de betekenis hiervan voor de hulpverleningspraktijk aan gezinnen met een kind met een psychische stoornis.

Expressed emotions

De theorie dat gezinsinteracties een psychische stoornis – zoals schizofrenie – kunnen veroorzaken, stamt uit de jaren vijftig van de vorige eeuw. Deze theorie hield geen stand, omdat zij te eenzijdig uitging van het gezinsfunctioneren en andere invloeden zoals erfelijkheid negeerde. Zoals Bronfenbrenner benadrukt, wordt de kans op het ontstaan van een psychische stoornis groter als naast de aanleg er ook sprake is van nadelige factoren in de opvoeding of in andere sociale contexten. Gezinsinteracties kunnen dus wel degelijk van belang zijn. Niet alleen voor het ontstaan van een stoornis, maar ook om te verklaren waarom een stoornis blijft bestaan of juist verergert.

Met het begrip *expressed emotions* wordt niet het ontstaan van een stoornis verklaard, maar juist het voortbestaan ervan (Kuipers, Leef & Lam, 1998). Enigszins toevallig werd een manier ontdekt waarmee men de mate van *emotionele reacties* van gezinsleden op een patiënt (= gezinslid) kon vaststellen. Door gezinsleden te interviewen, konden vier aspecten worden vastgesteld (Halford, 1993):

1. het aantal *kritische opmerkingen* dat gemaakt wordt over de patiënt;
2. in hoeverre een gezinslid *emotioneel overbetrokken* is bij de patiënt;

3 aan- of afwezigheid van vijandigheid bij gezinsleden ten opzichte van de patiënt;
4 meer dan vijf uur per dag (35 uur per week) 'op de lip' van de patiënt zitten.

Gezinsinteracties kunnen op grond van deze score ingedeeld worden in hoge of lage expressed emotions (EE). Bij hoge EE is er sprake van veel kritiek, overbetrokkenheid en vijandigheid, waaraan bovendien extreem veel tijd wordt besteed. Bij lage EE ontbreken deze kenmerken.

Vanaf het begin van de jaren tachtig van de vorige eeuw is de theorie over expressed emotions een belangrijke leidraad geworden bij de hulpverlening aan gezinnen met een schizofreen lid. Daar is het niet bij gebleven: ook bij andere psychische stoornissen zoals bipolaire stoornissen, eetstoornissen, depressie en beginnende dementie werd vastgesteld dat expressed emotions een rol kunnen spelen bij het *recidiveren (terugkeren), verergeren of in stand houden* van de stoornis. Het onderzoek naar expressed emotions is nog in ontwikkeling. Onduidelijk is of er sprake is van één maat of van vier verschillende maten (kritiek, overbetrokkenheid, vijandigheid en tijdsduur). Ook is het mogelijk dat er sprake is van verschillen in gezinnen met verschillende psychische stoornissen. Zo lijkt het erop dat het bij schizofrenie vooral gaat om kritiek en overbezorgdheid (Louwerens et al., 1994). Van Furth (1993) stelt vast dat bij gezinnen met een kind met eetstoornissen de stoornis mede in stand wordt gehouden door (vijandige) kritiek van vooral de moeder. Overbezorgdheid bleek geen rol te spelen.

Voor het juiste begrip van expressed emotions zijn twee zaken van belang:
1 Als een gezin disfunctioneert, hoeft dat niet te betekenen dat het een oorzakelijke rol in de ziekte van een gezinslid speelt. Gezinsdisfunctioneren (zoals hoge EE) kan ook het gevolg zijn van de stress die gepaard gaat met de ziekte (Van der Ree, 1993). Wel is het zo dat een hoog EE-niveau het probleem in stand kan houden of verergeren.
2 Het is onjuist om EE op te vatten als een onveranderlijke karaktereigenschap van bijvoorbeeld de ouders. Uit onderzoek blijkt (Furth, 1993) dat het EE-niveau kan veranderen. Het is geen karaktereigenschap, maar een kenmerk van de interactie tussen gezinsleden. Deze interactie is het beste als circulair op te vatten (Smit, 1998). Een dochter die aan anorexia lijdt, kan haar ouders hierdoor vijandige kritiek ontlokken. Deze kritiek kan negatieve invloed hebben op de dochter, die zich onzeker gaat voelen en nog meer vlucht in het gedrag dat verbonden is met haar psychische stoornis: vasten. Dit lokt weer nieuwe kritiek uit, enzovoorts: de cirkel is rond.

Psycho-educatie

Psycho-educatie bij gezinnen is eerder een vorm van gezinsbegeleiding dan alleen het geven van voorlichting, zoals in hoofdstuk 5 al aan de orde is gekomen. Over het algemeen genomen is psycho-educatie bij gezinnen te typeren als een 'meersporenbeleid'. De psychische stoornis wordt tegelijkertijd op verschillende manieren behandeld. Hieronder worden de uitgangspunten van psycho-educatie bij gezinnen met een schizofreen lid besproken. Deze uitgangspunten gelden over het algemeen ook voor gezinnen met kinderen met andere (psychische) stoornissen. Psycho-educatie kent vier bestanddelen (Kuipers, 1993):

1 positieve houding ten opzichte van gezinnen;
2 educatie;
3 oplossen van specifieke problemen;
4 medicatie.

We hebben gezien dat vanuit de strategische stroming een model wordt gehanteerd waarin niet de patiënt, maar de gezinsinteracties verantwoordelijk worden gesteld voor het ontstaan van schizofrenie. Dit bleek onjuist. Bovendien was het (onbedoelde) gevolg dat gezinsleden zich ten onrechte schuldig konden gaan voelen voor het ontstaan van de stoornis. Hun interpretatie van de realiteit, namelijk dat de patiënt ziek is, werd hun ontnomen. Het is voorgekomen dat, als gevolg van deze opvatting, gezinsleden zich zowel tegenover de patiënt als de hulpverleners boos, verdrietig en hulpeloos gingen voelen. Omdat het meestal om een kind gaat, werd op deze wijze ook nog het ouderlijk gezag aangetast (Berkowitz, 1990). Psycho-educatie beoogt een meer *positieve houding* ten opzichte van gezinnen. Allereerst is het van belang dat de gezinsleden zich minder schuldig gaan voelen (schuldsanering). Benadrukt wordt dat de stoornis niet door het gezin veroorzaakt is, zonder daarbij zijn invloed te ontkennen. De strategie is om de deskundigheid en de sterke kanten van het gezin te benadrukken. De hulpverleners beogen hiermee een bondgenootschap met de gezinsleden te bewerkstelligen. Het is van belang om de problemen samen aan te pakken en niet tegenover elkaar te staan.

Educatie, het geven van *voorlichting,* is een belangrijk onderdeel van psycho-educatie. Allereerst natuurlijk om de gezinsleden en de patiënt te vertellen wat schizofrenie is en hoe deze stoornis mogelijkerwijze ontstaat. Dit is van belang om de schuldvraag bij het gezin weg te nemen. Daarnaast richt de educatie zich op het verminderen van een hoge EE.

Vijandige kritiek wordt vaak veroorzaakt door gebrek aan kennis over de ziekte (Kuipers, 1993). Het doel van de educatie is dan ook om die kennis te vergroten, zodat de gezinsleden zich kunnen verplaatsen in de positie van de patiënt en daardoor beter kunnen reageren op zijn gedrag. De hoge EE zal daardoor afnemen. Zo is kenmerkend dat schizofreniepatiënten niet tegen veel prikkels of stress kunnen. Zij kunnen daar niets aan doen, het hoort bij de ziekte. Patiënten trekken zich dikwijls terug uit de stressvolle situatie, bijvoorbeeld door langdurig op de eigen kamer te verblijven. Gezinsleden kunnen dit gedrag, als zij onvoldoende op de hoogte zijn van de kenmerken van schizofrenie, gaan uitleggen als moedwillige luiheid en er vijandig op reageren. Deze reactie zal echter tot gevolg hebben dat voor de patiënt de stress toeneemt en hij zich nog meer zal gaan terugtrekken. Met het geven van voorlichting probeert men dergelijke interpretatiefouten te voorkomen.

Oplossen van specifieke problemen speelt bijvoorbeeld bij *(over)bezorgdheid*. Bezorgdheid is vrij normaal als een gezinslid een ernstige ziekte heeft. Het zal je maar gebeuren dat je kind schizofrenie krijgt, natuurlijk ben je dan bezorgd en probeer je te helpen. Bovendien is het bij schizofrenie een feit dat de patiënt vaak hulp en aansporing nodig heeft (ibidem). Wat gezinsleden echter uitgelegd moet worden is dat een teveel van dergelijke zorg (dus overbezorgdheid en onderbieden; Keizer, 1991a), averechts kan werken. Er is sprake van een teveel aan zorg als de patiënt verantwoordelijkheden en taken uit handen worden genomen die hij zelf kan verrichten. In zo'n geval wordt zijn handicap benadrukt en worden zijn volwassen capaciteiten over het hoofd gezien.

Het laatste bestanddeel van een psycho-educatieve aanpak is het verstrekken van *medicatie* aan de patiënt. Uit onderzoek blijkt (Kuipers, 1993) dat dit een belangrijk onderdeel is. De medicatie die bij schizofrenie verstrekt wordt, heeft vooral tot effect dat wanen en hallucinaties (de psychotische verschijnselen) voorkomen worden. Op andere symptomen, zoals apathie en terugtrekken uit sociale contacten, heeft de medicatie minder invloed.

Op de patiënt en zijn gezin heeft medicatie een positieve invloed. Bij de patiënt omdat zijn klachten verminderen en bij de gezinsleden omdat zij zien dat de medicatie effect heeft. Dit alles kan als belangrijk neveneffect hebben dat patiënt en gezin gemotiveerder worden om ook aan andere hulpverleningsmethoden hun medewerking te verlenen. Belangrijk is wel dat hun verteld wordt wat de effecten van de medicatie zijn, waarom het nodig is om de medicijnen regelmatig in te nemen en wat de eventuele bijwerkingen zijn.

Zoals hierboven al vermeld werd, wordt de psycho-educatie ook toegepast bij gezinnen met leden met andere psychische stoornissen. Je kunt daarbij denken aan depressie, autisme, eetstoornissen en dementie. In het laatste geval is de eventuele hoge EE vooral te vinden bij de partner en kinderen van de patiënt. Hoewel de aanpak over het algemeen hetzelfde is, zal de inhoud van de voorlichting en het aanpakken van specifieke problemen anders zijn. Psycho-educatie kan overigens ook een goede techniek zijn bij het begeleiden van hulpverleningsteams. De techniek is niet voorbehouden aan de begeleiding van gezinnen.

6.5.3 Multisystemische hulpverlening

Sinds ongeveer het begin van deze eeuw worden in West-Europa verschillende gezinsgerichte benaderingen uit de Verenigde Staten geïntroduceerd, die daar over het algemeen een vijftiental jaren eerder zijn ontstaan. Met drie benaderingen wordt in een aantal landen geëxperimenteerd, zo ook in Nederland en België: de

Functionele Gezinstherapie (*Functional Family Therapy, FTT*, Breuk, 2005), Meervoudige Gezinstherapie (*Multi Dimensional Family Therapy, MDFT*, Rigter & Mos, 2006) en *Multisysteemtherapie* (*Multisystemic Therapy, MST*, Letourneau, Cunnigham & Henggeler, 2002). De drie verschillen enigszins in hoe zij werken en wat hun ontstaansgeschiedenis is, maar op veel punten is overeenstemming te zien.

De doelgroep van alle drie de benaderingen bestaat uit gezinnen met jongeren met gedragsproblemen. FTT richt zich meer op gezinnen met criminele jongeren, MDFT meer op gezinnen met jongeren met problemen met drugsgebruik en MST algemeen op gezinnen met jongeren met gedragsproblemen.

Alle drie de benaderingen richten zich op meerdere systemen bij de behandeling van het probleemgedrag van de jongeren. FTT richt zich op de jongere én de overige gezinsleden en/of het gezinssysteem (Breuk, 2005). MDFT en MST betrekken bij hun behandeling nadrukkelijk ook andere systemen waar de jongere deel van uitmaakt (microsystemen). De ervaring leert immers dat probleemgedrag nooit beperkt blijft tot één systeem, maar dat het zich op meerdere gebieden uit. Voorbeelden van andere microsystemen die in de behandeling betrokken worden zijn school, werk of stage van de jongere, hobby- en sportclubs en zijn vriendenkring.

Alle drie de benaderingen kennen raakvlakken met de theorie van Bronfenbrenner. Vooral binnen MST wordt naar deze bron verwezen

In deze benaderingen worden de sterke kanten van het gezinssysteem benadrukt. Ouders worden niet gezien als veroorzakers van de problemen van hun kind, maar als de sleutels tot diens succes. *Empowerment* – de opvoeders weer leren vertrouwen op de eigen vaardigheden – is een belangrijk uitgangspunt.

Alle drie de benaderingen zijn mede gebaseerd op wetenschappelijk onderzoek. Evidence based-werken staat hoog in het vaandel en deze benaderingen behalen betere resultaten dan individuele hulpverlening aan jongeren (Rowe & Liddle, 2005).

De drie benaderingen zijn intensief (de FTT waarschijnlijk het minst), kortdurend, sterk geprotocolleerd (d.w.z. het is precies omschreven wat de hulpverlener moet doen en in welke volgorde) en *outreachend* (de jongere en zijn gezinsleden worden actief opgezocht en gemotiveerd).

In deze paragraaf hebben we drie toepassingen gezien van systeemtheoretisch denken in de hulpverlening. Met voorbeelden van technieken en strategieën uit de strategische stroming werd getoond hoe deze theorie haar opvattingen vertaalt in praktische vaardigheden. Als tweede voorbeeld werd een relatief nieuwe hulpverleningsmethode geïntroduceerd: de psycho-educatie, die gebruikmaakt van het expressed-emotionsconcept. Het is een methode die goed te combineren valt met het biopsychosociale model, doordat ze aanwijzingen bevat hoe je op elk van de drie niveaus als hulpverlener kunt interveniëren. Tot slot werden drie multisystemische benaderingen besproken. Voor alle drie geldt dat ze nog jong zijn en dat er in Nederland en België succesvol mee geëxperimenteerd wordt.

6.6 Kanttekeningen

In deze paragraaf worden drie kanttekeningen bij de algemene systeemtheorie en de gezinstherapie geplaatst. Allereerst zal nogmaals ingegaan worden op de positie van het individu. Daarnaast zullen aan de hand van recent onderzoek kanttekeningen geplaatst worden bij het evenwichtsprincipe (homeostase). Tot slot zal kort iets gemeld worden over onderzoek naar bewezen effectiviteit (evidence based) van de gezinstherapie

Al eerder is erop gewezen dat een (rigide) toepassing van de systeemtheorie het gevaar in zich draagt dat de invloed van het individu op zijn eigen gedrag verwaarloosd of zelfs ontkend wordt. We zagen dat de strategische stroming op dit punt bekritiseerd kan worden. Aan de hand van voorbeelden over psychische stoornissen, vrouwenmishandeling en incest werden de nadelige gevolgen van deze zienswijze voor de hulpverlening getoond. Zoals de humanistische psychologie het gevaar in zich draagt de invloed van de omgeving te verwaarlozen, zo geldt het omgekeerde voor de systeemtheorie: het gevaar dat het unieke van een individu verwaarloosd wordt. Een niet-rigide toepassing van de systeemtheorie houdt rekening met het individuele niveau. Dit is het geval in relatief nieuwe theorieën, zoals die van Bronfenbrenner. Een individu wordt beïnvloed door zijn omgeving, maar wordt er niet eenzijdig door bepaald. Andersom beïnvloedt een individu zijn omgeving, maar kan hij deze niet eenzijdig bepalen.

Bij de uitgangspunten van de algemene systeemtheorie zagen we dat de nadruk gelegd wordt op het 'hier en nu'. Er is weinig aandacht voor de ontwikkeling en de geschiedenis van systemen. Ook hier is Bronfenbrenner de welkome uitzondering. Hij gaat juist wel in op verklaringen van ontwikkeling. De strategische stromingen en verwante benaderingen gaan ervan uit dat systemen de neiging hebben om binnen bepaalde grenzen in evenwicht te blijven. Als een systeem uit evenwicht dreigt te raken, zal dat gecorrigeerd worden middels negatieve feedbackmechanismen. Dit standpunt bleek consequenties voor de hulpverlening te hebben. Deze moet aan het systeem in plaats van aan het individu verleend worden. Een individuele psychische stoornis zou een evenwichtbevorderende functie vervullen in het systeem. Bij een echtpaar betekent deze visie dat een psychische stoornis bij een echtgenoot ertoe dient om een relatie te stabiliseren. Het betekent ook dat de psychische stoornis mede veroorzaakt wordt door de partner. Deze heeft er baat bij dat de echtgenoot een stoornis heeft, omdat daardoor bijvoorbeeld de eigen problematiek verhuld blijft (Hunsley & Lee, 1996) (zie in 6.4 het voorbeeld van Fry over een liftfobie en hoogtevrees). De voorspelling van deze theorie is dat als een van de partners individuele hulpverlening krijgt, de andere partner of in de problemen zal raken of de hulpverlening zal saboteren – wat geen bewuste strategie hoeft te zijn – en dat de huwelijksrelatie zal verslechteren. Al deze verschijnselen zouden de functie hebben om het oude evenwicht te herstellen.

Daarom luidt de gedachtegang dat het noodzakelijk is ook bij individuele problemen de relatie in therapie te nemen.

De laatste jaren wordt er onderzoek gedaan om te zien of deze gedachtegang, die vooral gebaseerd is op ervaringen uit de hulpverlening, met onderzoek gestaafd kan worden. In Nederland deed Van Dijck (1990) dit onderzoek bij agorafobici (mensen met 'straatvrees'). Mensen met deze stoornis hebben hun partner hard nodig, bijvoorbeeld bij het boodschappen doen. De niet-fobische partner vervult dus een belangrijke functie, die hem eventueel status verleent. Deze status wordt hem afgepakt als zijn partner succesvol een individuele therapie volgt. Uit het onderzoek van Van Dijck bleek echter dat deze systeemtheoretische opvatting geen stand kon houden. Huwelijksrelaties bleken niet te verslechteren na een succesvolle individuele therapie. Met andere woorden: relatietherapie is niet nodig bij agorafobici, integendeel: gedragstherapie blijkt het beste te werken. Ook onderzoek in de Verenigde Staten toonde aan dat de huwelijksrelatie niet verslechterde bij individuele hulpverlening aan een van de partners (Hunsley et al.1996). Echtparen kunnen tijdelijk ongemak ervaren tijdens de behandeling van een partner, maar over het algemeen zijn er geen negatieve effecten op het huwelijk. Er zijn juist aanwijzingen dat het huwelijk door een behandeling kan verbeteren.

Hier blijkt dat onderzoek belangrijk is om beweringen te toetsen. Tot voor kort werd er niet veel effectonderzoek gedaan naar de beweringen uit verschillende gezinstherapeutische stromingen (Van Voorst, 2001). De therapie, zo werd beweerd, werd gericht op de specifieke en bijzondere aspecten van een gezins- of relatieprobleem en dat zou niet goed wetenschappelijk onderzocht kunnen worden. Pas sinds het begin van deze eeuw wordt dit gecorrigeerd. Over het algemeen zijn de meeste gezinstherapeuten ervan overtuigd dat onderzoek naar effectiviteit van hun behandelingen niet meer genegeerd mag worden (Larner, 2006). Uit dit onderzoek blijkt dat gezinstherapie bij bepaalde specifieke problemen goed werkt. Dit is vooral onderzocht bij psychische problemen bij kinderen en adolescenten. De beste papieren blijken de behandelingen te hebben die zich baseren op de theorie van Bronfenbrenner (Diamond & Josephson, 2007). Hiermee wordt immers voorkomen dat opnieuw de fout gemaakt wordt dat de invloed van een individu ontkend wordt en alleen maar naar het gezin gekeken wordt. Om een probleem te verklaren, wordt immers uitgegaan van de wisselwerking tussen biologische, gezins- en sociale factoren. De besproken multisystemische benaderingen sluiten bij deze visie aan en blijken – volgens onderzoek – goed te werken. Daarnaast blijkt uit onderzoek dat gezinsgerichte benaderingen ook goed werken als aanvulling op andere therapieën, zoals medicatie of gedragstherapie. Relatietherapie is weinig effectief bij het behandelen van angststoornissen of depressie bij volwassenen. In de eerder genoemde Nederlandse richtlijnen (CBO & Trimbos-instituut, 2003, 2005) wordt deze methode niet genoemd.

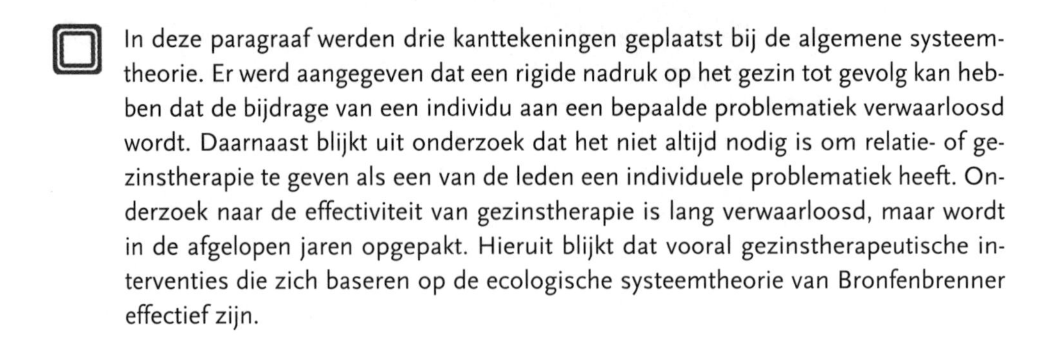
In deze paragraaf werden drie kanttekeningen geplaatst bij de algemene systeemtheorie. Er werd aangegeven dat een rigide nadruk op het gezin tot gevolg kan hebben dat de bijdrage van een individu aan een bepaalde problematiek verwaarloosd wordt. Daarnaast blijkt uit onderzoek dat het niet altijd nodig is om relatie- of gezinstherapie te geven als een van de leden een individuele problematiek heeft. Onderzoek naar de effectiviteit van gezinstherapie is lang verwaarloosd, maar wordt in de afgelopen jaren opgepakt. Hieruit blijkt dat vooral gezinstherapeutische interventies die zich baseren op de ecologische systeemtheorie van Bronfenbrenner effectief zijn.

6.7 Samenvatting

In dit hoofdstuk is de algemene systeemtheorie besproken. Ze werd getypeerd als een flexibele denkwijze. In de werkelijkheid worden verschillende hiërarchische niveaus onderscheiden die allen als een (open) systeem opgevat worden. Deze opvatting betekent dat elk niveau zijn eigen spelregels heeft en beïnvloed – maar niet eenzijdig bepaald – wordt door de hogere niveaus (omgeving of context) en de lagere niveaus (subsystemen).

Aangegeven werd dat in de hulpverlening de systeemtheorie vooral is terug te vinden in de gezinstherapie, maar dat zij ook op andere hulpverleningstechnieken invloed heeft uitgeoefend. Als belangrijke theorie werd de strategische stroming uit de gezinstherapie besproken. In deze stroming wordt systeemtheoretisch denken gecombineerd met communicatietheorieën. De strategische stroming legt vooral nadruk op het gezin. De flexibele denkwijze uit de systeemtheorie wordt feitelijk niet gehanteerd. Dit wordt wel gedaan in de ecologische systeemtheorie van Bronfenbrenner. Nieuwe ontwikkelingen baseren zich minder op de strategische stroming en houden meer rekening met de invloed van subsystemen 'onder' het gezin, zoals individuen, en de invloed van systemen 'boven' het gezin, zoals culturele normen. De verschillende stromingen uit systeemtheorie kennen uiteenlopende opvattingen over psychische stoornissen. In de strategische stroming wordt een psychische stoornis opgevat als een kenmerk van het systeem. In het biopsychosociale model wordt de nadruk gelegd op drie niveaus die invloed hebben op een stoornis: het biologische, het psychische en het sociale. In de theorie van Bronfenbrenner wordt juist de interactie tussen deze drie niveaus benadrukt. Aan de hand van een aantal hulpverleningstechnieken, de psycho-educatie en multisystemische werken werd aangegeven hoe het systeemtheoretisch denken de hulpverlening beïnvloed heeft. Bij de kanttekeningen werd gewezen op het gevaar dat de systeemtheorie de invloed van het individu kan verwaarlozen, dat hulpverlening aan een systeem niet altijd noodzakelijk is en dat onderzoek naar effectiviteit gewenst is.

7 De omgevingspsychologie

Een als brandgevaarlijk bekendstaande vrouw meldt zich persoonlijk aan voor een sociowoning in een nieuwbouwwijk. Op de verblijfsafdeling van het psychiatrisch ziekenhuis veroorzaakt zij door smeulend achtergelaten sigarettenpeuken al jaren brandgaten in en schroeiplekken op leuningen en bekledingen van meubilair en op de vloerbedekking rondom de zitplaatsen. Daarnaast moeten er regelmatig brandjes in prullenbakken worden geblust. Toch wordt zij, onder voorwaarden, voor een woonhuis geaccepteerd. Tijdens een eerste bezoek aan de zonder behang en met kale betonnen vloer opgeleverde woning staat de vrouw in haar toekomstige woonkamer met een brandende sigaret met een enkele centimeters lange kegel as eraan in haar hand. Plotseling steekt ze haar vrije hand onder de sigaret en loopt zonder as te morsen naar de keuken. Zij maakt de sigaret onder de keukenkraan uit en gooit hem in een leeg conservenblikje, dat door de bouwvakkers op de grond is achtergelaten. Na de verhuizing is nooit een brand- of schroeiplek op het mede door haar uitgezochte meubilair of op de vloerbedekking aangetroffen. Na enkele jaren verhuist zij naar een huis voor haarzelf, een bungalow aan de rand van het inrichtingsterrein (Keizer, 1993).

Hoe is het gedrag van deze vrouw te verklaren? Waarom verandert haar gedrag als zij een eigen woning krijgt? Na het lezen van dit hoofdstuk zal duidelijk zijn hoe je deze vragen kunt beantwoorden.

Hoofdstuk 7

Leerdoelen

Na bestudering van dit hoofdstuk:

- kun je de casus op de voorafgaande pagina verklaren;
- kun je de omgevingspsychologie typeren aan de hand van uitgangspunten, geschiedenis en mensbeeld (§ 7.1);
- kun je de omgevingspsychologie indelen naar mensbeeld en biopsychosociaal model (§ 7.1.4);
- kun je de theorie over persoonlijke ruimte en territoriumgebruik globaal weergeven (§ 7.2);
- kun je aangeven wat een nieuwe ontwikkeling als 'verbondenheid met omgeving en voorwerpen' inhoudt (§ 7.3);
- kun je aangeven hoe in de omgevingspsychologie psychische stoornissen verklaard worden (§ 7.4);
- kun je aangeven hoe concepten uit de omgevingspsychologie kunnen worden toegepast bij a. het ontwerpen van buurten of wijken en b. het ontwerpen van woonvormen voor kwetsbare mensen (§ 7.5);
- kun je een aantal kanttekeningen plaatsen bij de omgevingspsychologie (§ 7.6).

Oefenen

Raadpleeg voor controlevragen, oefenvragen, opdrachten en 'verder studeren' de website: **www.coutinho.nl/palet**.

7.1 Typering van de omgevingspsychologie

7.1.1 De basisuitgangspunten

In dit hoofdstuk wordt de omgevingspsychologie behandeld. Deze was oorspronkelijk een specialisatie in de psychologie, maar heeft ook de kenmerken van een (jonge) stroming, met een eigen begrippenapparaat, een mensbeeld en speciale organisaties. De inzichten uit de omgevingspsychologie zijn op meerdere werkvelden toe te passen. In dit hoofdstuk schenken we vooral aandacht aan 'ruimtelijk gedrag' zoals territoriumgebruik. De omgevingspsychologie is met vijf uitgangspunten te typeren (Altman & Rogoff, 1987; Bonnes & Bonaiuto, 2002; Stokols & Montero, 2002):

1 Het gedrag van een persoon wordt geanalyseerd in relatie tot zijn omgeving. Een persoon is onlosmakelijk verbonden met zijn sociale én fysiek ruimtelijke omgeving. *Persoon en omgeving worden als één geheel gezien.* Het gedrag en de beleving van een persoon kunnen alleen maar beschreven en begrepen worden in relatie tot het gedrag van andere personen (= sociale omgeving) en in relatie tot de materiële omgeving waarin hij zich bevindt.
2 De persoon en omgeving staan in *permanente interactie*. De persoon beïnvloedt de omgeving, de omgeving beïnvloedt de persoon.
3 Omdat er een permanente interactie is tussen persoon en omgeving is er *altijd sprake van een ontwikkeling*. Gedrag en beleving van een persoon staan nooit 'stil', maar passen zich aan in reactie op veranderende omstandigheden. Zo is territoriaal gedrag geen kenmerk van een persoon, maar een kenmerk van een persoon in een omgeving.
4 Hoe een ontwikkeling verloopt *staat niet van tevoren vast*, maar is afhankelijk van vele factoren. De invloed van de factoren kan tijdens een ontwikkeling veranderen.
5 Mensen streven naar een zo optimaal mogelijke fit ('evenwicht') tussen zichzelf en omgeving. Als een persoon zijn relatie met zijn omgeving als inadequaat of 'niet-passend' ziet, dan ervaart hij stress.

7.1.2 Geschiedenis van de omgevingspsychologie

De omgevingspsychologie als aparte stroming ontstond tijdens de jaren vijftig en zestig van de vorige eeuw. Dat betekent niet dat er daarvoor geen onderzoek gedaan werd naar de invloed van de omgeving. In de jaren twintig van de vorige eeuw werd onderzoek gedaan naar de invloed van lawaai, temperatuur en licht op werkprestaties (Gifford, 2002). Over het algemeen kan gesteld worden dat men bij het eerste onderzoek naar de relaties tussen kenmerken van de omgeving en het gedrag van een persoon uitging van oorzaak-gevolgdenken. Vooral door middel van laboratoriumonderzoek onderzocht men of, en zo ja in welke mate, het gedrag van een persoon veranderde als de kenmerken van een omgeving (zoals geluidsoverlast) veranderden.

Dat de omgevingspsychologie zich tot een op zichzelf staande stroming ontwikkelde, had twee oorzaken: een maatschappelijke en een wetenschappelijke (Bonnes & Bonaiuto, 2002; Stokols, 1987). Tijdens de jaren zestig ontstond er in de (westerse) wereld een eerste besef van grote maatschappelijke problemen als milieuvervuiling, overbevolking en grootstedelijke problematiek, zoals criminaliteit en het gebrek aan saamhorigheid. Dit besef is de jaren daarna alleen maar toegenomen, met daarbij een groeiend beroep op de wetenschap om deze problemen te bestuderen en oplossingen aan te reiken. In de psychologie ontstond de opvatting dat dergelijke grootschalige problemen niet goed te verklaren zijn met resultaten uit laboratoriumonderzoek en theorieën waarin de werkelijkheid in kleine eenheden wordt opgedeeld, zoals in de leerpsychologie en de cognitieve psychologie gedaan wordt. Het besef ontstond dat deze maatschappelijke problemen in hun volle complexiteit bestudeerd moesten worden. De bovengenoemde uitgangspunten illustreren deze zienswijze: de persoon moet begrepen worden als onderdeel van zijn omgeving en zijn gedrag is niet statisch, maar ontwikkelt zich als reactie op veranderende omstandigheden.

De omgevingspsychologie kent *raakvlakken met de gestaltpsychologie en de algemene systeemtheorie*. Het adagium van de gestaltpsychologie ('het geheel is meer dan de som der delen') is terug te vinden in de opvatting dat een persoon in een omgeving meer is dan een persoon én een omgeving. De hiërarchische ordening van de algemene systeemtheorie is terug te vinden in de opvatting dat een ruimtelijk systeem, zoals een gebouw of stad, het gedrag van de gebruikers (op te vatten als subsystemen) beïnvloedt, maar niet eenzijdig bepaalt. Ook de ecologische systeemtheorie van Bronfenbrenner wordt veel gebruikt in de omgevingspsychologie (Bonnes & Bonaiuto, 2002).

In de omgevingspsychologie houdt men zich met uiteenlopende vraagstukken bezig, zoals hoe mensen hun omgeving waarnemen en welke betekenis ze eraan geven; hoe mensen leren de weg te vinden; hoe mensen controle uitoefenen op hun omgeving om zich veilig te voelen; hoe mensen hun privacy regelen; wat de invloed van geluid, het weer of luchtvervuiling is op het gedrag van mensen; wat de beste manier is om een nieuwbouwwijk te ontwerpen die de saamhorigheid van toekomstige bewoners bevordert; hoe het milieu beschermd en een duurzame ontwikkeling gestimuleerd kan worden. Doordat de omgevingspsychologie mede ontstond uit maatschappelijke behoeften, kenmerkt zij zich door een grote mate van praktische toepasbaarheid. Zo zijn er toepassingen in de ontwikkeling (architectuur en planning) van woonwijken, huizen, openbare gebouwen en inrichtingen (vergelijk Day & Calkins, 2002; Lawrence, 2002). In de hulpverlening wordt de territoriumtheorie toegepast in begeleidingsmethodiek (Keizer, 1991a) en gezinstherapie (Keizer, 1991b). Maar het belang van deze stroming is ook dat deze een manier van kijken naar en interpreteren van de werkelijkheid oplevert. Dit levert richtlijnen op voor het handelen van hulpverlener en opvoeder.

Zoals bij zoveel stromingen vonden ook bij de omgevingspsychologie de eerste ontwikkelingen plaats in de Verenigde Staten. Omdat de omgevingspsychologie zich vooral kenmerkt door toepassing op praktische problemen wordt er veelvuldig gebruikgemaakt van opvattingen uit andere psychologische stromingen en wetenschappen. Zoals we nog zullen zien (7.3 en 7.5), is de territoriumtheorie goed te combineren met de hechtingstheorie en de systeemtheorie en maakt zij gebruik van inzichten uit de culturele antropologie, de ethologie, de architectuur, de ergonomie en de milieukunde. In de psychologie ontstond vanaf de jaren tachtig van de vorige eeuw systematische aandacht voor sekse, leeftijd en culturele verschillen. De omgevingspsychologie besteedt hier vanaf haar ontstaan aandacht aan.

Schoolvorming
Schoolvorming, in de zin van een eigen organisatie, heeft in Nederland en Vlaanderen niet plaatsgevonden. Stringer & Kremer (1987) constateerden dat de omgevingspsychologie aan Nederland vrijwel voorbijgegaan was en dat is intussen niet wezenlijk veranderd. Omgevingspsychologie is wel terug te vinden aan de technische universiteiten, waar ze gecombineerd wordt met architectuur en design. Bij de Technische Universiteit Delft verscheen het tijdschrift *The Netherlands Journal of Housing and the Built Environment*. Tegenwoordig is in de naam de verwijzing naar Nederland verdwenen. In de Verenigde Staten vond wel schoolvorming plaats. Dit resulteerde in gespecialiseerde tijdschriften en (studie)boeken alsook in professionele organisaties (Gifford, 2002; Bechtel & Churchman, 2002; Stokols & Altman, 1987).

7.1.3 Het mensbeeld van de omgevingspsychologie

Met de uitgangspunten van de omgevingspsychologie is het mensbeeld eenvoudig te typeren: een persoon bestaat niet zonder immateriële (sociale en culturele) én materiële context. Een persoon moet altijd in relatie tot zijn context (omgeving) gedefinieerd worden. Dit betekent dat het benadrukken van op zichzelf staande individuele kenmerken zoals intelligentie, persoonlijkheid en psychische stoornissen wordt afgewezen. Omgevingspsychologen brengen persoonskenmerken altijd in verband met de kenmerken van de context. Het mensbeeld uit de omgevingspsychologie vertoont dan ook overeenkomst met het mensbeeld uit de systeemtheorie. Gedrag is contextueel, het ontstaat in en wordt mede bepaald door de materiële en immateriële context (Keizer, 1988/1993; Wapner & Demick, 2002).

In vergelijking met de algemene systeemtheorie zijn er twee (relatieve) verschillen. In de omgevingspsychologie wordt nadruk gelegd op de materiële omgeving van een persoon. Dus naast de sociale (relaties met andere mensen) en culturele omgeving (regels, waarden en normen) is een persoon ook onderdeel van een materiële omgeving. Daarnaast is er in de omgevingspsychologie veel aandacht voor ontwikkelingsprocessen. De mens wordt niet alleen als een sociaal, maar ook als een ecologisch systeem opgevat, dat constant in beweging of ontwikkeling is. Het past zich aan als de omstandigheden veranderen. De theorie van Bronfenbrenner sluit hier goed op aan, de theorie van Watzlawick et al. minder.

Door de nadruk op de materiële omgeving – zoals een huis als territorium – kan de omgevingspsychologie overeenkomsten en verschillen met dieren zoeken. Hoewel er essentiële verschillen zijn, hebben zowel mensen als (veel) diersoorten territoria. Voor het mensbeeld betekent dit dat er geen principieel onderscheid wordt gemaakt tussen mensen en dieren. De ethologie is dan ook een belangrijke bron van inspiratie voor de omgevingspsychologie. In de omgevingspsychologie wordt wel onderscheid gemaakt tussen kind en volwassenen. Zo verschillen kinderen van volwassenen in het gebruik van persoonlijke ruimte en territoria.

7.1.4 Indeling van de omgevingspsychologie

Net als de algemene systeemtheorie heeft de omgevingspsychologie een organistische visie: een persoon wordt opgevat als een organisme dat permanent in interactie staat met zijn omgeving. Het organisme heeft invloed op de omgeving en de omgeving heeft invloed op het organisme. Mechanistische en personalistische visies worden bekritiseerd. Het gedrag van mensen opknippen in kleine deeltjes en het zoeken van oorzaak-gevolgrelaties, zoals de mechanistische visie voorstaat, wordt afgewezen. Mensen zijn complexe organismen met complex gedrag dat altijd door meerdere factoren beïnvloed wordt. Een (extreem) personalistische visie wordt ook afgewezen. Mensen hebben invloed op hun omgeving, maar kunnen nooit de grenzen van zichzelf en hun omgeving overstijgen. Het leven in eigen hand nemen en er zin aan geven vindt altijd in een materiële en sociale context plaats. De context faciliteert en beperkt de mogelijkheden van de mens.

De omgevingspsychologie is beïnvloed door en mede daarom goed te combineren met de algemene systeemtheorie. Ook binnen de omgevingspsychologie wordt onderscheid gemaakt tussen verschillende systeemniveaus. Wel kan geconstateerd worden dat de omgevingspsychologie (de naam zegt het al) vooral aandacht besteedt aan de context van de mens. Aan de hiërarchische niveaus binnen de mens, zoals organen en cellen, wordt minder aandacht besteed. Biologische invloed op het gedrag van mensen wordt niet ontkend – men wijst nogal eens op genetisch voorbereid gedrag –, maar krijgt pas echt betekenis in de context waarin de biologische invloed (wel of niet) tot uiting komt.

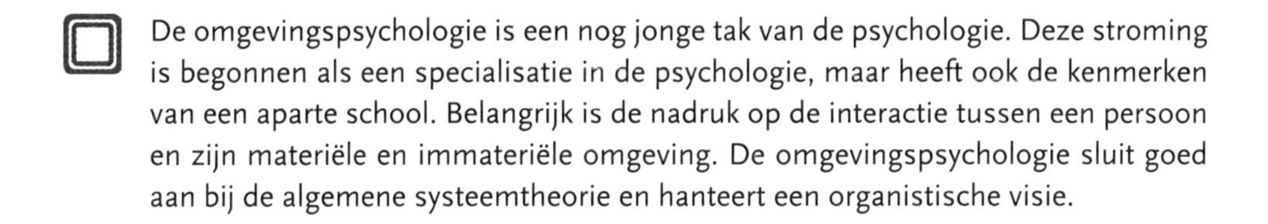
De omgevingspsychologie is een nog jonge tak van de psychologie. Deze stroming is begonnen als een specialisatie in de psychologie, maar heeft ook de kenmerken van een aparte school. Belangrijk is de nadruk op de interactie tussen een persoon en zijn materiële en immateriële omgeving. De omgevingspsychologie sluit goed aan bij de algemene systeemtheorie en hanteert een organistische visie.

7.2 De theorie over ruimtegebruik

In deze paragraaf behandelen we twee begrippen waarmee in de omgevingspsychologie het ruimtelijk gedrag van mensen wordt beschreven: de persoonlijke ruimte en het territorium.

7.2.1 Persoonlijke ruimte

In 1966 verscheen van de hand van Edward T. Hall, een Amerikaanse cultureel-antropoloog, het boek *The hidden dimension* (Hall, 1966/1982). Dit boek is een belangrijk moment in de theorievorming over persoonlijke ruimte (*personal space*). Hall bouwt voort op onderzoek uit de ethologie, de wetenschap waarin het gedrag van dieren vergeleken wordt met dat van mensen. Daarin was onderzocht hoe dieren ten opzichte van dieren van een andere soort en ten opzichte van dieren van dezelfde soort hun onderlinge afstand regelen. Een belangrijk begrip voor de afstand tussen twee dieren van verschillende soort is 'vluchtafstand' – denk aan de afstand die een zebra in acht neemt als hij een leeuw in zijn buurt weet. Met het begrip persoonlijke ruimte worden de afstanden beschreven die dieren van eenzelfde soort in acht nemen om hun onderlinge relaties te regelen. Niet alle diersoorten kennen een persoonlijke ruimte. Dieren die dit niet hebben – contactdieren genaamd – zoals zeeleeuwen, sommige vleermuissoorten, varkens en keizerpinguïns houden ervan om zo dicht mogelijk bij elkaar te zijn. Dat kan een sociale of overlevingsfunctie hebben. Dit laatste is te zien in de natuurdocumentaire 'March of the Pinguins', waarin getoond werd hoe keizerpinguïns de barre koude van de zuidpool overleven door zo dicht als mogelijk tegen elkaar aan te kruipen. Bij alle warmbloedige dieren – ook andere dan contactdieren, zoals mensen – staat de eerste levensfase in het teken van contact. Dat is het contact tussen moeder en kind en eventueel het contact tussen de 'gelijk geboren' broertjes en zusjes. Denk aan een kluwen jonge katjes of een tweeling bij mensen. Bij het ouder worden ontstaat het afstand nemen ten opzichte van elkaar (Hall, 1966/1982).

Belangrijke ethologen als de Oostenrijker Konrad Lorenz en de Nederlander Niko Tinbergen verrichtten in de jaren vijftig van de vorige eeuw onderzoek naar het gebruik van persoonlijke ruimtes. Zij ontdekten dat de afstanden die dieren ten opzichte van elkaar innemen verschillende gradaties kennen. Elke gradatie correspondeert met bepaald gedrag, zoals vluchten of sociale toenadering (Aiello, 1987; Gifford, 2002; Hall, 1966/1982). Ethologen maken de vergelijking met een *ballon* (*space bubble*) om uit te leggen hoe dieren hun onderlinge afstand regelen. De ruimte binnen de fictieve ballon wordt *persoonlijke ruimte* genoemd. Als een ander dier binnen de grenzen van de ballon komt, dan volgt er een reactie: het dier vlucht of doet juist een toenaderingspoging.

De vergelijking met de ballon wordt ook bij mensen toegepast. Een persoonlijke ruimte bevindt zich om iemand heen. De (grenzen van de) ruimte is onzichtbaar, maar is er wel. Als een persoon reageert op het schenden van de onzichtbare grenzen van zijn persoonlijke ruimte, worden deze *waarneembaar* gemaakt (Gifford, 2002; Keizer, 1994). De persoonlijke ruimte hoort bij een persoon en 'reist' met hem mee. Waar iemand ook is – thuis, op straat, in het ziekenhuis of langs het voetbalveld –, hijzelf is drager en middelpunt van zijn persoonlijke ruimte.

Met de persoonlijke ruimte *regelen wij de afstand en nabijheid ten opzichte van andere mensen*. Die regulering is meestal een *onbewust proces*. Als iemand ongewenst je persoonlijke ruimte dreigt te betreden (invasie), dan doe je een stapje terug om de gewenste afstand te bewaren. Bij dit stapje terug denken we niet na, we doen het automatisch.

De gemaakte vergelijking met de ballon heeft twee gevaren. Allereerst kan de persoonlijke ruimte hierdoor opgevat worden als een cirkel om iemand heen (in dit boek wordt dat voor het gemak ook gedaan). In werkelijkheid blijken wij het vooral ongemakkelijk te vinden als iemand ons van achteren ('in de rug') of frontaal (oogcontact!) benadert. Een benadering van de zijkant ervaren we minder snel als vervelend. Het model van een zandloper is wellicht waarheidsgetrouwer dan dat van een ballon (Sommer, 2002). Het tweede gevaar is dat de omvang van de persoonlijke ruimte als onveranderlijk wordt opgevat. Dat is hij niet, de grenzen tussen onszelf en andere mensen zijn flexibel. De ballon (of zandloper) kan 'zwellen' of 'krimpen'. In een drukke lift krimpt de ballon, tijdens het wandelen op het strand zet hij uit. Een onbekende mag in een drukke lift vrijwel tegen ons aan staan, maar op het strand wordt dat niet geaccepteerd.

Met de persoonlijke ruimte regelen mensen hun onderlinge afstanden. Dit dient meerdere functies (Aiello, 1987; Gifford, 2002). Uit de ethologie is de opvatting afkomstig dat de persoonlijke ruimte *veiligheid en bescherming* biedt: ze is een buffer om ongewenste toenadering tegen te gaan. Een tweede functie van de persoonlijke ruimte is *(non-verbale) communicatie*. Als wij iemand toestaan om vlak bij ons te staan of als wij juist een stap opzij zetten als iemand ons nadert, dan zendt dat een boodschap uit. Communicatie betekent dat er een interpretatie wordt gegeven aan de afstand die iemand ten opzichte van een ander inneemt. Dit doen we zowel bij de interactie waarvan we zelf deel uitmaken als bij het inschatten van de relatie tussen twee onbekende mensen. Een te grote afstand is te interpreteren als kilheid of in zichzelf gekeerd zijn. Een te kleine afstand is te interpreteren als opdringerigheid of juist aardigheid (Keizer, 1988). Een derde functie (Bell et al., 2000) is dat de persoonlijke ruimte voorkomt dat we overstelpt worden met te veel informatie. Overstimulatie kan een bron van stress zijn, bijvoorbeeld als veel mensen een beperkte ruimte moeten delen. In dit boek gaan we vooral uit van de eerste twee functies. Opgevat als veiligheidsmechanisme en communicatievorm biedt het hanteren van persoonlijke ruimte een referentiekader waarmee situaties uit de hulpverlening en opvoeding geïnterpreteerd kunnen worden.

Het ontstaan van persoonlijke ruimte

De persoonlijke ruimte van mensen is geen gevolg van een aangeboren instinct. Bij het ontstaan ervan spelen leerprocessen een grote rol. De vergelijking met het leren van taal ligt voor de hand. Men veronderstelt dat mensen een aangeboren mogelijkheid hebben om taal te verwerven, die echter alleen tot ontwikkeling komt als een kind in aanraking komt met taal. Waarschijnlijk verloopt het ontstaan van persoonlijk ruimtegedrag op eenzelfde manier. De mogelijkheid tot persoonlijk ruimtegedrag is aangeboren (predispositie). Maar het gedrag komt pas tot ontwikkeling als een kind het bij anderen kan waarnemen, zodat het dit kan imiteren en leren.

De vergelijking met taal geeft de mogelijkheid om nog iets te verduidelijken. Volwassenen passen automatisch, dat wil zeggen onbewust, taalregels toe. Zonder na te denken weten we bijvoorbeeld dat het meervoud van peer peren is, maar dat appel appels wordt. Ons taalgedrag wordt geleid door taalkundige regels waar we ons meestal niet bewust van zijn. Jonge kinderen moeten deze regels nog wel leren. Zij maken daarbij fouten en zeggen bijvoorbeeld 'appelen' in plaats van appels. Het leren omgaan met persoonlijke ruimte verloopt op eenzelfde manier. Jonge kinderen (zie verder) hebben nog geen vast patroon bij het omgaan met persoonlijke ruimte. De ene keer passen ze de ene regel toe, de andere keer een andere. Als ze ouder worden, dan verinnerlijken ze de culturele normen over persoonlijke ruimte. Het handelen gaat automatisch en onbewust verlopen, net zoals bij taalvervoegingen.

Grootte van de persoonlijke ruimte

Hall (1966/1982) onderscheidde vier lagen in de persoonlijke ruimte van mensen. Deze zijn voor te stellen als vier concentrische (onzichtbare) cirkels (of zandlopers, zie eerder) rond een persoon. Elke cirkel of zone wordt gekenmerkt door een bepaalde afstand; specifieke activiteiten die naar een relatie verwijzen en zintuigen die voor een zone een belangrijke rol vervullen. In figuur 7.1 staat een overzicht. Bij de afstand worden een 'dichtbij'- en 'veraf'-variant gegeven.

afstand	relaties en activiteiten	zintuigen
intieme zone 0-15; 15-45 cm	Intieme contacten zoals vrijen en knuffelen, maar denk ook aan sommige contactsporten zoals judo en worstelen.	Binnen deze zone zijn we ons erg bewust van de zintuigindrukken. De stem wordt meestal met een gering volume of zelfs fluisterend gebruikt. We zijn ons bewust van de geur en de warmte van de ander. Aanraken (tast) is het meest gebruikte communicatiemiddel. De ander is niet goed te zien doordat hij zo dichtbij is.
persoonlijke zone 45-75; 75-125 cm (binnen armslengte)	Contacten tussen goede vrienden en verwanten.	Minder overweldigende zintuigindrukken. Van de ander zijn de kleinste details (zoals haartjes op de wang) goed te zien. Communicatie verloopt vooral via de spraak en niet meer via de tast. De ander is nog wel aan te raken.
sociale zone 125-200; 200-350 cm	Onpersoonlijke, formele en zakelijke contacten.	De ander is minder goed te zien dan in de persoonlijke zone. De normale luidheid bij spraak is toereikend. Aanraken is niet mogelijk.
publieke zone 350-750; meer dan 750 cm	Karakteristiek voor situaties waarin er een spreker en een publiek is. Denk aan een collegezaal, theater of concertgebouw.	Om goed waargenomen te worden, moet de stem duidelijk zijn en soms versterkt worden. Gebaren moeten duidelijk en overdreven zijn om goed waargenomen te kunnen worden.

Figuur 7.1 De indeling van Hall van de persoonlijke ruimte.

Het is niet zo dat de afstandsgrenzen uit figuur 7.1 altijd strikt van toepassing zijn. De grenzen die iemand hanteert zijn afhankelijk van zijn kenmerken en de kenmerken van de situatie. Zo valt de persoonlijke zone binnen de 'armlengte'. Dit betekent dat deze zone bij kinderen kleiner is dan bij volwassenen en bij grote mensen groter dan bij kleine mensen. Mensen nemen op verschillende manieren afstand van elkaar. Als dit bij jezelf gebeurt – iemand komt (ongewenst) te dichtbij of blijft te veraf –, dan leidt het allereerst tot een ongemakkelijk gevoel. Vervolgens kan het verkeerd geïnterpreteerd worden – de ander is opdringerig, ruw, koud of agressief –, wat tot communicatieproblemen kan leiden. Dit kan voorkomen bij mensen uit uiteenlopende culturen, met verschillende regels over ruimtelijk gedrag. Maar ook mensen met psychische stoornissen of een verstandelijke handicap kunnen de persoonlijke ruimte afwijkend hanteren, waardoor hun bedoelingen verkeerd geïnterpreteerd kunnen worden (zie verder). Hieronder worden een aantal kenmerken besproken (tenzij anders aangegeven gebaseerd op Aiello (1987) en Gifford (2002)) die van invloed zijn op het omgaan met de persoonlijke ruimte. Het betreffen individuele en omgevingskenmerken.

Individuele kenmerken

- *Leeftijd*

De omgang met de persoonlijke ruimte kent een leeftijdsontwikkeling. De omgang van jonge kinderen (jonger dan vijf jaar) met persoonlijke ruimte is verschillend. Uit observaties blijkt dat kinderen een handeling de ene keer heel dicht bij de ander uitvoeren en een andere keer op zo'n grote afstand dat ze moeten schreeuwen om te kunnen communiceren. De culturele normen over persoonlijke afstand zijn waarschijnlijk voor het zesde levensjaar nog niet echt geleerd. Over het algemeen neemt de afstand die kinderen ten opzichte van elkaar innemen bij het ouder worden toe. Dit heeft mede te maken met het groeien van het lichaam. Zo werd vastgesteld dat zevenjarigen die met elkaar spraken op minder dan dertig centimeter afstand van elkaar stonden. Bij zeventienjarigen was deze afstand al meer dan zestig centimeter. Vanaf ongeveer twaalf jaar wordt over het algemeen de 'volwassen' afstand in acht genomen. Niet alleen vindt bij kinderen een ontwikkeling plaats in het 'afstand innemen', ook volwassenen reageren verschillend op jonge en oudere kinderen. In een experiment (Fry & Willis, 1971 in Aiello, 1987: p. 412) werden vijf-, acht- en tienjarige kinderen geïnstrueerd om volwassenen die in de rij stonden voor een film zo dicht mogelijk te naderen zonder ze aan te raken. Vijfjarige kinderen lokten positieve reacties uit: de volwassenen glimlachten en aaiden ze soms over het hoofd. De achtjarigen daarentegen werden genegeerd en de tienjarigen lokten negatieve reacties uit.

• *Sekse*

Mannen en vrouwen verschillen in het hanteren van hun eigen persoonlijke ruimte en de omgang met die van anderen. Overigens spelen daarbij ook altijd andere factoren een rol, zoals culturele achtergrond, leeftijd en kenmerken van de situatie. Vrouwen bewaren over het algemeen minder afstand van anderen dan mannen. Opvallend is dat het verschil vooral bestaat bij andere mensen dichtbij laten komen: vrouwen laten anderen makkelijker toe in hun persoonlijke ruimte. Maar vrouwen stoppen eerder dan mannen als ze de persoonlijke ruimte van een ander moeten binnengaan. Ook blijkt dat twee vrouwen in een gesprek over het algemeen dichter bij elkaar staan dan twee mannen. Dit verschil tussen mannen en vrouwen wordt waarschijnlijk veroorzaakt door een verschillende socialisatie, want bij kinderen tot tien jaar oud bestaat op dit gebied geen sekseverschil.

Een ander verschil is dat als vrouwen geconfronteerd worden met anderen in een affiliatieve situatie – zoals samenwerking, verzorging of vriendschap – zij een minder grote afstand innemen dan mannen. Worden vrouwen echter geconfronteerd met een vijandige of agressieve situatie, dan nemen zij juist meer afstand in dan mannen. In een experiment (Hughes & Goldman, 1978, in Aiello, 1987) werd gekeken hoe mannen en vrouwen reageren als zij in een volle lift stappen. Als zij werden aangekeken door een persoon (man of vrouw) die glimlachte en oogcontact zocht, dan kozen de vrouwen ervoor om dicht bij deze persoon te gaan staan; mannen deden dat juist niet. Keek de persoon hen echter alleen maar aan, zonder daarbij te glimlachen (wat in onze cultuur vaak als bedreiging wordt opgevat), dan hielden vrouwen meer afstand dan mannen. Dergelijke verbanden tussen affiliatieve of agressieve situaties en verschillend gedrag van mannen en vrouwen werden in meerdere experimenten aangetoond, en vrijwel altijd was het zo dat dit gedrag niet bewust werd aangestuurd. Men handelde automatisch.

• *(Sub)cultuur*

Hall besteedt veel aandacht aan de verschillen tussen (sub)culturen in de normen over persoonlijke ruimte (Hall, 1959/1981). In alle culturen zijn de vier lagen terug te vinden, maar ze verschillen in omvang. Zo staan mensen uit mediterrane en Arabische culturen dichter bij elkaar, hebben meer oogcontact en raken elkaar meer aan dan mensen uit Europa en de Verenigde Staten. Overigens kan dit verschillen per sekse en bij het contact tussen de twee seksen. Binnen één land, zoals de Verenigde Staten, is de persoonlijke ruimte bij blanken, negers en latino's verschillend van omvang. Elke 'ruimtelijke communicatie' kan daarom per (sub)cultuur een verschillende betekenis hebben. Dit gegeven is belangrijk in de huidige maatschappij waarin mensen afkomstig uit verschillende culturen met elkaar werken, hulp verlenen en opvoeden. Het is handig te weten hoe bij wijze van spreken 'de buren' omgaan met persoonlijke ruimte. Dit moet niet dienen als een sjabloon, want er blijven altijd groeps-, sekse- en individuele verschillen binnen eenzelfde cultuur. Waar het om gaat, is het besef dat persoonlijke afstand een boodschap inhoudt die per cultuur ('per buur') verschillend gekleurd kan zijn.

• *Persoonskenmerken*

Ook persoonskenmerken en/of psychische stoornissen zijn van invloed op het gebruik van de persoonlijke ruimte. Over het algemeen wordt geconstateerd dat mensen die het gevoel hebben dat ze controle over zichzelf en de omgeving hebben anderen dichterbij laten komen dan mensen bij wie dit gevoel minder is of ontbreekt. Dit onderscheid wordt interne *locus of control* versus externe *locus of control* genoemd. Iemand met een interne locus of control gaat ervan uit dat hij zelf zijn gedrag bepaalt, iemand met een externe locus of control gaat ervan uit dat de omstandigheden zijn gedrag bepalen. Dit onderscheid lijkt op de aangeleerde hulpeloosheid (hoofdstuk 3 en 4). Iemand met aangeleerde hulpeloosheid heeft een externe locus of control: hij gaat ervan uit dat wat hij doet geen invloed heeft op zijn eigen gedrag. Mensen met een interne locus of control – anders uitgedrukt: met veel zelfvertrouwen – laten anderen dichterbij komen dan mensen met weinig zelfvertrouwen. Andersom blijken angstige mensen en mensen met schizofrenie een grotere persoonlijke ruimte te hebben dan mensen zonder deze problemen. Over de samenhang tussen psychische stoornissen en handicaps en persoonlijke ruimte is onder andere het volgende bekend.

Gewelddadige gevangenen hebben driemaal zo veel ruimte nodig om zich prettig te voelen dan niet-gewelddadige gevangenen (Bell et al., 2000). Patiënten in een manische periode vallen juist op omdat ze de persoonlijke ruimte van anderen en/of de territoriale grenzen (zie verder) schenden (Kuipers, 1993). Ze vertonen imponeergedrag en komen te dicht bij andere mensen, waardoor ze tegenreacties uitlokken. Aan de andere kant vertonen paranoïde psychotische patiënten (Kuipers, 1995) juist gedrag waaruit is af te leiden dat zij het gevoel hebben dat hun persoonlijke ruimte en territoriale grenzen permanent geschonden worden. Ze hebben het waanidee dat ze achtervolgd en beïnvloed worden. Met andere woorden: hun persoonlijke ruimte heeft erg ruime grenzen waardoor anderen voor hen erg snel te dichtbij komen. Kinderen en volwassenen met het Downsyndroom missen het abstraherend vermogen (intellect) om hun persoonlijk ruimtesysteem adequaat te kunnen leren reguleren. Zij komen in elke *nieuwe* (begeleidings)relatie in het begin veel te dichtbij – ze kruipen op je – en leren (worden 'geconditioneerd') *per persoon* adequate afstand te bewaren (Keizer, 1993). Kinderen met gehoorproblemen nemen een grotere afstand in acht dan kinderen zonder gehoorproblemen en kinderen met autisme blijken juist 'te dichtbij te komen' (Pedersen, Livoir-Petersen & Schelde, 1989).

Ook mensen met het syndroom van Gilles de la Tourette hebben een grote persoonlijke ruimte. Zij hebben onwillekeurige tics: ze maken vreemde geluiden, slaan soms obscene taal uit en tasten letterlijk en figuurlijk de materiële en sociale grenzen van hun omgeving af door middel van impulsief en dwangmatig aanraken. Sacks schetst dit als volgt:

> *'Het gevoel van persoonlijke ruimte, van het ik in relatie tot andere mensen en dingen, is bij het syndroom van Gilles de la Tourette meestal sterk gewijzigd. Ik ken tal van mensen met Tourette die er niet tegen kunnen in een restaurant op raakafstand van andere mensen te zitten en, als het niet anders kan, zich gedwongen kunnen voelen spastische grijp- en stootbewegingen naar hen te maken. Vaak kan een Touretter er vooral niet tegen als de "uitdager" achter hem zit. Veel mensen met Tourette zitten daarom het liefst in een hoek, waar ze zich op "veilige" afstand van anderen bevinden, met niemand achter zich' (Sacks, 1995: p. 102-103).*
> *'Dat kwam een keer komisch tot uiting toen ik in gezelschap van drie vrienden met Tourette in een restaurant in Los Angeles ging eten. Alle drie renden ze meteen op de hoekplaats af – niet om redenen van rivaliteit, denk ik, maar omdat ze het elk als een neutraal-existentiële noodzaak beschouwden. De gelukkige kon rustig op zijn plaats zitten, terwijl de twee anderen constant stootbewegingen naar andere etenden achter zich maakten' (ibidem: p. 126).*

Omgevingskenmerken
In onderzoek naar de invloed van omgevingskenmerken moet altijd rekening gehouden worden met het verschil tussen 'objectieve' kenmerken en de subjectieve beleving daarvan. Wat de een als agressief ervaart, hoeft een ander niet als zodanig te ervaren. De invloed van de sociale omgeving op het hanteren van de persoonlijke ruimte is vrij duidelijk. Van iemand die zich dreigend of agressief gedraagt of als zodanig ervaren wordt (bijvoorbeeld door te dichtbij komen), wordt meer afstand gehouden dan van iemand die zich neutraal of vriendelijk gedraagt. Over het algemeen blijkt dat als iemand als 'anders' wordt ervaren, er een grotere afstand wordt ingenomen. In het boven beschreven voorbeeld zullen andere klanten hun stoel opschuiven als ze de persoon met Tourette als 'te dichtbij' ervaren. Onderzoek toont aan dat mensen een grotere afstand innemen ten opzichte van mensen met een handicap, een andere seksuele oriëntatie, een hogere of lagere status, een ander ras, een andere cultuur, enzovoorts. Over het algemeen geldt dat hoe groter het ervaren verschil is, hoe groter de ingenomen afstand. Ervaren we mensen als vriendelijk en op ons lijkend, dan nemen we juist een kleinere persoonlijke afstand in acht en vinden we het vervelend als de afstand te groot is.

Daarbij zijn de kenmerken van de materiële omgeving waarin dit plaatsvindt van invloed. Over het algemeen laten mensen in situaties waarin zij makkelijk weg kunnen anderen dichter bij komen dan in situaties waarin dat minder goed kan. Zo staan mensen op straat dichter bij elkaar dan in een gebouw. In het midden van een kamer staan mensen dichterbij elkaar dan in de hoek. Per ruimtelijke situatie is er een kritieke afstand. Als iemand de (onzichtbare) grens overschrijdt, dan ontstaat er irritatie.

Reacties op het schenden van de persoonlijke ruimte
Wat zijn de reacties van mensen als zij de afstand tussen zichzelf en een ander als onprettig ervaren? Dit kan op twee situaties slaan: de ander is te dichtbij of juist te ver af. In beide gevallen zal ons gedrag het doel hebben om de gewenste afstand te bereiken of op een andere manier compensatie te krijgen voor de als onprettig ervaren situatie.

Wanneer iemand als te ver weg wordt ervaren, dan zullen we proberen om dichter bij hem te komen en/of zijn aandacht te trekken. Dat laatste kan door te roepen of door oogcontact of andere non-verbale signalen te laten merken dat we de ander liever dichter bij ons willen hebben. Denk aan twee geliefden die afscheid nemen en elkaar lang nakijken en nazwaaien. Of aan twee mensen die 'op afstand' met elkaar flirten.

De reacties op het schenden van de persoonlijke ruimte zijn het meest onderzocht. Ze zijn afhankelijk van de situatie. Als iemand in een drukke trein naast een ander gaat zitten, dan is diens reactie anders dan als dit op een parkbankje gebeurt. Hoe de andere persoon waargenomen wordt, speelt ook een rol. Iemand met (veel) gelijkenis wordt anders 'ontvangen' dan iemand die veel afwijkt. Als iemand ongewenst de persoonlijke ruimte van een ander betreedt, dan volgt over het algemeen een *vluchtreactie*. Als mensen te dicht benaderd worden, lopen ze weg of zetten ze een aantal stappen opzij om de afstand te vergroten. Als vluchten niet kan omdat de omstandigheden dat niet toestaan – zoals in een drukke lift of trein –, dan vertonen mensen *compensatiereacties*. Deze hebben tot doel om zo min mogelijk betrokkenheid te tonen met de persoon die de persoonlijke ruimte schendt. Over het algemeen wordt de ander zo min mogelijk aangekeken en maakt iemand zich kleiner of groter of wendt het lichaam af. Gedrag dat zorgt voor afstand is een compensatiereactie. De compensatiereactie is goed te begrijpen als een communicatieve boodschap: het is een vorm van negatieve feedback (zie hoofdstuk 6) waardoor het gewenste evenwicht – weinig betrokkenheid – hersteld wordt.

Bij het ongewenst betreden van de persoonlijke ruimte verschilt het gedrag van mannen en vrouwen. Vrouwen hebben over het algemeen een kleinere persoonlijke ruimte dan mannen. Dit verschil zien we bij de reacties op 'te dichtbij komen'. Vrouwen reageren over het algemeen zoals hierboven werd beschreven: ze maken zich kleiner. Mannen dijen juist uit, ze maken zich groter. Een herkenbaar voorbeeld is de strijd om de ene gemeenschappelijke armleuning in bioscoop, trein of vliegtuig. Mannen blijken in een vliegtuig driemaal zo vaak als vrouwen de gemeenschappelijke armleuning veroverd te hebben. Zij ergeren zich eerder dan vrouwen als hun buur de armleuning gebruikt (Bell et al., 2000).
Ook in een ander opzicht is er verschil tussen mannen en vrouwen. Als mannen met een vriend willen communiceren, hebben ze een voorkeur voor oogcontact. Ze willen het liefst tegenover hun vriend zitten. Vrouwen willen juist naast de bevriende persoon zitten. Dit verschil in voorkeur betekent dat als een onbekende persoon een man of vrouw benadert, de reactie daarop mede afhankelijk is van de

kant waarvan de benadering plaatsvindt. Een man wil een vriend tegenover zich hebben, maar een vreemde liever naast zich. Een vrouw wil een vriend juist naast zich en een vreemde liever tegenover zich.

Fisher & Byrne (1975, in Bell et al., 2000) tonen dit aan voor een studiezaal. Studenten die alleen aan een grote tafel zaten (met meerdere stoelen) werden benaderd door een onbekende. Mannelijke studenten voelden zich onbehaaglijk als hij tegenover hen kwam zitten; vrouwelijke studenten als hij naast hen kwam zitten. Daarentegen was er vrijwel geen reactie bij mannelijke studenten als de onbekende naast hen kwam zitten en vrijwel geen reactie bij vrouwelijke studenten als hij tegenover hen kwam zitten. De onbehaaglijkheid werd afgeleid uit de compensatiereacties. Opvallende reacties waren het plaatsen van boeken of ander materiaal tussen zichzelf en de vreemde om zo een symbolische grens te trekken. De verklaring voor het verschil zoeken de onderzoekers in de verschillende socialisatie van mannen en vrouwen. Mannen zijn gevoeliger voor competitie en vrouwen voor affiliatie.

Eerder zagen we dat persoonskenmerken en psychische stoornissen van invloed kunnen zijn op de omvang van de persoonlijke ruimte. Als bij mensen met een stoornis de ruimte geschonden wordt, dan blijkt dat deze ruimte niet alleen afwijkend is (te groot of te klein), maar ook dat zij minder mogelijkheden hebben om 'normaal' op schendingen te reageren. Vaak is in dergelijke gevallen een toename van de symptomen van de psychische stoornis waar te nemen. De persoon met schizofrenie die te dicht op de huid gezeten wordt, kan zijn toevlucht nemen tot verward psychotisch gedrag om daarmee meer afstand te creëren. Een ander voorbeeld: 'Een agressieve, zeer wantrouwende man werd gedurende enige tijd gesepareerd (waarbij het verplegend personeel natuurlijk 'dichtbij' moet komen J.R.). Door zich op te stellen als een gangster, die zich wel zou wreken op degenen die hem zijn vrijheid hadden ontnomen, maakte hij zich groter dan hij was en joeg hij de omgeving veel schrik aan' (Kuipers, 1995: p. 457).

7.2.2 Territorium

Bij de persoonlijke ruimte zijn de grenzen onzichtbaar, maar wel waarneembaar te maken. De persoon draagt de persoonlijke ruimte met zich mee, deze is er altijd. *Territoria* echter zijn ruimten met duidelijke, meestal materieel gemarkeerde grenzen. Het gaat hier niet om de *ruimte* om iemand heen, maar om *ruimten* (Engels: *places*; Gifford, 2002; Keizer, 1993). Een territorium is een huis, een kamer, een gebouw of een auto. Dergelijke ruimten kennen materieel zichtbare grenzen: muren, deuren, drempels, ramen, hekken, enzovoorts. Als er eens tegen je gezegd is: 'Waag het nog één keer een stap over mijn drempel te zetten, dan...' of: 'Weet je niet dat je moet kloppen voordat je naar binnen gaat?' dan heb je kennisgemaakt met (grenzen van) territoria en het gedrag dat daarbij hoort: *territorialiteit*.

Kader 21

Psychologisch onderzoek: met periscoop en stopwatch het urinoir in

Een van de leukste plekken om het principe van persoonlijke ruimte te demonstreren is het urinoir. Elke man in onze cultuur (voor vrouwen is dit wellicht onbekend) weet dat als hij een toilet instapt met een rij urinoirs, het bijzonder onbeleefd is om naast een andere man te urineren als er meerdere vrije plekken zijn. Het kiezen van het urinoir is aan (impliciete) regels gebonden. Als een man gaat urineren en alle urinoirs zijn onbezet, dan zal hij meestal een urinoir kiezen dat zich aan het uiteinde van de rij bevindt. Als er dan een andere, onbekende man komt, zal deze het urinoir kiezen dat zo ver mogelijk van de andere man verwijderd is. Dichterbij staan dan nodig is, wordt niet gewaardeerd. Een uitzondering zijn urinoirs die als ontmoetingsplaats van homo's dienen. Naast iemand staan heeft daar een veel positievere betekenis.
Het leuke van het urinoir is dat als een man te dichtbij benaderd wordt, hij vrijwel niet in staat is om compensatiereacties te vertonen. Een stapje opzij zetten of zich groter maken is onmogelijk en de ander aankijken maakt het alleen maar erger. In zo'n situatie voelen de slachtoffers zich opgelaten. Te dichtbij komen veroorzaakt stress die gepaard gaat met een alarmering (Engels: *arousal*) van het lichaam. In een ingenieus experiment (Middlemist, Knowies & Matter, 1976, in Bell et al., 2000) werd aangetoond dat mannen die te dichtbij benaderd werden in een urinoir het slachtoffer van stress worden.
Bekend was dat als een man stress ervaart dit het urineren beïnvloedt. De urinestraal start vertraagd en de tijdsduur van het urineren is korter. De onderzoekers deden het volgende: in een toilet met drie urinoirs naast elkaar – nog van die ouderwetse urinoirs, die helemaal naar de grond gaan en zonder schotjes ertussen – ging een handlanger van de onderzoekers naast nietsvermoedende mannen staan die moesten urineren. Er waren twee condities: direct naast de man of met één urinoir ertussen. In een controleconditie liet men de mannen ongestoord urineren. In een toilet met deur zat de onderzoeker gewapend met stopwatch en periscoop (om onder de deur van het toilet door te kunnen kijken voor de vaststelling van het begin en einde van de urinestraal). En ja hoor, de veronderstelling dat het betreden van de persoonlijke ruimte in een urinoir als stress wordt beleefd, werd bevestigd. Als de handlanger naast de mannen ging staan, duurde het langer voordat hun urinestraal begon en is de tijdsduur ervan korter. De situatie waarbij er één urinoir tussen de mannen en de handlanger bleef, bleek slechts in geringe mate als stressvol ervaren te worden.

Territoria kennen de volgende kenmerken: ze hebben meestal zichtbare grenzen; ze zijn meestal aan een vaste plaats gebonden (een auto niet) en ze zijn het bezit van een persoon of groep of ze worden bezet (zie verder). De omvang van een territorium is meestal groter dan die van een persoonlijke ruimte. Ook al heeft iemand een territorium, zoals een huis, de persoonlijke ruimte blijft altijd aanwezig. Ze vervangen elkaar niet.

Territorialiteit is het gedrag en de cognities die mensen – individuen en groepen – en dieren tentoonspreiden en die gebaseerd zijn op materiële ruimten die men als eigendom ervaart (Brown, 1987). Wat betreft dit laatste is een onderscheid te maken tussen *bezitten* en *bezetten*. Het huis of een (slaap)kamer is iemands bezit. Maar de studietafel in een bibliotheek niet. Deze is wel zo in te richten dat de tafel (tijdelijk) geclaimd wordt, iemand bezet dan een plek.

Het ontstaan van territorialiteit

Ook op de theorie over territorialiteit heeft de *ethologie* grote invloed (Brown, 1987; Gifford, 2002). Het verschijnsel werd eerst bij dieren bestudeerd, waarbij men ervan uitging dat territoriaal gedrag aangeboren (instinctief) is. Later onderzoek wees uit dat deze aanname onjuist is. Niet alle diersoorten blijken territoriaal gedrag te vertonen en bovendien is het gedrag afhankelijk van de omstandigheden. Zo verandert territoriaal gedrag als het aantal dieren per ecosysteem toe- of afneemt. Men veronderstelt dat territorialiteit bij mensen veroorzaakt wordt door zowel aanleg als leerervaringen (Bell et al., 2000). Net als bij persoonlijke ruimte zouden mensen een aangeboren mogelijkheid en behoefte hebben om territorialiteit te ontwikkelen. De vorm en intensiteit worden bepaald door de leerervaringen. Culturele verschillen bij territorialiteit ondersteunen deze visie.

Verschillende territoria

Een veelgebruikt onderscheid is dat tussen primaire, secundaire en publieke territoria (Altman, 1975 in Brown, 1987).

Primaire territoria zijn bijvoorbeeld woningen, kamers, auto's en bedden. Ze zijn meestal het bezit van een persoon of kleine groep, zoals een gezin, en vervullen belangrijke centrale functies voor de eigenaars (zie verder).

Secundaire territoria zijn voor meer mensen of groepen toegankelijk, maar de regelmatige gebruikers bepalen meestal wie er wel en wie er niet mogen komen en wat het (on)gewenste gedrag is. Denk hierbij aan een gemeenschappelijke werkkamer; de gemeenschappelijke ruimte (woonkamer) in woning of inrichting of de gemeenschappelijke opgang (lift en/of trappengat) bij een woningblok. Ook een woonwijk of buurt is een secundair territorium, maar dan van een wat grotere groep.

Publieke territoria zijn in principe voor iedereen toegankelijk, hoewel er soms voor betaald moet worden. Denk hierbij aan de stoelen in trein of bus, tafels in de studiezaal en ruimten op het strand of in het park. Publieke territoria zijn *niemands bezit*, in tegenstelling tot primaire en soms secundaire territoria. Publieke territoria worden *bezet*, waarbij meestal de regel 'wie het eerst komt die het eerst maalt' geldt (Brown, 1987).

De drie territoria onderscheiden zich op vijf aspecten van elkaar.

1. Het eerste aspect is het *tijdsgebruik*. Primaire territoria worden langdurig gebruikt, zowel een groot deel van het leven als een groot deel van de dag. Een voorbeeld is een woning die iemand jarenlang verschillende uren per dag kan gebruiken. Secundaire territoria kunnen ook regelmatig gebruikt worden door eenzelfde persoon, maar de doorgebrachte tijd is er beduidend minder dan in een primair territorium. Publieke territoria worden maar korte tijd door dezelfde personen gebruikt.
2. Het tweede aspect is de *centraliteit of betekenis* van het territorium. Primaire territoria zijn belangrijker, veel betekenisvoller dan secundaire territoria. Publieke territoria vervullen meestal een marginale rol in het leven van een persoon.
3. Het derde aspect zijn de *motieven* op grond waarvan bezitters of bezetters van territoria hun eigendom of aanwezigheid tot uiting brengen. Iemand die zijn woning inricht, doet dat vooral op grond van persoonlijke smaak. Dat hij daarmee ook aangeeft 'dit is mijn woning, hier ben ik de baas' is van secundair belang. Meestal is de eigenaar zich niet bewust van deze boodschap. Bij secundaire en publieke territoria geven de gebruikers veel bewuster aan dat zij de bezetters zijn. Op het strand leggen we onze handdoeken doelbewust en strategisch neer om 'ons' stukje af te bakenen.
4. Het vierde aspect slaat op het type *markeringen* dat mensen gebruiken als ze een territorium bezitten of bezetten. Markeringen hebben een communicatieve functie: anderen kunnen eruit afleiden met wat voor territorium ze te maken hebben. Markeringen van primaire territoria zijn sterk persoonlijk gekleurd. Naast het naamplaatje bij de deur zijn de kunstwerken, de boekenkast, de (familie)foto's en het meubilair voorbeelden. Markeringen van primaire territoria blijven meestal in het territorium, ze zijn niet per se verplaatsbaar. Markeringen van secundaire territoria kunnen, afhankelijk van de mate van bezetting, lijken op die van de primaire. Ook een werkkamer kan op persoonlijke wijze gedecoreerd zijn, maar meestal met minder waardevolle markeringen. Bij primaire territoria hoeft iemand niet per se zelf aanwezig te zijn om aan te geven dat het zijn bezit is, maar bij secundaire territoria is het soms nodig om lijfelijk aanwezig te zijn om de bezetting kracht bij te zetten. Lijfelijke aanwezigheid is wel de belangrijkste markering bij het bezetten van publieke territoria.

aspect	publiek	secundiar	primair
tijdsduur	Kort	Kort, maar vaak regelmatig	Lang
belang	Onbelangrijk	Een beetje belangrijk	Erg belangrijk
motieven van markering	Doelbewust claimen	Meestal claimen	Persoonlijke decoratie
soorten van markeringen	Weinig fysieke markeringen of barrières. Veel lichamelijke en verbale markeringen	Een aantal fysieke markeringen. Lichamelijke en verbale markeringen zijn gebruikelijk.	Zeer veel markeringen en barrières. Lichamelijke en verbale markeringen zijn meestal niet nodig.
reacties op schendingen of invasies	Omdat dit territorium het minst belangrijk is, zal meestal terugtrekking volgen op een invasie. Als de bezetter dat niet wil, dan kan hij gebruikmaken van verbale en non-verbale signalen.	Reactie hangt af van hoe doelbewust de invasie is en hoe goed het territorium gemarkeerd is. De markeringen worden opnieuw benadrukt waarbij gebruik wordt gemaakt van fysieke aanwezigheid.	Heftige reactie. Veel vormen van verdediging zijn mogelijk. Van legaal recht tot fysiek verzet.

Figuur 7.2 Aspecten waarop publieke, secundaire en primaire territoria verschillen (Bewerking van Brown & Altman, 1981 in Brown, 1987).

Als bezetten (even) niet mogelijk is, wordt van de aanwezigheid blijk gegeven door voorwerpen (afgelegd *display*, Keizer, 1993) achter te laten – denk aan boeken en schriften bij een plaats in de studiezaal, gebruikte gebruiksvoorwerpen (kopje, glas), een jas over een stoel en handdoeken op een strategische plek op het strand. Publieke territoria worden vrijwel nooit gemarkeerd met persoonlijke voorwerpen.

5 Het vijfde aspect waarin territoria van elkaar verschillen zijn de *reacties op ongewenste betreding* ervan. In vergelijking met het schenden van persoonlijke ruimte is het schenden van territoria meer verbonden met agressiviteit. Vooral een invasie van het primaire territorium is een ingrijpende zaak voor de bezitter. Zo'n invasie wordt namelijk als doelbewust opgevat, omdat de dader meerdere persoonlijke markeringen, zoals een gesloten deur, negeert. Meestal zijn markeringen voldoende om een invasie te voorkomen, in die zin voorkomt

het territorium de agressie. Ook kan het primaire territorium vrij makkelijk 'herbezet' worden door gebruik te maken van het legale recht. Als dat (tijdelijk) onmogelijk is, zal de eigenaar gebruikmaken van fysieke middelen, zoals geweld en barricadering, tenzij de overmacht te groot is. Secundaire en publieke territoria zijn makkelijker te schenden, omdat ze minder goed gemarkeerd kunnen worden. De reactie van de bezitter of bezetter zal minder heftig zijn dan bij het schenden van de primaire territoria. De markeringen en/of fysieke aanwezigheid worden, indien mogelijk, hersteld. In het algemeen blijkt de regel van kracht: hoe onduidelijker de markeringen en grenzen, hoe makkelijker er een conflict over een territorium kan ontstaan (Gifford, 2002).

Er bestaan nog andere indelingen van territoria. Lyman & Scott (in Gifford, 2002) geven twee toevoegingen. Ze noemen *'interactionele territoria'*: plekken die tijdelijk door een individu of groep gecontroleerd worden. Voorbeelden zijn een hotelkamer en een collegezaal. Meestal worden deze niet gemarkeerd of gepersonaliseerd. De tweede toevoeging is *het lichaam op te vatten als een territorium.* Dit is niet hetzelfde als de persoonlijke ruimte, immers, de grens is iemands huid in plaats van een bepaalde afstand ten opzichte van het lichaam. Met toestemming van de eigenaar kan het lichaam binnengegaan worden, zoals bij een operatie of seks. Dit kan ook zonder toestemming gebeuren, zoals bij een aanval met een mes of een verkrachting. Net als het primaire territorium wordt het lichaam verdedigd en het wordt gemarkeerd en gepersonaliseerd met make-up, kleding, sieraden en tattoos (zie 7.5.2).

Functies van territoria

Territoria vervullen meerdere functies. De belangrijkste is de veiligheids- en controlefunctie (zie 7.5). Met territoria wordt het leven voorspelbaar en krijgt orde en regelmaat. Territoria geven ordening aan de ruimte en het gedrag in de ruimte (Keizer, 1993). Soms wordt dat onderstreept (bij secundaire en tertiaire territoria) met apart aangegeven regels of symbolen, zoals 'de deur s.v.p. zacht dichtdoen' of 'in het computerlokaal mag niet gegeten en gedronken worden'. Territoria met hun regels hebben een communicatieve functie. Mensen herkennen elkaars territorium en proberen dat meestal niet te schenden. Goed afgebakende en herkenbare territoria kunnen individuele agressie voorkomen. Als duidelijk is wat 'mijn en dijn' is, dan respecteren de meeste mensen dat. Agressiviteit om territoria vindt bij mensen meestal op groepsniveau plaats – denk aan oorlogen tussen naties en straatgevechten tussen rivaliserende gangs of de 'strijd' tussen een hanggroep en buurtbewoners. Vooral de primaire territoria vervullen een belangrijke functie bij de identiteit(sontwikkeling). Een huis (of beter een thuis, zie 7.5.2) heeft een representatieve functie: iemand kan er zijn gewenste identiteit mee tonen. Primaire territoria hebben ook een belangrijke privacyfunctie; iemand kan zich er helemaal overgeven aan privégedrag (seksualiteit, masturbatie, niet vrolijk doen als hij zich niet vrolijk voelt). In secundaire en publieke territoria gedraagt iemand zich naar de normen van de groep.

Territoriaal gedrag

Bij territorialiteit is een onderscheid te maken tussen territoriaal gedrag tussen groepen, binnen een groep en individueel gedrag (Bell et al., 2000). Hierboven hebben we al een aantal voorbeelden van individueel territoriaal gedrag gezien, zoals markeringen en verdedigingsgedrag. Hoe belangrijker het territorium, hoe duidelijker het gedrag.

Territoriaal gedrag tussen groepen vindt vooral plaats op het niveau van secundaire en tertiaire territoria. Het bekendste voorbeeld is te vinden bij straatbendes die hun buurt claimen met graffiti. Ook het gedrag van supportersgroepen is territoriaal te duiden. Supportersrellen vinden meestal plaats als leden van de ene groep op het territorium van de andere groep terechtkomen. Om dit te voorkomen, zijn er gescheiden supportersvakken. Territoriaal gedrag tussen groepen heeft een veiligheidsfunctie en bevordert ook het groepsgevoel. Samen een territorium delen leidt tot verbondenheid.

Territoriaal gedrag vindt ook *binnen een groep* plaats, zoals een gezin, een bewonersgroep of een studentengroep. Binnen een gezin zijn er regels over de verdeling van het (primaire) territorium, bijvoorbeeld over de toegankelijkheid van de slaapkamers, de badkamer en de zitplekken aan tafel. Uit de bezetting van belangrijke plaatsen is af te leiden hoe invloedrijk de leden zijn. De dominantie hiërarchie bepaalt wie zijn recht op belangrijke plaatsen of voorwerpen kan laten gelden. Dat het niet alleen over plaatsen gaat, illustreert het volgende voorbeeld van de schrijver.

> *'Zelf groeide ik op in een groot gezin met acht kinderen in een huis dat naar de huidige maatstaven te klein zou zijn. Slaapkamers werden door twee of drie kinderen gedeeld. Tussen broers en zussen waren territoriale conflicten, zoals wie kon waar zijn huiswerk maken, dan ook aanwezig. Territoriale conflicten laaiden ook op aan de eettafel. Hoewel elk kind een vaste plek had, konden de kinderen hun concurrentie botvieren met een strijd om de borden. Mijn ouders hadden het niet breed en dat was te zien aan de borden. Vele waren gehavend met barsten. Tussen de kinderen was een duidelijke eensgezindheid welk bord het minst en welk het meest gewaardeerd werd. Het kind dat de beurt had om de tafel te dekken, zorgde ervoor dat hij het beste bord kreeg. Als we aan tafel moesten – we stonden er nooit allemaal tegelijkertijd – keek je als eerste naar je bord. Als dat je niet aanstond, probeerde je het snel te verwisselen met een bord van iemand die er nog niet was. Het was wel oppassen geblazen als die ander dat zag, want die zou zeker het bord terugveroveren. In extreme gevallen nam een kind zijn toevlucht tot een actie die gerespecteerd, maar niet gewaardeerd werd: erin spugen.'*

Wat in dit gezin gebeurde, is ook te herkennen in residentiële woonvormen. In situaties waarbij er een gebrek is aan gewenste plaatsen en voorwerpen, kan een strijd om het bezitten of bezetten ontstaan. Wie zit er in de stoel bij het raam? Wie heeft de beste plek voor de tv? Studenten die stage lopen, kunnen zich verbazen over territoriaal gedrag (zoals een plek claimen) bij bewoners. Als het bij bejaarden of chronisch psychiatrische patiënten plaatsvindt, wordt het wel hospitalisatie genoemd. Maar het is gedrag dat ook elke dag in een klaslokaal is waar te nemen. Een eenmaal ingenomen plaats blijft lang, in de zin van weken of maanden, bezet door dezelfde student.

Schenden van territoria

Territoria kunnen op drie manieren (Gifford, 2002) geschonden worden. Bij de *invasie* wordt andermans territorium fysiek betreden met het doel om de controle over te nemen. Een voorbeeld is de strijd tussen krakers en huiseigenaars. Bij een *beschadiging* wordt iemands territorium tijdelijk betreden, het doel is niet het verwerven van controle, maar overlast bezorgen of beschadigen. Vandalisme en inbraak vallen in deze categorie. Soms is er sprake van beschadiging zonder dat een territorium fysiek wordt betreden. Harde muziek of ander lawaaioverlast van de buren of het beschadigen van een computer met een virus zijn hedendaagse voorbeelden. *Vervuilen* is de derde manier – denk aan op straat gooien van afval of een lokaal niet opruimen na gebruik door een lesgroep. In de praktijk kent een schending vaak meerdere aspecten. Zo gebeurde het dat bij een inbraak in een woning de dader niet alleen waardevolle spullen ontvreemdde, maar ook zijn sporen naliet door demonstratief één hap te nemen uit een stuk kaas (met achterlating van een 'gebitsafdruk') en in de wc zijn ontlasting te deponeren zonder (doelbewust?) door te spoelen.

Territoriumgebruik en individuele en sociale invloeden

Net als bij de persoonlijke ruimte wordt ook het gebruik van territoria door andere factoren beïnvloed. De wijze van markeren en de gewenste grootte van een (primair) territorium worden beïnvloed door culturele normen. Zo krijgt de behoefte aan privacy per cultuur een verschillende vorm (Gifford, 2002). Omgang met territoria is ook afhankelijk van leeftijd. Jonge kinderen moeten dit nog leren. Gelijk opgaand met de ontwikkeling van identiteit ontstaat bij kinderen een besef van bezit. De eerste territoriale claims ('dat is van mij') zullen bij het opgroeien verschijnen. Op jonge leeftijd wordt een primair territorium, zoals een eigen kamer voor een kind, vooral gebruikt om zich te onttrekken aan lawaai en drukte (Wohlwill et al., 1987) of om een kind naar zijn kamer te sturen. Pas op latere leeftijd ontstaat het besef van privacy in de zin van 'dit is mijn plek'. Zo rond een jaar of tien verschijnen er briefjes op de deur van de slaapkamer met teksten als: 'Eerst kloppen' of 'Deze kamer is van Rosa'. Omdat meisjes meestal in ontwikkeling voorlopen op jongens, gebeurt dat bij hen eerder.

Mannen en vrouwen verschillen in hun omgang met territoria (Brown, 1987). Mannen nemen een groter territorium in gebruik dan vrouwen (denk aan de grootte van de auto). Een dergelijk verschil is er ook bij de persoonlijke ruimte. Vooral in het gebruik van primaire territoria blijken mannen en vrouwen te verschillen. Een primair territorium is zowel een materiële plaats om je terug te kunnen trekken als een plaats waarmee de gewenste identiteit getoond wordt. Vrouwen besteden meer zorg aan de persoonlijke decoratie van een huis en de identiteitsfunctie is voor hen belangrijker dan bij mannen. Vooral vrouwen richten het huis in, 'bekleden het nest' (Keizer, 1993). Mannen zien een huis meer als hun bezit en zullen het dan ook sneller verdedigen dan vrouwen. Dit verschil hangt waarschijnlijk samen met de traditionele verdeling van huishoudelijke taken in onze cultuur.

Er zijn twee belangrijke vormen van ruimtelijk gedrag: de omgang met persoonlijke ruimte en territorialiteit. Tussen deze twee vormen bestaan essentiële verschillen. Persoonlijke ruimte is onzichtbaar en dragen we met ons mee; een territorium is juist wel zichtbaar en aan een vaste plaats gebonden. Persoonlijke ruimte en territoria blijken allebei een veiligheids- en een communicatieve functie te vervullen. Het is waarschijnlijk dat mensen voor beide vormen een genetische aanleg (dispositie) hebben, maar dat de uiteindelijke vormgeving wordt beïnvloed door leerervaringen en andere invloeden, waarvan cultuur er een is.

7.3 Nieuwe ontwikkelingen: verbondenheid met omgeving en voorwerpen

In het voorgaande hebben we gezien dat een primair territorium een identiteitsfunctie vervult. Vanaf begin jaren tachtig van de vorige eeuw is er bij psychologen en andere wetenschappers zoals sociologen, antropologen en architecten een toenemende belangstelling voor deze functie ontstaan. In de Engelstalige publicaties over dit onderwerp (Altman et al., 1992; Gifford, 2002) worden de begrippen place attachment en place identity gebruikt. De begrippen zijn te omschrijven als 'hechting aan de omgeving' en 'omgevingsidenteit', maar omdat deze Nederlandstalige begrippen weinig worden gebruikt, gebruiken we de Engelse. Place attachment houdt in dat we speciale banden ontwikkelen met plaatsen die een bijzondere betekenis voor ons hebben. Dat kan het eigen huis zijn of vaker het ouderlijk huis. Het kan de straat zijn waarin iemand geboren en getogen is, of de buurt, het dorp of de stad. Het is niet hetzelfde als een territorium: de verbondenheid of identiteitsfunctie is hier belangrijker. Place identitity betekent dat een bepaalde ruimte een belangrijke plaats inneemt in iemands identiteit. Iemand noemt zich naar zijn geboortedorp of stad, hij is een Rotterdammer of Almeloër. En iemand anders hoeft die plaats ook niet te beschimpen, want dan kom je aan zijn identiteit. Zo is voor sommige inwoners van Antwerpen hun 'koekenstad' het middelpunt van de aarde, niet minder en niet meer. Mensen hechten zich niet alleen aan plaatsen waar ze zijn opgegroeid, maar ook aan plaatsen die belangrijk zijn vanuit iemands geloof, zoals een moskee of kerk of de heilige plaatsen Jeruzalem, Mekka en Rome. Of men hecht zich aan een plaats waar iemand helemaal tot rust komt, zoals een bepaalde plek in de natuur.

'Place' wordt breed gedefinieerd. Van groot naar klein spreekt men van hechting aan landschap, steden, woonbuurt, huis, huisdieren en voorwerpen. Een persoon zal zich niet aan alle onderdelen uit zijn omgeving hechten. Wil iemand zich aan een plaats of voorwerp hechten, dan moet die plaats of dat voorwerp een speciale (positieve) betekenis hebben. Iemand kan gehecht zijn aan een bepaalde plaats waar hij als kind speelde. En iemand kan gehecht zijn aan het bestek waar overgrootvader nog mee gegeten heeft, terwijl andere gebruiksvoorwerpen zoals een paraplu of tandenborstel geen emotionele betekenis hebben. Place attachment neemt over het algemeen toe bij het ouder worden. Voorwaarde is dat de betreffende omgeving een positieve functie vervult. Maar ook kinderen kunnen al gehecht zijn aan een omgeving. Dat is te merken als er verhuisd wordt, wat voor hen een traumatische gebeurtenis kan zijn.

Hechting aan de omgeving kent veel vormen. Mensen kunnen gehecht zijn aan heel persoonlijke eigendommen die alleen voor hen betekenis hebben (zie kader 22) en zij kunnen hechting met anderen delen. De kinderen uit eenzelfde gezin delen de hechting aan het ouderlijk huis. De mensen uit eenzelfde buurt, dorp of stad delen de hechting aan hun woonplaats. Zo kunnen mensen uit eenzelfde land de voorkeur voor hun landschap delen. In Nederland is het echt lente als de krokussen bloeien en de inwoners delen de prettige gevoelens die daarbij horen.

Place attachment vervult meerdere functies tegelijk (Low & Altman, 1992). Net als bij territoria is de *veiligheidsfunctie* belangrijk. Bowlby liet zien dat bij geslaagde hechting de moeder een veilige uitvalsbasis voor het kind wordt. Het kind gaat op onderzoek uit als het zich veilig gehecht weet. Het weet dat het altijd kan terugkeren bij moeder. Hetzelfde gebeurt bij hechting aan het ouderlijk huis: het huis dient als veilige uitvalsbasis. Bij kinderen kan deze functie ook vervuld worden door knuffels. Een kind dat uit logeren gaat, voelt zich veel veiliger als het een aantal lievelingsknuffels meeneemt. Deze voelen niet alleen vertrouwd aan, maar zijn ook gepersonaliseerd met eigen (lichaams)geur (Keizer, 1993).

Place attachment vervult een *sociale functie*. Het huis is een ontmoetingsplek met de familieleden, de kerk of moskee met medegelovigen.

Place attachment heeft een belangrijke functie in het *levend houden van onze herinneringen* – denk hierbij aan de foto's van familieleden die op de kast staan, schilderijen die uit een erfenis afkomstig zijn, voorwerpen die iemand cadeau heeft gekregen en die de herinnering aan de gever levend houden, enzovoorts. Ze materialiseren ons eigen en ons met anderen gedeelde verleden. Ze leggen dat in de tijd vast en geven houvast. Bij een aandenken of souvenirs is zowel het voorwerp als de herinnering belangrijk (Keizer, 1993). De herinneringen houden onze geschiedenis levend en dat is weer van belang voor onze identiteit.

Voorwerpen en plaatsen vervullen een functie bij het ontstaan en in stand houden van een *persoonlijke, groeps-* en *culturele identiteit.* Hechting aan plaatsen en voorwerpen vervult een rol in de manier waarop iemand zichzelf definieert. Iemands identiteit bestaat niet alleen uit zijn lichaam en gedachten en herinneringen, maar ook uit zijn bezit en zijn relaties met anderen. Als je je verplaatst in mensen wier hele hebben en houden is afgebrand of die berooid hun land ontvlucht zijn, dan kun je wellicht begrijpen wat het betekent als ze zeggen: 'Ik heb alleen mijn herinneringen nog.' Het zijn de cognitieve herinneringen, die niet meer gesymboliseerd kunnen worden met voorwerpen. Het kwijtraken van belangrijke voorwerpen of het kwijtraken van voorwerpen én het geboorteland zoals bij vluchtelingen betekent ook dat een belangrijk deel van de identiteit is verloren geraakt.

De voorwerpen en plaatsen waaraan mensen gehecht zijn, worden meestal niet voor zichzelf gehouden, maar ingezet bij *communicatie* over identiteit. Dat gebeurt op individueel en op groepsniveau. Bezoekers uit andere landen worden vol trots de landelijke of stedelijke symbolen getoond: de Hollandse molens, de Amsterdamse grachten en de Grote Markt van Antwerpen. Met hun huis tonen mensen hun persoonlijke, gezins- en culturele identiteit. Maar niet alles wordt aan anderen getoond, niet iedereen wordt in huis gevraagd. Er zijn voorwerpen en plekken, zoals de slaapkamer, die alleen getoond worden aan intieme vrienden. En er zijn voorwerpen, vaak enorm belangrijk voor de identiteit, die aan niemand getoond worden, zoals een dagboek.

Van bovengenoemde functies wordt de identiteitsfunctie als het belangrijkste gezien. De andere functies dragen daartoe bij. Veiligheid, herinneringen en communicatie beïnvloeden de identiteit. Dat is belangrijk voor hulpverlening en opvoeding. Iedereen wil zijn identiteit ontwikkelen en in stand houden. In de omgevingspsychologie wordt identiteit niet los gezien van de sociale en materiële omgeving waarin iemand functioneert. De opbouw van een identiteit is met een 'ui-model' weer te geven. De kern wordt gevormd door persoonlijke opvattingen, gedachten en herinneringen. Deze kern wordt omgeven door een lichaam, dat tegelijkertijd onderdeel is van en invloed uitoefent op de identiteit. Om het lichaam zit kleding. De persoon bezit een primair territorium waarin hij met allerlei voorwerpen en attributen zijn identiteit vormgeeft en tentoonspreidt. Aan al die 'schillen van de ui' is een persoon gehecht. Hij koestert zijn herinneringen en lichaam. Kleding wordt uitgekozen, het territorium wordt ingericht, enzovoorts. Als een persoon zich niet kan hechten aan de omgeving, bijvoorbeeld omdat hij geen (primair) territorium heeft, dan zal dat zijn identiteit negatief beïnvloeden. Hetzelfde is het geval als iemand afkeer heeft van zijn eigen geschiedenis en/of lichaam. In dat geval kan er sprake zijn van een negatief zelfbeeld. Overigens is er ook op dit gebied sprake van een leeftijdsontwikkeling: tijdens de kindertijd en adolescentie zijn activiteiten en prestaties waarschijnlijk belangrijker voor de (vorming van) identiteit dan op volwassen leeftijd, voorwerpen en herinneringen belangrijker zijn (Belk, 1992). Emotionele hechting aan voorwerpen onderhoudt en breidt de identiteit uit, maar kan bij extreme hechting een gevaar opleveren als iemand het voorwerp kwijtraakt. Soms kan dit een depressie uitlokken (Belk, 1992). Gematigde hechting lijkt heilzamer te zijn dan extreme hechting.

Ook bij place attachment en place identity zijn individuele kenmerken van invloed. Allereerst is er een *leeftijdsontwikkeling*. Kinderen hebben minder voorwerpen waar ze aan gehecht zijn dan volwassenen. Na ongeveer de veertigjarige leeftijd neemt de behoefte aan persoonsgebonden voorwerpen bij volwassenen toe. Steeds meer voorwerpen, zoals foto's, souvenirs en cadeaus, worden bewaard om herinneringen levend te houden. Hoe ouder iemand wordt, hoe belangrijker deze functie is. Ze geeft de ouder wordende persoon een gevoel van geworteldheid. Voor de residentiële hulpverlening is dit een belangrijk inzicht. Als mensen, om wat voor reden dan ook, hun eigen thuis moeten verlaten en opgenomen worden in een instelling, dan is het belangrijk dat zij hun nieuwe onderkomen kunnen inrichten met hun eigen, emotioneel waardevolle voorwerpen. Als dat niet kan, worden ze ontdaan van hun gematerialiseerde geschiedenis.

Mannen blijken in onze cultuur meer waarde te hechten aan bezit dan vrouwen. Voor mannen heeft het meer een communicatieve functie: er wordt mee gepronkt. Bij vrouwen staat de emotionele functie van bezit veel meer voorop. Denk aan het dagboek: vrouwen hebben dat vaker dan mannen, maar ook 'prullaria', zoals de 'gansjes' en dergelijke. Hierbij staat de emotionele en decoratieve waarde meer voorop dan de financiële (Keizer, 1993).

Er zijn *cultuurverschillen* bij place attachment. Het hechten aan een primair territorium en voorwerpen die daarin staan komt vooral voor in culturen waar mensen op een vaste plaats wonen. Nomadische culturen kennen deze vorm van place attachment minder. Dat neemt niet weg dat er ook in deze culturen vormen zijn waarin de leden identiteit verwerven en onderhouden. Zo ontlenen herders van nomadische stammen aanzien aan de grootte van hun kudde. Bij nomadische Toeareks zijn de tenten volgens vaste rituelen ingericht, met territoria voor man, vrouwen en kinderen. Ook bestonden er culturen waarin niet zozeer het individuele, maar het gemeenschappelijke bezit centraal stond, in andere culturen verwierven mensen aanzien door waardevolle voorwerpen weg te geven in plaats van te houden (Dittmar, 1992).

Kader 22

De azalea van oom Henk

Toen ik bij het schrijven van deze paragraaf zocht naar een voorbeeld om hechting aan voorwerpen te verduidelijken, herinnerde ik me een voorval uit mijn jeugd. Een triest voorbeeld, dat laat zien welke emotionele betekenis een voorwerp, in dit geval een plant, kan hebben.
Ik was twaalf jaar oud toen mijn ouders hun twintigjarig huwelijksfeest vierden. 's Avonds was er een feest, maar ook overdag waren gasten welkom. Een van hen was oom Henk, de jongste, ongetrouwde broer van mijn moeder. Hij kwam 's ochtends op de koffie en bracht voor mijn moeder – die dol was op kamerplanten – een azalea mee. Oom Henk vertrok weer vroeg en de voorbereidingen voor het feest werden voortgezet. Vroeg in de avond werd er aangebeld. Ik deed open en voor de deur stond een zus van mijn moeder, mijn tante. Het was duidelijk dat er iets niet klopte, want ze was alleen, niet in feestelijke stemming en te vroeg. Ze bracht het bericht dat die middag oom Henk plotseling was overleden.
Van de avond kan ik me weinig herinneren, maar ik herinner me wel de manier waarop mijn moeder de daaropvolgende dagen de azalea vertroetelde. Wat eerst een gewoon cadeau was, kreeg nu een zeer emotionele betekenis. De azalea was het laatste cadeau van oom Henk en materialiseerde de herinnering van mijn moeder aan haar broer. Helaas was ook de azalea geen lang leven beschoren. Al spoedig verpieterde de plant. Wat mijn moeder ook deed, bloemen vielen uit en dorre blaadjes namen in aantal toe. Ten einde raad werd de azalea met pot en al in de tuin geplant. Ook dat hielp niet. Toen ik, na een aantal weken, samen met mijn moeder de plant weer uitgroef, bleek dat de pot waarin de azalea zat nog een ander, veel kleiner potje bevatte. De azalea had daardoor niet genoeg ruimte voor zijn wortels. Vloeken deed mijn moeder zelden, maar op dat moment werden de bloemisten vervloekt. Nog nooit had ze verdriet gehad om het doodgaan van een plant. Deze keer was er alleen maar verdriet. Het was alsof oom Henk nog een keer stierf.

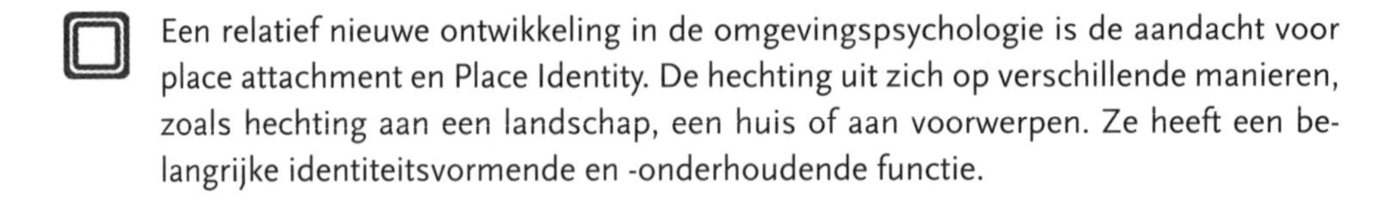

Een relatief nieuwe ontwikkeling in de omgevingspsychologie is de aandacht voor place attachment en Place Identity. De hechting uit zich op verschillende manieren, zoals hechting aan een landschap, een huis of aan voorwerpen. Ze heeft een belangrijke identiteitsvormende en -onderhoudende functie.

7.4 Het verklaren van psychische stoornissen

Bij het verklaren van (het ontstaan van) psychische stoornissen wordt vaak naar individuele en sociale factoren gekeken. Er is weinig aandacht voor de invloed van de fysiek ruimtelijke omgeving (Anthony & Watkins, 2002). Net zoals in de systeemtheorie ontbreken ook in de omgevingspsychologie theorieën over het ontstaan van specifieke stoornissen zoals angststoornissen en depressie. Men hanteert het model dat kenmerken van de fysiek ruimtelijke omgeving (latent) aanwezige stoornissen kunnen uitlokken of verergeren. Daarbij wordt het uitgangspunt gehanteerd dat persoon en omgeving één geheel vormen. Zo kan een persoon met een bepaalde aanleg in de ene omgeving wel een stoornis krijgen (het ontstaan wordt gefaciliteerd) en in een andere omgeving niet (het ontstaan wordt geremd).

Angst- en stemmingsstoornissen worden in verband gebracht met situaties waarin iemand geen controle heeft over zijn eigen situatie en/of zijn primaire territorium. Ook in de omgevingspsychologie wordt de theorie over aangeleerde hulpeloosheid gebruikt (zie hoofdstuk 3 en 5). Zo blijken kinderen die vaak moeten verhuizen, dus vaak een territorium hebben moeten verlaten en een ander opbouwen, waardoor het gevoel van controle minder is, het op meerdere aspecten minder goed te doen dan kinderen die dit niet hoeven (Bronfenbrenner & Evans, 2000). Kinderen uit een grote stad in India die opgroeiden in een overvol huis (door of een te kleine behuizing en/of een gezin met veel kinderen) hadden meer problemen met gedrag op school, slechtere schoolprestaties en – bij meisjes – een grotere geleerde hulpeloosheid dan kinderen uit een minder vol huis. Deze effecten werden ten dele beïnvloed door de door het kind ervaren conflicten met zijn ouders. Hoe voller het huis, hoe meer conflicten werden ervaren (Evans et al., 1998). Uit een overzichtsartikel van onderzoek naar de effecten van lastig te controleren omgevingskenmerken zoals geluidsoverlast, hoge concentratie van mensen op een bepaalde plek en verkeersopstoppingen blijkt dat al deze verschijnselen negatieve effecten hebben op het gedrag en gevoel van welbevinden van mensen (Evans & Stecker, 2004). Vaak kon aangetoond worden dat dit veroorzaakt werd door geleerde hulpeloosheid. Vooral mensen die depressief zijn of een negatieve interne attributiestijl hanteren, zijn gevoeliger voor de negatieve effecten van deze verschijnselen.

Het belang van controle speelt ook bij ouders met (jonge) kinderen. Internationaal onderzoek geeft aan dat bewoners op hogere verdiepingen van flats het over het algemeen op psychisch gebied slechter doen dan de bewoners van lagere verdiepingen. Het is speculeren hoe dat komt: wellicht is men banger vanwege de grote hoogte of is het lastiger om sociale contacten goed te onderhouden. Specifieker onderzoek toonde aan dat vooral moeders met jonge kinderen gevoelig zijn voor de negatieve effecten van het wonen op hogere verdiepingen. Gebrek aan speelruimtes die makkelijk door de ouders gecontroleerd kunnen worden, bleek een van de verklaringen te zijn (Evans, Wells & Moch, 2003).

In de jaren zestig van de vorige eeuw is veel belangstelling geweest voor de invloed van 'totale instituties' op het gedrag en welbevinden van de mensen die eraan onderworpen werden. Het leger, religieuze ordes, gevangenissen en psychiatrische inrichtingen zijn hier voorbeelden van. Dergelijke instituties hebben regels, geboden en verboden waarmee de identiteit van bijvoorbeeld psychiatrisch patiënten verminkt wordt (Goffman, 1961). Goffman spreekt van het tenietdoen van het ego. Zo wijst hij op het verschijnsel dat als mensen opgenomen werden, ze werden afgesneden van hun geschiedenis, hun normale wereld. Persoonlijke bezittingen moesten ingeleverd worden en de patiënten moesten het regime van de instelling ondergaan. De controle over zichzelf en hun omgeving raakten ze kwijt. Huidige instellingen uit de geestelijke gezondheidszorg voldoen niet meer aan alle kenmerken van totale instituten die Goffman formuleerde. Maar soms zijn nog kenmerken overgebleven of worden met een verwijzing naar efficiëntie nieuwe maatregelen ingevoerd die een instituut 'totaal' kunnen maken.

Het ondergaan van het regime van een totaal instituut heeft invloed op het gedrag van de patiënten of bewoners. Er kan verzet en agressie ontstaan, maar *apathie* en *hospitalisatie* liggen meer voor de hand. Als patiënten dit gedrag vertonen, dan wordt dat vaak geïnterpreteerd vanuit hun ziektebeeld. Zo verklaart men teruggetrokkenheid bij schizofrene patiënten vanuit hun psychische stoornis en niet vanuit de omgevingskenmerken. Ook in de jaren zestig verscheen het boek *Institutional Neurosis* (Barton, 1962 in Williams, 1994). Barton is de mening toegedaan dat de symptomen van wat men toen 'chronische psychose' noemde, zoals apathie, onderdanigheid, somberheid, gebrek aan initiatief en interesse in de omgeving, niet door een hersenafwijking werden veroorzaakt, maar door het feit dat de inrichting elke manier om een eigen identiteit te onderhouden van de patiënten afnam. Tegenwoordig werkt men deze opvatting uit naar territoria. De identiteit van patiënten kan verminkt worden doordat het ze binnen de instelling ontbreekt aan een eigen primair territorium of ze dat niet naar eigen smaak mogen beheren. Dergelijke processen kunnen zich ook voordoen in de bejaardenzorg, verstandelijkgehandicaptenzorg en justitiële settings. Zo lieten Rubinstein & Parmelee (1992) met een analyse van de verzorgings- en verpleeghuizen voor bejaarden in de Verenigde Staten zien dat – toentertijd – de bewoners slechts zeer geringe mogelijkheid hadden om hun kamer te veranderen en persoonlijk in te richten. Zij spraken over de verzorgings- en verpleeghuizen als ruimten die collectief gedefinieerd worden en voor de bewoners geen persoonsgebonden betekenis hebben. Keizer (zie 7.5.2) is van mening dat op afdelingen van chronisch psychiatrische patiënten en in sommige instellingen van de verstandelijkgehandicaptenzorg de woonruimten door de bewoners niet ervaren worden als een eigen territorium, maar als het territorium van het personeel. Met andere woorden: de bewoners zitten permanent op het territorium van iemand anders. Beide schrijvers verklaren symptomen zoals apathie, somberheid, hospitalisatie mede vanuit de kenmerken van de omgeving waarin de patiënt zich bevindt.

In de omgevingspsychologie worden persoon en omgeving als één geheel gezien. Dit heeft tot consequentie dat (symptomen van) psychische stoornissen opgevat worden als een reactie van een persoon op de omgeving waarin hij verkeert. Vooral het gebrek aan controle in een bepaalde omgeving kan leiden tot onder andere aangeleerde hulpeloosheid. Apathie en hospitalisatie van bijvoorbeeld chronisch psychiatrische patiënten kunnen uitgelokt worden door de omgeving (het psychiatrisch ziekenhuis) waarin zij zich bevinden. De symptomen worden hierbij niet als een individueel kenmerk opgevat.

7.5 Praktische toepassingen van de omgevingspsychologie

De omgevingspsychologie is begonnen als een toepassingsgebied van inzichten uit de psychologie en kent daardoor veel praktische toepassingen. In deze paragraaf bespreken we twee voorbeelden. Allereerst kijken we hoe de omgevingspsychologie toegepast kan worden op het ontwerpen van een stedelijke omgeving. Vervolgens kijken we waaraan een woonsituatie moet voldoen wil deze ervaren worden als een thuis. Voor beide onderwerpen is de laatste jaren veel aandacht. Sommige stadswijken zijn verloederd en verdienen een fysieke en sociale opknapbeurt. Hoe doen we dat? Binnen de (semi)residentiële hulpverlening zijn kleinschalige en beschermende woonvormen voor onder andere (ex-)psychiatrisch patiënten en verstandelijk gehandicapten enorm in aantal toegenomen. Maar wat is wonen eigenlijk? Woon je als je een dak boven je hoofd hebt? Is een eigen woon- of slaapkamer belangrijk? De omgevingspsychologie biedt aanknopingspunten om deze vragen te beantwoorden.

7.5.1 Hoe maken we een stadsbuurt prettig?

Het percentage mensen dat in een stedelijke omgeving woont, neemt over de gehele wereld toe (Gifford, 2002). In Nederland nam tussen 1990 en 2000 het aantal inwoners van sterk stedelijke gebieden toe van 3,1 miljoen naar 4,1 miljoen. Tegelijkertijd nam het aantal bewoners van niet-stedelijke gebieden af van 3,1 miljoen naar 2,3 miljoen (www.cbs.nl). Een grote stad is niet altijd een prettige verblijfplaats: inwoners van grote steden in Nederland hebben meer gezondheidsklachten – waaronder psychische problematiek – en zijn vaker slachtoffer van criminaliteit dan bewoners van kleinere steden of plattelandsgemeenten (www.cbs.nl). Binnen een stad verschillen de cijfers per buurt, in de ene buurt is de concentratie mensen met gezondheidsklachten groter dan in een andere buurt. In Nederland wil men oude stadswijken vernieuwen en de leefbaarheid vergroten. Men wil dat niet alleen bereiken met de bouw van nieuwe woningen en voorzieningen, maar ook door de betrokkenheid van de inwoners op elkaar te vergroten. Wat is hierover bekend vanuit de omgevingspsychologie? Hieronder gaan we achtereenvolgens in op wat een buurt is; wat de tevredenheid van bewoners beïnvloedt; het begrip 'defensible space'; criminaliteit en vandalisme; sociale cohesie; stress en place attachment.

Buurt

Objectieve criteria voor wat een buurt bepaalt, zijn niet te geven. De buurt is een psychologisch begrip, niet fysiek (een aantal huizenblokken) of juridisch (een gemeente). Dit betekent dat wat bewoners onder hun buurt verstaan, kan verschillen. Het is een subjectieve ervaring. Maar al is dat zo, het is ook overduidelijk dat de sociale omgang in buurten van elkaar verschilt. Zo is er verschil in de mate en manier waarop bewoners elkaar groeten en aankijken. Bewoners identificeren zich op verschillende wijze met een buurt. Sommigen vernoemen zich naar een buurt en zijn een Kattenburger of Loosduiner. Anderen zeggen dat ze in Kattenburg of Loosduinen wonen (Gifford, 2002).

Tevredenheid

Of iemand tevreden is met zijn buurt hangt niet alleen van buurtkenmerken, maar ook van persoonskenmerken af. Zijn er voldoende winkels, openbaar vervoer en andere voorzieningen? De waardering hangt af van de behoeften van de bewoner. Het belangrijkste wat de tevredenheid met de buurt bepaalt is de tevredenheid met het eigen huis. Dit huis moet een primair territorium zijn, anders biedt het te weinig geborgenheid en veiligheid. Maar of het huis deze functie kan vervullen, is ten dele afhankelijk van fysieke en sociale buurtkenmerken. De meeste mensen houden van ruime straten, weinig (doorgaand) verkeer, groen in de omgeving en mooie huizen (Gifford, 2002). Maar al deze aspecten kennen een subjectieve beleving, ze zijn niet hard te maken. Hoe mensen hun huidige buurt waarderen, hangt af van de eventuele vorige woning. Als men de laatste verhuizing als vooruitgang ervaart, wordt de huidige buurt als prettiger ervaren.

Veiligheid

Een belangrijke invloed op de tevredenheid met een buurt is de ervaren criminaliteit en veiligheid. Onderzoek laat zien dat vooral de ervaren (on)veiligheid bepaalt hoe tevreden men is met de buurt. Objectieve criminaliteitscijfers doen er hier minder toe. Publieke en secundaire territoria zoals straten, buurt en trapopgang worden als veiliger ervaren als zij makkelijk te overzien en te controleren zijn en 'onderhoudend' gedrag uitlokken bij de buurtbewoners. Goede straatverlichting vergroot over het algemeen het gevoel van veiligheid, net als weinig straatvuil en graffiti. Mensen die hun buurt schoonhouden (onderhoudend gedrag) voelen zich over het algemeen verantwoordelijk en veilig. Het begrip *defensible space* wordt gebruikt om deze processen te verduidelijken (Gifford, 2002). Dit begrip slaat op fysieke kenmerken van een buurt. Een buurt die door een echte of symbolische barrière begrensd wordt, wordt door de bewoners makkelijker als 'hun buurt' ervaren waarvoor zij zich verantwoordelijk voelen en gedragen. Dit blijkt eenvoudiger te zijn voor bewoners aan een doodlopende weg of in een hofje. Men kent elkaar dan makkelijker en vreemden worden snel opgemerkt. De ruimte bevordert het zich verantwoordelijk voelen voor een buurtje en daarmee verdedigingsgedrag. Dit is minder het geval in een buurt die onduidelijk begrensd wordt, waarin de huizen slecht onderhouden worden en veel vandalisme is. Maar ook dit is subjectief, er zijn bewoners die daar geen last van hebben.

Sociale cohesie

Mensen verschillen in hun behoefte aan sociaal contact met andere buurtbewoners. De meeste mensen willen dat hun buren 'goede mensen' zijn, wat meestal betekent dat men geen last van ze wil hebben. Sociale contacten onderhoudt men meestal op het werk, de school en met vrienden, daarvoor zijn buurtbewoners niet nodig. Maar onverschilligheid over wie er in de buurt woont, kent zijn grenzen. De laatste jaren is er in Nederland (en andere landen) toenemende bezorgdheid over het gebrek aan sociale cohesie, vooral in buurten van grote steden. Buurtbewoners kregen steeds meer last van elkaar, onder andere doordat de bewonerssamenstelling divers was geworden en men niet de gelegenheid had om elkaar te leren kennen vanwege de hoge doorstroomsnelheid. Fysieke kenmerken van een buurt blijken dan belangrijk te zijn, bijvoorbeeld plekken om elkaar te ontmoeten (een bankje in een plantsoen) of een gemeenschappelijke entree van een huizenblok. Maar vaak was dit onvoldoende. In een aantal steden in Nederland – Rotterdam is het bekendste voorbeeld – werden initiatieven genomen tot het ontwikkelen van een stadsetiquette (Diekstra, 2004). Daarin worden afspraken gemaakt over omgangsvormen en samenwerking tussen bewoners van een straat of buurt. De kans van slagen van zo'n sociaal initiatief wordt groter bij het bestaan van bovengenoemde buurtkenmerken, maar kent ook zijn eigen dynamiek. Een etiquette blijkt vooral succesvol te zijn als de buurtbewoners zichzelf zien als de eigenaars ervan en moet dus niet opgelegd worden.

Stress

Te veel stress in een buurt vermindert het woongenot. Bekende voorbeelden van stress zijn verkeersdrukte, veel mensen in een (te) kleine ruimte en geluidsoverlast. Ook hier geldt dat het ervaren van stress een subjectief gegeven is. Over het algemeen geldt dat als iemand het gevoel heeft dat hij zelf iets kan doen aan de stress, deze als minder lastig ervaren wordt. Zoals we eerder zagen, kan oncontroleerbare stress hulpeloosheid veroorzaken (Evans & Stecker, 2004). Een gemeentebestuur kan wat doen aan verkeersoverlast. Zo blijken verkeersdrempels en het invoeren van eenrichtingsverkeer de overlast voor omwoners te kunnen verminderen en daarmee hun woongenot te vergroten. De bevolkingsdichtheid van een bepaalde buurt is lastiger te beïnvloeden. Over het algemeen beïnvloedt het toenemen van de bevolkingsdichtheid twee verschillende reacties bij mensen: of ze onttrekken zich aan de opgelegde interacties (*flight*) of de mate van agressie wordt vergroot (*fight*). Mensen hebben een voorkeur voor een van deze reacties. De bevolkingsdichtheid van het eigen huis (groot gezin in een klein huis) kan de reacties op de bevolkingsdichtheid op straat uitvergroten. Bevolkingsdichtheid kent een bepaald optimum, dat per persoon kan verschillen. Het moet niet te laag zijn (alleen in een groot huis in een stille buurt) en niet te hoog (Regoeczi, 2003). Lawaai kan een grote bron van ergernis zijn, omdat het moeilijk is om het te negeren. Als iemand iets niet wil zien, kan hij wegkijken, maar bij lawaai helpt het niet als de oren afgewend worden. Lawaai is vooral hinderlijk als mensen ervaren dat het te voorkomen is. Harde en vreemde geluiden worden eerder als hinderlijk ervaren, vooral als ze 's nachts geproduceerd worden (Gifford, 2002). Angstige mensen blijken lawaai eerder als hinderlijk te ervaren. Belangrijk is de betekenis die aan het lawaai wordt gegeven. Zo bleek in een onderzoek dat vergelijkbare hoeveelheden lawaai veroorzaakt door een dichtbij gelegen vliegveld in een buurt die getroffen was door een vliegtuigongeluk als veel hinderlijker werd ervaren dan in andere buurten. En mensen die het vliegtuiglawaai verbinden met luchtvervuiling, vinden het ergerlijker dan mensen die dit niet doen (Moran, Gunn & Loeb, 1981).

Place attachment

Bewoners die gehecht zijn aan hun buurt ervaren deze als prettiger dan bewoners die niet gehecht zijn. Ook andersom kan dit zo zijn. Bewoners die een buurt prettig vinden, zullen zich er eerder aan hechten dan bewoners die de buurt als onprettig ervaren. Het ontstaan van place attachment hangt samen met de ervaren stress, veiligheid en sociale cohesie en met persoonskenmerken. Amerikaans onderzoek (Brown, Perkins & Brown, 2003) toont aan dat hechting groter is bij eigenaren van koopwoningen en lager bij huurders. Huiseigenaren blijken een grotere hechting te hebben aan zowel hun eigen huis als de buurt als er een hoge concentratie van eigenaars is. Waarschijnlijk komt dit doordat iemand zich meer bekommert om zijn eigendom dan om iets wat hij huurt. Ook kan het zo zijn dat huurders vaker verhuizen en daarom minder makkelijk een band ontwikkelen met een buurt. Het bevorderen van hechting wordt belangrijk geacht, omdat dit waarschijnlijk de sociale cohesie en de inzet voor het onderhoud van de buurt bevordert. Ander onderzoek (Brown, Perkins & Brown, 2004) toont aan dat in buurten met een hoge mate van place attachment bij de bewoners een lagere mate van criminaliteit en vervuiling is, waarschijnlijk doordat deze bewoners zich verantwoordelijk voelen voor het functioneren van de buurt en daarom opletten en schoonhouden. Een voorzichtige conclusie uit dit onderzoek is dat in een buurt met veel huiseigenaren de place attachment en de sociale cohesie waarschijnlijk makkelijker ontstaan – zowel bij de huiseigenaren als bij de huurders – dan in een buurt met veel huurders. Een andere conclusie is dat los van de samenstelling van de buurt het handig is om place attachment te bevorderen, omdat dit sociale cohesie bevordert en de kans op criminaliteit vermindert. Onderzoek uit Polen (Lewicka, 2005) laat zien dat place attachment niet het enige is. Bewoners met een hoge mate van place attachment (omschreven als 'trots zijn op de buurt') zetten zich niet automatisch voor de buurt in. Dit gebeurt wel bij bewoners die zowel een hoge mate van place attachment hebben als veel contacten met andere buurtbewoners.

7.5.2 Wanneer is een huis een thuis?

In het Engels wordt een onderscheid gemaakt tussen een *house* en een *home*. In het Nederlands onderscheiden we huis van thuis om het onderscheid tussen een huis als gebouw en een huis als eigen plek aan te geven. Al eerder zagen we dat een gebouwde ruimte niet als een thuis ervaren kan worden als de kenmerken van een primair territorium afwezig zijn. Het huis moet een persoonsgebonden plaats zijn met duidelijk waarneembare grenzen. De bewoners zijn eraan gehecht. Niet elk huis wordt een thuis. Maar er zijn meer voorwaarden waaraan een gebouwde ruimte moet voldoen voordat deze als een thuis ervaren kan worden.

In een kleinschalig Australisch onderzoek (Smith, 1994) werd mensen gevraagd wat zij als relevante kenmerken van een thuis ervaren. Ook werd gevraagd naar de kenmerken van ruimten die zij niet als een thuis hadden ervaren. De geïnterviewde mensen waren bijna allemaal heteroseksuele paren met een gemiddelde leeftijd van 35 jaar. De bevindingen uit dit onderzoek ondersteunen inzichten uit andere literatuur. Over het algemeen moet een thuis aan vijf criteria voldoen om het te onderscheiden van een huis of een verblijfplaats zoals een inrichting. Hieronder worden deze criteria besproken.

Centraliteit of belangrijkheid (zie figuur 7.2) slaat op de mate van persoonlijke controle. Dit is ook een essentieel kenmerk van een primair territorium. Een thuis functioneert als een centrale uitvalsbasis voor de bezitters. Het is de materiële plek waarvandaan iemand vertrekt en waarnaar hij weer terugkeert. Het thuis staat centraal in het leven en erbinnen hebben de bewoners de controle. Zij bepalen wat er gebeurt en wie er komt.

Continuïteit of stabiliteit slaat op het gevoel ergens thuis te horen, op de plek waar iemand geworteld is en langdurig verblijft. Dit criterium lijkt op place attachment. Mensen die veel verhuizen of helemaal geen eigen plek hebben – zwervers –, zullen minder snel of niet geworteld raken. Vooral voor kinderen is continuïteit van belang. Kinderen noemen dan ook veiligheid, in de zin van een plek waar je kunt terugkeren, als het meest belangrijke kenmerk van een thuis. Dat geldt ook nog voor volwassen kinderen. Het ouderlijk huis is een plek waar zij nog altijd kunnen terugkeren en welkom zijn.

Privacy is een derde criterium. Als iemand controle over ruimten heeft, dan bevordert dat het gevoel van privacy. Met controle over de ruimten is er namelijk controle over de toegankelijkheid, waardoor iemand kan bepalen welke sociale interacties hij toestaat binnen die ruimten. Als iemand de ruimten waar hij woont zelf controleert, dan geeft dit privacy en daarmee gevoelens van comfort en vrijheid. Deze laatste gevoelens zijn erg kenmerkend voor een thuis.

Zelfexpressie en persoonlijke identiteit worden bevorderd als een thuis kan dienen als een symbool van hoe iemand zichzelf ziet en hoe hij wil dat anderen hem zien. Een thuis bevat betekenisvolle plekken en voorwerpen waarvan iemands identiteit is af te lezen.

Sociale relaties zijn te beïnvloeden en te onderhouden met een thuis. Een thuis dient als – een zelfgekozen – centrum van een sociaal netwerk. Vrienden, familie en buren worden – indien de bezitter van het thuis dat wenst – toegelaten. Naast het centrum van een extern sociaal netwerk – van mensen die daar niet wonen – is het thuis ook de plaats waar het eventuele interne sociale netwerk wordt onderhouden: relaties met ouders, partner of kinderen. Ook huisdieren kunnen daartoe behoren.

Deze vijf kenmerken zijn doorslaggevend, maar ook de materiële omgeving van een woning – de kenmerken van de buurt – en de materiële kenmerken van een woning zelf – grootte en staat van onderhoud – beïnvloeden de mate waarin deze als een thuis ervaren wordt.

Uit het onderzoek bleek dat ongewenste interne sociale relaties, negatieve sfeer, herinneringen aan persoonlijke problemen, gebrek aan privacy, en ontevredenheid met de materiële kenmerken van woning en buurt belangrijke thema's zijn bij het negatieve oordeel over een huis. Bij de ongewenste interne sociale relaties en negatieve sfeer werden antwoorden gegeven over negatief gedrag van medebewoners op een studentenflat, een schoonmoeder die zich overal mee bemoeide en een slechte relatie met de partner. De associatie met persoonlijke problemen werd verwoord door mensen die het vroegere huis associeerden met eenzaamheid of een echtscheiding. Een oud-soldaat gaf aan dat het verbod om posters op te hangen in de kazerne ervoor zorgde dat zijn verblijfsplek onpersoonlijk bleef (wat voor de legerleiding waarschijnlijk de bedoeling was: identiteit ontnemen/ drillen). Gebrek aan privacy werd over het algemeen toegelicht met de opmerking dat het ontbrak aan een eigen plek. Bij materiële kenmerken kan het dan gaan om een donker of slecht te verwarmen woning en een vervallen buurt.

Smith deed onderzoek bij 'gewone' mensen. De resultaten die hij vond kunnen als richtlijnen dienen voor woonvoorzieningen voor hulpbehoevenden zoals in de bejaardenzorg en geestelijke gezondheidszorg. Maar wat voor gewone mensen geldt, kan niet altijd automatisch naar de hulpverlening vertaald worden. Een kenmerk van ouder worden is dat de wereld letterlijk en figuurlijk kleiner wordt. De zintuigen gaan achteruit, zodat de bejaarde een veel grotere behoefte heeft aan een overzichtelijke en bekende omgeving. Daarnaast verminderen de sociale relaties. Vrienden en eventuele partner gaan dood, de kinderen zijn allang het huis uit en wonen ergens anders. Voor bejaarden wordt het thuis dan ook minder het centrum van materiële en sociale relaties. Het aspect van persoonlijkheid en zelfexpressie neemt juist aan belang toe. De voorwerpen en inrichting van het huis houden de herinnering aan het verleden levend (Rubinstein et al., 1992). Juist daarom is het zo belangrijk dat bejaarden zo veel mogelijk eigen spulletjes (hun gematerialiseerde verleden) kunnen meenemen als zij naar een verzorgings- of verpleeghuis moeten (ibidem). Aan de andere kant is het voorstelbaar dat het veiligheidsaspect een veel grotere rol speelt in de hulpverlening dan bij gewone mensen. Iemand met een verstandelijke, lichamelijke of psychische handicap is minder goed in staat om andere mensen op afstand te houden. Aan zijn thuis of primaire territorium kunnen daarom extra eisen gesteld worden, zodat het als een prothese kan werken om de handicap te compenseren. We gaan hier nader in op de eisen die gesteld kunnen worden aan de woonomgeving van mensen met een handicap.

Controle over jezelf, relaties en territorium

De Nederlandse psycholoog en omgevingstechnoloog G. Keizer werkt de concepten van territorium en persoonlijke ruimte uit naar de geestelijke gezondheidszorg. Hij combineert deze concepten met de systeem- en communicatietheorie van Watzlawick. Centraal in zijn benadering staat het begrip controle (Keizer, 1993/1994; Rigter, 1996). Keizer onderscheidt twee vormen van controle. Allereerst de *autonome controle*, waarmee hij de controle over jezelf en relaties met belangrijke anderen bedoelt. Ten tweede *territoriale controle*, waarmee hij de controle over de materieelgeografisch getrokken grenzen van een (primair) territorium, een veilige plek bedoelt. In zijn theorie staan vooral veiligheid en communicatie centraal. Hieronder worden beide concepten nader uitgewerkt en praktische toepassingen getoond.

Autonome controle

In hoofdstuk 6 hebben we gezien dat Watzlawick ervan uitgaat dat al ons gedrag een communicatieve functie vervult. Als we communiceren met anderen zeggen we iets over onszelf, over de ander en over de relatie die we wensen. Watzlawick spreekt van *relatiedefinities*. Uitspraken als 'Ik hou van je' of 'Kom eens lekker naast me zitten' zijn voorbeelden van (gewenste) relatiedefinities. Keizer (1994b) laat zien dat non-verbale communicatie van belang is bij het definiëren van relaties. Bij relatiedefinities gaat het altijd om de psychologische en ruimtelijke afstand en nabijheid tussen mensen. Een relatiedefinitie is soms in gewenste centimeters afstand of nabijheid uit te drukken. Keizer onderscheidt vijf vormen van communicatie waarlangs afstand en nabijheid in relaties tot stand komen (ibidem).

1. De verbale (digitale) communicatie. Iemand kan zeggen: 'Kom eens lekker bij me zitten', 'Kun je een stukje opschuiven?' of 'Verdwijn uit mijn ogen'.
2. Non-verbale communicatie met lichaamstaal, lichaamshoudingen, bewegingen, lichaamsgeur, enzovoorts. Een belangrijke functie van non-verbale communicatie is het aankijken of aanstaren.
3. Non-verbale communicatie met uiterlijk vertoon (*display*). De manier waarop iemand zich kleedt, make-up draagt, versieringen zoals tatoeage en sieraden heeft aangebracht, zegt iets over hoe hij wenst te zijn, wat zijn gewenste iden-

titeit is. Met uiterlijk vertoon benadrukt iemand (push-up-bh) of camoufleert (deodorant) aspecten van de natuurlijke lichaamstaal. Met dit alles drukt iemand uit tot welke referentiegroep hij zich aangetrokken voelt en tegen welke hij zich afzet. Daarmee wordt duidelijk wie hem wel mogen benaderen en wie juist niet.

4 De bovengenoemde drie vormen van communicatie reguleren samen hoe iemand omgaat met zijn persoonlijke ruimte: de vierde manier van communiceren. Met het ruimtelijke systeem houden we afstand van anderen of laten hen juist toe.

Met deze vier communicatievormen reguleren mensen wie ze nabij laten komen of op afstand houden wanneer ze zich met anderen in een ruimte bevinden. Het reguleren van de gewenste afstand mislukt als een ander de persoonlijke ruimte ongewenst betreedt. Keizer ziet niet alleen het binnendringen van de persoonlijke ruimte als een schending van een gewenste relatiedefinitie. Hij breidt het model van Hall uit. Ook hij ziet het lichaam als een territorium door erop te wijzen dat binnen de schillen van de persoonlijke ruimte zich nog twee 'lichaamsschillen' bevinden: de buitenschil, de buitenkant van ons lichaam en de binnenschil, de binnenkant van onze lichaamsopeningen. De schillen kunnen geschonden worden, de buitenkant door ongewenste intimiteiten zoals aanraken en aanranden en de binnenschil door verkrachting. Beide zijn fysieke schendingen. De binnenkant van een persoon kan ook op psychische wijze geschonden worden. Een invasie kan via de ogen of de oren plaatsvinden. Je kunt iemand met je ogen uitkleden of met woorden dwingen tot gedrag.

Elk mens wil zelf controleren wie hij nabij laat komen of op afstand wil houden. Dit nu noemt Keizer *autonome controle*: 'de selectieve toegankelijkheid tot je lijf en tot je psyche. Of iemand aan of in je mag komen, tussen je oren of tussen je benen'. Relatiedefinitie gaat altijd over de 'ervaren en gewenste controle over jezelf, belangrijke anderen en je omgeving' (Keizer in Rigter, 1996). Het verliezen van de autonome controle – denk aan een gijzeling of verkrachting – kan leiden tot (existentiële) angst. Psychische stoornissen zoals posttraumatische stressstoornis en dissociatie worden ermee in verband gebracht (Keizer, 1994). In minder ernstige situaties als hierboven beschreven zal het slachtoffer proberen de afstand te vergroten of te vluchten. Als dat onmogelijk is, kan het leiden tot terugtrekgedrag in zichzelf.

Territoriale controle

5 Territoriale controle is de vijfde vorm van communicatie die Keizer onderscheidt. Het is de controle die iemand heeft over zijn territorium en de manier waarop hij dat communiceert. Belangrijk daarbij is vooral het primaire territorium (zijn thuis), maar ook secundaire en publieke territoria kunnen een rol spelen. Territoriale controle draagt volgens Keizer bij tot 'identiteit(sontwikkeling), status, eigenwaarde en autonomie'. 'Een territorium biedt psychologi-

sche en fysieke bescherming' (Keizer, 1994: p. 75). Hij benadrukt dat een territorium een plek (ruimten) markeert van waaruit we onze plaats ten opzichte van *zelfgekozen* anderen kunnen bepalen. Het bed, dat hij vergelijkt met het dierlijke nest, ziet hij als een ultieme veilige plek waar we ons durven overgeven aan volledig controleverlies (slaap).

Feitelijke controle, illusie van de controle en overcontrole
De autonome en de territoriale controle kunnen zich op drie manieren manifesteren (ibidem). Keizer spreekt van feitelijke controle, de illusie van controle en overcontrole.

Feitelijke controle bestaat als iemand de toegang tot zichzelf en belangrijke anderen (autonome controle) of de toegang tot zijn territorium (territoriale controle) beheerst. Meestal hebben mensen geen feitelijke controle, maar ze denken van wel. Keizer noemt dat de *illusie van de controle.* Als we thuis de deur op slot doen, dan denken we dat we veilig zijn. We staan er niet bij stil dat de deur opengebroken kan worden. Zo denken we als we op straat lopen ook niet dat we elk moment beroofd kunnen worden. De illusie van de controle volstaat meestal. Als we wel dagelijks stilstaan bij wat er eventueel kan gebeuren of wanneer we een traumatiserende gebeurtenis daadwerkelijk hebben meegemaakt, bijvoorbeeld een inbraak of een aanranding, dan kan dat ontaarden in *overcontrole*: de controle van de controle. Overcontrole leidt tot een gevoel van onveiligheid. Vaak verliezen we er juist de controle over onszelf, eventuele anderen en ons territorium mee. De hele dag kijken of je op straat niet gevolgd wordt, controleren of de partner doet wat je wil en de hele dag controleren of de ramen wel echt goed dicht zijn, zijn voorbeelden van overcontrole. Dwangmatigheid (obsessief-compulsieve stoornissen) en pathologische jaloezie kunnen samenhangen met overcontrole.

Woonprojecten in de (residentiële) hulpverlening
De laatste jaren is er een toenemende ontwikkeling naar kleinschalige woonprojecten in de hulpverlening. Zelfstandig en/of begeleid wonen zijn sleutelbegrippen geworden. Met de theorie van Keizer over autonome en territoriale controle kan geanalyseerd worden wat er fout gaat in grootschalige afdelingen en aan welke eisen woonprojecten moeten voldoen. In een interview (Rigter, 1996) analyseert Keizer 'oude' afdelingen uit de chronische psychiatrie als volgt:

> *'Bewoners en personeel delen één territorium, maar dat territorium is in het bezit van het personeel. Daarnaast hebben bewoners te maken met medebewoners waar ze nooit voor gekozen hebben. Bewoners zitten op een plek die ze niet beleven als van zichzelf en waar ze ook niet vanaf kunnen, ze zijn gegijzeld of "krijgsgevangen". Bovendien is hun persoonlijke ruimte voortdurend onderhevig aan invasies van het personeel ("een spuit in je bil; pillen moeten nemen") en ongewenste intimiteiten van medebewoners. Met andere woorden: chronisch psy-*

> *chiatrische patiënten worden geconfronteerd met extreem territoriaal en autonoom controleverlies. Dit controleverlies werkt traumatiserend en onderhoudt en versterkt hun stoornissen. Ook slaapkamers worden volgens Keizer door de bewoners niet ervaren als hun territorium; het personeel bepaalt immers de toegang en het gebruik'* (Rigter, 1996: p. 27).

Door de ruimtelijke situatie en de daarmee samenhangende interactiedwang (bewoners kunnen elkaar en het personeel niet ontlopen) blijven psychische stoornissen actief of verergeren ze. Keizer ziet hospitalisatie als een logisch gevolg van bovenstaande situatie. Dit kan met zich meebrengen dat een hulpverleningsteam uit balans raakt en extreem betrokken of juist niet betrokken is bij de bewoners. Een dergelijke situatie van verschillende vicieuze cirkels is volgens Keizer alleen maar te doorbreken als de bewoners hun territoriale en autonome controle terugkrijgen. Het herwinnen hiervan begint bij de territoriale controle. Mensen met een verstandelijke of psychische handicap zijn minder dan 'gewone' mensen in staat om met verbale en non-verbale communicatie hun autonome controle te handhaven. Juist daardoor hebben zij een grotere behoefte aan territoriale controle, 'aan zichzelf in materiële zin van anderen afgrenzen, aan een vaste en zichtbaar begrensde eigen plek of ruimte omringt door eigen spulletjes en visuele barrières, waarmee men zich aan de waarneming van elkaar kan onttrekken (privacy)' (Keizer, 1994a: p. 81).

De casus waarmee dit hoofdstuk begon, is begrijpelijk te maken met de concepten van Keizer. Het bizarre gedrag waarbij de vrouw smeulende sigarettenpeuken laat vallen is op te vatten als *territoriaal markeringsgedrag*. Dit gedrag is voor haar functioneel in de situatie waarin ze verkeert. Kennelijk heeft ze geen andere mogelijkheden om anderen van zich af te houden en een eigen plek te claimen. Het gedrag verdwijnt als ze in een andere (materiële) omgeving komt. Daar verliest het zijn functie, omdat de vrouw de controle over haar eigen huis (territorium) heeft.

Woonprojecten voor (ex-)psychiatrisch patiënten moeten daarom voldoen aan het criterium dat de feitelijke territoriale controle bij de bewoners komt, net zoals wij die zelf bij onze woningen hebben. Daarnaast mag er geen sprake zijn van interactiedwang tussen bewoners onderling en tussen bewoner en personeel. De woning moet een prothetische functie hebben voor de bewoner (vergelijk cognitieve prothese in hoofdstuk 5). Dat wil zeggen: de woning moet zo zijn opgezet dat zij zo veel mogelijk een normale leefwijze faciliteert, waarbij rekening wordt gehouden met een eventuele verstandelijke en/of psychische handicap. Woonprojecten voor verstandelijk gehandicapten hoeven niet aan dezelfde criteria te voldoen als van (ex-)psychiatrisch patiënten. Kenmerkend voor de laatsten is dat ze te snel onderboden worden: er wordt hun te veel uit handen genomen. Bij verstandelijk gehandicapten moet rekening gehouden worden met hun ontwikkelingsleeftijd, anders dreigt het gevaar van overvragen (Burger, 1993).

De concepten van Keizer geven ook richtlijnen voor de *bejegening* van bewoners of patiënten. Stond in de humanistische psychologie bij de bejegening de empathie centraal, Keizer laat zien dat je ook rekening moet houden met de autonome en territoriale controle van de bewoner. Wat wij in het 'normale' leven doen, horen we ook in de hulpverlening te doen. Dus niet zomaar naast een bewoner gaan zitten of bepalen welke kleding hij aan moet trekken (schending van de autonome controle). Niet zomaar een kamer binnenstappen zonder toestemming te vragen (schending van de territoriale controle). Regels voor een kamer van een bewoner – wat mag er staan, hoe vaak maak je het schoon – mogen niet zomaar opgelegd worden, dat doen we thuis bij onze partner ook niet; maar we kunnen er wel over onderhandelen.

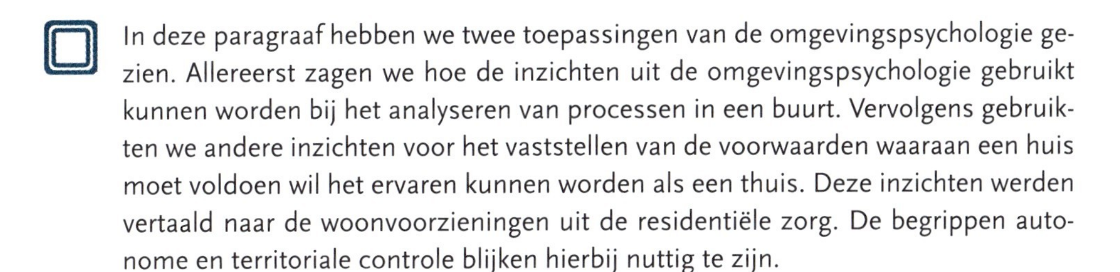

In deze paragraaf hebben we twee toepassingen van de omgevingspsychologie gezien. Allereerst zagen we hoe de inzichten uit de omgevingspsychologie gebruikt kunnen worden bij het analyseren van processen in een buurt. Vervolgens gebruikten we andere inzichten voor het vaststellen van de voorwaarden waaraan een huis moet voldoen wil het ervaren kunnen worden als een thuis. Deze inzichten werden vertaald naar de woonvoorzieningen uit de residentiële zorg. De begrippen autonome en territoriale controle blijken hierbij nuttig te zijn.

7.6 Kanttekeningen

In de omgevingspsychologie wordt de werkelijkheid in haar complexe totaliteit bestudeerd. In deze benadering wordt de nadruk gelegd op de sociale en materiele omgeving waarbinnen een persoon leeft en handelt. Hiermee wordt duidelijk gemaakt dat een persoon niet los van zijn omgeving te bestuderen is: hij bestaat altijd in een omgeving. Gedrag van mensen blijkt dan ook een functie van de omgeving te zijn. Slechts een enkele keer wordt aangegeven dat bij het ontstaan van gedrag ook de erfelijke aanleg een rol speelt (dispositie), maar dit wordt verder weinig uitgewerkt. Een sterk punt van de omgevingspsychologie is dat er systematische aandacht is voor man-vrouwverschillen. Vrijwel altijd worden deze verschillen echter verklaard vanuit socialisatieprocessen, terwijl het goed denkbaar is dat ook – erfelijk beïnvloede – biologische verschillen hierbij een rol spelen.

Net als in het behaviorisme wordt ook binnen de omgevingspsychologie de nadruk op het 'hier en nu' gelegd. We hebben dat kunnen zien bij de standpunten over psychische stoornissen. Hoewel de omgevingspsychologie een enkele keer het ontstaan hiervan kan verklaren, bijvoorbeeld een depressie of posttraumatische stressstoornis na een traumatische gebeurtenis, is de stroming vooral sterk in het begrijpelijk maken waarom psychische stoornissen blijven bestaan. Daarmee is de sterke en tegelijkertijd de zwakke kant van de omgevingspsychologie benoemd. Als je wilt weten waarom na een traumatische gebeurtenis de ene persoon wel een depressie ontwikkelt en een andere persoon niet, dan kan de omgevingspsychologie daar vaak geen antwoord op geven. Anders geformuleerd, voor het verklaren van individuele verschillen tussen mensen bieden andere stromingen zoals de psychoanalyse, de cognitieve (leer)psychologie en de biologische psychologie meer aanknopingspunten.

Een derde kritische kanttekening betreft het onderzoek uit de omgevingspsychologie. Meestal betreft dit correlationeel onderzoek: er wordt een samenhang (correlatie) vastgesteld tussen twee verschijnselen, bijvoorbeeld de samenhang tussen een grote mate van place attachment en een groot gevoel van veiligheid. Maar bij zo'n vastgestelde relatie kennen we nog niet de oorzaak. Attachment kan veiligheid beïnvloeden en andersom kan veiligheid attachment beïnvloeden. En wellicht is er nog een derde factor, die beide verschijnselen veroorzaakt. Doordat de oorzakelijke relatie niet kan worden vastgesteld, kunnen de onderzoeksresultaten ook niet vertaald worden naar concrete (evidence based) richtlijnen.

De omgevingspsychologie heeft als sterke kant de nadruk op de complexe interactie tussen persoon en omgeving. Met deze benadering wordt de nadruk op het 'hier en nu' gelegd. Deze sterke kant brengt een zwakke kant met zich mee: individuele verschillen tussen mensen zijn met de omgevingspsychologie niet altijd te verklaren. Daarnaast is er kritiek op het verrichte onderzoek binnen de omgevingspsychologie.

7.7 Samenvatting

In dit hoofdstuk hebben we kennisgemaakt met de omgevingspsychologie. Deze is recent als specialisatie gestart, maar ontwikkelt zich steeds meer tot een speciale stroming in de psychologie. Gebleken is dat in de omgevingspsychologie de organistische visie centraal staat en dat zij goed met de algemene systeemtheorie is te combineren. Hier werd aandacht besteed aan ruimtelijk gedrag. De begrippen persoonlijke ruimte en territorium werden geïntroduceerd. Hoe mensen omgaan met persoonlijke ruimte en territoria blijkt afhankelijk te zijn van de situatie en van persoonlijke kenmerken zoals leeftijd, sekse en culturele achtergrond. Persoonlijke ruimte en territoria vervullen vooral een communicatieve en veiligheidsfunctie. Daarnaast kan het primaire territorium ook een identiteitsfunctie vervullen. De omgevingspsychologie laat goed zien dat gedrag altijd een functie van de omgeving is. Net als in de systeemtheorie wordt benadrukt dat een psychische stoornis opgevat moet worden als een kenmerk van de omgeving en niet als een individueel kenmerk. Bij de toepassingen werd geïllustreerd hoe met de inzichten uit de omgevingspsychologie naar het functioneren van een (grotestads)buurt gekeken kan worden. Bovendien zagen we hoe uit de kenmerken van een primair territorium afgeleid kan worden waaraan een huis moet voldoen wil het een thuis worden. De begrippen autonome en territoriale controle blijken belangrijk te zijn.

8 Biologische psychologie

Sacks (1986: p. 73-74) beschrijft een patiënt van de afdeling neurologie die uit bed is gevallen en weigert erin terug te keren. 'Toen ik kwam, zag ik de patiënt op de grond liggen naast zijn bed, starend naar zijn ene been met op zijn gezicht iets van boosheid, schrik en geamuseerdheid, maar vooral schrik, ja zelfs ontzetting. Ik vroeg hem of hij terug naar bed wilde en of hij hulp nodig had, maar dat voorstel leek hem te ergeren en hij schudde zijn hoofd.' De patiënt vertelt het volgende aan de arts. 'Hij had zich de hele dag prima gevoeld en was tegen de avond ingedut. Toen hij wakker werd, voelde hij zich nog uitstekend, tot hij zich in bed bewoog. Toen vond hij in zijn bed, zoals hij het uitdrukte, het been van "iemand anders", een los mensenbeen, een griezelig ding! Zijn eerste reactie was verbazing en weerzin – nog nooit had hij zoiets ongelooflijks meegemaakt, ook niet in zijn dromen. Hij voelde voorzichtig aan het been. Het leek een volkomen normaal been, maar "eigenaardig" en koud.' Wat hij daar voelt, interpreteert de patiënt als een lugubere grap. 'Kennelijk was een van de zusters met een macaber gevoel voor humor naar de snijzaal geslopen, had daar een been gesnaaid en dit toen als grap, terwijl hij vast in slaap was, onder de dekens geschoven. Hij was erg opgelucht over deze verklaring; een grap is een grap, maar dit is wel wat veel van het goede, dacht hij. Hij gooide het ellendige ding het bed uit. Maar (...) en nu begon hij te beven en werd doodsbleek, toen hij het ding uit bed gooide, kwam hij zelf mee en nu zat hij aan hem vast. "Kijk maar eens!" riep hij uit met walging op zijn gezicht. "Hebt u ooit zo'n griezelig, afschuwelijk ding gezien? Ik dacht dat een lijk alleen maar dood was, maar dit is griezelig! Het is afschuwelijk, het lijkt wel of het aan me vast zit!" Hij greep het been met beide handen krachtig vast en probeerde het van zijn lichaam los te rukken en toen dat niet lukte, stompte hij erop los in uitzinnige woede.'

Hoe is deze casus te begrijpen? Waarom gooit een ogenschijnlijk normale man zichzelf uit bed en ervaart hij zijn eigen been als iets vreemds wat niet bij hem hoort?

Hoofdstuk 8

Leerdoelen

Na bestudering van dit hoofdstuk:

- kun je de casus op de voorafgaande pagina verklaren;
- ken je uitgangspunten, geschiedenis en mensbeeld van de biologische psychologie (§ 8.1);
- kun je de biologische psychologie indelen naar mensbeeld en biopsychosociaal model (§ 8.1.4);
- kun je globaal de kennis over erfelijkheid en het functioneren van hersenen weergeven (§ 8.2);
- kun je aangeven hoe in de biologische psychologie psychische stoornissen verklaard worden (§ 8.3);
- ken je een aantal toepassingen van de biologische psychologie in de hulpverlening en opvoeding (§ 8.4);
- kun je een aantal kanttekeningen plaatsen bij de biologische psychologie (§ 8.5).

Oefenen

Raadpleeg voor controlevragen, oefenvragen, opdrachten en 'verder studeren' de website: **www.coutinho.nl/palet**.

8.1 Typering van de biologische psychologie

8.1.1 De basisuitgangspunten

De uitgangspunten van de biologische psychologie zijn met vijf trefwoorden te typeren: interne factoren, reductie, DNA, hersenen en evolutie. Hieronder worden ze toegelicht.

1. De biologische psychologie gaat ervan uit dat ons gedrag en onze gedachten, emoties en motieven samenhangen met of veroorzaakt worden door biologische processen in het lichaam. Men noemt dat een biologisch correlaat: gedrag, gedachten, enzovoorts hangen altijd samen (correleren) met een biologisch proces. Gedrag wordt verklaard vanuit interne lichaamsfactoren, maar over het belang daarvan lopen de meningen uiteen. In een rigide opvatting van de biologische psychologie wordt de oorzaak van gedrag geheel vanuit interne factoren verklaard. Anderzijds is er de opvatting waarin gedrag, gedachten, enzovoorts verklaard worden vanuit de interactie tussen interne en externe factoren (omgeving). Deze laatste opvatting heeft de meeste aanhangers.
2. De biologische psychologie gaat ervan uit dat de oorzaak van gedrag is vast te stellen door de (biologische) mens uiteen te rafelen (te reduceren) tot in de kleinste details. Zo kan gedrag veroorzaakt worden door een virus, een erfelijk gen, een celafwijking en een teveel of tekort aan hersen- en lichaamsstofjes, zoals neurotransmitters of neurohormonen.
3. Bij het zoeken naar de oorzaken van gedrag wordt de nadruk gelegd op twee aspecten. Mensen (en andere organismen) hebben een erfelijke bagage die het gedrag en de ontwikkeling ervan aanstuurt: het DNA. Bij mensen (en veel andere organismen) zijn de hersenen het belangrijkste orgaan bij het sturen van gedrag, gedachten, emoties, enzovoorts. Zonder hersenen is gedrag onmogelijk.
4. De biologische psychologie gaat mede uit van de evolutietheorie, waarin geen principieel onderscheid wordt gemaakt tussen mensen en dieren. Dit impliceert dat veel biologische wetten die voor dieren gelden ook van toepassing worden geacht op mensen. Deze benadering is een school op zich en wordt – vanwege ruimtegebrek – niet in dit boek beschreven. De evolutiepsychologie zoomt in op het niveau van de soort; de inzichten uit de biologische psychologie stellen ons in staat om naar het individuele niveau te kijken.

8.1.2 Geschiedenis van de biologische psychologie

In hoofdstuk 1 hebben we gezien dat veel (psychologische) theorieën een *slingerbeweging* vertonen. Ze nemen in betekenis toe, nemen in betekenis af om vervolgens weer in betekenis toe te nemen, enzovoorts. Deze slingerbeweging is er ook in het wetenschappelijk en filosofisch denken over de invloed van biologische processen op menselijk gedrag en bewustzijn. In de psychologie en filosofie staat dit bekend als het *geest-lichaam(mind-body)probleem*. Het (eeuwige) debat gaat in feite om een mensbeeld. Is de mens een slim lichaam of is hij een geest – een bewustzijn in een lichamelijke huls – of zijn beide onderdelen slechts te onderscheiden en niet te scheiden? In de geschiedenis van de filosofie en de medische wetenschap wordt wisselend de nadruk gelegd op enerzijds het (biologische) lichaam en anderzijds de geest. Van den Hoofdakker (1996b) haalt Hippocrates (500 v.Chr.) aan:

> *'De mensen dienen te weten dat van de hersenen, en van het brein alleen, onze genoegens, vreugden, ons gelach en onze grappen komen, zowel al ons verdriet, onze pijnen, droefenis en tranen. De dingen waaraan wij lijden, komen alle van het brein wanneer het niet gezond is. [...] Het zijn de hersenen ook waar zich de zetel bevindt van waanzin en krankzinnigheid, van de angsten en verschrikkingen die ons bestormen.'*

Hier blijkt dat het verklaren van menselijk gedrag vanuit hersenprocessen van oude datum is. Dit biologisch denken kende op- en neergangen die verklaard kunnen worden vanuit de dominante cultuur en de vooruitgang van de medische technologie. In zijn artikel beschrijft Van den Hoofdakker dit voor de psychiatrie. De verschillende posities waartussen de psychiatrie heen en weer slingert noemt hij de psychiatrie zonder geest, *mindless psychiatry*, en de psychiatrie zonder hersenen, *brainless psychiatry*. In de eerste visie wordt de interactie tussen individu en omgeving verwaarloosd en worden biologische verklaringen benadrukt. In de tweede visie wordt het tegenovergestelde standpunt ingenomen en worden hersenprocessen niet bestudeerd. Zo laat Van den Hoofdakker zien dat in het begin van de negentiende eeuw de arts Pinel ontdekte dat krankzinnigheid dikwijls te veranderen was door een ander klimaat, een 'materieel en psychologisch humane context' aan te bieden. Krankzinnigheid zou dus door inhumane omstandigheden veroorzaakt kunnen worden: een visie afkomstig uit de brainless psychiatry. Door maatschappelijke omstandigheden (ook toen al: te weinig geld) bleven de resultaten van deze nieuwe aanpak uit. Aan het einde van de negentiende eeuw kende het medisch denken een grote opbloei door spectaculaire ontdekkingen. Men ontdekte dat de ernstige, chronisch verlopende en uiteindelijk dodelijke (geestes)ziekte *dementia paralytica* veroorzaakt werd door syfilis. In het begin van de twintigste eeuw werd deze ziekte voor het eerst met succes behandeld. Men putte hieruit de hoop dat ook andere psychische stoornissen genezen konden worden als men meer kennis over erfelijkheid, stofwisselingsziekten en ontstekingen had opgedaan. Het verwachte succes van deze mindless psychiatry bleef echter uit. Daarentegen nam in de psychiatrie de visie van Freud hand over hand toe en werd in de psychologie het behaviorisme dominant. Beide stromingen besteden geen aandacht aan hersenprocessen en vertegewoordigden een nieuwe periode van brainless psychiatry. Met de opkomst van de humanistische psychologie radicaliseerde de 'brainless visie'. In de jaren zeventig van de vorige eeuw was het antipsychiatrisch denken dominant. Dit was het hoogtepunt van de brainless psychiatry. Een psychische stoornis werd opgevat als een gezonde reactie op een zieke samenleving.

In dezelfde jaren zestig en zeventig werd echter ook het fundament gelegd voor een terugkeer van het biologisch denken. Toevallig werden (chemische) processen ontdekt in de hersenen en de ontwikkeling van psychofarmaca werd een feit. Tegelijkertijd ontdekte men dat erfelijkheid een veel grotere rol speelt bij het ontstaan van psychische stoornissen dan eerder gedacht werd. Van recente datum zijn beeldvormingstechnieken. Met geavanceerde apparatuur is het mogelijk om de hersenen 'aan het werk te zien'. Dat wat behavioristen voor onmogelijk hielden, namelijk kijken in de 'black box', blijkt sinds de jaren negentig mogelijk te zijn (zie kader 23). De biologische visie op gedrag maakt een stormachtige ontwikkeling door en dit heeft tot successen en nieuwe vragen geleid. Sinds de jaren negentig is het biologisch denken in de psychiatrie weer dominant en is de mindless psychiatry toonaangevend. Het lichaam wordt als maakbaar gezien en dat geldt ook voor de hersenen. Naast succes levert dit (ethische) vragen op.

Hoe heeft het biologisch denken zich in de psychologie ontwikkeld? De psychologische wetenschap houdt zich nog maar kort systematisch bezig met biologische invloeden op gedrag. De psychologie is namelijk begonnen als een wetenschap die zich tegen de medische wetenschap afzette. Het heeft in Nederland tot de jaren zestig van de vorige eeuw geduurd voordat psychologen als volwaardige hulpverleners erkend werden. Daarvoor had alleen de psychiater de gevestigde positie van erkende hulpverlener. Een psychiater werkt, omdat hij arts is, meer met medische verklaringen. Omdat de psychologie de underdog was, is het niet vreemd dat de zienswijzen uit de psychiatrie pas door de psychologie worden erkend en overgenomen als zij een volwaardige en gelijkwaardige positie heeft verkregen. Hoewel het lang geduurd heeft voordat ook in de psychologie systematisch aandacht besteed werd aan biologische invloeden op gedrag, is die achterstand nu ingehaald. In de psychologie zijn specialisaties ontstaan waarin veel aandacht aan biologische aspecten besteed wordt. Gezondheidspsychologie, gedragsgenetica en neuropsychologie hebben een sterke impuls gegeven aan het biologische denken in de psychologie.

Aan het begin van de 21ste eeuw zijn de verwachtingen over de verdere voortgang van de neuropsychologie en de gedragsgenetica hooggespannen. In 2002 bestond de Nederlandse Gezondheidsraad honderd jaar. Ter gelegenheid van dit jubileum verscheen een bundel met spannende vragen betreffende of en hoe wij in de komende jaren onze eigen hersenen kunnen gaan beïnvloeden en wat dit zal gaan betekenen voor de maatschappij en de gezondheidszorg (Gezondheidsraad, 2002). Zullen we binnen afzienbare tijd in staat zijn om aan de hand van een genetisch paspoort van een baby te voorspellen aan welke psychische stoornissen hij gaat lijden? Kunnen we de stoornissen eventueel voorkomen? Zullen er 'slimmere' medicijnen komen zonder al te veel bijwerkingen? Kunnen we delen van onze hersenen uitschakelen of juist stimuleren met geavanceerde apparatuur? Gaan we beleven dat de computer aangesloten kan worden op onze hersenen? Wat een wetenschap in de nabije toekomst gaat opleveren, is moeilijk te voorspellen, zo blijkt uit de geschiedenis. De schrijvers blijven dan ook kritisch. Een aantal van hun vragen komt in dit hoofdstuk terug, beginnend bij onderstaand kader.

Kader 23

Krijgt Willie Wortel gelijk?

Tot voor kort hadden wetenschappers weinig mogelijkheden om de werking van hersenen objectief te bestuderen. Voor behavioristen was dit de reden om hun black-boxstandpunt te formuleren. De technische wetenschap heeft echter niet stilgestaan; met de ontwikkeling van het eeg (elektro-encefalogram) in de jaren twintig van de vorige eeuw (Gibb, 2007) werd het mogelijk om de elektrische activiteit van hersenen te registreren. De elektrische activiteit bleek te variëren afhankelijk van de hersenactiviteit. In de jaren zeventig werd de CT-scan ontwikkeld (computertomogram). Door veel dwarsdoorsneden van de hersenen te 'fotograferen' kan met een computer een beeld van de hersenen geproduceerd worden. Met deze techniek kunnen we de hersenen echter niet 'aan het werk' zien.
Sinds de jaren tachtig van de vorige eeuw zijn er drie nieuwe technieken waarmee hersenprocessen zichtbaar kunnen worden gemaakt: *neuroimaging* of *beeldvormingstechnieken*. Zo werkt men met de PET (positron emissie tomografie), de MRI (magnetic resonance imaging) en de MEG (magneto-encephalografie). Op hun verschillende werking wordt hier niet ingegaan (zie daarvoor Aan de Burgh, 1994 & Raichle, 1994). Bij de start van de 21ste eeuw is de MRI en vooral de fMRI (functionele MRI) een veelgebruikt instrument. In 2003 waren er wereldwijd twintigduizend MRI-scanners (http://noorderlicht.vpro.nl). De MRI gebruikt het verschijnsel dat actieve delen van de hersenen de meeste bloedtoevoer krijgen en maakt deze zichtbaar door het hoofd (en dus de hersenen) in een sterk magnetisch veld te plaatsen. Met behulp van geavanceerde computertechnologie worden de veranderingen die deze techniek registreert 'vertaald' in beelden die de onderzoeker op het beeldscherm krijgt.
Met de fMRI wordt niet de structuur, maar de activiteit van hersenen in beeld gebracht. Het hersenengedrag wordt bij wijze van spreken gefilmd. Proefpersonen moeten bijvoorbeeld een (denk)opdracht uitvoeren en met de fMRI wordt dan vastgesteld welke hersengebieden daarbij betrokken zijn. Met behulp van deze techniek is aangetoond dat zowel de structuren als de werking van hersenen van mensen met psychische stoornissen anders zijn dan bij 'gewone' mensen. Deze techniek heeft enorm bijgedragen aan onze kennis over hersenen en veel enthousiasme losgemaakt.

Zo zei een onderzoeker: 'Het zal mogelijk zijn om aan iemand te vragen om een mentaal beeld te vormen en dat we dat beeld dan op een beeldscherm krijgen' (McCrone, 1995). Deze onderzoeker gelooft kennelijk dat de droommachine van Willie Wortel werkelijkheid zal worden. Gaat dat ooit gebeuren? Onlangs werd een kleine stap in die richting gezet. Onderzoekers waren in staat om aan de hand van MRI-scans in 70 procent van de gevallen correct vast te stellen of de proefpersoon bij een rekenopdracht aan het optellen of het aftrekken was (http://sync.nl). Ook is men in staat – met redelijke betrouwbaarheid – om aan de hand van de scans vast te stellen of een proefpersoon liegt of de waarheid spreekt (Ross, 2003).
Andere onderzoekers zijn sceptischer. De filmpjes van de fMRI-scans zijn traag en we kunnen de 'split-second'gedachten (nog) niet meten. Daarvoor zijn zwaardere en kostbare magneten nodig, die waarschijnlijk niet onschadelijk zijn voor de proefpersoon (ibidem). Net als onze gezichten zijn ook onze hersenen verschillend (Didde, 2001). Als we een film zien van de actieve hersenen van een unieke persoon, dan weten we nog niet goed welke kenmerken voor alle mensen (vergelijk de gezichtskenmerken zoals neus, oren en ogen) gelden en welke uniek zijn voor die ene persoon. De belangrijkste kanttekening is dat met de technieken wel de structuur en werkwijze van de hersenen zichtbaar worden, maar (nog) niet de (exacte) inhoud van de processen. Men kan niet vaststellen welke cijfers de proefpersoon optelt of wat de inhoud van de leugen is. Hetzelfde geldt voor hallucinaties: we kunnen de hersenstructuren die daarbij betrokken zijn zichtbaar maken, maar nog niet de inhoud. Het is dus nog de vraag of Willie Wortel gelijk krijgt.

Schoolvorming

Schoolvorming in de zin van een speciale organisatie voor biologisch psychologen heeft in Nederland en België niet plaatsgevonden. Wel winnen specialisaties zoals de neuropsychologie en de gezondheidspsychologie aan invloed. Binnen deze specialisaties wordt gebruikgemaakt van een apart begrippenapparaat dat vooral ontleend is aan de biologie. Voorbeelden zijn gen, zenuwcel, neurotransmitter en linker- en rechterhersenhelft. In de Verenigde Staten bestaat wel een organisatie voor neuropsychologen (www.theaacn.org) en verschijnen specialistische tijdschriften op dit gebied. De toegenomen invloed van het biologisch denken wordt weerspiegeld in de grote hoeveelheid boeken en congressen die over dit onderwerp gaan.

8.1.3 Het mensbeeld in de biologische psychologie

Het mensbeeld van de biologische psychologie is te typeren in zes punten.

1. Mensen zijn het *product van een langdurige evolutionaire geschiedenis.* Gedrag van mensen kan begrijpelijk gemaakt worden door het te plaatsen binnen de evolutie. Gedragsmogelijkheden hebben zich ontwikkeld doordat mensen, net als andere organismen, zich voortdurend hebben aangepast aan wijzigende omstandigheden. Deze gedragsmogelijkheden zijn genetisch vastgelegd.
2. De mens is *een beschreven blad* en geen tabula rasa, zoals behavioristen beweren. Al bij de conceptie wordt de erfelijke bagage van een mens vastgelegd. Deze bepaalt of beïnvloedt – daarover lopen de opvattingen uiteen – de gedragsmogelijkheden van een mens.
3. Op persoonlijk niveau onderkent de biologische psychologie de invloed van de *individuele geschiedenis.* Een kind heeft biologisch gezien minder mogelijkheden dan een volwassene. Het lichaam en het centrale zenuwstelsel zijn bij een (jong) kind nog niet uitgerijpt.
4. Zoals nog zal blijken (8.2.2) is de mens *geen baas in eigen brein.* Het overgrote deel van ons gedrag en onze informatieverwerking verloopt onbewust, buiten onze wil om. De psychoanalyse en de moderne cognitieve psychologie worden op dit punt ondersteund.
5. Aan een mens kan *geknutseld* worden. Met behulp van medicatie en andere biologische ingrepen kan het gedrag van mensen beïnvloed worden. Van den Hoofdakker vergelijkt dit met *een speelgoedauto.* 'De mens is geen persoon meer, maar een ding' (Van den Hoofdakker, 1995: p. 141). Gedrag van mensen wordt in deze visie *geheel* bepaald door fysische en chemische processen, net zoals de speelgoedauto door zijn radertjes wordt voortbewogen. Dit beeld heeft niet alleen bij wetenschappers, maar ook bij 'gewone' mensen wortel geschoten. De uitspraak 'er zit een draadje bij hem los' verwijst hiernaar.
6. Als de mens functioneert als een speelgoedauto, dan komt het gedrag niet voort uit de wil van een persoon. Hij is *niet verantwoordelijk* voor zijn gedrag. Alle gedrag wordt 'uiteindelijk' bepaald door de eigenschappen van het organisme dat het gedrag vertoont. In de biologische verklaring van gedrag wordt gesteld dat 'de mens doet wat hij doet, omdat hij nu eenmaal is zoals hij is en niet omdat hij geworden is wat hij is. Hij heeft zichzelf geërfd als het ware' (ibidem: p. 144).

8.1.4 Indeling van de biologische psychologie

In de biologische psychologie bestaan uiteenlopende standpunten over de vraag tot hoever de invloed van het biologische op het psychische strekt. Aan de ene kant staat de opvatting dat er een eenzijdige causale relatie bestaat tussen biologische processen en menselijk gedrag. Biologische processen zouden *geheel verantwoordelijk* zijn voor gedrag en gedachten. Aan de andere kant staat de opvatting dat biologische processen het gedrag *mede mogelijk maken*. Het eerste standpunt wordt getypeerd met de vergelijking met een speelgoedauto. Het tweede standpunt wordt getypeerd door mensen op te vatten als levende organismen die zich aanpassen aan de omstandigheden. Dit betekent dat in de biologische psychologie *twee visies* zijn terug te vinden: de mechanistische en de organistische.

Het standpunt dat de mens uiteen is te rafelen tot in de kleinste eenheden zoals genen en zenuwcellen en dat de processen die zich op dat 'lage' niveau afspelen zijn gedrag bepalen, is *een mechanistische visie*. Mensen worden gereduceerd tot cellen, net zoals de speelgoedauto wordt teruggebracht tot zijn radertjes. Een dergelijk extreem mechanistische visie zagen we ook bij het behaviorisme. Er is echter een belangrijk verschil: behavioristen oriënteerden zich op externe invloeden, terwijl biologisch psychologen zich juist op interne invloeden oriënteren.

Het standpunt dat de mens opgevat moet worden als een levend organisme dat zich aanpast aan zijn omgeving komt overeen met *de organistische visie*. Van den Hoofdakker, die deze visie aanhangt, schrijft: 'Gedrag van levende organismen vindt plaats aan de hand van situaties die op hun beurt weer producten zijn van gedrag dat op zijn beurt weer afhangt van situaties, enzovoort.' En: 'Alles wat zich afspeelt in een zenuwstelsel heeft de aanpassing van het organisme aan zijn omgeving tot doel' (Van den Hoofdakker, 1995: p. 146). Een mechanistische visie kan deze complexe interactie niet goed verklaren. De organistische visie biedt meer mogelijkheden.

De mechanistische, zeg maar rigide, biologische psychologie is niet goed te combineren met het biopsychosociale model uit de algemene systeemtheorie. Immers, zowel de invloed van de omgeving als die van de eigen behoeften en strevingen op gedrag wordt ontkend. Bestudering van menselijk gedrag vindt alleen maar plaats binnen een biopsychische visie, waarbij de lineaire causaliteit tussen het biologische en het psychische centraal staat.

Zoals we al eerder hebben gezien, komt de organistische visie overeen met het biopsychosociale model uit de algemene systeemtheorie. Biologisch psychologen die de organistische visie aanhangen, voelen zich dan ook verbonden met het systeemtheoretisch denken. De interactie tussen het biologische, het psychische en het sociale wordt benadrukt. Het volgende citaat illustreert dat. 'Als bijvoorbeeld cellen niet zo georganiseerd zouden zijn zoals ze zijn, zou bij wijze van spreken de maatschappij er anders uitzien. En omgekeerd, als de maatschappij anders functioneerde zouden cellen anders functioneren' (Van den Hoofdakker, 1988: p. 56).

De psychologie ontleende haar identiteit aan het feit dat ze zich afzette tegen de (biologische) psychiatrie. Pas vanaf het moment dat de psychologie een volwaardige positie verwierf, wordt de biologische invloed op menselijk gedrag systematisch bestudeerd. In de filosofische en medische wetenschap, waar het biologisch denken al langer bestaat, is de invloed van dit denken aan fluctuaties onderhevig.

De laatste jaren is er een sterke toename, ook in de psychologie, van het biologisch denken te zien. Daarbij spelen de evolutietheorie, erfelijkheid en de hersenen een grote rol. De biologische psychologie vormt geen eenheid. Tegenover elkaar staan de mechanistische en de organistische visie.

8.2 Biologische theorieën over erfelijkheid en hersenen

In deze paragraaf worden twee onderwerpen uit de biologische psychologie besproken: erfelijkheid en hersenen. Beide zijn belangrijk voor mensbeeld, hulpverlening en opvoeding. De toename van biologische kennis over erfelijkheid en hersenen beïnvloedt hoe we onszelf zien. Daarnaast ontstaan er steeds meer inzichten voor hulpverlening en opvoeding die op biologische kennis gebaseerd zijn. Medicatie is hiervan een bekend voorbeeld, maar ook methoden om de ontwikkeling van hersenen te stimuleren. De toename van biologische kennis heeft tot gevolg dat we geconfronteerd worden met vragen naar ons 'zijn'. Het is logisch dat iemand die een hersenbeschadiging heeft opgelopen gedrag kan vertonen waar hij 'niets aan kan doen', waar hij niet meer voor verantwoordelijk gesteld kan worden. Maar geldt dat ook voor gedrag dat in hoge mate erfelijk is voorbereid? Kun je iemand daar voor verantwoordelijk stellen? Erfelijkheid en het functioneren van hersenen zijn twee spraakmakende onderwerpen uit de biologische psychologie. De kennis hierover neemt rap toe en is ook weer snel achterhaald. Alle ontwikkelingen die in deze paragraaf beschreven worden zijn 'nieuw' en daarom is de paragraaf met de titel 'nieuwe ontwikkelingen in de biologische psychologie' in dit hoofdstuk afwezig.

8.2.1 Erfelijkheid

Hieronder worden kort de basisprincipes van erfelijkheid en de technische ontwikkelingen op dit gebied besproken. Het aloude debat over de relatie tussen aangeboren en aangeleerd wordt besproken en de gevolgen voor hulpverlening en opvoeding worden genoemd.

Principes van erfelijkheid

Elke cel van ons lichaam heeft een kern waarin het erfelijk materiaal is opgeslagen. Dit materiaal is te vergelijken met een kookboek (Capecchi, 1994). In het kookboek staat wat de cel moet doen. Elke cel, van haarcel tot zenuwcel, heeft hetzelfde kookboek, maar gebruikt verschillende recepten. De recepten kennen een tijdspad. In het kookboek staat beschreven wat een bevruchte eicel moet doen om uit te groeien tot een embryo, vervolgens een foetus, vervolgens een pasgeboren kind, een puber en uiteindelijk een volwassene. Hoe oud een mens ook is, zijn cellen gebruiken hetzelfde kookboek waarmee het bij de bevruchting begonnen is. Het kookboek, zo zal de lezer begrijpen, is een metafoor voor het *DNA* (desoxyribonucleïnezuur), het menselijke *genoom* dat op de chromosomen is gelokaliseerd.

Het DNA wordt gevormd door vier verschillende basen: A (adenine), G (guanine), C (cytosine) en T (thymine). De volgorde van de basen A, G, C en T vormt de code voor het maken van een bepaald eiwit. Net zoals een gewoon boek is opgebouwd uit letters en de combinatie van de letters een bepaalde betekenis heeft, is dat ook in het 'genoomkookboek'. Het verschil is dat er slechts vier soorten 'letters' (basen) gebruikt worden. Het DNA is gelokaliseerd op de chromosomen. Daarvan hebben we er 46, bestaande uit 23 paren waarvan de ene helft afkomstig is van de vader en de andere helft van de moeder. Feitelijk bestaat het menselijke genoom uit 23 zeer lange DNA-ketens. Slechts een deel van de ketens vormt genen, de dragers van erfelijke eigenschappen. Sommige ernstige ziekten en neurologische stoornissen hebben te maken met een afwijking in een enkel gen of het ontbreken van sommige genen (deletie). Zo wordt het syndroom van Turner (een specifieke vorm van verstandelijke beperking) veroorzaakt door het ontbreken van een aantal genen op chromosoom 7 (Ramakers & Ponsioen, 2007).

Erfelijk gebonden kenmerken worden door de ouders overgedragen op hun kinderen. Het geheel van erfelijke eigenschappen wordt het genotype genoemd. Hoe iemand er daadwerkelijk uitziet, wordt het fenotype genoemd (verschijningsvorm). Het fenotype is afhankelijk van de kenmerken van de erfelijke eigenschappen en de invloed van de omgeving. Voor het begrijpen van de basisverschijnselen van erfelijkheid zijn twee begrippenparen van belang: dominant versus recessief en autosomaal versus geslachtsgebonden.

Een eigenschap die dominant overerft is te zien aan (een van de) ouders. Deze komt tot uiting in het fenotype, bijvoorbeeld een bruine oogkleur. Twee ouders met bruine ogen kunnen toch kinderen met blauwe ogen krijgen. De ouders zijn dan dragers van recessieve eigenschappen: de blauwe ogen. De meeste ernstige ziekten en stoornissen die door één gen bepaald worden, erven recessief over. De stoornis is niet te zien in het fenotype van de ouders, maar wel recessief aanwezig in het genotype. Wanneer hun kind de stoornis wel heeft is deze te zien in het fenotype en aanwezig in het genotype. Taaislijmziekte (*cystic fibrosis*) is hiervan een voorbeeld.

Bovenstaand onderscheid tussen recessieve en dominante overerving is vooral van toepassing op de autosomen.Wij hebben 22 paren lichaamschromosomen (autosomen) en één paar geslachtschromosomen. Het vrouwelijke geslachtschromosoom wordt genoteerd met XX en het mannelijke geslachtschromosoom met XY. Op het X-chromosoom liggen, net als bij de 22 andere chromosomen, veel genen, maar op het Y-chromosoom vrijwel niet. Dit betekent dat als er op het X-chromosoom genen liggen die de dragers zijn van erfelijk bepaalde ziekten of neurologische stoornissen, de kans vooral groot is dat jongetjes deze krijgen. Want de erfelijke aanleg voor de ziekte – ook al is deze recessief – kan niet 'gecompenseerd' worden door de erfelijke aanleg op het Y-chromosoom, dat immers vrijwel geen genen bevat. Er zijn veel stoornissen die vaker bij jongens dan bij meisjes voorkomen en geslachtsgebonden overerving kan een verklaring zijn. Een berucht voorbeeld is de ziekte van Duchenne – een ernstige vorm van progressieve spierdystrofie –: meisjes zijn uitsluitend drager van deze ziekte en jongens worden ziek en gaan uiteindelijk dood. Ook autismespectrumstoornissen, ADHD en dyslexie komen vaker voor bij jongens en ook hierbij wordt verondersteld dat geslachtsgebonden overerving een rol speelt.

Rond de eeuwwisseling werden in een aantal stappen de resultaten van onderzoek naar het menselijke genoom gepubliceerd. Dit was het resultaat van een jarenlang project dat bekendstaat onder de naam *The Book of Man* of ook *The Book of Life*. In dit 'boek' staat het menselijke genoom afgebeeld in ongeveer drie miljard letters. Eindeloze reeksen zoals ATTGCACTTGGTGTCCAAGT, enzovoorts, enzovoorts. De omvang van dit boek zou vergelijkbaar zijn met tweeduizend delen van *Van Dales Groot Woordenboek der Nederlandse Taal* en 130 meter boekenplank beslaan (Evenbij, 2000). Sommige stukjes van dit genoom vormen onze genen, de dragers van het erfelijk materiaal. Dus er zijn ellenlange reeksen basen, maar slechts een klein deel ervan vormen de genen. De publicatie is een belangrijke stap op weg naar het begrijpen van erfelijke processen. Tegelijkertijd blijkt hoe snel ons inzicht voortschrijdt en daarmee 'oude' inzichten doet verdwijnen. Zo dachten de meeste wetenschappers nog kort voor de publicatie dat het menselijke genoom ongeveer 100.000 genen zou bevatten. In de publicatie werd het aantal van 30.000 genoemd, later werd zelfs dit aantal als te hoog gezien en de huidige schatting van het aantal genen is lager dan 25.000 (Ast, 2005). Slechts 1,1 tot 1,5 procent van de basevolgorde vormt genen. Eerder vermoedde men 5 procent (Vermij, 2001a).

Genen coderen voor eiwitten, de bouwstenen van het menselijk lichaam. Nog in de jaren negentig van de vorige eeuw dacht men dat elk gen de code levert voor een uniek eiwit. Omdat mensen zoveel verschillende eiwitten hebben, werd vermoed dat er veel genen zouden zijn. Nu weet men dat één gen verschillende eiwitten kan maken. Welk eiwit er gemaakt wordt, blijkt onder andere van de (lichamelijke) omgeving af te hangen. Eenzelfde gen maakt in de nieren een ander eiwit aan dan in de lever (ibidem).

De publicatie levert nog meer verrassende inzichten op. Zo blijkt de genetische aanleg van mensen niet uniek te zijn in het dierenrijk. Genetisch gezien zijn wij voor ongeveer 98 procent gelijk aan de chimpansee (Evenbij, 2002a) en bijna al 'onze' genen zijn terug te vinden in de muis. Ze zijn iets anders, maar duidelijk vergelijkbaar. Slechts driehonderd genen bij de muis en driehonderd bij de mens (1 procent) blijken uniek voor de soort te zijn (Voormolen, 2002). Tussen mensen onderling is er nog minder genetische variatie. Naar schatting 99,9 procent van de genen is bij iedereen hetzelfde. Het genetische verschil zit dan in 0,1 procent van de genen (Voormolen, 2001).

Het is bijna niet te bevatten: zoveel genetische overkomst maar in de praktijk zoveel verschil, zowel tussen mensen en dieren als tussen mensen onderling. Hoe is dat te verklaren? De wetenschappers, die toegeven dat het allemaal veel ingewikkelder is dan het in eerste instantie leek (Vermij, 2001b), zoeken op twee gebieden naar verklaringen. Allereerst wordt gekeken naar het overgrote deel van het genoom dat geen genen bevat. In de jaren negentig werd dit nog betiteld als 'junk-DNA': het zou nutteloos zijn. Nu zegt men het voorzichtiger: 'We weten niet goed waarvoor het dient.' Vooral in dit 'niet voor eiwit coderend DNA' lijken er verschillen te bestaan tussen het menselijk en dierlijk genoom. Ook lijkt 'junk-DNA' wel degelijk informatie door te geven (Smit, 2000). Ten tweede wordt nu gekeken naar de vorming van eiwitten en hoe dit proces verloopt. Het zal wellicht veel ingewikkelder zijn om dat proces te ontrafelen dan bij het genoomproject. De eerste resultaten van onderzoek wijzen uit dat de eiwitsamenstelling van mensenhersenen duidelijk verschilt van mensaaphersenen, ondanks de enorm grote genetische overeenkomst (Evenbij, 2002b). De oorzaken weet men nog niet, maar wel is vastgesteld dat hoe complexer organismen zijn (zoals zoogdieren waaronder de mens) hoe vaker genen verschillende eiwitten kunnen aanmaken (Ast, 2005). Een andere verklaring ontstond toen vastgesteld werd dat er genen bestaan die bepalen wanneer, in welke volgorde en waar andere genen actief worden. Om het verschil tussen muis en mens – bijna dezelfde genen maar zo verschillend – duidelijk te maken, wordt de vergelijking gemaakt met twee boeken (Dawkins, 2007). Om de beeldspraak te handhaven: in een (Nederlandstalig) kookboek van de Franse keuken en een kookboek van de Italiaanse keuken zullen veel woorden hetzelfde zijn. Net zoals de genen bij mens en muis. Maar omdat de volgorde en combinatie van woorden verschillend is, zijn het twee heel verschillende kookboeken, net als mens en muis twee heel verschillende organismen zijn.

Aangeboren, verworven of allebei?

Ook al is er een grote mate van genetische overeenkomst tussen mensen, toch heeft elk individu een unieke combinatie van erfelijk materiaal. Alleen eeneiige tweelingen hebben een identieke erfelijke code. Sinds het ontstaan van de psychologie wordt gedebatteerd over de grootte van enerzijds de invloed van erfelijke aanleg en anderzijds over de invloed van de omgeving op gedrag. Het staat bekend als het 'aanleg en omgeving-' of '*nature* en *nurture*'-debat. Behavioristen gingen er oorspronkelijk van uit dat al ons gedrag door leerervaringen verklaard kan worden: een extreme 'omgevingsopvatting'. Tegenwoordig ontkent niemand meer dat ons gedrag *mede* genetisch bepaald wordt – wij komen als beschreven blad ter wereld –, maar hoe groot is die invloed?

Tegenwoordig kan van vrijwel elk gedrag vastgesteld worden hoe groot de erfelijke bijdrage is. Voorbeelden hiervan zijn agressie, alcoholisme, psychische stoornissen, creativiteit en religiositeit. Bij al onze gedragingen – religiositeit is volgens Nederlands onderzoek de enige tot nu toe bekende uitzondering – speelt enige mate van erfelijke aanleg een rol (Spiering, 2000). Wetenschappers proberen vast te stellen hoe groot de invloed van de erfelijke aanleg is. Dit wordt met een maat, *heritability*, uitgedrukt. Zo is de heritability van religiositeit 0 procent (genen hebben geen invloed), van oogkleur 100 procent, van lichaamslengte 90 procent en van intelligentie ongeveer 50 procent geschat (Horgan, 1993). Met deze maat is ook de invloed van de omgeving (zoals opvoeding) vast te stellen. Bij religiositeit is de *environmentability* 100 procent, bij intelligentie 50 procent en bij oogkleur 0 procent.

Om de heritability vast te stellen, maakt men gebruik van studies met eeneiige, dus genetisch identieke tweelingen. Het idee is dat wanneer gedrag bij eeneiige tweelingen meer gelijkenis vertoont dan bij twee-eiige tweelingen – die genetisch niet meer overeenkomst vertonen dan broer en zus, dat wil zeggen 50 procent – de erfelijke aanleg hiervoor verantwoordelijk is. Dergelijke studies zijn moeilijk op te zetten, omdat andere verklaringen dan erfelijkheid niet zijn uit te sluiten. De alternatieve verklaring is dat de overeenkomst (mede) veroorzaakt wordt door een gelijke opvoedingssituatie. Omdat eeneiige tweelingen zo op elkaar lijken – en soms dezelfde kleren dragen – worden ze door mensen uit hun omgeving dikwijls hetzelfde bejegend. Als de één wat verlegen is, dan zal de ander ook benaderd worden als een verlegen iemand. Bij twee-eiige tweelingen is dit minder het geval, omdat ze minder gelijkenis vertonen.

Het is belangrijk te beseffen dat heritability niets zegt over welke genen betrokken zijn bij het gedrag: het is een algemene maat voor de erfelijke bijdrage aan het gedrag. Heritability is een groepsmaat, dat wil zeggen het gemiddelde van de personen die onderzocht zijn. Als de heritability van intelligentie op 50 procent wordt geschat, dan betekent dit niet dat bij elk individu de intelligentie voor de helft wordt bepaald door erfelijke factoren. Dat kan verschillend zijn. Bij de een bijvoorbeeld 40 procent en bij de ander 60 procent, maar gemiddeld is het 50 procent. Heritability is een relatieve maat. Als de omgeving voor verschillende mensen grote gelijkenis heeft, dan zal de heritability hoog zijn. Omgevingsverschillen zijn dan minimaal.

Gen-omgevingsinteractie

Tegenwoordig neemt vrijwel geen enkele wetenschapper meer het standpunt in dat ons gedrag geheel erfelijk of geheel door omgevingsfactoren bepaald wordt. Men is het erover eens dat beide factoren van invloed zijn. Hoe, daar bestaan verschillende modellen over. Een simpel model is dat de invloeden worden opgeteld: er is een erfelijke aanleg (genotype) en een bepaalde omgeving waarin iemand opgroeit en dat samen bepaalt hoe iemand wordt (fenotype). Maar dit model is te eenvoudig. De ontwikkeling van erfelijk voorbereid gedrag kan in sommige omgevingen uitvergroot en in andere juist geremd worden (Boomsma & Martin, 2002). De bio-ecologische systeemtheorie van Bronfenbrenner (hoofdstuk 6) kan gebruikt worden om dit proces te begrijpen.

ADHD (aandachtstekortstoornis met hyperactiviteit) is een ernstige psychische stoornis. Deze komt meer voor onder jongens dan meisjes en het hoofdkenmerk is niet zozeer de hyperactiviteit, maar het onvermogen om langdurig de aandacht bij een taak te houden. Dit veroorzaakt chaos, zowel in de omgeving als in 'het hoofd'. De heritability wordt geschat tussen 60 procent en 90 procent (Todd et al., 2001) en daarmee is ADHD een van de meest erfelijk voorbereide psychische stoornissen. Een kind met ADHD heeft vaak ook een ouder (meestal de vader) met ADHD. Het is niet zo moeilijk voor te stellen dat een kind met een erfelijke aanleg voor ADHD (lichaams- of biologisch systeem in de terminologie van Bronfenbrenner) in een opvoedingssituatie met een ouder met ADHD (het microsysteem van Bronfenbrenner) meer risico loopt op een ernstige vorm van ADHD dan een vergelijkbaar kind dat opgroeit in een opvoedingssituatie zonder ouders met ADHD. Er is sprake van interactie tussen erfelijke aanleg en omgevingsinvloeden. Andersom blijkt dat een broertje of zusje zonder erfelijke aanleg voor ADHD de stoornis niet ontwikkelt, ook al heeft een van de ouders wel ADHD. Om ADHD te ontwikkelen, is de erfelijke aanleg voorwaardelijk: ADHD kan ernstiger worden bij een chaotische opvoedingssituatie, maar een chaotische opvoedingssituatie alleen (dus zonder erfelijke aanleg) kan geen ADHD bij kinderen veroorzaken. Omdat de omgeving bepaalt of en hoe een erfelijke aanleg tot ontwikkeling komt, spreken we van erfelijk voorbereid gedrag (Diekstra, 2003) en niet van erfelijk bepaald gedrag.

Een ander voorbeeld is alcoholisme (Boomsma & Martin, 2002), waarvan de erfelijke voorbereiding bekend is. Onderzocht werd of opvoeding in een religieuze thuissituatie van invloed is op de ontwikkeling van dit gedrag. Dat bleek voor mannelijke adolescenten en jongvolwassenen inderdaad het geval te zijn. Bij eenzelfde mate van erfelijke aanleg komt dit gedrag meer tot uiting in een omgeving zonder religieuze opvoeding dan in een omgeving met religieuze opvoeding. Bij meisjes en jonge vrouwen werd een vergelijkbaar patroon gevonden, maar minder extreem.

Dit model – interactie tussen aanleg en omgeving – kan ook 'andersom' gebruikt worden. Schizofrenie is een psychische stoornis waarbij erfelijke aanleg een rol speelt. De stoornis wordt onder andere gekenmerkt door wanen, hallucinaties en onsamenhangend gedrag. Als van een eeneiige tweeling er één schizofrenie krijgt, dan heeft de ander een kans van 40 tot 50 procent om het ook te krijgen (Schoemaker & de Ruiter, 2005). Dit betekent dat erfelijkheid en omgeving een rol spelen. Over de gehele wereld komt schizofrenie ongeveer evenveel voor, bij circa 1 procent van de bevolking of iets minder. Net als ADHD ontstaat schizofrenie alleen bij een erfelijke aanleg, maar hoeft de erfelijke aanleg alleen nog geen stoornis te veroorzaken. Geschat wordt dat 10 tot 20 procent van de bevolking de erfelijke aanleg heeft, terwijl maar 1 procent de stoornis daadwerkelijk ontwikkelt (Selten, 2007). De omgeving kan kennelijk de aanleg activeren of remmen. Geen aanleg voor schizofrenie, maar wel opgroeien in een nadelige omgeving kan geen schizofrenie veroorzaken. Omdat over de hele wereld schizofrenie ongeveer evenveel voorkomt, betekent dit dat de erfelijke aanleg overal gelijk is. Toch blijkt schizofrenie vaker voor te komen bij immigranten, zowel bij de eerste generatie maar vooral bij de tweede generatie (de kinderen van de immigranten). In Engeland komt schizofrenie bij de tweede generatie Afro-Carribbeans negen keer zo vaak voor als bij autochtone Engelsen, terwijl de stoornis in het gebied waar zij vandaan komen (de Cariben) niet vaker voorkomt. De hoge frequentie van de stoornis kan dus niet verklaard worden uit verschillende genetische aanleg. Hetzelfde wordt gezien bij Inuit die van Groenland naar Denemarken emigreerden: de kans op schizofrenie is bij hen vijf tot twaalf keer zo hoog. In Nederland zien we vooral een hoge kans bij Marokkaanse mannen: deze is bij de eerste generatie vijf keer zo hoog en bij de tweede generatie zeven keer zo hoog. Bij de tweede generatie Surinamers en Antillianen zijn de cijfers twee tot vier keer zo hoog en bij de tweede generatie Turken twee keer zo hoog. Opvallend is dat de kans op schizofrenie slechts gering verhoogd is bij Marokkaanse vrouwen (ibidem). Als we uitgaan van het model dat genetische aanleg en omgevingskenmerken met elkaar interacteren, dan moet de oorzaak voor deze hoge cijfers gezocht worden in de omgevingskenmerken. Immers, de genetische aanleg is niet veranderd. Het is nog onduidelijk welke omgevingskenmerken verantwoordelijk zijn. Gedacht wordt aan discriminatie, vernedering en drugsgebruik (ibidem).

Er is nog een andere manier waarop de interactie tussen erfelijke aanleg en omgeving kan verlopen. Hierboven hebben we voorbeelden gezien van een toevallig samengaan van erfelijke aanleg en omgevingskenmerken waardoor de erfelijke aanleg uitvergroot wordt. Een kind of volwassene kan ook zelf een rol spelen in het vinden van een omgeving met bepaalde kenmerken (Boomsma & Martin, 2002), zonder dat dit doelbewust hoeft te gaan. Zo is het voor te stellen dat een kind met aanleg voor denksporten zich prettig en uitgedaagd voelt als het leert schaken en vervolgens zelf op zoek gaat naar een schaakclub waar zijn aanleg tot grotere ontwikkeling komt. Iets soortgelijks kan plaatsvinden bij een jongere met aanleg voor alcoholgebruik. Hij kan op zoek gaan naar een omgeving (niet per se doelgericht) waar hij deze aanleg tot uiting kan laten komen. Dit blijkt uit een promotieonderzoek (Knecht, 2008). Brugklassers in Nederland die veel drinken kiezen vrienden die ook veel drinken. Hierdoor kan de erfelijke aanleg uitvergroot worden door de sociale omgeving.

Genstudies

Als met tweelingstudies een hoge mate van heritability is vastgesteld bij bepaald gedrag, dan kan dit een aanleiding vormen om het gen of de genen te traceren die daarvoor medeverantwoordelijk zijn. Regelmatig kan men in de media berichten aantreffen dat het bestaan van zo'n gen is vastgesteld. Bij dit onderzoek, en dan vooral bij de manier waarop het in het nieuws komt, zijn twee kanttekeningen te plaatsen.

Het aantal ziekten en syndromen waarvan één gen de oorzaak is is vrij gering. De zeldzaamheid wordt meestal veroorzaakt door recessieve overerving. Een kind krijgt de ziekte als het een 'ziek makend' gen van beide ouders overerft. Die kans is vrij klein. De ziekte van Huntington is een uitzondering: deze erft dominant over. Als een van de ouders drager is van het gen, dan heeft elk kind een kans van 50 procent om de ziekte te krijgen. Bij ander gedrag zoals intelligentie, alcoholisme, psychische stoornissen, homoseksualiteit, enzovoorts verloopt de overerving veel ingewikkelder, omdat er meerdere genen bij betrokken zijn. Men spreekt van een *polygene eigenschap*. Hoeveel genen een rol spelen, is vaak niet duidelijk. Als in het nieuws komt dat het alcoholisme-gen of depressiviteits-gen bijna ontdekt is, dan is dat een versimpeling van een ingewikkelde materie.

Ten tweede is, zoals we hierboven zagen, bij de meeste complexe gedragingen zoals intelligentie en alcoholisme *altijd sprake van een interactie tussen omgeving en aanleg*. Iemand met genen die alcoholisme 'voorbereiden', wordt geen alcoholist als hij in een omgeving opgroeit zonder alcohol. Ook de cijfers over de erfelijke aanleg van schizofrenie wijzen op meer oorzaken dan alleen erfelijkheid

Toegenomen genetische kennis en technologie en gevolgen voor de hulpverlening
De ontwikkeling van genetische kennis, gentechnologie en gentherapie gaat erg snel en zal consequenties hebben voor de hulpverlening. Nieuwe methoden zorgen ervoor dat het in kaart brengen van iemands DNA-structuur (*sequencen*) in enkele uren gedaan kan worden en wellicht binnenkort ongeveer duizend dollar zal kosten. Ter vergelijking, het in kaart brengen van het menselijke genoom, dat in 2001 gepubliceerd werd, duurde dertien jaar en kostte drie miljard dollar (Heselmans, 2007). Gentherapie, waarbij een 'ziek' gen vervangen wordt door een gezond gen, heeft volgens deskundigen een gouden toekomst, hoewel een aantal patiëntjes is overleden tijdens de experimentele behandelingen (Scholtens, 2007).

De toenemende genetische kennis en de verbeterde technieken zullen vooral invloed uitoefenen op de medische hulpverlening. Op langere termijn zal echter ook de sociaal-agogische hulpverlening erdoor beïnvloed worden. Het is immers belangrijk om bij een psychische, neurologische of gedragsstoornis te weten of er (mede) een erfelijke oorzaak is. *Genetic counseling*, het uitleg geven aan ouders over de erfelijkheidswetten en over voor- en nadelen van nieuwe technieken, zal een nieuwe taak worden. Hoewel het specialistische gedeelte bij de artsen thuis zal blijven horen, is basale kennis van dit vakgebied bij sociaal-agogische hulpverleners nodig, al is het alleen maar om door te verwijzen of te wijzen op mogelijkheden van de nieuwe technieken. Kennis over de genetische basis van sommige ziekten en stoornissen kan bovendien (helpen) bepalen welke hulpverlening mogelijk en succesvol kan zijn (Ramakers & Ponsioen, 2007).

De toegenomen kennis en mogelijkheden zullen nieuwe ethische problemen opleveren. Naast het in beeld brengen van het eigen DNA-profiel kan men – al langer – laten vaststellen of een ongeboren kind drager is van een genetisch bepaalde stoornis. Aanstaande ouders kunnen op grond van onderzoek beslissen om een zwangerschap af te breken. Dit lijkt toch al veel op 'knutselen aan een speelgoedauto'. Tot hoever mogen wij hierin gaan? Het kan begrijpelijk zijn bij een ernstige neurologische stoornis, maar wat als vastgesteld wordt dat een ongeboren kind een genetische aanleg voor ADHD heeft? Voor depressie? Voor obesitas? Voor een vroegtijdige dood vanwege een hartgebrek? Enzovoorts. Bij zulke ethische dilemma's kan het handig zijn om naar het verleden te kijken (zie kader 24).

Kader 24

De eugenetica en het Australische antwoord

Het denken over de erfelijke basis van gedrag is meer dan een eeuw oud. Nu er zo veel bekend is over erfelijkheid en de gentechnologie zich snel ontwikkelt, is het goed om naar de geschiedenis van het erfelijkheidsdenken te kijken. De evolutietheorie van Darwin en de erfelijkheidswetten van Mendel waren er mede de oorzaak van dat in het begin van de twintigste eeuw in verschillende westerse landen een wetenschappelijke en maatschappelijke beweging ontstond die bekendstaat als de eugenetica. Daarin stonden twee opvattingen centraal (Noordman, 1990): ten eerste dat lichamelijke en geestelijke eigenschappen van generatie op generatie werden overgedragen volgens de erfelijkheidswetten van Mendel en ten tweede dat door de maatschappelijke vooruitgang 'minderwaardigen' niet meer door natuurlijke selectie geëlimineerd werden. Eugenetici waren daarom bang voor een genetisch degeneratieproces. Zij wezen erop dat zowel de bevolking in de lagere sociale klassen als het aantal debielen en criminelen toenam, een ontwikkeling die tot uiting kwam in de veelheid van gestichten en vormen van buitengewoon onderwijs.

Hoewel de eugenetische beweging geen eenheid was – men verschilde van mening over de invloed van de omgeving –, kreeg het standpunt dat gedrag goeddeels erfelijk bepaald is de overhand. 'Onmaatschappelijkheid was goeddeels terug te voeren op een erfelijk defect, waardoor heropvoedingsmaatregelen waren gedoemd te mislukken. Het eugenetisch alternatief was daarentegen doelmatig: de onmaatschappelijke kinderen moest de voortplanting worden verhinderd' (ibidem: p. 1273). Dit standpunt had tot gevolg dat begin vorige eeuw in twintig staten van de Verenigde Staten gevangenen en psychiatrisch patiënten gedwongen gesteriliseerd werden. In een aantal staten werd deze praktijk nog niet zo heel lang geleden afgeschaft. Bovendien werd de immigratie van 'ongewenste' rassen beperkt. In Duitsland werd mede op grond van de eugenetica een rassenhygiëne ontwikkeld die geleid heeft tot het systematisch uitmoorden van joden, homoseksuelen, zigeuners en anderen.

De eugenetica is na de Tweede Wereldoorlog lang taboe geweest, maar is sinds de jaren tachtig weer in opkomst. Naar aanleiding van de veronderstelde erfelijkheid van intelligentie vragen sommige onderzoekers zich af

of onderwijscompensatieprogramma's wel zinvol zijn. Op grond van erfelijkheidsonderzoek verdedigde in de jaren tachtig van de vorige eeuw de minster-president van Singapore een geboortepolitiek die bevolkingsgroei bij de middenklasse stimuleerde en bij de lagere klasse afremde (Horgan, 1993).
Het mooiste argument tegen dit soort gevaarlijke ideeën is te vinden in het boek *De fatale kust*, over de geschiedenis van Australië (Hughes, 1988). Australië diende vanaf het einde van de achttiende eeuw jarenlang als één grote gevangenis waar de misdadigers uit Groot-Brittannië en Ierland gedumpt werden. Hier was een gemeenschap van mensen die gedurende tientallen jaren speciaal waren uitgekozen om geen andere reden dan hun 'misdadige neigingen', maar wier nakomelingen desondanks een van de meest gezagsgetrouwe samenlevingen ter wereld blijken te hebben gevormd. In een tijd waarin neoconservatieve maatschappelijk theoretici het oude spookbeeld van erfelijke neigingen tot criminaliteit weer proberen te doen herleven, is dit wellicht nog altijd de moeite van het overdenken waard (Hughes, 1988: p. 13).

In de biologische psychologie wordt groot belang gehecht aan erfelijkheid. Bijna elke psycholoog gaat ervan uit dat bij het ontstaan van gedrag zowel erfelijke als omgevingsinvloeden een rol spelen. In onderzoek doet men een stap verder en probeert men uit te zoeken welke combinaties van aanleg en omgeving juist wel of juist niet het ontstaan van bepaald gedrag uitlokken of remmen. Daarbij probeert men ook vast te stellen in welke mate bepaalde gedragsvormen erfelijk voorbereid zijn. Soms wordt daarbij geprobeerd specifieke genen te lokaliseren, maar meestal is dat moeilijk doordat (complex) gedrag door meerdere genen beïnvloed wordt.

8.2.2 Hersenen

Wat betreft het verklaren van gedrag zijn de hersenen ons belangrijkste orgaan. Hier ligt het startpunt van gedrag. Door nieuwe onderzoekstechnieken is de kennis van de werking van hersenen enorm toegenomen, maar daarmee ook het inzicht dat onze kennis nog onvoldoende is. Men vermoedt dat de inzichten snel zullen toenemen, en daarom wordt de 21ste eeuw wel de eeuw van de hersenen genoemd (Dowling, 2004). In deze paragraaf wordt een aantal aspecten van de hersenen besproken. Allereerst kijken we naar het geheel, de bouwstenen en de 'architectuur' van hersenen. Vervolgens worden de ontwikkeling en plasticiteit van hersenen besproken. Het functioneren van hersenen wordt geïllustreerd aan de hand van de invloed van kindermishandeling op hersenen en de tweedeling van hersenen (in linker- en rechterhersenhelft).

Het geheel

Onze hersenen wegen ongeveer 400 gram bij de geboorte, 1000 gram als we een jaar oud zijn en het maximale gewicht van circa 1,5 kilo als we twintig jaar zijn. Vervolgens neemt het gewicht heel geleidelijk af (Dowling, 2004; Glaser, 2001). De hersenen vormen samen met het ruggenmerg het centrale zenuwstelsel. Beide worden beschermd door botmateriaal – de schedel en de ruggenwervels –, maar ook door een bloed-hersenbarrière waardoor mogelijke schadelijke stoffen niet via het bloed de hersenen kunnen bereiken (Gibb, 2007). De hersenen vormen ongeveer 2 procent van ons totale lichaamsvolume, maar gebruiken 20 procent van de zuurstof die we inademen, 20 procent van het bloed dat het hart verlaat en 25 procent van de energie (Sitskoorn, 2006). Zenuwcellen, de bouwstenen van de hersenen, kunnen niet lang zonder zuurstof. Als door een beroerte de zuurstoftoevoer wordt verstoord, sterven zenuwcellen na vijf minuten. Herstel is over het algemeen niet mogelijk. Overal in ons lichaam vindt na beschadiging reparatie plaats door het vormen van nieuwe cellen, maar bij zenuwcellen is dat over het algemeen niet zo (Dowling, 2004). Recent onderzoek heeft echter aangetoond dat in enkele delen van de hersenen wel nieuwe zenuwcellen aangemaakt worden.

Bouwstenen van de hersenen

Hersenen kennen twee belangrijke celsoorten: *zenuwcellen of neuronen* en *gliacellen*. Daarnaast zijn er andere weefsels zoals bloedvaten. Hoeveel zenuwcellen de hersenen bevatten weten we niet precies, schattingen lopen uiteen van 100 miljard (Dowling, 2004, Westenberg & Den Boer, 1995) tot wel 1000 miljard (Sitskoorn, 2006). Er zouden negen keer zo veel gliacellen als zenuwcellen zijn (Fields, 2004). Bijna alle gliacellen en zenuwcellen zijn voor de geboorte gevormd (Dowling, 2004).

Zenuwcellen ontvangen, produceren en geven informatie door (van hersencel naar hersencel, naar zenuw, naar spier, enzovoorts). De informatie bestaat uit elektrische impulsen (actiepotentialen). Als een zenuwcel informatie doorgeeft, heet dat 'vuren'. De verbinding tussen twee zenuwcellen is de *synaps*, in feite een kleine spleet. De elektrische impuls overbrugt de *synaptische spleet* met behulp van chemische (hersen)stofjes, de *neurotransmitters*. Hoeveel we er daarvan hebben is nog onbekend, er zijn er nu honderd ontdekt (Sitskoorn, 2006). Neurotransmitters kunnen een impuls versterken, maar ook afremmen. Psychofarmaca, medicijnen voor hersenaandoeningen zoals antidepressiva, grijpen in op de vorming of afbraak van neurotransmitters.

Een zenuwcel heeft net zoals elke andere cel een celkern. Een opvallend kenmerk van de zenuwcel is de uitloper, *axon* genaamd. Deze kan een paar tiende millimeter lang zijn, maar ook wel een meter. Axonen verbinden zenuwcellen over lange afstanden en liggen vaak in bundels bij elkaar (ibidem). De onderlinge verbindingen tussen zenuwcellen zijn verbazingwekkend groot in aantal. Zenuwcellen hebben dendrieten, tentakels of haakjes, waarmee informatie wordt ontvangen. Een zenuwcel heeft contact met duizenden andere zenuwcellen. De werking van de zenuwcel wordt wel vergeleken met een boom (Gibb, 2007). De enorme aantallen dendrieten vormen de bladeren, zij ontvangen informatie en geven die door naar de axon (de boomstam). De axon transporteert de informatie naar de wortels, ook weer grote aantallen dendrieten, die contact maken met andere zenuwcellen. Het aantal theoretisch mogelijke verbindingen in het menselijk brein zou groter zijn dan het aantal atomen in het heelal (Ornstein & Thompson, 1984; Sitskoorn, 2006). Onderling verbonden cellen noemen we neurale netwerken. We hebben er vele van, zoals een angstnetwerk, een veterstriknetwerk, een mopvertellennetwerk, een sudoku-oplossennetwerk, enzovoorts. Onderling verbonden zenuwcellen 'vuren' samen.

Gliacellen werden lange tijd gezien als ondersteunende cellen. Ze zouden een rol spelen in het transporteren van voedingsstoffen en het tegenhouden van ziekmakende stoffen. Tegenwoordig zijn we daar minder zeker van, waarschijnlijk spelen ze ook een rol in het doorgeven van informatie. Er bestaat over en weer communicatie tussen gliacellen en zenuwcellen, en gliacellen lijken een rol te spelen in de vorming van synapsen en het stimuleren of remmen van specifieke neurale netwerken. Ook onderling blijken gliacellen te communiceren, niet met elektrische impulsen, maar op een chemische wijze. Gliacellen spelen in ieder geval een rol bij het vormen van myeline, een vettige substantie waarmee de zenuwcellen, vooral de axonen, geïsoleerd worden (Fields, 2004; Sitskoorn, 2006). Myeline zorgt ervoor dat boodschappen sneller getransporteerd kunnen worden. Bij een ziekte als multiple sclerose is de myelinisatie aangetast, wat kan leiden tot verlammingsverschijnselen (Fields, 2004).

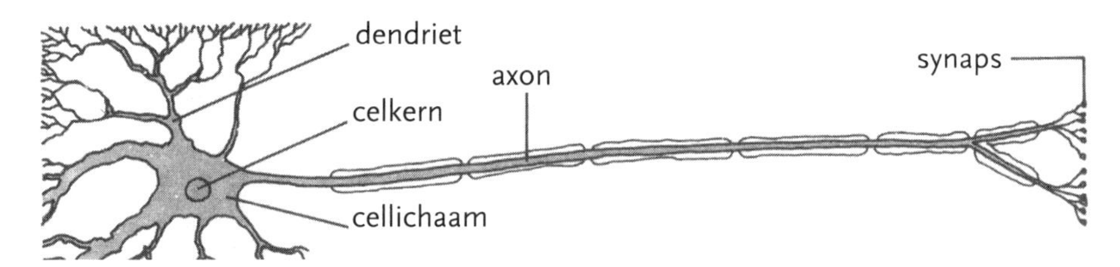

Figuur 8.1 Prototype van een neuron (Ornstein & Thompson, 1984: p. 66). Dendrieten maken contact met andere neuronen.

De architectuur van de hersenen

Naast de bouwstenen zijn er verschillende hersenenstructuren. Zo is er een linker- en een rechterhersenhelft en zijn er 'binnen' en 'onder' de hersenen structuren met verschillende functies. Onze hersenen zijn het voorlopige eindresultaat van een lange evolutionaire geschiedenis. Tijdens deze geschiedenis is zowel de omvang als de specialisatie van de hersenen toegenomen. Zoals we in hoofdstuk 1 zagen, worden onderdelen van de menselijke hersenen naargelang hun evolutionaire leeftijd wel vergeleken met het reptielen-, het zoogdieren- en het mensenbrein. In Nederland is het de psycholoog Piet Vroon (1989; 1992) geweest die deze beeldspraak heeft geïntroduceerd. We staan er wat langer bij stil.

Ornstein & Thompson (1984) vergelijken de hersenen met een huis. Niet een stevig en logisch ontworpen huis, maar een huis waar elke keer opnieuw een stukje bij werd gebouwd omdat de bewoners ruimtetekort hadden. Op oude fundamenten werden nieuwe onderdelen geplaatst. De oude structuren bleven intact, maar de functies konden verplaatst worden. Ornstein & Thompson vergelijken het met een keuken die eerst op de begane grond was, maar later naar boven werd verplaatst. De bovenste kamers van het huis zijn te vergelijken met de 'bovenste' delen van de hersenen. Deze delen zijn evolutionair gezien de jongste. De fundamenten, de 'onderste' delen van de hersenen, zijn het oudst. Binnen onze schedel dragen we het resultaat van een lange evolutie. Ornstein & Thompson onderscheiden drie onderdelen (zie ook figuur 8.2):

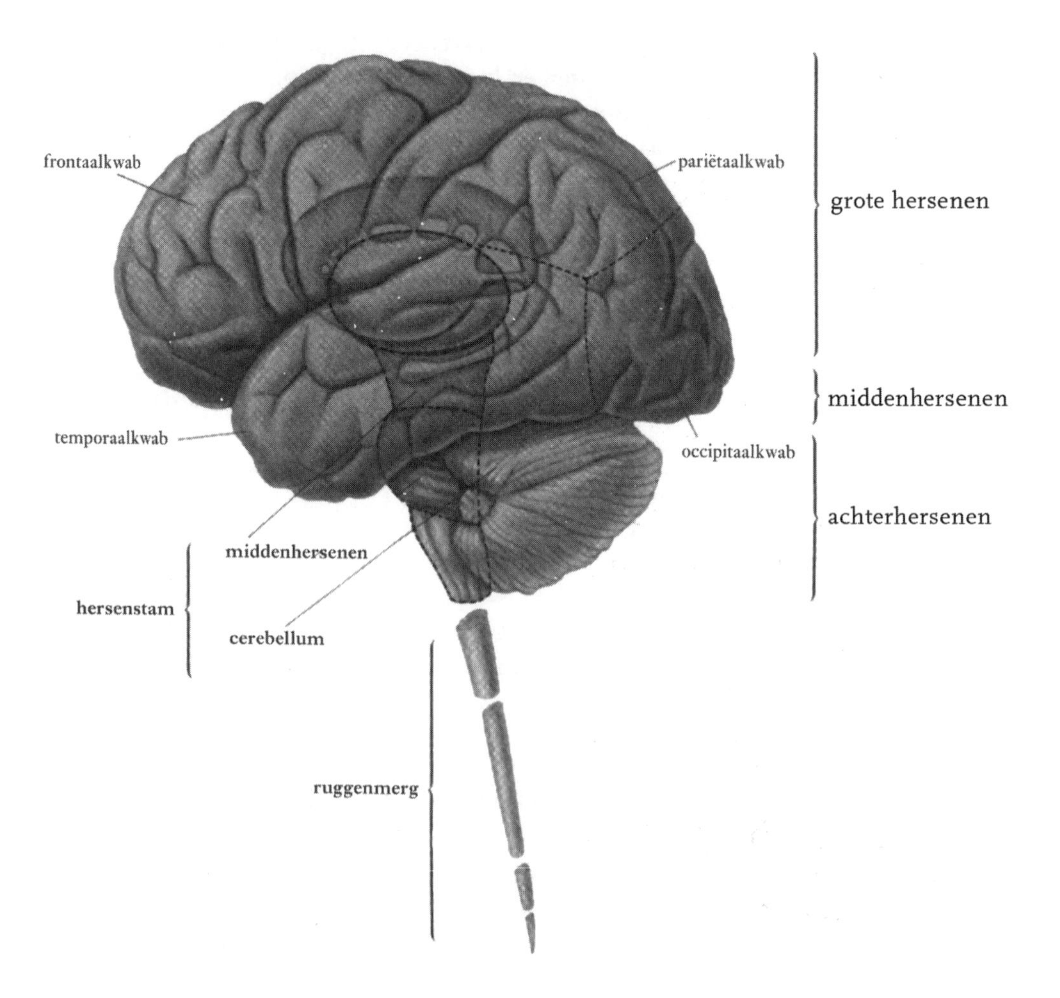

Figuur 8.2 Drie onderdelen van de hersenen (Kandel, 2000).

Het onderste deel van de hersenen wordt **achterhersenen** genoemd en bestaat onder meer uit de hersenstam aan het uiteinde van het ruggenmerg. Hier komen de prikkels uit het lichaam via het ruggenmerg de hersenen binnen: het zijn de eerste 'kamers' van het bouwwerk hersenen. Dit deel heeft zich meer dan vijfhonderd miljoen jaar geleden ontwikkeld voordat er zoogdieren waren. Omdat het op het reptielenbrein lijkt, is het daarnaar vernoemd. De functies van de hersenstam zijn vooral gericht op overleven: ademhaling en hartslag. Een ander onderdeel van de achterhersenen is het cerebellum of de kleine hersenen. Dit deel reguleert onder andere alertheid, evenwicht en lichaamshouding.

Boven de achterhersenen bevinden zich de **middenhersenen**. Een belangrijk onderdeel daarvan is *het limbisch systeem*. Het heeft zich tussen de tweehonderd en driehonderd miljoen jaar geleden ontwikkeld. Bij zoogdieren is dit deel van de hersenen het verst ontwikkeld, vandaar de naam zoogdierenbrein. Het vervult belangrijke functies bij het reguleren van emoties, herinneringen en evenwichts- en klimaatprocessen in het lichaam zoals temperatuur en bloeddruk. Zonder dit systeem zouden we koudbloedige reptielen zijn. De emotionele functie van het limbisch systeem is te onthouden met de vier v's: voeden, vechten, vluchten en vrijen. Het limbisch systeem kent verschillende structuren zoals de hippocampus (belangrijk voor geheugenprocessen), de hypothalamus (voor gemotiveerd gedrag zoals plezier zoeken, maar ook slaap-waakritme en reguleren van de hormonen), de thalamus (alle zintuiginformatie, met uitzondering van de geur, vindt via deze structuur zijn bestemming in de hersenschors) en de amygdala (vooral voor de regulering van emoties).

De 'bovenkant' van de hersenen wordt cerebrum of **grote hersenen** genoemd. De buitenste schil is de *hersenschors* (cortex). Het is evolutionair gezien het jongste deel van de menselijke hersenen en maakt typisch menselijke kenmerken zoals taal, kunst, complexe beslissingen nemen en musiceren mogelijk. De hersenschors zit 'opgevouwen' in de schedel, vandaar de vele windingen (vergelijk het met een walnoot). Zonder de 'kreukels' zou het niet passen. Een belangrijk kenmerk van de hersenen is de verdeling tussen de linker- en rechterhersenhelft (hemisfeer). De twee hersenhelften communiceren met elkaar via het *corpus callosum*: een 'snelweg' van driehonderd miljoen zenuwvezels (figuur 8.3). Elke hersenhelft heeft een viertal kwabben (frontaal, occipitaal, temporaal en pariëtaal) met gespecialiseerde functies (Gibb, 2007; Sitskoorn, 2006). De frontale hersenkwabben (zeg maar achter ons voorhoofd) spelen een rol bij 'hogere functies' zoals persoonlijkheid, taal, planning en concentratie. De occipitale kwabben (achterkant van het hoofd) spelen voornamelijk een rol bij het omzetten van visuele signalen in beelden. De pariëtale kwabben (bovenkant van het hoofd) spelen een rol bij het verwerken van zintuiginformatie, vooral gevoel en gehoor. En de temporale kwabben spelen een rol bij specifiek geluid zoals taal en muziek en ook geheugen. Deze opsomming van functies is een versimpeling, alle kwabben hebben verbindingen met andere hersenstructuren. Een specifieke gewaarwording is zelden verbonden aan één specifieke plek in de hersenschors.

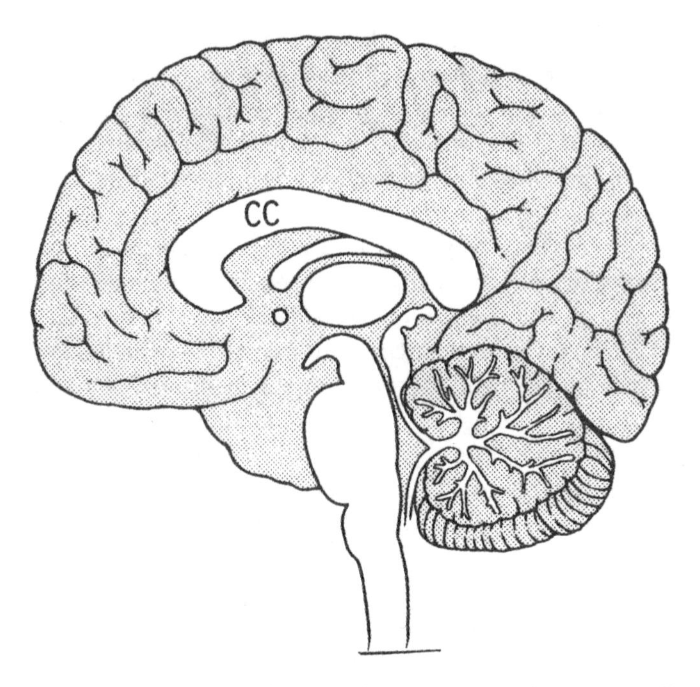

Figuur 8.3 *Dwarsdoorsnede van de hersenen. CC is het corpus callosum (Gazzaniga, 1991: p. 41).*

De ontwikkeling van hersenen bij een individu

Kennis over de individuele ontwikkeling van hersenen kan richtlijnen opleveren voor tijdstippen waarop een ontwikkeling wel of juist niet gestimuleerd kan worden. Dit kan consequenties hebben voor hulpverlening en opvoeding. De ontwikkeling van de hersenen begint drie weken na de conceptie en loopt in principe door tot het moment van overlijden.

De prenatale ontwikkeling van de hersenen lijkt qua volgorde op de evolutionaire ontwikkeling. Eerst wordt het ruggenmerg, vervolgens achterhersenen, middenhersenen en tot slot de hersenschors gemaakt. Vrijwel alle zenuwcellen zijn bij de geboorte al aanwezig. Ze worden vooral in de eerste vier maanden van de zwangerschap gevormd. Dowling (2004) berekent dat tijdens deze periode 500.000 zenuwcellen per minuut aangemaakt worden, een ongekende hoeveelheid. De hersenen van een pasgeborene zijn echter niet af, ook al zijn alle bouwstenen aanwezig. Zenuwcellen zoeken hun plaats (migratie) en gaan zich specialiseren en groeien. Een pasgeboren baby heeft de beschikking over veel meer zenuwcellen dan hij ooit zal gebruiken, maar op het moment van de geboorte ligt de functie van veel zenuwcellen nog niet vast. Hersenen rijpen na de geboorte.

Veel cellen worden niet gebruikt en sterven af, andere ontwikkelen zich tot onderdeel van belangrijke netwerken.

Wat beïnvloedt de rijping van de hersenen? Er zijn vier factoren die elkaar beïnvloeden en ook weer beïnvloed worden door omgevingskenmerken: synaptogenese, pruning, myelinisatie en hormonen.

Na de geboorte groeien de zenuwcellen (vooral de axon). Het aantal dendrieten groeit spectaculair. Deze eerste rijping veroorzaakt een gewichtstoename van de hersenen. Dendrieten zorgen voor het contact met andere zenuwcellen (met een synaptische verbinding). Dit wordt *synaptogenese* genoemd. 80 procent van de aanmaak van dendrieten en synapsen vindt plaats in de eerste acht maanden na de geboorte, daarna neemt het aantal dendrieten en synapsen weer af. Dat gebeurt in de verschillende hersenonderdelen op verschillende tijdstippen. Het aantal dendrieten en synapsen in de visuele cortex (het deel van de hersenen waar prikkels van de ogen vertaald worden in beelden) neemt enorm snel toe tussen de tweede en vierde maand na de geboorte. Na de achtste maand neemt het aantal synapsen en dendrieten alweer af, dit wordt wegsnoeien, *pruning* genoemd. Op ongeveer vijf- à zesjarige leeftijd is het wegsnoeien in de visuele cortex afgerond, daarna verandert er niet veel meer. In delen van de (pre)frontale cortex (waar hogere cognitieve functies zoals motivatie, planning en persoonlijkheid worden aangestuurd) groeit het aantal dendrieten en synapsen veel langer. Hier is zelfs een tweede golf van synaptogenese vastgesteld vlak voor en tijdens de puberteit (Blakemore & Choudhury, 2007). Ook het proces van pruning loopt hier lang door: pas aan het eind van de adolescentie is het aantal synapsen in de prefrontale cortex teruggebracht tot het aantal bij volwassenen (Blakemore & Choudhury, 2007; Nelson, 2005). Dit gegeven – een tweede golf van toename van synapsen en een late pruning – wordt in verband gebracht met het zogenaamde 'puberbrein'. Zo blijken pubers rond het proces van de tweede golf van synaptogenese in bepaalde sociale vaardigheden, zoals het herkennen van emoties bij anderen, tijdelijk achteruit te gaan. Pas als de pruning start, gaan ook deze processen weer vooruit. De (tweede) verklaring van de rijping en gewichtsgroei van de hersenen zit, paradoxaal, in het afsterven van zenuwcellen en dendrieten. Vergeleken we eerder de zenuwcel met een boom, alle zenuwcellen zijn te vergelijken met een pas aangeplant bos waarbij de bomen dicht opeen staan. Ze concurreren om zonlicht (met hun bladerdak) en voedzame grond (met hun wortels). Zenuwcellen met weinig verbindingen (dendrieten en synapsen) lijken op zwakke bomen. Ze sterven af, waardoor de overgebleven zenuwcellen (bomen) de kans krijgen om zich volop te ontwikkelen en sterk, zwaar en efficiënt te worden. Pruning bevordert specialisatie en vorming van circuits in de hersenen.

Het proces van *myelinisatie* is het derde aspect dat een rol speelt bij de rijping en gewichtstoename van de hersenen. Myeline, een vettige substantie die werkt als isolatiemateriaal van de axonen, vergroot de snelheid van informatietransport in de zenuwcellen tot wel 110 keer (Blakemore & Choudhury, 2007). Myelinisatie vergroot hersengewicht en -volume en verloopt in dezelfde volgorde als de vorming van de hersenen. Bij de geboorte is de myelinisatie van het ruggenmerg en de hersenstam af. Dit onderdeel van het zenuwstelsel is nodig voor vitale functies als ademhaling, hartslag en spijsvertering en moet dan ook direct na de geboorte zelfstandig functioneren. Kort na de geboorte start de myelinisatie van het cerebellum (nodig voor de motorische ontwikkeling) en de middenhersenen. De myelinisatie van de hersenschors start als laatste. De volgorde is niet voor alle delen hetzelfde. De delen van de hersenschors die van belang zijn bij het verwerken van zintuiglijke informatie myeliniseren het eerst. De delen van de (pre)frontale hersenschors die complexe functies zoals planning, doelgericht gedrag, motivatie en persoonlijkheidsontwikkeling aansturen myeliniseren het laatste. Ook dit verklaart, net als pruning, het verschijnsel van het puberbrein. Aan het einde van de adolescentie – rond achttien jaar – is de myelinisatie grotendeels afgerond, maar een lichte toename blijft tot ver in de volwassenheid bestaan (Blakemore & Choudhury, 2007; Dowling, 2004).

Een vierde verklaring voor de rijping van de hersenen zijn *hormonen*. Zo heeft de hormonale verandering tijdens de puberteit invloed op de hersenontwikkeling van de puber (Blakemore & Choudhury, 2007; Sabbagh, 2006). Een tweede voorbeeld is het 'moederbrein'. Bij zwangere vrouwen verandert het brein onder invloed van hormonale veranderingen. Dit heeft tot effect dat moeders (in vergelijking tot even oude vrouwen zonder kinderen) beter in staat zijn om signaaltjes van baby's op te vangen en juist te interpreteren, en ook beter in staat zijn om meerdere taken tegelijkertijd uit te voeren (Kinsley & Lambert, 2006).

De vier factoren die we hier beschreven hebben, oefenen hun functie uit in samenhang met de omgevingsinvloed. Als we de beeldspraak nog even volhouden, dan beïnvloedt de omgeving hoe groot een boom wordt en welke vorm hij krijgt, welke en hoeveel bomen overleven, de samenstelling van het bos, enzovoorts. Een stimulerende en 'voedzame' omgeving, zowel voor de geboorte (baarmoeder) als daarna, bevordert de ontwikkeling van de hersenen. De invloed van de omgeving kan zo groot zijn, omdat mensen eigenlijk te vroeg geboren worden: anders zou het hoofd het geboortekanaal niet kunnen passeren. Hebben de hersenen van mensenbaby's slechts 25 procent van het gewicht van volwassen hersenen, bij chimpansees is dat 50 procent. Mensenkinderen hebben de langste periode van hulpeloosheid van alle (dier)soorten. Doordat mensen 'te vroeg' geboren worden, zijn hun hersenen in de eerste levensjaren heel flexibel: hoe jonger, hoe flexibeler. Dat uit zich niet alleen in gevoeligheid voor omgevingsinvloeden, maar ook in het vrij makkelijk opvangen van een eventuele beschadiging van hersencellen door andere hersencellen. Extreme voorbeelden zijn kinderen (Battro, 2000; Springer & Deutsch, 1993) bij wie op jonge leeftijd een van de hersenhelften chirurgisch weggenomen moest worden. Op latere leeftijd waren bij hen geen noemenswaardige tekortkomingen in de hogere mentale functies te constateren. Gebeurt hetzelfde op volwassen leeftijd, dan zijn de gevolgen groot en vrijwel onherstelbaar.

De ontwikkeling van hersenen is dus mede afhankelijk van omgevingskenmerken. Een attractieve en stimulerende omgeving blijkt bepaalde hersenstructuren steviger en groter te maken. Dit was al bekend uit onderzoek bij muizen. Daaruit bleek dat het zowel om de attractiviteit van de omgeving gaat als om de mogelijkheid meer te kunnen bewegen. Hoe attractiever en hoe meer beweging, hoe zwaarder de hersenen en hoe slimmer de muizen (Renssen, 1999). Bij mensen lijkt het ongeveer hetzelfde te gaan. Gedrag dat veel wordt (uit)geoefend zorgt ervoor dat de delen van de hersenen (vooral hersenschors) die dit aansturen dikker en groter worden. Een voetballer die bijzonder goed een vrije schop kan nemen en daar vaak mee scoort, zal dat vaak geoefend hebben. Daarmee heeft hij niet alleen zijn beenspieren getraind, maar ook gezorgd dat bepaalde delen van zijn hersenschors die van belang zijn bij motoriek en coördinatie dikker en groter zijn geworden dan bij andere voetballers die dit niet goed kunnen. Als de voetballer met deze activiteit stopt, zullen de betreffende hersendelen in dikte en omvang afnemen. Hierop slaat de uitspraak *use it or lose it*. Als hersenen niet of weinig gebruikt worden, zal hun functionaliteit afnemen.

Plasticiteit van de hersenen

Een belangrijk nieuw inzicht in de werking van hersenen is dat zij enorm kneedbaar zijn, hiervoor wordt het begrip *plasticiteit* gebruikt. Tot ver in de jaren negentig van de vorige eeuw was het dominante idee dat hersenen op vrij jonge leeftijd zijn uitontwikkeld en daarna niet meer wezenlijk veranderen. Zenuwcellen kon je alleen nog maar verliezen, bijvoorbeeld door alcoholgebruik, en wat je verloor kon niet meer hersteld worden. Dit blijkt niet waar te zijn. Hieronder worden nieuwe inzichten beschreven.

Plasticiteit betekent dat hersenen in staat zijn om functies die verloren zijn gegaan op een of andere manier te compenseren. Daarnaast betekent het dat hersenen enorm gevoelig zijn voor omgevingsinvloeden, waaronder gedrag. Omdat jonge hersenen nog in ontwikkeling zijn, betekent dit dat als er om wat voor reden dan ook bepaalde hersendelen beschadigd raken, de functies die deze hersendelen verzorgden, overgenomen kunnen worden door andere hersendelen. Vervolgens is het zo dat veel oefenen, bijvoorbeeld gedrag trainen, tot gevolg heeft dat hersenen zich specialiseren. Dit is makkelijker op jonge leeftijd. Dat is te zien bij iemand van zestig die moeite heeft om te leren sms'en, e-mailen, chatten, enzovoorts. Een jong kind leert deze vaardigheden als het opgroeit en zal er meestal erg handig in worden. De grote plasticiteit van jonge hersenen houdt ook in dat negatieve omgevingsinvloeden meestal meer schade aanrichten op jonge leeftijd dan op oudere leeftijd. Kindermishandeling (zie verder) is hier een voorbeeld van.

Voorbeelden van plasticiteit zijn gespecialiseerde hersenen van mensen met een handicap of juist een extreme vaardigheid. Zo worden de delen van de hersenschors die bedoeld zijn voor het verwerken van visuele informatie bij blinden gebruikt voor het verwerken van informatie van andere zintuigen. Daardoor hebben zij meer hersenschors die ingezet wordt voor het verwerken van geluid, tast en geur en kunnen zij over het algemeen dus beter horen, voelen en ruiken dan ziende mensen. Dit principe van overname is ook aangetoond bij motorische activiteiten (Sitskoorn, 2006). Bij mensen van wie de armen geamputeerd zijn en die leerden schrijven of schilderen met hun voeten, bleek dat de motorische gebieden van de cortex die eerst nodig waren om de armen, handen en vingers aan te sturen, nu gebruikt werden om de benen, voeten en tenen aan te sturen. Onderzoek heeft aangetoond dat de lichaamsdelen die iemand vaker gebruikt ook meer hersenweefsel in beslag nemen en hierdoor beter functioneren.

Hoe de hersenen van iemand er uiteindelijk uit komen te zien, is afhankelijk van drie invloeden (Sitskoorn, 2006, figuur 8.4). Plasticiteit van de hersenen is allereerst afhankelijk van de erfelijke aanleg. Vooral de hersenontwikkeling voor en vlak na de geboorte, zoals de vorming van zenuwcellen, migratie, vorming van een overschot aan dendrieten en synapsen, wordt genetisch aangestuurd. Sitskoorn noemt dit de *ervaringsonafhankelijke plasticiteit*. Aangezien iedereen genetisch verschillend is, levert dit een verklaring op voor de verschillen tussen hersenen. Maar deze verschillen zijn gering, omdat de genetische overeenkomst veel groter is dan het verschil.

De tweede invloed heet de *ervaringsverwachte plasticiteit*. Het is de interactie tussen de genetische aanleg en de verwachte omgevingskenmerken die bij een bepaalde tijd en cultuur horen, vooral de ervaringen die op jonge leeftijd worden opgedaan. In onze maatschappij leert vrijwel elk kind lopen, praten, schrijven en zich hechten, en wel op zo'n manier dat de hersenen zich vergelijkbaar zullen ontwikkelen. De omgeving bepaalt welke input de hersenen van een kind krijgen, deze input bepaalt welke verbindingen tussen zenuwcellen verstevigd worden, welke niet gebruikt en weggesnoeid worden, enzovoorts. Als er op een bepaald gebied geen input plaatsvindt, dan zal er op dat gebied ook geen ontwikkeling plaatsvinden. De hersenschors voor taalontwikkeling zal bijvoorbeeld redelijk vergelijkbaar zijn bij kinderen uit Nederland en Vlaanderen. De input is vergelijkbaar: Nederlandse taal. Opgroeien in een ander taalgebied zal invloed hebben op de ontwikkeling van het taalgebied in de hersenen, maar dit verschil zal tussen Nederlandstaligen en Franstaligen niet groot zijn. Het verschil met de hersenen van Chineestaligen zal groter zijn. Helemaal geen talige input zal betekenen dat de taalontwikkeling bij een kind niet op gang komt.

Het grote verschil tussen individuele hersenen wordt gevormd door *ervaringsafhankelijke plasticiteit*. Deze derde invloed slaat op de interactie tussen genetische aanleg en de ervaringen die uniek zijn voor een individu. Het zijn vaak ervaringen waarvoor iemand zelf kiest, wat betekent dat ervaringsafhankelijke plasticiteit vooral een rol speelt op latere leeftijd. Iemand kiest er bijvoorbeeld voor zich te specialiseren in een sport, muziekinstrument, beroep, enzovoorts. De hersenen van een kok werken anders dan die van een postbode. Bij de een zijn geur- en smaakhersenen, bij de ander het geheugen voor straatnamen, huisnummers en

	genen	omge-ving	ontwikkeling hersenen		ontwikkeling gedrag	
			gang-baar	*uniek*	*gang-baar*	*uniek*
ervaringsonafhankelijke plasticiteit	X		X		X	
ervaringsverwachte plasticiteit	X	X	X		X	
ervaringsafhankelijke plasticiteit	X	X		X		X

Figuur 8.4 Verschillende vormen van plasticiteit die hersenen en gedrag vormen (Sitskoorn, 2006: p. 69).

plattegronden beter ontwikkeld. Maar door toevallige omstandigheden kunnen de hersenen van een jong kind al gevormd worden door ervaringsgerichte plasticiteit. Positieve voorbeelden zijn topmusici of topsporters die al op jonge leeftijd ervaringen opdeden die hun specialisatie positief beïnvloedden, zoals het veelvuldig horen van muziek op jonge leeftijd. Een negatief voorbeeld is het in aanraking komen met giftige stoffen of verslavende middelen. Dat kan al tijdens de zwangerschap: bij het Foetaal Alcohol Syndroom (FAS) zijn de hersenen van het kind aangetast doordat het in de baarmoeder te vaak en te intens in aanraking kwam met alcohol. Overmatig alcoholgebruik van de moeder tijdens de zwangerschap – vooral *binge-drinking*, het in korte tijd heel veel drinken – is hiervan de oorzaak (Dowling, 2004). Een kind met FAS is verstandelijk gehandicapt. Maar ook lichtere vormen van vergiftiging tijdens de zwangerschap hebben aantoonbare negatieve invloed op de vorming van de hersenen van het ongeboren kind, wat zich op latere leeftijd kan uiten in een verhoogde kans op ADHD (Rigter, 2002) of verslaving aan dezelfde stof die moeder gebruikte (Wiers, 2007). Ook overmatig alcoholgebruik na de geboorte, en vooral als de hersenen nog in ontwikkeling zijn zoals bij pubers, vergroot de kans op latere problematiek zoals zelf verslaafd raken (ibidem). Overmatig cannabisgebruik – extreem blowen – door jongeren kan de kans op latere problematiek ook vergroten, zoals de kans op het ontwikkelen van schizofrenie bij mensen die daar een genetische aanleg voor hebben (een voorbeeld van gen-omgevingsinteractie). Maar dit gebeurt alleen bij overmatig gebruik en alleen als de hersenen nog in ontwikkeling zijn, zoals tijdens de puberteit. Extreem gebruik dat begint op volwassen leeftijd vergroot de kans op schizofrenie niet (Rutter, Kim-Cohen & Maughan, 2006).

De ervaringen die iemand opdoet werken twee kanten uit (Nelson, 2005): zij vergroten bepaalde mogelijkheden, maar sluiten daarmee andere mogelijkheden af.

Dit alles is mede afhankelijk van de leeftijd waarop de ervaringen worden opgedaan. Extreme voorbeelden van ervaringsverwachte plasticiteit zijn de wilde of wolvenkinderen, een term die zowel gebruikt wordt voor kinderen die extreem verwaarloosd zijn als voor kinderen die (gedeeltelijk) door dieren zijn opgevoed. Hun ervaringsverwachte plasticiteit is totaal verschillend van die van gewone kinderen. Candland (1993) bespreekt het voorbeeld van Kamala en Amala, twee kinderen die in 1920 in India werden aangetroffen in een wolvennest. Ze waren waarschijnlijk zeven en bijna twee jaar oud. Ze lagen ineengestrengeld met twee wolvenpups. Singh, een missionaris die in een weeshuis werkte, die hen ving (na eerst de moederwolf gedood te hebben), hield een dagboek bij:

> *'Ze eten het liefst rauw vlees en verse melk... Ze konden 's nachts beter zien dan overdag... Waar andere mensen niets zagen, konden zij 's nachts op de donkerste plekken vaststellen of er een persoon of dier aanwezig was... het minste of geringste geluid trok hun aandacht... ze aten net als honden door hun mond naar een bord te brengen en het eten er dan vanaf te happen... als ze honger hadden, kwamen ze snuffelend naar de plek waar het voedsel was opgeslagen en gingen daar zitten... Kamala en Amala konden niet als mensen lopen, ze bewogen zich voort met alle vier de ledematen' (Chandland, 1993: p. 61, vertaling J.R.).*

Sitskoorn (2006) bespreekt in haar boek Sujit Kumar, een jongen uit Fiji die op 22-jarige leeftijd werd ontdekt in een hok bij een bejaardenhuis. Hij was al die tijd verwaarloosd en aan een touw vastgebonden. Vanaf zijn tweede tot achtste jaar had hij opgesloten gezeten in een kippenhok. Hij stond bekend als de kippenjongen, hupte rond als een kip, pikte naar zijn voedsel en kukelde als een haan. Beide voorbeelden laten zien hoe plooibaar hersenen zijn en tot welk extreem gedrag dit kan leiden als de omgevingsinvloed 'ontspoord' is op momenten dat bepaalde hersenonderdelen juist in ontwikkeling zijn.

Het gegeven dat hersenen zo'n grote mate van plasticiteit hebben, is een belangrijke nieuwe ontdekking. Deze ontdekking kreeg nog meer waarde toen ook ontdekt werd dat in bepaalde delen van de hersenen nieuwe zenuwcellen aangemaakt kunnen worden. Dit gebeurt vooral in de hippocampus, die een belangrijke functie vervult in geheugenprocessen (Sitskoorn, 2007). Maar ook plasticiteit kent grenzen. Nelson (2005) maakt onderscheid tussen de ontwikkeling van hersenen in de eerste twintig jaar en de reorganisatie van hersenen die vrijwel levenslang is. Immers, elke nieuwe leerervaring betekent een verandering in de hersenen. Maar het is ook duidelijk dat het effect van leren veel groter is op jonge leeftijd. Sommige effecten treden alleen maar op of worden makkelijk tot stand gebracht als de leerervaringen in bepaalde *kritieke of gevoelige perioden* plaatsvinden. Het leren van taal is hiervan een voorbeeld. De kritieke periode ligt – voor alle talen over de wereld – tussen de twaalf maanden en zes jaar. In deze periode moet het kind geconfronteerd worden met een actieve talige omgeving. Als dit na de zesde verjaardag plaatsvindt, is het leren van taal moeilijk, na de twaalfde verjaardag is het vrijwel onmogelijk (Dowling, 2004). Ook voor andere ontwikkelingsgebieden is een kritieke periode vastgesteld of wordt verondersteld, bijvoorbeeld voor visuele waarneming (diepte zien), hechting en sociale cognitie. Hoe ouder, hoe moeilijker het is om nieuwe dingen te leren. Hersenveroudering is uit te stellen door een combinatie van lichamelijke en hersenactiviteit, maar is uiteindelijk toch onvermijdelijk (Van Hintum, 2007).

Een voorbeeld: hersenen van kinderen die mishandeld zijn

We zagen dat de ontwikkeling van hersenen op jonge leeftijd vooral bepaald wordt door ervaringsverwachte omgevingsinvloeden. Als een kind bepaalde ervaringen niet opdoet tijdens een kritische periode, dan zal er geen ontwikkeling op het betreffende gebied plaatsvinden. Op jonge leeftijd bepalen de primaire verzorgers welke ervaringen het kind opdoet. Als zij niet goed (kunnen) functioneren, dan zal dat gevolgen hebben voor de ervaringen die het kind opdoet, voor zijn hersenontwikkeling en daarmee voor zijn latere functioneren. De ervaringsverwachte omgevingsinvloeden bij de menselijke zuigeling en het jonge kind betreffen nieuwe prikkels die ‘veilig, verzorgend, voorspelbaar, zich herhalend, geleidelijk en afgestemd op het ontwikkelingsstadium van de zuigeling of het kind’ zijn (Perry & Pallard, 1998, in Glaser, 2001). Dergelijke omgevingsinvloeden blijken afwezig te zijn bij kinderen die verwaarloosd en/of mishandeld worden. En dit beïnvloedt de hersenontwikkeling. Bekend is dat bij adolescenten en (jong)volwassenen die als kind mishandeld en/of verwaarloosd werden bepaalde problematiek veel vaker voorkomt, waaronder depressieve stoornissen, angststoornissen, middelenmisbruik en agressief gedrag. Ook bestaat er een grotere kans dat de slachtoffers zelf daders worden (Glaser, 2001; Thomlison, 2004: Verdurmen et al., 2007). De exacte effecten van kindermishandeling zijn lastig vast te stellen. Niet elk kind heeft er aantoonbaar last van. De effecten zijn afhankelijk van de kenmerken van het kind, de leeftijd waarop de mishandeling of verwaarlozing plaatsvond, het soort van mishandeling (samen met verwaarlozing, fysieke mishandeling en/of seksuele mishandeling, enzovoorts), de ernst van de mishandeling en de duur. Over het algemeen is men het erover eens dat kindermishandeling en -verwaarlozing effect hebben op de stressrespons: een normale reactie op ‘enge’ gebeurtenissen in de omgeving. De stressrespons is een samenspel tussen bepaalde hersenstructuren zoals de hypothalamus en de hypofyse en de bijnierschors. In angstaanjagende situaties wordt cortisol geproduceerd, wat ervoor zorgt dat we alert zijn en snel kunnen reageren, de welbekende vecht- of vluchtreactie. Onderzoek heeft aangetoond dat verwaarlozing, mishandeling en/of getuige zijn van geweld tussen de verzorgers een stressreactie uitlokt bij het kind. Bij langdurige verwaarlozing en/of mishandeling wordt de uitgelokte stressrespons chronisch. Op langere termijn blijkt dit verschillende effecten te kunnen hebben bij mensen. Bij sommigen wordt de stressrespons afgestomd, wat apathie tot gevolg heeft. Bij anderen blijkt juist de minste of geringste prikkel de respons te kunnen uitlokken: ze zijn hyperalert geworden. Ook blijkt dat, waarschijnlijk door het langdurig verhoogde cortisolniveau in het lichaam, in bepaalde hersendelen (vooral de hippocampus) zenuwcellen bij deze volwassenen zijn afgestorven en dat hun gemiddelde hersenomvang 7 procent kleiner is dan de hersenomvang van veilig opgevoede kinderen. De exacte oorzaak hiervan is niet bekend. Het kan komen door het verhoogde cortisolniveau, maar misschien ook doordat deze kinderen zijn opgegroeid in een minder uitdagende omgeving (Glaser, 2001). Duidelijk is in ieder geval dat mishandeling en verwaarlozing op jonge leeftijd een negatieve invloed hebben op de hersenontwikkeling en dat dit weer een negatieve invloed heeft op het functioneren van deze kinderen, zowel op jonge als op oudere leeftijd.

Linker- en rechterhersenhelft

Een van de meest bestudeerde verschijnselen van menselijke hersenen betreft het verschil tussen linker- en rechterhersenhelft (hemisfeer). Zo'n duidelijke scheiding is 'raar', want wij hebben het gevoel dat onze hersenen een eenheid vormen en we baas zijn in eigen brein. Hieronder wordt een aantal aspecten van deze scheiding besproken, waarna er conclusies getrokken worden over het functioneren van de hersenen.

De hersenen bestaan uit twee helften die spiegelbeeldig lijken, maar verschillende functies vervullen. Delen van de linker- of rechterhersenschors hebben zich gespecialiseerd in functies zoals taal, ruimtelijk inzicht, herkennen van gezichten, enzovoorts. Daarom worden hersenen *asymmetrisch* genoemd. Een opvallende taakverdeling betreft de besturing van het lichaam. De mensen die een hersenbloeding of -infarct gehad hebben, zijn meestal in twee groepen te verdelen: zij die verlammingsverschijnselen aan de linkerkant van hun lichaam hebben en zij die deze aan de rechterkant hebben. Een bloeding (gesprongen adertje) of infarct (bloedstolsel) vindt bijna altijd aan één kant van de hersenen plaats, omdat de hersenhelften gescheiden bloedtoevoer hebben. Elke helft heeft een eigen slagader. Een hersenhelft bestuurt één lichaamshelft en wel de 'tegenovergestelde' helft. Dat wil zeggen: de rechterhersenhelft bestuurt de linkerkant van het lichaam en de linkerhersenhelft bestuurt de rechterkant. Daarbij is het besturen van de ogen ingewikkeld 'geregeld'. Een oog heeft een linker- en een rechterdeel, waarbij de twee linkerdelen bestuurd worden door de rechterhersenhelft en de twee rechterdelen door de linkerhersenhelft.

Bij hersenletsel (door hersenbloeding, ongeluk of tumor) kunnen niet alleen verlammingsverschijnselen optreden, maar ook uitval van andere functies. De ernst hangt af van de ernst en plaats van de beschadiging.

Een opvallend uitvalsverschijnsel betreft taal. Patiënten kunnen woordvindstoornissen hebben (afasie) en/of begrijpen de woorden van anderen niet meer. Dit geldt niet voor alle patiënten, het is afhankelijk van waar en in welke hersenhelft de bloeding plaatsvindt. De Franse arts Paul Broca ontdekte dit als eerste ruim een eeuw geleden. Hij stelde na autopsie bij een patiënt die zijn spraakvermogen had verloren vast dat in een bepaald deel van diens linkerhersenhelft een hersenbloeding had plaatsgevonden. Dit deel ('gebied van Broca') wordt tegenwoordig gezien als een belangrijk 'taalcentrum' in de hersenen. Overigens bleek uit later onderzoek dat dit niet de enige plaats is waar taal gestuurd wordt.

De ontdekking van Broca had grote invloed op de 'hersentheorie'. Omdat toentertijd bijna alleen maar gevallen bekend waren van taalstoornissen die gepaard gingen met een beschadiging in het gebied van Broca, veronderstelde men dat de linkerhersenhelft bij de meeste mensen dominant was over de rechterhersenhelft. Links werd gezien als de helft waar de 'wil' zat, rechts werd gezien als 'passief en 'onderdanig'. Broca bracht dit verschijnsel in verband met handvoorkeur (rechtshandig of linkshandig) en voorspelde dat bij linkshandigen het taalcentrum in de rechterhersenhelft zou zitten en deze helft dominant zou zijn (Springer et al., 1993). Later onderzoek toonde aan dat Broca gedeeltelijk gelijk had. Hoewel bij de meeste mensen het taalcentrum in de linkerhersenhelft zit, is dat niet bij iedereen het geval. Ook hangt het niet altijd samen met handvoorkeur. Zo zijn er linkshandigen bij wie het taalcentrum rechts zit, maar ook linkshandigen bij wie het taalcentrum links zit. Bij rechtshandigen blijkt de regel van Broca ook niet altijd op te gaan. Bovendien is nu bekend dat er meerdere plekken in de hersenen zijn die een functie vervullen bij taalproductie en taalbegrip. Bij sommige mensen is dat verdeeld over beide hersenhelften. Niet alleen een erfelijke aanleg, maar ook de omgeving blijkt hierbij een rol te spelen.

Bij 'westerse' mensen zit het taalcentrum meestal in de linkerhersenhelft. Daar worden spreken, schrijven en verstaan van taal georganiseerd. Hoe zit dat met culturen waar de taal anders georganiseerd is? Mecacci (1985) bespreekt de Japanse taal. Deze kent, simpel gezegd, twee systemen. Uit het Chinees is lang geleden het karakterschrift overgenomen. Een karakter staat voor een bepaalde betekenis, zoals rijstplant. Daarnaast kent het Japans ook een alfabetisch schrift. Tekens moeten net als in het Westen gecombineerd worden om een woord aan te geven. De twee systemen worden door elkaar en gelijktijdig gebruikt. Onderzoek toonde aan dat Japanners beide hersenhelften gebruiken als zij lezen of schrijven. Voor het karakterschrift wordt vooral de rechterhersenhelft gebruikt en voor het alfabetische schrift de linkerhersenhelft. Dit voorbeeld toont aan hoe groot de invloed van de (talige) omgeving op het specialiseren van de hersenhelften kan zijn.

Aandacht voor de rechterhersenhelft ontstond jaren na de ontdekking van Broca. Enerzijds remde het idee dat de linkerhersenhelft dominant was onderzoek naar eigenschappen van de rechterhersenhelft. Anderzijds bleek dat een beschadiging van de rechterhersenhelft minder opvallende functie-uitval (behalve de eventuele verlamming) veroorzaakt. Dit komt doordat in de rechterhersenhelft de gebieden die een bepaalde functie aansturen groter zijn dan in de linkerhersenhelft. Een eventuele beschadiging heeft dus minder gevolgen. Ook heeft het te maken met de functies die voornamelijk door de rechterhersenhelft gestuurd worden (Springer et al., 1993). Voor zover bekend stuurt de rechterhersenhelft vooral de waarneming en herkenning van ruimte, afstand en vorm. Een puzzel maken kan een onmogelijke opgave vormen voor patiënten met een beschadiging aan de rechterhersenhelft. Ook is opvallend dat daarbij desoriëntatie kan ontstaan – de weg niet meer weten – en dat gezichten niet meer herkend worden. Verder is bekend dat bij de meeste mensen muziek door de rechterhersenhelft gestuurd wordt. Zo zijn er patiënten die na een beschadiging van de linkerhersenhelft geen woord meer kunnen *spreken,* maar nog wel een liedje kunnen *zingen.* En andersom geldt dat er mensen zijn die niet meer kunnen zingen, maar nog wel kunnen spreken. Tot slot is er bij mensen met een beschadiging van de rechterhersenhelft soms een opvallend verschijnsel dat *neglect* (onachtzaamheid) wordt genoemd. De patiënt veronachtzaamt objecten en gebeurtenissen die in zijn linkerblikveld plaatsvinden en is zich van enig gemis niet bewust. Hij zoekt er ook niet naar. Patiënten eten bijvoorbeeld de helft van hun bord leeg (alleen de rechterhelft) en zeggen dan dat ze geen gehaktbal hebben gehad. Die blijkt links op het bord te liggen. Ze kunnen tegen de linkerdeurpost lopen of zelfs geen besef meer hebben van hun linkerlichaamskant. Volgens Tromp (in Lomans, 1995) is neglect geen stoornis in de waarneming, maar een stoornis in de aandacht. Prikkels van zintuigen worden wel geregistreerd, maar dringen op een of andere manier niet door in het bewuste brein. Dit kan tot bizarre situaties leiden, zoals bij de patiënt uit de casus aan het begin van dit hoofdstuk die zijn eigen been niet meer herkende. Daarnaast is de kritische controle op eigen gedrag verdwenen en krijgen anderen de schuld. 'Wie door een neglect de linkerkant van pagina's, kolommen en woorden mist, gaat niet bij zichzelf te rade, maar constateert dat de kranten van tegenwoordig schrijven zonder dat er een touw aan vast te knopen is' (Lomans, 1995). Waarom patiënten die een beschadiging van de linkerhersenhelft hebben minder last hebben van neglect, is niet duidelijk.

De linker- en rechterhersenhelft kennen dus verschillende functies. De meeste hersenonderzoekers zijn het erover eens dat de linkerhersenhelft de meest *analytische* van de twee is. Deze helft breekt informatie op in kleine delen – denk hierbij aan taal, waar een woord in letters opgedeeld kan worden. De rechterhersenhelft zou juist de meest *synthetische* van de twee zijn. Deze helft benadrukt de grote gehelen en niet de deelaspecten. De linkerhelft wordt ook wel verbaal genoemd en de rechterhelft non-verbaal. Verder lijkt het zo te zijn dat er ook een 'emotionele arbeidsverdeling' tussen de twee helften is. De rechterhersenhelft zou vooral negatieve emoties en de linkerhersenhelft vooral positieve emoties sturen. Omdat mensen talige wezens zijn en taal een dominante rol speelt in ons functioneren, lijkt het alsof de linkerhersenhelft de meest dominante is. Maar waarschijnlijk is het zo dat de twee hersenhelften elkaar met een permanente wedijver om de controle in evenwicht houden (Springer et al., 1993). Van deze 'interhemisferische' strijd zijn wij ons niet bewust. Dat roept opnieuw de vraag op of we baas zijn in ons eigen brein.

Het functioneren van de hersenen
Als antwoord op de vraag of we baas in eigen brein zijn wordt sinds enige tijd de opvatting verkondigd dat hersenen opgebouwd zijn uit modules: verschillende vormen van cognitieve processen die zelfstandig, dat wil zeggen onafhankelijk van elkaar, kunnen functioneren. Eventueel worden ze achteraf geïnterpreteerd en van betekenis voorzien door het taalcentrum. Hier volgen voorbeelden van '*split-brain*patiënten' om dit verschijnsel te verduidelijken.

Split-brainpatiënten zijn mensen bij wie (delen van) de verbindingen tussen de twee hersenhelften zijn doorgesneden. Vanaf de jaren vijftig van de vorige eeuw werd dit soms toegepast bij patiënten die leden aan ernstige epilepsie om te voorkomen dat de epilepsieaanval zich van de ene hersenhelft naar de andere verplaatste. De ingreep leek succesvol, totdat bij enkele patiënten rare verschijnselen werden vastgesteld. Zo was er een vrouwelijke patiënt die 'interhemisferische strijd' meldde. Als zij een kastdeur opende om met haar rechterhand kleren te pakken – ze wist wat ze wilde dragen –, dan schoot de linkerhand toe om iets anders te pakken. Ze kon haar linkerhand niet bedwingen en had de hulp van haar dochter nodig om de gewenste kleding te pakken (Singer et al., 1993). Dergelijke meldingen lokten de interesse van wetenschappers uit en split-brainpatiënten werden aan allerlei testen onderworpen. De resultaten waren verrassend: aangetoond werd dat de twee hersenhelften los van elkaar functioneerden, maar dat de patiënten dit zelf niet ervoeren.

Zoals we beschreven, hebben onze ogen een rechter- en een linkerdeel, aangestuurd door respectievelijk de linkerhersenhelft en de rechterhersenhelft. In een experiment kon men ervoor zorgen dat beide hersenhelften van een split-brainpatiënt *tegelijkertijd* verschillende visuele informatie kregen, zoals een compositiefoto die is samengesteld uit twee verschillende gezichtshelften – bijvoorbeeld rechts de helft van het gezicht van Clinton en links de helft van het gezicht van Mandela. De patiënt krijgt de foto, waarbij hij naar het midden moet staren, in een flits gepresenteerd. Vervolgens wordt hem gevraagd (gebruik van taal: linkerhersenhelft) uit vier foto's van verschillende mensen (bijvoorbeeld Clinton, Mandela, Bush en Poetin) de goede te *noemen*. De patiënt zal zonder blikken of blozen zeggen dat hij Clinton herkend heeft. Dit is inderdaad de informatie die naar zijn linkerhersenhelft is 'geseind'. Hij is zich niet bewust van enige tegenstrijdigheid. Maar als een patiënt wordt gevraagd de juiste foto *aan te wijzen*, dan gebeurt er iets heel anders: in dat geval wordt Mandela aangewezen.

Dit is een opvallend resultaat waaruit twee dingen blijken. De informatie die een hersenhelft krijgt bestaat uit een half gezicht, maar wordt kennelijk door de hersenen gecomplementeerd. De patiënt was zich immers van geen tegenstrijdigheid bewust. Anderzijds blijkt dat beide hersenhelften geen weet hebben van elkaars informatie. Het antwoord dat gegeven wordt, hangt af van de respons die uitgelokt wordt. Een verbale vraag stimuleert de linkerhersenhelft en de daar opgeslagen kennis. De vraag om de foto aan te wijzen stimuleert de rechterhersenhelft en de daar aanwezige kennis.

Ondanks deze aantoonbare verschillende mechanismen ervaren we ons brein als eenheid. Gazzaniga (1991) deed een vergelijkbaar experiment. Tegelijkertijd kreeg de linkerhersenhelft van een split-brainpatiënt een kippenpoot te zien en de rechterhersenhelft een winters tafereel. Voor de patiënt lagen acht verschillende kaartjes met afbeeldingen zoals een schop, een grasmaaimachine, een broodrooster, een kip, enzovoorts. Aan hem werd gevraagd een kaartje aan te wijzen dat bij de vertoonde afbeelding hoorde. Het goede antwoord voor de linkerhersenhelft is de kip en voor de rechter de schop. De patiënt wees *tegelijkertijd* met zijn rechterhand (linkerhersenhelft) de kip aan en met zijn linkerhand (rechterhersenhelft) de schop. Gazzaniga vroeg hem:

> *'"Paul waarom deed je dat?" Paul keek me aan en zonder een moment te aarzelen, zei hij vanuit zijn linkerbrein: "O, dat is simpel. De kippenpoot hoort bij de kip en je hebt een schop nodig om het kippenhok schoon te maken" (Gazzaniga, 1991: p. 83).*

Kennelijk geeft de linkerhersenhelft met de talige functie een eenduidige verklaring van tegenstrijdig gedrag: een persoonlijke theorie die zonder enige aarzeling geformuleerd wordt. Deze voorbeelden laten zien dat ons brein verschillende functies vervult, er zijn verschillende modules tegelijkertijd actief. Onze hersenen werken grotendeels op een 'automatische piloot'. Dat is maar goed ook, want als we bij het lopen zouden moeten denken aan het voortbewegen van de benen, het evenwicht houden en het vermijden van voorwerpen, om maar wat te noemen, dan zouden we aan niets anders kunnen denken dan aan hoe we vooruit moesten komen. De meeste hersenprocessen verlopen onbewust, maar kennelijk hebben we de behoefte om aan de effecten van modules achteraf een logische verklaring te geven. En dat lukt ons ook nog, waardoor we het idee handhaven dat we baas zijn in eigen brein.

De kennis in de biologische psychologie over de menselijke hersenen is de laatste jaren enorm toegenomen. Een belangrijk nieuw inzicht is dat hersenen zich tot voorbij de adolescentie blijven ontwikkelen. De ontwikkeling wordt mogelijk gemaakt door een overproductie aan synaptische verbindingen, het wegsnoeien van die verbindingen en myelinisatie. Ervaringen die worden opgedaan in zogenaamde kritische perioden blijken mede te bepalen welke verbindingen worden weggesnoeid. Dit bepaalt de werking van de hersenen. De unieke ervaringen van elk individu zorgen ervoor dat zijn hersenen ook uniek zijn. Hersenen hebben zenuwcellen als belangrijke bouwstenen. Daarnaast zijn er verschillende hersenstructuren die, zo blijkt uit onderzoek, vrij zelfstandig, los van onze bewuste aandacht kunnen functioneren. Een voorbeeld daarvan is het onafhankelijk functioneren van de linker- en de rechterhersenhelft.

8.3 Het verklaren van psychische stoornissen

De biologische psychologie en psychiatrie hebben succesvol verklaringen voor psychische stoornissen gezocht in erfelijke aanleg en ontregelde biologische processen. De meeste wetenschappers staan op het standpunt dat biologische theorieën een onmisbare bijdrage leveren, maar dat het niet alleen bij biologische verklaringen kan blijven. Psychische en sociale factoren spelen volgens hen ook een rol. Zij oriënteren zich op het biopsychosociale model.

8.3.1 Depressie

Vrijwel elke deskundige op het gebied van depressiviteit is van mening dat *erfelijke aanleg* daarbij een rol speelt. Mensen verschillen in hun aanleg om depressiviteit te ontwikkelen. De eerstegraadsfamilieleden van iemand met depressie hebben een grotere kans om ook zelf depressie te ontwikkelen dan vergelijkbare mensen zonder zo'n familielid (Nolen & Koerselman, 2000). Maar niet elk familielid ontwikkelt depressiviteit. Belangrijk is uit te zoeken wat de kenmerken van de omgeving (= opvoeding) zijn waarin bij een kind met een genetische aanleg tot depressiviteit de stoornis eerder tot uiting komt en wat de kenmerken zijn van de omgeving waarin de genetisch bepaalde aanleg juist niet tot ontwikkeling komt. Dit is de vraag naar gen-omgevingsinteractie. Verschillend onderzoek (Glaser, 2001; Sander & McCarthy, 2006; Weitzman, 2007) geeft aan dat het vooral om het ervaren van stress gaat. Dit kan verschillende vormen aannemen, van kindermishandeling en echtscheiding tot het niet reageren van de ouders op het kind. Dit laatste kan gebeuren als de ouders zelf een psychische stoornis hebben, zoals depressiviteit. Onderzoek toonde aan dat zij dan niet of minder goed reageren op de signaaltjes van het (jonge) kind, wat een stressreactie bij het kind uitlokt. Indien de non-reactiviteit lang duurt, kan dit aangeleerde hulpeloosheid veroorzaken. Bij kinderen met aangeleerde hulpeloosheid blijkt de normale stressrespons verstoord te zijn, wat zich uit in een chronisch te hoge concentratie van stresshormonen. Deze veroorzaken waarschijnlijk een aantasting van bepaalde hersenstructuren. Zo is aangetoond dat de omvang van de hippocampus (belangrijk voor geheugenprocessen) 10 tot 20 procent kleiner is bij mensen die jarenlang ernstig depressief zijn geweest (Sapolsky, 2003). Het is belangrijk om te onderstrepen dat vooral mensen met een erfelijke aanleg voor depressiviteit gevoelig zijn voor deze negatieve omgevingsinvloeden. Bij mensen zonder de erfelijke aanleg die wel opgroeien onder dezelfde negatieve omstandigheden ontstaat depressiviteit minder vaak (Taylor et al., 2006). Is het proces echter eenmaal ontstaan, dan blijken de hersenen gevoeliger te zijn geworden (sensibel) voor nieuwe stressvolle situaties. Dit verklaart waarom depressiviteit vaak terugkeert (Rigter, 2002).

Onze *hersenhelften* kennen een emotionele arbeidsdeling. De rechterhelft zou vooral negatieve emoties sturen en de linkerhelft positieve. Doordat de hersenhelften elkaar in evenwicht houden, bestaat er bij de meeste mensen een evenwicht tussen positieve en negatieve emoties. Dit evenwicht kan verstoord worden bij een hersenbeschadiging. Depressiviteit, een negatieve emotie, kan het gevolg zijn van een beschadiging aan de linkerhersenhelft. Door de beschadiging raakt het evenwicht uit balans waardoor de rechterhersenhelft dominanter wordt, de helft die de negatieve emoties stuurt.

Op het niveau van de hersenen hebben biologische theorieën over depressiviteit vooral succes geboekt bij het onderzoek naar *neurotransmitters*, chemische stoffen die een rol vervullen bij de prikkeloverdracht tussen de neuronen. In de loop der jaren zijn verschillende neurotransmitters ontdekt die allemaal een verschillende, vaak nog onduidelijke rol spelen. Neurotransmitters kunnen de prikkeloverdracht stimuleren, maar ook remmen. In de loop der jaren zijn medicijnen ontwikkeld die ingrijpen in de prikkeloverdracht tussen de zenuwcellen. Veel mensen die lijden aan depressiviteit hebben baat gevonden bij medicatie. Vooral medicatie die ingrijpt op de serotonineproductie (een neurotransmitter die van belang is bij depressiviteit) is van belang, maar bij veel depressieve mensen (naar schatting 40 procent) werkt deze medicatie onvoldoende. Hieruit kan de conclusie getrokken worden dat met de nu aanwezige kennis over neurotransmitters lang niet alle vormen van depressiviteit verklaard en behandeld kunnen worden. Een andere kanttekening is dat de ontdekking van neurotransmitters niet per se betekent dat hiermee een *oorzaak* van depressiviteit is gevonden. Het kan immers ook zo zijn dat de depressiviteit zelf de verstoring van de neurotransmitters veroorzaakt, waarna er een chemisch proces ontstaat dat de depressiviteit in stand houdt. Kortom, wat oorzaak of gevolg is, is nog onduidelijk. Opvallend bij depressiviteit is dat deze stoornis tot de puberteit even vaak voorkomt bij jongens als meisjes. Vanaf de puberteit verandert dit. Bij (jonge) vrouwen komt depressiviteit twee keer zo vaak voor als bij (jonge)mannen. Opvallend is dat de serotonineproductie bij mannen ruim 50 procent hoger is dan bij vrouwen (Cahill, 2005). Dit verklaart wellicht het verschil, maar het blijft onduidelijk of dit oorzaak of gevolg van depressiviteit is.

8.3.2 Angststoornissen

De verschillende angststoornissen kennen uiteenlopende oorzaken. Als we ze voor het gemak toch op één hoop gooien, dan blijkt dat *erfelijkheid* bij het ontstaan van angststoornissen een minder grote rol speelt dan bij stemmingsstoornissen (Ormel et al., 1995). Maar over het algemeen wordt hetzelfde verklaringsmodel gehanteerd als bij depressie, namelijk de gen-omgevingsinteractie. Ook de hersenprocessen die een rol spelen bij angst zijn in kaart gebracht. De amygdala, een onderdeel van het limbisch systeem (de middenhersenen), blijken van belang. Hersenen starten automatisch een reactie als er gevaar dreigt, en deze reactie wordt aangestuurd door de amygdala: zij activeren eerst de achterhersenen. Hier wordt bij gevaar de spijsvertering stopgezet en worden hartslag en ademhaling versneld en zintuigen op scherp gesteld. Pas daarna wordt informatie naar de hersenschors geseind, waar de hogere cognitieve functies worden aangestuurd. Pas nadat het lichaam in gereedheid is gebracht (zonder dat we ons daarvan bewust zijn) voor een vecht- of vluchtreactie, wordt met de hersenschors een bewuste inschatting gemaakt van de ernst van het gevaar. Deze volgorde van processen verklaart waarom angst ons vaak overvalt (vergelijk de experiëntiële therapie uit hoofdstuk 5). Ons lichaam reageert eerder dan onze 'geest'. Angststoornissen ontstaan als deze processen ontspoord zijn. Het blijkt dat er bij veelvuldige blootstelling aan angstverwekkende situaties grotere 'angstnetwerken' met veel axonen en dendrieten in de hersenen worden gemaakt (Sapolsky, 2003). Dit is ook een vorm van gevoeliger worden van de hersenen, in dit geval voor angst uitlokkende stimuli.

Angststoornissen worden in vergelijking tot depressie minder in verband gebracht met de specialisaties van de hersenhelften, daarentegen blijkt de kennis over *neurotransmitters* en de toepassingen daarvan in de vorm van medicatie bij sommige angststoornissen net als bij depressie succesvol te kunnen zijn. Enkelvoudige fobieën (zoals dierfobie, claustrofobie, tandartsfobie, enzovoorts) en sociale fobieën worden vrijwel niet met medicatie behandeld (Emmelkamp et al., 2000). Medicatie lijkt wel een bijdrage aan de behandeling te kunnen geven bij paniekstoornissen – sterk lichamelijk 'gekleurde' angst zonder duidelijke aanleiding – en de gegeneraliseerde angststoornis bij mensen die altijd nerveus, angstig en tobberig zijn. In beide gevallen wordt medicatie meestal gecombineerd met andere hulpverleningsvormen (ibidem).

De biologische psychologie zoekt de verklaring van psychische stoornissen in specifieke combinaties van erfelijke aanleg en risicofactoren in de omgeving. Dergelijke gen-omgevingsinteracties kunnen resulteren in ontregelde biologische processen waar stresshormonen, neurotransmitters en gevoelig geworden hersenstructuren een grote rol in spelen.

8.4 Praktische toepassingen van de biologische psychologie in hulpverlening en opvoeding

Het belangrijkste inzicht uit het hersenonderzoek van de laatste jaren is dat wijzelf onze hersenen kunnen beïnvloeden, zowel door gedrag als door gedachten. In feite zijn (cognitieve) therapie en meditatie een vorm van hersentraining. Deze is natuurlijk niet voorbehouden aan de hulpverlening: iedereen kan zijn eigen hersenen trainen, bijvoorbeeld met mindfulness (Begley, 2007). Kijken we wat 'traditioneler', dan is medicatie de belangrijkste verworvenheid van de biologische psychologie en psychiatrie voor de hulpverlening. In deze paragraaf wordt een aantal algemene kenmerken van medicatie beschreven waarmee de hulpverlener en opvoeder eventueel hun voordeel kunnen doen. Aan het eind gaan we kort in op nieuwe ontwikkelingen in de hulpverlening die gebaseerd zijn op biologische kennis.

Neurotransmitters

De werking van vrijwel alle psychofarmaca (medicatie ter behandeling van psychische stoornissen) en drugs (koffie, nicotine, heroïne, enzovoorts) vindt plaats in de synaptische spleet. Zoals we eerder zagen, vindt de overdracht van een elektrisch signaal tussen twee zenuwcellen plaats dankzij chemische stoffen, neurotransmitters genaamd. Dit heet *neurotransmissie.* De werking ervan is weer te geven met de sleutel-slotvergelijking (Van den Hoofdakker, 1995). Zenuwcellen scheiden moleculen, de neurotransmitters of sleuteltjes, af. Buiten de cel, in de synaptische spleet, kunnen deze moleculen contact maken met moleculen op de celwand van een andere zenuwcel: de receptoren of slotjes. Elk sleuteltje past op een specifiek slotje. Bij elke neurotransmitter hoort een specifieke receptor. Psychofarmaca kunnen op verschillende manieren dit mechanisme beïnvloeden. Er is medicatie die de aanmaak van neurotransmitters bevordert, maar ook medicatie die de aanmaak remt. Medicatie kan ook op de receptoren inwerken: de receptoren kunnen gestimuleerd worden of juist geblokkeerd. In eerste instantie dacht men dat een zenuwcel die bij een bepaald circuit hoort, gebruikmaakt van één specifieke neurotransmitter en receptor. Hoewel zenuwcellen gespecialiseerd zijn in bepaalde neurotransmitters, kunnen ze verschillende transmitters produceren en kunnen de ontvangende zenuwcellen verschillende receptoren hebben.

De vergelijking met sleutel en slot is een versimpeling van een ingewikkeld proces. Hoewel de kennis over neurotransmissie is toegenomen, blijven er nog veel vragen. Om de ingewikkeldheid van het systeem aan te geven, is het goed te beseffen dat veel vormen van psychofarmaca, zeker de eerste soorten, vrij toevallig ontdekt werden. Medicatie werd en wordt gegeven omdat deze bij sommigen werkt en niet omdat men er een sluitende biochemische theorie over heeft (Van den Burg, 1994). Neurochemische processen zijn ingewikkeld: een psychische stoornis is moeilijk aan één specifieke neurotransmitter of receptor toe te schrijven. Er functioneren tegelijkertijd verschillende neurotransmissieactiviteiten die elkaar kunnen compenseren.

> *De menselijke hersenen bestaan uit 10^{11} hersencellen, waarvan in totaal door minder dan 0,001 procent gebruikgemaakt wordt van serotonine, dopamine en noradrenaline (een paar bekende neurotransmitters J.R.). Alleen al voor serotonine zijn nu vijf 'families' van receptoren bekend... De vele bij neurotransmissie betrokken processen interacteren bovendien op een zeer complexe manier en het is nauwelijks overdreven te stellen dat elke maand weer een nieuwe ontdekking gedaan wordt waaruit blijkt dat de neurotransmissie nog veel ingewikkelder verloopt dan we vorige maand dachten (Van den Burg, 1994: p. 1204).*

Ondanks deze kanttekeningen is het een belangrijk gegeven dat psychofarmaca bij veel mensen – niet bij iedereen – resultaat oplevert.

Principes van psychofarmaca

Grof gezegd zijn er drie categorieën van medicatie tegen psychische stoornissen: angstdempende middelen, antidepressiva en antipsychotica. De laatste vorm dient ter bestrijding van symptomen bij ernstige psychische stoornissen zoals schizofrenie.

Drugs zoals cafeïne, alcohol en heroïne hebben vrijwel direct effect, daarentegen werken veel psychofarmaca langzaam. Hoewel psychofarmaca wel direct invloed uitoefenen op de werking van de neuronen duurt het *meestal enige weken* voordat er therapeutische effecten zijn waar te nemen. Uitzonderingen zijn angstdempers en slaapmiddelen, die werken direct.

De *manier waarop* geneesmiddelen (en drugs) worden ingenomen (of toegediend), kan de snelheid van het effect beïnvloeden. Meestal wordt medicatie oraal ingenomen. De werkzame bestanddelen komen dan in de bloedsomloop via maagwand en darmen. Snel effect is er bij inhaleren en direct injecteren in de bloedsomloop (intraveneus). Het is ook mogelijk om kleine hoeveelheden direct in de hersenen of het ruggenmerg te injecteren. Injecteren in spieren en eventueel implanteren of een medicijn op de huid aanbrengen (denk aan de nicotinepleister) zorgen voor een langzame maar aanhoudende toediening.

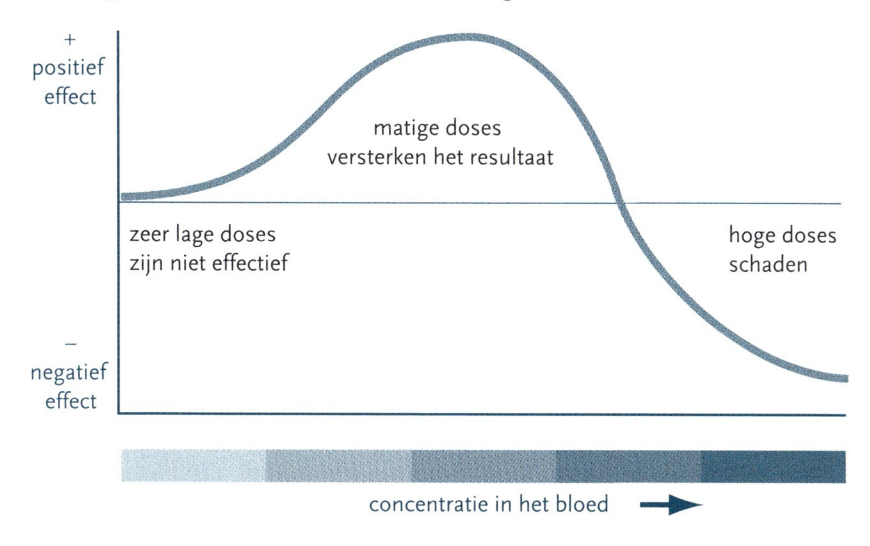

Figuur 8.5 Relatie tussen dosis van een medicijn en het effect (Hamilton, 1995).

De *werkzame hoeveelheid* van een geneesmiddel is moeilijk exact aan te geven. Als er te weinig ingenomen wordt, is er geen effect. Te veel innemen kan echter effecten produceren die ongewenst zijn (Hamilton et al., 1995). Een student die wakker wil blijven om te studeren zal bijvoorbeeld weinig effect merken van een slokje koffie. Een of twee koppen koffie zullen meer zoden aan de dijk zetten, maar vijf of zes koppen koffie geven een redelijke kans dat de student juist last van trillingen krijgt en angstig wordt. Psychofarmaca kunnen eenzelfde effect hebben. Er is een optimale dosis die *per persoon kan verschillen* (zie figuur 8.5). Dit betekent dat een dubbele dosis niet per se het resultaat verdubbelt of zelfs verbetert.

Hoeveel medicatie een persoon nodig heeft en of deze aanslaat, *verschilt per persoon*. Vaak is het onduidelijk waar dat aan ligt, in ieder geval is het 'instellen' een taak voor medisch specialisten. Zo kan het effect van een medicijn mede afhankelijk zijn van de conditie van de patiënt (ibidem). Sommige medicatie tegen hoge bloeddruk werkt alleen als de bloeddruk inderdaad te hoog is en dergelijke effecten zijn ook bij psychofarmaca waar te nemen. Mensen die van zichzelf al erg opgewonden zijn, kunnen heftig reageren op een kleine hoeveelheid stimulantie. En anderzijds hebben antidepressiva en angstremmende medicatie weinig effect bij mensen die niet lijden aan een depressie of angststoornis. Sinds enige jaren is ook bekend dat het effect van medicatie kan verschillen afhankelijk van de etnische afkomst van de patiënt. Bepaalde medicatie die bij Europeanen effectief is, is bij Afrikanen of Aziaten minder effectief – of omgekeerd. Dit verschil wordt veroorzaakt door de genetische aanleg (Kahn, 2007).

Een opvallend verschijnsel van medicatie die geen werkzame bestanddelen heeft, is het *placebo-effect*: een nepmedicijn kan een heilzaam effect sorteren. Hoogstwaarschijnlijk komt dat doordat het lichaam als reactie op de verwachte medicatie zelf werkzame stoffen aanmaakt die therapeutisch werken. Het gegeven dat placebo's heilzaam kunnen werken, betekent dat bij het toedienen van medicatie meer mechanismen werkzaam zijn dan alleen de chemische verandering die een medicijn teweegbrengt. Kennelijk speelt 'het geloof' van de gebruiker in het medicijn een rol. Dit is ook het geval bij 'echte' medicijnen: antidepressiva slaan beter aan bij mensen die overtuigd zijn van het nut ervan dan bij mensen die hierover twijfelen.

Sommige psychofarmaca kunnen net als drugs *verslavend* zijn, vooral bij regelmatige inname. Kenmerkend is dat de *tolerantie* toeneemt: er is meer nodig om hetzelfde effect te bereiken. Tolerantie roept een ander verschijnsel op. Als plotseling met de toediening van de medicatie gestopt wordt, dan kan dat *ontwenningsverschijnselen* veroorzaken. Vooral stoffen die vrijwel direct een effect produceren kunnen verslavend werken. We zagen eerder dat dit een kenmerk van drugs is. Bij de psychofarmaca zijn de middelen die direct effect sorteren zoals pijnbestrijders, slaapmiddelen (barbituraten) en angstdempende middelen (tranquillizers of benzodiazepines) in dit opzicht het gevaarlijkst.

Kader 25

Het verrassende effect van een nepbehandeling

Het placebofenomeen is al jaren onderwerp van discussies. Een placebo is te omschrijven als een 'medicijn' dat zonder werkzame chemische bestanddelen – een neppil – toch therapeutische effecten teweegbrengt. Placebo-effecten zijn ook aangetoond bij nepoperaties. Placebo's blijken onder andere effectief te zijn bij behandeling van pijn en depressiviteit. Zo werd een aantal jaren geleden een nieuwe behandeling gevonden voor het bestrijden van pijnlijk opgezwollen kaken na het trekken van de verstandskies (Cohen, 1996). De behandeling bestond uit het 'masseren' van de kaken van patiënten met een ultrasonische sonde, te vergelijken met de echografie die gebruikt wordt om zwangerschap te onderzoeken. Bij 35 procent van de behandelde patiënten verminderde de kaakzwelling. Men vond dat een opvallend resultaat omdat, terwijl patiënt en kaakchirurg dat allebei niet wisten, de machine die de ultrasonische golven moest produceren niet aangesloten was. De onderzoekers waren getuige geweest van de invloed van (medisch) geloof in de effectiviteit van de behandeling. Niet de golven veroorzaakten de verbetering, maar het geloof bij zowel de patiënten als de artsen. Er zijn talloze van dergelijke voorbeelden. Hoe dit fenomeen precies verklaard moet worden, is onduidelijk. In ieder geval is er kennelijk zoiets als de genezende werking van een overtuiging. Opvallend is dat een placebo niet of minder werkt wanneer de arts of hulpverlener weet dat het een placebo is. Kennelijk straalt hij dan geen overtuiging uit (Rigter, 2004). Ook als de patiënt weet dat hij een placebo krijgt, is er geen effect. Hoe overtuigender de placebo overkomt, hoe beter deze werkt. Een patiënt kan bijvoorbeeld merken dat hij nepantidepressiva krijgt doordat het placebo geen bijverschijnselen opwekt zoals een droge mond. Zogenaamde 'actieve placebo's', stoffen die geacht worden geen heilzame werking te hebben, maar wel een droge mond veroorzaken, bleken even effectief te zijn als 'echte' antidepressiva (Van den Burg, 1994).

Het geven van een pil is dus ingewikkelder dan alleen maar het toedienen van een chemische stof. Als een dokter een pil voorschrijft, dan doet hij niet alleen een ingreep in het lichaam, maar ook in de geest (Van den Hoofdakker, 1996a). Hij vertelt de patiënt verbaal en non-verbaal dat deze aan een lichamelijke ziekte lijdt. Daarmee verricht de arts een chemische, een psychische en een sociale interventie. Daarom is het logisch dat medicatie beter werkt bij mensen die erin 'geloven' (Kessing, Hansen & Beck, 2006). Alle drie de interventies kunnen dus effect hebben. Vandouris (in Cohen, 1996) vermoedt dat een deel van de placebo's zijn effectiviteit ontleent aan het klassiek conditioneren. Als een patiënt een aantal keren een pijnbestrijdingsmiddel krijgt, dan levert een placebo (op dezelfde wijze toegediend) daarna evenveel resultaten op. De patiënt is net als de hond van Pavlov geconditioneerd.

Zoals blijkt uit kader 25 mag uit de werking van psychofarmaca niet de conclusie getrokken worden dat er een eenzijdige relatie bestaat tussen een chemische stof en gedrag. Hersenen zijn flexibel. De verandering van neurotransmissie veroorzaakt mede een verandering van gedrag. De gedragsverandering kan weer een verandering in de hersenen teweegbrengen. Gedrag kan ook de omgeving veranderen en de verandering in de omgeving kan (eventueel via gedrag) weer de hersenen beïnvloeden. Iemand die antidepressiva slikt, kan daardoor opvrolijken. Hij gaat bijvoorbeeld weer eens bij kennissen op bezoek. Dit gedrag beïnvloedt zijn hersenen, het zelfbeeld verandert in positieve zin. Tijdens het bezoek kan hij contact leggen met nieuwe mensen: de omgeving verandert, waardoor zijn gedrag weer verandert. Medicatie grijpt dus in op een samenspel tussen hersenen, gedrag en omgeving, waarbij elk van deze drie de andere twee beïnvloedt.

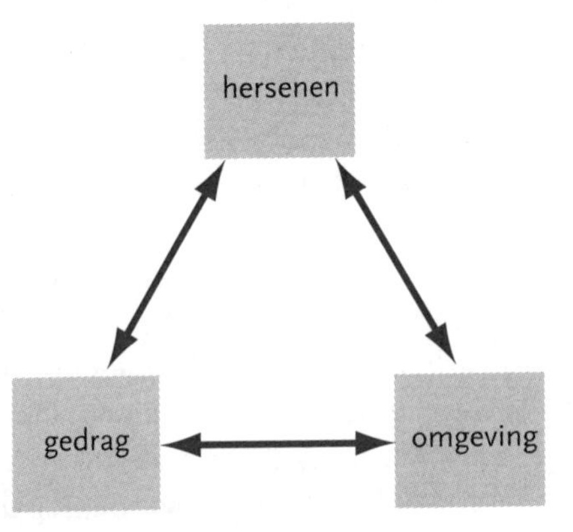

Figuur 8.6 *De hersenen, het gedrag en de omgeving beïnvloeden elkaar permanent (Hamilton et al., 1995: p. 103).*

Nieuwe 'biologische' hulpverleningsmethoden

Aan het begin van dit hoofdstuk werd een rapport van de Gezondheidsraad aangehaald waarin de vraag gesteld werd of wij in de toekomst in staat zullen zijn om delen van onze hersenen uit te schakelen (Gezondheidsraad, 2002). Deze toekomstverwachting lijkt uit te gaan komen. Op het gebied van de behandeling van depressie wordt met meerdere nieuwe technieken geëxperimenteerd. Een ervan is magnetische stimulatie, waarmee in een (klein) deel van de hersenen de elektrische activiteit gestimuleerd wordt, wat bekendstaat als Transcraniale Magnetische Stimulatie (TMS). Halverwege de jaren negentig is men met experimenteren gestart (George, 2003). In theorie is deze methode geschikt om elke psychische stoornis te behandelen en ze lijkt met weinig bijverschijnselen gepaard te gaan. Maar er moet nog veel opgehelderd worden voordat TMS op grote schaal toegepast kan worden. Zo moet bij elke patiënt uitgezocht worden welke delen gestimuleerd moeten worden, want, zoals we gezien hebben, mensen verschillen in de 'bedrading' van hun hersenen. De eerste onderzoeken lijken uit te wijzen dat deze methode effectief is bij het behandelen van depressie, maar voorzichtigheid is geboden, want de onderzoeksgroepen zijn nog klein (O'Reardon et al., 2007).

Onze hersenen zijn te beïnvloeden door onze eigen gedachten en handelingen. Dat is een belangrijk inzicht dat toegepast kan worden op allerlei gebieden. In de hulpverlening vormen psychofarmaca een belangrijke toepassing van biologische kennis, maar er worden ook nieuwe toepassingen ontwikkeld, zoals magnetische stimulatie van hersenen. Beide, psychofarmaca en TMS, werken in op de neurotransmissie: het doorgeven van elektrische signalen tussen de neuronen. Bij de neurotransmissie spelen neurotransmitters een essentiële rol. Biologische processen zijn niet de enige verklaring van de werkzaamheid van psychofarmaca. Psychofarmaca spelen in op een complexe interactie tussen hersenen, gedrag en omgeving.

8.5 Kanttekeningen

In dit hoofdstuk hebben we over diverse successen van de biologische psychologie kunnen lezen. Er kan gesteld worden dat de biologische visie op gedrag de laatste jaren aan een imposante opmars bezig is. Tijdschriften, tv-programma's en opvattingen bij 'het grote publiek' weerspiegelen dit. Sommige wetenschappers stimuleren de opmars door aan te geven dat 'binnenkort' veel meer duidelijk zal zijn over de werking van de hersenen, de genetische basis van bijvoorbeeld alcoholisme en medicatie om depressiviteit 'echt' te verhelpen. Dit optimisme wordt gevoed door de ontdekkingen van de afgelopen jaren, zoals die van het Genoomproject en de fMRI-scan. Er is hier en daar een grenzeloos optimisme, dat echter gepaard gaat met (te) weinig kritische distantie. Als we naar de geschiedenis van de psychologie kijken, zien we dat een dergelijk optimisme er meer dan een eeuw geleden ook was. Ook toen was er een groot geloof in wetenschappelijke vooruitgang dat gevoed werd door een aantal baanbrekende wetenschappelijke ontdekkingen (zie hoofdstuk 1). Het grootste gevaar van de biologische psychologie is een eenzijdig mechanistische interpretatie. Veel van de ontdekkingen wijzen op lichamelijke factoren en processen waarop 'de mens' weinig invloed heeft. Wie kan er verantwoordelijk gesteld worden voor zijn erfelijke bagage? Voor zijn neurotransmitters? Wat kan iemand eraan doen dat hij een grotere kans heeft op alcoholisme doordat zijn moeder tijdens de zwangerschap gedronken heeft (Wiers, 2007)? In de Verenigde Staten zijn rechtszaken geweest waarin getracht werd om verdachten vrij te laten spreken op grond van het feit dat zij niet verantwoordelijk zouden zijn voor hun daad vanwege hun erfelijke aanleg of andere lichamelijke processen. Het gevaar van al deze redeneringen – hoe waarschijnlijk soms ook – is dat de invloed van de omgeving en van de eigen motivatie verkleind wordt. In Nederland (en elders) is de laatste jaren veel aandacht geweest voor de vermeende overgevoeligheid van sommige kinderen voor bijvoorbeeld kleurstoffen uit levensmiddelen. Deze zou vooral hyperactiviteit veroorzaken. Hoewel dat bij een enkel kind inderdaad het geval kan zijn, blijkt uit onderzoek dat deze verklaring maar heel weinig opgaat (Barkley, 1997; Gezondheidsraad, 2000). Toch houdt ze hardnekkig stand. Kennelijk voldoet ze aan een behoefte om zich als kind en/of ouder niet schuldig te voelen: 'Zie je wel, ik kan er niets aan doen.' Natuurlijk is het helaas zo dat ouders nogal eens ten onrechte de schuld krijgen van het gedrag van hun kind (zie hoofdstuk 6), maar we moeten niet doorschieten in de interpretatie dat de omgeving, incluis de ouders, geen noemenswaardige invloed op gedrag heeft. Dit is het gevaar van een eenzijdige interpretatie van de resultaten van de biologische psychologie.

De psychologie heeft te lang 'het lichaam' verwaarloosd en de inhaalmanoeuvre van de laatste jaren is terecht. Hier en daar dreigt echter het gevaar dat de correctie doorslaat. Gedrag wordt eenzijdig reductionistisch vanuit biologische processen verklaard zonder dat er voldoende rekening wordt gehouden met de omgeving. Bij de uitgangspunten van de biologische psychologie zagen we dat de hersenen als het belangrijkste orgaan worden gezien: zonder hersenen is er geen gedrag mogelijk. Dit uitgangspunt is juist, maar ook eenzijdig. Met evenveel recht kan gesteld worden dat er geen gedrag mogelijk is zonder omgeving (Van den Hoofdakker, 1995). In de psychologie moeten deze verklaringen niet tegenover elkaar staan, maar samen gebruikt worden. Zo zagen we dat de mogelijkheid taal te verwerven bij mensen aangeboren is, maar dat deze aanleg alleen tot ontwikkeling komt als een kind in een talige omgeving opgroeit. Kortom: aanleg en omgeving spelen beide een rol. In het biopsychosociale model worden beide invloeden benadrukt.

Toepassingen van kennis uit de biologische psychologie, zoals psychofarmaca, scoren goed bij effectonderzoek. Medicatie is belangrijk bij het behandelen van angststoornissen of depressiviteit (CBO & Trimbos-instituut, 2003, 2005). Maar medicijnen zijn geen wondermiddelen. Medicatie werkt niet bij iedereen en ook niet bij iedereen even effectief. Ook hier spelen psychische en sociale aspecten een rol bij de werkzaamheid.

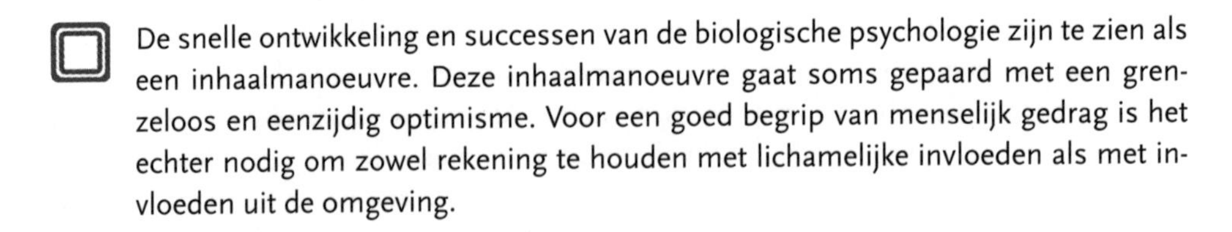
De snelle ontwikkeling en successen van de biologische psychologie zijn te zien als een inhaalmanoeuvre. Deze inhaalmanoeuvre gaat soms gepaard met een grenzeloos en eenzijdig optimisme. Voor een goed begrip van menselijk gedrag is het echter nodig om zowel rekening te houden met lichamelijke invloeden als met invloeden uit de omgeving.

8.6 Samenvatting

De biologische psychologie is een nog jonge stroming waarin biologische factoren en processen worden gebruikt om gedrag te verklaren. Er zijn twee strijdige opvattingen: enerzijds een mechanistische opvatting waarin gedrag eenzijdig verklaard wordt uit biologische factoren en processen; anderzijds een organistische opvatting waarin de interactie tussen biologisch organisme en omgeving wordt benadrukt. In dit hoofdstuk werd aandacht besteed aan twee belangrijke thema's uit de biologische psychologie: erfelijkheid en hersenen. Bij beide thema's speelt de vraag hoe groot de invloed van aanleg en hoe groot de invloed van de omgeving is. Gepleit werd voor de organistische visie: aanleg en omgeving beïnvloeden elkaar wederzijds. In de biologische psychologie worden psychische stoornissen verklaard met 'ontspoorde' hersenprocessen en/of erfelijke aanleg. In de hulpverlening zijn vooral de psychofarmaca een succes van de biologische psychologie. Een kanttekening daarbij is dat men lang niet altijd weet hoe psychofarmaca werken. Suggestie (het placebo-effect) en vertrouwen lijken een niet te onderschatten rol te spelen. Er werd voor gepleit de biologische psychologie met haar resultaten te plaatsen in de organistische visie van het biopsychosociale model. Erfelijke aanleg komt al of niet tot ontwikkeling in een omgeving met bepaalde kenmerken. Het is zaak om in het bijzonder deze interactie te bestuderen.

9 Epiloog

Hoofdstuk 9

Leerdoelen

Na bestudering van dit hoofdstuk:

- kun je aangeven waarom alle psychologische theorieën hun waarde hebben (§ 9.1);
- kun je aangeven wat het gevaar is van het redeneren vanuit slechts één theoretisch referentiekader (§ 9.2);
- kun je aangeven waarom er steeds meer sprake is van samenwerking tussen verschillende psychotherapeutische stromingen (§ 9.3);
- kun je de ervaringen uit de psychotherapie vertalen naar andere hulpverleningssettings en de opvoedingspraktijk (§ 9.4)
- kun je het eclectische werken en het meersporenbeleid toelichten en kun je voorwaarden formuleren waaronder deze werkwijzen succesvol zijn (§ 9.4)

Oefenen

Raadpleeg voor controlevragen, oefenvragen, opdrachten en 'verder studeren' de website: **www.coutinho.nl/palet**.

9.1 Een palet vol theorieën en methoden

In dit boek hebben we kennisgemaakt met zeven hoofdstromingen uit de psychologie. Na afloop kan het de lezer duizelen. Wat moet een (toekomstige) hulpverlener of opvoeder met al deze opvattingen, met deze supermarkt van verschillende theorieën en toepassingen? Is al deze kennis wel nodig? Is er niet een manier om al die stromingen te integreren? In dit afsluitende hoofdstuk staan we stil bij een aantal nieuwe ontwikkelingen op het gebied van samenwerking tussen verschillende stromingen.

In een hulpverlenings- of opvoedingspraktijk zijn alle in dit boek besproken opvattingen of varianten in principe terug te vinden. Weliswaar zijn er verschillen per doelgroep en setting, maar de lezer kan bijvoorbeeld de gedragstherapeutische aanpak, de psychoanalytische werkwijze, socialevaardigheidstrainingen, (bejegenings)methoden uit de rogeriaanse theorie, de systeemtheoretische aanpak, de psycho-educatie, het inrichten van (nieuwe) woonvoorzieningen, de medicamenteuze behandeling, enzovoorts allemaal tegenkomen. En dan zijn er nog andere methoden en werkwijzen afkomstig uit de verschillende theoretische stromingen die hier niet besproken zijn. Het palet van de psychologie heeft er mede toe bijgedragen dat er ook een bont palet van hulpverlenings- en opvoedingsmethoden is.

Is dat wenselijk? Vermoedelijk kan het niet anders. De menselijke psyche en het menselijk gedrag zijn zo complex en worden door zoveel aspecten beïnvloed, dat het niet vreemd is dat er verschillende theorieën zijn ontstaan. Elke theorie is te zien als een zoeklicht en benadrukt een deel van de werkelijkheid waarmee andere delen, al of niet bewust, niet of onderbelicht worden. Maar al die andere delen van de werkelijkheid hebben natuurlijk wel hun invloed op een persoon. In het 'echt' zijn ze nooit onbelicht.

Alle hier besproken theorieën hebben gedeeltelijk het gelijk aan hun kant en zijn daarom waardevol. Maar elke theorie is ook eenzijdig, belicht maar een of enkele aspecten en is daarom een inperking. De werkelijkheid of de hulpverleningspraktijk is nooit hetzelfde als een theorie. Een theoretisch referentiekader verklaart nooit 'alles'. Een alomvattende theorie bestaat niet in de psychologie en zal er ook wel nooit komen.

Om een kind, cliënt, bewoner of patiënt te kunnen begrijpen, steunen, opvoeden of helpen heeft een hulpverlener of opvoeder verschillende theoretische referentiekaders en verschillende methoden nodig. Daarbij moet hij proberen bewust te blijven van de inperkingen die daaraan ten grondslag liggen. Bij elke theorie is er 'gekozen' om iets te benadrukken en daarmee is ook gekozen wat weggelaten wordt. Soms is het een doelbewuste keuze, soms een onbewuste.

Voor de persoon die de theorie of methode toepast, bijvoorbeeld een hulpverlener, is het belangrijk om te beseffen wat de theorie of methode weglaat. De indelingen die in dit boek als rode draad gebruikt worden, kunnen daarbij als handvat dienen. Iemand kan zich bijvoorbeeld afvragen welk (impliciet) mensbeeld ten grondslag ligt aan zijn handelen als hij ouders adviseert een opvoedcursus te volgen. Een volgende vraag kan zijn op welk aspect of welke aspecten van de werkelijkheid zijn handelen gericht is. Is dat het biologische, het psychisch of het sociale niveau of een combinatie daarvan? Iemand die zich dit niet afvraagt, loopt het gevaar op blinde vlekken en dat komt zijn kind, cliënt, enzovoorts niet te goede. Daarom is het handig om te kijken hoe dit te voorkomen is.

In het hierna volgende wordt stilgestaan bij de vraag hoe je het beste kunt werken met alle verschillende theorieën. Allereerst wordt aangegeven wat de gevaren zijn van het redeneren vanuit één referentiekader. Vervolgens worden drie nieuwe ontwikkelingen uit de psychotherapie besproken die ertoe bijgedragen hebben dat tegenwoordig niet meer uit één maar uit meerdere referentiekaders gedacht wordt. Het betreft respectievelijk het onderzoek naar effectiviteit waarin het vertrekpunt vanuit een specifieke stroming is verlaten, de toenemende integratie in de psychotherapie en het model van non-specifieke factoren. We sluiten het hoofdstuk af door twee relatief nieuwe werkwijzen te bespreken: de eclectische aanpak en het meersporenbeleid. Daarbij wordt besproken of deze nieuwe ontwikkelingen binnen de psychotherapie vertaald kunnen worden naar de brede hulpverlenings- en opvoedingspraktijk.

9.2 Een theorie kan 'blind' maken

In dit boek hebben we voorbeelden gezien van gedrag dat op verschillende manieren is te interpreteren. Ook hebben we gezien dat in bepaalde perioden een theoretisch referentiekader zo dominant en afgesloten was dat alternatieve verklaringen van gedrag niet opvielen of bewust werden genegeerd. Zo duurde het mede door toedoen van het klassieke behaviorisme een lange tijd voordat er aandacht kwam voor typisch menselijk gedrag zoals motivatie en andere cognitieve functies. Zelfs een ogenschijnlijk simpel leerprincipe als model-leren werd pas vanaf de jaren zestig van de vorige eeuw door psychologen gebruikt, terwijl het al decennia daarvoor beschreven was. De cognitieve psychologie zette kennisaspecten centraal bij het verklaren van gedrag, maar het duurde lang voordat de emoties betrokken werden bij haar verklaringsmodel.

Schizofrenie is een aantal keren als voorbeeld gebruikt. Deze psychische stoornis werd tot de jaren vijftig van de vorige eeuw voornamelijk vanuit een biologisch en soms vanuit een psychoanalytisch referentiekader verklaard. In de jaren zestig werd het gezinsinteractiemodel uit de strategische stroming dominant. Hierin werd schizofrenie met een rigide systeemtheoretische visie verklaard. Tegenwoordig staat het biopsychosociale model voorop, waarin verschillende invloeden op gedrag geïntegreerd worden.

In de geschiedenis van de psychologie is het vaak voorgekomen dat als een verklaring niet meer klopte, er een nieuwe voor in de plaats kwam. Zo werd het aanleren van gedrag eerst begrepen vanuit beloningsprincipes, maar later werd deze verklaring vervangen door één waarin kennis en interpreteren voorop werden gesteld. Men maakte de fout één referentiekader toe te passen op de gehele complexe werkelijkheid en zich af te sluiten voor alternatieve verklaringen. Als de verklaring niet meer houdbaar was, werd gekozen voor een andere. Opvallend is dan dat de oude verklaring en het theoretische referentiekader daarbij vaak op de 'mestvaalt' werden gegooid. Het proces startte opnieuw. Ook met het nieuwe referentiekader probeerde men 'de gehele werkelijkheid' te verklaren en sloot zich af voor alternatieve verklaringen. De vraag of verklaringen gecombineerd konden worden, werd weinig gesteld.

Oliver Sacks (1995) beschrijft in zijn boek een arts die lijdt aan het syndroom van Gilles de la Tourette. Tegenwoordig wordt algemeen aangenomen dat dit een neurologische stoornis is: de patiënt kan er niets aan doen. De stoornis kenmerkt zich door onvrijwillige bewegingen, geluiden en woorden, met andere woorden: motorische en vocale tics. Vooral de inhoud van de vocale tics trekt de aandacht, doordat deze dikwijls bestaat uit obsceniteiten (kut, klootzak, takkewijf, enzovoorts). De tics kunnen 'uitgesteld', maar niet geheel onderdrukt worden. Al eeuwenlang is deze stoornis bekend en zij komt voor in alle landen en alle bevolkingslagen. Toen eind negentiende eeuw de stoornis gedefinieerd werd, werd deze niet als een organische, maar als een 'zedelijke' kwaal beschouwd. Het was een uiting van ondeugd die met correctie bestreden moest worden. Vanaf de jaren twintig tot zestig van de twintigste eeuw werd het Tourettesyndroom opgevat als een psychische stoornis die vooral met psychoanalyse behandeld moest worden. De soms obscene inhoud van de vocale tics lokte de interpretatie uit dat er een onbewust (seksueel) conflict aan ten grondslag lag. De vele psychoanalytische sessies brachten echter geen enkele Touretter genezing. In de jaren zestig werd ontdekt dat het Tourettesyndroom een aangeboren neurologische stoornis is, die wordt veroorzaakt door een ontregeling van neurotransmitters. De tics bleken met medicatie te onderdrukken en de psychoanalyse had afgedaan. Maar was dat terecht? Sacks, zelf een neuroloog, schrijft:

> *'Al die opvattingen kloppen echter maar ten dele, simplificeren de zaak en doen geen recht aan de volle complexiteit van het syndroom van Gilles de la Tourette, dat net zo complex kan zijn als de menselijke aard zelf. Noch een biologisch, noch een psychologisch, noch een moreel-sociaal gezichtspunt is voldoende; we moeten Tourette niet alleen van alledrie de kanten tegelijk bekijken, maar ook existentieel, van binnenuit, vanuit de getroffene zelf. Verhalen van de binnenkant en van de buitenkant moeten hier, zoals overal, met elkaar versmelten' (Sacks, 1995: p. 98-99).*

Opvallend is dat Sacks, als neuroloog, niet kiest voor één benadering, voor één referentiekader, maar voor meerdere. Ook benadrukt hij de persoonlijke ervaring van de patiënt, waarmee hij aansluit bij de humanistische psychologie en de psychoanalyse. Terwijl andere artsen en neurologen de ontdekking van de ontregeling van de neurotransmitters aangrepen om de psychoanalyse als afgedaan te beschouwen, doet Sacks dat niet. Met het psychoanalytische referentiekader kun je volgens hem namelijk meer zicht krijgen op de ontstaansgeschiedenis van de inhoud van de vocale tics. De stoornis zelf is aangeboren, maar de uitingsvorm wordt bij elk individu ingekleurd door eigen persoonlijke ervaringen. Hij schrijft:

> *'Hoewel een ticneiging bij het Tourette-syndroom aangeboren is, heeft de specifieke vorm van de tics vaak een persoonlijke of historische oorsprong. Zo kan een naam, een geluid, een beeld, een gebaar, misschien jaren tevoren gezien en vergeten, eerst onbewust worden herhaald of nagebootst en dan in stereotiepe vorm van een tic bewaard worden. Zulke tics lijken op hiëroglyfische, versteende restanten van het verleden en kunnen in de loop van de tijd zelfs zo hiëroglyfisch, zo verkort worden, dat ze niet meer te begrijpen zijn... Eén zo'n patiënt, die ik lang geleden gezien heb, maakte aldoor een drielettergrepig, explosief keelgeluid, dat zich bij analyse ontpopte als een versnelde, samengebalde weergave van "Verboten!", een spastische parodie op de voortdurend verbiedende Duitse stem van zijn vader'* (idem: p. 125).

Er zijn meer van dergelijke ontwikkelingen in de geschiedenis van de psychologie aan te geven. Een ander – berucht – voorbeeld is autisme. Tot ver in de jaren zestig werd dit syndroom verklaard vanuit een psychoanalytisch referentiekader. Veronderstelde kilheid en het ontbreken van liefde van de ouders (vooral de moeder) werden als oorzaken gezien. Nu wordt algemeen aangenomen dat autisme veroorzaakt wordt door (nog onbekende) hersendisfuncties. De opvoedkundige kwaliteiten van de ouders zijn niet de oorzaak. Op zich klopt dat, en de periode waarin de eenzijdige psychoanalytische verklaring dominant was, heeft veel leed bij de ouders veroorzaakt. Toch kan het psychoanalytische model wel van nut zijn. Niet zozeer om te verklaren hoe autisme ontstaat, maar wel om te bekijken hoe ouders met hun kind met autisme omgaan. In een opvoeding neemt iemand de eigen geschiedenis mee: de sterke en zwakke kanten en de, eventueel onbewuste, wensen en gevoeligheden. Vanuit het psychoanalytisch kader kan geprobeerd worden te begrijpen waarom de ene ouder meer aankan dan de andere.

De geschiedenis leert dus dat het belangrijk is om verschillende benaderingen en verklaringen te gebruiken. In de komende paragraaf kijken we welke ontwikkelingen bij kunnen dragen aan het voorkomen van blinde vlekken.

9.3 De ondergang van monolithisch denken

De strijd voor het gelijk van eigen gedachtegoed waarbij men zich afschermt voor strijdige kennis en andere visies, het zogenaamde monolithisch denken, is in de psychologie en psychotherapie opgevolgd door juist het zoeken naar samenwerking. Daarbij staat men open voor andermans meningen en onderzoeksresultaten die strijdig kunnen zijn met eigen opvattingen. Dat is natuurlijk zo logisch als wat, want een wetenschap hoort zich kwetsbaar op te stellen. We hebben in dit boek gezien waarom dat lang geduurd heeft in de psychologie. Nu kijken we naar drie ontwikkelingen die ertoe bijgedragen hebben dat de samenwerking kon ontstaan. Het zijn vooral ontwikkelingen vanuit de psychotherapie, maar deze hebben een bredere betekenis voor de gehele hulpverlening en de opvoeding.

9.3.1 Evidence based-benaderingen

Eind jaren zestig van de vorige eeuw werd de volgende vraag gesteld:

> *'Welke behandeling, door wie, is het meest effectief voor dit individu met dat probleem en onder welke omstandigheden?'*
> *(Paul, 1967 in Colijn, Snijders & Trijsburg: p. 111).*

Deze veel geciteerde vraag geeft een omslag in het denken aan. Niet de theoretische stroming staat centraal in de hulpverlening, maar de patiënt. De vraag wordt gesteld met betrekking tot psychotherapeutische en farmacologische behandelingen, maar kan ook met betrekking tot andere hulpverleningsvormen en het onderwijs gesteld worden. Om van dat laatste een voorbeeld te geven: in grote delen van het huidige onderwijs zijn 'zelfsturing' en 'zelfstandigheid' sleutelwoorden. Veel kinderen floreren in het onderwijs dat hierop is gebaseerd, maar andere kinderen hebben voor een goede ontwikkeling juist meer structuur nodig. Dus de vraag die hier gesteld kan worden luidt: Welke onderwijsvormen, door wie gegeven, zijn effectief, voor welke kinderen en onder welke omstandigheden?

In de hulpverlening had het stellen van bovenstaande vraag tot gevolg dat er onderzoek op gang kwam naar het effect van psychotherapeutische behandelingen. De vraag impliceert wel dat in het effectonderzoek de klacht of stoornis centraal wordt gesteld. Het gaat er bijvoorbeeld om vast te stellen welke behandeling het meest effectief is bij faalangst, depressiviteit of verslaving. De in dit boek aangehaalde richtlijnen voor het behandelen van angststoornissen en depressie (CBO & Trimbosinstituut, 2003; 2005) zijn resultaten van dergelijk onderzoek. Een (toepassing van een) stroming moet nu zijn waarde bewijzen in wetenschappelijk effectonderzoek. Zoals zoveel ontwikkelingen die in dit boek besproken werden, wordt ook het onderzoek naar effectiviteit bevorderd door maatschappelijke ontwikkelingen. Regeringsorganisaties, verzekeringen en mondige cliëntorganisaties stellen eisen aan lengte en effectiviteit van de behandelingen. De onderzoeksresultaten laten zien dat bij een bepaalde problematiek meerdere methoden goed kunnen werken die uit verschillende stromingen afkomstig kunnen zijn. Bij een andere problematiek kunnen het methoden uit andere stromingen zijn. Dit resultaat heeft tot gevolg dat het vooropstellen van het gedachtegoed uit één stroming van de baan is. Effectiviteit is belangrijker dan ideologie.

9.3.2 Integratie tussen de stromingen

Binnen psychotherapeutische benaderingen is vanaf eind jaren zestig van de vorige eeuw niet alleen sprake van toenemend onderzoek naar effectiviteit, maar ook van steeds meer samenwerking. We zagen daar voorbeelden van in dit boek. Zo is de cognitieve gedragstherapie een therapiestroming waarbinnen inzichten uit behaviorisme en cognitieve psychologie verenigd worden. Directieve therapie is oorspronkelijk een samenvoeging van inzichten uit de systeemtheorie en de leerpsychologie. Een relatief nieuwe benadering als mindfulness wordt zowel gebruikt door therapeuten uit de experiëntiële (rogeriaanse) als de cognitieve stroming. En dan zijn er nog veel meer voorbeelden die in dit boek niet genoemd zijn. Er zijn integraties van cognitieve psychologie en psychoanalyse, zoals schemagerichte therapie voor het behandelen van in het bijzonder persoonlijkheidsstoornissen (Sprey, 2002). Een ander voorbeeld is integratie van systeemtheorie en cognitieve psychologie, zoals interpersoonlijke therapie voor vooral het behandelen van depressie (Jonker & de Vries, 2000).

Ook deze ontwikkeling heeft ertoe bijgedragen dat het vooropstellen van het gedachtegoed uit één stroming is verminderd en nu vrijwel afwezig is. Er is een aantal redenen waarom integratie de wind mee heeft. Hieronder worden ze kort genoemd (Colijn, Snijders & Trijsburg, 2003). Alle drie ondermijnen ze het geloof in eigen gelijk van elke stroming.

Het onderzoek naar evidence based behandelingen mondt uit in een vaststelling welke methode het meest effectief is. Ander onderzoek laat zien dat inderdaad vastgesteld kan worden welke het beste is, maar dat al die therapieën uit verschillende scholen niet heel veel voor elkaar onderdoen. Ze zijn allemaal bijna even goed. Als daarin zo weinig verschil te vinden is, dan kun je natuurlijk ook gezamenlijk optrekken.

Hoewel onderzoeksresultaten uitwijzen dat psychotherapieën succesvol zijn, weet men niet precies welk aspect uit een therapie het succes veroorzaakt. Is dat iets wat bij een specifieke methode hoort – zoals het leren je te richten op het lichamelijk gevoel – of zijn het gemeenschappelijke factoren die in elke therapie terugkeren (zie verder)? Men weet het niet. In ieder geval is wel duidelijk dat er geen methode is die voor al onze klachten werkt. De huidige situatie is juist meer gericht op het ontwikkelen van specifieke therapieën voor specifieke problemen. En dat kan beter gezamenlijk gedaan worden dan alleen.

Als iemand in therapie gaat, dan blijkt uit het onderzoek naar effecten dat dit zinvol is. Maar ook is aangetoond dat dit niet het enige aspect is dat voor verandering zorgt. Hoe sterk iemand in zijn schoenen staat, de sociale steun die hij krijgt van partner, ouders, vrienden, successen op school of werk, al deze factoren dragen bij aan verandering, onafhankelijk van welke therapie toegepast wordt.

9.3.3 Gemeenschappelijke of non-specifieke factoren

Een andere kijk op hulpverlening wordt geboden door het begrip non-specifieke factor. Met de ontwikkeling naar integratie in de psychotherapie ontstond tussen psychotherapeuten een discussie over de vraag welke factoren in elke psychotherapie aanwezig zijn (*gemeenschappelijke of non-specieke factoren*) en welke factoren *specifiek* zijn, dat wil zeggen alleen maar in één speciale psychotherapievorm voorkomen. Zo is voor te stellen dat in de psychoanalyse het vrij associëren en uitlokken van (tegen)overdracht specifiek is. Dat komt in geen andere psychotherapie voor. Hetzelfde geldt voor het trainen van gedrag in een gedragstherapie. Daarnaast is goed voor te stellen dat positief contact tussen hulpvrager en hulpverlener in elke hulpverleningsvorm voorkomt, dus *non-specifiek* is. Van Dijck (1994) beschrijft de volgende ingrediënten die alle psychotherapievormen gemeen hebben:

1. Een *relatie* die intens, emotioneel geladen en vertrouwelijk is en waarbij de cliënt een zekere afhankelijkheid ontwikkelt.
2. Een *context* die als therapeutisch herkenbaar is (zoals een ziekenhuis, een RIAGG of een inrichting) en die eventueel bijdraagt tot het prestige van de behandelaar.
3. Een *systeem van begrippen en theorieën* (rationale) waarmee de klachten van de patiënt verklaard kunnen worden. Het systeem moet geloofwaardig voor de cliënt en hulpverlener zijn.
4. Een *procedure* (of ritueel) die voortvloeit uit het systeem van begrippen en theorieën. De procedure vereist een actieve deelname van zowel cliënt als hulpverlener en wekt de verwachting dat deze activiteit tot verbetering of herstel zal leiden.

Van Dijck stelt dat bovenstaande ingrediënten middelen kunnen zijn om bij de cliënt de hoop op herstel of positieve verwachtingen over de uitkomst van de hulpverlening te versterken. De cliënt krijgt vertrouwen in de hulpverlener en daarmee in zijn eigen kracht als de relatie met de hulpverlener prettig is, de hulpverlener duidelijk kennis van zaken heeft en met doordachte voorstellen komt. Zo'n mix alleen zou al therapeutisch werken.

Als we kijken naar resultaten van effectonderzoek dan blijken de factoren uit een psychotherapie die voor verandering zorgen in drie groepen ingedeeld te kunnen worden: algemene factoren, specifieke factoren en placebo-effecten. De algemene factoren zijn verantwoordelijk voor 50 procent van de veranderingen die door de psychotherapie veroorzaakt worden. De overige twee nemen ieder 25 procent voor hun rekening. Dus algemene factoren, zo blijkt uit dit onderzoek, zijn veel belangrijker dan de specifieke factoren (Colijn, Snijder, Trijsburg, 2003).

Deze manier van kijken verschaft ook de mogelijkheid om te begrijpen waarom andere, 'alternatieve' methoden effectief zijn. Psychotherapeuten kunnen lijken op gebedsgenezers, sjamanen, sekteleiders, enzovoorts (ibidem). Het concept van de non-specifieke factor gaat ervan uit dat er een algemene grondstructuur van psychologische geneeswijzen bestaat. Deze structuur zou van toepassing zijn op verschillende psychotherapeutische methoden, maar kan ook toegepast worden op 'alternatieve' of niet-westerse geneeswijzen zoals genezen door gebed, geest uitdrijven en trance. Colijn (1995) zegt er het volgende over:

> *'In deze denkwijze staat de structuur van "mental healing" centraal, en niet de inhoud. De redenering luidt: waar ook ter wereld iemand psychische klachten vertoont, overal zal de behandeling van deze klachten eenzelfde patroon volgen: er is een patiënt of cliënt die, uit het lood gebracht door zijn of haar psychische klachten, een genezer zoekt. Deze genezer geniet erkenning van de samenleving om hem/haar heen, en boezemt vertrouwen in. Deze genezer is in staat de oorzaken van het psychisch lijden te benoemen; op grond van die theorie over psychisch lijden selecteert hij of zij een aantal procedures die naar genezing leiden. Anders gezegd: er is een relatie tussen genezer en cliënt, er is een rationale die een logische verklaring geeft voor de klachten van de cliënt, op grond daarvan wordt een aantal vastgestelde procedures of rituelen uitgevoerd in een daartoe omschreven context of setting.*
> *Deze vier elementen vormen samen een algemeen skelet van psychologische genezing of "mental healing" dat vervolgens kan worden aangevuld met vlees en bloed vanuit de cultuur waarbinnen de genezing plaatsvindt' (Colijn, 1995: p. 133-134).*

In bovenstaande vergelijking worden de individuele psychotherapieën uit westerse landen vergeleken met de traditionele geneeswijzen uit bijvoorbeeld derdewereldlanden. Opvallend is dat de structuur van de hulpverleningsvormen niet verschilt, maar de inhoud van de rationale (de theorie) en de specifieke procedures (hulpverleningstechnieken) wel. Deze manier van kijken benadrukt de overeenkomsten (= niet-specifieke factoren) en niet de verschillen (= specifieke factoren).

9.4 Betekenis voor hulpverlening en opvoeding

Een hulpverlener of professionele opvoeder zoals een maatschappelijk werker, leerkracht, groepsleider of verpleger is geen psychotherapeut. Wat betekenen bovenstaande ontwikkelingen uit de psychotherapie voor de brede hulpverlening en opvoeding?

Ook hulpverlening en professionele opvoeding zijn kind- of vraaggericht. Het interpretatiekader van de hulpverlener staat niet voorop. De maatschappelijk werker, enzovoorts, moet in staat zijn om een problematiek van een kind of cliënt vanuit meerdere optieken te bekijken en begrijpelijk te maken. Hij moet meerdere methoden en technieken in zijn repertoire hebben.

Wat betreft de algemene factoren betekent dit dat een hulpverlener of opvoeder een juiste *grondhouding* dient te hebben. Hij moet geïnteresseerd zijn in het kind of de cliënt en deze accepteren. Ten tweede moet hij *gespreksvaardigheden* beheersen, zodat hij (ten derde) een warme en positieve *relatie* kan aangaan met de cliënt of het kind en het cliëntsysteem. Met zijn gespreksvaardigheden is hij in staat om kind, cliënt en cliëntsysteem te motiveren voor een bepaalde aanpak. Ten vierde moet de hulpverlener of opvoeder *kennis van zaken* hebben. Hij heeft vaardigheden en kennis waarmee hij het gedrag van een kind of cliënt (of systeem) kan interpreteren ('diagnosticeren'). Stel dat een kind vaak andere kinderen pest. Mogelijke interpretaties zijn dan: het kind vertoont dit negatieve gedrag omdat het daarmee aandacht krijgt van opvoeders. Of: dit kind heeft een heel negatief zelfbeeld en houdt dat in stand door telkens straf uit te lokken. Of: dit kind is niet veilig gehecht, weet niet wat geborgenheid is en komt daardoor tot dit negatieve gedrag. Van belang is dan dat een hulpverlener of opvoeder in staat is al deze interpretaties te wegen, eventueel te combineren en te motiveren waarom zo'n interpretatie tot een bepaalde aanpak of behandeling leidt.

Deze vier aspecten hebben tot doel om het kind of de cliënt een gevoel van beheersing bij te brengen. Volgens Van Dijck (1994) is dat het belangrijkste van hulpverlening. De manier waarop het gevoel van beheersing ontstaat, dat wil zeggen vanuit welk theoretisch referentiekader een interventie of methode afkomstig is, is onbelangrijk. Als de cliënt maar weer vertrouwen in het eigen kunnen krijgt. Dit kan bijvoorbeeld wanneer de hulpverlener door middel van succeservaringen bij de cliënt een besef van zelfcontrole teweegbrengt.

Ook als een cliënt (nog) niet de mogelijkheid heeft om het gevoel van zelfbeheersing te ervaren, bijvoorbeeld omdat hij te jong of verstandelijk beperkt is, dan hebben we bijna altijd te maken met het cliëntsysteem: de familieleden van de cliënt. Voor het welslagen van hulpverlening en ook opvoeding is het belangrijk dat ook zij positieve verwachtingen krijgen, dat zij overtuigd worden van de kwaliteit van de hulpverlening. Dan zullen zij immers eerder samenwerken en hun beste beentje voorzetten. Psycho-educatie kan daarbij een belangrijk middel zijn.

Ook voor het personeel zelf is het hebben van positieve verwachtingen belangrijk. Van Dijck wijst daarop: het gaat om een systeem van begrippen en theorieën dat geloofwaardig is voor *cliënt én hulpverlener*. Hulpverleners die geen vertrouwen hebben in hun eigen handelen en/of de filosofie van het behandelingsinstituut of onderwijsinstelling zullen geen succes behalen. Denk daarbij aan het voorbeeld uit hoofdstuk 8 over placebo's: een placebo werkt alleen maar als zowel de patiënt als de dokter in het medicijn gelooft. Dat geldt ook voor 'echte' hulpverleningsvormen. Cliënt én hulpverlener of opvoeder moeten overtuigd zijn van de werkzaamheid. Beiden zijn essentiële voorwaarden.

9.4.1 Eclectisch werken

Naast het actief nastreven van de zogenaamde algemene factoren gebruikt een hulpverlener of opvoeder natuurlijk ook allerlei methoden. Ook hierin is een verandering te constateren richting samenwerking tussen de verschillende stromingen. Het wordt *eclectisch werken* genoemd en dit betekent dat de hulpverlener de beschikking heeft over verschillende technieken uit verschillende stromingen en dat geen enkel referentiekader per definitie dominant is in zijn manier van werken (Snellen, 2007).

Eclectisch werken is niet onomstreden. Critici zijn bang voor een hutspot van theorieën en procedures (Van Dijck, 1994) die onvoldoende gefundeerd kunnen zijn op juiste interpretaties en verklaringen van gedrag. Men is bang dat er vrij willekeurig een bepaalde techniek uit de hoge hoed getoverd wordt en dat als die techniek niet werkt, er dan een volgende tevoorschijn gehaald wordt. Deze kritiek is zinnig. In de hulpverlening kan vrij willekeurig een referentiekader of techniek uit de la gehaald worden. Eclecticisme wordt dan een theoretische hutspot, een soort methodisch zappen (Van der Pas, 1995). Als het één niet werkt, dan doen we het ander, totdat er succes geboekt wordt.

Een voorwaarde voor eclectisch werken is dat er een duidelijk referentiekader gebruikt wordt. Er wordt niet zozeer één referentiekader over het gedrag van de cliënt gelegd, maar de hulpverlener maakt gebruik van verschillende referentiekaders en weet te motiveren waarom juist dat ene van toepassing is. Daarbij hoort de hulpverlener te weten wat de sterke en zwakke kanten van een referentiekader zijn, wat het benadrukt en wat het weglaat. De werkwijze moet vraaggericht blijven.

In de hulpverlening wordt eclectisch werken ook nagestreefd door multidisciplinaire teams samen te stellen. Verschillende deskundigheden en specialisaties zijn dan in één team samengebald. Helaas blijkt dat niet altijd een voldoende voorwaarde te zijn voor eclectisch werken. Als de verschillende deskundigen aan het eigen gelijk en de eigen specialisatie vasthouden, dan is er weinig gewonnen. Voorwaarde voor eclectisch werken is dat het gedrag van een cliënt of kind vanuit verschillende referentiekaders geïnterpreteerd kan worden en dat deze interpretaties naast elkaar gelegd worden zonder dogmatisch vast te houden aan één referentiekader.

Om te voorkomen dat een eclectische benadering ontaardt in methodisch zappen, kunnen twee richtlijnen dienen.

Allereerst kan gebruikgemaakt worden van een van de rode lijnen uit dit boek: het biopsychosociale model. Dit model beoogt een integratie van verschillende theoretische gezichtspunten. Als er gekozen wordt voor een bepaalde hulpverleningsmethode is met dit model te bepalen welke invloeden op het gedrag van een cliënt wel en welke niet met de methode centraal gesteld worden. Als er bijvoorbeeld gekozen wordt voor een socialevaardigheidstraining, die op de leertheorie gebaseerd is, dan is met dit model vast te stellen dat daarmee geen aandacht geschonken wordt aan eventuele biologische of sociale invloeden – zoals gezinsinvloeden – op het gedrag. Dit hoeft niet te betekenen dat de keuze verkeerd is, maar wel dat deze gemotiveerd wordt en eventueel op bepaalde gebieden is bij te stellen.

Ten tweede is het belangrijk om de mogelijkheden, wensen en problematiek van de cliënt of het kind in kaart te brengen. Deze aspecten bepalen namelijk wat voor een hulpverleningstechniek mogelijk en wenselijk is. Dit sluit aan op de andere rode lijn uit dit boek: de visie op mensbeelden.

In de psychotherapie wordt het volgende onderscheid gemaakt (Van Kalmthout, 1995b). Er is een benadering waarin het unieke, het persoonlijke van een cliënt benadrukt wordt. In de hulpverlening kan gestreefd worden naar een *algehele verdere ontwikkeling* van een persoon, waardoor er persoonlijke groei plaats kan vinden. Aanknopingspunten voor zo'n benadering zijn te vinden in de psychoanalyse en de rogeriaanse hulpverlening. Beide stromingen gaan dan ook uit van *een personalistische visie* op de mens. Niet elke cliënt komt echter met zo'n wens, en het is ook niet voor iedereen weggelegd om een dergelijk doel te bereiken, want het vereist nogal wat vaardigheden. In de tweede benadering wordt niet zozeer het unieke van een persoon benadrukt, maar de kenmerken waarin hij overeenkomt met andere mensen. Zijn klachten kunnen lijken op klachten van anderen. Hier staan de *symptomen van een klacht* voorop. De cliënt heeft er last van en wil ervanaf geholpen worden. Aanknopingspunten voor zo'n benadering zijn te vinden in de behavioristische en delen van de cognitieve en biologische psychologie – stromingen waarbij, in de ene meer dan de andere, de *mechanistische visie* op de mens benadrukt wordt.

In de hulpverleningspraktijk van sociaal-agogische en verpleegkundige werkers zal niet zo vaak gestreefd worden naar een algehele persoonsverandering. Het benadrukken van het unieke van een individu is wel terug te vinden in de bejegening. Het veranderen van symptomen, denk bijvoorbeeld aan socialevaardigheidstrainingen en medicatie, is wel terug te vinden in de sociaal-agogische en verpleegkundige praktijk. Maar ook het 'genezen' van symptomen kan een te hoog doel zijn. Verstandelijk gehandicapten kunnen vaardigheden leren, maar blijven verstandelijk gehandicapt. De gevolgen van een hersenbloeding zijn vaak onomkeerbaar en zowel symptoombestrijding als persoonlijke groei zijn hier meestal te hoog gegrepen doelen. In de psychiatrie gaat men er steeds meer van uit dat sommige psychische stoornissen nooit geheel te genezen zijn. Patiënten zouden altijd restsymptomen houden.

Er is in deze gevallen een derde aspect waar op gelet kan worden, een onderscheid dat niet in de psychotherapie wordt gemaakt. Het wordt *de prothetische benadering* genoemd. Kenmerkend aan deze benadering zijn zowel de wensen, maar ook de (on)mogelijkheden van de cliënt of het kind. Het is belangrijk om de omgeving zo in te richten dat deze zo min mogelijk last heeft van zijn stoornis of beperking. Dat is de essentie van de prothetische benadering. Denk bijvoorbeeld terug aan het voorbeeld uit hoofdstuk 5 over de prothetische functie van een dagboek voor een cliënt met verworven hersenletsel. Ook woonvoorzieningen in de residentiële hulpverlening vervullen, als het goed is, een prothetische functie. Trainingen aan familieleden van psychiatrisch patiënten, waarin hun geleerd wordt hoe zij het beste met een stoornis of beperking kunnen omgaan, is ook het aanbrengen van een prothese (Kuiper, 2008). In de prothetische benadering wordt de stoornis of beperking niet genezen, maar worden de gevolgen ervan hanteerbaar gemaakt voor zowel de cliënt als zijn omgeving. Deze benadering gaat uit van *de organistische visie* op de mens en vindt aanknopingspunten in de cognitieve psychologie, de systeemtheorie en de omgevingspsychologie.

9.4.2 Meersporenbeleid

Naast de eclectische benadering uit de individuele hulpverlening heeft er in de residentiële hulpverlening een ontwikkeling plaatsgevonden waarbij meerdere technieken (sporen) tegelijkertijd toegepast worden. Het is een *integratieve benadering* waarbij uit verschillende theoretische stromingen geput wordt. Het is niet zo moeilijk voor te stellen dat in een residentiële setting sprake is van verschillende invloeden op het gedrag van een cliënt. Al deze invloeden vragen om een eigen, op maat gesneden benadering. Zo kan er sprake zijn van een specifieke gedragsproblematiek van een cliënt, maar de hulpverlening heeft ook te maken met de familieleden, met de biologisch verankerde mogelijkheden van de cliënt en met de samenwerking in het team. Al deze aspecten vragen om een eigen benadering.

Bij het werken met chronisch schizofrene patiënten in de psychiatrie wordt de laatste jaren zo'n *meersporenbeleid* nagestreefd (Klungers, 1996). Het doel is dat de patiënten zo ver mogelijk revalideren, waarbij rekening wordt gehouden met hun (on)mogelijkheden. Het meersporenbeleid omvat de volgende middelen (sporen):

- Er wordt gekeken naar de woonsituatie van de patiënten: biedt deze hun de mogelijkheid hun autonome en territoriale controle te handhaven of verder te ontwikkelen?
- Zoals we in hoofdstuk 6 zagen, is het belangrijk om aan de patiënten zelf en aan hun familieleden uit te leggen wat hun stoornis inhoudt. Psycho-educatie is een belangrijk onderdeel van het meersporenbeleid.
- Ook zagen we in hoofdstuk 6 dat personeelsleden te veel of te weinig betrokken kunnen zijn bij de patiënten. Personeelsleden uitleggen wat expressed emotions inhouden is een volgend onderdeel van het meersporenbeleid.
- Schizofrene patiënten die willen revalideren, moeten vaak nieuwe vaardigheden aanleren. Gedragstherapeutische vaardigheden zijn dan vereist voor de hulpverlener.
- De hulpverlener mag niet beslissen wat de patiënt moet leren. Hij moet in onderhandeling treden met hem over zijn leerdoelen. Daarbij is het belangrijk om het standpunt en de belevingswereld van de patiënt te verstaan. De rogeriaanse houdingen zijn hierbij belangrijk.
- Tot slot blijkt uit evaluaties van deze nieuwe aanpak dat hulpverleners vaak moeite hebben om een juist evenwicht te vinden tussen afstand en toenadering. Een juist niveau van expressed emotions blijkt niet makkelijk te zijn. Hulpverleners moeten daarom leren reflecteren over hun handelswijze. Intervisie is daarvoor een mogelijkheid, waarbij vooral de theorie van overdracht en tegenoverdracht een belangrijk hulpmiddel blijkt te zijn.

Zoals we zien worden in deze nieuwe hulpverleningsmethode inzichten gebruikt die uit vrijwel alle behandelde theoretische stromingen afkomstig zijn. Een dergelijke benaderingswijze is niet alleen voor de psychiatrie bestemd. Ook in de verstandelijkgehandicaptenzorg en de (residentiële) jeugdhulpverlening wordt in toenemende mate gewerkt met een meersporenbeleid.

9.5 Samenvatting

In hulpverlening en opvoeding zijn meerdere theoretische referentiekaders en methoden nodig. Elke theorie heeft zijn waarde en zijn beperkingen. Het werken vanuit één referentiekader houdt het gevaar in dat er te weinig aandacht is voor invloeden op het gedrag van een cliënt of kind die in dat referentiekader niet onderkend worden. Dit kan blinde vlekken veroorzaken. De laatste jaren is er een ontwikkeling naar meer samenwerking binnen de psychotherapie. Dit werd mede veroorzaakt door onderzoeksresultaten waaruit geconcludeerd kan worden dat geen enkele theorie alles verklaart, geen enkele methode op alle problemen is toe te passen en de effecten van de verschillende stromingen elkaar niet veel ontlopen. Om zo goed mogelijk om te kunnen gaan met de verschillende theoretische referentiekaders is het belangrijk om eclectisch te werken. Daarbij is het wel een voorwaarde dat de hulpverlener zijn theoretische keuze kan motiveren. Een andere mogelijkheid waarbij de verschillende visies geïntegreerd worden is een meersporenbeleid.

Raadpleeg voor controlevragen, oefenvragen, opdrachten en 'verder studeren' de website: **www.coutinho.nl/palet.**

Bijlage

Overzicht van de verschillende psychologische stromingen naar mensbeeld

1 Hieronder wordt in een overzicht aangegeven welk mensbeeld de verschillende psychologische stromingen hanteren. Soms wordt een korte toelichting gegeven, anders wordt volstaan met een X.

stroming	mechanistisch mensbeeld	organistisch mensbeeld	personalistisch mensbeeld
psychoanalyse	in de beginperiode		in de moderne psychoanalyse
behaviorisme	X	enigszins bij Skinner	
humanistische psychologie			X
cognitieve psychologie	de 'vroege' cognitieve theorieën	onder andere de theorie van Piaget	van toepassing bij latere cognitieve theorieën
systeemtheorie		X	
omgevingspsychologie		X	
biologische psychologie	X	X	

Overzicht van de verschillende psychologische stromingen naar biopsychosociaal model

2 Hiernaast wordt in een overzicht aangegeven hoe de verschillende psychologische stromingen zich verhouden tot het biopsychosociale model. Met een X wordt aangegeven of een stroming rekening houdt met de biologische, de psychische of de sociale invloeden op gedrag. Soms wordt een korte toelichting gegeven. Bij de psychoanalyse worden de opvattingen uit de moderne psychoanalyse weergegeven. Bij de biologische psychologie wordt apart aangegeven hoe de mechanistische en hoe de organistische biologische psychologie zich tot het biopsychosociale model verhouden.

	biologische invloed op gedrag	psychische invloed op gedrag	sociale invloed op gedrag
psychoanalyse	Wordt verondersteld in de moderne psychoanalyse. Biologische aspecten worden echter altijd gekleurd door subjectieve (psychische) ervaringen.	Wordt nadruk op gelegd.	Wordt verondersteld in de moderne psychoanalyse. Sociale aspecten worden echter altijd gekleurd door subjectieve (psychische) ervaringen.
behaviorisme		Er wordt alleen aandacht besteed aan het gedrag.	Wordt impliciet verondersteld in de theorie van Skinner.
humanistische psychologie		X	Alleen bij moderne rogeriaanse theorieën.
cognitieve psychologie	Wordt verondersteld.	De nadruk wordt gelegd op het psychische niveau (de informatieverwerking).	Wordt verondersteld.
algemene systeemtheorie	X	X	X
omgevingspsychologie	Wordt verondersteld.	Wordt verondersteld.	De nadruk wordt gelegd op de invloed van de sociale en materiële omgeving.
mechanistische biologische psychologie	X		
organistische biologische psychologie	Theorievorming legt de nadruk op de biologische aspecten.	Wordt verondersteld.	Wordt verondersteld.

Glossarium

Angststoornis Angst is een normale aanpassingsreactie op dreigend gevaar. Men spreekt van een angststoornis als de angst zelf een probleem is geworden en de persoon belemmert in zijn dagelijks functioneren. Er worden verschillende angststoornissen onderscheiden.

Autisme wordt ook wel een contactstoornis genoemd. Het is vrijwel altijd een aangeboren stoornis die al in de eerste twee levensjaren vastgesteld wordt. Hoewel autisme vaak voorkomt in samenhang met een verstandelijke handicap, moet het daar niet aan gelijk gesteld worden. De kenmerken van autisme kunnen in drie hoofdgroepen ingedeeld worden: 1 Een contactstoornis vooral op het gevoelsvlak. Deze uit zich bijvoorbeeld in het ontbreken van oogcontact tussen ouder en kind. 2 Een taalstoornis die zich uit in een achterstand in taalontwikkeling en vaak stereotiep en herhalend taalgebruik. 3 Gedragspatronen die vaak beperkt en stereotiep zijn, bijvoorbeeld zich steeds herhalende bewegingen en overmatige interesse (preoccupatie) in bepaalde handelingen zoals voortdurend ruiken aan voorwerpen en dwangmatig herhalen van vragen.

Bipolaire stoornis Zie stemmingsstoornis.

Borderline is een persoonlijkheidsstoornis die begint in de vroege volwassenheid, maar al vaak in de jeugd 'aangekondigd' wordt. Opvallend zijn onder andere de instabiele en intense relaties met anderen. De relaties worden gekenmerkt door extremen: idealisatie en devaluatie of zwart-witdenken. Daarnaast is een instabiel zelfbeeld kenmerkend. Verder komen impulsiviteit en roekeloosheid vaak voor en kan de patiënt suïcidaal gedrag en woedeaanvallen vertonen.

Classificatie Het begrip classificatie slaat op het ordenen van verschijnselen. Op grond van uiterlijke kenmerken worden verschijnselen in bepaalde klassen ingedeeld. De bedoeling is dat deze klassen elkaar uitsluiten. Bij psychische stoornissen is dat lang niet altijd het geval. Angst kan bijvoorbeeld gepaard gaan met depressie. Classificeren is een wetenschappelijk middel, geen doel. Het vergemakkelijkt het communiceren over de verschijnselen die men tegenkomt. Zie ook DSM en diagnose.

Dementie kenmerkt zich door cognitieve stoornissen die van zo grote aard zijn dat het sociale functioneren van de patiënt sterk achteruitgaat. Het belangrijkste kenmerk is de geheugenstoornis: een verminderd vermogen om nieuwe informatie te leren en zich eerder geleerde informatie te herinneren. Daarnaast kunnen nog andere cognitieve stoornissen zich voordoen, zoals woordvindstoornissen (afasie); verminderd vermogen om motorische handelingen uit te

voeren (apraxie); verminderd vermogen om objecten te herkennen (agnosie); verminderd vermogen om plannen te maken en logisch na te denken.
Dementie kan door verschillende ziektes veroorzaakt worden. De bekendste is de ziekte van Alzheimer, voorbeelden van andere oorzaken zijn de ziekte van Parkinson en misbruik van middelen zoals alcohol (zie Korsakovsyndroom). Bij de meeste vormen van dementie (bijvoorbeeld bij alzheimer) begint de stoornis geleidelijk en verergert zij in de loop der tijd.

Depressiviteit is een stemmingsstoornis (zie aldaar). Het begrip depressiviteit wordt helaas te pas en te onpas gebruikt. Volgens DSM-IV-TR kunnen we spreken van depressiviteit als de patiënt voldoet aan minimaal vijf van de negen kenmerken die men onderscheidt. Men spreekt niet van depressiviteit als de stemmingsverandering veroorzaakt wordt door medicatie of drugs of door het verlies van een dierbare. Het laatste noemt men rouw.
De volgende twee kenmerken zijn bij depressiviteit het belangrijkste:
1 Depressieve stemming gedurende het grootste deel van de dag en bijna elke dag.
2 Een duidelijke vermindering van interesse of plezier in bijna alle activiteiten gedurende het grootste deel van de dag en bijna elke dag. Verder kunnen de volgende kenmerken een rol spelen: gewichtstoename of -vermindering; slaapproblemen; moeheid; gevoelens van waardeloosheid en gedachten aan zelfmoord.

Diagnose In de psychiatrie of psychologie spreekt men van een diagnose als er een (mogelijke) verklaring is voor een psychische stoornis bij een specifieke persoon. Diagnose komt dus na de classificatie en is niet hetzelfde. Met de diagnose worden bijvoorbeeld de volgende twee vragen beantwoord: Waarom heeft deze persoon deze specifieke stoornis? Waarom heeft hij deze stoornis nu en niet vorig jaar? Bij een diagnose speelt de theorie een grote rol. Dit is bij de classificatie niet het geval.

Dissociatie betekent letterlijk loskoppeling en slaat op het verschijnsel dat bepaalde hersenprocessen die normaal met elkaar contact hebben, los van elkaar functioneren. Een voorbeeld is de loskoppeling van herinnering en gevoel. Men herinnert zich een trauma, maar heeft er geen gevoel meer bij. De dissociatieve identiteitsstoornis is een bekend voorbeeld. Iemand heeft dan meerdere alters, persoonlijkheden, maar die functioneren los van elkaar. Ze hebben geen weet van elkaars bestaan.

Down, syndroom van Kinderen met het syndroom van Down ontwikkelen zich trager, zowel lichamelijk als verstandelijk. Mensen met het syndroom van Down hebben duidelijke uiterlijke kenmerken. Het syndroom wordt door een chromosomale afwijking veroorzaakt: chromosoom 21 is drievoudig aanwezig in plaats van tweevoudig. Hoewel het een genetische afwijking is, is het syndroom niet erfelijk.

DSM-IV-TR DSM staat voor *Diagnostic and Statistical Manual*, een classificatiesysteem (zie aldaar) voor psychische stoornissen. Het werd ontwikkeld in de Verenigde Staten door de American Psychiatric Association (APA). In 1995 verscheen een vierde editie, DSM-IV genaamd. In 2001 verscheen een tekstrevisie (DSM-IV-TR). DSM-IV-TR gaat uit van een zo objectief mogelijke beschrijving van de kenmerken (symptomen) van psychische stoornissen. Er wordt geen gebruik gemaakt van verklaringen uit psychologische en/of psychiatrische theorieën.

Fobie (specifiek) Men spreekt van een specifieke of enkelvoudige fobie als een persoon grote en aanhoudende angst ervaart voor een specifiek object of een specifieke situatie, zoals bloed of vliegen. Ook het denken aan het object kan al angst veroorzaken. De patiënt is zich bewust van de angst en weet ook dat deze overdreven is. Toch kan hij de angst niet stoppen en vermijdt hij het object of de situatie.

Fragiele X-syndroom Een genetisch bepaalde afwijking en de oorzaak van een verstandelijke handicap. Soms gaat dit syndroom gepaard met autisme. Het wordt via de moeder overgeëerfd en komt meer bij mannen dan bij vrouwen voor. De stoornis is gebonden aan het geslachtschromosoom X.

Hallucinatie is een waarnemingsstoornis: er wordt iets waargenomen wat er niet is. De persoon produceert de 'waarnemingen' zelf. Hallucinaties kunnen bij alle zintuigen voorkomen, maar de bekendste is de gehoorhallucinatie: het horen van stemmen. Deze vorm van hallucineren komt veel voor bij schizofrenie.

Homeostase Letterlijk: evenwicht. Het is een begrip dat afkomstig is uit de algemene systeemtheorie. Als een systeem in evenwicht is, dat wil zeggen een bepaalde manier van functioneren heeft gevonden waarmee het zich kan handhaven, dan spreekt men van homeostase.

Korsakovsyndroom is een vorm van dementie (zie aldaar), veroorzaakt door gebrek aan vitamine BI. Dit gebrek is vrijwel altijd het gevolg van overmatig alcoholgebruik. Het belangrijkste kenmerk van het Korsakovsyndroom zijn de geheugenstoornissen. Daarnaast is confabuleren een belangrijk kenmerk: het invullen, door de patiënt, van de leemtes in zijn geheugen. De confabulaties zijn vaak moeilijk te onderscheiden van wat werkelijk gebeurd is en getuigen van een grote fantasie. Het heeft geen zin om de patiënt zijn confabulaties te laten inzien. Hij kan er weinig aan doen en heeft er geen inzicht in. De kenmerken van het Korsakovsyndroom blijven na verloop van tijd stabiel.

Meervoudige persoonlijkheid Zie dissociatie.

Obsessieve-compulsieve stoornis Een stoornis waarbij iemand dwanggedachten heeft (dat is iets anders dan grote bezorgdheid) die steeds terugkeren en angst veroorzaken. De patiënt probeert de dwanggedachten te neutraliseren door dwanghandelingen (bijvoorbeeld rigide opruimen) of psychische inspanningen (zoals extreem veel bidden of tellen).

Sociale fobie Een extreme en aanhoudende angst voor sociale situaties waarin men blootgesteld wordt aan onbekenden en/of aan mogelijk kritische beoordelingen. De situaties worden vermeden of leveren intense angst op als men er toch aan blootgesteld wordt.

Paranoïde psychose In deze psychose staan wanen voorop. De betrokkene heeft waanbelevingen waarin hij zich bedreigd of achtervolgd voelt. Het begrip wordt ook wel voor grootheidswanen en jaloersheidswanen gebruikt. Kenmerkend bij alle vormen is dat de patiënt in de waanopvattingen centraal staat.

Persoonlijkheidsstoornis Sommige persoonlijkheden kunnen duidelijk afwijkend zijn. In zo'n geval spreekt men van een persoonlijkheidsstoornis. Kenmerkend voor zo'n stoornis is haar langdurigheid (al vanaf de adolescentie), immers, een persoonlijkheid is vrij onveranderlijk. Bovendien moet de stoornis in verschillende contexten (privé, werk en vrije tijd) aangetoond kunnen worden. Bij de meeste persoonlijkheidsstoornissen ervaart de persoon zelf geen problemen, de sociale omgeving daarentegen juist wel. Persoonlijkheidsstoornissen zouden moeilijk behandelbaar zijn. Men onderscheidt in DSM-IV-TR elf verschillende persoonlijkheidsstoornissen die in drie hoofdgroepen ingedeeld kunnen worden. Een voorbeeld van een persoonlijkheidsstoornis is de paranoïde persoonlijkheidsstoornis: de patiënt is voortdurend wantrouwend en achterdochtig ten aanzien van anderen en interpreteert hun motieven als boosaardig.

Postnatale depressie Zie postpartumdepressie.

Postpartumdepressie Men gebruikt tegenwoordig het begrip postpartumdepressie en niet postnataal, het begrip partum slaat namelijk op de moeder en nataal op het kind. Men spreekt van een postpartumdepressie als er sprake is van ten minste twee weken aanhoudende depressieve symptomen die ontstaan zijn na de bevalling. Bovendien moeten de symptomen ongebruikelijk voor de patiënte zijn, ze mogen dus niet voor de bevalling aanwezig zijn geweest.

Posttraumatische stressstoornis (PTSS) is een angststoornis die optreedt wanneer iemand een ingrijpende gebeurtenis heeft meegemaakt die op iedereen een diepe indruk zou maken en die vrijwel niemand meemaakt, denk hierbij aan oorlog, verkrachting, een ernstig ongeluk, enzovoorts. Symptomen zijn naast de angst onder andere nachtmerries, prikkelbaarheid en concentratiestoornissen.

Stemmingsstoornis Men spreekt van een stemmingsstoornis als de stemming van een persoon is veranderd in abnormaal somber of abnormaal vrolijk. Men onderscheidt drie hoofdgroepen: depressiviteit (abnormaal somber); manie (abnormaal vrolijk) en bipolair (afwisselend abnormaal somber en abnormaal vrolijk).

Schizofrenie wordt een psychotische stoornis genoemd. Kenmerken van een psychose zijn dan ook belangrijk bij het vaststellen van schizofrenie. Over het algemeen genomen worden vijf kenmerken van schizofrenie genoemd: 1 wanen; 2 hallucinaties; 3 onsamenhangende spraak; 4 ernstig chaotisch gedrag; 5 negatieve symptomen: hiermee bedoelt men het ontbreken of weinig aanwezig zijn van gevoelens, gedachten en spraak. Er is sprake van apathie.
Schizofrenie komt over de hele wereld in ongeveer gelijke mate voor. Bij mannen openbaart de ziekte zich eerder (gemiddeld tussen de 15 en 25 jaar) dan bij vrouwen (gemiddeld tussen de 25 en 35 jaar). De stoornis kan zich opeens, zonder veel voortekenen, openbaren.

Ticstoornis Een ticstoornis uit zich in verbale of lichamelijke tics. Een combinatie is ook mogelijk, dat wordt het syndroom van La Tourette genoemd. Een tic is een korte handeling die vaak herhaald wordt. Er ligt geen trauma, angststoornis of iets anders aan ten grondslag, maar een neurologische (hersen)stoornis.

Waan Een waan is een (inhoudelijke) denkstoornis. De betrokkene heeft opvattingen die duidelijk in strijd zijn met de objectieve werkelijkheid. De persoon met wanen is er absoluut van overtuigd dat zijn denkbeelden waar zijn en kan niet van het tegendeel overtuigd worden. Een voorbeeld is jaloersheidswaan: de zekerheid dat de partner ontrouw is. Elke poging van de partner om zijn onschuld aan te tonen wordt juist uitgelegd als een bewijs van de ontrouw.

Geraadpleegde literatuur

Aghassy, G., & Noot, M. (1987). Seksuele contacten binnen psychotherapeutische relaties. *Tijdschrift voor Psychotherapie, 13*(6).

Aiello, J.R. (1987). Human spatial behavior. In D. Stokols & I. Altman (red.), *Handbook of environmental psychology, 1*. New York: John Wiley.

Albersnagel, F.A. (1989). De betekenis van sociaal-psychologische theorievorming voor de klinische psychologie. Een illustratie met gebruikmaking van de aangeleerde hulpeloosheidstheorie. In A.P. Buunk & A.J. Vrugt (red.), *Sociale psychologie en psychische problemen*. Assen: Dekker & Van de Vegt.

Altman, I., & Rogoff, B. (1987). World views in psychology: trait, interactional, organismic and transactional perspectives. In D. Stokols & I. Altman *Handbook of environmental psychology, 1*. New York: John Wiley.

Altman, I., & Low, S.M. (red.), (1992). *Place Attachment. Human Behavior and Environment, 12*. New York: Plenum Press.

Ambert, A-M. (1995). Mishandeling door leeftijdgenoten en de gevolgen daarvan: een kwalitatief onderzoek met theoretische en empirische implicaties. *Gezinstherapie, 6*(2).

Anders, G.J.P.A. (1988). Genetica. In R.J. van den Bosch, C.R. van Meer, P.M.A.J. Dingemans & D.H. Linszen *Schizofrenie. Recente ontwikkelingen in onderzoek en behandeling*. Houten: Bohn Stafleu Van Loghum.

Anthony, K.H., & Watkins, N.J. (2002). Exploring Pathology: Relationships between Clinical and Environmental Psychology. In R.B. Bechtel & A. Churchman (red.), *Handbook of Environmental Psychology*. New York: John Wiley & Sons.

APA, American Psychiatric Association (2001). *Beknopte handleiding bij de diagnostische criteria van de DSM-IV-TR*. Lisse: Swets & Zeitlinger.

Arntz, A., & Bögels, S. (2000). *Schemagerichte cognitieve therapie voor persoonlijkheidsstoornissen. Praktijkreeks gedragstherapie*. Houten: Bohn Stafleu Van Loghum.

Ast, G. (2005). The Alternative Genome. *Scientific American*, April.

Baadsgaard, M., & Wagner, P. (1993). *Inleiding in de gedragsmodificatie*. Baarn: Nelissen.

Bakker, S.J. (1983). Het mensbeeld in de behavioristische psychologie. In C.F. van Parreren & J.G. van der Bend (red.), *Psychologie en mensbeeld*. Baarn: Ambo.

Balen, H.G.G. van, Beers, K.A., & Groet, E. (1995). Revalidatie van volwassenen met verworven hersenletsel. In L. de Vos, A. Bak & G. Timmermans (red.), *Psychologie in gezondheidszorg*. Lisse: Swets & Zeitlinger.

Baljon, M. (2007). Lichaamgerichte interventies in de experiëntele benadering van angststoornissen. *Tijdschrift voor Psychotherapie, 33*(4), 258-274.

Barkley, R.A. (1997). *Diagnose ADHD. Een gids voor ouders en hulpverleners*. Lisse: Swets & Zeitlinger.

Barning, T. (1993). Bloemetje of berisping. *Intermediair, 29*(12).

Battro, A.M. (2000). *Half a Brain is Enough. The Story of Nico*. Cambridge: University Press.

Bechtel, R.B., & Churchman, A. (red.), (2002). *Handbook of Environmental Psychology*. New York: John Wiley & Sons.

Beck, A. (1963). Thinking and depression. *Archives of General Psychiatry, 9*, 324-333.

Begley, S. (2007). *Train Your Mind, Change Your Brain*. New York: Ballantine Books.

Bell, P.A., Greene, T.C., Fisher, J.D., & Baum, A. (2000). *Environmental Psychology, 5th Ed.* Fort Worth: Harcourt Brace College Publisher.

Belk, R.W. (1992). Attachment to Possessions. In I. Altman & S.M. Low *Place Attachment. Human Behavior and Environment, 12*. New York: Plenum Press.

Bem, S., Hezewijk, R. van, Looren de Jong, H., & Rappard, H. van (1994). De smaak van de soep. Over het bewustzijn van de psychologie. *De Psycholoog, 29*(10).

Berckelaer-Onnes, I.A. van (1993). Gentle teaching geplaatst binnen een theoretisch kader. *Nederlands Tijdschrift voor Zwakzinnigenzorg, 19*(3).

Berkowitz, R. (1990). Gezinstherapie en psychische stoornissen bij volwassenen: schizofrenie en depressie. *Gezinstherapie, 1*(1).

Bernier, J.C., & Siegel, D.H. (1995). Aandachtstekortstoornis met hyperactiviteit in het gezinssysteem en in ecologische systemen. *Gezinstherapie, 6*(1).

Betgem, P. (1982). De organisatie van een token economy. *Tijdschrift voor psychiatrie, 24*, 11-12.

Bieleman, B., Meer, J. van der, & Den, C. ten (1994). De inzet is hoog. Onderzoek naar jongeren en kansspelautomaten. *Tijdschrift Jeugdonderzoek, 2*.

Bierkens, P.B. (1983). Het mensbeeld in de humanistische psychologie. In C.F. van Parreren & J.G. van der Bend (red.), *Psychologie en mensbeeld*. Baarn: Ambo.

Blakemore, S-J., & Choudhury, S. (2007). De ontwikkeling van het brein tijdens de adolescentie: implicaties voor de executieve functie en sociale cognitie. *Kind en Adolescent Review, 14*(1), 5-41.

Boeckhorst, F. (1997). Meervoudige perspectieven. Een wandeling door de ideeëngeschiedenis van de systeemtherapie. *Systeemtherapie, 9*(1), 15-49.

Boer, F. (2002). Diagnosticeren is puzzelen, maar hoeveel stukjes heb je nodig? *Kind en Adolescent Praktijk, 1*(1).

Boer, F. de & Boutellier, H. (1982). Gezinstherapie en moderne emotionaliteit. *Psychologie en Maatschappij, 20*.

Boer, J.E. de (1991). Infantpsychiatrie. In J.E. de Boer (red.), *Infantpsychiatrie. De gezonde en verstoorde ontwikkeling van de vroege ouder-kind relatie*. Assen: Van Gorcum.

Boer, J.E. de (1993). Infantpsychiatrie. In J.E. de Boer (red.), *Infantpsychiatrie II. De gezonde en verstoorde ontwikkeling van het zeer jonge kind*. Assen: Van Gorcum.

Bonke, B., Jelicic, M., & Bonebakker, A.E. (1994). Cognitieve psychologie en onbewuste processen. *De Psycholoog, 29*(10).

Bonnes, M., & Bonaiuto, M. (2002). Environmental Psychology: From Spatial-Physical Environment to Sustainable Development. In R.B. Bechtel & A. Churchman (red.), *Handbook of Environmental Psychology*. New York: John Wiley & Sons.

Boomsma, D.I., & Martin, N.G. (2002). Gene-Environment Interactions. In H. D'Haenen, J.A. den Boer & P. Willner (red.), *Biological Psychiatry*. New York: John Wiley & Sons.

Borra, R. (1991). Anders dan anderen. *Systeemtherapie, 3*(3).

Bosch, R.J. van den (1988). Psychofysiologische aspecten van schizofrenie. In R.J. van den Bosch, C.R. van Meer, P.M.A.J. Dingemans & D.H. Linszen *Schizofre-*

nie. Recente ontwikkelingen in onderzoek en behandeling. Houten: Bohn Stafleu Van Loghum.

Bosscher, R.J., Tilburg, W. van, & Mellenbergh, G.J. (1993). Hardlopen en depressie. *Maandblad Geestelijke volksgezondheid, 48*(6).

Bouman, T.K., & Visser, S. (2006). Serie Onderzoek en Psychotherapie: Cognitieve gedragstherapie bij hypochondrie. *Tijdschrift voor Psychotherapie, 32*, 98-112.

Braive, M. (1993). Postnatale depressie. *Systeemtheoretisch bulletin, 11*(1).

Breuk, R. (2005). Functionele Gezinstherapie: een goed huwelijk tussen strenge wetenschap en flexibele, creatieve gezinstherapeuten. *Systeemtherapie, 17*(4), 226-238.

Bronfenbrenner, U. (1992/2005). Ecological Systems Theory. In R. Vasta (red.), Six theories of child development: Revised formulations and current issues. Opgenomen in *Making Human Beings Human. Bioecological Perspectives on Human Development.* Londen: Sage.

Bronfenbrenner, U. (2001/2005). The bioecological theory of human development. In N.J. Smelser & P.B. Baltes (red.), International encyclopaedia of the behavioural sciences. Opgenomen in *Making Human Beings Human. Bioecological Perspectives on Human Development.* Londen: Sage.

Bronfenbrenner, U., & Evans, G.W. (2000). Developmental Science in the 21st Century: Emerging Questions, Theoretical Models, Research Designs and Empirical Findings. *Social Development, 9*(1), 115-125.

Brown, B.B. (1987). Territoriality. In D. Stokols & I. Altman (red.), *Handbook of environmental psychology, 1.* New York: John Wiley.

Brown, B.B., & Perkins, D.D. (1992). Disruptions in Place Attachment. In I. Altman & S.M. Low (red.), *Place Attachment. Human Behavior and Environment, 12.* New York: Plenum Press.

Brown, B., Perkins, D.D., & Brown, G. (2003). Place attachment in a revitalizing neighbourhood: Individual and block levels of analysis. *Journal of Environmental Psychology, 23*, 259-271.

Brown, B., Perkins, D.D., & Brown, G. (2004). Incivilities, place attachment and crime: Block and individual effects. *Journal of Environmental Psychology, 24*, 359-371.

Brugh, M. aan de (1994). Gedachten op de foto. *Intermediair, 30*(36).

Burg, W. van den (1994). De werkzaamheid van antidepressiva. *Maandblad Geestelijke volksgezondheid, 49*(11).

Burger, G.T.M. (1993). *Psychische problemen bij verstandelijk gehandicapten.* Houten: Bohn Stafleu Van Loghum.

Burgers, S., & Hoffman, J. (1994). Nachtenlang blokken. *Psychologie, 13*(5).

Burr, V. (1995). *An introduction to Social Constructionism.* New York: Routledge.

Cahill, L. (2005). His Brain, her Brain. *Scientific American*, May.

Candland, D.K. (1993). *Ferral Children and Clever Animals. Reflections on Human Nature.* Oxford/New York: Oxford University Press.

CBO, Kwaliteitsinstituut voor de Gezondheidszorg & Trimbos-instituut (2003). *Multidisciplinaire richtlijn Angststoornissen.* Utrecht: Trimbos-instituut.

CBO, Kwaliteitsinstituut voor de Gezondheidszorg & Trimbos-instituut (2005). *Multidisciplinaire richtlijn Depressie.* Utrecht: Trimbos-instituut.

CBO, Kwaliteitsinstituut voor de Gezondheidszorg & Trimbos-instituut (2007). *Multidisciplinaire richtlijn Stoornissen in het gebruik van alcohol (concept)*. Utrecht: Trimbos-instituut.

Chamberlain, P. (2003). The Oregon Multidimensional Treatment Foster Care Model. *Cognitive and Behavioral Practice, 10*, 303-312.

Chen, R., Wei, L., Hu, Z., Qin, X., Copeland, J.R.M., & Hemingway, H. (2005). Depression in older people in China. *Archives of Internal Medicine, 165*, 2019-2015.

Cladder, J.M., Nijhoff-Huysse, M., & Mulder, G. (1998). *Gedragstherapie met kinderen en jeugdigen*. Lisse: Swets & Zeitlinger.

Coelho, H.F., Cooper, P.J., & Murray, L. (2006). Impact of psychiatric disturbance on identifying psychiatric disorder in relatives: study of mothers and daughters. *British Journal of Psychiatry, 188*, 288-289.

Cohen, Ph. (1996). Sugaring the Pill. *New Scientist, 149*(2014), 27 Jan.

Colijn, S. (1995). Het slechte(n) van een ivoren toren. *Systeemtherapie, 7*(3).

Colijn, S., Snijder, H., & Trijsburg, W. (2003). Wat is integratieve psychotherapie? In S. Colijn, J.A. Snijder & R.W. Trijsburg (red.), *Leerboek integratieve psychotherapie*. Utrecht: De Tijdstroom.

Colman, A.M. (1989). *List, Bedrog en Feiten in de Psychologie*. Lisse: Swets & Zeitlinger.

Compemolle, Th. (1988). Het belang van de systeemgeoriënteerde gezinstherapie voor de geneeskunde. In W. van Tilburg & C.F.A. Milders (red.), *Systeemdenken en psychiatrie. Een kritische oriëntatie*. Assen: Van Gorcum.

Conradi, H.J., & Drunen, P. van (1995). Jan Dijkhuis: een leven als klinisch psycholoog. *Maandblad Geestelijke Volksgezondheid, 50*(12).

Crockenberg, S.B. (1981). Infant Irritability, Mother Responsiveness, and Social Support Influences on the Security of Infant/Mother Attachment. *Child Development, 52*, 857-865.

Dawkins, R. (2007). *Het verhaal van onze voorouders*. Amsterdam: Nieuw Amsterdam.

Dercksen, J.J.L. (1993). *Handboek persoonlijkheidsstoornissen*. Utrecht: De Tijdstroom.

Deth, R. van (2007). Mindfulness of aandachttraining. Informatie voor cliënten. *Psychopraxis, 9*, 75-79.

Diamond, G., & Josephson, A. (2007). Het onderzoek naar de effectiviteit van gezinstherapie: de afgelopen tien jaar. *Gezinstherapie wereldwijd, 18*(2), 157-190.

Didde, R. (2001). Land van Oeps en liefde. *de Volkskrant*, 15 december.

Diekstra, R. (2003). *De grondwet van de opvoeding*. Uithoorn: Karakter.

Diekstra, R.F.W. (2004). Stadsetiquette: over waarden, normen en collectieve zelfredzaamheid van burgers. In P.T. de Beer & C.J.M. Schuyt (red.), *Bijdragen aan waarden en normen*. Amsterdam: Amsterdam University Press.

Dittmar, H. (1992). *The social psychology of material possessions*. Harvester: Wheatsheaf.

Domes, M. (1994). Psychoanalyse en het onderzoek van het jonge kind. *Psychotherapie, 2*(2).

Dowling, J.E. (2004). *The great brain debate. Nature or nurture?* Princeton/Oxford: Princeton University Press.

Draijer, P.J. (1985). De omvang van seksueel misbruik van kinderen in het gezin. *Maandblad Geestelijke volksgezondheid, 40*(6).

Draijer, P.J. (1989). Seksueel misbruik bij jonge kinderen. Gegevens uit onderzoek. *Maandblad Geestelijke volksgezondheid, 44*(4).
Dröes, R.M. (1995). Psychosociale behandeling bij dementie. *Tijdschrift voor Psychiatrie, 37*(3).
Duker, P., Didden, R., & Seys, D. (1993). *Probleemgedrag bij zwakzinnigen.* Utrecht: De Tijdstroom.
Dunn, A.L., Trivedi, M.H., Kampert, J.B., Clark, C.G., & Chambliss, H.O. (2005). Exercise treatment for depression. Efficacy and dose response. *American Journal of Preventive Medicine, 28*, 1-8.
Dyck, R. van (1990). Relatietherapie en fobieën. *Systeemtherapie, 2*(1).
Dyck, R. van (1995). Directieve therapie. In C.P.F. van der Staak, A.P. Cassee & P.E. Boeke (red.), *Oriëntatie in de psychotherapie.* Houten: Bohn Stafleu Van Loghum.
Dijkhuis, J.J. (1994). Rogeriaanse psychotherapie. In C.P.F. van der Staak, A.P. Cassee & P.E. Boeke (red.), *Oriëntatie in de psychotherapie.* Houten: Bohn Stafleu Van Loghum.
Dijkstra, P. (1991). Het beleven. In H. Swildens (red.), *Leerboek gesprekstherapie. De cliëntgerichte benadering.* Utrecht: De Tijdstroom.

Eisenga, R. (1987). Carl Rogers en de Amerikaanse droom. *Maandblad Geestelijke volksgezondheid, 42*(6).
Eisenga, L.K.A., & Rappard, J.F.H. van (1987). *Hoofdstromen en mensbeelden in de psychologie.* Meppel: Boom.
Eisenga, R., & Wijngaarden, H. (1991). Het mensbeeld van de cliëntgerichte therapie. In H. Swildens (red.), *Leerboekgesprekstherapie. De cliëntgerichte benadering.* Utrecht: De Tijdstroom.
Ellenberger, H.F. (1970). *The Discovery of the Unconscious.* New York: Basic Books.
Ellis, A. (1962). *Reason and emotion in psychotherapy.* New York: Lyle-Stuart.
Emmelkamp, P.M.G., Hoogduin, C.A.L., & Hout, M.A. van den (2000). Angststoornissen. In W. Vandereycken, C.A.L. Hoogduin & P.M.G. Emmelkamp (red.), *Handboek psychopathologie, 1.* Houten: Bohn Stafleu Van Loghum.
Engen, T. (1991). *Odor sensation and memory.* New York: Praeger.
Evans, G.W., Lepore, S.J., Shejwal, B.R., & Palsane, M.N. (1998). Chronic Residential Crowding and Children's Well-Being: An Ecological Perspective. *Child Development, 69*(6), 1514-1523.
Evans, G.W., & Stecker, R. (2004). Motivational consequences of environmental stress. *Journal of Environmental Psychology, 24*, 143-165.
Evans, G.W., Wells, N.M., & Moch, A. (2003). Housing and Mental Health: A Review of the Evidence and a Methodological and Conceptual Critique. *Journal of Social Issues, 59*(3), 475-500.
Evenbij, M. (1994). De psychologie kan ook een harde wetenschap zijn. *de Volkskrant*, 22 oktober.
Evenbij, M. (2000). Basenkennis. *de Volkskrant*, 1 juli.
Evenbij, M. (2002a). De mens is een spraakmakend detail. *de Volkskrant*, 12 februari.
Evenbij, M. (2002b). Eiwitten maken de aap. *de Volkskrant*, 13 april.
Everaerd, W., & Hout, M. van den (1994). Lichamelijke sensaties: waarnemen en klagen. *Nederlands tijdschrift voor de psychologie, 49*(6).

Feil, N. (1994). *De validation-methode in de praktijk*. Utrecht: Lemma.
Feldbrugge, J.T.T.M. (1986). *De bewogen staf*. Lisse: Swets & Zeitlinger.
Fiedler, D. (2007). De persoonsgericht stoornis- en interventiemodel voor verslavingsproblemen. *Tijdschrift Cliëntgerichte Psychotherapie*, 45(4), 18-27.
Fields, R.D. (2004). The Other Half of the Brain. *Scientific American*, april 2004.
Fonagy, P., Target, M., Cottrell, D., Phillips J., & Kurtz, Z. (2002). *What Works for Whom? A Critical Review of Treatments for Children and Adolescents*. New York/Londen: The Guilford Press.
Fortmann, H. (1971). *Wat is er met de mens gebeurd?* Bilthoven: Ambo.
Freud, F. (1900/1987). *De droomduiding*. Meppel/Amsterdam: Boom.
Freud, F. (1901/1984). *Psychopathologie van het dagelijks leven*. Meppel/Amsterdam: Boom.
Frijda, N. (1988). *De emoties*. Amsterdam: Bert Bakker.
Fritschy, E.P., Kessels, R.P.C., & Postma, A. (2004). Externe hulpmiddelen ter ondersteuning van het geheugen van patiënten met dementie: een literatuurstudie naar de effectiviteit en toepasbaarheid. *Tijdschrift Gerontologische Geriatrie*, *35*, 234-239.
Furth, E.F. van (1993). 'Expressed Emotion' en het beloop van eetstoornissen. *Systeemtherapie*, *5*(1).

Gaag, M. van der (1988). Cognitieve functiestoornissen bij schizofrenie: consequenties voor revalidatie en therapie. In R.J. van den Bosch, C.R. van Meer, P.M.A.J. Dingemans., D.H. Linszen (red.), *Schizofrenie. Recente ontwikkelingen in onderzoek en behandeling*. Houten/Antwerpen: Bohn Stafleu Van Loghum.
Gaag, M. van der, & Plas, J. van der (1991). *Doelgericht begeleiden van psychiatrische patiënten*. Lochem: De Tijdstroom.
Gabbard, G.O. (1994). *Psychodynamic Psychiatrie in Clinical Practice. The DSM-IV edition*. Washington: American Psychiatric Press.
Gazzaniga, M.S. (1991). *Reis door het brein*. Utrecht/Antwerpen: Kosmos.
Geest, S. van der (1994). De in- en uitgebeelde ziekte: lichamelijke klachten in cultureel perspectief. *Nederlands tijdschrift voor de psychologie*, *49*(6).
Geerars, H.C. (1992). Waar ben ik thuis? Uithuisplaatsing van buitenlandse adoptiekinderen. *Tijdschrift Jeugdonderzoek*, april.
George, M.S. (2003). Stimulating the Brain. *Scientific American*, September, 66-73.
Gezondheidsraad (2000). *Diagnostiek en behandeling van ADHD*. Den Haag: Gezondheidsraad, publicatienr. 2000/24.
Gezondheidsraad (2002). *De toekomst van onszelf*. Den Haag: Gezondheidsraad, publicatienr. 2002/13.
Gezondheidsraad (2004). *Omstreden herinneringen*. Den Haag: Gezondheidsraad, publicatienr. 2004/2.
Gibb, B.J. (2007). *The rough guide to the brain*. Londen: Rough Guides.
Giesen, P. (1998). Ander hart, ander mens? *de Volkskrant*, 24 november.
Giesen, P., & Raaij, B. van (2007). Apen zijn ook maar mensen. *de Volkskrant*, 26 mei.
Gifford, R. (2002). *Environmental Psychology. Principles and Practice*. Optimal Books.
Gil, S., Caspi, Y., Zilberman Ben-Ari, I., Koren, D., & Klein, E. (2005). Does memory of a traumatic event increase the risk for Posttraumatic Stress Disorder in

patients with traumatic brain injury? A prospective study. *American Journal of Psychiatry, 162*, 963-969.

Glaser, D. (2001). Verwaarlozing en mishandeling van kinderen en de hersenen – een overzicht. *Literatuurselectie Kinderen en Adolescenten, 8*(3), 306-356.

Goffman, E. (1983). *Totale instituties.* Rotterdam: Universitaire Pers.

Goleman, D. (2003). *Destructieve emoties. Een dialoog met de Dalai Lama.* Amsterdam/Antwerpen: Contact.

Gordon, Th. (2005). *Luisteren naar kinderen.* Baarn: Tirion.

Gordon, Th., & Burch, N. (2005). *Bewust omgaan met kinderen. De manier van samenwerken en communiceren in het onderwijs.* Baarn: Tirion.

Graham, Ph. (2006). Cognitieve gedragstherapie voor kinderen: voorbijgaande mode of blijvend instrument? *Kind en Adolescent Review, 13*, 39-51.

Gravesteijn, J.C., & Diekstra, R.F.W. (2004). *Vaardig in het leven.* Lisse: Harcourt.

Güldner, M.G., & Veerman, J.W. (2003). Ontkenning als verklaring van zelfidealisatie bij kinderen in een psychiatrisch centrum. *Kind en Adolescent, 24*(1).

Gijsbers van Wijk, C.M.T., & Vliet, K.P. van (1994). Sekse en lichamelijke klachten. *Nederlands tijdschrift voor de psychologie, 49*(6).

Haans T. (1995). Tegenoverdracht als onvermijdelijk gegeven. *Pharox, kwartaalblad gezondheidszorg en vluchtelingen, 4*.

Haas, O. de (1980). Rogeriaanse gesprekstherapie, een poging tot concretisering. *Tijdschrift voor Psychotherapie, 6*, 179-197.

Haas, O. de (1985). Van Rogeriaanse therapie naar een procesgerichte gesprekstherapie. *Tijdschrift voor Psychotherapie, 11*(2), 83-93.

Haas, O. de (2005). Empathie als opgave. *Tijdschrift Cliëntgerichte Psychotherapie, 43*(1), 52-53.

Haas, O. de, & Swildens, H. (1991). Uitgangspunten. In H. Swildens (red.), *Leerboek gesprekstherapie. De cliëntgerichte benadering.* Utrecht: De Tijdstroom.

Halford, W.K. (1993). Voorbij 'Expressed Emotion': gedragsonderzoek van gezinsinteractie in samenhang met het verloop van schizofrenie. *Gezinstherapie, 4*(3).

Hall, E.T. (1959/1981). *The Silent Language.* New York: Anchor Books.

Hall, E.T. (1966/1982). *The Hidden Dimension.* New York: Anchor Books.

Hamilton, L.W., & Timmons, C.R. (1995). Psychopharmacology. In D. Kimble & A.M. Colman (red.), *Biological aspects of behaviour.* London/New York: Longman.

Hawton, K., Arensman, E., Townsend, E., Bremner, A., Feldman, E., Goldney, R., et al. (1998). Deliberate self-harm: Systematic review of efficacy of psychosocial and pharmacological treatments in preventing repetition. *British Medical Journal, 317*, 441-447.

Hebbrecht, M. (1997). Behandelen met liefde? Ken uw grenzen! *Tijdschrift voor Psychiatrie, 39*(12).

Heemelaar, M. (2008). *Seksualiteit, intimiteit en hulpverlening.* Houten: Bohn Stafleu Van Loghum.

Heiden, C. van der (2004). Cognitieve therapie, informatie voor cliënten. *Psycho-Praxis, 6*, 25-28.

Hermanides-Willenborg, L., Dekker, J., & Nusselder, H. (1994). Coördineren en revalideren: een project. *Maandblad Geestelijke volksgezondheid, 49*(11).

Heselmans, M. (2007). Revolutie in DNA-sequencing brengt duizend-dollargenoom nabij. *NRC Handelsblad*, 13 oktober.

Hintum, M. van (2007). Het soepele brein is een mythe. *de Volkskrant*, 3 november.
Holmes, J. (1993). *John Bowbly and Attachment Theory*. London/New York: Routledge.
Hoofdakker, R.H. van den (1988). Systeemtheorie in de biologische psychiatrie. In W. van Tilburg & C.F.A. Milders (red.), *Systeemdenken en psychiatrie. Een kritische oriëntatie*. Assen: Van Gorcum.
Hoofdakker, R.H. van den (1995). De *mens als speelgoed*. Houten/Utrecht: Bohn Stafleu Van Loghum/Kosmos-Z&K.
Hoofdakker, R.H. van den (1996a). De biologie van het geluk. *Maandblad Geestelijke volksgezondheid, 51*(3).
Hoofdakker, R.H. van den (1996b). De psychiater en zijn patiënt. *NRC Handelsblad*, 18 april.
Horgan, J. (1993). Eugenics Revisited. *Scientific American, 268*(6).
Hout, M. van den (2002). De foute organisatie van de psychotherapie. *Kind en Adolescent Praktijk, 1*(2).
Hughes, R. (1988). *De fatale kust. Het epos van Australië*. Amsterdam: Maarten Muntinga.
Hunsley, J., & Lee, C.M. (1996). De effecten van individuele psychotherapie op de huwelijksrelatie: zijn er bewijzen voor de hypothese dat het huwelijk er slechter van wordt? *Gezinstherapie, 7*(1).
Hutschemaekers, G., & Kalmthout, M. van (2004). De evidentie van het cliëntgerichte gedachtegoed. *Tijdschrift Cliëntgerichte Psychotherapie, 42*(1), 5-17.

Jansen, A., Merckelbach, H., & Hout, M. van den (1992). *Experimentele psychopathologie. Een inleiding*. Assen: Van Gorcum.
Jones, L., Scott, J., Haque, S., Gordon-Smith, K., Heron, J., Caesar, S., et al. (2005). Cognitive style in bipolar disorder. *British Journal of Psychiatry, 187*, 431-437.
Jonker, K., & Vries, J. de (2000). Interpersoonlijke psychotherapie bij depressie: een vorm van integratieve psychotherapie? In R.W. Trijsburg, S. Colijn, E. Collumbien, et al. (red.), *Handboek Integratieve Psychotherapie* (pp. vii.7, 1-20). Utrecht: De Tijdstroom.

Kaasenbrood, A. (2001). Evidence Based Medicine (1): Verwetenschappelijking van de praktijk. *Psychopraxis, 3*(3), 107-112.
Kahn, J. (2007). Race in a Bottle. *Scientific American*, augustus.
Kalmthout, M. van (1995a). De eenheid van de psychotherapie. *Tijdschrift voor psychotherapie, 21*(3).
Kalmthout, M. van (1995b). Universalisme en differentiatie in de cliëntgerichte psychotherapie. In G. Lietaer & M. van Kalmthout (red.), *Praktijkboek gesprekstherapie*. Utrecht: De Tijdstroom.
Kandel, E.R., Schwartz, J.H., & Jessel, T.M. (red.) (2000). *Principles of Neural Science*. New York: W.H. Freeman and Company.
Kazdin, A.E., & Weisz, J.R. (2003). *Evidence-Based Psychotherapies for Children and Adolescents*. London/New York: The Guilford Press.
Keizer, G.J. (1988). 'Proxemics' en 'Pragmatics'. *Tijdschrift Onderzoek over Omgeving en Gedrag (OOG)*. Technische Universiteit Eindhoven.
Keizer, G.J. (1991a). Rollen en houdingen van de groepsleiding in de omgang met gedragsgestoorde bewoners. *Nederlands Tijdschrift voor Zwakzinnigenzorg, 17*(1).

Keizer, G.J. (1991b). Systeemtherapie, persoonlijke ruimte en territorialiteit. *Systeemtherapie, 3*(3).

Keizer, G.J. (1993). *Ruimtelijk(e) omgeving, communicatie en gedrag: Afstand en nabijheid in relaties*. Poortugaal: GINKGO/Keizer Consultancy & Opleidingen.

Keizer, G.J. (1994a). De invloed van de gebouwde omgeving op (woon)gedrag van psychiatrische cliënten. In L. Boon (red.), *Zorgen & Wonen*. Amstelveen: Stichting Sympoz.

Keizer, G.J. (1994b). Gezinstherapie. In L. de Vos & H. Eilander (red.), *Hersenletsel. Gevolgen voor de getroffene en de omgeving*. Lisse: Swets & Zeitlinger.

Kessing, L.S., Hansen, H.V., & Beck, P. (2006). Attitudes and beliefs among patients treated with mood stabilizers. *Clinical Practice and Epidemiology in Mental Health, 2*, 8, doi:10.1186/1745-0179-2-8.

Kieholt-Glaser, J.K., Loving T.J., Stowell J.R., Malarkey W.B., Lemeshow S., Dickinson W.B., & Dickinson, S.L. (2005). Hostile marital interactions, proinflammatory cytokine production, and woundhealing. *Archives of General Psychiatry, 62*, 1377-1384.

Kinsley, C.H., & Lambert, K.G. (2006). The Maternal Brain. *Scientific American*, januari.

Klungers, J. (1996). Verslag van het symposium 'De verpleegkundige, het hart van de rehabilitatie'. *Maandblad Geestelijke volksgezondheid, 51*(1).

Knecht, A. (2008). *Friendship selection and friends' influence. Dynamics of networks and actor attributes in early adolescence*. Utrecht: Universiteit van Utrecht.

Konijn, C. (red.) (2003). *Internationaal overzicht effectieve interventies in de jeugdzorg*. Utrecht: NIZW.

Konstantareas, M.M. (1991). Psycho-educatieve benadering bij het werk met autistische kinderen en hun gezinnen. *Gezinstherapie, 2*(1), 98-117.

Kolk, A.M.M. (2002). Gender en somatisatie. *Tijdschrift voor Psychiatrie, 44*(6).

Koopman, H.M. (1993). *Het kijken van kinderen. Een cognitief structurele visie op de ontwikkeling van het denken over ziekte*. Amsterdam: Thesis.

Kop, P.F.M., & Grauenkamp, F.J. (1986). Voorbeschouwingen. In P.F.M. Kop, F.J. Grauenkamp & L.M.G. Curfs (red.), *Gedragsmodificatie*. Deventer: Van Loghum Slaterus.

Korrelboom, C.W. & Kernkamp, J.H.B. (1999). *Gedragstherapie*. Bussum: Coutinho.

Korrelboom, K., & Broeke, E. ten (2004). *Geïntegreerde cognitieve gedragstherapie*. Bussum: Coutinho.

Kortmann, F. (1995). Psychotherapie met anderen. *Tijdschrift voor Psychotherapie, 21*(5).

Koster, F. (2007). Aan het woord. Frits Koster over Mindfulness: een moderne behandelingswijze vanuit een eeuwenoude traditie. *Psychopraxis, 9*, 70-74.

Kovacs, M. (1997). Depressieve stoornissen in de kindertijd: een impressionistisch landschap. *Literatuurselectie Kinderen en Adolescenten, 4*, 464-483.

Kraaimaat, F.W. (1991). Gedragstherapie. In W. Vandereycken, C.A.L. Hoogduin & P.M.G. Emmelkamp (red.), *Handboek psychopathologie deel 2*. Houten/Zaventem: Bohn Stafleu Van Loghum.

Kronmüller, K.-Th., Victor, D., Schenkenback, C., Postelnicu, I., Backenstrass, M., Schröder, J., & Mundt, Ch. (2007). Knowledge about affective disorders and outcome of depression. *Journal of Affective Disorders*, doi: 10.1016/j.jad.2007.02.010.

Kuiper, P.C. (1983). Het mensbeeld in de psychoanalyse. In C.F. Parreren & J.G. van der Bend (red.), *Psychologie en mensbeeld*. Baarn: Ambo.

Kuipers, L. (1993). Schizofrenie en het gezin. *Gezinstherapie. 4*(2).

Kuipers, L., Leff, J., & Lam, D. (1998). *Werken met gezinnen bij schizofrenie*. Amsterdam: SWP.

Kuipers, T. (1993). Territoriale aspecten van de manie. *Tijdschrift voor Psychiatrie, 35*(6).

Kuipers, T. (1995). Territoriale aspecten van de paranoïde psychose. *Tijdschrift voor Psychiatrie, 37*(6).

Kuipers, T. (2008). Handicap en prothese in de psychiatrie. *Maandblad Geestelijke Volksgezondheid, 63*(1), 20-32.

Kyriacou, C.P. (1995). Heredity and Behaviour Genetics. In D. Kimble & A.M. Colman (red.), *Biological aspects of behaviour*. London/New York: Longman.

Lange, A. (1980). Positief etiketteren; een aanvulling. In K. van der Velden (red.), *Directieve therapie*, 2. Deventer: Van Loghum Slaterus.

Lange, A. (2006). *Gedragsverandering in gezinnen*. Groningen: Wolters-Noordhoff.

Lange, J. de (1990). *Vergeten in het verpleeghuis* (NcGv-reeks 90-9). Utrecht: NcGv.

Larner, G. (2006). Gezinstherapie en de roep om effectiviteit. *Gezinstherapie wereldwijd, 17*(1), 22-46.

Lauteslager, M., & Hoorn, W. van (1988). *Psychoanalyse*. Lisse: Swets & Zeitlinger.

Lawick, J. van (2004). Circulaire causaliteit bestaat niet; de ontwikkeling van systemisch werken in de GGZ. *Systeemtherapie, 16*(2), 107-114.

LeDoux, J. (1996). The Emotional Brain. The Mysterious Underpinnings of Emotional Life. New York: Simon & Schuster.

Lewicka, M. (2005). Ways to make people active: The role of place attachment, cultural capital, and neighborhood ties. *Journal of Environmental Psychology, 25*, 381-395.

Leijssen, M., (1991). Focusing in therapie. In H. Swildens (red.), *Leerboek gesprekstherapie. De cliëntgerichte benadering*. Utrecht: De Tijdstroom.

Leijssen, M. (1995). Focusing: psychotherapeutisch proces en religieuze ervaring. *Tijdschrift voor Psychotherapie, 21*(1).

Leijssen, M. & Adriaensen, H. (2003). Echtheid in cliëntgerichte therapie, geïllustreerd bij een cliënt met een persoonlijkheidsstoornis. *Tijdschrift voor Psychotherapie, 29*(1), 25-51.

Lietaer, G. (1991). Authenticiteit en onvoorwaardelijke positieve gezindheid. In H. Swildens (red.), *Leerboek gesprekstherapie. De cliëntgerichte benadering*. Utrecht: De Tijdstroom.

Lietaer, G. (2003). De empirische ondersteuning van experiënteel-humanistische psychotherapieën: stand van zaken en taken voor de toekomst. *Tijdschrift Cliëntgerichte Psychotherapie, 41*(1): 5-24.

Literatuurselectie (1995).'Samenvatting van: 'Een pak slaag thuis en de latere ontwikkeling van agressief gedrag naar leeftijdgenootjes op de kleuterschool'. *Literatuurselectie Kinderen en adolescenten, 2*(3).

Lock, M. (1995). Contesting the natural in Japan: Moral dilemmas and technologies of dying. *Culture, Medicine and Psychiatry, 1*.

Lomans, P. (1995). Ik zie wel en niet wat jij wel ziet. *de Volkskrant*, 23 september.

Louwerens, J.W., & Bosch, R.J. van den (1994). Het kwetsbaarheid-stress-copingmodel. In R.J. van den Bosch, J.W. Louwerens & C.J. Sloof (red.), *Behandelingsstrategieën bij schizofrenie*. Houten/Zaventem: Bohn Stafleu Van Loghum.
Low, S.M., & Altman, I. (1992). Place attachment. A conceptual inquiry. In I. Altman & S.M. Low (red.), *Place Attachment. Human Behavior and Environment, 12*. New York: Plenum Press.
Lutz, T. (2001). *Een geschiedenis van de traan*. Amsterdam: Anthos.

Mackay, N., & Barrowclough, C. (2005). Accident and emergency staff's perceptions of deliberate self-harm: Attributions, emotions and willingness to help. *British Journal of Clinical Psychology, 44*, 255-267.
Malan, D.H. (1983). *Individuele psychotherapie*. Deventer: Van Loghum Slaterus.
Masson, J.M. (1984). *Traumatische ervaring of fantasie. Freuds rampzalige herziening van de verleidingstheorie*. Amsterdam: Van Gennep.
Marle, H.J.C. van (1995). *Een gesloten systeem*. Gouda/Arnhem: Quint.
Martens, J. (1995). Behandeling van drugsverslaafden. In G. Lietaer & M. van Kalmthout (red.), *Praktijkboekgesprekstherapie*. Utrecht: De Tijdstroom.
McCrone, J. (1995). Maps of the mind. *New Scientist, 145*, 7 januari.
McGee, J.J. (1995). De kwetsbaarheid van de groepsleider; zijn waarden en normen. In H. Kars (red.), *Ernstig probleemgedrag bij zwakzinnige mensen*. Houten: Bohn Stafleu Van Loghum.
McWilliams, S., Hill, S., Mannion, N., Kinsella, A., & O'Callaghan, E. (2006). Caregiver psychoeducation for schizophrenia: Is gender important? *European Psychiatry*, doi: 10.1016/j.eurpsy.2006.10.009.
Meccaci, L. (1985). *Signalement van het brein*. Amsterdam: Boom.
Meer, C.R. van (1988). Voorlichting over schizofrenie. In R.J. van den Bosch, C.R. van Meer, P.M.A.J. Dingemans & D.H. Linszen (red.), *Schizofrenie. Recente ontwikkelingen in onderzoek en behandeling*. Houten: Bohn Stafleu Van Loghum.
Meuleman, M. (1994). Is slapen tijdverlies? *Psychologie, 13*(11).
Miesen, B. (1990). *Gehechtheid en dementie*. Almere: Versluys.
Milders, C.F.A. (1988). Systeemdenken en psychoanalyse. In W. van Tilburg & C.F.A. Milders (red.), *Systeemdenken en psychiatrie. Een kritische oriëntatie*. Assen: Van Gorcum.
Miller, W.R., & Rollnick, S. (2002). *Motivational Interviewing. Preparing People for Change*. New York: The Guilford Press.
Mönks, F.J., & Knoers, A.M.P. (red.), m.m.v. B. Van den Bergh, E.C.D.M. van Lieshout en A. Marcoen (2004). *Ontwikkelingspsychologie. Inleiding tot de verschillende deelgebieden*. Assen: van Gorcum.
Moran, S.V., Gunn, W.J., & Loeb, M. (1981). Annoyance by aircraft noise and fear of overflying aircraft in relation to attitudes toward the environment and community. *The Journal of Auditory Research, 21*, 217-225.
Muris, P., Nolle, W., Nelissen, M., Habets, D., & Schreurs, L. (1994). Sociaalvaardigheidstraining bij moeilijk opvoedbare, sociaal agressieve jongens. *Gedragstherapie, 27*(3).

Nelson, Ch.A. (2005). Neural Development and Lifelong Plasticity. In R.M. Lerner, F. Jacobs & D. Wertlieb (red.), *Applied Developmental Science*. Thousand Oaks/Londen/New Delhi: Sage.

Nolen, W.A., & Koerselman, G.F. (2000). Stemmingsstoornissen. In W. Vandereycken, C.A.L. Hoogduin & P.M.G. Emmelkamp (red.), *Handboek psychopathologie: Deel 1. Basisbegrippen*. Houten/Diegem: Bohn Stafleu Van Loghum.

Nossent, S. (2006). De dyade voorbij in infantpsychotherapie: Een standaardwerk. *Ouderschap & Ouderbegeleiding, 9*(2), 162-167.

Noordman, J. (1990). Eugenetica en de geestelijke volksgezondheid in Nederland, 1930-1960. *Maandblad Geestelijke volksgezondheid, 45*(12).

NRC Handelsblad (1995). Zonder geheugen toch geplaagd door het verleden. *NRC Handelsblad*, 30 maart.

Nijhoff-Huysse, M. (1997). Gedragstherapie bij kinderen. In R. Bruin-Beneder, et al. *Kinderpsychotherapie*. Bussum: Coutinho.

Oenen, F.J. van, Bernardt, C., & Post, L. van der (1995). Zorgwekkende zorgmijders. *Maandblad Geestelijke volksgezondheid, 50*(6).

Oenen, F.J. van, Seur, H.C., & Hommersom, H.W.J. (1992). Gezinstherapie: rechttoe-rechtaan de cirkel rond-lineariteit en circulariteit in psycho-educatie en systeemtherapie. *Systeemtherapie, 4* (2).

Olst, E.H. van (1990). Antropologische grondslagen. In P.J. van Strien & J.F.H. Rappard (red.), *Grondvragen van de psychologie*. Assen: Van Gorcum.

Oppen van, P., & Bögels, S.M. (2006). Cognitieve therapie. In W. Vandereijcken, C.A.L. Hoogduin & P.M.G. Emmelkamp (red.), *Handboek psychopathologie: Deel 2. Klinische praktijk*. Houten: Bohn Stafleu van Loghum.

O'Reardon, J.P., Solvason, H.B., Janicak, P.G., Sampson, S., Isenberg, K.E., Nahas, Z., et al. (2007). Efficacy and Safety of Transcranial Magnetic Stimulation in the Acute Treatment of Major Depression: A Multisite Randomized Controlled Trial. *Biological Psychiatry, 62*(11), 1208-1216.

Orlemans, J.W.G. (1994). Gedragstherapie. In C.P.F. van der Staak, A.P. Cassee & P.E. Boeke (red.), *Oriëntatie in de psychotherapie*. Houten: Bohn Stafleu Van Loghum.

Ormel, J., Sytema, S., & Oldehinkel, A.J. (1995). Epidemiologische aspecten van angst. *Leerboek angststoornissen. Een neurobiologische benadering*. Utrecht: De Tijdstroom.

Ornstein, R., & Thompson, R.F. (1984). *The Amazing Brain*. Boston: Houghton Mifflin.

Ornstein, R., & Sobel, D. (1987). *The Healing Brain*. New York: Simon & Schuster.

Oosterhuis, E. (1997). Psychoanalytische kinderpsychotherapie. In R. Bruin-Beneder, et al. *Kinderpsychotherapie*. Bussum: Coutinho.

Pas, A. van der (1990). Misverstanden omtrent de systeemoptiek. *Systeemtherapie, 2*(4).

Pas, A. van der (1995). Gezinstherapeut-ouderbegeleider: Hoe word je het? *Systeemtherapie, 7*(3).

Pedersen, J., Livoir-Petersen, M.F., & Schelde, J.T. (1989). An ethological approach to autism: An analysis of visual behavior and interpersonal contact in an child versus adult interaction. *Acta Psychiatrica Scandinavica, 80*, 346-355.

Pekkela, E., & Merinder, L. (2002). Psychoeducation for schizofrenia. *Cochrane database of Systematic Reviews 2002, 2*, Art.nr.: CD002831.DOI:110.1002/14651858. CD002831.

Peters, H. (1984). *Client-centered therapie en gedragstherapie. Een aanzet tot integratie.* Lisse: Swets & Zeitlinger.

Peters, H. (1992). *Psychotherapie bij geestelijk gehandicapten.* Lisse: Swets & Zeitlinger.

Peterson, J.B., & Flanders, J.L. (2005). Play and the Regulation of Aggression. In R.E. Tremblay, W.W. Hartrup & J. Archer (red.), *Developmental Origins of Aggression.* New York/Londen: The Guilford Press.

Peterson, Ch., Maier, S.F., & Seligman, M.E.P. (1993). *Learned helplessness. A Theory for the Age of Personal Control.* New York: Oxford University Press.

Peterson, Ch., & Seligman, M.E.P. (2004). *Character Strengths and Virtues. A Handbook and Classification.* New York: American Psychological Association; Oxford University Press.

Peursen, C.A. van (1988). Een filosofische beschouwing over het systeemdenken. In W. van Tilburg & C.F.A. Milders (red.), *Systeemdenken en psychiatrie. Een kritische oriëntatie.* Assen: Van Gorcum.

Pinto, D. (1994). *Interculturele communicatie.* Houten: Bohn Stafleu Van Loghum.

Plooij, E.C. (1985). Systeembenadering contra feminisme. Dilemma's bij de begeleiding van mishandelde en bedreigde vrouwen. *Maandblad Geestelijke volksgezondheid, 40*(10).

Psychologie (1995). Sociale onhandigheid. *Psychologie, 14*(2).

Raatgever, H. (1995). Een bezoek aan woon- en werkgemeenschap Klein Heideveld. *SPH-bulletin, 5*, Haagse Hogeschool, Sector G/G&M., studierichting SPH, Den Haag.

Raaymakers, Q., & Meeus, W. (1988). De methodologische geldigheid van onderzoek naar gehoorzaamheid. Een kritische verdediging van experimenteel onderzoek naar gehoorzaamheid. *Psychologie en Maatschappij, 12*(3).

Raichle, M.E. (1994). Visualizing the Mind. *Scientific American, 270*, nr. A.

Ramachandran, V., & Blakeslee, S. (1998). *Het bizarre brein.* Utrecht/Antwerpen: Kosmos-Z&K.

Ramakers, G.J.A., & Ponsioen, A.J.G.B. (2007). Neuropsychologische kenmerken van kinderen en adolescenten met een (lichte) verstandelijke beperking. *Kind en Adolescent, 28*(3), 119-134.

Rappard, J.F.H. van, & Sanders, C. (1990). Theorie in de psychologie. In P.J. van Strien & J.F.H. van Rappard (red.), *Grondvragen van de psychologie.* Assen: Van Gorcum.

Reber, A.S. (2007). *Woordenboek van de psychologie.* Amsterdam: Bert Bakker.

Ree, A.J.M. van der (1993). De psychogeriatrische behandelcontext: anderen spelen mee. *Systeemtherapie, 5*(1).

Regoeczi, W.C. (2003). When context matters: a multilevel analysis of household and neighbourhood crowding on aggression and withdrawal. *Journal of Environmental Psychology, 23*, 457-470.

Reinders, J.S. (1993). De verstandelijk gehandicapte als persoon. Ethiek en antropologie in 'Being with others' van John J. McGee. *Nederlands Tijdschrift voor Zwakzinnigenzorg, 19*(3).

Remmerswaal, J. (2003). *Handboek groepsdynamica.* Soest: H. Nelissen.

Renders, K. (2002). Individuele motivationele cliëntgerichte psychotherapie met drugsgebruikers. *Tijdschrift voor Psychotherapie, 28*(1), 17-37.

Renssen, H. van (1999). Actieve muis rent zijn brein beter. *de Volkskrant,* 27 november.

Rigter, J. (1996). Interview met Gerrit Keizer. *Tijdschrift voor Sociaal Pedagogische Hulpverlening, 10.*

Rigter, J. (2002). *Ontwikkelingspsychopathologie bij kinderen en jeugdigen.* Bussum: Coutinho.

Rigter, J. (2004). *Psychologie voor de praktijk.* Bussum: Coutinho.

Rigter, H., & Mos, K. (2006). Meervoudige gezinstherapie voor adolescenten met verslavingsproblemen. *Verslaving, 2*(3), 29-38.

Rijnders, P.B.M., & Nicolai, N.J. (1992). Systeemtheorie en systeemtherapie: Een paar apart. *Tijdschrift voor psychotherapie, 18*(2), 70-87.

Ringrose, J., & Dikken, G. (1986). Bang voor andere kinderen. *Maandblad Geestelijke volksgezondheid, 41*(7/8).

Ringrose, H.J., & Nijenhuis, E.H. (1986). *Bang zijn voor andere kinderen.* Groningen: Wolters-Noordhoff.

Robbins, J. (2004). Lessons from the Wolf. *Scientific American, 290*(6), 76-81.

Ross, Ph. (2003). Mind Readers. *Scientific American,* september, 74, 77.

Rooijen, M. van (2006). MTFC helpt zelfs bij jongeren die schoppend en slaand door het leven gaan. *Perspectief, 3.*

Rowe, C.L., & Liddle, H.A. (2005). Drugsverslaving. *Gezinstherapie wereldwijd, 16,* 1, 25-68.

Rubinstein, R.L., & Parmelee, P.A. (1992). Attachment and the Life Course. In I. Altman & S.M. Low (red.), *Place Attachment. Human Behavior and Environment, 12.* New York: Plenum Press.

Ruiter, M. (1989). Vrouwen, depressie en aangeleerde hulpeloosheid. In A.P. Buunk & A.J. Vrugt (red.), *Sociale psychologie en psychische problemen.* Assen: Dekker & Van de Vegt.

Rutter, M., Kim-Cohen, J., & Maughan, B. (2006). Continuities and discontinuities in psychopathology between childhood and adult life. *Journal of Child Psychology and Psychiatry, 47*(3/4), 276-295.

Sabbagh, L. (2006). The Teen Brain, Hard at Work. *Scientific American Mind, 17*(4), 20-25.

Sacks, O. (1986). *De man die zijn vrouw voor een hoed hield.* Amsterdam: Meulenhoff.

Sacks, O. (1995). *Een antropoloog op Mars.* Amsterdam: Meulenhoff/Kritak.

Sameroff, A.J., & Mackenzie, M.J. (2005). Een kwart eeuw transactioneel model: wat is er veranderd? *Kind en Adolescent Review, 12*(3) 249-265.

Sander, J.B., & McCarthy, C.A. (2006). De gezinscontext en depressie bij jeugdigen: risicofactoren in het gezin en behandelingsmodellen. *Kind en Adolescent Review, 13*(2): 154-186.

Sanders, C. (1972). *De behavioristische revolutie in de psychologie*. Deventer: Van Loghum Slaterus.
Sanders, C., Wit, R.F. de, & Looren de Jong, H. (1989). *De cognitieve revolutie in de psychologie*. Kampen: Kok Agora.
Sanders, J. (1983). Overdracht en tegenoverdracht in relatie tot ouderbegeleiding. *Tijdschrift voor Psychotherapie, 9*(3).
Santen B. (1991). Cliëntgerichte kinderpsychotherapie. In H. Swildens (red.), *Leerboek gesprekstherapie. De cliëntgerichte benadering*. Utrecht: De Tijdstroom.
Sapolsky, R. (2003). Taming Stress. *Scientific American*, september.
Schacter D.L. (1997). *De kunst van het geheugen. De herinnering, de hersenen en de geest*. Amsterdam: Anthos.
Schilthuizen, M. (1996). Wordt het nog wat met gentherapie? *Intermediair, 32*(8).
Seligman, M.E.P. (1998). Building human strength: Psychology's forgotten mission. *APA Monitor, 29*(1).
Seligman, M.E.P., & Csikszentmihalyi, M. (2000). Positive Psychology. An Introduction. *American Psychologist, 55*(1), 5-14.
Seligman, M.E.P, Rashid, T., & Parks, A.C. (2006). Positive Psychotherapy. *American Psychologist, 61*(8), 772-788.
Smith, D.W., Peterson, R.O., & Houston, D.B. (2003). Yellowstone after Wolves. *BioScience, 53*(4), 330-340.
Schmitt, K. (1991). De constructivistische stroming: een oriëntatie. *Systeemtherapie, 3*(1).
Schoemaker, C. (2002). *Anorexia bestaat niet*. Amsterdam/Antwerpen: Archipel.
Schoemaker, C., & Ruiter, C. de (red.) (2005). *Trimbos zakboek psychische stoornissen*. Utrecht: De Tijdstroom.
Scholtens, B. (2007). Meeliften naar het zieke gen. *de Volkskrant*, 6 oktober.
Schuyt, K. (1995). Het dilemma van de gevangenis. *de Volkskrant*, 4 september.
Selten, J-P. (2007). Marokkaanse mannen vaker schizofreen. *de Volkskrant*, 23 oktober.
Siepkamp, P. van de (2005). *Gentle teaching. Een weg van hoop voor mensen met bijzondere kwetsbaarheden*. Soest: Nelissen.
Sieval, Z. (1987). Een systeemvisie bij migrantenproblematiek. *Maandblad Geestelijke volksgezondheid, 42*(7/8).
Sitskoorn, M. (2006). *Het maakbare brein*. Amsterdam: Bert Bakker.
Slot, N.W. (1994). Competentie-gerichte behandelingsprogramma's voor jongeren met gedragsstoornissen. *Gedragstherapie, 17*(3).
Slot, N.W., & Bartles, A.A.J. (1981). Token economies in behandeltehuizen. *Kind en Adolescent, 2*(1).
Slot, N.W., & Heiner, J. (1986). Kursushuis: Een kleinschalig gedragstherapeutisch programma voor 'probleemjongeren'. In P.F.M. Kop, F.J. Grauenkamp & L.M.G. Curfs (red.), *Gedragsmodificatie*. Deventer: Van Loghum Slaterus.
Small, M.F. (1995). Bringing up baby. *New Scientist, 146*,1983, 24 juni.
Smit, H. (1998). Psycho-educatie en systeemtheorie. *Systeemtherapie, 10*(1), 4-15.
Smith, S.G. (1994). Essential qualities of a home. *Journal of environmental psychology, 14*(1).
Smulders, M. (2006). Gedachten over de behandeling van dissociatie vanuit een cliëntgericht perspectief. *Tijdschrift Cliëntgerichte Psychotherapie, 44*(4), 274-286.

Snellen, A., (2007). *Basismodel voor methodisch hulpverlenen in het maatschappelijk werk. Een eclectisch-integratieve aanpak.* Bussum: Coutinho.
Snyder, C.R., & Lopez, S.J. (2007). *Positive Psychology. The Scientific and Practical Explorations of Human Strengths.* Thousand Oaks: Sage.
Sommer, R. (2002). Personal Space in a Digital Age. In R.B. Bechtel & A. Churchman (red.), *Handbook of Environmental Psychology.* New York: John Wiley & Sons.
Spaink, K. (1992). *Het strafbare lichaam. De orenmaffia, kwakdenken en het placebo-effect.* Amsterdam: De Balie.
Spierings, H. (2000). Eindelijk iets niet erfelijks! Tweelingonderzoek vindt bijna altijd wel een erfelijke factor. *NRC Handelsblad,* 24 juni.
Sprey, A. (2002). *Praktijkboek persoonlijkheidsstoornissen.* Houten: Bohn Stafleu Van Loghum.
Springer, S.P., & Deutsch, G. (1993) *Left Brain, Right Brain.* New York: W.H. Freeman.
Stapert, W.G.H.M. (1988). Systeemdenken in de kinderpsychiatrie. In W. van Tilburg van & C.F.A. Milders (red.), *Systeemdenken en psychiatrie. Een kritische oriëntatie.* Assen: Van Gorcum.
Stokols, D., & I. Altman (1987). Introduction. In D. Stokols & I. Altman (red.), *Handbook of environmental psychology,* New York: John Wiley.
Stokols, D., & Montero, M. (2002). Environmental Psychology: From Spatial-Physical Environment to Sustainable Development. In R.B. Bechtel & A. Churchman (red.) *Handbook of Environmental Psychology.* New York: John Wiley & Sons.
Strien, P.J. van (1990). Definitie en domein van de psychologie. In P.J. van Strien & J.F.H. van Rappard (red.), *Grondvragen van de psychologie.* Assen: Van Gorcum.
Strien, P.J. van, & Rappard, J.F.H. van (1990). Algemene inleiding: geordende pluriformiteit. In P.J. van Strien & J.F.H. van Rappard (red.), *Grondvragen van de psychologie.* Assen: Van Gorcum.
Stringer, P., & Kremer, A. (1987). Environmental psychology in the Netherlands. In D. Stokols & I. Altman (red.), *Handbook of environmental psychology, 2.* New York: John Wiley.
Swildens, H. (1992). *Procesgerichte gesprekstherapie.* Amersfoort/Leuven: Acco.

Takens, R.J. (2003). Hoe evident kunnen cliëntgerichte psychotherapieën zijn? *Tijdschrift Cliëntgerichte Psychotherapie, 41*(1): 25-40.
Taylor, S.E., Way, B.M., Welch, W.T., Hilmert, C.J., Lehman, B.J., & Eisenberger, N.I. (2006). Early family environment, current adversity, the serotonin transporter polymorphism, and depressive symptomatology. *Biological Psychiatry, 60,* 671-676.
Teicher, M.H. (2002). Scars that won't heal: The Neurobiology of Child Abuse. *Scientific American,* maart.
Thomlison, B. (2004). Kenmerken van effectief gebleken interventies bij kindermishandeling. *Kind en Adolescent Review, 11*(2), 133-159.
Tilburg, W. van, & Milders, C.F.A. (1988). Systeemdenken en psychiatrie: mogelijkheden en beperkingen. In W. van Tilburg & C.F.A. Milders (red.), *Systeemdenken en psychiatrie. Een kritische oriëntatie.* Assen: Van Gorcum.
Todd, R.D., Rasmussen, E.R., Neuman, R.J., Reich, W., Hudziak, J.J., Bucholz, et al. (2001). Familiality and heritability of Subtypes of Attention Deficit Hyperactivity

Disorder in an Population Sample of Adolescent Female Twins. *American Journal of Psychiatry, 158*, 1891-1898.

Vanaerschot G., & Balen, R. van (1991). Empathie. In H. Swildens (red.), *Leerboek gesprekstherapie. De cliëntgerichte benadering.* Utrecht: De Tijdstroom.
Vanaerschot, G. (2004). Ontwikkelingen in empathie. Van klimaatfactor naar belevings- en relatiefaciliterende dialoog. *Tijdschrift Cliëntgerichte Psychotherapie, 42*(4), 245-266.
Vandereycken, W. (2000). Psychopathologie van diagnostiek tot therapie. In W. Vandereycken, C.A.L. Hoogduin & P.M.G. Emmelkamp (red.). *Handboek psychopathologie. Deel 1. Basisbegrippen.* Houten/Diegem: Bohn Stafleu Van Loghum.
Vanhooren, S. (2006). Ergens tussen zwart en wit. Psychotherapie met daders van seksuele delicten vanuit cliëntgericht perspectief, *Tijdschrift Cliëntgerichte Psychotherapie, 44* (2), 85-102.
Velden, K. van der, Hart, O. van der, & Dijck, R. van (1980). Positief etiketteren. In K. van der Velden (red.), *Directieve therapie 2.* Deventer: Van Loghum Slaterus.
Veer, G. van der (1991). Getraumatiseerde vluchtelingen: hun gevolgen voor de hulpverlening. *Maandblad Geestelijke volksgezondheid, 45*(10).
Verdurmen, J., Have, M. ten., Graaf, R. de., & Dorsselaer, S. van.(2007). *Psychische gevolgen van kindermishandeling op volwassen leeftijd.* Utrecht: Trimbos-instituut.
Verhulst, F.C. (1994). *Inleiding in de kinder- en jeugdpsychiatrie.* Assen: Van Gorcum.
Vermij, P. (2001a). Klein maar fijn. Zelfs genetici zijn verrast dat de mens maar 30.000 genen heeft. *NRC Handelsblad*, 17 februari.
Vermij, P. (2001b). Een nuttig en goedkoop product. Genenkraker Craig Venter over het menselijk genoom. *NRC Handelsblad*, 24 februari.
Vines, G. (1994). I'm relaxed, you're drunk. *New Scientist, 144*(1955) 10 december.
Vingerhoets, A. (2005). 'Onbegrepen' klachten: beter begrepen in een biopsychosociaal perspectief. *PsychoPraxis, 7*(5).
Visser-Meily, A., Post M., Meijer A.M., Van de Port I., Maas C., & Lindeman, E. (2005). When a Parent Has a Stroke: Clinical Course and Prediction of Mood, Behavior Problems, and Health Status of Their Young Children. *Stroke, 36*, 2436-2440.
Vliet, P. van (2006). *Wat drijft de mens? Inleiding persoonlijkheidsleer.* Amsterdam: Boom.
Volkskrant, de (1994). Roken schaadt niet alleen gezondheid, maar ook potentie. *de Volkskrant*, 28 september.
Volkskrant, de (2002). Mens en chimp minder verwant. *de Volkskrant*, 28 september.
Voormolen, S. (2001). Zoek de verschillen. *NRC Handelsblad*, 2 juni.
Voormolen, S. (2002). Piep! Piep! Piep! De ontcijfering van de muizengenen dient vooral de mens. *NRC Handelsblad*, 7 december.
Voorst van, G. (2001). Onderzoek gesignaleerd. *Systeemtherapie, 13*(1), 54-58.
Vroon, P. (1983). Het mensbeeld in de cognitieve psychologie. In C.F. van Parreren & J.G. van der Bend (red.), *Psychologie en mensbeeld.* Baarn: Ambo.
Vroon, P. (1989). *Tranen van de krokodil. Over de te snelle evolutie van onze hersenen.* Baarn: Ambo.
Vroon, P. (1992). *Wolfsklem. De evolutie van het menselijk gedrag.* Baarn: Ambo.

VTO Nieuwsbrief (1994). Vluchtelingenkinderen: trauma en ontworteling. *VTO nieuwsbrief, 11*(4).

Waal, F. de. (1996). *Van nature goed. Over de oorsprong van goed en kwaad in mensen en andere dieren.* Amsterdam/Antwerpen: Contact.
Waal, F. de. (2001). *De aap en de sushimeester. Culturele bespiegelingen van een primatoloog.* Amsterdam/Antwerpen: Contact.
Waal, F. de. (2007a). De aap en de filosoof. Hoe de moraal is ontstaan. Amsterdam/Antwerpen: Contact.
Waal, F. de (2007b). Do Animals Feel Empathy? *Scientific American Mind, 18*(6).
Walen, S.R., DiGiuseppe, R., & Dryden, W. (1992). *A Practitioner's Guide to Rational-Emotive Therapy.* New York/Oxford: Oxford University Press.
Wallman, J. (1992). *Aping Language.* Cambridge: Cambridge University Press.
Watzlawick, P., Beavin, J.H., & Jackson, D.D. (1970). De *pragmatische aspecten van de menselijke communicatie.* Deventer: Van Loghum Slaterus.
Wapner, S., & Demick, J. (2002). The Increasing Contexts of Context in the Study of Environmental Behavior Relations. In R.B. Bechtel & A. Churchman (red.), *Handbook of Environmental Psychology.* New York: John Wiley & Sons.
Wayt Gibbs, W. (2002). Saving Languages. *Scientific American,* augustus, 79-85.
Westenberg, H.G.M., & Boer, J.A. den (1995). De psychofarmacologie van angststoornissen. In *Leerboek angststoornissen. Een neurobiologische benadering.* De Tijdstroom, Utrecht.
Weber Rouget, B., & Aubry, J-M. (2007). Efficacy of psychoeducational approaches on bipolar disorders: A review of the literature. *Journal of Affective Disorders, 98,* 11-27.
Weitzman, J. (2007). De rol van het gezin bij depressie van adolescenten en hun behandeling: recente onderzoeksresultaten. *Gezinstherapie wereldwijd. Een selectie uit de internationale literatuur, 18*(4), 432-443.
Wiers, R.W. (2006). *Het ontstaan van verslavingsgedrag bij jongeren: een noodlottige zelfoverschatting van het bewustzijn.* Rede uitgesproken bij de aanvaarding van het ambt van hoogleraar Experimenteel psychologisch onderzoek naar verslaving bij jeugdigen. Radboud Universiteit Nijmegen.
Wiers, R. (2007). *Slaaf van het onbewuste. Over emotie, bewustzijn en verslaving.* Amsterdam: Bert Bakker.
Williams, S.M. (1994). *Environment and mental health.* Chichester: Wiley.
Winter, M. de (2004). Opvoeding, onderwijs en jeugdbeleid in het algemeen belang. De noodzaak van een democratisch-pedagogisch offensief. Den Haag: Wetenschappelijke Raad voor het Regeringsbeleid (WRR), webpublicatie nr. 1.
Witte, H.F.J. de (1993). De objektrelatie-theorie toegelicht vanuit diverse theoretische gezichtspunten. In J.E. de Boer (red.), *Infantpsychiatrie IJ. De gezonde en verstoorde ontwikkeling van het zeer jonge kind.* Assen: Van Gorcum.
Wohlwill, J.F., & Heft, H. (1987). The physical environment and the development of the child. In D. Stokols & I. Altman (red.) *Handbook of environmental psychology, 1.* New York: John Wiley.
Wolf, M. de (1991). *Compendium van de psychologie. Deel 10/1: Mensbeelden in de psychotherapie.* Muiderberg: Coutinho.

Wolf, M.H.M. de, & Cassee, A.P. (1994). Psychoanalyse. In C.P.F. van der Staak, A.P. Cassee & P.E. Boeke (red.), *Oriëntatie in de psychotherapie*. Houten: Bohn Stafleu Van Loghum.

Wolters, G. (1995). Het geheugen. Functie, structuur en processen. *De Psycholoog, 30*(9).

Wolters, E.Ch., Derix, M.M.A., & Vanneste, J.A.L. (1994). Dementie bij subcorticale aandoeningen. In M.M.A. Derix, A. Hijdra & W.A. van Gool (red.), *Dementie de stand van zaken*. Lisse: Swets & Zeitlinger.

Wijdeveld, P., Jaanus, H., & Hoorn, W. van (1990). *Cognitieve psychologie*. Lisse: Swets & Zeitlinger.

Wijmen, F.C.B. van, & Braake, Th.AM. de (1989). Token economy en de rechten van patiënten. *Maandblad Geestelijke volksgezondheid, 44*(10).

Zee, R. van der (2006). Het verhaal van Micha de Winter over de vluchtelingenkampen in Darfur. *NRC Handelsblad*, 20 mei.

Zeegers, W., & Jansz, J. (1988). Betekenisgeving als sociaal proces. *Psychologie en Maatschappij, 12*(2), 117-132.

Zeijl, E., Crone, M., Wiefferink, K., Keuzekamp, S., & Reijneveld, M. (2005). *Kinderen in Nederland*. SCP/publicatie 2005/4.

Websites

www.mtfc.com: geraadpleegd op 19 mei 2006.
www.trimbos.nl: geraadpleegd op 11 mei 2007.
www.mindandlife.org: geraadpleegd op 11 mei 2007.
www.ypf.org: geraadpleegd op 17 mei 2007.
www.cbs.nl: geraadpleegd 8 oktober 2007 en op 13 januari 2008.
http://www.cbs.nl/NR/rdonlyres/4035A644-27A6-42A9-A6DC-025FFE6E7D3B/0/index1136.pdf: geraadpleegd op 13 januari 2008.
http://sync.nl: geraadpleegd op 24 oktober 2007.
http://noorderlicht.vpro.nl: geraadpleegd op 24 oktober 2007.
www.theaacn.org/: geraadpleegd op 24 oktober 2007.
www.ppc.sas.upenn.edu: geraadpleegd op 3 januari 2008.

Register